KB232936

한국
국회론

내일을여는지식 정치 21

한국 국회론

김현우 지음

KSI 한국학술정보㈜

머리말

이 책은 정치학을 공부하는 학생과, 국회·의회정치에 관심은 있으나 관련 자료를 접하기 어려운 일반 독자에게 국회의 역사, 국회운영, 입법과정, 국회관련 법과 제도를 소개하기 위하여 쓴 것이다.

근년 국회의 기능이 점차 회복되고 국민의 관심이 국회·국회의원의 입법활동에 모아지고 있으므로 국회운영, 입법과정, 입법지원조직 등에 관하여 살펴보는 일은 의미 있는 일이 될 것이다.

21세기에 들어선 지금 세계 각 나라의 화두는 아마도 국가경쟁력 강화, 자연환경 보호 및 개선, 그리고 복지문제 개선일 것이다. 이러한 지구적 혹은 국가적 과제에 직면하여 입법부는 입법부대로, 행정부는 행정부대로 노력을 하고 있다. 모든 행정 및 정책 수행은 입법부에서 처리한 법률에 근거하므로 좋은 법률, 예측적인 법률을 제정하는 일은 국가의 경쟁력을 강화하고, 국민의 생활에 안정과 발전을 가져다주며, 나아가 지구적인 여러 문제에 도움을 주는 가장 기본적인 일이 된다. 그런 의미에서 이제 국회가 단순히 행정부를 견제하거나 감독하는 데 그치는 것이 아니라 국가경쟁력을 강화하고 시대를 주도하는 앞선 기관이 되어야 한다는 것이 많은 사람들의 원하는 바일 것이다.

이 책은 모두 17개의 장으로 이루어져 있다. 자료적 측면이 강한 이 책을 통해 국회가 지나온 길을 돌아 볼 수 있도록 대한민국 임시의정원 관련 내용을 수록하였으며, 국회관련 제도의 변천이나 국회관련 사건·사고 등을 각 국회별로 정리하였다. 본문의 일부 내용은 필자가 대학원에서 입법과정론

강의를 하면서 정리해 둔 것과, 학술지에 발표하였던 논문 내용을 고쳐쓴 것이다.

그동안 여러 모로 도움을 주신 분들과 원고를 읽고 비평해 주신 서대숙 전 하와이대 교수, 지금은 고인이 되신 이종률 전 국회사무총장, 이재도 전 국회사무차장, 홍득표 인하대 교수, 조중빈 국민대 교수, 그리고 권세기 박사, 전원배 박사, 이남수 박사, 이종훈 박사, 이원영 박사, 이승현 박사께 감사드린다. 또 일일이 거명은 하지 않아도 많은 조언을 해 주신 분들에게도 감사드린다.

본래 이 책은 을유문화사에서 출간하였으나 그동안 개정된 법률이 많고, 내용도 달라진 것이 많아 이번에 한국학술정보(주)에서 다시 내게 되었다. 먼저 출간된 책의 내용 중 '제5장 국회의 조직과 운영'을 빼고 '제17장 국회의원 후보자 공천'을 새로 추가하였다. 책을 복원하는 과정에서 수고해 주신 편집팀의 여러분들에게 감사드린다.

2010년 1월

김현우

차 례

제1장 의회제도의 발생과 전파

 영국의회의 기원

1. 신분회의

　고대의 부족국가나 연대공동사회는 규모가 작은 하나의 마을 또는 도시가 독립적인 정치단위로서 운영되었던 시대였다. 따라서 주민 전체가 한 장소에서 회합하는 것이 가능하여 주민대표제도가 필요하지 않았다. 그러나 근대국가는 수백만 혹은 수천만 이상의 인구로 이루어진 광역사회였으므로, 사회구성원 전체가 한곳에 모인다는 것은 현실적으로 어려운 일이었다. 그 결과 선거에 의하여 선출된 대표들이 회합하여 국정을 심의하는 대의제도(代議制度)가 구상되고 실현되기에 이르렀다.

　대의제 의회의 기원은 유럽에서 발달한 신분회의로 거슬러 올라가는데 영국 색슨왕조의 현인회의나 프랑스의 에타제네로(Etats Generaux)가 대표적이다.[1] 신분회의는 귀속, 성직자, 시민의 대표로 구성되어 국왕의 자문에 조언을 하거나 과세에 대한 동의를 하는 것이 주된 임무였다.

현인회의(Witenagemot)

　잉글랜드는 기원전 55년 카이사르(Caesar Julius)의 원정 이후 로마의 지배를 받게 되었다. 5세기 초에 로마군이 철수하였으나 곧이어 게르만 민족의 지배를 받았다. 5세기 중엽 유럽대륙으로부터 앵글로족, 색슨족, 주트족이 침입해 들어오기 시작하여 6세기 말에는 전 국토가 그들에게 점령되었는데

---

1) 신분회의는 등족회의(等族會議)로 번역되기도 한다.

이를 '앵글로색슨 정복(Anglo - Saxon Conquest)'이라고 부른다.[2]

6세기부터 9세기 초까지 왕국 간의 흥망성쇠가 이어진 이른바 7왕국시대를 맞았으나 9세기부터 11세기에 침입한 데인족과의 전투에서 웨섹스왕국을 중심으로 잉글랜드 통일국가가 형성되었다.[3]

1066년 10월 14일 헤이스팅스전투에서 해럴드 잉글랜드국왕군대를 패배시킨 노르망디공(公) 윌리엄은 잉글랜드 남부를 평정하고, 그해 성탄절에 웨스트민스터사원에서 현인회의에 의하여 국왕으로 추대되었다.[4]

이렇게 노르만정복 이전 앵글로색슨시대의 잉글랜드에는 '현인회의'라고 불리는 회의체가 있었는데 약 5세기에 걸친 앵글로색슨 지배에서 잉글랜드(영국)를 지탱해 온 것이 바로 현인회의(Witenagemot)이다. 현인회의의 기원은 이른바 7왕국시대 초기인 7세기 전반까지 거슬러 올라간다. '지식인회의'로서 국왕의 자문·보좌기관 역할을 했던 현인회의는 국가의 영토가 확장되면서 그 구성원과 권한 등이 확대되어 나중에는 국왕의 즉위·폐위, 입법, 토지의 하사, 과세·선전·강화, 상소사건의 심리 등 앵글로색슨시대의 국정 전반을 심의하는 최고심의기관이 되었다.

현인회의는 왕, 왕족, 귀족, 주교 등으로 구성되어 입법, 행정, 사법의 각종 중요 국사에 대한 결정권을 갖고 있었으며, 왕은 이 회의를 통하여 중요 사항을 결정할 때 그의 측근들을 비롯하여 현명한 사람들과 성직자 대표들의 의견을 수렴하고 조언을 받는 전통을 유지하고 있었다.

국왕재판소(Curia Regis)

노르만정복 이후 국왕을 정점으로 하는 봉건제도가 영국에서 확립되는 과정에서 앵글로색슨시대의 현인회의를 대체하기 위하여 등장한 기관이 Curia

---

2) 이 시기의 영국사는 Kenneth O. Morgan, *The Oxford History of Britain*(Oxford: Oxford University Press, 1993), E. L. 우드와드(홍치모·임희완 역), 『영국사개론』(대전: 예문출판사, 1988)을 참조하였음.

3) 7세기에는 영국에 7개 왕국이 있었고, 8세기에는 노섬브리아, 머시아, 웨섹스의 3개 왕국이 남아 있었으며, 9세기에는 단 하나의 왕국 웨섹스만이 남아 있었다.

4) 노르망디의 윌리엄이 1066년 노르만 군대를 이끌고 와서 잉글랜드를 정복하고 왕위에 올랐다. 실제로는 정복에 의하여 왕위를 차지한 것이지만 윌리엄은 이때 현인회의의 선거에 의하여 국왕으로 선출되는 형식을 취하였다. 노르만정복으로 앵글로색슨시대는 막을 내렸다.

Regis이다. 왕실의 전문화된 법정을 의미하는 Curia Regis(King's Court), 즉 국왕재판소는 노르만왕조의 초기 윌리엄 정복왕(William the Conqueror, 재위 1066~1087)이 나라의 통치를 위하여 대륙형 봉건제도를 영국에 도입한 것으로서, 기능적으로는 현인회의와 거의 같은 역할을 하였다는 점에서 현인회의의 후신이라 할 수 있다. 제도상 결정적인 변화를 가져온 봉건제도는 국왕의 봉건적 신하들이 의무적으로 정무에 참여한 사실, 즉 국정 논의에 왕족, 귀족, 종교지도자들을 대신하여 관료들이 전면에 나서기 시작했다는 점에서 과거 현인회의의 기능과 구성원의 차이를 볼 수 있다.

국왕재판소는 처음부터 입법, 사법, 행정의 삼권을 장악한 기관은 아니었으나 점차 삼권을 통합, 장악하게 되면서 이 기구의 정무기능도 증가하였다. 그 결과 12세기 초 헨리 1세 때에 국왕재판소는 대회의(大會議)와 소회의(小會議)로 분화하게 된다.

소회의는 국가의 원수이며 최고재판관인 국왕이 그때그때 발생하는 각종 문제를 해결하기 위하여 만든 상설기관으로 정부와 직접 관련된 사람이나 국왕의 측근인 국왕상담역, 장관을 비롯한 고위공직자, 재판관, 법률가, 왕궁의 집사 등으로 구성되었다. 그러나 기능적으로 대회의와 소회의는 별 차이가 없는 국왕의 자문기구였을 뿐이다. 게다가 소회의는 대회의에 대하여 책임을 지는 체계도 아니었다. 그 뒤 소회의는 행정 및 사법 상설기관으로 분화하여 오늘날의 행정부와 사법부가 되었다. 대회의는 '전반적 자문회의'의 성격을 띤 Commune Consilium으로 존속하다가 13세기 초부터 정치적 세력을 획득하여 근대 의회제도의 시초인 '의회(Parliamentum, Parliament)'라는 이름으로 불리게 되었고 이후 오늘날의 상원과 하원으로 변모하였다.

1130년에 등장한 엑스체커(Exchequer)는 중세 영국에서 재정, 수입을 관장하는 가장 중요한 왕실재정기관이었다. 특히 14세기 초에는 그 기능이 점차 확대되어 조폐국장, 대법관청 문서국 서기 등 중앙의 재정관리들을 감독하였고, 15세기에는 전반적인 왕실재정을 지배하였다.[5]

---

5) 조경래, 『영국절대왕정사연구』(서울: 상명여대 출판부, 1992), 116~119쪽.

그런데 엑스체커의 재정, 수입, 징세업무가 사법상의 문제를 야기하자 이를
해결하기 위해 재무재판소(Court of Exchequer)가 탄생하게 되었고 같은 시기
에 대법관청(Chancery)이 출현하였다. 엑스체커, 대법관청 두 기관을 중심으로
행정부가 확립해 가고 있던 것과 병행하여 이전부터 국왕재판소가 전개하고
있던 사법활동은 보다 전문화된 사법기관으로 분화 발전하였다.

의회제도는 본래 국왕의 권한을 제한하기 위하여 군주제도 내에서 발생한
것이다. 즉 13세기 말부터 14세기에 귀족, 성직자, 시민 3계급의 위임을 받은
대표자로 구성된 '신분회의'는 국왕으로부터 선전포고, 과세 등의 국정문제에
관한 자문에 응하는 동시에 어느 정도 국왕을 견제하였다. 따라서 영국(잉글
랜드)의 Parliamentum이 Parliament로 불리게 된 13세기 중엽(1246년)에 의회
제도가 성립되었고, Parliament가 귀족원(House of Lords)과 서민원(House of
Commons)으로 분리된 14세기(1327년경)에는 양원제 의회제도가 성립되었다.6)

고급성직자는 상급귀족, 즉 세속적 대규모 토지소유자와 함께 귀족원(상
원)을 구성하였고, 하급귀족인 기사(騎士)는 주(州)의 대표로서 시민 대표들
과 함께 서민원(하원)을 구성하였다.

<그림 1-1>에서 Curia Regis는 국왕재판소로 번역되었으나 기능의 분
화로 대회의가 등장하면서 상대적 개념인 소회의로 개칭된 것이므로 소회의
또한 Curia Regis로 볼 수 있다. 국왕의 직속 신하들의 모임인 대회의는
'Commune Consilium'으로 존속하였다.

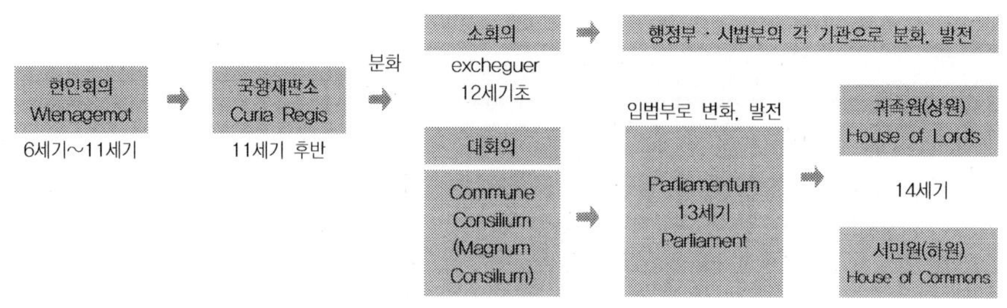

<그림 1-1> 영국의회제도의 변천

---

6) 대의제기구 성립 초기의 직접적인 기반은 주자치체(州自治體)인 Commune이었다. K. R. Mackenzie, ∝
The English Parliament(Middlesex: Penguin Books, 1950), 22~23쪽.

2. 전형의회(Model Parliament)의 성립과 의회의 발전

근대의회는 중세 서구의 신분회의에서 그 원형을 찾을 수 있다. 신분회의는 중세 봉건제도의 가신회의(家臣會議)에서 출발하였다. 봉건제에서는 대부분 귀족, 대지주 출신인 가신들이 군주의 자문기관 역할을 수행하였다. 그러나 중세 이래 정신세계뿐만 아니라 물질세계에도 큰 지배력을 행사한 기독교 성직자, 상업의 발달로 부를 축적한 도시상공업자, 그리고 시민들의 영향력이 점차 확대되었다.

12~13세기로 접어들면서 서구의 여러 나라에서는 귀족, 성직자, 시민 3계급의 집회가 성립하여 공통의 이해사항을 토의하게 되는데 이를 보통 신분회의(또는 등족회의)라고 한다. 이러한 신분회의는 근대의회와는 달리 전 국민의 대표가 아닌 각 계층의 대표였다.

신분회의(1614~1789)를 마지막으로 절대 전제국가가 된 프랑스와는 달리 잉글랜드에서는 신분회의가 계속 발전하여 국왕의 권력에 대항하는 근대 의회제도 확립에 기초가 되었다.

잉글랜드에서의 신분회의는 중요 입법이나 신규 과세징수에 동의(과세동의권)를 하는 것 이외에는 국왕을 견제할 만한 권한이 없었다. 그러나 1215년 잉글랜드국왕 존이 조인한 마그나카르타(Magna Carta, 대헌장)를 계기로 어느 정도 국왕을 견제할 수 있게 되었다.[7]

앵글로색슨시대에는 현인회의가 사법, 행정, 입법에서 국왕의 자문기관이었으나, 노르만정복 이후에는 국왕의 봉건적 신하들로 구성된 국왕재판소가

---

7) 마그나카르타는 당시 존 국왕(1167~1216)의 실정(失政)을 계기로 작성, 공포되었다. 존 국왕은 자신이 물려받은 프랑스 내의 모든 영토를 프랑스국왕과의 전투에서 빼앗겼다. 그는 행정수완이 탁월하여 전쟁비용조달이라는 명목으로 재정개혁에 박차를 가하였는데 이로 인하여 국민들의 재정부담은 커지고 있었다. 그러던 중 1214년 프랑스의 구 영토 회복전쟁에서도 패배하자 영국귀족을 중심으로 한 국민의 불만은 최고조에 달하였고, 마침내 1215년 귀족의 일부는 더 이상 존 국왕을 군주로 인정하지 않겠다고 선언하기에 이르렀다. 런던시민들도 이에 동조하게 되자 국왕은 이에 굴복하여 귀족들이 제출한 '귀속들의 조항(Articles of the Barons)'에 서명하였다. 이를 기초로 하여 토론이 진행되었고 6월 15일 마그나카르타가 성립하였다. 의회제도사에서 마그나카르타의 성립 의미는 매우 크다. 성립 당시에는 주로 봉건법의 원칙을 명백히 한 것에 불과하였으나 그 후 마그나카르타는 왕과 귀족 간에 대립이 있을 때마다 확인되었다. 이 과정에서 당시 국왕의 권력남용을 구체적으로 제한하고 적법한 재판과 국법에 의하지 않고는 자유인을 체포하거나 감금할 수 없다는 것을 명백히 하였다.

이를 대신하여 국왕의 자문기구가 되었다.

국왕재판소에는 대회의와 소회의가 있었는데, 대회의는 오늘날 상원(귀족원)의 시초가 되었으며 그 명칭은 1246년에 Parliament로 개칭되었다.[8]

1265년 헨리 3세는 귀족당의 영수인 시몽 드 몽포르의 의견에 따라 각 주(州) 대표 2명 외에 21개 도시에서 2명씩의 시민대표를 선출하여 회의에 참가시켰다. 이전의 의회는 대귀족, 고급성직자만을 소집한 데 반하여 시몽 드 몽포르의 의회에서는 자치시의 대표들을 참가시킴으로써 의회 구성원의 수가 확대되었다. 1295년 에드워드 1세는 웨일스, 스코틀랜드, 프랑스와의 전쟁으로 재정 형편이 어려워지자 이를 극복하기 위한 방편으로 광범위한 과세 부과 대상자를 설정하였다. 그리하여 웨스트민스터 시에서 고급성직자, 귀족 외에 하급성직자, 각 주(州)의 대표 2명, 각 도시의 대표 2명을 회의에 소집시켰는데, 이를 전형의회(Model Parliament)[9]라고 한다. 이렇게 하급성직자와 시민대표를 더한 이 의회는 당시 영국사회의 구성을 가장 잘 반영하고 있었다. 이때부터 시민(도시자유민, 지주, 상공업자)이 의회에서 점유하는 비율이 점차 높아졌다. 세 계급은 과세에 대해서는 공금률(貢金率)의 부담을 별도로 의결하였다.

에드워드 1세는 국가통일을 도모하기 위하여 재정심의기관에 정치의회라는 새로운 특징을 가미함으로써 각 계급으로 하여금 자신이 속한 계급의 이익 이외에 국가 전반에 관한 이해 내지 정책을 고려하도록 하였다. 이러한 과정을 볼때 영국의회는 국왕의 징세 요구와 관련하여 이를 심의하는 재정심의기관의 성격을 띠고 출발한 회의체 기관이라고 할 수 있다.[10]

전형의회에는 대주교, 주교, 수도원장, 대귀족, 각 주에서 2명의 기사, 각

---

8) Parliament는 라틴어의 Parliamentum에서 유래되었다. 프랑스에도 '이야기하다'의 뜻을 갖는 Parler라는 용어가 사용되었다. 한때 잉글랜드에서는 프랑스어와 라틴어가 공용어로 쓰이기도 했는데 Parliament라는 말이 현재와 같이 '의회'를 의미하게 된 것은 영국에서 비롯되었으며, 17세기 이후 영국의 의회제도를 여러 나라가 모방하면서부터 세계 각국으로 보급되었다. 회담, 토론의 의미를 갖는 Parliament는 '논쟁이 있는, 사람들의 집회'라는 파생적 의미를 갖게 되었다. Parliament의 어원에 관해서는 K. R. Mackenzie, 앞의 책, 12~13쪽 참조.

9) Model Parliament는 '모범의회' 또는 '전형의회'로 번역된다. 여기에서는 Model Parliament가 기능적으로 모범의회라고는 보기 어렵기 때문에 '전형의회'의 용어를 선택하였다.

10) 백상건, 『정치학원론』(서울: 일조각, 1965), 300~302쪽.

도시에서 2명의 시민이 소집된 것 이외에도 대주교 및 주교는 그들 휘하의 하급성직자들을 대동하고 올 것을 명령받았다. 이처럼 이 의회는 하급성직자들까지 포함하고 있었으므로 '전형의회'라는 명칭이 적합하다. 다만 전형의회의 구성(1295년)은 당시 잉글랜드왕국의 사회구성을 전형적으로 대표하고 있었으나, 신분별로 회합한 것은 아니었으며 하급성직자 대표들은 의회에 출석하지 않게 되었기 때문에 이와 같은 의회의 구성이 그 후 영국의회의 '모범'이 되었다고 보기는 어렵다.

3. 양원제 의회제도의 정립과 주권기관 간의 대립

프랑스를 비롯한 여러 나라에서는 신분별로 회합하여 각각의 입장을 주장하였기 때문에 국왕은 신분 간 이해관계의 대립을 이용하여 신분회의를 조정하고 왕권의 강화를 도모하여 의회를 무력화하였다. 그러나 영국에서는 본래 귀족원의 일부였던 기사층이 지방의 유력한 지도층으로서 시민과 함께 서민원을 형성하여 절대왕정을 타도하고 근대적인 국민대표기관으로 성장하였다.

전형의회 소집 이후 영국의회는 양원으로 분리, 구성되기 시작하였다. 고급성직자를 제외한 하급성직자들은 1330년 성직자회의(Convocation)를 조직하여 전형의회에서 탈퇴하였다. 성직자회의는 로마교황의 과세(課稅)와 더불어 국왕에 대한 공금(貢金)까지도 자발적인 의결을 관례로 삼았다.

하급성직자들이 탈퇴한 뒤 고급성직자와 귀족이 자연스럽게 공동의 1원(상원)을 형성할 수 있었던 것은 그들이 특권계급으로서 정치적·사회적 이해가 같았기 때문이다.

한편, 기사는 신분상 귀족에 가까웠기 때문에 처음에는 귀족들과 더불어 과세에 대한 의결을 하였다. 하지만 점차 대표적 성격과 실질적 이해관계가 귀족보다는 서민계급과 일치하게 되자 귀족에서 이탈하여 서민과 1원(하원)을 형성하였다.

이와 같이 상원과 하원이 분리된 것은 에드워드 3세 초기부터이며, 1330년 이후 귀족과 고급성직자는 귀족원(House of Lords)을, 하급성직자와 기사, 그리고 도시대표자는 서민원(House of Commons)을 형성함으로써 양원제의 회제도가 실시되었다. 영국의회가 양원제로 분립된 정확한 시기는 분명치 않으나 14세기 중반 이전까지 양원은 완전한 분립을 이루었다.

양원제 의회제도가 정립된 후 주권기관인 국왕과 의회 간에 갈등관계가 형성되기 시작하였다. 특히 하원인 서민원과 국왕의 대립이 심각해진 것은 튜더 가(家)의 엘리자베스 1세가 사망하고, 스튜어트 가(家)의 제임스 1세가 즉위한 1603년 이후부터이다. 새 국왕이 왕권신수설을 신봉하고, 때때로 관습 및 선례에 근거하는 보통법(Common Law)을 무시하였기 때문에 갈등관계를 초래한 것이다.

의회는 1628년 국왕으로부터 권리청원(Petition of Rights)과 같은 중요한 양보를 얻어 냈으나, 국왕은 이듬해에 의회를 해산한 후 장기간 의회를 소집하지 않고 전제적인 국정을 펼쳤다.[11]

그러나 의회는 1641년 5월 의회의 동의 없이는 해산될 수 없음을 결의하였다. 1642년 1월 국왕이 의회지도자들을 체포하기 위해 군대를 이끌고 서민원에 난입하면서 청교도를 중심으로 최초의 시민혁명인 청교도혁명(1642~1660)이 일어났다. 의회는 스스로의 군대를 조직, 8월에 국왕의 군대와 무력투쟁에 돌입하였다. 이 내란은 1646년 의회군이 '신형군(新型軍)'을 편성하여 네이즈비전투에서 국왕군에 승리를 거두고 왕을 생포함으로써 일단 수습되었다.

제1차 내란 종료 이후에 유폐 중인 국왕은 의회 내부의 장로파와 독립파 간의 대립을 이용하여 제2차 내란을 일으키게 했다. 그러나 결국 독립파가

---

11) 영국에서는 일찍부터 산업이 발달하였기 때문에 신흥상공업계급은 1295년 전형의회 이래 의회 내에서 발언권을 점차 강화시켜 민주화 운동 추진세력이 되었다. 그중에서 중요한 사례는 1628년의 '권리청원'이었는데 이는 당시의 국왕 찰스 1세와 의회와의 충돌 결과 국왕이 양보함으로써 왕권의 남용을 제한하고 의회의 동의 없는 과세의 금지, 체포·감금의 이유 명시 등을 국민의 권리로서 확인시킨 것이다. 본래 찰스 1세는 왕권신수설의 신봉자로서 폭정을 일삼아 왔는데 이 '권리청원'에 의하여 일시적으로 의회와 타협하기는 하였으나 나중에 다시 그의 습성을 나타내어 그와 국민과의 마찰은 계속되었다. 신도성, 『정치학』(서울: 현대문화사, 1956), 68쪽.

승리하여 1648년 국왕은 다시 체포되었다. 그 뒤 장로파의원이 의회에서 추방되고, 같은 해 12월 장로파를 배제한 약 60명의 독립파의원들로 구성된 '잔부의회(Rump Parliament)'에서 국왕을 재판하여 1649년 1월 찰스 1세를 처형하였다. 잔부의회는 이어 "의회는 전 국민에 의하여 구성된다."고 하는 내용의 '국민협정(the Agreement of People)'을 성립시키고, 3월 왕정 폐지, 귀족원 폐지, 5월 공화제 선언 등 일련의 조치로 영국의 민주화를 진행시켰으나, 그 이상의 발전적인 민주화에는 열의를 보이지 못했다.

맹위를 떨치던 전권적 의회는 크롬웰(Cromwell)과 농민, 수공업자 등으로 구성된 군대에 의하여 1653년 제압되었다. 그 결과 영국사상 유일의 성문헌법이라고 불리는 정부조직법(the Instrument of Government)이 1653년 12월에 제정되었다. 이 법에서는 "주권은 정부의 각 장관과 의회에 참가한 모든 국민의 대표자에게 있다."고 하였다.[12] 한편 정부조직법에 규정된 호민관(Lord Protector)은 실질적으로 군주에 가까운 권능을 갖는 관직이었는데, 이 자리에 크롬웰이 취임하였다. 크롬웰의 지도하에 일시적으로 공화제가 수립되었으나, 1658년 크롬웰이 사망하자 공화제는 붕괴되고 유럽대륙에 망명 중이던 찰스 2세를 맞아들임으로써 다시 왕정이 부활되었다.

그 후 1685년 왕위에 오른 제임스 2세는 왕권신수설을 내세워 전제정치를 강화하고 가톨릭교를 부활시켰다. 국왕의 이와 같은 정책에 맞선 의회는 제임스 2세를 폐위시키고 그의 딸 메리 2세와 그녀의 남편 오렌지공 윌리엄 3세를 공동 통치자로 추대하였다. 희생 없이 왕위의 교체가 이루어졌기 때문에 이를 명예혁명이라고 한다. 명예혁명은 영국정치의 실질적인 민주화를 가져왔고 명예혁명에서 승리한 의회는 '권리장전(Bill of Rights)'을 의결하여 새 국왕으로 하여금 이를 승인케 하였다.

권리장전은 왕권의 전제를 크게 제한함은 물론 의회의 권위를 인정하고 보장한 것으로 현재까지 영국헌법의 중요한 법원(法源) 중의 하나가 되었다.

---

12) 최요환, 『의회정치의 이론과 실제』(서울: 박영사, 1987), 29~30쪽.

4. 의원내각제의 기원과 성립

앞의 <그림 1-1>에서 소회의가 행정·사법기관으로 분화하면서 King's Council(13세기)과 Privy Council(15세기)을 거쳐 17세기에 Cabinet(내각)이 되었다.

정부형태는 크게 대통령중심제와 의원내각제(내각책임제)로 분류된다. 의원내각제는 내각이 입법권과 행정권의 핵심을 이루며, 의회에 대하여 입법 및 행정 집행 결과에 대한 책임을 지는 정치체제이다.

명예혁명(1688) 이후에도 다수의 영국인들은 행정집행권은 국왕이 보유하는 것으로 생각하였다. 처음부터 국왕은 정당 소속 여부를 묻지 않고 자신이 신임하는 인물을 장관으로 임명하고 내각을 구성하여 국왕 스스로 각의를 주재하였다. 그러나 이와 같은 방식은 실효성을 결여하고 있었다.

명예혁명으로 왕위에 오른 윌리엄 3세는 의회의 힘으로 즉위하였기 때문에 정당세력을 무시할 수 없었다. 이에 윌리엄 3세는 휘그·토리 양당의 지도자를 중심으로 내각을 구성하였으나 1693년에는 토리당에 대하여 우위를 점하고 있던 휘그당에서만 장관을 선임하였다. 이는 1당 내각의 최초의 사례로 기록된다. 또한 이 무렵부터는 장관마다 개별적으로 국왕에 대하여 책임을 지는 이른바 단독보필제가 시행되었다.

영국 의원내각제의 기원은 국왕이 추밀원의원 중에서 소수의 의원들에게 비공식적, 부정기적으로 국정에 관하여 자문하고 조언을 구한 것에서 시작되었다. 명예혁명 후 영국에서는 의회의 신임 위에 존립하는 의원내각제가 확립되었으며 의회의 우월성과 더불어 정당활동은 더욱 활발해졌다.[13] 이와 더불어 명예혁명은 국가재정이 국왕 개인의 소유라는 전통적 사고에서 벗어나는 계기가 되었으며, 국정논의와 활동의 중심이 국왕에서 의회로 옮겨졌

---

13) 혁명 후 의회는 제임스 2세의 퇴위를 선언하고 윌리엄 3세를 왕위에 오르게 하는 한편, 권리장전을 의결하여 윌리엄왕의 재가를 받음으로써 의회의 지위와 권한이 확립되기 시작하였다. 중세 영국의회제도의 확립과 발달과정에 관해서는 E. B. Fryde and Edward Miller(eds.), *Historical Studies of the English Parliament*(Cambridge: Cambridge University Press, 1970), Peter Spufford, *Origins of the English Parliament*(London: Longmans, 1969) 참조.

다는 데 그 의의를 찾을 수 있다.

17세기 후반에는 국왕의 능력에 대해 회의를 갖게 되면서 각료들로 구성된 회의체가 국왕을 대신하여 국정을 담당하였다. 이 회의체는 18세기부터 '내각(cabinet)'[14]으로 불리기 시작하였고 내각의 장(長)은 수상(Prime Minister)으로 호칭되었으며, 실제로 국가행정 및 국민의 대표가 모인 의회에 대해서 책임을 졌다.

앤 여왕이 사망한 후 1714년 조지 1세(하노버 왕가 출신)가 즉위하였다. 조지 1세는 독일인으로 영어를 잘하지 못했기 때문에 각의(閣議)에 불참하였으며 영국정치에 적응할 의사나 능력이 없었던 것으로 전해진다. 1727년 즉위한 조지 2세 또한 각의에 참석하지 않았으므로 이때부터 정치의 실권은 국왕에서 내각으로 옮겨졌다. 따라서 자연스럽게 내각이 국정의 모든 책임을 지게 되었으며, 국왕은 군림은 하되 통치는 하지 않는 상황이 되었다.

국왕의 각의 불참으로 각의를 주재하게 된 휘그당의 월폴 수상은 정당의 결속과 서민원의 지지에 기초하여 내각의 권위 확립과 근대적 의원내각제를 확립하였다는 점에서 최대의 공로자로 평가된다. 월폴의 집권 20년간 그의 탁월한 정치수완에 힘입어 이른바 '월폴의 평화(Pax Walpoliana)'라고 불리는 평화의 시대를 맞이하였다. 1714년에서 1760년에 이르는 시기는 월폴을 최고지도자로 휘그당이 우위를 점한 '휘그 과두제'의 시기였다.[15]

월폴의 권력은 서민원 내 다수파의 지지에 기반을 두었으나, 그가 장기집권을 하게 되면서 점차 서민원 내에 반대파가 형성되기 시작하였다. 1742년 휘그당 내의 반대파와 토리당이 제휴하면서 더 이상 의회를 지배할 수 없게 되자 월폴은 사퇴하였다. 이는 의회의 신임을 확보하지 못한 내각은 물러난다는 영국정치의 중요한 선례가 되었다.

---

14) '내각'이라고 하는 명칭은 국왕이 국정자문과 조언을 구하기 위하여 의원들을 불러 모은 왕궁 깊은 곳의 '작은 방(cabinet)'에서 유래한다.

15) 박종흡, 『의회행정론』(서울: 법문사, 1988), 12쪽.

1. 의회의 우월적 지위 확립

영국의회는 13세기 이래 과세동의권 등 많은 권한을 획득하면서 유력한 국가기관이 되었다. 그러나 국가의 주권이 국왕에게 있다는 사실에 의문을 제기하는 사람은 없었으며, 의회 또한 국왕에게 봉사하는 기관에 불과하였다. 그러다가 17세기 스튜어트왕조 때 국가의 주권이 국왕에게 있느냐, 의회에 있느냐 하는 국가제도상의 근본적인 문제가 제기되었다. 그 후 청교도혁명과 명예혁명을 거쳐 의회주권이라고 하는 영국헌법의 독자원칙이 확립되기에 이른다.

의회주권이란 국민주권, 즉 국민이 국가주권의 주체라는 개념에서 파생된 용어로서 의회가 국권의 최고기관이며 주권의 주체라는 개념이다.

영국에서는 스튜어트왕조 때 국왕과 의회의 협력관계에 금이 가기 시작했다. 그 이유는 첫째, 튜더왕조시대에 국내외의 긴장관계가 완화되어 신교도인 중산층 계급은 반드시 국왕을 중심으로 단결할 필요가 없었다. 둘째, 엘리자베스여왕시대 이래 경제번영에 힘입어 어느 정도 힘을 축적한 중산층은 국왕의 절대권력에 대해서 대항을 할 수 있었다. 셋째, 제임스 1세가 왕권신수설에 의거하여 법과 교회를 유린하는 절대군주정을 주장하며 의회와 보통법의 권위를 무시하는 등 폭정을 일삼았기 때문이다.

제임스 1세와 그의 아들 찰스 1세는 왕권신수설을 신봉하고 세속·종교 양면에서 전제정치를 강행함으로써 보통법에 의한 인권의 보장 및 의회의 승인에 의한 정치의 전통을 무시하였다.

국왕과 의회 간의 갈등은 결국 청교도혁명으로 발전하였다. 이 시기에 발표된 몇 개의 성문헌법안은 의회발전사에서 중요한 의미를 갖는다. 그중에서도 1647년 10월 수평파(the Levellers)가 군의회(軍議會)에 제출한 국민협약(the Agreement of the People)은 채택되지는 않았지만 서민원(하원)이 국가의 최고기관임을 천명한 획기적인 선언이었다.

청교도혁명을 통한 정치적, 역사적 경험은 의회정치 발전에 커다란 영향을 미쳤다. 즉 영국에서는 절대군주정이 들어설 자리가 없었으며, 찰스 1세가 기도한 '의회의 동의 없는 과세' 역시 불가능하다는 사실이 입증되었다.

왕정복귀로 즉위한 찰스 2세는 다시 전제정치를 실시하고 청교도들의 정치생활을 탄압하였다. 이에 대하여 의회는 '인신보호율'을 제정하여 부당한 인신 구속으로부터 국민의 기본권을 지키려고 하였다.

1세기에 가까운 국왕과 의회와의 투쟁을 일단락시킨 1688년 명예혁명은 다수당이 내각을 구성하여 의회정치를 실시함으로써 의회의 우월성을 확립시키는 계기를 마련하였다.

명예혁명 당시 영국의 의회는 왕권과 국교를 지키려는 토리당(the Tories)과 왕권을 제한하려는 휘그당(the Whigs)이 있었는데 정치적으로 분열된 2개의 당파는 유럽 근대 정당의 기원이 되었다.[16] 그런데 이 혁명의 승리는 휘그당의 힘으로 이루어졌기 때문에 혁명 후 휘그당의 세력은 급속히 확장되었다. 그들은 의회 내에서 절대다수를 차지하게 되었을 뿐만 아니라 정부 요직을 거의 독점하였다. 바로 이것이 영국 정당내각의 시초가 된다. 물론 하원에서 다수의석을 차지한 정당이 반드시 정부를 조직하여야 한다는 의원내각제(Parliamentary Government) 원칙이 마련된 것은 18세기 말이지만 명예혁명 이후 영국에서는 정치의 실권이 점차 국왕으로부터 내각으로 이전되었다. 그 내각은 의회의 신임을 기반으로 성립되는 것이므로 결국 의회는 모든 국정에 대하여 최고의 지배권을 갖는 기관이 되었다. 이렇게 하여 국왕은 '군림하되 통치하지 않는' 상징적인 존재가 됨으로써 의회주권이 확립되었다.

---

16) 휘그당은 자유당의 전신이고, 토리당은 보수당의 전신이다.

2. 과세권 및 입법권 확립

앞에서 언급한 것처럼 성립 초기부터 영국의회의 가장 기본적인 권한은 과세에 대한 동의권이었다. 마그나카르타에서는 옛 관습에 의한 것 이외의 신규 과세는 의회의 동의를 얻어야 한다고 되어 있으나, 1340년 에드워드 3세 때에는 법률에 모든 과세는 의회의 동의를 얻어야 한다고 명시함으로써 서민원은 14세기 후반부터 과세에 대한 확실한 동의권을 갖게 되었다. 이러한 동의권에 입각하여 세출예산안에 대한 의결권이 확립된 것은 1688년 명예혁명 이후부터이다.

의회가 입법에 관한 발의권을 갖게 된 동기는 국왕에 대한 청원제도에서 유래한다. 의회는 양원의 확립 이후 국민의 청원을 접수, 심사하여 청원이 타당하다고 인정되면 국왕에게 건의하였으며, 서민원(하원)은 독자적인 원의(院意)로서 국왕에게 청원서를 제출할 수 있었다. 청원의 채택 여부는 국왕에게만 있었기 때문에 때때로 서민원은 과세동의권을 무기로 그들의 청원이 수용되도록 하기도 하였다. 청원권이 의회의 입법 발의권으로 확립된 것은 15세기 중반 헨리 6세시대부터이다.

영국의회는 1600년대 중반 이후 청교도혁명, 명예혁명을 거치면서 입법권의 담당자라는 위상을 확립하게 되었다. 특히 1689년 권리장전의 성립 이후에는 국왕은 과세, 상비군의 징집, 유지 등 국정을 집행할 때 의회의 승인을 받아야 했다.

18세기를 거치면서 내각의 각료들이 의회에 정치적 책임을 지는 내각책임제의 발달로 근대적 의미의 의회제도 개념이 더욱 확고해졌다. 영국 의회제도는 명예혁명 이후 발전되었으나 18세기까지는 여전히 귀족을 비롯한 특권계급이 부패선거구(rotten boroughs)를 통하여 의회를 지배하였다.[17] 특권계급의 권력 약화를 가져온 제1차 선거법 개정(1832) 이후부터 서민원(하

---

17) 18세기 중엽부터 19세기 중엽 시기의 영국선거는 극심한 부패가 횡행하였다. 영국은 1854년 부패행위 방지법을 제정하였는데 여기에서는 부패행위에 대한 정의, 처벌, 그리고 선거비용 명시 등의 내용이 포함되어 있다. 이 법은 그 후 여러 차례의 개정을 거쳐 1948년 국민대표법에 포함되었다. 이에 관해서는 Sean Lang, *Parliamentary Reform, 1785~1928*(London: Routledge, 1999) 참조.

원)이 귀족원(상원)보다 상대적으로 영향력이 강화되어 의회정치의 황금기를 맞이하였다. 수상선출과 내각존립이 서민원의 다수세력에 의하여 좌우되었고, 서민원은 국가정책 형성의 중심으로서의 지위를 확보하게 되었다.

영국의 정치민주화 추진과정에서 보여준 다음의 여러 단계는 앞서 확립된 의회의 대중적 지위를 확장시켰다. 첫 번째 단계는 선거권의 확대이다. 이미 1832년 대개혁법(Great Reform Act)은 선거자격요건이었던 토지소유를 폐기함으로써 이전의 대지주 과두정치를 종결시켰다. 이후에도 여러 차례의 선거법 개정을 거쳐 1927년에 보통선거권제도를 시행하였다. 이런 과정을 거쳐 영국의회는 지주·자본가의 대변 기관적 성격을 탈피하고 대중적인 구성을 이루었다. 두 번째 단계는 하원의 우월화이다. 영국의회는 상원인 귀족원과 하원인 서민원의 양원제였는데, 앞서 살펴본 것처럼 대중적인 구성을 갖게 된 것은 서민원이었고, 귀족원은 여전히 세습 혹은 지명 등으로 의원들을 구성하였다. 따라서 의회는 민주화를 위해서는 귀족원의 권한축소가 필수적이었다. 이는 1911년 의회법(Parliament Act)에 의하여 실현되었다.

3. 의회제도의 전파

중세의회는 국토면적이 비교적 좁고 바다로 둘러싸인 영국에서는 지정학적 조건과 교통의 편리성 때문에 정기적인 소집이 가능하였으나 프랑스와 같이 국토가 비교적 넓은 나라에서는 그렇지 못하였다. 영국은 이러한 지정학적 조건으로 의회가 정기적으로 소집되면서 의회의 구성원인 의원들 스스로가 그들의 영향력을 인식하고 제도적 권리를 더 많이 요구할 수 있었을 뿐만 아니라 그들이 수행하는 대의적 역할도 인식하게 되었다.

영국이 이와 같이 오랜 세월 동안 점진적으로 민주정치를 실현해 온 것에 비하여 프랑스와 같은 유럽대륙의 국가와 미국은 전쟁 또는 혁명을 통하여 일거에 전제정치를 타도하고 민주제도를 수립하였다.

미국의 경우, 이미 1620년에 영국 본토에서 종교적 탄압을 피하여 자유의 신대륙으로 이주한 일단의 청교도들이 항해 중이던 선상에서 맺은 이른바 메이플라워협약(the Mayflower Compact)은 사회계약설 사상을 표방한 것이다. 이들의 사상적 신조는 약 1세기 후 본국의 부당한 압박에 대한 항쟁을 계기로 빠르게 아메리카 대륙에 확산되었다. 1776년 7월 4일 미국독립선언에서 천부 인권과 자유정부수립을 선포한 데 이어, 1787년에는 합중국헌법을 제정하여 국민주권, 개인의 기본권리, 성문헌법, 삼권분립, 지방자치 등 여러 민주제도들을 실현하였다.

18세기에는 영국을 제외한 유럽의 여러 나라 대부분이 전제군주정치의 지배하에 있었으나 19세기 말에는 터키와 러시아를 제외한 유럽의 여러 나라가 국민적 의회제도를 채택하였다.

18세기 말부터 19세기까지 세계 여러 나라에 보급된 의회제도는 앞에서 살펴본 것처럼 영국의 제도에서 그 기원을 찾을 수 있다. 유럽의 다른 나라에서는 세력이 약했던 신분회의가 영국에서만큼은 순조롭게 발전하여 근대적 의미의 의회로 발전할 수 있었던 이유는 무엇일까? 다음과 같은 이유들이 거론되고 있다.[18]

1) 봉건제도의 차이

영국은 원래 국가적 통일이 비교적 완전하였던 나라로서 봉건제도가 성립한 후에도 중앙집권이 유지되었다. 반면 대륙에서는 이와는 반대로 각지에 할거한 봉건제후들의 세력이 강대하여 전국적으로 보면 지방분권적이었다. 대륙의 신분회의에서는 지방적 대립이 격심하여 통일적인 제도 확립이 불가능하였다.

2) 신분계급의 성격상의 차이

대륙에서는 신분계급의 구별이 극히 엄하여 신분회의라는 것도 명확히 분리된 특권계급의 집합이었다. 구성 면에서도 귀족이나 성직자, 그리고 대도

---

18) 신도성, 앞의 책, 75~77쪽.

시의 대표자만이 참가할 수 있었다. 반면 영국에서는 계급제도가 그처럼 엄격하지 않았기 때문에 대회의도 비교적 계급적 색채가 희박하였다. 특히 일종의 지방자치단체로 볼 수 있는 주(county)의 대표자가 참가하기 시작한 이후에는 그것은 전국적인 각 계급의 대표자로 구성된 것이라고 할 수 있으므로 이 점 또한 국민의회로 발달하는 데 유리하게 작용하였다.

3) 지리적 환경

사면이 바다로 둘러싸인 영국은 대륙의 여러 나라처럼 대규모의 상비군사력을 보유할 필요가 없었다. 이러한 이유로 영국은 국가통일을 조기에 달성할 수 있었던 반면 왕권은 강대하지 못하였다. 관료조직도 대륙국가들처럼 확고하지 못하였기 때문에 국민들은 과도한 군국주의와 관료적 압박을 면할 수 있었다. 이러한 환경적 요인으로 인하여 영국에서는 지방자치조직과 훈련이 건전하게 성장할 수 있었고, 이것이 국민적 자치기관인 의회의 발달에 좋은 영향을 주었다.

17세기 이후 영국의 의회제도는 여러 나라에 직접적으로 전파되었다기보다는 미국혁명과 프랑스혁명 등 다른 유력한 요인들이 유럽 여러 나라 국민들의 자유주의의 열망을 자극하게 된 결과로 볼 수 있다.[19]

미국혁명의 예를 보면, 혁명의 결과로서 미 대륙에 수립된 제도는 기본적으로 대부분 영국에서 전래된 것이지만 여러 가지 면에서 영국에서는 볼 수 없었던 새로운 사상에 기인한 새로운 제도가 만들어졌다.

첫 번째는 연방제도이다. 새롭게 독립국이 된 13개 주가 독립적인 지위를 유지하면서 전체가 서로 연합하여 하나의 커다란 국가를 형성하였다. 19세기 이후 유럽과 신대륙에서 다수의 연방제도의 형성을 찾아볼 수 있으나 최초의 예를 제공한 것은 미국이다. 두 번째는 통일화된 성문법전으로 나라의 기본법인 헌법을 규정하고 이를 보통 법률과 구별하여 보통의 입법절차로서는 제정하거나 변경할 수 없도록 선례를 남긴 것도 미국이다. 세 번째는 주

---

19) 최요환, 『의회제도개요』(서울: 영웅출판사, 1955), 28~33쪽.

권재민의 사상이다. 이 사상 역시 미국에서 처음 실현되었고 19세기 이후 세계 역사에 지대한 영향을 미쳤다. 영국의회가 처음부터 왕권의 전제를 견제하는 기관이 아닌 국왕의 고문기관이었음을 상기시켜 볼 때 미국의 주권재민사상은 획기적인 것이었다. 신생국인 미국은 건국 당시부터 군주주권과 같은 사상이 발생할 여지가 없었기 때문에 국가의 모든 권력은 국민으로부터 나온다는 주권재민을 절대원리로 삼을 수 있었다.

제2장 의회의 구성과 기능

제1절 의회의 구성

1. 양원제 의회와 단원제 의회

의회의 구성은 기본적으로 의회가 하나의 원(院), 즉 단원제(unicameral system) 의회인지 아니면 두 개의 원, 즉 양원제(bicameral system) 의회인지에 관한 제도적 측면을 말한다. 단원제 의회는 하나의 원[一院]으로 구성되며, 여기에서의 의결사항이 곧 의회의 의결사항으로 효력을 가지는 제도이다. 이에 대하여 양원제 의회는 두 개의 원[二院]이 독립적으로 존재하여 각각 입법 및 의결행위를 하되, 양쪽의 의결이 일치될 때에 그것이 의회의 의사로서의 효력을 갖는 제도이다.

양원제 의회제도를 채택하고 있는 경우, 국민의 직선으로 선출되고 조직되는 제1원을 민의원, 하원, 서민원 등으로 부른다. 그리고 국민의 직선, 간접선거 혹은 지명에 의하여 구성되는 제2원을 참의원, 상원, 귀족원 등으로 부른다.

의회의 구성을 양원제로 채택할 것인지, 단원제로 채택할 것인지는 어느 것이 그 나라의 역사와 정치환경에 부합하는지, 그리고 어느 것이 입법과정의 효율성(effectiveness)과 국민의 입법요구를 적시에 수용할 수 있는 대응성(responsiveness)을 갖출 수 있는지를 파악한 후 결정하는 것이 바람직하다.

2. 양원제 의회 형성배경

　그동안 많은 국가들이 양원제를 채택하여 온 사실에 관해서 학자들은 역사적 관점에서 접근하고 있다.[1] 이러한 의회제도는 신분계급을 대표하는 중세 신분회의의 후신으로 그 형태는 귀족, 성직자, 시민의 대표로 구성되는 3원이 되기도 하였고, 때로는 기사대표를 포함하는 4원으로 구성되기도 하였다.

　3원 혹은 4원제의 신분회의를 뒤에 양원제로 발전시킨 나라는 영국이다. 영국에서 양원제도가 발달한 이유는 대체로 귀족, 성직자, 시민으로 구성된 의회의 주요 업무였던 과세에 대한 의결과정에서 찾아볼 수 있다. 구성원 대표들은 과세에 대하여 각기 부담할 비율을 별도의 장소에 모여 의결하였다. 처음에는 귀족과 시민이라는 명확한 구분으로 모이지는 않았으나 서로 이해를 달리하는 귀족층과 서민층이 각각 별개의 장소에서 신분회의를 하게 되면서 의회는 자연히 귀족원과 서민원으로 나뉘게 되었다. 1330년 이후에는 귀족과 성직자가 귀족원을, 기사와 도시대표자는 서민원을 형성하여 양원제도가 확립되었다.

　영국의 양원제 의회는 1653년 '정부조직법'에 의하여 전 국민을 대표하는 근대 의회제도로 발전하게 되었고, 1688년 명예혁명 이후에는 의회의 실권이 귀족원에서 서민원으로 이동하였다.

　양원제 의회제도의 설치에 이론적 근거를 제공한 영국의 밀(J. S. Mill)은, 단원제 의회는 각 사회계급의 이익을 공평하게 대표하기 어렵고, 자칫하면 다수파의 횡포를 가져올 수 있다고 지적하였다. 또 연방제 국가에서는 연방과 지분국 간의 연락 및 균형을 도모하기 위해서 제1원 이외에 지분국을 대표하는 제2원이 필요하고, 상원이 하원과 행정부 간의 충돌을 완화함은 물론 행정부의 점진적 발달을 위해서 양원제가 필요하다고 주장하였다. 양원제는 이와 같은 현실상황과 이론적 뒷받침에 힘입어 확고한 의회 형태로 형성되었다.

---

1) Samuel C. Patterson and Anthony Mughan, Senates(Columbus: Ohio University Press, 1999), 2~3쪽, 최요환, 『의회정치의 이론과 실제』(서울: 박영사, 1987), 47~48쪽.

양원제 의회는 현실적으로 어느 정도 민주주의를 억제하고자 하는 입헌군주제의 요구에도 맞아떨어졌기 때문에 '억제기관'으로서의 상원이 여러 나라에 도입되기도 하였다. 과거 신분회의의 전통에서 볼 수 있는 것처럼 상원은 특정한 계급의 권익을 보호하면서 민의를 대변하는 하원을 견제하였던 것이다.

상원의 구성과 기능은 의회의 역사적·사회적 조건에 따라 달라질 수 있다. 예를 들어 영국의 귀족원처럼 주로 특권계급의 대표자로 구성되기도 하지만, 미국처럼 연방제를 택한 경우 각 주를 대표하는 기능을 가진다. 또 주로 각 분야의 전문가 등 직능대표에 의하여 구성되는 상원은 하원의 수적 지배에 대하여 '이성적 지배'로써 대응한다.[2]

이처럼 양원제는 신분제 의회와 연방제도의 존재 등 역사적, 현실적 사정을 감안한 '합리적'인 의회형태로 발달하여 왔지만, 신분회의라고 하는 역사적 전통에 근거하여 인정되고 있기 때문에 귀족계급이 사라진 지금 그 존재이유는 빈약하다고 할 수 있다.

영국이나 일본 메이지[明治]헌법하의 특권계급을 대표하는 상원은 민의를 대표하는 정치에 제동을 거는 역할을 하곤 하였다. 민주화가 진전되면서 상원에도 공선제가 도입되었으나, 1911년 이후의 영국에서처럼 하원의 권한을 증대시키고 하원에 우월적 지위를 부여하는 경향이 강해지면서 양원제의 의미는 점차 약해지고 있다.

일반적으로 상원(제2원)은 의회 내부에서도 견제와 균형의 원리에 따라 하원(제1원)을 견제하고 조절하는 기능을 가지며 연방제에서는 각 주를 대표하는 기능을 가진다. 그런데 상원보다 민의를 더 정확하게 반영하는 하원을 상원이 견제하고 조절한다면 그것은 이론상으로는 민의를 왜곡하는 것과 다름없다.

미국, 영국, 독일, 프랑스, 일본 등은 양원제를 채택하고 있는데 그 이유

---

2) 일본의 상원격인 참의원은 하원격인 중의원에 대한 '이성적 지배' 기관이 되도록 한다는 목적을 가지고 설치되었으나 실질적으로는 중의원과 거의 차별화가 되고 있지 않다. 또한 최근에는 전반적인 교육수준의 상승으로 참의원과 중의원 간의 학력 격차가 크지도 않으며, 참의원이 중의원 주도세력의 영향을 받아 중의원화하는 현상도 나타나고 있다.

는 각 나라마다 다르다. 미국이 양원제를 채택하고 있는 이유는 연방국가로 서 상원의 구성원이 각 지역의 이익을 대표해야 하기 때문이다. 프랑스 원 로원도 공화국의 지방공공단체의 대표를 확보한다는 의의를 가지고 있다. 영국은 역사적 이유에 의하여 상원인 귀족원이 존재하는 경우이나 이제는 유명무실한 기구로 전락하고 있다.

지난 몇 해 동안 일부 민주주의국가에서 양원제가 폐지되기도 하였는데 주로 국민을 가장 잘 대표하는 하원의 권한을 약화시킨다는 이유에서였다. 덴마크, 뉴질랜드, 스웨덴 등의 국가는 공식적으로 양원 가운데 하나를 폐지시켰다. 일부 국가는 상원의 권한을 약화시켜 자문기구의 역할을 수행하는 정도가 되었고 하원이 실질적인 입법부의 역할을 하고 있다. 그 예로 영국 상원은 19세기까지 대부분의 측면에서 하원만큼이나 강력하였으나 1903년 하원이 민주화되면서부터 약화되기 시작하였다. 특히 1911년 의회조례가 채택된 후 상원의 거부권은 제한되고, 하원의 권한은 증대되어 오늘에 이르고 있다.

현재 벨기에, 이탈리아, 스위스, 미국 등 몇 나라에서만 상원과 하원이 공식적으로 동등한 권한을 가지고 있을 뿐이다. 연방제국가 혹은 다민족, 다중언어 사용국가가 아니라면 양원제 의회의 설립근거는 점점 더 약해질 수밖에 없다.

3. 단원제 의회 형성배경

의회구성 형태로서의 단원제는 양원제에 비하여 그 역사가 짧다. 양원제는 신분회의에서 시작된 자연발생적 상황에서 그 원류를 찾을 수 있지만, 단원제는 양원제의 시행과정에서 그 원류를 찾을 수 있다.

오늘날 양원제도의 보급은 특히 영국의 전통적 유산과 현실적 필요에 의한 것이었으나 단원제도 또한 역사성과 현실성, 이론적 근거를 갖추고 있다.

신분회의의 전통을 가진 프랑스는 영국과 마찬가지로 양원제를 채택하여 운용하여 왔다. 그러던 중 18세기에 부르봉왕조의 마지막 왕이었던 루이 16

세가 국가재정난을 극복하기 위하여 170여 년 만에 과거의 신분회의를 소집하여 문제를 해결하려 하였다. 그러나 귀족원은 단독회의를 열어 의결할 것을 주장하였고, 서민원은 합동회의를 열어 의결할 것을 주장함으로써 회의는 성사되지 않았다. 그러자 서민원의원들은 서민원만이 국민의 진정한 의사를 대변하는 의회라고 선언하기에 이르렀다. 이러한 주장이 바로 단원제 의회의 기본적인 존립근거가 된다.

프랑스는 1791년 양원제 의회하에서의 어려웠던 경험과 '주권은 불가분'이라는 이론적 근거에 입각하여 국회를 단원제로 구성하게 되었다. 단원제는 당시의 상황을 극복하기 위한 시대적 요청과 주권불가분성에 입각하여 형성된 것이다.

미국이나 스위스와 같은 연방국가는 대부분 양원제를 채택하고 있는데 이것은 각 연방구성단위를 대표하는 기관을 설치한 필요성이 있기 때문이다. 반면 단일국가에서는 단원제를 채택하는 나라가 많아지고 있다. 특히 제2차 세계대전 후의 독립국은 단원제를 택하는 경향이 강하다.

스웨덴은 중세에 귀족, 성직자, 시민, 농민의 4계급에 의한 4부회 의회가 발족하였으나 19세기 후반에 양원제가 되어 1세기 동안 존속하다가 1971년부터 단원제로 이행하였다. 영연방에 속하여 있는 뉴질랜드는 1950년 이래 단원제 의회형태를 채택하고 있다. 영국에서 독립한 가나와 싱가포르도 단원제를 채택하고 있다.

단원제를 채택하고 있는 나라는 이스라엘, 스웨덴, 케냐 등 비교적 소규모의 나라들이다. 단원제 의회는 주로 동질적인 사회, 국토나 인구의 규모가 크지 않은 나라와, 주변의 정세나 환경의 변화에 대응하여 신속한 의사결정을 내릴 필요가 있는 나라에서 채택하는 경향이 있다.[3]

1995년 4월 1일 현재 주권국가에는 178개의 국회가 있고 그중 135개는 국제의회연맹(IPU)에 가입되어 있다. 1995년도 IPU 목록에 수록된 양원제국가 52개국 중 팔라우, 51개국에서 이탈리아, 폴란드, 일본을 제외한 48개국

---

3) 김현우, 『각국의회제도분석』, ≪국회보≫ 제371호(1997. 9), 136쪽.

은 모두 다종족으로 구성되었거나 복수공용어를 사용하거나 영연방에 속한 나라들이다. 그런데 이탈리아와 폴란드는 복수공용어를 사용하지는 않지만 그 비율은 작아도 다른 인종이 거주하고 있음을 감안할 필요가 있다. 일본의 경우, 양원제 채택의 전제조건이라고 할 수 있는 신분제 의회의 존재, 복수공용어, 다인종, 영연방 경험 등의 조건을 하나도 충족시키지 못하고 있다는 점에서 특이한 경우라고 할 수 있다. 일본의 양원제도 채택은 메이지헌법이나 패전 후의 일본헌법처럼 정치적인 요인(예를 들면 천황의 존재 혹은 천황제 존속)에 의해서 결정되었다고 볼 수 있다. 따라서 상원인 참의원은 출범 당시부터 한계가 있었으며 개혁논의가 수십 년째 계속되고 있지만 거의 원점에서 맴돌고 있는 상황이다.[4]

양원제의회와 단원제의회의 장·단점은 다음과 같다.

〈표 2-1〉 양원제·단원제 의회 비교

구분	양원제 의회	단원제 의회
이론적 근거	·사회계급이익대표론: 사회를 구성하는 계급 간의 이익을 공평하게 대표하며, 동시에 다수(하원, 민의원, 서민원)의 의사결정을 조정하여 원만한 사회공동체를 지향함.	·주권 1원론: 국가의 최종의사결정은 한곳에서 이루어져야 함. 즉 주권은 국민의 대표들이 모인 1원에 있으며, 주권이 둘 이상으로 나누어질 수 없음.
채택국가	·미국, 영국, 프랑스, 독일, 일본 등	·한국, 이스라엘, 스웨덴, 케냐 등
채택이유 및 채택국가의 특징	·의회제도의 역사가 긴 국가 ·국가를 구성하는 주 또는 지역의 이익을 대표	·의회제도의 역사가 비교적 짧은 국가 ·국토의 규모가 비교적 작은 국가 ·사회적 동질성이 비교적 높은 국가
장점	·1원(하원, 민의원, 서민원)에서 내려질 수 있는 성급하거나 편파적인 의사결정을 반대 또는 조정할 수 있음.	·의사결정과정이 비교적 신속하여 국가정책수립과 집행의 효율성을 높일 수 있음.
단점	·최종의사결정까지 많은 시간과 토의 요구 ·1원에서의 결정을 번복하는 경우 국론분열, 정책혼선의 가능성이 있음.	·1개 정당이 원(院)을 장악하는 경우, 국가이익보다는 당파적 이해관계가 의사결정에 반영될 가능성이 있음.

---

4) 2009년 현재 일본국회에는 단원제 국회를 추구하는 '일원제 의원연맹(一院制議員連盟)'이 결성되어 활동하고 있는데, 이들은 중의원 480명, 참의원 242명으로 나뉘어 있는 양원을 하나의 원으로 통합하고 국회의원의 수를 30% 정도 축소하려는 움직임을 보이고 있다.

4. 의회구성의 추세

양원제 의회와 단원제 의회는 각기 역사적 경험과 이론적 배경을 달리하면서 자국의 역사적 조건과 정치적 상황에 의하여 적합한 의회형태를 채택하여 왔다. 근대의회 제도는 양원제를 출발시점으로 하고 있기 때문에 1960년대까지도 양원제 의회형태를 채택한 나라가 단원제를 채택한 나라보다 많았다.

지난 1973년도에 조사된 국제의회연맹(IPU) 회원국의 의회제도에 관한 내용을 연구한 보고서에 따르면 당시 연구대상인 56개 국가 가운데 28개 국가(50.0%)가 단원제를, 나머지 28개 국가(50.0%)는 양원제를 채택하고 있었다.5) 비슷한 시기에 IPU 가입 여부에 관계없이 조사된 각국의 의회구성을 보면 양원제 의회 53개국(42.4%), 단원제 의회 72개국(57.6%)으로 단원제 의회를 채택한 나라의 수가 많았다.6) 이렇게 볼 때 1960년대 이후부터 단원제 의회가 양원제 의회를 수적으로 앞서기 시작한 것으로 볼 수 있다.

<표 2-2>에서 의회구성의 변화를 보면 1995년 양원제는 52개국(29.2%), 단원제는 126개국(70.8%)으로 약 3 대 7의 비율로 구성되어 있으며, 1987년부터의 추세를 보면 양원제 의회는 32%에서 29.2%로 감소되었고, 단원제는 68.0%에서 70.8%로 증가하였음을 알 수 있다. 1997년 자료를 보면 양원제 의회는 60개국(33.7%)에서 채택하고 있으며, 단원제 의회는 118개국(66.3%)에서 채택하고 있다. 1995년과 비교하여 단원제 의회의 비율이 다소 감소하였으나 1997년 자료에 수록된 총 의회 수 178개국 중에는 1995년 자료에 수록되어 있던 한국과 북한 등 일부 단원제 의회 국가들이 수록되어 있지 않기 때문에 실질적인 감소비율이 큰 것은 아니며 앞으로 단원제 의회의 구성비율이 감소하지는 않을 것으로 보인다. 특히 신생국의 경우에는 대부분 단원제를 채택하고 있다.

---

5) 우병규, 『각국의회의 비교연구』(서울: 일조각, 1983), 13~31쪽. 참고로 1927년에는 양원제 의회 44, 단원제 의회 180이었으나, 1960년에는 양원제 의회 49, 단원제 의회 35로 변동되었다.

6) 조성운, 「이원제의 퇴조」, ≪국회보≫ 제129호(1973. 5), 82~83쪽.

〈표 2-2〉 의회구성의 변화

연도	의회 수	양원제 의회(%)	단원제 의회(%)
1987	142	45(32.0)	97(68.0)
1990	149	48(32.0)	101(68.0)
1993	170	51(30.0)	119(70.0)
1995	178	52(29.2)	126(70.8)
1996	179	57(32.0)	122(68.0)
1997	178	60(33.7)	118(66.3)

출처: IPU, *World Parliaments Directory*(1987, 1990, 1993, 1995), 기타 자료.

주목할 만한 점은 단원제 의회가 수적으로 우세를 보이고 있는 가운데 일부 양원제 국가들이 단원제로 전환하고 있는 추세에 있고, 단원제 의회가 양원제 의회의 기능을 흡수하고 있다는 점이다.[7]

나라별로 의회구성 변화를 보면 다음과 같다.

아프리카의 카메룬은 1960년 1월 1일 프랑스로부터 독립하여 다음 해 10월 서카메룬과 연방공화국을 성립하였으나 1972년 연방제를 폐지하고 단일국가로 바꾸면서 국명을 연합공화국으로 변경하였다. 현재의 국명(카메룬공화국)은 1984년 1월에 다시 변경된 것이다. 이 나라에는 카메룬고원족, 적도 반투족, 키르디족, 후라니족 등 다수의 종족이 살고 있어 양원제가 될 수 있었음에도 불구하고 단원제 의회가 유지되고 있다.

스리랑카는 1802년 영국의 식민지가 되었다가 1948년 영연방 내의 자치국으로 독립하였으며 싱할리족, 타밀족, 무어족으로 구성되어 있다. 의회형태는 양원제를 채택하여 상원의원의 절반은 수상의 추천에 의하여 총독이 임명하고 나머지 절반은 하원에서 선출하다가 단원제로 바뀌어 오늘에 이르고 있다.

리비아, 라오스, 이란, 터키, 스웨덴, 노르웨이, 아이슬란드 등의 국가도 양원제를 채택하였다가 현재는 단원제 의회를 운용하고 있다.[8] 뉴질랜드는

---

7) 김현우, 앞의 글, 146쪽.

8) 노르웨이의 대의기구는 총선거 후의 제1회기에서 호선에 의하여 의원정수의 4분의 1이 상원, 4분의 3이 하원으로 나뉘는데, 이 양원제도는 법안심의 경우에만 기능한다. 즉 회기 중에만 상·하원으로 구분되는 Storting이라 불리는 변형된 단원제 의회제도를 채택하고 있는 것이다. 헌법 개정, 조약승인, 예산심의 및 일반적인 의회보고는 양원합동의 본회의에서 행해진다.

1950년 12월 31일부로 상원을 폐지하였으며 덴마크는 1953년에 단원제로 전환하였다.

　단원제에서 양원제로 이행한 나라는 많지 않으나 그 가운데 아프리카의 콩고를 한 예로 들 수 있다. 콩고는 여러 종족으로 구성되어 있음에도 불구하고 1990년대 초까지 단원제 의회였으나 1991년 헌법 개정 논의, 1992년 쿠데타 발생 등 정치변동이 있은 후 양원제로 이행하였다. 콩고가 양원제로 이행한 것은 다종족국가임을 감안하면 쉽게 수긍할 수 있는 부분이다.

　미국과 같은 합주국(合州國)에서는 양원제가 지속되겠지만 영국처럼 느슨한 연방제가 되었거나 일본처럼 연방제가 아닌 나라에서의 양원제는 그 기능에 한계가 있다. 영국의 상원은 이미 그 기능을 상실하였으며, 일본 또한 상원격인 참의원에 대한 무용론이 제기된 지 오래이다.

제2절　의회의 기능

　지금의 의회는 그 구성이나 선출방법, 권한 등이 13~14세기의 의회와는 다르지만 주민대표로 구성되어 국정을 감시하고 통제하는 기본적인 기능은 크게 달라지지 않았다. 근대적 의미의 의회의 기능을 다음과 같은 여덟 가지로 정리할 수 있다.

1. 국민대표기능

　민주정치의 본래 의미는 모든 국민이 한 장소에 모여 국정을 논의하고 다수결로 정책을 결정하는 것에 있었으나 점차 인구가 증가하고 주거지역이 넓어지면서 전 국민이 한 장소에 모인다는 것은 현실적으로 불가능한 일이 되었다. 따라서 각 지역별로 대표자를 선출하고 중앙에 모이도록 하여 그들이 국정을 논하고 정책을 결정하도록 하는 대의제 민주주의제도가 보급된 것이다.

대의제 민주주의란 국민의 대표들로 구성된 의회에서 국민의 뜻을 정책형성에 반영하고 행정부로 하여금 정책을 집행하도록 하는 정치체제의 한 형태이자 그 사상의 표현을 가리킨다.

2. 입법기능

입법권은 연혁적으로 볼 때 절대군주의 자의적인 국정운영으로부터 국민의 자유와 기본권을 보존하기 위한 수단으로 쟁취된 것이다. 의회의 기능 중에서 가장 중요한 것은 법률을 제정, 개정, 폐지하는 입법기능이다. 법률은 민주국가에 있어서 국민의 의사일 뿐 아니라 모든 국가작용의 근거가 되기 때문에 법률의 제정, 개정, 폐지에 관한 기능과 역할은 매우 중요하다. 법률안은 의원(위원회)이나 정부가 발의 또는 제출하고 소관상임위원회에서 심사한 후 본회의에서 심의·의결한다.

3. 청원 접수 및 처리기능

청원의 접수 및 처리기능은 의회가 갖는 중요한 기능 중의 하나이며, 국민이 갖는 청원권은 의회제도가 발생되기 이전부터 전제군주에 대하여 자신의 권리와 이익을 보호 또는 회복하는 유일한 통로이자 수단이었다.

청원권은 의회제도의 성립과 함께 제도화되고 활용되어 왔다. 현재 각국의 헌법에서는 대부분 청원권을 명시하고 있으며, 청원을 통하여 국민이 자신들의 의견이나 요망사항을 국가기관에 제출하여 기본권과 이익관계를 확보할 수 있도록 하고 있다.

4. 정통성 부여기능

의회의 심의·의결로 법률은 합법성을 부여받는 동시에 국민의 이해와
납득 그리고 정통성을 부여받은 것으로 간주된다. 결국 법안심의는 정통성
부여를 위한 절차이다.

법치민주주의제도에서는 모든 통치행위는 의회에서 제정된 법률에 근거하
여 행하여질 것이 요구되며 법률에 근거하지 않는 권력행사는 인정되지 않
는다. 아무리 강력한 정부라 하더라도 법치민주주의에서는 의회에서의 입법
과정을 거치지 않고 통치행위를 행하는 데 한계가 있다. 이 제도하에서는
모든 통치행위는 의회에서의 입법절차를 통한 정통성의 부여를 불가결한 요
건으로 하고 있다. 그리고 이 '정통성 부여' 기능이야말로 오늘날의 법치민
주주의국가에서 의회가 갖는 중요한 기능 가운데 하나이다.

5. 고위공직자 선출기능

대부분의 의회는 고위 행정·사법관료 선출권 또는 동의권을 가지고 있
다. 그 예로 다수의 의회에서 간접선거를 통하여 수상을 선출하는 것을 들
수 있다. 또 의회에서 내각불신임동의안에 대하여 표결을 하는 것은 결과적
으로 지도자의 선출 또는 교체라는 점에서 의회의 지도자 선출기능은 중요
하다.

영국과 같이 의원내각제를 채택하고 있는 나라에서는 지도자의 선출을 통
한 정부 형성이 의회의 가장 중요한 기능 중의 하나다. 대통령중심제에서도
의회가 고위공직자 선출권을 갖는다. 미국의 경우, 어떤 대통령후보도 대통
령선거인단의 과반수의 지지를 얻지 못하면 연방하원이 후보자들 중에서 대
통령을 선출하고 있다.

한국국회는 헌법재판소 재판관(9인 중 3인) 및 중앙선거관리위원회 위원(9
인 중 3인)의 선출권, 국무총리·감사원장·대법원장과 대법관, 헌법재판소

장 임명에 대한 동의권을 행사하고 있다. 또 인사청문회를 통하여 고위공직에 취임하고자 하는 이들에 대한 자격이나 도덕성 등을 심의한다(2000. 2. 16 인사청문회제도 도입). 뿐만 아니라 대통령·국무총리·국무위원 등에 대한 탄핵소추안을 심의·의결하기도 한다.

6. 재정심의기능

영국의회가 성립 초기부터 가진 기본적인 권한은 과세에 대한 동의권이었다는 사실에서도 알 수 있듯이 재정심의기능은 현대의 의회에서도 기본적인 기능이다.[9]

한국국회는 예산안의 심의 및 확정, 국채의 모집과 예산 외에 국민에게 부담이 될 계약의 체결에 대한 동의권, 예비비 설치에 대한 동의권과 그 지출에 대한 승인권 등 국가재정을 심의 확정하는 권한 등을 갖는다. 국회는 이 권한을 가지고 정부의 정책집행과 제반활동을 감시·감독한다.

7. 정부통제기능

의회는 입법 및 재정에 관한 권한 외에도 정부의 정책을 통제할 수 있는 국정통제 권한이 있다. 한국국회는 매년 정기국회에서 정부 각 부처를 대상으로 국정감사를 실시하고 있으며, 국회 재적의원 4분의 1 이상의 요구가 있을 때에는 언제라도 특정한 사안에 대하여 국정조사를 실시할 수 있다.

한국국회는 정부정책의 보다 직접적인 통제를 위하여 국무총리·국무위원 또는 정부위원을 국회 본회의나 상임위원회에 출석시켜 정부의 정책에 대하여 질문을 할 수 있다. 국회는 대통령을 비롯한 고위공직자가 직무수행에서 헌법이나 법률을 위반한 때에는 이들을 탄핵소추할 것을 의결할 수 있

---

9) 영국에서 근대적 의미의 의회가 소집된 직접적인 원인은 바로 재정부족문제였다. 명예혁명 다음 해인 1689년에 성립된 권리장전에는 과세문제에 대한 의회의 통제가 명문화되었다.

으며, 국무총리 또는 국무위원의 해임을 대통령에게 건의할 수 있다. 또한 입법권, 예산심의권, 국정감사 · 국정조사 등 권한의 적절한 행사를 통하여 행정부의 자의적인 정책집행이나 권력행사를 감시하고 통제할 수 있다.

8. 사회통합기능

국가의 국사(國事)와 각종 현안들은 의회라고 하는 공개적인 자리에서 의원들 간의 대화와 토론을 거쳐 의사결정이 이루어진다. 의회는 국민에 의하여 선출되고 국민의 뜻에 따라 운용되는 것을 전제로 하고 있으므로 의회에서 어떤 안건에 대한 심의를 통해서 그것을 지켜보는 국민들에게 무엇이 정치적으로 중요한 것인가 또 문제들을 어떻게 해결해 나아가야 하는 것인가를 보여준다.

의회는 앞에서 제시한 여러 기능 이외에 사회통합이라는 보다 근본적인 기능을 갖는다. 의회는 하나의 정치체제 안에 거주하는 주민들 속에서 인종, 언어, 종교, 지역, 신분, 이념적 차이를 대표하는 의원을 선출하여 상호 간의 입장(이해관계)을 조정하고 갈등을 해소하기 위하여 마련된 기회의 장(場)이기도 하다.

다시 말해서 주민의 다양한 구성과 입장, 이해관계를 적절히 조정하여 분산적 의지 혹은 의사를 일반적 국가의사로 통합하여 국리민복에 앞장서는 기관이 의회이기 때문에 의회가 사회통합의 기능을 갖는다고 보는 것이다.[10]

---

10) 의회의 통합기능에 관해서는 진덕규, 「현대정치사회에 있어서의 의회의 통합기능」, ≪국회보≫ 제113호 (1971. 5), 97~103쪽 참조.

의회가 한 국가의 정치체제 안에서 어떠한 위상을 가지고 있느냐 하는 것은 그 나라의 역사적 경험, 문화적 전통 혹은 종교와 정치와의 관계, 당대 정치지도자의 성향 등에 따라 달라질 수 있다.

앞부분의 제1절에서는 의회의 구성, 즉 의회를 단원제 의회와 양원제 의회로 분류하여 제도적 측면에서 살펴보았는데 이 부분에서는 의회의 활동 내용과 행정부와의 관계에 초점을 맞추어 그 기능적 측면에서 의회를 조명하여 보기로 한다.

1. 폴스비의 의회유형

입법부인 의회가 여타 정부기관에 대하여 얼마나 많은 권력을 가지는가? 이런 질문에 답하기 위한 기준으로 폴스비(N. Polsby)는 각국의 의회를 양극단에 위치하는 연속선상에 위치시켜 볼 것을 제안하였다.

폴스비는 민주국가의 의회가 갖는 다양한 기능 중 특히 '전환기능'과 '무대기능'을 비교유형화의 기준으로 삼고 사회적 요구를 법률로 전환하는 기능의 '전환(transformative)의회'와 활동무대로서 기능하는 '무대(arena)의회'로 분류하였다. 의회의 법안심의에 대한 영향력에 착안한 그는 미국의회를 '전환의회', 영국의회를 '무대의회'로 구분하였다.

1) 전환의회

어떠한 사회적 문제 또는 요구를 법률로 전환하기 위하여 독자적인 능력을 발휘할 수 있고 실제로 발휘하고 있는 의회를 말한다.[11] 폴스비는 전환의회의 전제조건으로 원내 다수파 구성에서 정당 간 연합의 폭과 유동성이

---

11) Nelson W. Polsby, "Legislatures", in F. I. Greenstein and N. W. Polsby(ed.), *Handbook of Political Science*(Reading, Mass.: Addition‒Wesley, 1975), 277쪽.

클 것, 원내 정당 관리상의 비중앙집권성(분산성)이 클 것 등을 제시하고 있다. 전환기능이 실행되고 있는지의 여부는, 정부와는 별개로 의회가 독자적으로 실질적·효과적 입법을 어느 정도 행하고 있는지를 보고 판단할 수 있다.

이런 유형의 의회에서 입법과정을 설명하는 요인은 의회의 내부구조와 하위문화적 규범이며, 고찰에 필요한 대상은 위원회의 구조, 위원의 지명절차, 제도적 사회화과정, 의원에 의한 이익인지나 규제, 비공식적인 의회 내의 정치적 성격, 내부절차나 규제의 작용, 연공서열과 같은 관습 등이다.[12]

의원의 자유로운 행동을 전제로 하는 전환의회의 입법과정에는 이익집단이나 지역 유권자로부터의 기대와 요구가 반영되기 때문에 법률안이 성립되기까지 많은 시간이 소요되기도 한다. 따라서 전환능력이 크다고 해서 반드시 좋은 평가를 내릴 수 없는 것은 포크배럴(pork barrel) 혹은 로그롤링(logrolling)[13]과 같은 전환이 국민적 이익으로 연결되지 않는 경우가 있기 때문이다.

2) 무대의회

정치체제의 운영에서 중요 정치세력들의 상호작용과 토론을 위한 공식화된 무대 혹은 환경(settings)을 제공하는 의회를 가리킨다.[14] 이런 유형의 의회는 정책관련 쟁점과 활동의 무대가 명확하기 때문에 의회에서의 토론 활성화와 유권자 앞에서의 효과적인 '쟁점 제시능력'이 무대기능의 척도가 된다.

폴스비는 영국의회를 역할은 평범하지만 토론이 활성화된 기관이라는 점에서 '무대의회'라고 보았다.[15]

무대의회에서는 의원의 사회적 배경 및 정치적 충원이 중요한 의미를 갖는다. 무대의회는 권력의 소재가 명확하지 않다는 것과 위원회 활동의 불완전성,

---

12) Polsby, 앞의 글, 291쪽.

13) 본래 돼지고기 보존용 통을 뜻하는 pork barrel은 특정 선거구나 의원에게 혜택이 돌아가도록 정부사업이나 보조금을 할당하는 일 또는 그러한 의도로 법안을 제출하여 처리하는 정치활동을 말한다. 또 logrolling은 의원들이 서로 협력하여 특정 의안을 가결 처리하는 나눠 먹기식 입법활동을 말한다.

14) Polsby, 앞의 글, 277~302쪽.

15) 영국의 경우, 법률안제출의 정부집중화현상은 강력하고 효율적인 정치를 추구한다는 명분으로 옹호되고 있다. 즉 정부제출법률안이 내적 일관성을 기할 수 있고 여러 법률안에 상호 일치된 입법계획수립의 기능성을 증대시킬 수 있다는 것이다.

그리고 구두에 의한 의견교환을 특징으로 한다. 또한 정책결정의 중심은 의회 외부에 있으며, 원내 정당은 정부에 인재를 제공하는 역할을 한다는 것이다.

무대의회의 입법과정은 주로 외부세력의 압력과 충격에 의하여 설명된다. 의원발의법률안은 건수도 적을뿐더러 정치적 중요성이 없는 비논쟁적 성격의 것이 대부분이다.[16)]

<표 2-3>을 보면 '전환'보다는 '토론'에 더 비중을 두고 있는 영국의회는 무대의회, 즉 입법전환능력이 낮은 의회로 분류되었다.[17)] 이러한 의회의 법률안 심의과정에서 주로 토론되는 것은, 제출된 법률안을 법률로서 결정하여도 좋은지의 여부, 기타 법률과의 저촉 여부, 법률안 내용에 대한 국민의 납득 여부 등이다.

영국에서는 내각이 다음 선거에서 패배할지도 모른다는 위기감과 당내에서 이탈자가 다수 속출할지도 모른다는 위기감을 느낄 때 이외에는, 의회는 거의 '전환능력'을 보이지 않는다. 이는 '전환'보다는 '토론' 그 자체에 비중을 두고 있기 때문이다.

〈표 2-3〉 폴스비의 의회유형

유형 구분	전환능력	예시	원내 다수파 구성	원내 정당관리
전환의회 transformative	높음	미국	매우 연합적 (유동성 큼)	매우 분산적
완화된 전환의회 modified transformative	조금 높음	네덜란드 스웨덴	연합적 적당하게 연합적	분산적 적당하게 분산적
완화된 무대의회 modified arena	조금 낮음	서독 이탈리아 프랑스(제4공화국)	연합적 연합적 불안정적	적당하게 분산적 적당하게 중앙집권적 분산적
무대의회 arena	낮음	영국 벨기에 프랑스(제5공화국)	적당하게 연합적 기반 협소 기반 협소	중앙집권적 중앙집권적 중앙집권적

출처: N. Polsby(1975), 296쪽.

---

16) 영국의 경우 국회에 제출되는 법률안의 수와 성립률을 보면 행정부가 90% 이상을 차지하고 있는 데 반하여 의원이 제출하는 법률안의 수와 성립률은 극히 낮은 수준에 있다. 따라서 국회에서 심의되는 법률안은 필연적으로 정부와 여당안이 중심이 되고 있다. 입법과정은 복잡하게 단계별로 분화되어 있으며, 각 단계마다 내각이 주도하고 있다.

17) 영국의회의 입법과정에 대한 전반적인 비평적 분석, 법체계, 단계별 및 사례별 입법과정은 Michael Zander, *he Law-Making Process*(London: Butterworths, 1999) 참조.

한편 원내 정당관리가 매우 분산적인, 다시 말하면 의원 개개인의 입법활
동이 자유로운 미국의회는 전환의회의 전형적 성격을 드러내고 있다. 하지
만 미국의회에서는 의원입법만이 가능하기 때문에 전환능력이 높을 수밖에
없다는 사실에 유념해야 할 필요가 있다.

폴스비는 의회의 기능은 실질적 의회가 구성되어 있는가의 여부와, 그 의
회가 기능하는 정치체제가 개방적인가 폐쇄적인가의 여부, 즉 국민이 특정
한 목적으로 정부에 영향을 줄 수 있는가 하는 두 가지 관점에서 분리 가능
하다고 주장한다. 그는 이 두 가지 요인의 조합에 의하여, 각종 정치체제에
서 의회의 특성을 명확히 하려고 하였다. 그러나 그의 의회분류는 의회정치
가 정착되지 못한 제3세계에 적용하기에는 적절하지 않다는 평가도 있다.[18]
즉 전환능력도 없고 중요 정치세력의 상호작용이 불충분한 의회에서는 이러
한 분류가 해당되지 않는다는 것이다.

이처럼 폴스비는 전환능력에서 의회의 기능을 찾고자 하였다.[19]

2. 와인바움의 의회유형

와인바움(M. Weinbaum)은 의회가 어느 정도 정부의 정책에 대항하여 그
것을 저지하고 수정할 수 있는가 하는 것에서 의회의 능력을 찾고자 하였
다. 그는 의회의 기능을 결정짓는 것은 통합능력과 결정능력이라고 보고 의
회를 경쟁·우위의회, 동등의회, 종속의회, 복종의회, 그리고 부정의회의 다
섯 가지 유형으로 분류하였다.[20]

여기에서 통합능력이란 정치체제에 대한 국민적 충성심과 단합을 유도,

---

18) 김광웅·김학수·박찬욱, 『한국의 의회정치』(서울: 박영사, 1991), 22~23쪽.

19) Samuel H. Beer, "The British Legislature and the Problem of Mobilizing Consent", in
Philip Norton(ed.), *Legislatures*(Oxford: Oxford University Press, 1990), 246~247쪽.
Robert A. Packenham, "Legislatures and Political Development", in Philip Norton(ed.),
Legislatures(1990), 82~90쪽.

20) Marvin G. Weinbaum, "Classification and Change in Legislative Systems: with Particular
Application to Iran, Turkey and Afganistan", in G. R. Boynton and C. L. Kim(엮음), *Legislative
Systems in Developing Countries*(Durham: Duke University Press, 1975), 35~45쪽.

강화하는 능력(체제유지능력)을 말하며, 결정능력이란 법률안을 수정 또는 거부할 수 있는 입법 주도능력, 국정조사 등의 활동을 통하여 행정부의 행위에 영향을 주거나 행정부의 예산, 권한위임, 인사문제 등에서 이를 변경시킬 수 있는 제반능력을 말한다.

강한 통합능력을 갖는 의회는 <표 2-4>에서 보는 것처럼 정책결정능력에 따라 경쟁·우위의회, 동등의회, 종속의회로, 약한 통합능력을 갖는 의회는 부정의회와 복종의회로 나뉜다.

1) 경쟁·우위의회(competitive-dominant)

통합능력은 물론 정책결정능력 수준도 높아서 정부제출법률안의 내용과 입법의도를 수정하는 능력이 가장 뛰어난 의회이다. 행정부와 의회의 관계는 경쟁적 기반 위에 설정되어 있고 의회가 행정부로부터 자율성을 확보하고는 있으나 행정부의 정책설정 주도권은 불가피한 것으로 인정한다. 이런 의회에서는 상임위원회가 기능적 특화를 이루고 있기 때문에 행정부에 대한 경쟁력이 높다. 미국과 프랑스 의회가 이 범주에 포함되며, 권력의 분산과 원내 다수세력의 구성에서도 유동성이 크다. 필리핀의회가 이 유형에 속한 것은 1935년에 미국식 헌법을 채택하여 1972년까지 시행하였기 때문인 것으로 보인다.

2) 동등의회(coordinate)

원내 다수파가 정당 간의 연합에 의하여 구성되며, 행정부가 원내에 다수파를 형성하고 있는 의회이다. 입법주도권은 거의 행정부에 있지만 의회는 법률안이 의회에 제출되기 전이나 의회 내에서의 심의 기간 중에도 법률안을 수정할 수 있다. 동등의회는 통합능력은 강하나 결정능력은 중간수준의 의회이다.

3) 종속의회(subordinate)

제도적 제약의 유무에 관계없이 원내에서 강한 결속력을 갖는 다수파
(disciplined majority)가 정부를 구성하고 있는 의회이다. 여기에서는 정부의
제안이 거의 수용되며 정부는 의회 내 다수파의 도움을 받아서 그들이 원하
는 거의 모든 것을 얻을 수 있다. 동등의회에서는 정부제출법률안에 대한
수정이 가능한 반면 종속의회에서는 불가능하다. 이런 의회에서의 정책형성
및 결정은 선거에서 다수파의 지위를 획득하여 정권을 장악할 때에만 실현
된다.

4) 부정의회(indeterminate)

통합능력은 약하나 결정능력은 강한 의회이다. 이런 유형의 의회는 부정
성(不定性)을 내포하기 때문에 행정부와 입법부의 관계를 안정시키는 데 필
요한 구조와 가치가 결여되어 있다. 수상이 군주 혹은 투표로 선출된 대통
령에 의하여 임명되는 경우에는 행정부와의 협력관계가 약해질 수밖에 없
다. 따라서 이 의회는 극단적 다당체제가 전개되는 경우에는 통합능력이 약
해질 뿐만 아니라 통제하기도 어려워져 원만한 의회활동에 지장을 초래할
수 있다.

5) 복종의회(submissive)

통합능력도 약하고 정책결정능력도 약한 의회이기 때문에 종종 특정 정치
세력이나 정권에 정통성을 부여하거나 그것을 강화시켜 주는 역할을 한다.
이런 유형의 의회는 행정부 개입의 원인이나 구실을 제공한다기보다는 행정
부의 입법과정 개입의 결과로 나타난 의회라고 볼 수 있다.

〈표 2-4〉 와인바움의 의회유형

	통합능력 강			
결정능력 약	종속의회(subordinate) 인도, 캐나다, 영국, 일본, 인도, 프랑스(제5공), 서독	동등의회(coordinate) 네덜란드, 칠레, 터키(1961~1965)	경쟁·우위의회 (competitive-dominant) 미국하원, 필리핀(1935~1972), 프랑스(제4공)	결정능력 강
	복종의회(submissive) 콜롬비아, 케냐, 레바논, 말레이시아, 이란, 타이, 이집트, 소련		부정의회(indeterminate) 바이마르독일, 아프가니스탄(1965~1973)	
	통합능력 약			

출처: M. G. Weinbaum(1975), 44쪽.

와인바움의 의회유형에서는 의원발의법률안의 많고 적음이나, 정부제출법률안에 대한 부결 또는 수정의 정도가 의회의 정책능력 형성을 결정하는 기본이기 때문에 <표 2-4>에서처럼 제도적으로 의원발의법률안만을 심의의 대상으로 하는 미국의회가 독자적인 입법활동을 행하는 의회인 경쟁·우위의회로 분류되어 있다.

3. 미지의 의회유형

미지(M. Mezey)는 의회와 의원의 활동을 정책형성활동(입법활동, 행정부 감독활동), 체제유지활동(정치엘리트의 충원, 분쟁관리, 국내적 통합, 정통성 부여), 대표활동(이익표출, 지역유권자에 대한 봉사 등)의 세 가지로 나누어 각 의회가 어느 활동에 중점을 두고 운영되고 있는가에 주목하였다.

와인바움처럼 의회가 정부의 정책에 대항하여 이를 저지하고 수정하는 능력이 어느 정도나 되는가 하는 것에서 의회의 능력을 찾고자 한 미지는 그 중에서도 정책형성 활동을 가장 중시하였으며 <표 2-5>의 의회유형 분류를 위하여 정책형성능력과 지지라고 하는 두 가지 기준을 사용하였다.[21]

---

21) 미국정책과정의 중심에 있는 미국의회는 행정부 혹은 의원으로부터 제출된 정책제안에 대하여 거부, 수정 혹은 무시할 수 있는 능력이 입증되었는데 미지는 이를 근거로 국민들의 의회에 대한 지지가 큰 것으로 파악, 능동의회로 분류하였다. 기타 약체의회, 반응의회, 최소의회, 한계의회의 사례와 설명은 M. Mezey, *Comparative Legislatures*(Durham, North Carolina: Duke University Press, 1979), 36~43쪽 참조.

1) 정책형성능력

의회가 행정부의 제안을 수정할 수 있거나 거부할 수 있는 정도를 말한다. 대폭적인 수정이나 거부가 가능하다면 그 의회는 강한 정책형성능력을 갖는다고 보는 것이다. 수정이나 거부 이외에 정책심의를 통한 행정부 감시활동이 내포되므로 단순히 국회 본회의나 상임위원회 석상에 그치지 않고 국회 내·외부에 걸친 활동능력을 말한다.

행정부의 제안을 쉽게 거부하지는 못하더라도 어느 정도 수정을 할 수 있으면 그 의회의 정책형성능력은 중간수준이며, 행정부의 제안을 제대로 수정하지도 못하고 거부하지도 못하는 경우라면 하위수준에 속한다.

정책형성능력이 가장 큰 의회는 능동의회와 약체의회이며, 그 능력이 중간 정도인 의회는 한계의회와 반응의회, 그리고 능력이 약하거나 없는 의회로는 최소의회가 있다.

2) 지지

미지는 의회가 갖는 정책형성능력과 의회에 대한 국민이나 행정부의 정치지도자들이 갖는 기대에 의회가 어떻게 부응하였느냐 하는 것을 지지(support)의 개념으로 정리하였다. 여기에서 지지를 달리 표현하면 의회를 가치 있고 신뢰할 수 있는 정치적 기관으로 인식하는 태도를 말한다.[22]

어떤 의회에 대한 지지를 측정하는 지표 가운데 하나는 의회제도상의 계속성 여부, 즉 의회가 구성되어 정변과 같은 정치변화 또는 헌법 개정에도 불구하고 그 의회가 통합성(integrity)의 유지나 존속이 가능하였는지의 여부이다. 지지도 측정에서는 그 나라에서 발생하는 사건들과 정치행위자(정치인)들의 공식발언을 분석하여 의회에 대한 지지의 존재 여부를 파악하는 방법과, 시민과 사회지도층 인사들이 갖는 의회에 대한 태도를 분석하는 방법 등이 있다.[23]

---

22) M. Mezey, "Classfying Legislature", in Philip(ed.), *Legislatures*(Oxford: Oxford University Press, 1990), 156쪽.

<표 2-5>에서는 일반적으로 지지가 큰 선진국의 의회를 능동의회, 반응의회, 최소의회로 분류하고 있으며, 미국의회를 능동의회로, 일본이나 영국의회를 반응의회로 규정하고 있다.

미국과 코스타리카의 의회가 정책형성능력과 지지가 가장 높은 것으로 평가되었다. 미국의회의 경우 제도적으로는 의원발의법률안만이 제출되기 때문에 정부의 간섭이 배제된다는 점에서 의회는 강한 능력을 갖는다. 정당에 의한 의원구속력이 약한 이런 의회에서는 특정한 사건이나 사안을 둘러싸고 비슷한 여러 가지 법률안이 동시에 발의되는 현상이 나타나기도 한다.

〈표 2-5〉 미지의 의회유형

		약한 지지를 받는 의회	강한 지지를 받는 의회
정책형성능력	강	약체의회(vulnerable legislatures) 필리핀, 우루과이, 칠레, 이탈리아, 프랑스(제4공), 프랑스(제3공), 바이마르독일	능동의회(active legislatures) 미국, 코스타리카
	중	한계의회(marginal legislatures) 타이, 파키스탄, 베트남(1975년 이전), 한국, 케냐, 우간다, 말레이시아, 콜롬비아, 페루, 브라질, 아프가니스탄, 이란, 에티오피아, 시리아, 요르단, 잠비아, 나이지리아, 아르헨티나, 방글라데시, 과테말라, 레바논	반응의회(reactive legislatures) 영국, 캐나다, 오스트레일리아, 뉴질랜드, 인도, 이스라엘, 멕시코, 노르웨이, 스웨덴, 덴마크, 핀란드, 서독, 벨기에, 네덜란드, 스위스, 프랑스(제5공), 오스트리아, 아일랜드, 일본, 터키
	약 (또는) 무		최소의회(minimal legislatures) 소련, 폴란드, 유고슬라비아, 탄자니아, 싱가포르, 튀니지, 타이완, 코트디부아르, 가나

출처: M. Mezey(1979), 36쪽.

미지나 와인바움의 의회유형에서 의회의 독자적인 정책결정, 즉 의원입법의 많고 적음이나 정부법안에 대한 부결이나 수정의 정도가 의회의 정책형성능력을 결정하는 근본이 되기 때문에 제도적으로 의원입법만이 심의의 대상이 되는 미국의회가 적극적인 의회에 속하고, 일본이나 영국과 같은 의원내각제에서의 정부법안이 입법의 주체가 되는 의회는 소극적인 의회에 속하는 것이다.

---

23) M. Mezey, *Comparative Legislatures*, 27~28쪽, M. Mezey, "Constituency Demands and Legislative Support: An Experiment", *Legislative Studies Quarterly* 1(February 1976), 101~128쪽; 岩井奉信, 『立法過程』(東京: 東京大學出版會, 1988), 7~9쪽.

미지의 의회 분류 역시 와인바움의 분류처럼 연구자의 주관적 판단에 따라 좌우될 가능성이 크며 의회에 대한 지지수준 측정뿐만 아니라 정책형성능력 수준의 측정 역시 쉽지 않다는 데 문제가 있다. 그것은 정부와 의회 혹은 정부와 야당 간에 법률안 처리를 놓고 막후협상을 벌인 후 법률안을 제출하는 사례가 적지 않게 발생할 수 있기 때문이다. 미지가 스스로 밝히고 있는 것처럼 그의 유형 및 분류는 완전한 것이 아니다. 그의 유형은 다만 각국의 의회가 산출하는 자료와 의원들의 의정활동을 어떻게 분류하여 정리할 것인가를 보여주는 하나의 기본적인 분석틀을 제공할 뿐이다.

폴스비, 와인바움, 미지의 의회분류는 모두 의회의 정책활동 수준을 기준으로 삼고 있다는 공통점이 있다. 그러나 김광웅·김학수·박찬욱(1991)이 적절하게 지적한 것처럼 각자의 주관적인 평가, 소유하고 이용한 의회자료의 성격과 연도의 차이 등이 있기 때문에 정체나 의회운영방식으로 다른 의회들을 일정한 틀에 넣어 그 기능을 비교하는 데는 무리가 있다.

결국 이들의 분류방법은 절대적인 것은 될 수 없으나, 의회를 연구하는 이들에게 특히 초심자들에게는 의회를 바라보는 안목을 키워 줄 수 있는 하나의 접근방법이 될 수 있다.

4. 정부형태 및 의회운영방식에 따른 의회유형 분류

앞의 세 가지 유형에서는 내각책임제와 대통령중심제국가에서의 행정부와 입법부 간의 권력관계가 구분되어 있지 않았다. 내각책임제와 대통령중심제 국가를 구분하지 않고서는 의회기능을 평가하기 어렵다. 뿐만 아니라 의회 운영상 기본 분류방식인 위원회 중심의회 혹은 본회의 중심의회 여부에 구분 없이 의회의 '정책형성능력'이나 '정책결정능력' 수준을 비교, 분류하는 것은 문제가 있다고 할 수 있다.

정책형성능력 혹은 지지와 같은 개념을 동원하여 각국 의회의 유형을 기능별로 살펴본 세 가지 유형분류와는 달리 여기에서는 의회의 제도와 기능

을 단순화시키고 입법보좌기능에 중심을 둔 포괄적 모형인 거미줄망 모형을
제시하고자 한다.

이 모형에서는 정부형태에 따른 대통령중심제와 내각책임제를 구분한 후
다시 의회운영방식인 본회의중심주의와 위원회중심주의로 구분하였다. 이것
은 법률의 제출건수나 가결비율, 정체, 의회운영방식, 대의제 민주주의제도
의 운용 여부, 그리고 입법 보좌조직의 존재 및 규모, 전문참모진의 입법지
원업무 수행능력 및 산출, 전문참모진의 충원방법의 탄력성, 구성원의 전문
성 수준에서 의회의 기능적 유형을 분류하려는 의도이다. 한국과 미국은 대
통령중심제와 위원회중심주의를 택하고 있으므로 'Ⅰ' 공간에, 내각책임제
와 본회의 중심주의를 택하고 있는 영국은 'Ⅲ' 공간에, 내각책임제와 위원
회중심주의를 택하고 있는 일본은 'Ⅳ' 공간에 속하여 있다. 이들 국가들은
각기 속하여 있는 공간에서 다시 1, 2, 3, 4의 어느 한 기능 공간에 속하게
되는데 여기에서 번호의 크기는 의회기능의 확장을 가리킨다. 또 번호 간의
관계는 2번은 1번을 포함하며, 3번은 2번을, 그리고 4번은 3번을 각각 포함
한다.

1) 기초의회(basic)

형식적으로라도 대의제 민주주의가 시행되고 있는 국가의 의회들은 어느
제도 공간에서든 기본적으로 제1면, 즉 기초의회로 분류된다.

기초의회는 독립적인 의사결정능력이나 입법주도능력이 약하고, 행정부의
영향권에서 벗어나지 못하는 종속형의회이다. 다시 말하면 '정책영향력이
없거나 약한 의회(legislatures with little or no policy affect)'가 이 의회유형
에 속할 수 있다.[24]

---

24) 본문에서는 소개하지 않았으나 Norton은 의회의 유형을 다음의 세 가지로 분류한 바 있다. ① Policy-
making legislatures, ② Policy-influencing legislatures, ③ Legislatures with little or no policy
affect. Philip Norton, *Does Parliament Matter?*(Hertfordshire: Harvester Wheasheaf, 1993).

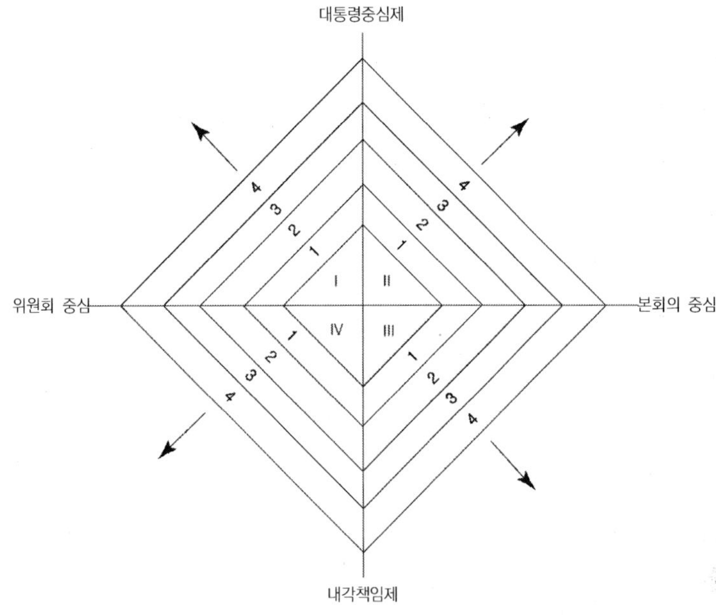

〈그림 2-1〉 거미줄망 모형

〈표 2-6〉 거미줄망 모형의 제도 및 기능 공간

구분	제도 공간	구분	기능 공간
I	대통령중심제 · 위원회 중심	1	기초의회
II	대통령중심제 · 본회의 중심	2	일반의회
III	내각책임제 · 본회의 중심	3	독립의회
IV	내각책임제 · 위원회 중심	4	전문의회

2) 일반의회(general)

대의민주주의제도가 시행되고 있고, 의회에 대한 국민의 신뢰도가 있는 의회는 제2면의 일반의회 유형에 속한다. 제2면은 어떤 의미에서는 미지가 제시한 '지지(support)'의 개념과 부분적으로 비슷하다. 다른 점이 있다면 미지의 '지지' 개념은 국민의 의회에 대한 전폭적인 지지를 의미하나, 여기에서는 그 수준까지는 아니더라도 법과 제도가 어느 정도 정비되고, 선거가 정기적으로 공정하게 실시되고 있는지에 따라 신뢰도를 부여한다.

한국의 경우 선거제도, 정당제도, 정치관계법·제도의 존재와 그 발전적 성향으로 볼 때 일반의회의 조건을 충족하고 있다. 그러나 한국은 정당정치의 제도화 수준이 높지 않고, 입법과정에 행정부 수반의 영향력이 개입될 소지(공천권의 소재 등)가 크며 입법보좌조직의 규모나 조직운영, 전문직 관료 충원방식 및 그 충원비율 등의 문제점들이 지적될 수 있다.

한국국회는 일반의회 수준에서 독립의회 수준으로 진입하고자 하는 단계에 있다. 앞에서 제시한 여러 가지 상황적 조건과 제도가 개선된다면 머지않아 진입할 수 있을 것이다.

3) 독립의회(independent)

행정부와의 관계에서 독립성을 인정받는 의회는 제3면에 속한다. 독립성은 정부제출법률안의 거부 혹은 수정비율 등의 기준으로 판정한다.

국회의장이 대통령이나 내각수반에 의하여 지명 또는 영향을 받아 선출되는지의 여부와 의원들의 독립성 여부, 예를 들면 공천권의 소재, 교차투표 허용 등이 이에 해당된다. 이 면은 블론델(J. Blondel, 1973)이 제시한 '점착성(viscosity)'의 개념과 와인바움이 제시한 의회유형 중 정책형성능력의 강도를 나타내는 경쟁·우위(competitive − dominant)의회와 유사하다고 볼 수 있다.

4) 전문의회(professional)

제4면의 전문의회는 기초의회, 일반의회, 독립의회의 요건을 기본적으로 충족하고 있는 의회에서 의원들의 자유로운 입법활동이 이루어지고, 전문 입법관료들의 충분한 보좌가 이루어지고 있는 의회이다. 제4면은 완성 면으로서 의원들의 입법활동에 국회의 조직과 구성원들이 어느 정도 체계적이고 전문적으로 의원들을 보좌하느냐의 여부이다. 즉 의회 내부의 조직 특히 전문성을 인정받을 수 있는 입법보좌조직과 그 구성원인 전문가들의 존재 여부를 뜻한다. 전문성은 위원회의 수, 위원회 참모진의 수준, 행정부와의 관계, 삼권분립 여부, 행정직 관료와 전문직 관료(혹은 참모진)의 비율 등으로 그 수준을 헤아려 볼 수 있다.

미국은 정당정치의 제도화 수준이 높고, 삼권이 확연히 분립되어 있으며, 의원발의법률안만이 심의의 대상이 되는 국가이다. 또한 내실 있고 규모 있는 입법보좌조직을 갖는다는 점에서 미국의회는 전문의회라고 할 수 있다.

앞에서 폴스비, 와인바움, 그리고 미지가 제시한 3개의 유형은 정부형태와 의회운영방식을 고려하지 않은 반면 여기에 제시한 거미줄망 모형은 정부형태와 의회운영방식을 고려한 것이다. 이 모형은 의회의 전문성을 입법보좌조직의 규모와 구성원의 전문성 수준에서 찾아보려는 의도에서 제시되었다. 거미줄망 모형의 기조는 입법보좌조직과 그 구성원의 능력이 의원들의 입법활동의 영역(range)과 질(quality)에 커다란 영향을 미친다는 데 있다.

전문성 수준은 무엇보다도 위원회의 수, 즉 소관업무의 세분화 정도, 각 위원회 참모진의 수와 그들의 관련 전문지식 소유 여부, 행정직 직원과 전문직 직원의 비율, 전문직 관료 충원방법의 탄력성 등으로 가늠할 수 있다. 이러한 운영제도의 개선과 전문직·행정직 관료들의 균형 잡힌 충원 및 적재적소 배치를 통하여 입법보좌기능을 강화할 수 있어야 한다는 이유에서 <그림 2-1>과 <표 2-6>의 '전문의회'를 '독립의회'보다 상위수준의 의회에 두었다.

제4절 국회기능 개선

지금까지 한국사회에서는 국회의 기능이 정치적·제도적으로 왜소화되어 왔는데 그 이유는 다음과 같다.

첫째, 강력한 대통령제를 선호한 이승만 초대대통령의 존재와 건국 초기 집행부인 행정부의 필연적인 우월화 현상에 영향을 받았다.
둘째, 5·16군사정변 후 정권을 장악한 박정희 대통령이 추구한 강력한

대통령제와 고도의 경제성장정책 추구과정에서 나타난 의도적인 국
회기능 무력화의 영향을 받았다.

셋째, 국회의원선거 후보자공천과정에서 불투명하고 비민주적인 공천과,
선거 후 선거사범에 대한 법원의 온정주의적인 사법처리나 여야 의
원에 대한 불공평한 사법처리로 인한 정치과정의 비민주성과 준법
정신 결여로 국회의 범속화 현상이 나타났다.

넷째, 정책결정자들의 관심이 국회의원의 입법활동에만 쏠려 있었던 탓
에 국회의원의 입법활동을 보좌하고 때로는 정책방향제시를 해야
하는 입법보좌조직과 그 구성원의 충원 및 운용에 관해서는 별다
른 관심을 갖지 않았다.

이제 한국국회도 국가능력과 국민수준에 부응하여 발돋움하기 위해서는
국회의 기관능력(institutional capability)[25]이 신장되어야 한다. 대통령중심제
국가인 한국에서 '기관능력' 신장이란 법규와 행정권력이 수용할 수 있는
범위 내에서 실현이 가능한 국회의 제도와 내부조직을 정비하는 일이다.[26]

한국헌법은 기본적으로 삼권분립주의를 채택하고 있다. 여기에서 권력분
립이란 권력기관 간에 상호견제와 균형, 권력남용의 방지와 국민의 기본권
보장을 위하여 국가의 권력을 복수기관에 분산 위임하는 것을 뜻한다. 또한
삼권분립은 법을 제정하는 입법부, 법을 집행하는 행정부, 그리고 법을 적용
하는 사법부의 고유 권한을 말한다.

헌법에 삼권분립주의가 명시되어 있으나 현실적으로는 입법권에 행정권이
개입되는 등 고유 권한이 명확하지 못하다. 이론적으로는 '독립의회'가 가장
바람직한 의회일 수도 있으나 행정권의 입법과정 관여가 가능한 현실상황을
고려하여 '전문의회'를 가장 바람직한 의회유형으로 분류하였다.[27]

---

25) 박재창, 『한국의회행정론』(서울: 법문사, 1995), 81쪽.

26) 박재창, 앞의 책, 82쪽.

27) 대통령이 당적을 보유하고 공천권 행사를 하는 한 입법권에의 영향력은 배제되기 어렵다. 예를 들면 민주
　　정의당 총재인 전두환 대통령은 1987년 5월 11일 국회부의장을 비롯한 국회직과 시도지부 위원장 등
　　일부 당직을 개편하였다.

제3장 국회 이전의 과도입법기구

제1절 대한민국 임시의정원

1. 임시의정원의 구성과 회의

1) 3 · 1독립선언 이후 독립투사들의 동향

근대적 의미의 의회제도는 영국에서 발전하였으며, 미국혁명과 프랑스혁명을 거치면서 유럽 전 지역과 세계 여러 나라로 전파, 보급되었다. 의회제도가 여러 나라에 보급되고 있을 시기인 1905년 대한제국은 일본의 물리적 강압에 의하여 을사조약을 체결하게 되었다. 이어서 일본은 이 땅에 통감부를 설치하여 내정을 간섭하는 한편 외교권을 박탈하는 등 주권침탈의 순서를 밟기 시작하였다.

의병운동 등 민족적 저항에도 불구하고 일본은 1910년 한일합병조약 체결을 강행하여 국권을 강탈하였으며, 민족의 저항을 경찰과 군대를 동원하여 가혹한 탄압과 무력진압으로 봉쇄하였다. 이에 대부분의 독립지사들은 해외로 활동영역을 옮겨 독립운동을 전개하였다. 이 과정에서 주권재민의 사상이 싹트고 자연스럽게 대의제 민주주의의 이념과 제도가 도입, 보급되기 시작하였다.

1919년 3월 1일 독립선언 발표 이후 민족지도자들은 임시정부를 수립해야 한다는 공통된 인식을 갖게 되었다. 그러나 더욱 거세진 일본의 탄압 때문에 민족지도자들은 국외로 망명을 하거나 은둔생활을 시작하였다. 이러한 상황전개로 말미암아 지도자들 사이에 상호 연락이 여의치 못하였으며, 결국에는 망명지 각처와 국내에서 독립을 구체화하려는 6개의 임시정부가 각각 수립을 선언하였다.

3·1독립선언 발표 후 최초로 임시정부를 조직한 것은 러시아령에 망명한 투사들이었다. 국경을 접하고 있는 러시아령은 국내로부터의 탈출이 가장 용이하여 망명인사의 수가 가장 많았다. 또한 이들에 앞서 훨씬 많은 수의 한인들이 만주 및 연해주에 이주하여 있었고, 또 합병 이후 많은 의병장과 지사들이 망명하여 독립투쟁을 전개하고 있었다.[1] 이러한 인적자원을 기반으로 하여 1919년 3월 17일 러시아령에서 회동한 만주와 러시아령의 지사·투사들은 대한국민의회를 조직한다는 데 합의하고, 3월 21일에는 대통령 손병희, 부통령 박영효, 국무총리 이승만, 내무총장 안창호 등을 각원(閣員)으로 하는 정부수립을 선언하고 파리평화회의 대사에 김규식을 선임하였다.[2]

수립을 선언한 6개의 임시정부는 대한국민의회(블라디보스토크), 대한민간정부(서울), 조선민국임시정부(서울), 신한민국정부(평안북도), 한성정부(서울), 대한민국임시정부(상해)이다. 이 중 실질적으로 정부조직에 착수하고 활동한 것은 대한국민의회, 대한민국임시정부, 한성정부 3개였다.[3] 이처럼 세 곳의 임시정부에서 각기 조각을 발표하자 한때 정통성 문제를 둘러싸고 논란이 있었으나 상해의 대한민국임시정부로 통합이 이루어졌다. 대한민국임시정부는 1919년 9월에 개헌의 형식으로 대한국민의회를 흡수하고, 한성정부와 통합함으로써 단일 독립운동추진단체로서의 지위를 확립하였다.

2) 대한민국임시의정원 구성경과

1919년 3월 하순 중국령 상해에 모인 이광수, 선우혁, 여운형, 여운홍 등은 프랑스 조계 보창로(寶昌路) 329호에 독립임시사무소를 설치하고 총무

---

1) 추헌수, 『한민족의 독립운동과 임시정부의 위상』(서울: 연세대학교출판부, 1995), 24~29쪽.

2) 전로한족중앙회(全露韓族中央會)가 1919년에 개편된 대한국민의회는 문창범을 비롯하여 김치보, 김운, 김하석, 장기영 등의 발기에 따라 조직되었다. 대한국민회의는 의회기능만 가진 것이 아니라 행정·사법의 기능까지 가진 통치기구였다. 대한국민의회의 의원 수는 70~80명이었는데 이 중 상설의원은 30명, 나머지는 통상의원이었다. 집행부로서는 선전부(宣戰部), 재무부, 외교부 등 3부서를 두었다. 윤병석, 「러시아 혁명전후 연해주 한인민족운동과 임시정부」, 『연해주 한인독립운동과 상해 대한민국임시정부』(대한민국임시정부수립80주년기념 국제학술심포지엄 논문집, 1999. 6. 18), 177~178쪽.

3) 정부수립선언일: 대한국민의회(1919. 3. 21), 대한민간정부(-), 조선민국임시정부(1919. 4. 8), 신한민국정부(1919. 4. 17), 한성정부(1919. 4. 23), 대한민국임시정부(1919. 4. 11). 신재홍, 『항일독립운동연구』(서울: 신서원, 1999), 57쪽.

현순(玄楯)의 명의로 각국 공관과 신문사, 통신사에 독립선언서를 배부하는 동시에 국내의 독립운동 상황을 전하였으며, 프랑스 파리의 김규식, 미국의 이승만에게도 연락을 취하였다.[4]

서울에서는 3·1독립운동 당시 연락사무소로 사용되었던 독립단 본부에서 이동휘를 집정관으로 하는 내각이 조직되고 헌법이 제정되었는데, 이때 서울의 독립단 본부로부터 임시정부조직에 관한 제의가 상해의 지사들에게 전달되었다.[5] 또한 이동녕, 이시영, 조완구 등 30여 명의 지사들도 러시아아령과 만주로부터 상해에 속속 도착하였다. 해외 망명 후, 여러 나라들이 민간정부를 구성하고 헌법을 제정하여 의회정치를 행하고 있는 것을 보고 들은 이동녕은 의회격인 임시의정원 구성에 앞장섰다.[6]

4월 10일 상해 김신부로(金神父路) 22호에서 이미 선임된 29명의 임시의정원 의원이 모인 가운데 제1회 임시의정원회의가 개최되었다. 이 회의는 다음 날 오전 10시까지 밤을 새워 진행되었다.[7] 임시의정원 기사록(紀事錄)에 의하면 역사적인 임시의정원의 제1회 모임의 경과와 회의의 의결내용은 다음과 같다.

제1회집(會集): 1919년 4월 10일 오후 10시에 개회하여 4월 11일 오전 10시에 폐회하였다.

의장(議場): 중국령 상해 프랑스조계 김신부로(金神父路).

의원명단: 현순, 손정도, 신익희, 조성환, 이광, 이광수, 최근우, 백남칠, 조소앙, 김대지, 남형우, 이회영, 이시영, 이동녕, 조완구, 신채호, 김철, 선우

---

4) 한국에서의 근대적 의회제도의 효시로서, 그리고 민족주의 전개에 있어서 핵심적인 표현기구로서의 대한민국임시의정원이 갖는 정치사적 의미를 높이 평가한 글로는 진덕규, 「대한민국임시의정원」, 국회사무처, 『대한민국국회50년사』(1998), 3∼33쪽 참조.

5) 1919년 4월 8일 강대현이 상해로 가지고 간 이때의 내각명단과 헌법원문은 전하지 않는다. 중앙선거관리위원회, 『대한민국정당사(1집)』(1973), 112쪽.

6) 이현희, 『광복전후사의 재인식(1)』(서울: 범우사, 1991), 112쪽.

7) 국가보훈처 독립운동사편찬위원회 편, 『독립운동사』4(1972), 62∼63쪽.

혁, 한진교, 진희창, 신철, 이한근, 신석우, 조동진, 조동우, 여운형, 여운홍, 현창운, 김동삼 등 29인.

의원의 명칭 결정: 4월 10일 개회벽두에 본회의 명칭을 임시의정원(臨時議政院)이라 칭하자는 조소앙의 동의와 신석우의 재청이 있어 가결되었다.

의장·부의장·서기 선출: 4월 10일에 정식의장 1인을 선거하자는 조소앙의 동의가 있었고, 김대지의 임시의장 1인을 선거하자는 개의(改議)가 있은 후에 이광수로부터 정식의장 1인, 부의장 1인, 서기 2인을 선거하자는 재개의(再改議)가 있어 가결되었다. 그 후 선거방법은 무기명단기식투표로 하자는 여운형의 동의가 가결되어 투표한 결과 의장 이동녕, 부의장 손정도, 서기에는 이광수·백남칠이 선출되었다.

임시정부에 대한 결의: 4월 10일 임시정부에 대한 토의를 개시하자는 최근우의 특청(特請)이 가결되어 토의가 시작되었다. 본국에서 보내온 정부조직의 내용을 인정할지의 여부에 대해서 논의하였다. 이때 본국에서 조직된 임시정부를 부인하자는 백남칠의 동의와 이영근의 재청이 있었으나 부결되었다. 이 문제에 대한 토의가 장시간에 걸쳐 진행되었으나 결론을 내리지 못하고 임시정부의 소재만 표명하고 관제와 국무원은 별도로 의결하자는 조소앙의 동의와 선우혁의 재청을 가결한 후 10일의 회의를 마쳤다.[8]

국호·관제·국무원에 관한 결의와 인선: 4월 11일 국호·관제·국무원에 관한 문제를 토의하자는 현순의 동의와 조소앙의 재청이 가결되어 토의를 시작하였는데 먼저 국호를 '대한민국'이라 칭하자는 신석우의 동의와 이영근의 재청이 있어 가결되었다. 관제에 관한 토의에서는 본국에서 작성하여 보낸 직제 중 '집정관제'를 '총리제'로 고치자는 최근우의 동의와 이영근의

---

8) 국회도서관, 『대한민국임시정부의정원문서』(1974), 39쪽.

재청이 가결되고, 법무부와 군무부를 증설하자는 신석우의 동의와 백남칠의 재청이 있어 가결되었다. 그 결과 정부기구는 국무총리를 수반으로 하는 국무원(國務院) 내에 내무·외무·재무·법무·군무·교통의 6부를 두고 각 부에 총장과 차장을 두게 되었다. 국무원에 관한 토의에서는, 국무총리는 서울(한성)에서 조직된 임시정부의 국무총리인 이승만으로 선거하자는 신석우의 동의와 조완구의 재청이 있었으나 신채호가 이승만은 전자에 위임통치 및 자치문제를 제창하던 자이니 국무총리로 신임하기 어렵다는 변론을 한 후에 국무총리도 별도로 선거하자는 신채호의 개의와 한진교의 재청이 가결되었다. 그 뒤 이승만과 그 외에 후보자 3인을 추천하여 투표선거하자는 조소앙의 동의와 이영근의 재청이 있었다. 후보자 3인은 구두호천하여 현 출석인원 3분의 2의 가결로 추천하자는 최근우의 개의와 여운형의 재청이 가결되어 후보자를 호천(呼薦)하였는데 조소앙은 박영효를 추천하니 부결되고, 신채호는 박용만을 추천하니 부결되고, 김동삼은 이상재를 추천하니 부결되고, 현창운은 신채호를 추천하니 부결되고, 여운형은 안창호를 추천하니 가결되고, 신석우는 이동녕을 추천하니 가결되고, 현순은 조성환을 추천하니 부결되고, 이영근은 김규식을 추천하니 부결되고, 현순은 이회영을 추천하였으나 부결되었다. 이에 호천은 중지되고 이미 피천된 사람 중에서 정식 국무총리를 선거하되 선거방식은 무기명단기식투표로 행하자는 조소앙의 특청이 가결되어 투표를 행한 결과 이승만이 당선되었다. 또 각 부의 총장·차장을 투표로 선출하여 통합적 독립운동추진기구로서 임시정부가 출범하게 되었다. 국무원선거에서는 앞에서 본 것처럼 국무총리에 이승만을 추대하고, 6부의 총장과 차장, 국무원비서장을 선출하고 이를 1919년 4월 13일 정식으로 공포하였다.

임시헌장 의결: 4월 11일 조소앙이 기초한 임시헌법안을 임시의정원에서 토의할 때, 심의의원으로 신익희, 이광수, 조소앙 등 3인을 추천하여 이 3인의 심의를 거쳐 본회의에 회부하였다. 심사안을 30분 이내로 보고하게 하자는 현순의 동의와 신석우의 재청이 가결되어 30분 후에 심사보고가 있은 뒤

다음과 같은 개정이 있었다. 원안 중에서 현순의 동의와 신석우의 재청에 의하여 제6조에 병역의무가 첨가되고, 제8조의 구황실우대조항에는 조완구의 동의와 조소앙의 재청으로 '일생'이라는 기간이 삭제되어 '대한민국은 구황실을 우대함'으로 하였으며, 원인대로 전문10조의 임시헌장이 가결되었다.

임시의정원법 기초위원 선정: 4월 11일에 신익희, 손정도, 조소앙, 이광수를 임시의정원법기초위원으로 선정하여 임시의정원법을 기초하도록 하자는 신석우의 동의가 가결되었다. 가결된 후에 김현식이 동의하고, 심사위원 선거방법은 구두로 10인을 호천하되 그중에서 5인을 투표로 선출하자는 이기룡의 재청이 있어 가결되었다. 이춘숙, 배형식, 유경환, 조동호, 남형우, 김대지, 홍도, 서병호, 이광, 최근우 등이 호천된 후 투표한 결과 남형우, 이춘숙, 서병호, 홍도, 이광 등 5인이 피선되었다. 이들의 피선 직후 임시의정원법을 심사하기 위하여 1시간 정회하였다가 속개하여 결의할 때 심사위원 이춘숙이 심사한 안건을 전부 낭독한 후에 만장일치로 가결하였다.[9]

임시의정원은 국호를 대한제국의 법통을 잇는다는 의미에서 '대한민국'으로 정하여 이제 '제국'의 시대가 아닌 '민국', 즉 국민의 시대가 도래하였음을 강조하였다. 또 1919년을 대한민국 원년이라 칭하고 관제(官制)를 의결한 뒤 최초의 성문헌법인 전문10조의 임시헌장을 심의, 가결하였다. 임시헌장이 4월 13일 선포됨으로써 대한민국임시정부가 수립되었으며 관제에 따라 각료들이 선임되어 행정부격인 국무원이 구성되었다. 임시의정원은 국무원의 각원을 선출한 데 이어 각 지방대표로 구성되는 임시의정원법을 제정하였다. 임시헌장을 보면 정체(政體)는 내각책임제 지도체제로서 의정원(입법부), 국무원(행정부), 그리고 사법부로 나뉜 삼권분립형태의 민주공화정체의 정부가 수립되었다.[10] 그간의 군주제에서 의회민주주의제도 도입을 통한 민주제로 이행하는 역사적인 순간이었다.

---

9) 임시의정원법은 1919년 제정되었고, 1942년에 개정되어 보다 구체적인 내용을 갖게 되었다.

10) 이현희, 『대한민국임시정부의 광복운동』(서울: 지식산업사, 1987), 112쪽.

상해임시의정원은 편의상 상해에 모인 동포들의 각 출신지의 지방대표회에서 선정된 의정원 의원으로 구성되어 국정의 모든 결의를 행하고 임시정부를 구성함으로써 사실상 최고기관의 임무를 담당하였다.[11] 1919년 4월 임시헌장의 제2조에서 보는 것처럼 임시정부와 임시의정원의 관계는 애매하게 간략히 표현되어 있다. 그러나 상해임시정부는 다른 어느 임시정부에도 없었던 의회격인 임시의정원을 구성하여 임시의정원이 사실상 행정부를 구성하고 이끌어갔다.[12]

3) 임시정부의 활동

대한민국임시정부의 활동은 연통제의 시행으로 시작되었다. 1919년 5월 25일 미국의 대한국민회대표 안창호가 상해로 와서 내무총장에 취임하였다.[13] 그는 국내와 해외 간의 교통연락을 취하는 방법으로 국내 각 도에 독판(督辦), 각 군에 군감(郡監), 각 면에 면감(面監)을 두는 지방조직과 아울러 각 군에 교통국, 각 면에 교통소를 설치하는 내용의 연통제를 국무원령 제1호로 공포하였다. 이 조직은 1921년에 완전한 조직을 이루어 임시정부와 국내와의 유기적 관계가 확립되었다.

국내와의 연통망을 확보한 임시정부는 주로 외교활동과 국내외의 모든 독립운동단체의 통솔에 힘을 기울였다. 임시정부는 먼저 3·1운동 직전에 상해 영국조계에서 조직된 신한청년단(이사상 서병호, 이사 여운정, 김구, 선우혁 등 10인)의 대표로서 1919년 1월 파리강화회의에 독립청원을 하기 위하여 파리에 가 있던 김규식을 외무총장에 임명하는 한편 전권대사의 신임장을 발송하여 국가대표의 자격을 갖추게 하였으며, 대표단 사무소에는 태

---

11) 국내 8도와 러시아령, 중국령, 미국령 각지의 11개 지구에서 3∼6명의 의원을 선출하여 임시의정원의 의원을 구성하였다.

12) 홍순옥, 「한성·상해·노령임시정부의 통합과정」, 『3·1운동 50주년기념논문집』(서울: 동아일보사, 1969), 896쪽.

13) 대한국민회는 1910년 2월 1일 독립운동을 목표로 하야 이승만·안창호 등이 중심이 되어 미국 샌프란시스코에서 창설한 재미동포의 자치단체이다. 이 단체는 1919년 9월 재미동포의 애국성금 30만 달러를 모금, 상해임시정부수립에 기여하였다.

극기를 게양토록 하였다.

그 후 임시정부는 제네바국제연맹회의(1932년, 대표로 이승만을 파견), 샌프란시스코연합국회의(1945년 4월, 대표로 이승만을 파견) 등 각종 국제회의에 대표를 파견하여 독립을 청원하는 외교활동을 통하여 에스토니아를 비롯한 중국, 소련, 프랑스 등으로부터 정부승인을 획득하고, 미국과 영국으로부터도 후원을 얻게 되어 훗날 카이로회담에서 한국독립의 보장을 선언하는 바탕을 마련하였다.

이처럼 외부활동이 활발히 전개되는 반면, 임시정부 내부에서는 크고 작은 분규가 끊임없이 발생하여 결국 임시정부는 분열과 해산으로 제2차 세계대전의 발발로 재통합이 이루어질 때까지 한때 침체국면을 맞기도 하였다.

임시정부가 처음으로 겪게 된 분규는 초대 국무총리 이승만에 대한 반대운동이었다. 이승만 반대운동은 그가 3·1운동 전에 파리강화회의에 국제연맹 위임통치 청원서를 제출한 것이 도화선이 되었다. 신채호를 비롯한 민족주의자들은 이승만이 임시정부의 최고지도자이자 정부수반인 국무총리로 선출되자 그러한 경력의 소유자를 수반으로 추대할 수 없다고 반대하였고, 러시아령에서 상해로 온 이동휘 또한 이승만을 공격함으로써 분규는 확대되었다. 이 분규는 안창호의 노력으로 수습되는 듯하였으나 미국에 있는 이승만이 스스로 임시정부의 '대통령'으로 행세하고 있다는 사실이 알려지면서 이승만 반대여론은 더욱 힘을 얻게 되었다. 사태가 확대되면서 명칭문제로 인한 독립운동전선의 분열은 국제관계상 불리하다는 여론이 있어 임시의정원은 1919년 9월 임시헌법개정안으로 대통령제를 통과시키고 이승만에게 정식으로 대통령의 직위를 줌으로써 이 문제를 일단락 지었다.

2. 헌법 개정과 임시의정원의 위상변화

1) 대한민국임시헌장(1919. 4. 11)

1919년 4월 11일 공포된 임시헌장 제1조는 '대한민국은 민주공화제로 한다.'고 명시함으로써 권력의 소재를 군주에서 국민으로 옮기는 대변혁을 가져왔다. 임시헌장에는 임시정부의 국체와 정체, 그리고 국가이념이 간결하게 표현되어 있다. 무엇보다도 조선시대와 대한제국까지 이어진 군주제에서 민주공화제로의 이행을 선언한 것이 가장 큰 특징이다. 또 하나의 특징은 구황실에 대한 호의적인 태도에 있다. 구황실을 부정하는 것이 아니라 우대하겠다는 것은 주권의 소재는 바뀌더라도 구정부의 정통성은 임시정부가 이어받겠다는 의지로 해석될 수 있다.

제2조를 보면, "대한민국은 임시정부가 임시의정원의 결의에 의하여 차를 통치함"이라고 되어 있다. 이는 행정부와 의회 간의 관계를 명확히 한 것이다. 그리고 제10조에서는 임시정부는 국토회복 후 만 1년 내에 국회를 소집한다고 하여 임시의정원에 의하여 조직된 임시정부가 실질적으로는 민족의 대표가 아닌 과도적 의회에서 구성된 관계로 국권회복 후 구성되는 국회에 연결고리를 만들어 정통성을 확보하고자 하였다. 이는 그 시기를 전후하여 여러 곳에서 임시정부수립 움직임이 있었던 것과 무관하지 않다.

서울 한성임시정부의 법통을 계승하여 민국 원년인 1919년 4월 11일에 제정된 임시헌장의 본문 내용은 다음과 같다.[14]

大韓民國臨時憲章宣布文(民國元年, 1919. 4. 11)

神人一致로 中外協應하야 漢城에 起義한 지 三十有日에 平和的 獨立을 三百餘 州에 光復하고 國民의 信任으로 完全히 다시 組織한 臨時政府는 恒久完全한 自主獨立의 福利로 我子孫 黎民에 世傳키 爲하여 臨時議政院의 決議로 臨時憲章을 宣布하노라.

大韓民國臨時憲章

第1條 大韓民國은 民主共和制로 함.
第2條 大韓民國은 臨時政府가 臨時議政院의 決議에 의하여 此를 統治함.
第3條 大韓民國의 人民은 男女貴賤 及 貧富의 階級이 無하고, 一切平等임.

---

14) 국회도서관, 앞의 책, 3쪽.

第4條 大韓民國의 人民은 信敎 言論 著作 出版 結社 集會 信書 住所 移轉 身
　　體 及 所有의 自由를 享有함.
第5條 大韓民國의 人民으로 公民資格이 有한 者는 選擧權 及 被選擧權이 有함.
第6條 大韓民國의 人民은 敎育 納稅 及 兵役의 義務가 有함.
第7條 大韓民國은 神의 意思에 依하야 建國한 精神을 世界에 發揮하며 進하여
　　人類의 文化 及 平和에 貢獻하기 爲하야 國際聯盟에 加入함.
第8條 大韓民國은 舊皇室을 優待함.
第9條 生命刑, 身體刑 及 公娼制를 全廢함.
第10條 臨時政府는 國土回復後 滿一個年內에 國會를 召集함.

大韓民國 元年 4月 11日
臨時議政院議長 李東寧
臨時政府國務總理 李承晩
內務總長 安昌浩 外務總長 金奎植 法務總長 李始榮
財務總長 崔在亨 軍務總長 李東輝 交通總長 文昌範

2) 상해임시의정원법 제정

임시의정원법기초위원은 1919년 4월 11일 제1회집(會集)에서 신익희, 손
종도, 조소앙, 이광수를 위원으로 선정한 바 있다. 그 후 4월 25일 임시의정
원법 기초안 가결에 즈음하여 기초위원 중 신의희가 전부를 1회 낭독하고,
다음에 축조(逐條)에 의하여 가부를 결정하던 중 제1조를 가결한 후, 규칙을
경솔하게 통과시키면 훗날 실행에 어려움이 있을 것이므로 이 기초안을 등
사하여 각 의원에게 분배, 연구하게 한 다음 다시 회집하여 이를 토의 결정
하자는 서병호의 동의와 민충식의 재청이 있었는데, 이는 부결되었다. 그 대
신 심사위원 5인을 선거하여 1시간 후에 심사보고하도록 하여 가부를 의결
하자고 하는 여운형의 개의와 현순의 재청이 있어 가결되었다. 이렇게 가결
된 후, 심사위원의 선거방법은 구두로 10명을 추천하고 그중에서 5인을 투
표로 선정하자는 김현식의 동의에 이기룡이 재청하여 가결되었다. 이에 따
라 임시의정원법 심사위원에 이춘숙, 배형식, 유경환, 조동우, 남형우, 김대
지, 홍도, 서병호, 이광, 최근우를 추천한 후 투표한 결과 남형우, 이춘숙,
서병호, 홍도, 이광 등 5인이 당선되었다.

임시의정원법을 심사하기 위하여 1시간 정회하고 다시 개회하여 심사위원 이춘숙이 심사안을 낭독한 후 심사위원들이 이를 만장일치로 가결하였다. 이 날의 임시의정원법안 가결로 '임시의정원은 각 지방 인민의 대표위원으로 조직한다'는 원칙이 확립되어 각 도 지역별 의원을 선임하도록 하여 선거위원회를 만들어 공식선거절차를 거쳐 의원을 선출하고 그들을 다시 임시의정원에서 자격심사를 하여 하자가 없는 경우에만 의원이 되도록 하였다.

3) 러시아령 대한국민의회의와 상해 대한민국임시의정원의 통합

러시아령에서 구성된 대한국민의회임시정부의 특징은 소비에트체제를 참작하여 대한국민의회가 입법·사법·행정을 모두 관장하도록 하고, 그 안의 행정부를 임시정부로 설정한 데에 있다.[15] 대한국민의회는 1919년 3월 17일 '독립선언서'를 반포하고, 3월 21일에는 한국의 독립, 정부승인요구, 이를 인정하지 않을 때 일본과의 혈전을 포고할 것이라는 결의문과 함께 정부의 각료명단을 발표하였다.

대한국민의회의 특징은 그 명칭에서도 알 수 있는 것처럼 그것이 '의회체제'라는 데 있다.[16] 대한국민의회의 결의문은 상해임시정부의 '약헌(約憲)'이나 서울 한성정부의 '약법(約法)'과는 다른 독립원칙과 일본에 대한 요구사항을 결의하는 내용이다.[17]

임시정부의 통합을 주도한 것은 러시아령 대한국민의회임시정부였다. 농임시정부는 상해임시정부가 수립된 직후인 1919년 4월 15일 대한국민의회

---

15) 신용하, 「통합임시정부수립과 연해주지역 한인민족운동」, 『연해주 한인독립운동과 상해 대한민국임시정부』 (대한민국임시정부수립80주년기념 국제학술심포지엄 논문집, 1999. 6. 18), 133쪽.

16) 종래 주목을 충분히 받지 못하였거나, 주목을 받고 연구된 경우에도 러시아령 대한국민의회와 상해임시정부와의 관계는 등한시되어 왔다. 상해에서 통합임시정부가 수립되기 전까지는 연해주에서의 독립운동을 조명한 글로는 『연해주 한인독립운동과 상해 대한민국임시정부』(대한민국임시정부수립80주년기념 국제학술심포지엄 논문집, 1999. 6. 18)의 여러 논문과 특히 신용하, 앞의 글, 121~154쪽 참조.

17) 1919년 3월 21일 러시아령 블라디보스토크에서 대한국민의회임시정부가 수립되었고, 그해 4월 11일 중국 상해에서 대한민국임시정부가 수립되었으며, 그해 4월 23일에는 서울 서린동 봉춘관에서 13도 대표 24명이 '국민대회'라는 이름으로 모여 한성임시정부를 수립하였다. 이만열, 「임시정부와 통합운동」, 독립기념관한국독립운동사연구소, 『독립운동선상의 통합운동』(광복53주년 및 독립기념관 개관 11주년기념 학술회의 논문집, 1998), 22~23쪽.

미국에서 상해로 건너와 내무총장 겸 국무총리 대리에 취임한 안창호의 주장에 따라 상해의 독립운동가들은 러시아령, 중국령, 미주 등 각지에 대표를 보내어 의견을 수렴, 한성정부의 법통성을 중심으로 통합할 것을 제의하였는데 그 내용은 다음과 같다.[21]

① 상해와 러시아령에 설립한 정부들은 일체 작소(作消)하고 오직 국내에서 13도 대표가 창설한 한성정부를 계승할 것이니 국내의 13도 대표가 민족 전체의 대표인 것을 인정함이다.
② 정부의 위치를 아직 상해에 둘 것이니 각지에 연락이 비교적 편리한 까닭이다.
③ 상해에서 설립한 정부의 제도와 인선을 작소한 후에 한성정부의 집정관총재제도와 그 인선을 채용하되 상해에서 정부독립 이래 실시한 행정은 그대로 유효를 인정할 것이다.
④ 정부의 명칭은 대한민국임시정부라 할 것이니 독립선언 이후에 각지를 원만히 대표하여 설립된 정부의 역사적 사실을 살리기 위함이다.
⑤ 현임 정부각원은 일제히 퇴직하고 한성정부가 택선한 각원들이 정부를 인계할 것이다.

상해임시정부에서 당시 국무총리 대리 겸 내무총장이었던 안창호를 중심으로 한 통합추진세력은 위의 5개 결의를 추진하여 정부제안으로서 임시정부개조안과 임시헌법개정안을 1919년 8월 28일 임시의정원회의에 상정하였다.

국무총리 대리 안창호는 이러한 임시정부개조안의 제안연설에서 현 상해 대한민국임시정부를 한성정부식으로 개조하되, 한 가지 다른 것은 '집정관총재'만 그 명칭을 '대통령'으로 바꾸는 것이라고 설명하였다. 이렇게 변경하는 근본적인 이유는 "전 민족의 정치적 통일을 내와 외에 과시하고자 함"이라고 하였다.[22]

임시의정원에서는 이 개정안을 신중한 토의 끝에 1919년 9월 6일 만장일치로 가결함으로써 '대한민국임시정부'는 러시아령 대한국민의회임시정부·서울 한성정부·상해임시정부를 하나로 통합하여 통합임시정부가 되었다.

---

21) 김원용, 앞의 책, 458쪽. 독립운동사편찬위원회 편, 『독립운동사자료집(제9집)』(1975) 수록분.
22) 신용하, 앞의 책, 148쪽.

이 통합임시정부는 3·1운동정신을 계승하고 '민족대표성'과 '법통성'을 갖춘 유일한 임시정부였다.

상해임시정부 10개조의 '대한민국임시헌장'은 국체와 정체 등 국가와 정부조직의 기본원칙과 주권의 소재를 명확히 하였으나 구체성이 떨어지는 약식헌법이었다. 따라서 앞에서와 같은 임시정부통합과정을 거쳐 국무총리 대리 안창호 등 통합추진세력은 한성정부를 중심으로 하여 각 임시정부를 통합함과 동시에 '임시헌법개정안'을 임시의정원에 제출하였다.

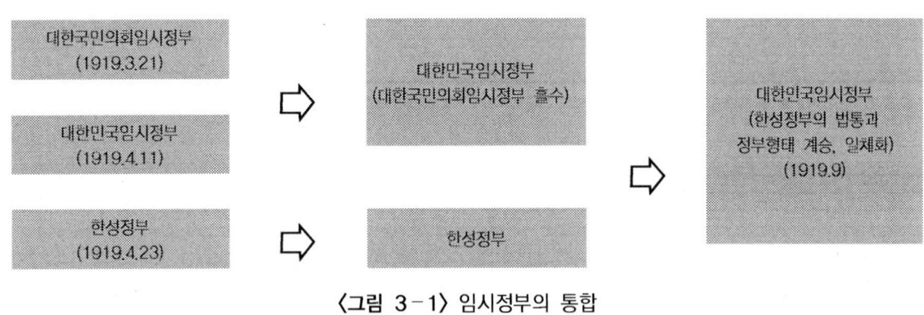

〈그림 3-1〉 임시정부의 통합

상해임시정부 10개조의 임시헌장을 기초로 하여 그 내용을 전면 수정, 보완하고 행정부를 한성정부 형태로 개조하는 뜻의 전문(全文) 다음에 8장 57개조의 임시정부의 헌법으로서는 손색없는 내용을 갖추게 되었다. 임시의정원은 헌법안에 대한 심의와 토의를 거쳐 1919년 9월 6일 '임시헌법개정안'을 가결하여 통합임시정부의 새 헌법을 제정하였다.

임시의정원은 1919년 9월 11일 임시회의를 열어 이승만을 대통령으로 선출하고, 9월 11일 대한민국임시정부헌법을 확정, 공포함으로써 통합된 대한민국임시정부가 수립되었다.[23]

대한민국임시정부헌법의 본문은 다음과 같다.[24]

---

23) 이렇게 통합에 성공할 수 있었던 것은 무엇보다도 러시아령 임시정부 측의 양보가 주효하였으며, 통합추진의 중심에 있던 국무총리 대리 겸 내무총장 안창호가 스스로 말석인 노동국총판(總辦)을 맡겠다고 양보한 것도 중요하게 작용하였다. 신용하, 앞의 책, 149쪽.

24) 국회도서관, 『대한민국임시정부의정원문서』(1974), 4~9쪽.

大韓民國臨時憲法(民國元年, 1919. 9. 11)

我大韓人民은 我國이 獨立國임과 我民族이 自由民임을 宣言하였다. 此로써 世界 萬邦에 고하여 人類平等의 大義를 克明하였으며 此로써 子孫萬代에 고하여 民族 自存의 正權을 永有케 하였도다. 半萬年 歷史의 權威를 代하여 二千萬 民族의 誠忠을 合하여 民族의 恒久如一한 自由 發展을 爲하여 組織된 大韓民國의 人民을 代表한 臨時議政院은 民意를 體하여 元年(1919) 四月 十一日에 發布한 10個條의 臨時憲章을 基本삼아 本臨時憲法을 制定하여 公理를 唱明하며 公益을 增進하며 國防 及 內治를 籌備하며 政府의 基礎를 鞏固하는 保障이 되게 하노라.

〈第1章 總領〉
第1條 大韓民國은 大韓人民으로 組織함.
第2條 大韓民國의 主權은 大韓人民 全體에 在함.
第3條 大韓民國의 疆土는 舊韓國의 版圖로 함.
第4條 大韓民國의 人民은 一切 平等함.
第5條 大韓民國의 立法權은 議政院이 行政權은 國務院이 司法權은 法院이 行使함.
第6條 大韓民國의 主權行使는 憲法範圍內에서 臨時大統領에게 全任함.
第7條 大韓民國은 舊皇室을 優待함.

〈第2章 人民의 權利와 義務〉
第8條 大韓民國의 人民은 法律範圍內에서 左列 各項의 自由를 享有함
  1. 信敎의 自由 2. 財産의 保有와 營農의 自由 3. 言論 著作 出版 集會 結社의 自由 4. 書信秘密의 自由 5. 居住移轉의 自由
第9條 大韓民國의 人民은 法律에 依하여 左列 各項의 權利를 有함.
  1. 法律에 依치 아니하면 逮捕 査察 訊問 處罰을 受치 아니하는 權 2. 法律에 依치 아니하면 家宅의 侵入 또는 搜索을 受치 아니하는 權 3. 選擧權 및 被選擧權 4. 立法府에 請願하는 權 5. 法院에 訴訟하여 그 裁判을 受하는 權 6. 行政官署에 訴願하는 權 7. 文武官에 任命되는 權 또는 公務에 就하는 權
第10條 大韓民國의 人民은 法律에 依하여 左列 各項의 義務를 有함.
  1. 納稅의 義務 2. 兵役에 服하는 義務 3. 普通敎育을 受하는 義務

〈第3章 臨時大統領〉
第11條 臨時大統領은 國家를 代表하고 政府를 總攬하며 法律을 公布함.
第12條 臨時大統領은 臨時議政院에서 記名單記式 投票로 選擧하되 投票總數의 3分의 2 以上을 得한 者로 當選케 함. 但, 2回投票에도 決定치 못하는 時는 3回投票에는 多數를 得한 者로 當選케 함.

第13條 臨時大統領의 資格은 大韓人民으로 公權上 制限이 無하고 年齡 滿40歲 以上된 者로 함.

第14條 臨時大統領은 就任할 時에 臨時議政院에서 左와 如히 宣誓함을 要함. 余는 一般人民의 前에서 誠實한 心力으로 大韓民國 臨時大統領의 義務를 履行하여 民國의 獨立 及 內治 外交를 完成하여 國利民福을 增進케 하며 憲法과 法律을 遵守하고 또한 人民으로 하여금 遵守케 하기를 宣誓하나이다.

第15條 臨時大統領 職權은 左와 如함.

1. 法律의 委任에 基하거나 혹은 法律을 執行하기 爲하여 命令을 發布 또는 發布케 함. 2. 陸海軍을 統率함. 3. 官制 官規를 制定하되 臨時議政院의 決議를 要함. 4. 文武官을 任命함. 단, 國務員과 駐外大使 公使를 任命함에는 臨時議政院의 同意를 要함. 5. 臨時議政院의 同意를 經하여 開戰講和를 宣告하고 條約을 締結함. 6. 法律에 依하에 戒嚴을 宣告함. 7. 臨時議政院의 議會를 召集함. 8. 外國의 大使와 公使를 接受함. 9. 法律案을 臨時議政院에 提出하되 國務院의 同意를 要함. 10. 緊急必要가 有한 境遇에 臨時議政院이 閉會된 時는 國務會議의 同意를 得하여 法律에 代한 命令을 發하되 次期議會에 承諾을 要함. 但 承諾을 得치 못할 時는 將來에 向하여 其效力을 失함을 公布함. 11. 重大한 事件에 關하여 人民의 意見書를 收合함. 12. 大赦 特赦 減刑 復權을 宣告함. 但 大赦는 臨時議政院의 同意를 要함.

第16條 臨時大統領은 臨時議政院의 承諾이 無히 國境을 擅離함을 不得함.

第17條 臨時大統領이 有故한 時는 臨時議政院에서 臨時大統領 代理 1人을 選擧하여 代理케 함.

〈第4章 臨時議政院〉

第18條 臨時議政院은 第19條에 規定한 議員으로 組織함.

第19條 臨時議政院 議員의 資格은 大韓民國人民으로 中等 以上 敎育을 受한 滿33歲 以上 된 者로 함.

第20條 臨時議政院 議員은 京畿 忠淸 慶尙 全羅 咸鏡 平安 各道 及 中領僑民 俄領僑民에 各 6人 江原 黃海 各道 及 美洲僑民에게 各 3人을 選擧함. 前項에 臨時選擧方法은 內務部令으로 此를 定함.

第21條 臨時議政院의 職權은 左와 如함.

1. 一切 法律案을 議決함. 2. 臨時政府의 豫算決算을 議決함. 3. 全國의 租稅 貨幣制 度量衡의 準則을 議決함. 4. 公債募集과 國庫負擔에 關한 事項을 議決함. 5. 臨時大統領을 選擧함. 6. 國務員 及 駐外大使 公使 任命에 同意함. 7. 宣戰 講和와 條約締結에 同意함. 8. 臨時政府의 諮詢事件을 復答함. 9. 人民의 請願을 受理함. 10. 法律案을 提出함. 11. 法律 其他 事件에 關한 意見을 臨時政府에 建議함을 得함. 12. 質問書를 國務員에게 提出하여 出席答辯을

要求함을 得함. 13. 臨時政府에 諮請하여 官吏의 受略와 其他 違法한 事件을 査辦함을 得함. 14. 臨時大統領의 違法 또는 犯罪行爲가 有함을 認할 時는 總員 5分의 4 以上의 出席 出席員 4分의 3 以上의 可決로 彈劾 또는 審判함을 得함. 15. 國務員 失職 或 違法이 有함을 認할 時는 總員 4分의 3 以上의 出席 出席員 3分의 2 以上의 可決로 彈劾함을 得함.

第22條 臨時議政院은 每年 2月에 臨時大統領이 召集함. 必要가 有할 時에 臨時 召集함을 得함.

第22條 臨時議政院은 每年 2月에 臨時大統領이 召集함. 必要가 有할 時에 臨時 召集함을 得함.

第23條 臨時議政院의 會期는 1個月로 定하되 必要가 有할 時는 院의 決議 或은 臨時大統領의 要求에 依하여 伸縮함을 得함.

第24條 臨時議政院의 議事는 出席員 過半數로 決하되 可否同數될 時는 議長이 此를 決함.

第25條 臨時議政院의 會議는 公開하되 院의 決議 또는 政府의 要求에 依하여 秘密히 함을 得함.

第26條 臨時議政院의 議決한 法律 其他 事件은 臨時大統領이 此를 公布 또는 施行함. 法律은 咨達後 15日 以內로 公布함을 要함.

第27條 臨時議政院의 議決한 法律 其他 事件을 臨時大統領이 不可함을 認할 時는 咨達後 10日 以內에 理由를 聲明하여 再議를 要求하되 其再議 事項에 對하여 出席員 4分의 3 以上이 前議를 固執할 時는 第26條에 依함.

第28條 臨時議政院 議長 副議長은 記名單記式 投票로 議員이 互選하여 投票總數의 過半을 得한 者로 當選케 함.

第29條 臨時議政院은 總議員 半數 以上이 出席치 아니하면 開會를 不得함.

第30條 否決된 議案은 同會期에 再次 提出함을 不得함.

第31條 臨時議政院 議員은 院內의 言論 及 票決에 關하여 院外에서 責任을 負치 아니함. 但 議員이 其 言論을 演說 印刷 筆記 其他 方法으로 公布할 時는 一般法律에 依하여 處分함.

第32條 臨時議政院 議員은 内亂外患의 犯罪나 或 現行犯이 아니면 會期中에 院의 許諾이 無히 逮捕함을 不得함.

第33條 臨時議政院은 憲法 及 其他 法律에 規定한 外에 内部에 關한 諸般規則을 自定함을 得함.

第34條 臨時議政院은 完全한 國會가 成立되는 日에 解散하고 其職權은 國會가 此를 行함.

〈第5章 國務院〉

第35條 國務員은 國務院을 組織하여 行政 事務를 一切 處辦하고 그 責任을 負함.

第36條 國務院에서 認定할 事項은 左와 如함.
1. 法律 命令 官制 官規에 關한 事項 2. 豫算 決算 또는 豫算外 支出에 關한 事項 3. 軍事에 關한 事項 4. 條約과 宣戰 講和에 關한 事項 5. 高級官吏 進退에 關한 事項 6. 各部 權限爭議 及 主任不明에 關한 事項 7. 國務會議의 經由를 要하는 事項
第37條 國務總理와 各部總長과 勞動局 總辦을 國務員이라 稱하여 臨時大統領을 補佐하며 法律 及 命令에 依하여 主管行政事務를 執行함.
第38條 行政事務는 内務 外務 法務 學務 財務 交通의 各部와 勞動局을 置하여 各其 分掌함.
第39條 國務員은 臨時大統領이 法律案을 提出하거나 法律을 公布하거나 或은 命令을 發布할 時에 반드시 此에 副署함.
第40條 國務員 及 政府委員은 臨時議政院에 出席하여 發言함을 得함.
第41條 國務員이 第21條 第15項의 境遇를 當할 時는 臨時大統領이 免職하되 臨時議政院에 1次 再議를 請求함을 得함.

〈第6章 法院〉
第42條〜第47條(생략)

〈第7章 財政〉
第48條〜第54條(생략)

〈第8章 補則〉
第55條 本臨時憲法을 施行하여 國土回復後 1個年内에 臨時大統領이 國會를 召集하되 其國會의 組織 及 選擧方法은 臨時議政院이 此를 定함.
第56條 大韓民國憲法은 國會에서 制定하되 憲法이 施行되기 前에는 本臨時憲法이 憲法과 同一한 效力을 發함.
第57條 臨時憲法은 臨時議政院의 議員 3分의 2 以上이나 或 臨時大統領의 提議로 總員 5分의 4 以上의 出席 出席員 4分의 3 以上의 可決로 개정함을 得함.
第58條 本臨時憲法은 公布日로부터 施行하고 元年 4月 11日에 公布한 大韓民國臨時憲法은 本憲法의 施行日로 廢止됨.

• 임시헌법의 특징:

① 대통령중심제와 의원내각제를 절충한 민주공화제헌법이었다. ② 삼권분립제도를 채택하고 국민의 기본권을 보장하기 위하여 입법권은 임시의정원에, 행정권은 임시정부에, 사법권은 심판원에 각각 부여하였다. ③ 국민의 대표기관인 의회에서 법률로 정한다는 법치주의를 채택하였다. 또 정부수반을 임시대통령으로 하고, 의회격인 임시의정원의 구성과 의사규칙에 관한 사항이 비교적 상세하게 표현되었다. 전반적인 내용을 볼 때 당시 동양권에서는 상당히 앞선 의회민주주의의 이념이 제대로 소화되고 반영되어 있다. ④ 임시의정원 부분에서는 의원의 자격을 중등 이상의 교육을 수료한 만 33세 이상의 사람으로 제한하고 있다. 국민의 청원을 수리한다고 하여 국민의 기본권과 임시대통령에 대한 탄핵권을 명시하였다. ⑤ 의원의 원내에서의 발언과 표결에 관하여 원외에서 책임을 지지 않는다고 명시하여 의원의 면책권을 신설하였다. ⑥ 회기개념을 도입하여 1개월의 회기를 규정하였고, 필요에 따라 임시소집을 할 수 있도록 하였다. 그러나 정기회는 매년 2월에 임시대통령이 소집하는 것으로 되어 있다.

5) 임시의정원 거부론과 임시정부의 분열

임시의정원 거부론은 러시아령과 만주의 교민들이 선출한 대표로 구성된 대한국민의회에서 제기되었다. 세 곳의 임시정부가 한성정부를 법통으로 하여 상해 대한민국 임시정부로 통합되었을 때, 대한국민의회의 해산과 아울러 상해의 독립지사들을 지방별로 지명하여 구성한 상해의 임시의정원도 해체할 것을 상해임시의정원대표와 약속한 바 있었다. 그러나 임시의정원은 해산되지 않았고 오히려 법통을 내세웠으므로 이에 분개한 국민의회파는 다시 블라디보스토크에 국민의회를 부활시켜 임시의정원에 대항하기에 이르렀다. 이처럼 대한민국임시정부의 분열이 표면화되었을 때 레닌정부로부터의 원조금을 공산당이 자체의 조직비용으로 사용한 사실이 드러나면서 임시정부의 분열은 결정적인 단계에 들어섰다.

임시정부의 분규 및 분열로 상해에 모였던 인사들은 하나둘 흩어지기 시작하여 신숙, 신채호, 박용만 등은 북경에서 만주와 러시아령의 민족운동단체와 손을 잡고, 1920년 9월 군사통일촉성회를 조직하였다. 이들이 상해임시정부의 해산을 요구하며 국민대표회의를 소집하려 하자, 임시정부를 유지시키려고 노력하던 안창호는 돌연 사직하고 상해에 체류하던 인사들을 모아 국민대표회 상해기성회(上海期成會)를 조직하였다.

군사통일촉성회와 상해기성회는 임시정부의 인정 여부를 둘러싸고 국민대표회의 주비에 분열을 초래할 듯하였으나 상호절충 끝에 상해에서 내외 각 지방 및 단체대표 140여 명이 참석한 가운데 국민대표회의를 열었다. 1923년 1월 3일에 개최된 이 회의에서는 김동삼(의장), 윤해·안창호(부의장), 배달무(비서장) 등을 의장진으로 선출하고 각 대표의 정견연설을 들었다. 그런데 윤자영 등 40여 대표의 임시정부개조안 상정으로 회의는 개조파와 창조파로 대립되었다. 양측의 분쟁이 끝내 타협되지 못하자 5월 말에 개조파가 탈퇴하였으며, 임시정부는 내무총장의 명의로 국민대표회의 산회를 명령하였다. 그러나 이 명령은 공문화되고 창조파들만 참석한 이 회의에서 '조선공화국'을 수립하는 헌법 제정 및 국무위원을 선정하고 6월 2일에 폐막되었다. 이로써 임시정부 외에 또 하나의 정부가 탄생되었다.[25]

그러나 '조선공화국' 정부는 재정의 곤란으로 정책을 진행시키지 못하여 시종 침체 상태를 면하지 못하였다. 또한 임시정부 역시 이승만 대통령 탄핵 이후 미주로부터의 보조금 차단으로 인한 재정곤란과 '조선공화국'의 성립으로 인한 정치적인 타협으로 여러 차례 각원을 재조직하고 헌법을 개정하여 유지하고자 노력하였으나 활발한 활동을 보이지는 못하였다.

각파의 지도자들은 각기 정당을 조직하고 각자의 투쟁을 전개하기 시작하였는데 한국독립당(조소앙, 김두봉, 김홍서 등), 조선혁명당(유동열, 최동오, 김학규 등), 신한독립당(윤기섭, 이청천, 조경한 등), 의열단(김원봉, 윤세주, 이영준 등), 대한인독립단(신익희 등), 한국국민당(김구, 이동녕, 이시영 등),

---

25) 각원(閣員): 내무위원 신숙, 외무위원 김규식, 군무위원 이청천, 재무위원 윤덕보, 경제위원 윤응섭.

조선민족해방동맹(현정경, 김성숙, 박건웅 등), 조선혁명자연맹(류자명, 정화암 등) 등의 단체가 그것이다.

6) 임시헌법 개정 – 제2차 개헌(1925. 4. 7)

제1차 개헌(1919. 9. 11)에서 원론적 의미의 삼권분립이 규정되었으나 정부형태는 대통령제와 의원내각제의 절충형태를 취함으로써 책임의 소재가 명확하지 않았다. 이렇게 삼권분립이 형해화되자 제2차 개헌에서는 사법권을 국무원에 귀속시켜 삼권분립의 이념을 배척함으로써 임시정부의 체제를 강화하고자 하였다. 대통령제를 국무령 중심의 내각책임제로 변경한 개헌은 그동안 임시정부가 안고 있던 취약점을 보완하여 현실에 맞춘 것이다.[26]

임시의정원은 1919년 9월 임시헌법개정안으로 대통령제를 가결시켜 이승만에게 정식으로 대통령의 직위를 주었다. 그러나 이승만은 그해 9월에 조직한 구미위원회로 하여금 구미 각지에서 실행할 정부행정을 대행하게 하여 구미에서 출납되는 정부의 재정을 관리하게 한다는 요지의 직무와 권한을 발표하고, 임시정부 국무원에서 1차로 거부한 공채를 이승만과 구미위원부 김규식의 명의로 발행하였다. 이 문제로 다시 이승만 반대운동이 전개되어 결국 임시의정원에서는 1925년 3월 18일 임시헌법 제14조 및 제39조 위반과 제11조 범행을 이유로 임시대통령 이승만 탄핵안을 통과시키고, 3월 23일 면직을 선언하였다. 이 면직선언과 동시에 임시의정원은 임시대통령으로 박은식을 선출하고 다음 날에 취임식을 치르게 하였다.

헌법 개정이 절실히 요망되고 있던 사정은 1921년 이래의 국민대표회의의 활동을 통해서뿐만 아니라 임시의정원이 1922년 인민청원안을 통과시킨 점에서나 또 1923년 국민대표회가 열리고 있던 다른 한편에서 헌법개정안이 임시의정원에 의하여 상정되어 있던 상황을 보더라도 잘 알 수 있다. 1924년 대통령유고안을 가결시키고 대통령대리로서 임시정부를 영도하게 하였던 조치도 개헌을 위한 사전 포석이었다. 이러한 상황에서 헌법개정안

---

26) 추헌수, 『대한민국임시정부사』(독립기념관 한국독립운동사연구소, 1989), 85쪽.

은 1925년 3월 30일 임시대통령 박은식으로부터 제안되고 가결되었다.

임시정부의 각료와 임시의정원의 의원 구성에서 비참여파의 불만과 불신의 표출로 임시정부 재구성에 관한 논의들이 있었다. 1921년에 제기된 국민대표회의 소집이 그것인데 이 회의를 소집한 사람들 사이에서도 임시정부의 부분적 재구성을 요구하는 개조파와 전면적 재구성을 요구하는 창조파로 그 의견이 양분되었다. 회의는 소집을 주창한 지 2년 뒤인 1923년 1월 100여 개의 각 지역 및 결사 대표 120여 명이 상해에 모여 5월까지 60여 회에 걸친 회의를 하였으나 정책적인 성과를 거두지 못하고 종료되었다.[27]

이러한 어려운 상황에서 임시대통령 이승만에 대한 탄핵안까지 가결되었다. 이러한 상황에 이르자 1925년 임시정부의 헌정지도체제를 국무령 중심의 내각책임제로 전환하여 지도체제를 강화하고자 하였다.

1925년 4월 7일 개정, 공포된 임시헌법의 본문은 다음과 같다.[28]

大韓民國臨時憲法(民國 7年, 1925. 4. 7)

〈第1章 大韓民國〉
第1條 大韓民國은 民主共和國임.
第2條 大韓民國은 臨時政府가 統治함.
第3條 大韓民國은 光復運動中에서 光復運動者가 全人民을 代함.

〈第2章 臨時政府〉
第4條 臨時政府는 國務領과 國務員으로 組織한 國務會議 決定으로 行政과 司法을 統辦함. 國務員은 十人 以內 五人 以上으로 함.
第5條 國務領은 國務會議를 代表하여 그 決定을 執行 又는 執行케 하고 臨時議政院에 對하여 責任을 負함.
第6條 國務員은 國務會議의 一員으로 一切 國務를 議定함.
第7條 法律을 公布하며 命令을 發하며 法案을 提出하며 其他 重要文件을 發할 때는 國務領과 國務員의 連署로 함.
第8條 行政各部의 部署는 國務會議에서 定함.
第9條 行政各部의 責任主務者는 國務會議에서 互選함. 各部 責任者는 法令과

---

27) 이현희, 『광복전후사의 재인식(1)』, 151~152쪽.

28) 국회도서관, 앞의 책, 9~11쪽.

國務會議 決定에 依하여 主管事務를 執行함.

第10條 職員의 任免은 國務會議의 決定으로 國務領이 行함.

第11條 臨時政府는 憲法 및 其他 法律에 抵觸되지 아니하는 範圍內에서 行政上 必要한 命令을 發함을 得함.

第12條 臨時政府는 臨時議政院 閉會中에 緊急한 必要가 있는 때는 法律에 對한 命令을 發함을 得함. 此 命令은 次期議會에서 承諾을 不得할 때는 向後로 그 效力을 失함을 公布함이 可함.

第13條 國務領은 臨時議政院에서 選擧하되 投票總數 3分의 2 以上을 得한 者로 함. 但 2回 投票에도 決定치 못한 때는 3回에는 多數로 함.

第14條 國務領의 任期는 3個年으로 定하되 再選됨을 得함.

第15條 國務領이 有故한 때는 國務會議에서 代理 1人을 互選하여 그 職務를 代辦케 함. 但 國務領이 缺員된 때는 國務領代理는 國務領의 名義까지 代理하되 遲滯없이 臨時議政院에 要求하여 後任을 選擧케 함.

第16條 國務員은 國務領의 推薦으로 臨時議政院에서 選任함. 但 臨時議政院 閉院中의 國務員 補缺은 國務會議에서 自行하고 遲滯없이 臨時議政院에 請하여 投票표결을 要함.

第17條 國務員의 免職은 國務會議에서 自行함.

〈第3章 臨時議政院〉

第18條 臨時議政院은 議員으로 組織한 立法機關임.

第19條 臨時議政院 議員은 法律의 定한 바에 依하여 地方議會에서 選擧함. 地方議會가 成立되지 아니한 地方에는 地方議會가 成立되기까지 그 地方에 本部를 有한 光復運動團體로 地方議會를 代케 함을 得함.

第20條 臨時議政院은 每年 11月에 臨時議政院이 自行 召集함. 臨時政府의 要求나 議員 3分의 1 以上의 請求가 있을 때는 臨時召集함을 得함.

第21條 臨時議政院의 會期는 1個月 以內로 定하되 院의 決議 或은 臨時政府의 要求에 依하여 1個月 以內를 延長함을 得함.

第22條 臨時議政院은 議員 3分의 1 以上의 出席이 아니면 開議를 得치 못하고 出席議員 過半數의 贊同이 아니면 議案의 可否를 決치 못함.

第23條 臨時議政院이 議決한 法律 及 其他 事件은 臨時政府가 此를 公布 又는 施行함. 法律은 咨達後 十日以內에 公布함.

第24條 臨時議政院이 議決한 法律 及 其他 事件을 臨時政府가 不合함으로 認할 때는 咨達 後 7日 以內에 理由를 付하여 再議를 要求함을 得하되, 其 再議案에 對하여 前議를 固執할 때는 第23條에 依함.

第25條 臨時議政院은 議長·副議長 各 1人을 選擧하며, 憲法 및 其他 法律範圍內에서 諸般內規를 定함.

第26條 臨時議政院은 別條의 規定이 有한 以外에 左의 職權을 有함.

　　1. 法律案을 議決함. 2. 宣戰講和와 條約締結과 國使派遣에 同意함. 3. 光復
　　方略 및 其他에 關한 意見을 臨時政府에 建議함. 4. 國務領 及 國務員의 失
　　職 或 違法 又는 犯法行爲에 對하여 審判 處罰함.

〈第4章 光復運動者〉

第27條 光復運動者는 法令을 遵守하며 財政을 負擔하며 兵役에 服하며 徵發에
　　應하는 義務를 有함.

第28條 光復運動者는 地方議會를 組織하여 臨時議政院 議員을 選擧하며 臨時
　　政府 及 臨時議政院에 請願함을 得함.

〈第5章 會計〉

第29條～第31條(생략)

〈第6章 補則〉

第32條 臨時政府는 國土光復後 1年 以內에 國會를 召集하여 憲法을 制定하되
　　國會成立 前에는 本 臨時憲法이 憲法을 代함.

第33條 本 臨時憲法에 依한 臨時議政院이 成立되기 前에는 舊臨時憲法에 依하
　　여 成立된 臨時議政院이 臨時議政院 暫行條例에 依하여 그 職權을 代行함.

第34條 本 臨時憲法은 臨時議政院議員 3分의 1 以上이나 臨時政府의 提議로
　　議員 過半數 出席과 出席員 3分의 2 以上의 可決로 改正함을 得함.

第35條 本 臨時憲法은 大韓民國 6年 7月 7日부터 施行하고 同時에 元年 9月
　　11日에 公布한 臨時憲法은 廢止함.

• 임시헌법의 특징:

① 기존의 대통령제를 국무령제로 변경하였다. 즉 대통령제가 내각책임제
로 바뀌어 국무령과 국무원으로 구성되는 국무회의에서 행정권과 사법권을
행사하게 되었다. 1919년 헌법은 명분과 형식적 체제에 치중하여 정부형태
를 대통령책임제와 내각책임제를 절충하여 정부운영에 차질을 가져왔으며,
무엇보다도 대통령과 국무총리의 임기에 관한 규정이 없어 문제점으로 지적
되어 왔다.[29] ② 제2차 개헌의 내용에서는 '구황실우대조항'이 삭제되었다.
③ 광복운동자들의 의무와 권한이 하나의 장(章)을 구성하여 처음으로 헌법

---

29) 이강훈, 앞의 책, 156쪽.

본문에 포함되었다. 임시헌법의 적용범위를 보면, 광복운동자가 전 인민을 대(代)한다고 하였다(제3조). 이는 독립운동이 장기화함에 따라 전 인민을 법전의 적용범위로 하기가 어려워졌기 때문인 것으로 해석된다.[30] ④ 임시 의정원 의원의 선출은 지방의회에서 선거하되, 현재 의회가 성립되지 않은 지방에는 지방의회가 성립될 때까지 그 지방에 본부를 둔 광복운동단체가 지방의회를 대신할 수 있도록 하였다. ⑤ 임시의정원의 정기소집은 종전에는 매년 2월 임시대통령이 소집하도록 되어 있었으나 이번에는 매년 11월에 임시의정원이 스스로 소집하되, 임시정부의 요구나 의원 3분의 1의 청구가 있을 때에는 임시소집을 할 수 있도록 하였다. ⑥ 법원설립에 관한 조문을 삭제함으로써 정부, 임시의정원의 이권분립체제를 갖추었다.

7) 제3차 개헌(1927. 3. 5)

임시정부 내에서 파벌투쟁이 지속되고 있는 가운데 외교활동은 난관을 겪었고, 재원 또한 고갈상태에 있었다. 특히 내각구성의 계속적인 실패는 임시정부의 존립에 커다란 위기감을 조성하였다.[31] 이에 임시의정원은 헌법 개정을 통하여 임시정부가 난관을 헤쳐 나갈 수 있도록 여건을 마련하고자 하였다. 1927년(민국 9년) 2월 15일 제16회 임시의정원회의에서 헌법개정안이 가결되어 3월 5일 공포되었다.

기존의 국무령제 헌법으로는 내각을 조각하는 데 상당한 곤란을 경험한데다가 정치적 불안까지 초래하였기 때문에 국무위원집단제도의 개헌의 필요성이 인식되었다. 결국 윤번제 주석을 선출하여 주석이 회의를 주재하도록 하였다.

제3차 개헌과 그에 따라 구성된 정부는 1940년 10월 제4차 개헌이 있기까지 13년간 존속하였다. 임시약헌의 본문은 다음과 같다.[32]

---

30) 김영수, 『대한민국임시정부헌법』(서울: 삼영사, 1980), 126쪽.

31) 이에 관해서는 楊昭全, 『중국에 있어서의 한국독립운동사』(성남: 한국정신문화연구원, 1996), 349~380쪽 참조.

32) 김영수, 앞의 책, 230~234쪽.

大韓民國臨時約憲(1927. 3. 5)

〈第1章 總綱〉

第1條 大韓民國은 民主共和國이며 國權은 人民에게 있다. 단, 光復完成前에는
　　國權은 光復運動者 全體에 있는 것으로 한다.

第2條 大韓民國의 最高權力은 臨時議政院에 있다. 단, 光復運動者가 大團結한
　　政黨이 完成될 때는 最高權力은 그 黨에 있는 것으로 한다.

第3條 大韓民國의 人民은 法律上 一切의 自由와 權利를 가진다.

第4條 大韓民國의 人民은 祖國을 光復하고 社會를 改革하며 約憲 및 法律을 지
　　키고 兵役과 租稅 其他 一切의 義務를 負擔한다.

〈第2章 臨時議政院〉

第5條 臨時議政院은 大韓民國의 直接選擧한 議員으로서 組織한다. 但, 内地의
　　各 選擧區에서 議員을 選擧할 수 없는 境遇에는 그 選擧區에 原籍을 두며 臨
　　時政府所在地에 僑居하는 光復運動者가 當該 各區 選擧人의 選擧權을 代行
　　할 수 있다.

第6條 臨時議政院 議員은 京畿, 忠淸, 慶尙, 全羅, 咸鏡, 平安 各道 及 美洲僑
　　民에서 各各 3人을 選擧한다.

第7條～第8條(생략)

第9條 臨時議政院은 每年 10月 第1火曜日에 政府所在地에서 召集한다. 開會期
　　日은 當院 스스로 定한다. 但, 院의 決議 혹은 政府의 要求나 總議員 3分의 1
　　以上의 要求 또는 常任委員會의 要求가 있을 境遇에는 臨時議會를 召集할 수
　　있다.

第10條 臨時議政院은 總議員 3分의 1 以上의 出席으로서 開會하고 出席人員
　　過半數의 贊同에 依하여 決定한다. 但, 일단 否決된 議案은 같은 會期内에 再
　　次 提出할 수 없다.

第11條～第19條(생략)

第20條 臨時議政院의 議事는 公開한다. 但, 議長 혹은 議員 5人의 提議 또는 政
　　府의 要求가 있을 境遇에는 院의 決議로서 秘密히 할 수 있다.

第21條 臨時議政院 議長은 院을 代表하고 會議를 召集하고 院의 議事를 整理하
　　며 院의 行政을 辨理하며 院内의 警察權을 執行하며 院의 會計를 處理하고 議
　　員 申請에 依해서 5人 以内의 傍聽者를 許可한다.

第22條～第27條(생략)

〈第3章 臨時政府〉

第28條 臨時政府는 國務委員으로써 組織한 國務會議의 결의로써 國務를 總辦한

다. 國務委員은 5人 以上 11人 以下로 한다.

第29條 國務會議는 그 決定한 事項을 執行하거나 또는 政府로 하여금 執行케 하고 臨時議政院에 對하여 責任을 진다.

第30條 國務會議는 約憲 및 法律의 範圍內에서 必要한 命令을 發하고 규정을 定한다. 法律을 代身하는 命令을 發할 때에는 常任委員會의 동의를 거쳐서 次期 議會의 追認을 받아야 한다. 追認을 받지 못할 境遇에는 以後 效力이 없음을 卽時 公布해야 한다.

第31條 國務會議에서 議決한 事項은 다음과 같다. 光復運動方略, 法律, 命令, 豫算, 決算, 豫算의 超過 또는 豫算外의 支出, 條約의 締結, 宣戰, 講和, 國使의 派遣, 外國代表員의 접수 其他 일체의 事項.

第32條 (생략)

第33條 國務委員의 任期는 3個年으로 하고 再選될 수 있다.

第34條 國務委員이 繼續해서 2個月間 職務를 떠날 境遇에는 自然解職된 것으로 한다.

第35條 國務委員 및 政府委員은 臨時議政院 및 其他의 各委員會에 出席하여 發言할 權利가 있다.

第36條 國務會議에서 主席은 國務委員이 互選한다.

第37條 國務會議의 議決은 總議員 過半數로 한다.

第38條 國務會議의 회의규정 및 所屬職員은 國務會議에서 定한다.

第39條 臨時政府에 部 및 所屬職員을 두고 行政事務를 處理케 한다. 光復運動 中에는 必要에 依하여 各部의 行署를 適當한 地方에 둘 수 있다.

第40條 內務, 外務, 軍務, 法務, 財務 等의 各部를 두고 必要에 따라서 그의 數를 增減할 수 있다. 各部 또는 行署의 組織 및 그의 職務範圍에 關한 규정은 常任委員會의 동의를 받아 國務會議에서 定한다.

第41條 行政各部의 責任主務員은 國務合議에서 互選한다.

第42條 行政各部의 責任主務員은 法律규정 및 國務會議의 決議에 依해서 主管事務를 處理 執行하고 臨時議政院에 對하여 責任을 진다.

第43條 行政各部의 職員은 主務員의 推薦에 依하여 國務會議에서 任命 또는 免職한다.

第44條 (생략)

第45條 法院 및 軍法會議의 組織과 職務權限에 關한 규정은 法律로서 定한다.

〈第4章 會計〉

第46條~第48條 (생략)

〈第5章 補則〉

第49條 本約憲은 臨時議政院에서 總議員 3分의 1 以上 혹은 政府의 提案으로

總議員 4分의 3의 出席과 出席人員 3分의 2의 贊同으로 決定한다. 光復運動
의 大團結한 黨이 完成한 境遇에는 그 黨에서 개정하는 것으로 한다.

第50條 本約憲은 大韓民國 9年 4月 11日부터 施行함과 同時에 大韓民國 7年
4月 7日에 公布한 臨時憲法을 廢止한다.

大韓民國 9年 3月 5日

• 임시약헌의 특징:

① 임시의정원에 상임위원회가 설치되었다. 제2조는 임시의정원의 권한이
임시정부보다 우위에 있음을 명시하였기 때문에 임시정부는 국무위원의 사
임 등에서 수시로 임시의정원의 승인을 받아야 했다. 또한 휴회 중 임시의
정원의 회의를 대행하는 기관이 필요하다는 인식하에 상임위원회를 설치하
였다. ② 제2조에서 임시의정원의 지위를 높여 "대한민국의 최고권력은 임
시의정원에 있다. 단, 광복운동자가 대단결한 정당이 완성될 때는 최고권력
은 그 당에 있는 것으로 한다."고 명시하였다. "광복운동의 대단결한 당이
완성한 경우에는 그 당에서 개정하는 것으로 한다."라고 다시 규정함으로써
정당의 의미를 부각시켰으며, 동시에 정당의 통합을 이루어 단합된 힘으로
광복운동에 매진하려는 의지를 보였다.[33] 그러나 이러한 조문과 관련하여
광복운동자들이 대단결한 신당이 임시의정원의 권한을 대신하게 되면 정당
이 입법기관보다 우위에 서게 되어 대의제 이념을 해칠 수 있는 문제점이
드러났다. 특히 1935년 민족혁명당이 창당되었을 때 임시정부 국무위원 7명
중 5명이 국무위원직을 사임하고 신당에 참여하기도 하였다. 이때 민족주의
세력 중 가장 큰 세력인 김구 등은 신당에 참여하지 않았고 신당관계자들과
대립하기도 하였다.[34] 민족혁명당 내부의 분열도 있어 이 당이 임시의정원
의 권한을 대신하는 일은 없었으나 이 조문이 정당통합운동에 적지 않은 영
향을 준 것은 틀림없다. ③ 임시정부는 5인 이상 11인 이하의 국무위원을
두고 국무위원들로 구성된 국무회의에서 국무를 전반적으로 처리한다고 규

---

33) 이러한 규정은 이후의 정당통합운동을 촉진하는 역할을 한 것으로 보인다. 실제로 1930년대와 1940년
대 초반에 단일정당운동이 전개되었으며 2~3차례의 정당통합이 이루어졌다. 1927년 11월에는 한국유
일당독립촉성회 각지 대표 연합회가 열렸다.

34) 추헌수, 『한민족의 독립운동과 임시정부의 위상』(서울: 연세대학교출판부, 1995), 183~184쪽.

정하였다. 국무회의에는 주석 1명을 두되 국무위원이 상호 선거하여 선출한다고 규정하였다. 제29조에서는 "국무회의는 결정한 사항을 집행하거나 또는 정부로 하여금 집행하게 하고 임시의정원에 대하여 책임을 진다."고 규정하였다. 이렇게 된 것은 이번 개헌에서 행정부의 수반을 폐지하고 국무위원제를 채택하여 집단지도체제를 갖추었기 때문인 것으로 보인다. ④ 종전에 비하여 임시의정원의 지위가 월등하게 향상되었다. 종전에는 정부가 국회를 소집하는 것이 상례였으나 이번 개헌에서는 의정원이 회의를 열도록 규정하고 있다(제9조). ⑤ 임시의정원에서는 임시정부가 외국에 망명하여 있는 망명정부라는 현실을 직시하고, 의원에 대한 선거는 국외에 거주하고 있는 광복운동자들에 의하여 선거, 임명된다는 조항을 명시함과 동시에 각 도(道)별 의원정수를 재차 명확히 하였다. ⑥ 제9조에서 매년 10월 제1화요일 정부소재지에서 의정원회의를 소집한다고 하여 정기국회의 개념을, 또 필요에 따라 임시의회를 소집할 수 있다고 하여 임시국회의 개념을 도입하였다. ⑦ 법원을 다시 설립한다고 규정하여 삼권분립체제를 갖추었다.

8) 제4차 개헌(1940. 10. 9)

1927년 3월 5일 공포된 임시약헌(제3차 개헌)에서는 국무위원 집단지도체제를 채택하였다. 주석은 국무위원회에서 호선하도록 하였으나 주석에게는 커다란 권한이 없었기 때문에 임시정부를 이끌어가는 데 한계가 있었고 결과적으로 임시정부의 기능약화로 나타났다.

게다가 1930년대 중반 독립운동단체의 행동통일을 표방한 5당통합으로 일각에서 임시정부폐지를 주장하는 등 난관에 처하기도 하였다. 김구는 1935년 5당통합으로 임시정부가 위협을 받게 되자 즉시 한국국민당을 결성하여 임시정부의 기반이 되도록 하였다.[35] 그 후 1936년 11월 강소성(江蘇省) 가흥에서 임시의정원 비상회의(제29회 의정원회의)를 열어 제4차 내각

---

35) 1935년 11월 江蘇省 鎭江에서 의열단 김원봉 등이 중심이 되어 각 단체 대동단결의 목적으로 조선민족혁명당을 결성하였다. 그러자 이에 대항하기 위하여 이른바 임시정부사수파인 송병조, 차이석, 조완구, 김구 등이 중심이 되어 한국국민당을 결성하였다.

을 구성하고 임시정부 및 임시의정원의 체제를 정비하였다. 다음 해인 1937년 중일전쟁이 발발하자 임시정부는 군사적 준비태세를 갖추기 위하여 군사위원회를 설치하였으며, 그 외에 한국광복전선을 결성하여 전시체제로 돌입하였다.

중국은 중국에서의 한국독립운동에 관한 지지와 관심을 표명하였으나 한인단체 간의 당쟁 등 내부문제에 대한 우려도 표시하였다. 1939년 1월을 전후하여 장제스[蔣介石]는 김구와 김약산을 각각 따로 만나 한국 좌우파인 '한국광복전선'과 '조선민족전선'이 통합하여, 항일 광복운동에 매진하도록 권고하기도 하였다. 장제스와 중국 각계 인사들의 합작의견에 대하여 좌우파 진영에서는 모두 적극적인 반응을 보였다. 이들은 여러 차례의 협의 끝에 1939년 5월 김구와 김약산의 연명으로 '동지, 동포에게 권하는 공개서한'을 발표하였다. 이 공개서한은 3·1운동 이래 계속된 당쟁의 폐단과 계파 간 분규가 가져온 비참한 교훈을 언급하고 좌·우파가 합작하여 단일 대당(大黨)을 결성하자고 호소하는 내용이었다.

그 결과 7월 17일 전국연합진선협회(全國聯合陣線協會)가 중경(重慶)에서 정식 발족되었음을 선언하였다. 그러나 각 당의 역사적 배경, 신앙, 노선 등의 차이가 컸기 때문에 통일정당 노력은 얼마 가지 못하였다.

임시정부는 1939년 11월에 발표한 '독립운동방략'에서 3당통합의 연내 실현을 촉구하였다. 이처럼 임시정부가 3당통합을 적극 지원한 것은 중일전쟁이 계속되고, 일본의 패망이 예견됨에 따라 임시정부의 위치와 역할을 증대시켜 전시체제에 대비할 수 있는 정당이 필요하였기 때문이다. 한국국민당(김구), (재건)한국독립당(조소앙), 조선혁명당(이청천)은 민족주의세력을 결집하기 위해 오랫동안의 통합논의를 거쳐 1940년 5월 8일 해체를 선언하고 다음 날인 5월 9일 신당 한국독립당을 결성하였다.[36]

3당이 통합한 1940년대의 한국독립당은 당의 간부가 임시정부의 국무위원과 임시의정원을 구성하였을 뿐만 아니라 당의 정책이 곧 정부의 정책이

---

36) 한시준, 「1940년대 전반기의 민족통일전선운동」, 『대한민국임시정부의 좌우합작운동』, 128~133쪽. 3당통합에 임한 정당들은 삼균주의의 이념을 기본으로 채택하고 있었기에 어렵지 않게 통합할 수 있었다.

었다. 3당통합을 계기로 1920년대 후반 유일당운동을 전개하면서 임시정부의 헌법을 개정하여 실천하려 하였던 '이당치국(以黨治國)' 체제를 마련하게 되었다.[37)

大韓民國臨時約憲(民國 22年, 1940. 10. 9)

〈第1章 總綱〉

第1條 大韓民國의 主權은 國民에게 있되, 光復完成前에는 光復運動者 全體에 있다.

第2條 大韓民國의 人民은 일체 平等하며, 또한 法律의 範圍內에서 自由 및 權利를 가진다.

第3條 大韓民國의 國民은 祖國光復, 社會改革, 憲法 및 法令의 遵守, 兵役의 服務, 納稅의 일체 義務를 진다.

〈第2章 臨時議政院〉

第4條 臨時議政院은 大韓民國의 直接選擧에 依하여 選出된 議員으로 構成한다. 다만, 國內 各 選擧區에서 選擧實施가 不能할 때에는 臨時政府의 所在地에 僑居하고, 各 當該 選擧區에 原籍을 가진 光復運動者가 各 當該區 選擧人의 選擧權을 代行한다.

第5條 臨時議政院 議員의 數는 57人으로 하되, 京畿, 忠淸, 慶尙, 全羅, 咸鏡, 平安 各道 및 中國領의 僑民에서 各各 6人을 選出하고 江原, 黃海 各道와 美國領의 僑民은 各各 3人을 選出한다.

第6條 大韓民國의 國民으로서 滿18歲에 達하고 公民權이 있는 者는 選擧權을 가지며 또한 滿23歲에 達하고 選擧權이 있는 者는 被選擧權을 가진다.

第7條 臨時議政院 議員의 규정에 關하여는 選擧法이 制定되기 前에는 國務委員會의 議決로써 이를 규정한다.

第8條 臨時議政院은 每年 10月 中旬에 政府所在地에서 定期會議를 開催하며, 그 期間은 自體에서 定한다. 다만, 院의 決議 및 政府의 要求 또는 總議員 3分의 1 以上의 要求가 있을 때에는 臨時議會를 召集한다.

第9條 臨時議政院은 總議員 3分의 1 以上의 出席과 出席員 過半數의 贊成으로써 議案을 決定한다.

第10條 臨時議政院은 議員 또는 政府가 提出한 모든 法律案 및 國家의 豫算, 決算을 議決하고, 國務委員會 主席 및 國務委員을 選擧하며, 또한 駐外使節의

---

37) 이만열, 「임시정부의 통합운동」, 앞의 책, 67쪽. 김희곤, 「제정당의 변천과 활동」, 『한민족독립운동사』7 (국사편찬위원회, 1990), 361쪽.

任免 및 條約의 締結과 宣戰, 講和를 동의함에는 總議員 過半數의 出席과 出席議員 3分의 2 以上의 贊成이 있어야 한다. 다만, 國務委員會 主席 및 國務委員選擧에 있어서 2次의 投票에도 決定이 나지 않을 때에는 多數로서 이를 決定한다.

第11條 臨時議政院이 議決한 法律 및 其他 案件은 政府가 이를 公布하고 또한 施行한다.

第12條 臨時議政院은 議長, 副議長 各 1人을 選擧하며, 또한 諸般内規를 制定한다. 議長, 副議長의 選擧에는 總議員 過半數의 出席과 出席員 3分의 2의 贊成이 있어야 한다. 2次의 投票에도 決定이 나지 않을 때에는 多數로써 이를 決定한다.

第13條 臨時議政院은 議員의 當選證書를 審査하며, 또한 議員의 資格 및 選擧의 疑議에 對하여 最高判決權을 가진다.

第14條 臨時議政院은 國務委員會 主席 및 國務委員 또는 駐外使節이 瀆職 또는 違法 그리고 内亂外患 等의 犯罪行爲가 있다고 認定할 때에는 總議員 過半數의 出席과 出席員 3分의 2의 可決로써 免職하게 할 수 있다.

第15條 臨時議政院의 議事는 公開한다. 다만, 議長 혹은 議員 5人의 提議나 政府의 要求가 있을 때에는 議決로써 秘密로 할 수 있다.

第16條 臨時議政院 議長은 議員을 代表하여 會議를 召集하며, 院内의 議事를 整理하며, 院의 行政을 辨理하며, 院内 警察權을 執行하며, 院의 會計를 處理하며, 또한 5日 以内의 議員의 請暇 및 傍聽을 許可한다.

第17條 議員이 議案을 提出할 때에 法律 및 審査案은 5人 以上 其他 案件은 3人 以上의 連署가 있어야 한다.

第18條 議員이 萬若 理由없이 開會後 7日까지 當選證書를 提出하지 아니하거나 連續 2週日을 缺席할 때에는 그 職務는 自然히 解任되며 議員辭職의 聽許與否는 院議로써 한다.

第19條 議員은 會期中에 院의 許可없이는 自由의 妨害를 받지 아니하며 院内의 發言 및 표결에 關하여 院外에서 그 責任을 지지 아니한다.

第20條 議員은 3人 以上의 連署로 政府 또는 指定한 國務委員에 對하여 質問權을 가지며, 國務委員은 5일 以内에 口頭, 書面으로 答辯하여야 하며, 答辯을 하지 아니할 때에는 그 理由를 明示하여야 한다. 다만, 質問議員의 要求가 있을 때에는 出席하여 答辯하여야 한다.

第21條 議員의 懲戒에는 發言 또는 出席의 停止 및 除名이 있으며, 總議員 過半數의 出席과 出席員 3分의 2의 결의로써 處罰한다.

第22條 議員이 違法을 하였을 때에는 5人 以上의 議員의 提議로 審査하여 前條의 표결수에 依하여 免職한다.

〈第3章 臨時政府〉

第23條 臨時政府는 國務委員會 主席 및 國務委員으로 組織하며, 國務委員의 數
는 6人 以上 10人 以內로 한다.
第24條 國務委員會는 國務를 議決하고 執行하며, 또한 行政各部를 두어 各 當該
行政事務를 處理하며 그리고 各部의 組織條例를 制定하여 이를 施行한다.
第25條 國務委員會 및 行政各部는 憲法 및 法律의 範圍內에서 必要한 命令 및
決定한 규정을 發布한다.
第26條 國務委員會의 職權은 다음과 같다.
1. 光復運動方略 및 建國方案을 議決한다. 2. 法律 및 命令에 關한 事項을 議
決한다. 3. 豫算, 決算, 豫算超過 및 豫算外의 支出案을 議決한다. 4. 宣戰, 講
和 및 條約締結에 關한 모든 案을 議決한다. 5. 行政各部에 關한 事項을 議決
한다. 國務委員의 辭職을 處理한다. 7. 高級官吏 및 駐外 使節과 政府代表를
任免한다. 8. 外國 使節을 접수한다. 9. 臨時議政院에 報告 및 提案을 作成 提
出한다. 10. 國務委員會의 合議규정 및 行政各部의 部署設置와 職員을 決定
한다.
第27條 國務委員會 主席의 職權은 다음과 같다.
1. 國務委員會를 召集한다. 2. 國務委員會의 會議時에 主席이 된다. 3. 臨時政
府를 代表한다. 4. 國軍을 總監한다. 5. 國務委員의 副署로 法律을 公布하고
命令을 發한다. 6. 必要하다고 認定할 때에는 行政各部의 命令을 停止한다. 7.
國務委員會의 결의로 緊急命令을 發한다. 8. 信任狀을 접수한다. 9. 政治犯을
特赦한다. 10. 國務委員會의 會議中 可否同數일 때에는 이를 표결한다. 다만
緊急命令을 發할 때에는 次期議會의 追認을 받아야 하며, 否決되었을 때에는
效力을 喪失하였음을 卽時 公布하여야 한다.
第28條 國務委員會 主席 및 國務委員의 任期는 3年으로 하되, 再選될 수 있다.
國務委員會 主席이 有故할 때에는 國務委員會에서 代理 1人을 互選한다.
第29條 國務委員會 主席 및 國務委員과 政府委員은 臨時議政院 및 各 委員會
에 出席하여 發言할 수 있다.
第30條 國務委員會는 總委員 過半數의 贊同으로 議決한다.
第31條 國務委員會는 秘書長 1人을 두어 國務委員會의 事務 및 會議에 關한
事項을 관리하게 한다.
第32條 各部는 內務, 外務, 軍務, 法務, 財務를 두되, 다만 時宜에 따라서 各部를
增減할 수 있다.
第33條 行政 各부서의 部長 1人은 國務委員會에서 互選한다.
第34條 國務委員會 主席 및 行政各部의 部長은 法律규정 및 國務委員會의 決定
에 따라서 주관사무를 處理 執行하고 또한 臨時議政院에 對하여 責任을 진다.
第35條 行政各部의 職員은 各 當該部長의 推薦으로 國務委員會에서 任免한다.
第36條 地方行政組織은 自治行政의 原則에 따라서 定하며, 自治團體의 組織 및

權限은 法律로 定한다.

第37條 軍法會議에 關한 法律 및 組織과 그 職務權限은 法律로 규정한다.

〈第4章 會計〉

第38條~第40條(생략)

〈第5章 補則〉

第41條 本約憲은 臨時議政院에서 總議員 3分의 1 以上이 또는 政府가 提案하
여 總議員 4分의 3의 出席과 出席人員 3分의 2의 贊同으로 개정한다.

第42條 本約憲은 大韓民國 9年 4月 11日에 公布한 約憲에 依하여 大韓民國
22年 10月 9日부터 개정施行한다.

• 임시약헌의 특징:

① 임시의정원 중심제구도로 바뀌었다. ② 임시의정원에 주석 및 국무위원과 주외사절에 대한 탄핵심판권을 부여하였다. ③ 처음으로 임시의정원 의원의 정수가 57인으로 명시되었으며, 선거권과 피선거권 연령 또한 명시되었다. ④ 임시의정원 의장의 포괄적 권한이 규정되었으며(회의소집권, 의사정리권, 행정사무권, 원내경찰권, 회계처리권, 청가 및 방청허가권), 의원들의 정부 또는 정부위원에 대한 질문권을 명시하였다. ⑤ 의안제출 및 심사권, 대정부질문권이 규정되었다. ⑥ 임시의정원의 해산일을 처음으로 명시하여 정식 국회가 성립하는 날에 해산한다고 하였다.

9) 제5차 개헌(1944. 4. 22)

제4차 개헌(1940. 10. 9)을 통하여 임시정부의 체제를 정비하였으나 임시의정원 의장 김붕준에 대한 탄핵안 가결처리와, 일본의 진주만 기습공격 등 전세가 급변하는 상황에서 다시 헌법을 개정하게 되었다.

개정 전의 정세를 보면, 1932년 일본이 상해에 출병한 후 임시정부는 항주(杭州)로 옮기게 되었고, 남경(南京)에 집결한 각 단체들은 점차 단일당의 결성에 뜻을 같이하게 되었다. 그러다가 1935년 7월 한국민족혁명당이 결성된 후, 김원봉 등의 적화운동으로 당내 숙청이 행하여지자 좌익진영은 1937

년에 '조선민족전선'을 조직하기에 이르렀고, 우익진영은 '한국광복전선'을 결성하여 이에 대처하였다. 중일전쟁이 발발하자 1938년에 두 진영의 통합이 다시 논의되었으나 실패하였다. 광복진영은 조직을 확대하여 한국독립당으로 발족한 뒤 임시정부를 도와 1940년에 광복군을 창설하였다.[38] 이에 조선민족전선은 조선민족의용대를 따로 조직하였다.

임시정부는 이미 1940년 9월에 중경으로 이전한 바 있는데 1941년 12월 8일 태평양전쟁의 발발로 상황이 급변하자 임시정부 요인들로서는 합작단결하지 않을 수 없었다. 이에 앞서 김붕준 의장은 선거법규에 의하지 않은 채 좌익계열인 조선민족전선계열인사들을 임시의정원에 대거 영입하려는 계획을 세웠다. 이에 대한 탄핵안은 1941년 10월 15일 가결되었고 후임의장에는 송병조 의원이 당선되었다. 1941년 12월 8일 태평양전쟁이 발발하자 임시정부는 12월 9일 대일(對日)선전성명서를 선포하였다. 그리고 한중공동전선이 강화되면서 임시정부·임시의정원도 좌우합작을 이루게 되었다.

특히 임시의정원은 1942년 10월 24일 중경에서 19인의 의원이 참석한 가운데 제34회 임시의정원 개회에 하루 앞서 의원선거법에 의한 의원보궐선거를 실시하여 23명의 의원을 새로 선출하였다. 통합의회라고 할 수 있는 제34회 임시의정원회의는 10월 25일 최동오 부의장의 개식사에 이어 김구 주석의 고사(告詞)와 조소앙 의원의 답사가 있었다. 새로 당선된 의원들에 대한 의원자격심사는 10월 25일부터 30일까지 계속되었다.[39] 그런데 이 가운데 조선민족혁명당원 6명, 조혁연맹·해방동맹·통일동지회 소속 5명이 포함되었기 때문에 결국 민족전선계열인사의 임시의정원 참여가 실현되었다. 그리하여 새 임시의정원법에 의한 의원자격심사를 거쳐 신·구의원이 함께 참가한 임시의정원은 각 정당 및 무소속인사들을 총망라하게 되었다.

한국독립당이 통합(1940. 5)된 뒤 이어서 조선민족혁명당도 1943년 1월 8

---

38) 광복군 간부(1940. 11): 총사령 이청천, 참모장 이범석, 부관장 황학수, 주계장 조경한, 참모 이복원, 김학규, 공진원, 유해준, 조인제, 이준식, 부관 조시원, 노복선, 고일명, 주계 김준한, 민영구, 나태섭. 이 광복군은 1942년 중국정부와의 협정으로 총사령제를 폐지하고 다음과 같이 개편되었다. 광복군 간부(1942) 부사령 김약산(일명 김원봉), 참모장 김홍일, 총무처장 최용덕, 참모처장 채형세, 군수처장 중국인, 제1지대장 김약산(겸임), 제2지대장 이범석, 제3지대장, 김학규.

39) 국회도서관, 앞의 책, 270~280쪽.

일 중경(重慶)에서 회의를 개최하고, 조선민족해방투쟁동맹, 조선독립당통일동비회 및 조선민족당 해외전권위원회의 통합문제를 논의하였다. 그 결과 2월 15일 조선민족혁명당 제7차 전당대표대회가 개최되어 4개의 당파를 하나로 통일하고, 명칭은 그대로 '조선민족혁명당'으로 하기로 하였다. 중앙집행위원회 주석에는 김규식, 중앙상무위원회 위원에는 김약산·성립원·손두환·신영옥·김인철을, 중앙사무위원회 총서기에는 김약산을 추대하였다. 또 조선민족혁명당은 임시정부를 옹호하고, 임시정부의 지도하에 "국내외 혁명당파와 군중단체를 합동 또는 연합하여 전 민족의 통일전선을 확대 강화할 것과, 임시정부로 하여금 국내외 혁명집단과 혁명군중의 기초 위에서 전 민족의 독립사업을 더욱 힘차게 이끌어 나가는 혁명정권기구로 발전하게 한다."는 요지의 결의를 하였다.[40] 이 대회를 통하여 중국 내에서의 한인독립운동 역량은 임시정부의 단일 지도하에 강화되었다.

제5차 개헌의 직접적인 동기는 조선민족혁명당의 지위확보에 있었다는 주장이 있다. 제34회 임시의정원회의의 최대성과는 바로 좌우파 독립운동가의 통합이었다. 1943년 10월 제35차 임시의정원이 소집되었을 때 조선민족혁명당 의원들은 개헌문제를 제기하였다.[41] 이들의 주장을 볼 때 조선민족혁명당이 개헌을 주장한 목적은 임시의정원에 자파인사들을 다수 당선시키고 국무위원회의 실권을 장악하는 것에 있었다는 견해[42]가 설득력을 얻고 있다.

大韓民國臨時憲章(1944. 4. 22)

---

40) ≪新華日報≫, 1942년 2월 26일자. 沐濤·孫志科(조일문 역), 『피어린 27년 대한민국임시정부』(서울: 건국대학교출판부, 1994), 158~159쪽에서 재인용.

41) 조선민족혁명당의 개헌주장 요지: ① 임시정부의 소재지에 살고 있는 교민이 국내 인민을 대표하여 선거권을 시행하는 제도를 폐지하고 선거구를 임시정부법령이 통용되는 지역까지 확대하여 각지의 독립운동자들에게도 선거권을 갖도록 하라. ② 불합리한 도별선거(원적별 선거제)를 폐지하고 사람 수로서 표준을 삼는 혼합선거제(현재 거주지별 선거제)로 대체하라. ③ 임시의정원의 의원임기를 제한하라.

42) 김영수, 앞의 책, 167쪽.

우리 民族은 優秀한 傳統을 가지고 스스로 開拓한 疆土에서 悠久한 歷史를 通하여 國家生活을 하면서 人類의 文明과 進步에 偉大한 貢獻을 하여 왔다. 우리 國家가 强盜日本에게 敗亡된 뒤에 全民族은 寤寐에도 國家의 獨立을 渴望하였고 無數한 先烈들은 피와 눈물로써 民族自由의 回復에 努力하여 3·1大革命에 이르러 全民族의 要求와 時代의 趨向에 順應하여 政治, 經濟, 文化 其他 一切 制度에 自由 平等 및 進步를 基本精神으로 한 새로운 大韓民國과 臨時議政院과 臨時政府가 建立되었고 아울러 臨時憲章이 制定되었다. 이에 本院은 25年의 經驗을 積하여 第36回 議會에서 大韓民國臨時憲章을 凡7章 共62條로 改修하였다.

〈第1章 總綱〉
第1條 大韓民國은 民主共和國임.
第2條 大韓民國의 疆土는 大韓의 固有한 版圖로 함.
第3條 大韓民國의 人民은 原則上 韓國民族으로 함.
第4條 大韓民國의 主權은 人民 全體에 있음. 國家가 光復되기 前에는 主權이 光復運動者 全體에 있음.

〈第2章 人民의 權利와 義務〉
第5條 大韓民國의 人民은 左列 各項의 自由와 權利를 享有함.
　1. 言論, 出版, 集會, 結社, 罷業 及 信仰의 自由 2. 居住, 旅行 及 通信秘密의 自由 3. 法律에 依하여 就學 就職 及 扶養을 要求하는 權利 4. 選擧 及 被選擧의 權利 5. 公訴 私訴 及 請願을 提出하는 權利 6. 法律에 依치 않으면 身體의 搜索, 逮捕, 監禁, 審問 혹 處罰을 받지 않는 權利 7. 法律에 依치 않으면 家宅의 侵入, 搜索, 出入制限 或 封閉를 받지 않는 權利 8. 法律에 依치 않으면 財産의 徵發沒收 或 抽稅를 받지 않는 權利
第6條 大韓民國의 人民은 左列 各項의 義務가 있음.
　1. 祖國을 光復하고 民族을 復興하고 民主政治를 保衛하는 義務 2. 憲章과 法律을 遵守하는 義務 3. 兵役과 公役에 服務하는 義務 4. 國稅를 納入하는 義務
第7條 人民의 自由와 權利를 制限 或 剝奪하는 法律은 國家의 安全을 保衛하거나 社會의 秩序를 維持하거나 或은 公共利益을 保障하는 데 必要한 것이 아니면 制定하지 못함.
第8條 光復運動者는 祖國光復을 唯一한 職業으로 認하고 間斷없이 努力하거나 又는 間接이라도 光復事業에 精力 혹 物力의 實踐 貢獻이 있는 者로 함. 但 光復運動에 危害를 加하는 行爲가 있을 時에는 光復運動者의 資格을 喪失함.

〈第3章 臨時議政院〉
第9條 臨時議政院議員에 大韓民國人民이 直接選擧한 議員으로 組織함.

第10條 臨時議政院 議員은 京畿, 忠淸, 慶尙, 全羅, 咸鏡, 平安 各道에서 各 6
人, 江原, 黃海 各 道에서 各 3人, 中領 及 俄領僑民에서 各 6人, 美領僑民에
서 3人을 選擧함. 內地 各 選擧區에서 選擧할 수 없을 때에는 各 該選擧區에
原籍을 두고 臨時政府所在地에 僑居하는 光復運動者가 各 該選擧人의 選擧
權을 代行할 수 있음.

第11條 大韓民國의 人民은 年齡 滿18歲 되고 完全한 公權이 있는 者는 選擧權
이 있고, 年齡 滿25歲되고 選擧權이 있는 者는 被選擧權이 있음. 國家가 光復
되기 前에는 第8條 原項에 該當한 者는 選擧權이 있고 第8條 原項 上一段에
該當한 滿3年 以上의 歷史가 있는 者는 被選擧權이 있음.

第12條 議員의 任期는 3個年으로 하되 連選될 수 있음. 議員의 改選은 原議員의
任期滿了 後 60日 以內에 行함을 要함.

第13條 臨時議政院 議員選擧에 關한 규정은 選擧法이 制定되기 前까지는 國務
委員會의 議決로써 定함.

第14條 議員이 無故히 當選證書를 開院後 3日 까지 提出치 아니하거나 無故히
連續 2週日까지 缺席할 때에는 그 職務는 自然 解任됨.

第15條 議員은 會期中에 院의 許可없이는 그 自由의 妨害를 받지 아니하며 院內
의 言論과 표결에 關하여는 院外에서 責任을 지지 아니함.

第16條 議員은 3人 以上의 連書로 政府나 指定한 國務委員에게 質問하는 權利
가 있고 國務委員은 5日 以內에 말이나 글로 答辯하지 아니할 때에는 그 理由
를 明示하며 質問한 議員이 要求할 때에는 院에 出席하여 答辯함.

第17條 臨時議政院의 職權은 아래와 같음.
  1. 議員 當選證書의 審査와 議員資格 及 選擧의 疑議에 대한 審判 2. 議員資
格에 對한 處理 3. 議員이나 政府에서 提出한 일체 法案 議決 4. 租稅 及 稅
率과 國庫와 其他 國庫의 負擔이 될 만한 事項의 議決 5. 國家의 豫算 決算
超過나 豫算外 支出의 議決 6. 國務委員會 主席 及 副主席과 國防委員의 選
擧 7. 條約締結과 宣戰講和의 동의.

第18條 臨時議政院은 國務委員會 主席 及 副主席 及 國務委員이 失職, 違法
또는 內亂外患 等 犯罪行爲가 있거나 혹은 信任할 수 없다고 認定할 때에는 彈
劾案 혹은 不信任案을 提出하여 彈劾案이 通過되면 그를 免職하고 不信任案
이 通過되면 그가 自行사직함.

第19條 臨時議政院은 議長 副議長 各 1人을 互選하며 그 諸般內規를 定함.

第20條 臨時議政院 議長은 院을 代表하며 會議를 召集하며 院의 議事를 整理하
며 院의 行政을 辨理하며 院內의 警察權을 執行하며 院의 合計를 處理하며 5
日 以內의 議員請由와 傍聽者를 許함. 副議長은 議長을 補佐하며 議長이 有
故할 때에는 그를 代行함.

第21條 臨時議政院은 每年 4月 11日에 臨時政府所在地에서 自行召集함. 臨時

議政院의 회기는 3주일로 定하고 必要로 認할 때에는 延期함을 得하되 全會期의 3分之 1을 超過함을 不得함. 議院의 決議나 政府의 要求나 總在籍議員 3分之 1 以上의 要求가 있을 때에는 臨時議會를 召集함.

第22條 臨時議政院은 總在籍議員 半數 以上의 出席으로 開會함.

第23條 臨時議政院은 出席議員 半數 以上의 贊同으로 議案을 決定함. 第17條 第3, 4, 5, 6, 7 各項과 國務委員會 主席 副主席 及 國務委員의 彈劾案 혹 不信任案의 議決과 議長 及 副議長의 選擧와 議員의 懲戒 及 議長의 免職은 出席議員 3分之 2의 贊同으로 하되 단 選擧에 對하여 2回 投票에도 未決될 때에는 多數로 함.

第24條 議員이 議案을 提出할 때에는 法律案은 5人 以上 彈劾 혹 不信任案과 議長의 免職案은 總在籍議員 3分之 1 以上 其他案은 3人 以上의 連署로 함. 1次 否決된 議案은 同一會期에 다시 提出되지 못함.

第25條 臨時議政院의 議決한 法律과 其他 案件은 臨時政府가 公布 또는 施行함. 法律은 政府에 移送한 後 10日 以內에 公布함.

第26條 議院이 缺員될 때에는 議長이 政府로 通知하여 補選케 함.

第27條 議員의 懲戒는 發言 혹 出席의 停止와 除名으로 함.

第28條 議長이 違法할 때에는 第23條 第2項과 第24條 第4項에 依하여 免職함.

〈第4章 臨時政府〉

第29條 臨時政府는 國務委員會 主席과 國務委員으로 組織한 國務委員會로써 國務를 總辦함. 國務委員은 8人 以上 14人 以內로 함.

第30條 國務委員會의 職權은 아래와 같음.

1. 復國과 建國의 方策을 議決함. 2. 法律 命令 提案에 關한 事項을 議決함. 3. 豫算 決算 豫算超過 及 豫算外의 支出을 議決함. 4. 宣戰 講和 及 條約締結에 關한 事項을 議決함. 5. 行政各部에 關한 主要事項을 議決함. 6. 國務委員의 辭職을 處理함. 7. 中央各機關의 主務責任者 及 高級文武職과 駐外使節 及 政府代表를 任免함. 8. 外國使節의 접수 여부를 議決함. 9. 軍務에 關한 事項을 議決함. 10. 大赦 特赦 減刑 及 復權을 議決함. 11. 臨時議政院에 提出할 報告와 提案을 作成함. 12. 國務委員會의 會議규정을 定하며 所管各機關의 設廢를 議決함.

第31條 國務委員會의 議決은 總委員 半數 以上의 贊同으로 함.

第32條 國務委員會 主席의 職權은 아래와 같음.

1. 臨時政府를 代表함. 2. 國書를 접수함. 3. 國軍을 統監함. 4. 國務委員會를 召集함. 5. 國務委員會 主席이 됨. 6. 國務委員會議의 可否 同數될 때에 표결함. 7. 國務委員의 副署로 法律을 公布하여 命令을 發함. 8. 行政統一 혹 公益에 妨害되거나 違法 혹 越權으로 認할 때에는 行政各部署의 命令을 停止하고

國務委員會에 取決함. 9. 國務委員會의 議決로 緊急命令을 發함. 단, 緊急命令을 發할 때에는 次期 議會의 追認을 要하되 追認되지 못할 때에는 그 뒤로부터 效力이 喪失됨을 卽時 公布함.

第33條 副主席은 主席을 補佐하며 國務委員會에 列席하고 主席이 有故할 때에 그 職權을 代行함.

第34條 國務委員會 主席 及 副主席과 國務委員의 資格은 第8條 原項 上一段 규정에 該當한 10年 以上의 歷史가 있고 年齡 滿40歲 以上된 者로 함.

第35條 國務委員會主席 及 副主席과 國務委員의 任期는 3個年으로 定하되 連選될 수 있음.

第36條 國務委員會 主席 副主席 及 國務委員과 政府委員은 臨時議政院과 그 各委員會에 出席하여 發言할 수 있음.

第37條 國務委員會는 秘書長을 두어 國務委員會의 事務와 會議에 關한 事項을 掌理함.

第38條 國務委員會는 行政各部署와 統制 審判 檢査 등 各機關을 두어 各該主務事務를 辨理하고 臨時議政院에 負責함. 右項 各機關의 組織條例는 國務委員會에서 制定 施行하되 次期 議會의 通過를 要함.

第39條 行政各部署는 內務, 外務, 軍務, 財務, 文化, 宣傳 等 各部와 其他 各委員會를 두되 時宜에 依하여 그 數를 增減할 수 있음.

第40條 行政各部署事務의 連絡과 統制를 爲하여 各主務責任者 聯席會議를 열어 國務委員會 主席이 主持함.

第41條 國務委員會와 行政各部署는 憲法과 法律 範圍內에서 必要한 命令을 發함.

第42條 國務委員會 主席 及 中央各機關의 主席責任者는 法律의 규정과 國務委員會의 決定에 依하여 各其 主管事務를 辨理함.

第43條 中央機關의 主務責任者는 主席의 提薦으로 中央機關의 所屬職員은 各該機關 土務責任者의 薦報로써 國務委員會에서 任免함.

第44條 地方行政組織은 自治行政의 原則에 依하여 定하고 自治團體의 組織과 權限은 國務委員會에서 制定施行하고 次期 議會의 通過를 要함.

〈第5章 審判院〉
第45條~第56條(생략)

〈第6章 會計〉
第57條~第60條(생략)

〈第7章 補則〉
第61條 本憲章은 臨時議政院에서 總在籍議員 3分之 1 以上이나 政府의 提案으로

總在籍議員 4分之 3의 出席과 出席議員 3分之 2의 贊同으로 개정함을 得함.

第62條 本憲章은 公布日로부터 施行하고 大韓民國 22年 10月 9日부터 施行한 臨時約憲은 廢止함.

• 임시헌장의 특징:

① 5차에 걸친 헌법 개정에서 최초로 3·1운동의 정신을 임시정부의 기본 정신으로 삼았다. 3·1운동 후 수립된 한성정부의 정통성이 통합임시정부로 이어졌음을 명문화하였다. ② 이제까지 만들어진 헌법 중 가장 민주적이고 입헌주의적 헌법의 특성을 갖추었다. 특히 임시의정원과 관련해서는 의원의 원내발언 및 표결에 관한 면책특권을 규정하고 탄핵안 및 불신임안을 규정하였다(제15조~제18조). ③ 임시의정원 의원의 임기를 3년으로 명시하였으며, 재선이 가능하고, 의원의 개선(改選)은 의원의 임기만료 후 60일 이내에 행해야 한다고 하여 재·보궐선거를 규정하였다. ④ 이 헌장은 임시정부의 마지막 헌법이면서 광복운동자들이 해방 이후의 국가건설에 주도적 지위를 확보하여 민주주의제도를 운용하고자 한 의도를 분명히 밝힌 헌법이다.

3. 임시의정원의 직권 및 의원 선출

1) 1919년 임시헌법에 의한 직권

· 일체의 법률안 의결
· 임시정부의 예산·결산 의결
· 전국의 조세·화폐제·도량형의 준칙 의결
· 공채모집과 국고부담에 관한 사항 의결
· 임시대통령선거
· 국무원, 주외대사, 공사 임명동의
· 선전강화(宣戰講和)와 조약체결 동의
· 임시정부의 자순(諮詢)사건 복답(復答)

· 청원 접수

· 법률안 제출

· 법률 기타 사건에 관한 의견을 임시정부에 건의

· 질문서를 국무원(國務員)에게 제출하여 출석답변을 요구

· 임시정부에 자순(諮詢)하여 관리의 수회(受賄)와 기타 위법한 사건을
  사판(查辦)

· 임시대통령의 위법 또는 범죄행위가 있을 때에는 총원 5분의 4 이상의
  출석, 출석원 4분의 3 이상의 가결로 탄핵 또는 심판

· 국무원(國務員)의 실직(失職)이나 위법이 있다고 인정될 때에는 총원 4
  분의 3 이상의 출석, 출석원 3분의 2 이상의 가결로 탄핵

2) 1925년 임시헌법에 의한 직권

· 법률안 의결
· 선전강화, 조약체결, 국사파견에 동의
· 광복방략 및 기타에 관한 의견을 임시정부에 건의
· 국무령 및 국무원의 실직, 위법 또는 범법행위에 대한 심판처벌

3) 1940년 임시약헌에 의한 직권

· 의원의 당선증서 심사, 또한 의원의 자격 및 선거의 의의(疑議)에 대한
  최고판결

· 국무위원회 주석 및 국무위원 또는 주외사절이 독직이나 위법 그리고
  내란외환 등의 범죄행위가 있다고 인정할 때 총의원 과반수의 출석과
  출석원 3분의 2의 가결로써 면직가능

· 국무위원에 대한 질문권

· 의원 또는 정부가 제출한 모든 법률안 및 국가의 예산, 결산 의결

· 국무위원회 주석 및 국무위원을 선거하며, 또한 주외사절의 임면 및 조
  약의 체결과 선전강화의 동의

4) 1944년 임시헌장에 의한 직권

- 의원 당선증서의 심사와 의원자격 및 선거의 의의에 대한 심판
- 의원자격에 대한 처리
- 의원이나 정부가 제출한 일체의 법률안 심의 의결
- 조세, 세율, 국채 및 기타 국고부담이 될 만한 사항의 의결
- 국가의 예산 결산 초과예산 또는 예산 외 지출사항을 의결
- 국무위원회 주석, 부주석 및 국무위원 선출
- 조약체결 및 선전강화의 동의

5) 임시의정원 의원의 선출

1919년 4월 11일 공포된 임시헌장에는 의원의 선출과 관련된 조문이 없었으나 그해 9월 11일 제1차 개헌에서 비로소 이 문제가 언급되었다. 제1차 개헌에서는 각 도의 지방의회에서 선출한다는 것을 명시하지 않고 다만 각 도 의원의 숫자만을 규정하였다. 1925년 4월 7일 제2차 개헌에서는 법률의 규정에 의하여 지방의회에서 선출하였다. 그러나 지방의회가 구성되지 않은 곳에서는 지방의회가 설립될 때까지 본 지역에 본부를 둔 광복운동단체가 지방의회의 직을 대리 행사할 수 있도록 하였다. 의원의 선거에 관하여 각 도의 의원정수는 규정하지 않았다.

1944년 4월에 공포한 임시헌장은 의원의 선거와 관련하여 1개의 장을 두어 비교적 상세하게 다루었다. 헌장 제9조에 의하면, "임시의정원은 대한민국 인민의 직접선거에 의해 선출된 의원으로 조직한다."고 규정하였다. 제10조에는 "임시의정원의 의원은 경기, 충청, 전라, 경상, 함경, 평안 각 도에서 6인을 선출하고, 강원, 황해 두 도에서는 각각 3인을 선출하고, 중국 및 러시아 교민 각 6인, 미국 교민 3인을 선출한다. 국내의 각 선거구에서 선거를 실시할 수 없을 때에는 임시정부소재지의 광복운동자가 해당 지역구 유권자의 선거권을 대행할 수 있다."고 하였다. 또 제8조를 보면, "광복운동자란 조국광복을 유일한 직업으로 삼고 부단히 노력하거나, 간접적으로 광복

사업에 정력이나 물력을 공헌한 자"라고 규정하였다. 제9조의 규정에 따라 의원정수를 계산하면 1944년의 임시의정원 의원은 57인이 된다.

임시헌장 제11조의 규정은 "대한민국 국민으로서 만 18세 이상이면 완전한 공민권자로서 선거권을 가지며, 만 25세 이상이면 선거권과 피선거권을 가진다."고 하였다. 그러나 한국광복 이전에 선거권을 향유하려면 반드시 광복운동을 한 인물이어야 하며, 피선거권은 3년 이상 광복운동을 한 사람이어야 가질 수 있다고 규정하였다. 당선된 의원의 임기에 대해서는 임시의정원이 처음 성립되었을 때에는 규정이 없었으나, 1944년 4월에 개최된 제36차 임시회의에서 그 임기를 3년으로 하고, 연임할 수 있도록 하였다. 의원의 개선(改選) 시기는 의원 임기만료 후 60일 이내에 하도록 규정하였다. 또한 의회가 개회된 후 의원이 아무런 이유 없이 3일 이내에 당선증서를 제출하지 않거나 2주간 회의에 참석하지 않으면, 그 의원의 자격은 자동 소멸된다고 하였다.

4. 임시정부 임시의정원의 해체

1945년 일본의 무조건 항복으로 해방을 맞이하게 되자 임시정부는 국무위원회의 요청으로 임시회의를 소집하고 귀국문제를 토의하였다. 이 회의에서 공산계열의 임시정부 및 임시의정원 자진 해체론이 있었고, 일부 인사들이 미·소 양국군의 분할통치하에 귀국할 수 없다고 주장하여 한때 격론이 벌어졌으나 입국을 결정하고 그해 10월 국무회의에서 입국실시 14조의 시책을 마련하였다. 그러나 미 군정은 '정부' 자격으로는 이들의 입국을 허용할 수 없다고 통보하였다. 결국 임시의정원 의원들은 개인자격으로 입국할 수밖에 없었다. 1945년 11월 29일 임시정부 및 임시의정원 주요 간부들은 개인자격으로 입국하였으며, 이때부터 임시정부는 형식적으로는 해체된 상태였다.

제2절 남조선대한국민대표민주의원

비상국민회의 강령 제2조 본회의는 임시정부에서 발표한 당면정책 제14강령 중 제6조에 의한 과도정부수립에 관한 일체의 권한을 가지며 대한민국 임시정원의 직능을 계승한다. 제10조 본회의는 과도정부수립에 의한 국회가 성립될 때까지 존속한다.
남조선대한국민대표민주의원 규범 제1조 본원은 비상국민회의에 의한 최고정무위원으로 조직된다. 제2조 본원의 임무는 한국의 자주적, 민주적 민주주의의 조성, 정권수립과 기타 긴급한 제 문제의 해결에 관하여 관계방면과 절충하여 필요한 제반조치를 한다.

1. 설치 경과

1945년 8월 15일 일본의 패전으로 식민통치는 끝났으나 38선 이북에는 소련군이, 이남에는 미군이 주둔하여 군정을 실시하였다. 미 군정은 1945년 9월 7일 맥아더 사령관의 포고 제1호로 북위 38도선 이남에서 실시되었다.

영국의 식민지였던 국가들은 독립과 함께 영국식 의회제도를 그대로 도입한 경우가 대부분이다. 반면 제2차 세계대전을 전후하여 미국의 점령 혹은 영향하에 있었던 한국, 일본, 필리핀 등 아시아 국가들과 중남미의 여러 국가들은 미국식 의회제도의 영향을 받았다. 한국에서는 미군이 남한 지역에 주둔하면서 미국의 영향을 받아 헌법, 선거, 의회제도 등 서구 민주주의의 보편적 이념과 제도를 수용, 도입하게 되었는데 앞에서 본 것처럼 그러한 이념이나 제도는 민족지도자들에 의하여 이미 1910년대에 도입된 바 있다.

1) 비상정치회의 – 우익 · 중도의 과도입법기관추진체

전후(戰後) 문제를 논의하기 위한 미국 · 영국 · 소련 3국의 외무장관회의가 1945년 12월 27일 모스크바에서 개최되었다. 이 회의에서 한국에 대한 최고 5년간의 신탁통치 실시, 미소 공동위원회 설치 등 국가와 민족의 장래를 결정짓는 중요한 사항들이 결정되었다. 이러한 회의 내용이 알려지자 국내 좌우익 진영은 찬탁·반탁의 입장으로 대립하게 되었다.

신탁통치안을 놓고 좌익세력이 소련의 정책을 찬성, 추종하고 있을 때 우익세력은 임시정부요인들을 중심으로 자율정부수립을 위한 운동을 전개하였다.

조소앙 임시정부 외무부장은 1946년 1월 17일 시내 죽첨정 임시정부요인 숙소에서 비상국무회의를 열고 비상정치회의를 소집하기로 하였으며, 1월 20일에 오전 9시부터 같은 장소에서 각계 대표 20명을 소집, 과도정권수립의 전제로서 비상정치회의 제1차 주비회를 개최하였다. 그러나 주비회원으로 선임된 일부 좌익계 정당인 조선인민당, 독립동맹, 조선공산당의 주비회 참석 거부로 이 주비회는 우익 및 중도파 정당들로만 구성되었다.

임시정부는 반탁운동을 전국적으로 전개하는 한편 국론통일, 정당통일을 위하여 각 정당과 개별적인 절충을 시도하고, 여러 정당을 단위로 회의를 개최하였다. 그러나 만족할 만한 결과를 얻지 못하자 비상정치회의를 소집하기 위하여 1947년 1월 20일 예비회의를 열었다. 초청을 받은 좌익단체는 21개인데 그중 평양에 들어간 38도선 이남의 조선인민당, 조선공산당, 연안혁명단체 등 독립동맹의 3단체를 제외한 국내외 18개 단체의 대표자 각 1인과 임시정부 측 위원으로 조소앙, 장건상, 최동오 3인이 옵서버로 참석하였다. 이 자리에서 비상정치회의는 대한민국의 과도적 최고입법기관으로서 임시의정원을 계승하여 정식 국회가 성립될 때까지 존속할 것이고, 각 단체대표자는 전권을 위임받은 사람이어야 할 것이며 친일파, 민족반역자는 참여치 못하도록 하자는 조소앙의 발언을 중심으로 토의가 진행되었다. 임시정부 주최로 소집된 비상정치회의 주비회는 20일에 이어 21일에도 계속되었다.

기존의 정당통합추진체인 독립촉성중앙협의회를 무시하고 별도의 정당통합추진체를 구성하려는 임시정부 측에 불만이 있었던 독립촉성중앙협의회의 이승만 또한 1945년 1월 22일 비상정치회의주비회에 합류하였다. 이승만은 임시정부와 독립촉성중앙협의회는 아무 관계가 없다고 공언하여 왔으나, 상

황의 변화가 그로 하여금 김구의 비상정치회의를 더 이상 외면할 수 없게
만들자 통합을 하게 된 것이다. 이에 따라 김구가 주도하는 비상정치회의주
비회는 독립촉성중앙협의회를 합류시킨 뒤 이승만과 김구가 공동지도하는
비상국민회의로 명칭을 바꾸고 회장에 이승만과 김구를 추대하였다. 이런
과정을 거치면서 독립촉성중앙협의회와 비상정치회의가 통합되고 민족진영
의 두 지도자가 손을 잡았다.

　1월 23일 임시정부 내의 혁신세력을 대표하였던 조선민족혁명당의 김약
산, 성주식과 조선민족해방동맹의 대표로 주비회에 참석하였던 김성숙은 주
비회가 우익진영으로만 형성되어 기대하였던 민족통일전선을 이룰 수 없고
오히려 민족의 분열을 심화시킨다면서 회의 도중에 퇴장하였다. 그들은 좌
익을 제외한 우익만의 회합과 통일은 민족의 통일이 시급히 요구되는 현시
점에서 민족의 분열을 초래할 뿐만 아니라 연합국으로 하여금 신탁통치를
실시하게 하는 구실을 주는 것이기 때문에 임시정부가 그 책임을 져야 한다
고 주장하였다.[43]

　이렇게 좌익계 정당들은 처음에는 통합의 명분 때문에 호응하는 듯하였으
나 우익 측의 반탁주장에 반대하여 비상정치회의주비회부터는 불참하게 되
었다.

　한편 1월 24일 장덕수, 남상철, 권태석, 안재홍, 이재억, 김철, 이종현, 서
상일, 김붕준, 김관식 등 비상국민회의 본회의 준비위원들은 각종 준비와 각
단체 대표선정에 나섰다. 이 본회의 준비회에서 작성한 강령 제2조에는 "본
회의는 임시정부에서 발표한 당면정책 제14강령 중 제6조에 의한 과도정부
수립에 관한 일체의 권한을 가지며 대한민국임시의정원의 직능을 계승한
다."고 하였고, 제10조에서는 "본회의는 과도정부수립에 의한 국회가 성립
될 때까지 존속한다."는 비상국민회의의 성격과 직무를 밝혔다.[44]

---

43) ≪중앙신문≫, 1946년 1월 23일자.

44) 이날 채택한 비상국민회의 조성대강 제1조의 내용: 대한민국임시정부 당면정책 제6항에 의한 각 정당대
　　표, 각 종교단체대표, 각 문화단체대표, 각 노농단체대표, 각 산업단체대표, 각 부녀단체대표, 각 청년단체
　　대표, 기타 혁명단체대표 등 저명한 민중지도자를 소집하여 비상국민회의의 개최를 준비하기 위하여 각
　　정당대표 각 혁명단체대표로서 주비회를 조직함.

2) 비상국민회의 − 임시의정원의 권한 · 직능

비상국민회의주비회는 정당, 임시정부 · 임시의정원, 사회단체와 종교, 교육, 문화, 부녀, 직업, 노동, 일반단체 등 61개 단체대표 201명에게 초청장을 보냈다. 1946년 2월 1일 오전 11시 시내 명동 천주교 대강당에서 167명의 대표들이 참석한 가운데 안재홍의 사회로 비상국민회의를 개최하였다.[45] 각 단체 대표들이 참석한 가운데 개최된 본회의에서는 자주적 민주주의 과도정부수립과 기타 현안문제들을 해결할 수 있는 기구로서 행정부격인 최고정무위원회의 설치를 결정하고 이승만 · 김구 두 사람에게 인선을 위임하였다. 2월 2일에는 대의원 137명이 출석한 가운데 헌법과 선거법 문제로 논란을 벌인 끝에 위원장 김병로, 부위원장 이인 등 법제위원회 6인을 중심으로 헌법, 선거법 및 의원법 등을 기초하였는데, 특히 헌법은 임시정부 · 임시의정원의 헌장(헌법)을 그대로 계승하여 기초하기로 하였다. 따라서 정권수립의 일체의 권한을 임시정부 · 임시의정원으로부터 비상국민회의가 계승하게 되었다.

그러나 좌우익의 합작을 이루어 범국민적인 과도정부를 수립할 목적으로 결성한 비상국민회의는 임시정부 내의 유림, 김약산, 성주식, 장건상, 김성숙 등이 이탈하고 여운형과 조선인민당도 참가를 거절함으로써 결국 우파세력의 결집체가 되었다.

이 기구는 미군당국의 영향을 받게 되면서부터 자주적 과도정부의 수립이라는 당초의 목적에서 벗어나 미군사령관의 과도정부수립 노력에 자문하는 기관으로 변질되었다.

2. 남조선대한국민대표민주의원의 구성과 활동

해방 이후 좌우익의 이념 및 정국 주도권을 둘러싼 대립이 격심한 가운데

---

45) 의장단: 의장 홍진, 부의장 최동오. 위원장단: 정무 안재홍, 외교 조소앙, 재정 김활수(조완구), 국방 유동열, 법제 김병로(신익희), 교통 백관수(장건상), 문교 김관식(이극로), 예산 이운(김병경), 노동 유림, 후생 유진동, 선전정보 엄항섭, 청원징계 조경한.

이승만, 김구, 김규식, 이시영, 안재홍 등은 좌우합작을 통하여 범국민적인 과도정부수립을 위하여 노력하였다. 그러나 두 진영 간의 정당합작 시도가 실패하자 우익진영은 좌익인사들이 불참한 가운데 1946년 2월 1일 독립촉성중앙협의회와 비상정치회의주비회를 통합하여 자주적 과도정부의 수립을 목표로 비상국민회의를 결성하였다.

비상국민회의는 1946년 2월 13일 이승만, 김구, 김규식, 여운형, 조소앙, 안재홍 등 28명의 최고정무위원을 선출하였다. 2월 14일 미 군정은 해방 이후 혼란한 사회질서를 바로잡고 자주독립국가로서의 체제를 갖춘다는 명분 아래 미 군정청의 자문기관인 남조선대한국민대표민주의원(약칭 민주의원)을 설치하고 비상국민회의 최고정무위원 28명 전원을 동 민주의원의 의원으로 임명하였다. 비상국민회의의 의결에 따라 이날 미 군정청 제1회의실에서 남조선대한국민대표민주의원이 발족, 개원되었다(의장 이승만, 부의장 김구 · 김규식, 의원 25명). 민주의원의 발족은 정권인수를 목표로 한 우익진영의 움직임, 즉 비상국민회의의 활동을 견제하고 미소공동위원회의 협의대상이 될 우익진영의 통일기구를 설치하려는 하지 중장의 의도하에 이루어졌다. 민주의원은 "민주적 임시정부를 수립한다."는 내용의 결의안을 가결한 것 이외에는 커다란 업적은 이루지 못하였다.

민주의원의 직제는 의장, 부의장, 총리와 4국 15부의 기구로 구성되었다. 당면한 긴급사항을 심의 연구할 10개 상임위원회를 설치하고, 민생 및 경제문제를 처리하기 위한 경제전문위원회와 민생대책위원회를 두었으며, 경제전문위원회에는 7개 분과위원회를 두었다.

민주의원의 구성원 28명 중 중간 좌파로는 조선인민당의 여운형, 백상규, 황진남이 선임되었고 나머지는 모두 우파인사였다. 그러나 여운형은 민주의원 결성식부터 불참하였고 조선인민당은 당일 민주의원에의 불참을 발표하였다. 여운형은 처음에는 이 자문기관에 참여할 것을 응낙하였으나 구성원 대부분이 우익인사들로 구성된 것을 알고는 응낙의사를 철회한 것이다. 여운형 등 조선인민당계가 이탈함으로써 민주의원은 우파만의 기구로 전락하였고 미 군정 측도 동 민주의원의 대표성을 덜 인정하게 되었다.[46]

민주의원은 민주적인 임시정부를 구성하여 연합국과 협의하는 것을 목적으로 하여 설치되었으나 의결기관이 아닌 미 군정의 자문기관 역할에 머물렀기 때문에 그 활동에 있어서 한계를 보였다.[47] 이러한 민주의원의 한계적인 활동에 대하여 버치(L. Bertsch)는, "민주의원은 대표적이지도 못하였고, 민주적이지도 못하였으며, 협의도 하지 못하였다."고 혹평하였다.[48]

미 군정은 민주의원 설치를 통하여 한국민주당계, 이승만의 대한독립촉성회, 김구의 임시정부계, 신한민족당, 국민당, 김규식, 조소앙 등을 포섭하여 우익연합을 조직할 수 있었고 미소공동위원회에 임하는 정치적 기반을 확보하였다.

3. 남조선대한국민대표민주의원 해산

남조선대한국민대표민주의원은 군정청에 대한 자문기관의 기능을 수행하면서 제헌국회 개원 직전까지 존속하였으나 1946년 12월 12일 남조선과도입법의원이 개원하게 되면서 그 기능이 유명무실한 존재로 전락하였다. 남조선대한국민대표민주의원은 제헌국회 개원 이틀 전인 1948년 5월 29일 해산하였다.

---

46) 김재홍, 『한국정당과 정치지도자론』(서울: 나남, 1992), 356쪽.

47) 민주의원은 그 설치목적에 따라 임영신 여사를 민주의원의 대표로 미국에 파견하였다. 임 여사가 1946년 11월 5일부로 민주의원의장인 이승만 박사에게 보낸 전문의 내용을 통하여 당시의 상황을 엿볼 수 있다: 나는 고(故) 루스벨트 대통령의 부인 엘레나 여사의 주선에 의하여 10월 24일 처음으로 유엔에 민주의원 대표로 비공식으로 참석하게 되었습니다. 조선문제는 10월 31일 유엔안전보장이사회에 제출되었고 각국 수석대표는 조선문제를 국제보도기관에 보도하기를 허락하였습니다. 의장선생과 하지 중장이 중대한 시기에 나를 당지에 보내주셔서 감사합니다. 세계 각국의 중요한 대표를 개인적으로 면회하여 조선의 완전독립을 획득하여 성공하기까지 이곳에서 노력하겠습니다. 모로토프 소련외상과도 만나야 하겠습니다. ≪동아일보≫, 1946년 11월 30일자.

48) 브루스 커밍스(김자동 역), 『한국전쟁의 기원』(서울: 일월서각, 1986), 307쪽. 그는 또 민주의원은 미 군정 당국이 1946년 중에 온건 좌파를 조선공산당과 조선인민공화국 내의 '극좌파'로부터 분리시킴으로써 '극좌파'를 고립시킬 수 있는 연립체제를 창출하기 위하여 행한 성공하지 못한 시도 중의 하나라고 보았다.

1. 설치 경과

미 군정 당국은 제1차 미소공동위원회가 휴회에 들어간 후 여운형, 김규식 등 좌우파의 지도자들이 좌우합작운동을 추진하는 것을 지원하는 한편 입법기관설립을 위한 준비를 시작하였다.

미국이 정식입법기관을 설치하는 쪽으로 정책을 바꾼 이유는 첫째, 한국인들에게 민주주의제도에 대한 인식과 자치훈련의 기회를 주기 위한 것이고, 둘째, 법령초안작성 등 실무적인 법제기술지원에 있으며, 셋째, 소련의 영향하에 있는 북한체제에 대항하기 위한 남한정부수립을 위해서는 입법기관의 설치가 급선무라는 필요성이 인정되었고, 넷째, 민주의원이 대표성을 갖추지 못하여 협의역할을 제대로 하지 못한 것과, 우익 인사만으로 구성되어 좌우익이 대립, 정국을 조정하고 수습하기에 어려움이 있었기 때문이다. 제1차 미소공동위원회의 회의가 1946년 3월 20일에 열렸으나 임시정부조직에 대한 참여범위를 둘러싸고 결렬되었다. 1946년 5월 6일 회담마저 결렬되고 무기휴회에 들어가자 미 군정사령관 하지 중장은 5월 8일 성명을 발표하여, 임시정부수립 이전에 자신의 권한하에 법령을 제정하고 한국인이 참여하는 과도입법기관을 설립하겠다는 구상을 밝혔다. 여기에는 중도파 인사들로 하여금 과도입법기구를 주도하도록 하겠다는 의지가 포함되어 있었다.

미 군정장관 러치는 한국인이 요구하는 법령을 한국인 스스로 제정할 수 있는 입법기관 창설을 하지 중장에게 건의하여 동의를 받아냈다. 입법기관은 1946년 8월 24일 미군정법령 제118호 '조선과도입법의원의 창설에 관한 법령'을 통하여 구체화되기 시작하였다(1946. 10. 12 공포). 미 군정청은 9월 23일 좌우합작위원회 회담에 과도입법기구안을 최초로 제안하기도 하였다.

미 군정 당국은 1947년 6월 3일 행정권을 한국인에게 이양하기 시작하였다. 군사정부를 남조선과도정부로 개칭하였는데 이는 군정에서 민정으로 정권을 이양하기 위한 조치이다. 남조선과도정부와 때를 같이하여 과도입법기구인 남조선과도입법의원을 구성하였다.[49)]

2. 입법의원선거 및 선출방법

입법의원의 선출방법은 의원정수 90인 중 45인은 선거(민선의원)에 의하여, 나머지 45인은 임명(관선의원)에 의하도록 규정하였다. 선거에 의한 민선의원 45인의 선출 절차는 먼저 리·정 대표를 선출하고, 리·정 대표가 당해 읍·면·구 대표를 선출하며, 읍·면·구 대표가 당해 시·도에 배정된 수의 입법의원을 선출하도록 하였다. 이러한 방식의 간접선거를 하게 된 것은, 공산주의자들의 의회진출을 억제하려는 미국 측의 정책적 의도에 따른 것이다.[50)] 관선의원은 경제적·사회적·문화적 생활영역을 대표하는 이른바 직능대표자로 구성하는 것을 원칙으로 하였다.

이들의 주요 기능은 미 군정이 남조선에 존속하는 동안 정치적·사회적·경제적 개혁을 지향하는 사안과 군정장관이 부탁한 사항에 대하여 법령을 초안 제정하거나 고급관직의 임명을 비준하는 권한 등이었다. 남조선대한국민대표민주의원과 비교할 때 남조선과도입법의원은 중도파 및 중도좌파가 다수 참여하였다.

좌익정당·단체들이 입법기관 설치를 반대하는 가운데 1946년 10월 21일부터 10월 31일까지 실시된 민선의원 45명에 대한 입법의원선거는 남한전역에 걸친 소요사태로 인하여 원만히 진행되지는 못하였으나 민선의원 전원을 선출하였다. 과도입법의원 설치를 저지하기 위한 남조선노동당의 9월 총파업과 10월 폭동에도 불구하고 입법의원선거가 완료되었다.

민선의원선거는 선거법의 규정대로 대부분의 지방에서 납세자와 지주만이

---

49) 남조선과도입법의원 설치의 의미, 선거, 의원명단, 입법활동 등에 대해서는 신복룡, 『해방정국에서의 과도입법기관』, 국회사무처, 『대한민국국회50년사』(1988), 34~93쪽 참조.

50) 미국무성 비밀외교문서(김국태 역), 앞의 책.

투표를 할 수 있었으며, 선거인들이 투표소에서 비밀투표를 한 곳은 없었다.[51] 다만 군 아래의 단위에서 선출한 대표자들이 입법의원의 후보자들에게 투표할 때만 비밀투표가 행하여졌다. 그러나 이 선거는 10월폭동 기간 동안 신속하게 실시되었기 때문에 많은 한국인들은 선거가 실시된 사실조차 몰랐다.

김규식은 11월 4일 하지 중장에게 입법의원선거에서 유능한 애국자가 나오지 못하였고, 좌익인사들은 피선될 기회가 없었을 뿐만 아니라 친일파로 지목되는 자가 다수 선출되는 등 선거를 원만하게 치르지 못하였으므로 민선의 전부 혹은 일부를 무효로 하고 재선거를 실시할 것을 건의하는 서한을 보냈다.[52] 상황이 이렇게 되자 한국민주당은 11월 하순 좌우합작위원회와 같은 단체 또는 소수 인사의 진정이나 건의에 의하여 민선 투표결과를 파기하는 것은 선거의 권위를 실추시켜 장차 혼란을 초래할 것이라고 비난하였다. 그러나 좌우합작위원회에서 파견한 선거감시위원으로부터 일부 지역 선거과정에서 적절하지 못한 사례가 있었다는 보고와 여론의 압력으로 하지 중장은 서울과 강원도 선거구 일부에서 재선거를 실시한다고 발표하였다.

3. 남조선과도입법의원 개원 및 입법활동

민선의원 45명과 관선의원 45명으로 구성된 남조선과도입법의원은 1946년 12월 12일 개원하였으며, 의장에 김규식, 부의장에 최동오·윤기섭을 선출하였다. 남조선과도입법의원은 해방 이후의 혼란스러운 사회질서를 바로잡고 자주독립국가로서의 체제를 갖추기 위하여 정치, 경제, 그리고 사회 분야의 기본법령을 제정하였다.

미 군정청이 지원한 좌우합작운동은 신탁통치와 토지개혁문제로 조선공산

---

51) 커밍스, 앞의 책, 336~337쪽.
52) ≪동아일보≫, 1946년 11월 6일자.

당과 이승만, 김구 등의 좌우익 세력을 모두 끌어들이지 못하고 중간 세력의 통합으로 막을 내렸다. 그러나 미 군정은 이를 바탕으로 남조선과도입법의원을 한국인으로 구성하여 출범시켰다(1946. 11. 2 민선입법의원 45명 확정, 1946. 12. 6 관선입법의원 45명 결정). 동 입법의원의 발족은 상호 간 의견 개진과 토론, 그리고 타협을 이루어 내는 민주주의 훈련의 장이 마련되었다는 점에서 의정사적 의미가 크다고 할 수 있다. 그러나 좌우합작을 이루어 박헌영으로부터 좌익주도권을 탈환하여 건국사업에 매진하려던 여운형의 구상은 남조선과도입법의원이 설치됨에 따라 일단 좌절되었다.

미 군정 당국은 1947년 2월 5일 민정장관에 안재홍을 임명하였고, 그해 6월에는 군사정부를 남조선과도정부로 개칭하는 등 군정 이후를 대비하는 정책적인 포석을 두었다. 결국 입법의원의 설치는 법령초안작성과 민주화는 물론 그 이상의 목적을 가지고 이루어진 것이다.

남조선과도입법의원은 헌법의 골격이라 할 수 있는 남조선임시약헌을 제정한 후 군정법령 제12호 남조선과도입법의원해산령에 의하여 1948년 5월 20일 해산되었다. 남조선과도입법의원은 33건의 법령을 심의하여 18건을 가결하였으나 군정장관이 서명 공포하여 효력을 발생한 법은 13건에 불과하였다. 입법의원이 발의한 법률안은 13건이었고 그중 정치사회적으로 중요도가 크지 않은 4건만이 효력을 발하였다.

입법의원 존속기간에 입법의원을 거치지 않고 군정장관이 제정, 공포한 군정법령은 55건이나 되었다.[53] 이 법령들은 입법의원에서 법률을 제정할 때까지라는 잠정적인 조치였으나 군정법령이 입법의원 법률보다 세 배가 많았던 것은 문제가 있다고 볼 수 있다. 그러나 입법의원 출신으로서 제헌의원선거에 참여한 이는 43명이었고, 이 중 15명이 당선되어 그들의 입법활동 경험이 제헌국회에서의 입법활동에 밑거름이 된 것은 그나마 다행스런 일이다.[54]

미 군정 당국은 남조선과도입법의원의 개원 초부터 총선거를 위한 보통선

---

53) 상세한 것은 김혁동, 『미군정하의 입법의원』(서울: 범우사, 1970), 65~141쪽.

54) 당선자: 장면, 김도연, 신익희, 유내완, 윤석구, 백관수, 이남규, 서우석, 서상일, 백남채, 김상덕, 이주형, 김약수, 오용국, 홍성하, 중앙선거관리위원회, 『대한민국선거사』(1964), 727~742쪽.

거법 제정을 독촉하였다.[55] 미 군정 당국으로부터 이러한 독촉을 받은 남조
선과도입법의원은 '입법의원의원선거법안'을 1947년 3월 21일 제35차 회의
에 상정하였으며, 6월 27일 제100차 회의에서 이를 가결하였다. 이 선거법
은 2회에 걸친 미 군정 당국의 재고요청에 따라 일부 내용을 수정한 후
1947년 8월 12일 제128차 회의에서 수정가결하고 같은 해 9월 3일 군정장
관의 인준을 받아 임시정부 법률 제5호로서 공포되었다. 이날 공포된 선거
법은 선거형태로서는 다수대표제를, 선거구형태로는 소선거구제를 택하였다.
이렇게 남조선과도입법의원에서 제정한 입법의원의원선거법은 과도입법의
원에 의한 개정절차를 거치지 않고 군정장관이 유엔한국위원단과 협의하여
일부를 개정한 후 1948년 3월 17일 군정법령 제175호로 '국회의원선거법'
을 공포하였다. 이 국회의원선거법에 의하여 1948년 5월 10일 제헌의원선
거가 시행되었다.

<그림 3-2> 입법기관 설치과정

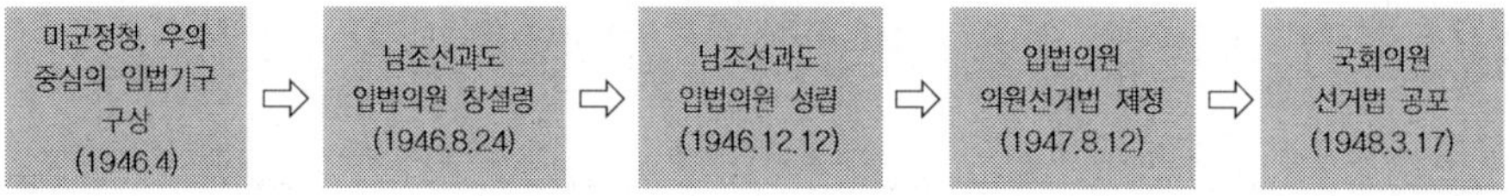

4. 남조선과도입법의원 해산

제헌의원선거(1948. 5. 10) 실시 9일째 되는 날인 5월 19일 과도입법기구
로서의 소임을 다한 남조선과도입법의원은 해산안을 가결하고 20일 정식으
로 해산하였다.

---

55) 입법의원비서처, 『남조선과도정부 입법의원속기록』(제1권 제2호), 2~7쪽.

1. 임시헌법 개정과 지도체제의 변화

1919년 3·1운동 이후 중국령 상해에 수립된 대한민국임시정부·임시의
정원은 활동 기간에 헌장, 약헌, 헌법 등의 명칭을 모두 5차례에 걸쳐 헌법
을 개정하였다. 열악한 환경에서 임시정부운영과 독립투쟁, 그리고 민족단체
통합을 추진하는 과정에서 분열이 수반되기도 하였으나 임시정부·임시의
정원은 조국독립의 명제 앞에 많은 문제들을 해소하고 독립운동의 구심체가
되었다. 임시정부·임시의정원은 헌법 개정에 따라 정부형태가 대통령제(제
1차 개헌, 1919), 국무령제(제2차 개헌, 1925), 국무위원제(제3차 개헌, 1927),
주석제(제4차 개헌, 1940), 주석·부주석제(제5차 개헌, 1944)로 변경되기는
하였으나 27년 동안 독립운동의 최고기관으로서 민족의 구심점이 되었다.

2. 임시의정원에 대한 조명

1899년 8월 17일 공포된 '대한국국제(大韓國國制)'는 근대적 의미의 국가
기본법이었다. 이보다 앞선 1898년 6월 18일 칙령 제18호로 '의정부관제(議
政府官制)'가 공포되었는데 그 내용의 일부를 보면, 의정부회의는 황제의
친림(親臨)하에 법률, 규칙, 제도를 신설하거나, 현행 법률과 규칙, 제도를
폐지 혹은 개정하거나 혹은 의의(疑義)가 있으면 해명하는 일 등을 행한다
고 하였다.[56] 그리고 '대한국국제' 제1조에서 "대한국(大韓國)은 세계만국이
공인하는 자주독립제국"이라고 밝혀 군주제헌법임을 밝혔다.[57]

이런 의미에서 주권재민의 이념이 명시된 임시헌장을 제정한 대한민국임

---

56) 국회도서관, 『한말근대법령자료집(Ⅱ)』(1971), 365~371쪽.
57) 국회도서관, 앞의 책, 541~543쪽.

시의정원은 근대적 의미의 민주의회제도의 효시라고 할 수 있다. 임시헌장 (1919. 4. 11) 제1조에서는 "대한민국은 민주공화제로 한다."고 하여 주권재 민의 이념을 밝혔고, 제2조에서는 "대한민국은 임시정부가 임시의정원의 결 의에 의하여 통치한다."고 하여 의회로서의 임시의정원은 임시정부의 통치 행위에 정통성을 부여하는 기관임을 천명하였다.

임시헌장의 내용은 그 후 몇 차례 개정을 거치면서 다듬어졌고 임시의정 원의 구성, 의사규칙 등도 정리되었다. 중요한 것은 임시정부가 때로는 분열 상을 보이고 때로는 외부의 충격에 의하여 와해위기를 맞기도 하였지만, 임 시의정원은 임시정부와 운명을 함께하면서 조국광복의 일념으로 단합하였다 는 점이다. 그동안 임시의정원은 임시정부의 부속기관처럼 인식되어 그 존 재 자체와 기능에 대한 의미 부여에 인색하였던 것이 사실이다. 그것은 아 마도 대한민국국회 성립(1948) 이후에 장기간 계속된 입법부의 행정부 예속 화 현상과도 무관하지 않았다.

과도입법기구인 임시의정원의 존재와 역할을 세 가지 측면에서 평가해 본 다면 다음과 같다. 첫째는 근대적 의미의 의회제도를 도입, 시행하여 조국광 복의 중심에 선 민족대표기관이라는 점이고, 둘째는 군주제체제에서 주권재 민의 대의제 민주주의체제로의 연결고리 역할을 수행한, 아시아에서는 선진 민주의회였다는 점이다. 셋째는 임시의정원이 제정·개정한 헌법(헌장, 약 헌)은 임시정부공직자와 그들의 정책집행에 대하여 정통성을 부여하고 국민 의 의사를 집약하여 반영하는 역할을 하였다는 점이다.

3. 남조선과도입법의원에 대한 조명

약 3년간에 걸친 미 군정 기간(1945~1948) 동안 한국에는 서구의 문명과 사상, 제도가 본격적으로 유입, 소개되기 시작하였다. 미 군정 기간 중 대의 민주주의의 이념과 제도가 '남조선과도입법의원'의 이름으로 도입된 것은 상해 대한민국임시의정원에 이어 또 하나의 근대적 민주주의기관이라는 점에서 평가할 만하다.

　남조선과도입법의원은 그 기구를 구상하였던 하지 중장을 비롯한 미 군정 당국자들이 스스로 인정하였듯이 민선의원선거 과정에서 좌익의 반대와 선거거부, 그리고 선거시행기관 관리들의 우파성향으로 인하여 성공적인 기구는 아니었던 것으로 평가된다. 특히 커밍스(1986)와 같은 학자는 구체적인 사례를 열거하면서 과도적 입법기구를 부정적으로 평가하고 있다. 사실 그의 평가가 틀린 것은 아니지만 보다 큰 틀에서 당시의 정국을 보면 과도입법기관으로서의 기능과 역할을 긍정적으로 평가할 수 있다. 즉 남조선과도입법의원에 대한 선거과정, 인적 구성, 입법활동의 긍정적이지 못한 일반적인 평가에도 불구하고 상해 대한민국임시의정원이 제도적·기능적으로 대한민국국회로 연결되는 가교역할을 했다는 사실과, 유권자들이 선거과정에 그리고 국민의 대표자들이 입법과정에 참여하여 대의정치의 과정을 경험한 것에 대해서는 큰 의미를 부여할 수 있다.

제4장 국회의 성립과 발전

제1절 국회의 의의와 헌법상의 지위

1. 국회의 의의

국회는 국회의원선거를 통하여 국민에 의하여 직접 선출되었거나, 법이 정하는 바에 따라 지명 혹은 추천되어 간접적인 방법으로 선출된 의원들로 구성되는 국민대표성을 갖는 합의체이다. 헌법이 정하는 헌법기관인 국회는 그 주요 기능과 권한이 입법에 관한 것이기 때문에 입법부 또는 입법기관이라 불린다.

국회를 기능적 측면을 중심으로 일반화된 호칭으로 부를 때에는 '의회'라고 하고, 지명호칭으로 부를 때에는 '국회'라고 부른다. 따라서 '의회'는 '국회'와 같은 의미로 쓰이며 구성원인 국회의원은 법의 제정, 수정, 폐기 등 입법활동과 기타 국가의 중요한 정책결정의 권한을 갖는 합의체이다.

2. 국회의 헌법상의 지위[1]

1) 입법기관으로서의 지위

헌법 제40조는 "입법권은 국회에 속한다."고 규정하고 있다. 입법권은 국회에 있지만 행정부 또한 국회와 마찬가지로 법률안 제출권을 가지기 때문에 국회가 갖는 입법권은 단독 혹은 독점적인 입법권한을 갖는다는 의미로

---

1) 허영, 『한국헌법론』(서울: 박영사, 2000), 834~838쪽.

해석되지는 않는다. 다만, 국회 본회의에서의 의결을 거쳐야 법률로서 효력을 갖는다는 점에서 국회는 입법기관으로서의 지위를 갖는다고 본다.

2) 대의기관으로서의 지위

대의제 민주주의제도 하에서 국민(유권자)의 뜻에 따라 선출되고 구성되는 국회는 기본적으로 대의기관으로서의 지위를 갖는다. 국회는 모든 국회의원의 중론을 모아 정책을 둘러싼 의사결정을 하는데, 그러한 의사결정의 결과에 대해서는 국민(유권자)에게 책임을 진다. 국회는 서로 다른 견해와 입장을 가진 의원들이 한 자리에 모여 국가·사회의 공동의 이익과 발전을 위하여 토론과 심의를 거듭한 후 다수결로서 국민의 이름으로 국가의 의사를 결정하는 대의기관이다.

3) 행정통제기관으로서의 지위

국회는 헌법에서 규정하는 바에 따라 행정통제기관으로서의 지위를 갖는다. 국가의 예산을 심의하고, 정책 수립 및 집행에 대한 감시·감독기관으로서 행정부가 수행하는 행정이나 정책집행상의 오류, 남용, 비리 등을 조사하여 그 시정을 권고함으로써 국정의 건전한 발전을 도모한다.

제2절 역대 국회의 구성 및 활동

1. 개요

1945년 8월 15일 일본의 항복 선언으로 제2차 세계대전이 종료되고 한민족은 해방을 맞이하였다. 일본의 식민통치는 종식되었으나, 연합군은 일본군

의 무장을 해제한다는 명분으로 한반도를 양분하여 38선 이북에는 소련군
이, 이남에는 미군이 진주하여 군정을 실시하였다. 미 군정은 1945년 9월
맥아더 사령관의 포고 제1호로 실시되었다.

남북으로 국토가 분단된 가운데 남한에서는 1948년 5월 31일 대한민국 제
헌국회가 개원되었다. 제헌국회는 1948년 5월 10일 실시된 국민의 보통·평
등·직접·비밀선거에 의하여 선출된 200인의 의원으로 구성되었다. 같은
해 7월 12일 단원제의 국회구성과 대통령중심제의 권력구조를 내용으로 하
는 민주헌법을 제정하였고, 7월 17일 이를 공포하였다. 국회에서는 이승만
초대 국회의장을 초대 대통령으로 선출하였으며, 8월 15일 대한민국정부수
립이 국내외에 선포되었다.

제헌국회부터 제15대 국회까지 의원(議院)의 구성이 헌법과 법률에 명시
되어 있는 임기를 제대로 채웠던 횟수는 10회이며, 나머지 5회는 중도에 해
산되었거나 조기에 임기가 종료되었다. 이처럼 중도에 해산되거나 조기에
임기를 종료한 경우를 살펴보면 먼저 정치적인 환경의 변화를 들 수 있다.
첫 번째는 5·16군사정변(1961)으로 국회가 해산된 후 국가재건최고회의가
국회의 기능을 대행하였고, 두 번째는 10월유신(1972) 선포로 국회가 해산
된 후 비상국무회의가 입법기능을 행하였으며, 세 번째는 박정희대통령시해
사건(1979. 10. 26) 이후 국가보위입법회의가 국회의 기능을 대행하였다. 그
리고 제4대와 제12대 국회는 헌법 개정에 의하여 임기가 단축, 종료되었다.

의원의 법정임기는 짧게는 2년(제헌국회), 길게는 6년(제9대 국회)이었지만
대부분의 기간은 4년이었다. 역대 국회 중 제5대 국회(1960. 7. 29~1961. 5.
16) 임기에만 민의원과 참의원으로 구성된 양원제를 채택하였고 그 이외의
기간은 단원제 국회를 구성하였다.

그동안 9차에 걸쳐 헌법 개정이 있었고 정부형태는 대통령중심제와 내각
책임제, 국회는 단원제와 양원제, 선거제도는 소선거구제, 대선거구제(1구2
인제 선거구), 비례대표제 등을 채택하였다. 현재는 국민직선에 의한 5년 단
임의 대통령중심제하의 제6공화국 출범 후 제18대 국회(2008. 5. 30 임기개
시)에 이르고 있다.

2. 제헌국회

1) 제헌국회 개원

남조선과도정부의 군정장관 딘(William F. Dean) 소장은 1948년 3월 3일 자로 발한 '국회선거위원회'에 관한 행정명령(제14호)으로 국회선거위원회를 설치하고 동 위원회 위원 15인을 임명하였다. 또 동 위원회에 입법의원의원 선거법상의 중앙선거위원회의 권한 및 임무를 부여하였으며 1948년 5월 9일 제헌의원선거에서도 입법의원의원선거법에 규정된 권한과 임무를 수행하도록 하였다. 1948년 4월 5일에는 행정명령 제20호를 발하여 선거일을 5월 10일로 변경하였다.

제헌의원 선거관리사무를 실수 없이 수행한 국회선거위원회는 하지 중장이 1948년 5월 25일 발한 '국회에 관한 포고'에 의하여 제헌국회의 개원에 필요한 실무준비업무를 담당하였다. 하지 중장은 국회선거위원회 위원장인 노진설 대법관에게 제헌국회의 최초 개회 및 임시의장 지명권한을 부여하여 노 위원장은 국회소집일시를 5월 31일 오전 10시로 공고하였다. 예정대로 이날 오전에 국회가 소집되어 제1차 회의가 열렸으며, 이 회의에서 노 위원장은 개회인사 후 임시의장에 이승만 의원(서울 동대문 갑 출신)을 지명하였다. 다음 날인 6월 1일 국회에서 다음과 같은 '국회구성과 국회준칙에 관한 결의'가 채택되었다.

國會構成과 國會準則에 關한 決議(1948. 6. 1 제헌국회 제1회 제2차 본회의 의결)

1. 本 決議는 國會法과 國會規則이 制定될 때까지의 國會의 臨時準則으로 할 것
2. 本 決議를 國會豫備會議에서 豫備的으로 通過하고 國會議員이 正式으로 集會된 後에 그 決議에 依하여 施行할 것

決議(本文)
第1條 國會議員은 檀紀4281年 5月 31日 午前 10時에 國會議事堂에 集會할 것
第2條 集會한 議員은 當選證書를 事務處에 提示하고 議員登錄簿에 署名登錄할 것

第3條 集會한 議員이 在籍議員 3分之 2에 達한 때에는 議長 1人과 副議長 2人
의 選擧를 開始할 것

第4條 議長이 選擧될 때까지는 出席한 議員中 最高年長者가 臨時議長(臨時司
會)이 될 것

第5條 議長과 副議長의 選擧는 單記無記名投票에 依하여 下의 方法으로 하되
議長이 選擧된 後에 副議長을 選擧할 것

  1. 臨時議長은 投票前에 議員中에서 監票員 2人을 選定하고 事務職員을 配置
할 것

  2. 議員은 投票用紙에 議長候補 1人의 姓名을 記入한 後 投票函에 投入할 것

  3. 投票가 끝난 後 投票를 點檢計算하여 過半數를 얻은 者를 當選人으로 할
것. 萬一 過半數를 얻은 者가 없으면 多點者順位로 2人을 選定하여 決選投
票를 行할 것

第6條 議長과 副議長이 選擧되면 議長은 議席의 配定方法을 決定하여 宣布할 것

第7條 會議의 議事進行方法은 一般會議通例에 依할 것

第8條 下의 委員을 選擧할 것

  1. 憲法及政府組織法起草委員 30人

  2. 國會法及國會準則起草委員 15人

    委員選出의 方法은 銓衡委員을 10人 選出하여 選任케 할 것

    各委員會에는 專門知識을 가진 職員(此를 專門委員이라 稱함)과 錄事(書記)
를 둘 것

    專門委員의 定員은 5人 乃至 10人으로 하고 錄事는 各 3人으로 할 것

第9條 國會開會式은 檀紀4281年 5月 31日 午後 2時 國會議事堂에서 擧行할 것

  1. 開會式節次는 下에 依할 것

1) 奏樂(頌九如之曲) 2) 開會 3) 愛國歌奉唱(舊王宮雅樂部, 國民學校兒童) 合
唱 4) 國旗에 向하여 敬禮 5) 殉國先烈에 對한 黙念 6) 式辭(議長) 7) 宣誓式
(宣誓文朗讀) 8) 祝辭 ① UN代表 ② 하지 中將 ③ 딘 軍政長官 9) 奏樂(萬
波停息之曲) 10) 萬歲三唱(議長) 11) 閉會

한편 국회선거위원회의 사무처 인력은 대부분 제헌국회 개원 이후 국회사
무처 직원으로 근무하였다. 전규홍 사무처장은 1948년 6월 17일 초대 국회
사무총장으로 취임하였고, 기타 직원은 그해 12월 13일 국회사무처직제가
제정됨에 따라 국회사무처 조직에 흡수되었다. 이들 직원의 인사발령일자는
전규홍 사무처장이 취임한 다음 날로 소급, 시행되었다.[2]

---

2) 중앙선거관리위원회, 『선거관리위원회사(1963~1993)』(1994), 4~10쪽.

제헌국회는 1948년 5월 10일 제헌의원선거에서 선출한 의원, 198명(정원 200명)으로 구성되어 출범하였으며 5월 31일 구중앙청 중앙홀에서 이승만 국회의장의 사회로 역사적인 개원식을 가졌다.[3]

2) 헌법 및 정부조직법

제헌국회는 1948년 5월 31일 개원하여 헌법과 정부조직법 등을 제정하여 국가건립의 기초를 마련하였다. 제정헌법은 의원내각제의 요소가 가미된 절충형 대통령제를 채택하여 국회에서 대통령을 선출하였으며, 국회의원이 국무총리와 국무위원을 겸직할 수 있었다. 헌법을 기초하는 과정에서 유진오 전문위원은 양원제 국회안을 제시하였으나 국회헌법기초위원회에서 독회를 거치는 동안 단원제로 변경되었다.

국회를 대표하는 의장단은 의장 1인과 부의장 2인으로서 국회에서 재적 의원 3분의 2 이상의 출석과 출석의원 과반수의 찬성을 필요로 하는 무기명 투표로 선출하였다. 의장 및 부의장의 임기는 국회법 제5조에서 의원의 임기와 같도록 규정하여 제헌의원의 임기 2년과 동일하였다.

국회는 1948년 5월 31일 헌법과 정부조직법기초위원 30인(전원 국회의원)과 전문 위원 10인의 선임을 결의하고, 6월 1일 기초위원을 선정할 전형위원 10인을, 6월 3일 전형위원들은 기초위원 30인을 선출하였다.[4]

헌법 및 정부조직법기초위원 전형위원(10인, 각도 1인)
이윤영(서울시), 신익희(경기), 유홍렬(충북), 이종린(충남), 윤석구(전북), 김장렬(전남), 서상일(경북), 허정(경남), 최규옥(강원), 오용국(제주)

헌법 및 정부조직법기초위원(30인)
위원장 서상일 부위원장 이윤영
위원: 유성갑, 김옥주, 김준연, 오석주, 윤석구, 신현돈, 백관수, 오용국, 최규옥, 감광

---

3) 치안문제로 선거가 실시되지 못한 제주도의 2개 선거구에서는 1949년 5월 10일 선거가 실시되어 2명의 의원을 선출하였다.

4) 유진오, 『헌법기초회고록』(서울: 일조각, 1980), 45~46쪽.

준, 이종린, 이훈구, 유홍렬, 연병호, 서상일, 조헌영, 김익기, 정도영, 김상덕, 이강우, 허정, 구중회, 박해극, 김효석, 김병희, 홍익표, 서성달, 조봉암, 이윤영, 이청천

헌법 및 정부조직법기초위원회는 전문위원 10인을 다음과 같이 선정 위촉하였다.

헌법 및 정부조직법기초전문위원
고병국, 임문환, 권승렬, 한근조, 노진설, 노용호, 차윤홍, 김용근, 윤길중, 유진오

제헌국회는 이와 같은 인선과정을 거쳐 법안기초 및 심의를 한 끝에 1948년 6월 10일 국회법을 제정하였으며, 7월 1일에는 국호를 '대한민국(大韓民國)'으로 정하였다. 국회 본회의는 '민주공화제', '단원제 국회', 내각책임제 요소가 가미된 '대통령중심제' 등을 주요 내용으로 하는 헌법안을 그해 7월 12일에 가결하였으며 7월 17일 이승만 대통령이 서명, 공포하였다.

3) 초대 국회의장 선출 및 대한민국정부수립

초대 국회의장선거는 제헌국회 개원 첫날인 1948년 5월 31일에 실시되어 이승만(李承晩) 의원이 국회의장으로 선출되었다. 이승만 의장은 7월 20일 헌법이 정하는 절차에 따라 국회의 선거에서 대통령으로 선출되어 7월 24일 의장직을 사임하고 대통령에 취임하였다. 부통령에는 이시영 의원이 당선되었다.

정부조직법은 1948년 7월 17일 헌법과 함께 공포되었다. 8월 2일 이범석 국무총리임명동의안이 가결되었고, 8월 4일 의장·부의장 보궐선거에서는 제2대 의장에 신익희 의원, 부의장에 김약수 의원이 각각 당선되었다. 다음 날인 5일 김병로 대법원장이 국회의 임명승인을 받았다. 정부조직이 정비되고 인선이 마무리된 후 1948년 8월 15일 해방 3년을 맞는 뜻깊은 날에 역사적인 대한민국정부수립이 공포되었다.

제헌국회는 임기 중 헌법 이외에도 국회법, 정부조직법 등 149건에 달하는 법률을 제정하는 등 건국 초기의 기초를 닦았다.

4) 반민족행위처벌특별법 제정

헌법을 제정한 제헌국회는 반민족행위처벌특별법을 제정하여 일제(日帝)
잔재청산에 나섰다. 그 경과를 보면 1948년 8월 5일 제1회 임시국회 제40
차 본회의에서 김웅진 의원이 정부조직 및 공무원 등용에 관한 특별법을 제
정할 필요가 있으므로 헌법 제101조에 의하여 8월 15일 이전에 반민족적인
행위를 처벌하는 특별법기초위원회를 설치하자는 내용의 동의를 제출하였다.

이 동의를 심의한 결과 국회의장은 각 상임위원회 위원장과 협의하여 특
별법기초위원 15인을 선정하고 그 위원들이 1948년 8월 15일까지 특별법을
기초하게 하자는 개의가 가결되어 특별법기초위원회가 구성되었다. 이 위원
회는 구성과 동시에 기초작업에 착수하여 8월 19일 전문 32조의 '반민족행
위처벌법안'을 제출하였는데 주요 골자는 다음과 같다.

① 한일합병에 적극 협력한 자, 한국의 주권을 침해하는 조약 또는 문서에 조인한 자
   및 모의한 자는 사형 또는 무기징역에 처하고 그 재산의 일부 또는 전부를 몰수
   한다.
② 일본정부로부터 작(爵)을 받은 자 또는 제국의회의원이 되었던 자 또는 독립운동
   자나 그 가족을 살상 · 박해한 자는 무기 또는 5년 이상의 징역에 처하고 재산의
   전부 또는 일부를 몰수한다.
③ 12개로 대별한 악질적인 행위를 한 자는 10년 이하의 징역에 처하거나 15년 이
   하의 공민권을 정지하고 재산의 전부 또는 일부를 몰수한다.
④ 반민족행위를 예비조사하기 위하여 국회의원 10인으로 특별조사위원회를 구성한다.
⑤ 특별조사업무를 분장하기 위하여 서울시 및 각 도에 조사부를, 군(郡)에 조사지부
   를 설치한다.
⑥ 불법으로 규정된 범죄자를 처단하기 위하여 국회의원 5인, 고등법관 이상의 법관
   6인, 일반사회인 5인으로 특별재판부를 설치하며 국회에서 선출한 특별검찰부를
   병치한다.

8월 17일 제42차 본회의에서 동 법안기초특별위원장 김웅진 의원의 제안
설명이 있은 뒤 8월 20일자로 '반민족행위처벌법안'이 반민족행위처벌법기
초위원회에 제출되었다. 이 법안은 9월 7일까지 20여 차례에 걸쳐 심의되었

으며, 9월 7일 제59차 본회의에서 제3독회는 특별위원회와 법제사법위원회에 일임하자는 제의가 있었으나 채택되지 않아 제3독회를 거쳤다. 전문 3장 32조로 된 이 법안이 이날 표결에 부쳐져 재석 141인 중 찬성 103, 반대 6으로 가결되었다(공포 1948. 9. 22), 그리고 9월 29일 '반민족행위처벌법' 제9조에 의한 특별조사위원회 구성의 건이 가결되었다.

국회는 1948년 10월 23일 '반민족행위특별조사위원회'(약칭 반민특위)를 구성하고 11월 25일에는 동 특별조사위원회의 하부기관 설치를 위한 '반민족행위특별재판부부속기관조직법안·반민족행위특별조사기관조직법안·반민족행위처벌법중개정법률안'을 가결하였다. 반민특위는 중앙사무국을 두고 각 도에 조사부를 설치하여 1949년 2월 하순부터 반민족행위자 검거에 나섰다. 그러나 친일파 경찰간부들이 체포될 단계에 이르자 이승만 대통령은 1949년 6월 6일 서울시경 경찰을 동원, 반민특위소속 특경대를 강제로 해산시켰다. 7월 6일에는 '반민족행위처벌법중개정법률안'이 가결되어 본래의 입법취지가 크게 변질되었다. 이에 반민특위조사위원 전원과 특별재판검찰관이 7월 7일 총사직하는 등 진통을 겪다가 8월 31일 공소 기간이 만료됨에 따라 반민족행위자에 대한 처벌은 무산되었다. 국회는 1949년 9월 22일 '반민족행위특별재판부 부속기관조직법 급 반민족행위특별조사기관조직법 폐지에 관한 법률안'을 가결하였다. 한국전쟁 중이던 1951년 2월 3일에는 '반민족행위처벌법 등 폐지에 관한 법률안'이 가결되어 반민특위는 해체되고 반민족행위자에 대한 처벌은 미완으로 남게 되었다.

5) 여순반란사건과 국가보안법 제정

남한에서의 총선거와 단독정부수립을 반대하는 세력의 소요사태가 각지에서 발생하는 가운데 폭동대비책으로 제주도에 파견된 군경비대가 1948년 10월 2일 반란을 일으키는 사태가 발생하였다.[5] 제주도의 무장봉기 사태에

---

5) 여순반란사건에 대해서는 주로 국회사무처, 「제헌국회의 개요」, ≪국회보≫ 제44호 부록 45~49쪽을 참고하였음.

전라남도 여수에 주둔 중인 국군 제14연대를 제주도로 급파할 예정이었다. 마침내 10월 8일 제주도에 계엄령이 선포되었다.

1948년 10월 19일 오후 9시경 제14연대 영내에서 갑자기 기관총 소리가 천지를 진동시키기 시작하였다. 그로부터 불과 4시간 30분 만에 여수시내의 경찰서와 각 파출소, 군청, 역 등 주요 기관이 동 연대소속 일부 장교를 주축으로 하는 반란군의 수중에 들어갔다. 다음 날인 20일과 21일 아침 반란군은 순천행 통근열차로 순천에 진입하여 경찰서를 습격하였으나 경찰과의 총격전으로 큰 피해를 입었다. 반란군이 여수를 중심으로 광양, 보성, 광주 등지로 진격할 기미를 보이자 국방부는 마산주둔부대와 부산주둔부대를 동원하여 요충지인 남원에 대기시켰다. 그러나 그곳에서도 소수의 반란이 일어났고 열악한 정보전달체계와 통신망 부족으로 정확한 정보가 중앙으로 전달되지 못하였다.

국회 국방위원회와 내무치안위원회는 10월 23일 오후 국방부장관과 내무부장관을 국회에 출석시켜 자세한 내용을 보고받았다. 국방부장관은 이 사건의 원인에 대해서 현재 '국방군'이라고 하는 조직체가 과거에 온순치 못한 무계통, 무질서한 경향의 단체였음을 지적하고 자신이 국방부장관에 임명된 후 정비를 하는 도중에 이러한 불상사가 발생한 것이라고 말하였다. 국방부장관의 보고를 들은 후 이날 오후 정광호 의원의 제의로 내란행위특별처벌법을 기초하게 되는데 이것이 나중에 '국가보안법'이 된다. 정광호 의원은 제안설명에서 일반국민의 생명과 재산을 보호할 적절한 대책이나 법률이 있어야 한다는 각계의 요청에 따라 이러한 법률 제정을 동의하게 되었음을 밝혔으며 이 동의는 가결되었다.

10월 25일 여수·순천지구에 계엄이 선포되었고 10월 26일 이범석 국무총리와 윤치영 내무부장관이 이 지역일대를 시찰하였다. 10월 27일 국방부차관과 내무부차관이 국회에 출석하여 여순지구는 완전히 탈환되었다고 보고하였다. 국회는 11월 2일 제94차 본회의에서 최윤동 의원으로부터 반란지구 현지조사보고를 들었다. 최 의원은 조사보고에서 이번 반란의 원인은 일시적으로 농민을 선동하거나 어떤 노동기구를 선동한 폭동이 아니라 조직적인 체계 아래 오래전부터 계획되어 온 것이라고 말하였다.

반란 당일 여수 시가지는 5분의 1 정도가 소실되었는데 소실된 건물에는 산업시설이 많아 그만큼 손실이 컸다는 것과, 반란 기간 동안 인민재판을 받은 사람이 약 200명으로 이들은 과거 대한민국정부를 지지하고 민족을 위하여 투쟁하였던 사람들이라고 보고되었다. 이번 사건으로 480명의 경찰, 450명의 군인, 880명의 양민이 사망하거나 부상을 당하였다.

내란행위방지 및 처벌을 위한 앞서의 동의는 11월 6일 법안의 명칭이 '국가보안법안'으로 변경되어 국회법제사법위원장이 11월 9일 본회의에 상정하였다. 이 법안은 11월 20일 본회의에서 수정가결되어 12월 1일 공포되었다. 원내 소수파의원들은 이 법이 일제 강점기 때의 '치안유지법'에 해당하는 것이라 하여 이의 폐지를 강력히 주장하였으나 '인권이 침해당하지 않는 한도 내에서'라는 전제하에 가결되었다.

〈표 4-1〉 국가보안법 제정

법안 명칭	제안일자	본회의 의결일	공포일자	비고
	제안자	처리결과		
국가보안법안	1948. 11. 06 법제사법위원장	1948. 11. 20 수정가결	1948. 12. 01	신규 제정

제안 이유 및 주요 골자: 국헌을 위배하여 정부를 참칭하거나 국가를 변란할 목적으로 단체를 구성하는 등 국가안보를 위태롭게 하는 각종 행위를 처벌하려는 것임.
① 국헌에 위배하여 정부를 참칭하거나 그에 부수하여 국가를 변란할 목적으로 결사 또는 집단을 구성한 자 중 수괴와 간부는 무기, 3년 이상의 징역 또는 금고에 처하고, 지도적 임무에 종사한 자는 1년 이상 10년 이하의 징역 또는 금고에 처하며, 그 정을 알고 결사 또는 집단에 가입한 자는 3년 이하의 징역에 처하도록 함.
② 살인, 방화, 파괴 등의 범죄행위를 목적으로 하는 결사나 집단을 조직한 자와 그 간부의 직에 있는 자는 10년 이하의 징역에 처하고, 그에 가입한 자는 3년 이하의 징역에 처하도록 함.
③ 이 법의 죄를 범하게 하거나 그 정을 알고서 병기, 금품을 공급, 약속 기타의 방법으로 자진 방조한 자는 7년 이하의 징역에 처함.

국가보안법이 공포된 다음 날인 12월 2일 대구에 주둔 중인 국군 제6연대가 반란을 일으켜 관련자 590명이 체포되는 사태가 발생하였다. 앞서 11월 18일에는 강원도 오대산지구의 공비출몰 상황이 국회에 보고되는 등 전국적으로 사회혼란이 심각해지고 있었다.

<표 4-2>에서 보는 것처럼 1949년 12월 국가보안법 개정의 주요 내용

은 죄의 형량을 무겁게 한 것과, 이 법 시행지 이외, 즉 국외에서의 법 위반 혐의에 대해서도 법을 적용한다는 것이다. 그러나 이 법 시행지 이외에서의 법 적용은 외국의 주권침해 논란을 불러일으켰다.

국회법제사법위원장은 1950년 2월 15일 '국가보안법중개정법률안'을 제출하였고 이 법률안은 2월 22일 제6회 정기국회 제35차 본회의에서 가결되었다. 정부는 국회의 이러한 의결에 대하여 이의를 제기하고 3월 11일 국가보안법중개정법률안재의요구안을 국회에 제출하였다. 그해 4월 8일 제71차 본회의에서 재심의에 부의한 결과 재석 148인 중 찬성 106, 반대 3으로서 재석 3분의 2 이상의 찬성으로 재확정되자 정부는 4월 21일에 '국가보안법 중개정법률안'을 공포하였다.[6]

<표 4-2> 국가보안법 개정

법안 명칭	제안일자	본회의 의결일	공포일자	비고
	제안자	처리결과		
국가보안법중개정 법률안	1949. 11. 17 정부	1949. 12. 02 수정가결	1949. 12. 19	폐지 제정

제안 이유 및 주요 골자: 건국사업을 적극 방해하고 있는 좌익공산분자들을 박멸하기 위하여 국가를 파괴하고 전복하려는 대음모죄에 대하여 사형 또는 무기형을 과할 수 있도록 하여 법의 실효를 거둘 수 있도록 하려는 것임.
① 정부를 참칭하거나 변란을 야기할 목적으로 결사 또는 집단을 조직한 자 등은 그 유형에 따라 사형까지 과할 수 있도록 함.
② 타인을 모함할 목적으로 허위의 고발 또는 위증을 하거나 직권을 남용하여 범죄사실을 날조한 자는 당해 내용에 해당하는 범죄규정으로 처벌하도록 함.
③ 이 법 시행지 이외에서 죄를 범한 자에 대하여도 적용하도록 함.
④ 제1장에 규정한 죄에 관한 사건의 심판은 단심으로 하고, 이는 지방법원 또는 지방법원지원의 합의부에서 행하도록 함.
⑤ 사상범죄자 중 자기의사에 의하지 않고 이 법이 정한 결사나 집단에 참여한 자는 교화시켜 선량한 국민으로 복귀할 수 있도록 하기 위하여 형의 선고를 유예하고 보도구금을 할 수 있도록 함.
⑥ 보도구금 중에 있는 자로서 재범의 우려가 없다고 인정하는 때에는 법무부장관은 석방을 명할 수 있도록 함.
⑦ 이 법 중 제1장의 규정은 이 법 시행 전의 행위에 대하여도 소급적용할 수 있도록 함.

---

6) 국가보안법은 1948년 12월 1일 공포된 이래 1949년 12월 19일, 1950년 4월 21일, 1958년 12월 26일, 1960년 6월 10일, 1962년 9월 24일, 1980년 12월 31일, 1987년 12월 4일, 1991년 5월 31일, 1994년 1월 5일, 1997년 1월 13일, 그리고 1997년 12월 13일 개정되었다.

3. 제2대 국회

1) 국회의장단 선거

제2대 국회의원선거(1950. 5. 30) 결과 무소속의원이 전체 의석의 3분의 2를 차지함으로써 어느 정파도 원내 과반수를 확보하지 못하였다. 1950년 6월 19일 실시된 국회의장 선거에서는 제1차 투표결과 어느 누구도 재적의석의 과반수를 획득하지 못하여 재투표를 한 결과 신익희 의원이 109표를 얻어 국회의장에 선출되었다. 국회부의장 2인을 선출하는 두 번의 선거에서도 과반수 득표자가 나오지 않아 결선투표를 통하여 장택상 의원, 조봉암 의원이 각각 선출되었다. 국회의장과 부의장의 임기는 1951년 2월 24일 개정된 국회법에서 2년으로 규정하였다.

2) 부산정치파동과 제1차 개헌

제2대 국회의원선거 결과 무소속을 포함한 야당이 압도적인 다수의석을 차지하고, 정부의 전쟁상황 대처능력이 문제시되자 국회에서의 간접선거로는 재선이 어렵다고 판단한 이승만 대통령은 1952년 1월 17일 대통령직선제와 양원제를 주요 내용으로 하는 개헌안(정부제안)을 국회에 제출하였다.

그러나 국회는 1월 18일 이 개헌안을 부결시키고(가 16, 부 143, 기권 1), 4월 17일 내각책임제개헌안을 제출하여 정부 여당과 정면으로 대립하였다. 정부는 5월 14일, 1월 18일에 부결되었던 안을 약간 수정한 헌법개정안(대통령·부통령 직선제, 양원제 국회)을 다시 제출하였다. 원외자유당 등 전국 18개 단체는 '내각책임제개헌안 반대투쟁공동위원회'를 구성하였다. 그리고 5월 19일을 전후하여 내각책임제 개헌을 반대하는 관제시위가 잇따라 발생하였고 백골단, 땃벌떼 등 정체불명의 폭력단이 국회의사당을 포위하고 국회해산을 요구하는 시위를 벌였다.

정국이 경색된 가운데 5월 24일 이범석 전 국무총리가 내무부장관으로 등용되었다. 5월 25일에는 부산, 경남, 전남, 전북 일대에 공비출몰이 잦다는 이유로 비상계엄령이 선포되고 영남지구계엄사령관에 원용덕 소장이 임명되었다. 5월 26일에는 50여 명의 국회의원이 탑승한 버스가 검문에 불응한다는 이유로 헌병대로 연행되는 사건이 발생하였다. 대부분의 의원들이 다음 날 석방되었으나 의원 10명은 구속되었고 후에 다시 체포된 의원도 있었다. 민심이 이반되는 가운데 7개 도의회(道議會)는 5월 29일까지 각기 국회해산을 결의하였고, 신문 등의 보도매체는 사전검열을 받게 되었다. 이러한 압력에 대하여 국회는 5월 28일 부산지구계엄령의 해제 및 5월 30일 체포된 의원을 전원 석방할 것을 결의하였다. 그러나 정부는 헌법 및 관계법규의 규정에 따른 이러한 요구와 결의에 응하지 않았다.

의원구속사태는 국제적으로도 파문을 일으켜 5월 28일에는 유엔한국위원회가 이승만 대통령에게 의원석방을 요청하였고, 6월 2일에는 클라크 유엔군총사령관과 밴 프리트 주한미군사령관이 각기 이승만 대통령을 방문하였으며, 6월 3일에는 트루먼 미국대통령으로부터 "유엔은 한국에서 민주주의를 수호하기 위하여 군사, 경제원조를 하고 있다."는 요지의 경고성 각서가 이승만 대통령에게 전달되었다. 이러한 움직임에 대하여 대통령은 6월 4일 국회해산을 보류하겠다고 발표하였다.

한편 내각책임제개헌안의 공고 기간이 지나자 대통령을 지지하는 자유당 원외파는 표결을 늦추려는 속셈으로 국회가 민의를 따르지 않으며, 나아가서는 외세에 의존하고 있다고 비난하며 국회출석을 거부하였다. 이 때문에 6월 9일부터 '신라회'를 중심으로 정부안과의 타협 절충공작이 모색되기 시작하였으나 두 개의 안을 둘러싼 대립은 계속되었다.

그 후 '미국의 소리(Voice of America)' 한국어방송중계가 6월 14일 중단되었고, 6월 20일에는 이시영, 김성수, 장면, 조병옥, 김창숙, 이동하, 신흥우, 백남훈, 서상일 등 60여 명의 인사들이 규합하여 부산국제구락부에서 문화동지간담회를 개최하고 '반독재호헌구국선언'을 발표하려 하였으나 회의장에 괴한들이 들이닥쳐 유혈충돌로 회의가 중지되는 사태가 발생하였다(국제구락부사건).

　야당의원들은 6월 21일부터 국회출석을 거부함으로써 정부제출개헌안의 표결에 필요한 정족수를 미달시키려고 하였다. 6월 25일 6·25기념식장에서 이승만 대통령 저격미수사건(범인 유시태)이 발생하였다. 이 사건에 관련된 혐의로 김시현 의원이 구속되었고, 28일에는 의사당 밖의 시위군중의 아우성에 맞추어 자유당원외파 62명의 의원이 국회자진해산결의안을 제안하는 사태도 벌어졌다.

　유엔군과 미군 전폭기들이 북한 지역의 발전소 등 산업설비시설에 대한 대대적인 폭격을 가하고 있던 이 무렵, 민중자결단은 6월 30일 국회의사당을 포위하고 80여 명의 국회의원을 연금하였다. 정부는 7월 3일 개헌안 심의에 필요한 재적 3분의 2 이상의 출석을 확보하기 위한 조치로서 군사재판을 받고 있던 의원 및 국회 회의 참석을 거부하는 의원들에 대하여 경찰을 동원하여 강제로 호송하였다.[7] 일단 국회에 들어온 의원들은 의사당 내에 기거하면서 철저한 출입통제를 받았다. 신라회는 개헌타협안에 대한 각파 대표의 협의 끝에 정부·국회 양측에서 각각 제출한 안을 발췌하여 '양원제와 대통령직선제'의 정부안을 골격으로 하고 국회안의 내용 중 "국회에 국무원(내각)의 불신임결의권을 부여한다."는 내용을 덧붙여 제3안으로 그 모양을 바꾸었다. 7월 4일 밤 9시 30분 재적의원 179명 중 166명이 출석한 가운데 발췌개헌안을 기립표결한 결과 찬성 163, 반대 0, 기권 3으로 가결되었다. 개헌안은 7월 7일 공포되었고 7월 28일에는 비상계엄령이 만 65일 만에 해제되었다.

　부산정치파동의 의미는 1차적으로 이승만 대통령의 '우월적 지도자 의식'에 바탕을 둔 정국 주도권 확보에 있었다. 다른 정치지도자들보다 탁월한 국정을 펼칠 수 있다고 생각한 이 대통령은 조악한 방법을 동원해서라도 비우호적인 정치환경을 우호적 환경으로 바꾸고자 한 것이다.

---

7) 국제공산당 사건 관련 혐의를 받고 있던 7명의 피검의원들에 대해서는 그해 7월 28일 기소가 취하되었다.

3) 한국전쟁 발발과 국민방위군사건조사

제2대 국회는 1950년 5월 30일 시행된 국회의원선거에서 선출된 210인의 의원으로 구성되어 6월 19일에 개원하였다. 그러나 개원 6일 만인 6월 25일 새벽 북한군의 기습남침으로 한국전쟁이 발발하였다.

전쟁 발발 직후 국회는 긴급회의를 개최하고 국방부장관과 참모총장을 출석시켜 진상을 청취하고 대책을 질문하였다. 6월 27일 새벽 3시 국제연합과 미국정부에 긴급 원조를 요청하는 메시지 발송과 수도사수결의를 하였으며, 정부에 대해서는 사태수습을 위한 긴급조치 강구를 촉구하는 건의안을 의결하였다.

북한군에 밀려 낙동강전선까지 후퇴하였던 국군은 미군 등 유엔군의 참전으로 전세를 회복하여 북진, 압록강전선까지 올라갔으나 중공군이 참전하면서 전세가 역전되어 남쪽으로 후퇴하지 않을 수 없는 상황이 되었다. 중공군이 1951년 1월 1일 38선을 넘어 남하하기 시작하자 정부는 1월 4일 서울을 내주고 다시 피난길에 올랐다.

전란 중인 1951년 3월 9일 국회에서는 국민방위군사건이 폭로되었다.[8] 정부는 1·4후퇴 당시 북한에서 남하한 청장년과 서울, 경기, 강원, 충청지방의 장정 50만 명을 안전지대로 후송시켜 병력자원으로 활용하고자 국민방위군을 설치하였다. 그러나 이들 50만 장정은 부산까지 걸어가는 동안 식량과 피복을 제대로 공급받지 못하여 도중에 굶어 죽거나 동사하는 자가 속출하였는데 이는 군고위간부들이 거액의 방위군예산을 횡령하였기 때문이라는 보고였다. 국회는 이날 국민방위군의혹사건조사위원회를 구성하였으며, 사건을 조사한 결과 국민방위군 고위간부들이 53여 억 원(23억 원과 양곡 5만 2천 석)을 횡령한 사실을 밝혀냈다. 국회는 4월 30일 '국민방위군설치법

---

8) 국민방위군설치법안은 1950년 11월 20일 정부로부터 제출되었다. 이 법안은 유사시의 신속한 병력보충을 위한 제도확립이 시급히 요청되고 있는데, 이와 같은 요청에 부응하기 위하여 이미 청년방위단을 조직운영하고 있으나 이 단체가 법적 근거 없는 사설단체 비슷한 단체로 예산집행 또는 지휘계통 확립상 지장이 막대하므로 이와 같은 점을 시정하고 국민개병(國民皆兵) 정신을 앙양시키는 동시에 전시 또는 사변에서 병력동원의 신속을 기하기 위하여 제안되었다. 같은 날짜로 이 안건을 회부받은 외무국방위원회는 12월 5일 이를 심의한 결과 정부원안대로 가결하였다.

폐지에 관한 법률안'을 가결하였으며 5월 12일에는 '국민방위군의혹사건조
사의 건'을 가결하여 조사에 착수하였다.

7월 30일 국민방위군사건에서 군 간부들이 부정처분한 금품 일부가 신정동
지회의 정치자금으로 흘러 들어갔다는 사실을 공화구락부의원들이 발설하자
국회 본회의장에서 신정동지회와 공화구락부소속의원들 간에 치열한 논쟁과
몸싸움이 벌어지는 사태가 발생하기도 하였다. 결국 그해 8월 13일 김윤근
등 5명의 국민방위군 간부가 사형에 처해짐으로써 이 사건은 일단락되었다.

4) 거창양민학살사건조사

한국전쟁 중인 1951년 2월 11일 경상남도 거창군 신원면에서 양민학살사
건이 발생하였다. 공비토벌차 출동한 국군 제11사단(화랑부대) 제9연대 제3
대대장 한동석 소령 휘하 부대 800여 명이 주민과 공비가 내통한다는 이유
로 주민을 불법으로 집단학살한 것이다. 이 사건 조사결과 사망자는 500여
명 이상으로 집계되었다.

국회는 '거창사건조사특별위원회'를 구성하여 3월 30일 현지에 파견하였
다. 그런데 조사단이 현지에 도착하여 조사를 하는 도중 4월 5일 경남지구
계엄사령부 민사부장 김종완 대령 지휘부대의 일단이 공비로 가장하여 잠복
하고 있다가 국회조사단에게 총격을 가하여 답사활동을 방해하였다. 이로
인하여 조사단은 사건현장에 접근하지도 못한 채 거창경찰서에서 증인신문
만 하고 국회로 되돌아왔다. 국회는 4월 18일 비공개 회의를 열어 거창사건
에 관한 보고를 들었다. 국회는 조사에 협력하지 않은 정부 측을 힐책하였
고, 정부와 국회 간에 치열한 질의전이 전개된 끝에 국회에서는 이 사건의
불법성과 관계책임자 처벌을 의결하였다.

5) 중석불사건조사

발췌개헌안이 가결(1952. 7. 4)된 뒤부터 국회운영은 어느 정도 제자리를
찾는 듯했다. 그런데 이번에는 중석불사건(重石弗事件)이 터졌다.

이 사건은 중석을 수출, 판매하여 얻은 미 달러화로 사들인 비료와 밀가루를 실수요자인 농민과 도시영세민에게 싼값으로 배급해야 함에도 불구하고 정부가 수입품의 80%를 몇몇 무역업자의 임의처분에 맡겨 폭리를 취하게 함으로써 실수요자에게는 큰 손실을 보게 한 사건이다.

국회는 1952년 7월 18일 정부가 일부 민간업자들에게 수백억 원의 폭리를 취하게 하였다는 항간의 설을 조사하기 위하여 '정부보유불 및 중석불에 의한 수입양곡 비료 기타물자취급사항조사에 관한 건'을 가결, 12명으로 양비(糧肥)취급에 관한 특별조사위원회를 구성하였다. 동 위원회가 7월 21일부터 이 사건을 조사한 결과 영동기업 등 4개 무역업자들이 중석 대상(代償) 수입품인 비료·밀가루를 자유 처분하여 5,600억 원에 달하는 폭리를 취한 사실이 밝혀졌다. 이와 같은 폭리가 이루어지기까지에는 같은 안건을 다룬 국무회의가 3차에 걸쳐 그 결의를 반복하는 등 여러 부당한 처사가 있었음이 드러났다. 그럼에도 불구하고 강제수사권이 없는 국회조사단이 밝힌 조사결과 이외에 모종의 압력을 받고 있던 검찰의 수사는 별다른 진전을 보이지 못하였다. 결국 관련 민간무역업자의 혐의에 대해서는 대부분 불문에 부치게 되었다.

전 국민의 7할인 농민과 도시영세민이 입은 피해가 수백여 억 원에 달한 이 사건은 일부 특권계급에 속하는 정치인, 행정관료와 모리배의 결탁으로 가능하였다. 국회는 이 사건에 직접 관련이 있었던 원용석 농림부장관의 경질만으로는 용납될 사안이 아니며 전 국무위원이 책임을 면할 길이 없다는 이유로 사회·체신·무임소장관을 제외한 '국무원 불신임결의의결정족수에 관한 결의안'을 상정, 1952년 10월 30일 제14회 국회 제10차 본회의에서 재석 135인 중 찬성 93, 반대 없이 가결되었다.

이 사건의 배후에 있었던 권력층의 비호세력에 대하여 국회의 조사가 있었으나 별다른 성과를 거두지 못하였다. 국정감사에서는 이러한 문제는 거론되지 않았고, 특별조사위원회의 조사에서는 문제의 핵심을 밝혀내지 못하여 강제수사권을 갖지 못하는 국회의 조사활동이 그 한계를 보이기 시작하였다.

4. 제3대 국회

1) 구성

제3대 국회는 1952년 7월 7일에 공포된 제1차 헌법 개정에 따라 소선거구제에 의한 민의원과 대선거구제에 의한 참의원의 양원으로 구성하도록 되어 있었다. 그러나 참의원 구성에 필요한 입법조치의 미비로 1954년 5월 20일 민의원 의원선거만이 실시되어 동 선거로 선출된 203인의 국회의원으로 1954년 6월 9일에 제3대 국회가 개원되었다.

2) 4사5입 개헌(제2차 개헌)과 호헌동지회 결성

제3대 국회를 구성하는 국회의원선거에서는 여야당이 각각 공천후보자를 추천하여 입후보자 공천제를 실시하였다. 1951년 12월 23일 창당된 자유당은 제3대 국회의원 선거에서 압도적인 승리를 거두었으며, 선거 후에는 일부 무소속의원을 영입하였다. 그 후 자유당은 헌법공포 당시의 대통령에 대한 중임제한규정 적용배제, 경제조항 개정 등을 주요 내용으로 하는 헌법개정안을 1954년 9월 6일 제출하였다.

1954년 11월 27일 이승만 대통령의 3선 허용을 주요 골자로 하는 개헌안이 상정되어 국회 본회의에서 표결에 부쳐졌다. 투표결과 재적의원 203, 출석 202, 찬성 135, 반대 60, 기권 6, 무효 1로 나타났다. 개헌가결에 필요한 재적의원의 3분의 2 이상은 136표 이상인데 이에 1표 부족한 135표가 나오자 사회를 맡은 최순주 부의장은 부결을 선포하였다. 그런데 자유당은 부결 다음 날인 28일 당 긴급총회 및 임시국무회의를 열어 개헌안을 가결한 것으로 번복하였다. 자유당은 재적의원 203명의 3분의 2는 135.333……이므로 이를 4사5입하면 135가 된다는 수학논리를 내세워 이미 부결되었다고 선포한 개헌안을 부결 이틀 만인 11월 29일 본회의에서 '정족수 착오'였다는 이유로 번복, 가결시켰다. 이를 이른바 4사5입 개헌이라 부른다.

개헌안이 번복, 가결되자 민주국민당과 자유당 탈당의원, 무소속의원 60명은 국회 의사당 2층에 있는 곽상훈 부의장실에 모여 범야연합전선을 구축하고 대여(對與) 투쟁을 강화하기 위한 민의원위헌대책위원회를 조직하는 동시에 성명서를 발표하여 자유당을 규탄하였다. 민주국민당, 무소속동지회, 순무소속의원 등 60명은 1954년 11월 30일 '호헌동지회'를 구성한 후 교섭단체등록을 하고, 이를 기반으로 원내외의 모든 야당세력을 규합하는 단인 야당 결성을 서두르게 되었다.

개헌안이 번복 가결된 후 야당 간 연합전선이 구축되어 호헌동지회라는 교섭단체가 구성, 등록되었다.

호헌동지회를 중심으로 신당발기준비위원회가 구성되었으나 범야세력을 결집하려던 신당운동은 정강정책상의 문제와 조봉암 영입문제로 단일야당에는 이르지 못한 채 자유민주파가 1955년 9월 19일 민주당을 창당하였다. 민주당 발기인대회 및 발당대회는 이날 전국의 대의원 1,150명이 참석한 가운데 서울시공관에서 개최되었다.

한편 신익희와 조병옥을 중심으로 한 자유민주파가 민주당을 창당하자 민주당에 가입하지 않았던 조봉암 등 민주대동파의 인사들은 1956년 11월 10일 진보당을 창당하였다.

3) 불온문서 투입사건

1954년 12월 18일 신익희·곽상훈·김상돈·김준연·정일형·소선규 의원 등 6인의 야당중진인사들의 집에 '북조선 중앙위원회' 명의의 '평화통일호소문'이 일간지 속에 넣어져 투입되는 사건이 발생하였다. 이 사건에 대해 경찰과 국방부가 조사한 결과 헌병총사령부의 김진호 중령 등이 "야당의원들의 충성심을 시험하고 제3세력(중립화통일방안)의 실체를 파악하기 위하여" 조직적으로 계획한 정치공작이었음이 밝혀졌다.

1955년 1월 13일 내무부·국방부는 불온문서사건의 전모를 발표하였다. 1월 15일 조경규 내무위원장은 이 사건이 야당계 의원들의 충성심을 시험하기 위한 군인들의 행동이었다는 보고에 따라 당일로 '불온문서사건국회조사위원회'가 구성되었다. 그해 3월 29일 본회의는 불온문서 투입을 직접 지령한 헌병총사령관 원용덕 육군중장을 이 사건의 책임자로서 의법 처단할 것과, 손원일 국방부장관에 대해서는 군인의 정치 관여나 인권유린을 방지하도록 힘쓰라는 내용의 '불온문서 투입사건처리에 관한 건의안'을 채택하였다. 이에 앞서 3월 23일 이승만 대통령은 불온문서사건 관계자들에 대한 석방을 요청하는 담화를 발표하였다.

이 사건은 대통령의 사건관련자 석방요구로 인하여 사건의 정치적 파장에 비해서는 너무나도 간단하게 막을 내렸다.

4) 장면 부통령 피습사건

민주당 제2차 전당대회가 1956년 9월 28일에 개최되었다. 그런데 이날 대회에 참석한 장면 부통령이 제대군인 김상붕의 권총사격으로 오른쪽 손바닥에 관통상을 입는 사건이 발생하였다. 저격 후 민주당원들의 구타로 실신한 범인은 현장에서 체포되어 경찰병원에 입원하였다.

국회는 내무부장관에게 사건의 경위를 보고받고 10월 4일 사건조사를 위한 특별조사위원회를 구성하였다. 조사결과 김상붕의 자백으로 배후인물인 최훈이 검거되었고 다시 그 배후자로서 성동경찰서의 현역경위 이덕신이 구속되었다. 이 사건공판에서 김상붕의 배후에 일부 경찰관이 관련되어 있음이 밝혀졌다.

국회는 12월 19일 이번 사건에 경찰이 개입하였는지의 여부를 재조사하기로 결정하였다. 12월 30일 사건관련 제2차 보고가 있은 후 다른 배후관련자로서 치안국장, 특수정보과장, 시경 사찰과장, 그리고 중앙분실장 등이 거론되었다. 그러나 검찰이 더 이상 관련자들에 대하여 수사를 하지 않자 사건의 조사 여부를 둘러싸고 여야가 실랑이를 벌였다. 결국 1957년 1월 18일 이덕신 등 3명이 기소되는 선에서 이 사건은 마무리되었다.

이 저격사건은 여야의 감정을 크게 자극하여 1월 25일 국회에서 무소속

장택상 의원 외 58명이 이승만 대통령에 대한 10개 항목의 경고결의안을 공개하였고, 이에 대하여 여당인 자유당은 이 결의안이 의정사상 초유의 일일 뿐만 아니라 국가원수를 모독하는 것이라며 본회의 상정을 막았다. 국회는 1월 26일 대통령경고결의안을 제출하려고 했던 장택상 의원을 징계하기 위한 '장택상 의원 징계에 관한 동의안'을 상정, 가결하였다.

5) 민법 제정

정부는 1954년 10월 26일 민법제정안을 제출하였고, 국회법제사법위원회는 그해 11월 6일 장경근(자유당), 김성호(자유당), 신태권(정우회)의 3인으로 된 민법안심의소위원회를 구성한 이래 만 2년 9개월 동안 예비심사를 행하였다.

6법의 하나이며 가족사회와 일반사회생활을 법규로 다룬다는 뜻에서 국민적 관심을 모은 민법 제정은 특히 동성동본의 혼인허용 여부에 관한 학계의 찬반양론이 첨예하게 대립되어 물의를 빚기도 하였다.

1957년 4월 6일과 7일에 열린 공청회에서는 각 대학 민법교수들과 여성단체의 의견발표가 있었다. 국회 본회의는 1957년 11월 6일 김병로 대법원장으로부터 법안기초 경과를 들었으며, 12월 17일 이 법안을 가결하였다(공포 1958. 2. 22, 발효 1960. 1. 1).

본회의에서 수정 의결된 당시 이 법안의 주요 골자는 물권변동에 형식주의 채택, 전세권의 물권인정, 동성동본의 혼인금지, 혼인신고 필수주의 채택 등이다.

5. 제4대 국회

1) 구성

제4대 국회는 1958년 5월 2일 국회의원(민의원)선거로 선출된 233인의 의원으로 구성되었다. 의원 수가 제3대 국회에 비하여 30인이 증원된 것은 인구증가로 인한 소선거구의 재조정과 휴전성립 후 연기되었던 38도선 이북 수복지구의 선거를 실시하였기 때문이다. 제4대 국회논 1958년 6월 7일에 개원하여 1960년 6월 15일 내각책임제와 양원제를 주된 내용으로 하는 헌법개정안을 가결한 후 1960년 7월 25일 자진해산하였다.

2) 국가보안법파동

이승만 대통령이 이끄는 자유당 정부는 반공체제강화를 명분으로 하는 국가보안법 개정안을 1958년 8월 9일 국회에 제출하였다. 그리고 11월 18일에는 이 개정안을 철회하고 그날 다시 언론규제조항까지 추가한 제2차 개정안을 제출하였다. 주요 내용을 보면 간첩개념확대, 불고지죄 엄벌, 변호사 접견금지, 2심제 폐지, 언론보도규제 등으로서 헌법이 정하는 기본권을 침해하는 악법요소가 많았다. 이에 야당·법조계·언론계는 이 개정안이 기본권 침해는 물론 야당의 정치활동과 언론탄압의 의도가 있다는 이유를 들어 강하게 반대하였다. 민주당소속의원 81명과 무소속의원 10명 등 야당의원 91명은 보안법개악반대투쟁위원회를 구성하고 공청회와 옥외집회를 개최하려 하였으나 경찰의 원천봉쇄로 성사되지 못했다.

1958년 12월 11일 법제사법위원회에서 이 법안을 예비심사 도중 여야의원들 간에 난투극이 벌어졌다. 이 법안은 12월 19일 동 위원회에서 3분 만에 변칙처리되었다. 자유당은 12월 24일 국회의장의 경호권이 발동된 가운데 무술경관 300여 명을 국회 본회의장에 투입하여 개정안 가결을 막기 위하여 농성 중이던 야당의원들을 퇴장시키고 개정안을 가결하였다. 야당의원들은 이에 대해 무효화를 주장하며 임시회를 소집하였으나 자유당의원들의 불참으로 회의는 열리지 못하였다.

3) 4·19혁명과 자유당정권의 붕괴

제4대 국회는 여당인 자유당과 야당인 민주당이 전체 의석 233석 중 205석(88%)을 차지하여 양대 정당구도를 이루었다. 1960년 3월 15일에 실시된 대통령·부통령선거에서 부정이 있다 하여 선거 당일 밤 경상남도 마산에서 이에 항의하는 학생시위가 있었다. 그런데 4월 11일 지난 3월 15일의 마산학생시위 때 행방불명되었던 마산상업고등학교 학생 김주열 군의 시신이 마산 앞바다에서 발견되면서 이를 계기로 시위가 전국으로 확산되었다. 대학생들은 4월 19일 대통령·부통령선거의 선거부정뿐만 아니라 그동안의 자유당 독재를 규탄하는 대규모 시위를 전국적으로 전개하였다.

국회는 4월 22일 '시국대책특별위원회'를 구성한 뒤 4월 26일 3·15부정선거로 인한 사회적 위기상황을 수습하기 위하여 이승만 대통령의 하야, 대통령·부통령선거의 재실시, 헌법 개정, 국회의 자진해산 등을 내용으로 하는 '시국수습에 관한 결의안'을 채택하고 허정 외무부장관에게 과도내각구성을 요청하였다. 이승만 대통령은 이날 하야성명을 발표하고 다음 날인 27일 국회에 사임서를 제출하였다. 이로써 제1공화국은 막을 내리고 과도정부가 구성되었다.

4) 내각책임제 개헌(제3차 개헌)

4·19혁명 후 국회는 '선 개헌, 후 해산'을 결정한 뒤 1960년 6월 15일 내각책임제 개헌안을 의결하고 당일로 이를 공포하였다. 원내 과반수 의석을 차지하고 있던 대다수의 자유당의원들도 이 개헌안에 찬성함으로써 찬성 208표, 반대 3표의 압도적인 지지로 개헌안이 가결되었다.

개헌의 주요 내용은 언론·출판·집회·결사의 자유 등 기본권 강화, 정당보호규정 신설, 중앙선거관리위원회 설치, 헌법재판소 설치, 경찰의 중립성 규정, 지방자치단체장선거 규정, 부통령제 폐지 등이었다.

내각책임제로 정체를 변경한 제3차 개헌은 4·19혁명 후 정치체제 개편에서 그동안 문제가 되었던 대통령 1인에 대한 과도한 권력집중과 그에 따른 부작용을 막기 위한 것이었다. 당시 민주당은 부산정치파동 이후 이승만의 장기집권을 견제하기 위한 방안으로서 내각책임제를 주장하고 있었다. 4·19혁명 후 국민들은 즉시 국회가 해산되기를 바랐으나 자유당은 당시 원내에서 일시적이기는 하지만 다수당의 지위에 있었기 때문에 '선 해산, 후 개헌'이 아닌 '선 개헌, 후 해산'을 결정하고 개헌안을 가결하였다. 국회는 7월 25일 자진해산하였다.

6. 제5대 국회

1) 구성 – 양원제 국회

제4대 국회 기간 중인 1960년 6월 15일 국회에서 개헌안이 의결되어 당일 공포되었다. 제2공화국 헌법(주요 내용: 내각책임제, 양원제)에 따라 그해 7월 29일에 소선거구제에 의한 233인의 민의원 의원과 대선거구제에 의한 58인의 참의원 의원을 선출하였다.

참의원 의원은 특별시와 도를 선거구로 하며, 그 정수는 민의원 의원정수의 4분의 1을 초과할 수 없게 하였다. 민의원 의원의 임기는 4년으로 하였고, 참의원 의원의 임기는 6년으로 하여 3년마다 의원의 2분의 1을 개선하도록 하였다.

1960년 8월 8일에 실시된 의장단선거에서 민의원 의장에 곽상훈 의원, 부의장에 이영준 의원과 서민호 의원이 선출되었으며, 참의원 의장에 백낙준 의원, 부의장에 소선규 의원이 선출되었다. 민의원의 의장과 부의장의 임기는 2년, 참의원의 의장과 부의장의 임기는 3년으로 하였다. 8월 12일 양원합동회의에서 대통령선거를 실시하여 윤보선 의원을 대통령으로 선출하였다.

그러나 제5대 국회는 민주당의 신·구파 간의 집권분규와 대립, 원내교섭단체의 별도 구성, 분당, 각종 시위의 속출로 정국안정에 어려움을 겪다가 1961년 5·16군사정변 발생 후 해산되었다.

2) 제4차 개헌과 5·16군사정변

1952년 제1차 개헌(발췌개헌)에서 채택된 바 있는 양원제 의회가 제5대

5·16주도세력은 정치활동 해금과 더불어 군정 말기부터 제3공화국으로 정권을 이어갈 신당운동을 전개하였다. 5·16주도세력의 신당조직 움직임은 군사정부하에서 정당활동이 정식으로 허용되기 전부터 있었다. 1월 5일 김종필 중앙정보부장이 사임 예편하고, 이틀 후에 박정희 의장이 신당조직 방침을 밝힌 것을 계기로 신당 창당 움직임은 구체화하기 시작하였다. 그 모체는 중앙과 지방의 재건동지회, 학술단체, 지식인층, 소수의 옛정치인 등으로 구성되었다.

내분 속에서도 김종필의 구상대로 창당작업이 진행된 결과 민주공화당은 2월 2일 진명여고 강당 삼일당에서 493명의 창당준비위원이 참석한 가운데 창당준비대회를 개최하였다. 대회에서는 위원장에 김종필, 부위원장에 정구영을 선출하였으며, 80명의 상임위원 선출을 위한 15명의 전형위원이 승인을 받았다. 그러나 민주공화당의 사무국 부서가 김종필계에 의하여 장악되자 김동하 등 일부 최고위원들이 반발하였다. 세칭 4대의혹사건[9]의 수사가 진전되고 창당준비과정에서 당의 2원화 조직체계를 도입하였다는 비판을 받게 되자 김종필의 활동은 제약을 받게 되었다. 창당작업을 주도하던 김종필은 사전 조직문제로 김동하, 김재춘 등으로부터 심한 반발을 사게 되자 2월 20일 공직을 사퇴한 후 2월 25일 순회대사 자격으로 외유길에 올랐다.

5·16군사정변 주체세력이 중심이 된 민주공화당은 1963년 2월 26일 오전 10시 서울시민회관에서 1,399명의 대의원이 참석한 가운데 창당대회를 열고 총재에 정구영, 당의장에 김정렬을 선출하였다.

3) 6·3사태와 언론윤리위원회법안파동

1964년 6월 3일 일본과의 수교회담에 임하는 정부 측의 태도를 성토하는 학생시위대 일부가 중앙청까지 진출하여 몇몇 파출소를 파괴하고 대통령의 하야를 주장하자 정부는 이날 오후 8시를 기하여 서울전역에 비상계엄을 선포하였다(6·3사태). 4일에는 비상계엄령을 전국으로 확대하였다.

---

9) 증권파동, 워커힐, 새나라자동차, 회전당구 등을 둘러싸고 제기된 의혹사건.

박정희 대통령은 한일회담에 반대하는 학생시위를 보도하는 언론을 못마땅하게 생각하던 중 계엄은 해제하되 해제 후의 안전장치로서 언론규제를 위한 법안을 여당을 통하여 국회에 상정하였다. 7월 30일 민주공화당이 학원안정보장법안과 언론윤리위원회법안을 단독으로 국회에 상정하자 민정당은 이 두 법안을 악법으로 단정하고 저지투쟁을 벌였다.

1964년 8월 2일 국회 본회의에서 민주공화당 원내총무 김진만 의원은 민주공화당 측 입법안을 철회하였고 이효상 국회의장은 바로 삼민회가 제시한 수정안의 표결을 선포하였다. 표결이 선포되자 민정당 소속의원들은 전원 퇴장하였다. 이날 밤 10시 15분경 야당의원들이 거의 퇴장한 후 재석 149명 중 찬성 96, 기권 53(퇴장 39)으로 언론윤리위원회법안이 가결되었다. 이 법안은 민주공화당의원들만의 찬성으로 가결되었는데 가결 후 여야의 대치로 정국안정에 어려움을 겪었다.

한편 언론인들은 언론윤리위원회법철폐투쟁위원회를 구성하고 8월 10일 전국언론인대회를 개최, 동 법의 철폐를 위하여 투쟁할 것을 결의하였으며 8월 17일에는 일간신문 등 19개 언론사 기자들이 모여 한국기자협회를 창립하였다. 정부의 압력에 대하여 언론이 강하게 반발하는 가운데 1964년 10월 8일 박정희 대통령은 투쟁위원회대표들과 만나 협의를 가졌다. 투쟁위원회대표들은 언론자율규제를 강화하겠으니 법의 시행을 보류하여 줄 것과 윤리위원회의 소집을 중지해 줄 것 등을 건의하였고 대통령이 이를 수용함으로써 언론법 파동은 막을 내렸다.

4) 베트남파병동의안 처리

베트남전쟁이 격화일로에 있던 1965년 미국은 한국정부에 국군을 베트남에 파병하여 줄 것을 요청하였다. 이에 정부(국무회의)는 1965년 7월 2일 이미 파병한 군의관, 공병부대 및 수송부대 이외에 추가로 1개 전투사단을 파병하기로 의결하였다. 1965년 8월 13일 민주공화당의원들만으로 '베트남지원을 위한 국군부대증파에 관한 동의안'이 국회 본회의에서 가결되어 1개

전투사단 파병이 결정되었다(1965. 9. 25 맹호부대 제1진, 1965. 10. 9 청룡부대 베트남 도착). 야당과 국민여론은 증파를 반대하였으나 경제개발에 전력 질주하던 정부는 인명의 희생을 감수하고 국위선양과 외화획득, 그리고 한미관계강화를 위하여 파병을 결정하였다.

5) 한일협정비준동의안[10] 가결

제3공화국정부는 한일국교정상화회담의 조기타결을 지상 과제로 삼아 일본과의 국교정상화를 위하여 노력하였다. 그러나 한일회담은 공식외교담당자가 아닌 제3자의 측면 외교에 의하여 주도되어 왔고 게다가 저자세외교라고 인식되면서 여론의 비판과 야당의 반대에 직면하였다. 정부가 한일국교정상화방침을 밝히자 야당은 일제히 반발하고 나섰다. 민주당은 3월 4일 재야정당과 제휴, 민정당사에 모여 한일회담 일괄 타결을 끝까지 저지하기 위하여 범야연합전선을 편다는 방침에 원칙적인 합의를 보았다.

한일국교정상화를 위한 교섭이 급진전되자 이를 저지하려는 야당과 사회·종교단체 등 각계 인사를 망라한 200여 명이 1964년 3월 9일 종로예식장에 모여 굴욕외교반대 범국민투쟁위원회를 결성하고 전국적인 반대투쟁을 전개하였다. 3월 16일 동 투쟁위원회가 전국적으로 유세를 벌이는 가운데 3월 24일부터는 학생시위 또한 연일 계속되었다.

학생시위대가 중앙청으로 몰려가고 파출소가 파괴되는 등의 사태가 잇따르자 정부는 모든 학교에 휴교령을 내리고 전국에 비상계엄령을 선포하였다.

박정희 대통령은 1965년 1월 9일 연두기자회견에서 한일협정의 연내 타결을 표명하였고 4월 3일에는 한일협정 가조인이 있었다. 7월 14일 민주공화당의원들이 한일협정비준안을 단독으로 국회에 상정하자 야당의원들은 의원직 사퇴서를 제출하며 맞서는 등 여야 간 대립이 절정에 이르렀다. 8월 14일 야당의원들이 불참한 가운데 한일협정비준안이 국회 본회의에서 가결되었다.

---

10) 정식명칭은 '대한민국과 일본국 간의 조약과 제 협정 및 그 부속문서의 비준에 관한 동의안'이다.

8. 제7대 국회

1) 구성

제7대 국회는 1967년 6월 8일에 실시한 국회의원선거에서 선출된 지역구의원 131인과 전국구의원 44인을 합하여 175인으로 구성되었으며 1967년 7월 10일에 개원하였다.

11개 정당에서 후보들이 나섰지만 민주공화당과 신민당을 제외한 제3당에서는 단 1명만이 당선되어 양대정당구도를 이루었다. 정당별 당선자 현황을 보면 지역구의석 131석 중 민주공화당이 102석으로 제6대 국회의원선거 때보다 14석을 더 얻었으며, 신민당은 27석, 대중당은 1석을 차지하였다. 비례대표(전국구)의석을 합치면 민주공화당은 129석을 차지하여 반수를 넘었고, 신민당은 45석, 대중당은 1석을 각각 얻었다.

2) 6 · 8총선 선거부정시비

민주공화당은 국회의원선거과정에서 개헌에 필요한 3분의 2 의석을 확보하기 위하여 전국적으로 무더기표, 매표 등 광범위한 선거부정행위를 저질렀다. 선거가 끝난 후 야당인 신민당은 이번 선거를 부정선거로 규정하고 '부정선거전면무효화투쟁위원회'를 구성하여 전국규모의 규탄대회를 개최하는 등의 원외투쟁을 전개하였다. 신민당소속 당선자들은 국회에 당선자등록을 하지 않고 등원을 거부하면서 투쟁하였고 이에 동조하는 학생들 또한 대규모시위를 각지에서 벌이며 항의하였다. 이에 정부는 30개 대학, 148개 고등학교에 대한 휴교조치로 맞섰다.

교착상태에 빠진 시국을 수습하기 위하여 여야가 전권회담을 개최하는 등의 협상 과정을 거친 뒤 선거관리위원회 위원개선과 선거법 · 정당법 개정 등에 합의하였다. 여야 간 합의가 이루어짐에 따라 신민당소속의원 44명이 1967년 11월 29일에 모두 등원함으로써 4개월 만에 국회가 정상화되었다.

3) 3선 개헌(제6차 개헌)

제7대 국회는 6·8선거부정시비 가운데 개원(1967. 7. 10)되었으며 3선 개헌을 둘러싼 여야 간의 극심한 대립은 그 후 3선 개헌파동으로 이어졌다. 3선 개헌파동이란 박정희 대통령의 장기집권을 가능하게 하기 위하여 3선 금지를 규정하고 있는 헌법을 개정하는 과정에서 발생한 사태를 말한다.

제6대 대통령선거(1967. 5. 3)에서 박정희 대통령이 재선된 후 민주공화당은 장기집권을 위하여 대통령의 3기 연임(3선)을 허용하는 헌법 개정을 추진하였다. 1969년 8월 7일 3선 개헌안이 국회에 제출되자 이에 반대하는 야당의원들은 8월 8일부터 본회의장을 점거하고 농성에 들어갔다.

국회 본회의장에서 정상적인 의사진행이 불가능해지자 민주공화당의원들은 9월 14일 새벽 2시 30분 국회 제3별관 특별회의실에서 개헌안을 가결처리하였다. 헌법개정안 표결은 민주공화당소속의원을 비롯하여 동안 발의 서명자 118명 전원과 무소속 김용태 의원 등 3명과 정우회 양찬우 의원 등 모두 122명이 참석한 가운데 참석의원 전원이 찬성하여 개헌 가능선인 114표를 넘었다.

헌법개정안이 국회에서 가결된 뒤 정부는 10월 8일 국민투표를 10월 17일에 실시한다고 공고하였다. 이에 민주공화당과 신민당은 헌법개정안의 가결처리 직후부터 각각 국민투표 찬반운동에 들어갔다. 민주공화당은 각 지구당위원장을 중심으로 구성된 국민투표대책위원회의 조직 저변확대 및 사랑방 좌담회 등을 통하여 설득작전과 당 중진 및 김종필 의원 등의 유세활동에 의한 득표운동을 하였고, 신민당은 당과 3선 개헌반대국민투쟁위원회가 제휴하여 유세를 통한 개헌반대운동을 전개하였다.

헌법개정안 투표는 1969년 10월 17일 실시되었다. 투표결과 1,504만 명의 유권자 중 찬성 755만 3,655표(65.1%), 반대 363만 6,369표(34.9%)로 승인되었다. 국민투표를 거쳐 확정된 개정헌법에 의하여 실시된 제7대 대통령선거(1971. 4. 27)에서 박정희 후보가 당선되었다.

9. 제8대 국회

1) 구성

제8대 국회는 1971년 5월 25일에 실시된 선거에서 지역구의원 153인과
전국구의원 51인을 합한 204인을 선출하고 그해 7월 26일에 개원하였다.
그러나 3선 개헌파동과 대통령선거의 후유증으로 인한 학생시위와 정국불안
에 이어 1971년 12월 21일에는 민주공화당소속 111인과 무소속 2인이 출석
한 가운데 '국가보위에 관한 특별조치법안'이 가결되는 등 불안정한 정국이
이어졌다.

2) 10 · 2항명파동

제78회 정기국회 회기 중인 1971년 10월 2일 국회는 신민당이 제출한 국
무위원(부총리 겸 경제기획원장관 김학렬)해임건의안, 국무위원(내무부장관
오치성)해임건의안, 그리고 국무위원(법무부장관 신직수)해임건의안 등 3건
의 해임건의안을 표결 처리하였다. 김학렬 부총리 건은 총 투표수 201, 찬
성 91, 반대 109, 무효 1의 결과로 부결되었고, 신직수 장관의 경우에도 총
투표수 202, 찬성 91, 반대 109, 무효 2로 해임건의안이 부결되었다. 그러나
오치성 장관의 경우 총 투표수 203, 찬성 107, 반대 90, 무효 6의 결과가
나와 해임건의안이 가결되었다. 민주공화당은 표결에 앞서 내부적으로 부결
방침을 세웠으나 표결과정에서 당의 방침을 어기고 해임건의안에 찬성한 의
원이 상당수 나와 당내에 반목이 있음이 드러났다. 이 사태를 '10 · 2항명파
동'이라 한다.

신민당은 10 · 2항명파동조사과정에서 일부 민주공화당의원들이 지나친
조사를 받은 것은 헌법상 보장된 의원의 면책특권을 침해한 것으로 보고 10
월 7일 김형일 의원 외 88인의 이름으로 '입법부권한침해에 대한 진상조사
특별위원회 구성에 관한 결의안'을 국회에 제출하였다. 신민당이 제출한 결

의안은 민주공화당의 반대로 1971년 10월 28일 본회의 표결에서 재석 175명 중 찬성 75로 부결되었다. 신민당은 길재호·김성곤 두 의원의 의원직 상실도 정당법 제43조에 의하여 본인의 의사에 반하여 탈당을 강요할 수 없는 만큼 무효라고 주장하며 정부 측의 해명을 요구하기도 하였다.

3) 대통령특별선언과 유신헌법(제7차 개헌)

제8대 국회가 행정부에 대한 일반국정감사를 실시하고 있던 1972년 10월 17일 오후 7시 박정희 대통령은 전국에 비상계엄을 선포하고, 이어 전국에 중계된 방송을 통하여 '대통령특별선언'을 발표하였다. 대통령특별선언(10월 유신)에 따라 국회가 해산되고 정당 및 정치활동이 중지되었으며 비상국무회의가 국회의 기능을 대행하였다.

대통령특별선언(1972. 10. 17)
① 1972년 10월 17일 19시를 기하여 국회를 해산하고 정당 및 정치활동의 중지 등 현행헌법의 일부 조항효력을 정지시킨다.
② 일부 효력이 정지된 헌법조항의 기능은 비상국무회의에 의하여 수행되며, 비상국무회의의 기능은 현행헌법의 국무회의가 수행한다.
③ 비상국무회의는 1972년 10월 27일까지 조국의 평화통일을 지향하는 헌법개정안을 공고하며 이를 공고한 날로부터 1개월 이내에 국민투표에 부쳐 확정시킨다.
④ 헌법개정안이 확정되면 개정된 헌법절차에 따라 늦어도 금년 말 이전에 헌정질서를 정상화시킨다.

비상국무회의에서 제안한 헌법개정안(유신헌법안)은 1972년 11월 21일 실시된 국민투표에서 찬성 91.5%의 지지를 받아 확정되고 12월 27일 공포되었다. 비상국무회의는 1972년 11월 27일 대통령의 삼권 통제, 의원임기 6년, 대통령 간접선거, 중임제한 철폐, 통일주체국민회의 설치, 국회의원 3분의 1의 대통령지명 등을 내용으로 하는 헌법개정안을 의결, 공고하였다. 이로써 통일주체국민회의는 대통령의 추천을 받은 국회의원 정수의 3분의 1에 해당하는 국회의원(임기 3년)을 선출하였다. 이들 의원을 통일주체국민회의로 하여금 선출하게 한 목적은 무엇보다도 대통령의 권력을 확대, 견지하며 나아가 정국안정을 꾀하자는 데 있었다.

통일주체국민회의는 국회가 발의, 의결한 헌법개정안을 최종적으로 의결, 확정하는 기능을 가지고 있었다.[11] 이를 위하여 대통령이나 국회의원의 입후보요건으로 소속정당의 추천을 필요로 한다는 종래의 헌법규정을 폐기하였다. 즉 군소정당의 난립을 방지하고 양당제를 지향한다는 기존의 헌법취지를 버리고 국회의원이 당적을 이탈하거나 변경할 때 또는 정당이 해산된 때에는 국회의원의 자격이 상실되도록 규정한 조항을 삭제함으로써 의원들의 당적이탈 및 변경행위규제를 해제하였다. 이 헌법 개정을 계기로 정치인들의 이합집산과 정당재편성이 다시 전개되었다.

해산된 국회의 기능은 대통령특별선언 ②항 및 비상국무회의법에 의거하여 대통령을 의장, 국무총리를 부의장, 국무위원으로 구성되는 비상국무회의에서 수행하였다. 비상국무회의는 국회에서 이관된 안건과 비상국무회의법 제5조의 규정에 의하여 대통령, 국무총리가 제출하는 안건을 대상으로 제9대 국회 개회 전날인 1973년 3월 11일까지 국회의 기능을 대행하였다.

새로 공포된 유신헌법(제4공화국 헌법)은 제3공화국 헌법의 정당국가적 경향을 완화하고 대통령의 지위를 국회에 우월한 영도적 지위로 격상시켜 국회의 국정통제권에 많은 제약을 가하였다.

10. 제9대 국회

1) 구성

제9대 국회의원선거에 앞서서 1972년 12월 23일 통일주체국민회의에서 단일후보로 등록한 박정희 후보가 제8대 대통령으로 당선되었다.

제9대 국회는 1973년 2월 27일 실시된 국회의원선거결과, 지역구 146명

---

11) 통일주체국민회의사무처, 『통일주체국민회의』(1975), 34~35쪽.

중 민주공화당 73석, 신민당 52석, 민주통일당 2석, 무소속 19석과, 그해 3월 7일 통일주체국민회의에서 선출된 73인을 합하여 219인의 국회의원으로 구성되어 1973년 3월 12일에 개원하였다.

2) 대통령긴급조치와 야당의 개헌투쟁

야당과 학생들의 반유신(反維新) 저항이 확산되자 박정희 대통령은 1974년 1월 8일과 1월 13일 헌법비방과 개헌논의를 금지하는 대통령긴급조치 제1호, 제2호, 그리고 제3호를 연이어 발동하였다. 이에 신민당은 11월 14일 개헌추진을 위한 원외투쟁을 선언하고 가두시위에 나섰다. 신민당은 12월 5일 국회 본회의장에서 개헌 및 구속자 석방 등을 요구하며 무기한 농성에 돌입하는 등 투쟁의 강도를 높여갔다.

한편 재야인사들도 12월 25일 민주회복국민회의를 결성하고 개헌서명국민운동을 전개하였다. 개헌투쟁이 확산되자 박 대통령은 1975년 2월 12일 유신헌법 찬반 및 대통령신임 여부를 묻는 국민투표를 실시하여 개헌논의를 봉쇄하였으며 5월 13일 유신헌법에 대한 일체의 논의를 금지하는 긴급조치 제9호를 발동하였다.

3) 김옥선 의원 발언파동

제94회 정기국회 회기 중인 1975년 10월 8일 국회 본회의에서 사회 분야 대정부질문에 나선 김옥선 의원(신민당)은 "민방위대 편성, 학도호국단 조직, 군가보급, 싸우면서 건설하자는 구호 등은 국가안전을 빙자한 정권연장의 수단"이며 "지난여름 전국을 뒤흔든 각종 관제궐기대회" 운운하는 발언을 하였다. 이에 민주공화당과 유신정우회 의원들은 김옥선 의원의 발언이 의제 외의 발언이며, 국가안보에 위해가 되는 것이므로 발언내용을 취소하라고 강력히 요구하였다.

정일권 국회의장은 이날 저녁 국가안보를 위태롭게 하고 국회의 위신을 손상시키는 발언을 했다는 이유로 김옥선 의원의 징계안을 법제사법위원회에 회부하였다. 사태가 이렇게 전개되자 김옥선 의원은 10월 13일 스스로 의원직을 사퇴하여 자신의 발언파문을 일단락 지었다.

4) 신민당 내분

김옥선 의원의 발언파동 이후 신민당 내에는 당권을 둘러싼 내분이 심화되고 있었다. 김영삼 신민당총재는 1976년 1월 19일 재야인사 2명을 정무위원에 임명한 데 이어 22일에는 당외인사 30명을 중앙상무위원으로 임명하였다. 이에 이철승 의원 등이 강하게 반발하여 2월 24일 비주류를 결성하고 김영삼 총재에 대항하기로 하였다.

신민당의 당권경쟁은 김영삼 총재가 비주류 측의 의원총회 소집을 묵살하자 1976년 3월 하순부터 다시 가열되기 시작하였다. 5월 7일 신민당 내 주류 · 비주류 양측은 당헌 개정안을 작성하였는데 주류는 복수 부총재를, 비주류는 집단지도제를 정무회의에 제출하였다. 신민당은 당권경쟁이 격화되자 대화의 실마리를 찾기 위하여 당헌 개정 7인소위원회를 구성하였으나 사태를 수습하지는 못하였다.

그러던 중 주류 측은 전당대회 소집을 공고하였다. 이 전당대회를 저지하기 위하여 비주류 측 청년당원 100여 명이 1976년 5월 22일 오후 4시 30분경 종로구 관훈동 중앙 당사를 점거하여 난동을 부리다가 밤늦게 철수하는 사건이 발생하였다. 비주류 측은 또 전당대회 당일인 5월 25일 새벽 4시 30분부터 서울시민회관별관 대회장 앞에 청년당원을 배치시켰으나 뒤늦게 도착한 주류 측 청년당원들과 옥신각신한 끝에 주류 측에게 대회장을 넘겨주었다. 그러나 오전 7시 30분경 200여 명의 비주류 측 청년들이 각목과 쇠파이프를 들고 정문으로 돌진하여 주류 측을 몰아내고 대회장을 차지하였다. 비주류 측은 시민회관별관에서 3명의 의원과 372명의 대의원이 참석한 가운데 대회를 열어 집단지도체제 당헌개정안을 채택하고 최고위원 5명의 선임을 10인전형위원회에 위임하여 고흥문, 김원만, 신도환, 이철승, 정해영을 선출하였다. 주류 측이 먼저 대회장을 장악하여 전당대회를 개최하려 하자 비주류 측 청년당원들이 대회장을 점거하고 전당대회를 시작하였다. 비주류 측에게 전당대회장을 **빼앗긴** 주류 측은 이날 오전 10시 관훈동 중앙당사 4층에서 전당대회를 따로 열어 단일지도체제 당헌안을 가결하고 만장일치로 김영삼 의원을 총재에 재선출하였다. 주류 측 전당대회에는 21명의 의원과, 712명의 대의원 중 415명이 참석하였다.

신민당의 주류와 비주류는 각기 당대표변경 등록신청을 중앙선거관리위원회에 제출하였지만 동 위원회는 1976년 5월 31일 양측의 신청을 모두 기각하였다. 신민당 비주류는 6월 4일 김영삼 총재의 지위와 자격에 대해서 중앙선거관리위원회에 유권해석을 의뢰하였는데 동 위원회는 6월 9일 김영삼 총재는 임기만료로 총재의 지위가 소멸되었으며, 공고되지 않은 장소(이 경우 급하게 결정된 신민당 중앙당사)에서의 대회는 불법이라는 유권해석을 내렸다.

김영삼 총재는 6월 11일 총재직 사퇴를 선언하고 권한대행에 이충환 전당대회의장을 지명하였다. 또한 당 수습을 위하여 당 수습위원회를 구성하고 당 수습에 필요한 모든 권한을 위임하였다. 당 수습 10인위원회는 6월 30일 당 지도부를 집단지도체제로 개편한다는 데 합의하였다.[12]

11. 제10대 국회

1) 구성

제10대 국회의원선거는 1978년 12월 12일에 시행되어 지역구의원 154명이 선출되었다. 지역구 선거에서 민주공화당 68명, 신민당 61명, 민주통일당 3명, 무소속 22명이 당선되었으며, 여당인 민주공화당이 31.7% 야당인 신민당이 32.8%를 얻어 선거사상 처음으로 야당의 득표율이 여당의 득표율을 앞섰다. 그해 12월 21일에 소집된 통일주체국민회의는 대통령이 일괄 추천한 유신정우회 의원후보 77명의 당선을 확정지었다. 제10대 국회는 모두

---

12) 김현우, 『한국정당통합운동사』(파주: 한국학술정보, 2009), 576~578쪽.

231명의 의원으로 구성되어 1979년 3월 15일 개원하였다. 1978년 12월 27일에는 박 대통령이 제9대 대통령으로 취임하여 유신 2기를 출범시켰다.

2) 김영삼 신민당총재 의원직 제명

1979년 5월 30일 신민당 중앙당사에서 개최된 신민당 전당대회에서 총재선거가 실시되었는데 제2차 투표결과 김영삼 후보가 이철승 후보를 물리치고 총재로 당선되었다. 그런데 공주·논산지구당위원장인 윤완중 등 3명의 지구당위원장이 당원자격이 없는 조윤형과, 조윤형이 임명한 지구당 대의원 5명의 표는 무효이므로 총재당선 역시 무효라고 주장하면서 파문을 일으켰다. 이들은 김영삼 총재 등 신민당총재단 전원에 대한 직무정지가처분신청을 서울민사지법에 제출하였다. 총재단 직무정지가처분파동에 휘말려 있던 신민당은 법원 결정 후 10일 만인 1979년 9월 17일 법원에 의하여 총재대행으로 선임된 정운갑 전당대회의장이 대행직을 수락하고 반수가 넘는 주류측 36명의 의원이 참석한 가운데 의원총회를 소집, 김영삼 총재의 법통지지를 결의함으로써 사실상 분당상태에 들어갔다.

정운갑 대행은 9월 21일 중앙선거관리위원회 서울민사지법의 당 총재직무정지가처분결정문사본 및 직무대행취임동의서 등을 첨부하여 직무대행등록신청서를 접수시켰다.

신민당은 9월 25일 오전 1,200명의 당원이 참석한 가운데 중앙당사에서 전국당원대회를 개최하고 김영삼 총재가 유일한 정통임을 선언하는 등 김영삼 총재 지지를 표명하였다. 중앙선거관리위원회는 이날 오후 5시 전체회의를 열고 정운갑 신민당총재직무대행의 등록신청을 심의한 후 등록을 수리하였다. 당 총재의 직무가 법원의 판결로 정지된 상태에서 직무대행이 선거관리위원회에 등록을 신청한 사례는 정당사상 최초의 일이다. 이날 선거관리위원회의 결정은 '대표변경신청'이 아닌 '대행등록신청'에 대한 등재결정이기 때문에 김영삼 총재의 명의는 그대로 선거관리위원회에 등재된 채 정운갑 대행이 신민당대표자로 등록되어 신민당은 법적으로 당수가 2명 존재하는 2원체제를 갖추었다.

서울민사지법 합의 16부는 3차례의 심리 후 1979년 10월 1일 신민당총재단에 대한 직무집행정지신청을 이유 있다고 판결하였다. 동시에 총재직무대행으로 정운갑 전당대회의장을 지명하였다. 이에 신민당과 김영삼 총재는 법원의 판결에 승복하지 않겠다는 내용의 선언과 성명을 발표하였다.

그 무렵 미국에서 발행되는 <뉴욕타임스>지 1979년 9월 16일자에 "카터 미 행정부에 대하여 박정희 정권에 대한 지지를 끝낼 것을 요구하였다."는 내용의 김영삼 총재 기자회견 기사가 게재되었다. 이를 김영삼 제거의 기회로 본 민주공화당은 회견내용을 '사대주의'의 발로로 규정하고, 10월 4일 국회에 '국회의원(김영삼) 징계동의안'을 제출하였다. 징계동의안은 이날 오전 국회 본회의에서 경호권이 발동되고 여야의원들이 난투극을 벌이는 가운데 보고, 발의되어 법제사법위원회에 회부되었다. 신민당의원들이 본회의장을 점거하자 민주공화당과 유신정우회소속의원들은 이날 오후 4시 7분경 국회의사당 1층 146호실로 자리를 옮겨 비공개로 본회의를 소집하고 동 징계동의안을 변칙처리하였다. 4시 20분 백두진 국회의장이 출석의원 159명 중 찬성 159표로 가결되었다고 선포함으로써 김영삼 의원은 제명되었다.

신민당의원 66명 전원이 10월 13일 국회의원직 사퇴서를 국회에 제출하였다. 김영삼 총재체제를 지지하는 신민당소속의원들에게 동조하기 위하여 민주통일당의 양일동, 김현수, 김녹영 등 3인의 의원도 사퇴서를 제출하였다.[13]

3) 박정희대통령시해사건과 제10대 국회 해산

김영삼 의원에 대한 제명이 이루어진 후 부산과 마산 지역을 중심으로 대규모 반정부 시위가 격렬하게 전개되었다. 정부는 10월 18일 0시를 기하여 부산직할시 일원에 비상계엄령을 선포하였다. 계엄선포와 함께 공수부대 병력이 투입되어 시위군중 진압작전에 들어갔다. 시위가 다른 지역으로 번지자 정부는 10월 20일 마산, 창원 일대에도 위수령을 발동하였다. 이처럼 국

---

13) 김현우, 앞의 책, 597-599쪽

가적 위기상황이 초래되는 가운데 1979년 10월 26일 중앙정보부장 김재규가
만찬 도중 박정희 대통령을 저격, 시해하는 사건이 발생하였다(10 · 26사태).
그해 12월 12일에 발생한 이른바 신군부에 의한 정승화 계엄사령관강제
연행사건(12 · 12사태)에 이어 1980년 5월 17일에는 비상계엄이 전국으로
확대되었고 5월 18일에는 광주민주화운동이 일어났다. 1980년 10월 27일
헌법개정안이 국민투표를 거쳐 공포 · 시행되어 헌법 부칙 제5조 제1항의
규정에 의하여 그날로 제10대 국회의 임기가 종료되었다.

4) 제8차 개헌과 국가보위입법회의 설치

박정희대통령시해사건(1979. 10. 26) 이후 계속된 정치적 과도기로 시민들
의 정치적 관심 및 참여요구가 과열되기 시작하였고, 국회와 정부는 헌법
개정에서 주도권을 잡기 위해 경합을 벌였다. 시국혼란 속에 1980년 5월,
대학생들의 정치참여가 정점에 달하여 점차 과격 가두시위의 양상을 띠자,
정부는 5월 17일 비상계엄을 제주도를 포함하여 전국으로 확대, 선포하였
다. 정치활동 또한 일체 중지되는 상황을 맞았다.

정부의 이러한 조치에 반발하여 광주에서 5월 18일 항의 · 반대시위가 발
생하였는데 계엄군의 과잉진압으로 시민 · 학생들의 항쟁은 결국 유혈 참극
으로 이어졌다(5 · 18광주민주화운동). 광주사태가 진정되자 국무회의는 5월
27일 개혁을 주도하는 계엄당국과 행정부 간의 긴밀한 협조가 필요하다는
이유로 초헌법적 기관인 국가보위비상대책위원회를 대통령자문기관으로 설
치하는 결의안을 가결시켰다(1980. 5. 31 발족). 국가보위비상대책위원회는
국회의 기능을 대신할 과도입법기구인 국가보위입법회의를 설치하여 제5공
화국수립을 위한 법과 제도적 기틀을 마련토록 하였다.

이른바 신군부는 1980년 10월 27일 국회의 기능을 공식적으로 정지시키
고 10월 28일 국회의 권한과 기능을 대신할 국가보위입법회의를 출범시켰
다. 국가보위입법회의는 제11대 국회가 개원하기 전인 1981년 4월 10일까
지 5개월 15일 동안 활동하였는데, 이호 대한적십자사총재를 의장으로 하

고, 정내혁 전 민주공화당총재권한대행, 채문식 전 신민당의원을 비롯하여 각계 인사 81명이 의원으로 선임되어 활동하였다.

국가보위입법회의는 1980년 11월 3일 '정치풍토쇄신을 위한 특별조치법'을 제정하여 정치쇄신위원회 발족의 근거를 마련하였다. 정치쇄신위원회는 11월 12일 정치활동규제대상자 811명의 명단을 발표하였으며 11월 25일에는 최종적으로 선별된 567명에 대하여 1988년 6월 30일까지 모든 공직선거에 입후보하지 못하도록 하는 등 정치활동을 금지시켰다.[14] 12월 26일에는 대통령선거법안, 언론기본법안 등 제5공화국의 골격을 이루는 주요 법안들이 가결되었다.

국가보위입법회의에서는 국회의원선거법을 개정하여 선거구를 77개에서 92개로 증설하고, 하나의 선거구에서 2인씩을 선출하는 대선거구제(1구2인 선거구제)를 채택하는 한편, 비례대표제를 도입하여 92석의 전국구의석을 두었다. 전국구의석의 배분은 선거결과 제1당에 전국구의석 3분의 2에 해당하는 의석을 배정하고, 나머지 의석은 5석 이상의 지역구의석을 확보한 다른 정당에 대하여 의석비율에 따라 배정하였다.

12. 제11대 국회

1) 구성

제11대 국회는 1980년 10월 27일에 공포된 제5공화국 헌법에 의하여 1981년 3월 25일 국회의원선거를 실시하여 지역구의원 184인, 전국구의원 92인을 합한 276인을 선출하여 4월 11일 개원하였다. 제11대 국회는 여당인 민주정의당의 '대화와 타협에 의한 새로운 국회상 정립'이라는 국회운영 방침과 야권의 자제로 초기에는 비교적 평온한 가운데 운영되다가 후반기에

---

14) '정치풍토쇄신을 위한 특별조치법'은 1988년 12월 14일 민주발전을 위한 법률개폐특별위원장에 의하여
    제안된 '정치풍토쇄신을 위한 특별조치법폐지법률안'이 1988년 12월 15일 국회 본회의에서 가결됨으로
    써 폐기되었다.

들어 금융부조리사건 등을 계기로 여야가 대립하였다. 이후 개헌, 지방자치제 실시 등을 주장하는 야권의 대여정치공세가 강화되어 국회가 공전하는 등 그 운영이 순조롭지 못하였다.

2) 정당법 개정과 정계개편

국가보위입법회의는 1980년 12월 하순까지 대통령선거법, 국회의원선거법, 정당법, 정치자금법 등 정치관계법률을 제정하여 제5공화국 출범의 기반구축작업을 수행하였다. 그중 정당법 개정을 보면, 정당의 창당이나 존속요건인 창당발기인 수와 법정지구당원 수 등을 감축, 완화하여 정당의 창당과 존속을 용이하게 하였는데 이는 새로운 정권의 창출을 쉽게 하기 위한 의도였다. 신군부세력은 정권창출에 걸림돌이 되는 정치인들은 퇴출시키되 새 정치인들은 분할시켜 그 세력을 약화시킨다는 전략을 가지고 있었다.

정당의 설립과 활동에 관한 규제가 대폭 완화된 '정당법중개정법률안'이 1980년 11월 19일 국가보위입법회의에서 의결되었다. 이 개정안은 정당의 창당이나 존속요건인 창당발기인 수와 법정지구당 수 및 법정지구당원 수 등을 감축, 완화시켜 창당과 존속을 쉽게 한 것으로 그 후 정당의 난립과 이합집산에 큰 영향을 미쳤다.

3) 국제의회연맹 서울총회

1983년 10월 4일부터 10월 12일까지 9일간 국제의회연맹(IPU) 제70차 총회 및 제133차 이사회가 서울에서 개최되었다. 한국에서 처음 개최된 IPU 총회는 75개국과 14개 기구에서 의원 453인, 국회사무총장 55인, 기타 관계자와 수행원 등 743인이 참가한 가운데 세종문화회관에서 개최되었다.

총회 기간 중인 10월 9일 버마(현재의 미얀마) 랭군의 아웅산묘지를 참배하던 전두환 대통령과 수행각료들의 살상을 기도한 폭파사건이 발생하였다. 참배준비 중이던 서석준 부총리 등 한국고위관리 30여 명이 사상하는 참사가 발생하자 전두환 대통령은 6개국 순방일정을 취소하고 귀국하였다.

국제의회연맹 서울총회는 즉시 임시특별회의를 소집하여 철저한 진상조사
와 사건 연루자에 대한 처벌을 촉구하는 결의문을 채택하였다. 버마정부는
10월 17일 이 폭파 사건은 북한특수공작요원의 소행임을 공식발표하였다.

4) 정내혁 민주정의당대표위원 축재 투서사건

1984년 6월 13일 민주정의당과 정부요로 그리고 일부 언론사에 정내혁
민주정의당 대표위원의 비리를 폭로하는 익명의 진정서가 전달되었다. 이
진정서에는 정 대표의 외화도피, 부동산 투기, 지역사업 개입 등이 열거되어
있었고 등기부등본, 임야·토지대장, 사진까지 첨부된 149쪽에 달하는 분량
이었다.

정내혁 대표는 이들 재산이 공직을 이용하여 취득한 것이 아니고 오래전
에 사 두었던 것이 가격상승으로 증식된 것이라고 해명하였으나 민주정의당
총재인 전두환 대통령은 6월 25일 대표위원을 전격 경질, 정내혁 대표 후임
에 권익현 사무총장을 임명하였다. 정내혁 전 대표는 6월 29일 의원직을 사
퇴함과 동시에 민주정의당에서 탈당, 정계에서 은퇴하였다. 국회는 이날 본
회의를 열어 정 의원의 의원직 사퇴를 재석 256명 중 가 191, 부 46, 무효
5, 기권 14로 가결하였다.

조사결과 투서한 사람은 문형태 전 의원으로 밝혀졌으며, 그 또한 정계에
서 은퇴하였다.

13. 제12대 국회

1) 구성

제12대 국회는 1985년 2월 12일 국회의원선거가 실시되어 전국 92개 지
역구에서 184명, 전국구에서 선출된 92명을 합하여 276인의 국회의원으로
구성되었다. 민주정의당 87명, 신한민주당 50명, 민주한국당 26명, 한국국민

당 15명 그 밖에 군소정당 소속의원과 무소속의원 6인 등 184인과 전국구에서 선출된 92명을 합하여 276명의 국회의원으로 구성되었다.

제12대 국회의 임기는 1985년 4월 11일에 개시되었으나 여야 간의 정쟁으로 국회개원은 1개월 후인 5월 13일에 이루어졌고, 제12대 국회 후반기에 있었던 헌법 개정에 따라 개정 헌법 부칙 제3조에 의거하여 임기 4년을 채우지 못하고 1988년 5월 29일 임기가 종료되었다.

2) 신한민주당의 등장과 민주화운동추진

제12대 국회의원선거를 앞두고 신민당계 전직 의원과 민주화추진협의회 출신 전직 의원 및 주요 간부들이 주축이 되어 신한민주당을 창당하였다.[15] 처음에는 신민당계 중진과 민주화추진협의회 소속 인사들의 두 갈래로 추진되었으나 1984년 12월 12일 이들 두 세력이 단일 신당 창당에 합의, 창당발기준비위원회를 구성하였다. 이민우를 중심으로 한 12인준비위원회는 민주화추진협의회 측의 이민우, 김녹영, 조연하, 최형우, 김동영, 박종률, 그리고 비민주화추진협의회연합세력 측의 신도환, 이기택, 송원영, 김수한, 노승환, 박용만 등으로 구성되었다. 야권의 해금 인사 중 이철승, 이민우, 김재광, 신도환, 이충환, 이기택, 박한상, 김수한, 김녹영, 정해영 등은 여러 차례의 협의를 거쳐 신당을 창당하기로 하였는데 이들은 민주화추진협의회인사들과 함께 선명야당의 기치를 내걸고 신당 창당 작업에 들어갔다.

제12대 국회의원선거는 1985년 2월 12일에 시행되었다. 선거결과 여당 민주정의당은 지역구 87석과 전국구 61석 등 모두 148석을 획득하여 원내 과반수의석을 확보하였다. 신한민주당은 지역구에서 50석, 전국구에서 17석 등 모두 67석을 확보하였고, 한국국민당은 지역구 15석, 전국구 5석 등 20석을 획득하였다. 제1야당이 된 신한민주당은 곧 민주한국당과 한국국민당 소속 당선자를 영입하여 모두 103석을 확보함으로써 강력한 제1야당으로 부상하였다.

---

15) 민주화추진협의회는, 1984년 5월 18일 발족하였다(공동의장 김영삼, 공동의장대행 김상현, 고문 김대중).

3) 국시논쟁

야당 신한민주당은 1986년 2월 12일 2·12총선 1주년을 맞이하여 대통령직선제 개헌 서명운동을 전개하였다. 서명운동은 개헌공방으로 이어졌고 여야 간에 협상과 대화보다는 격돌과 대치상태가 계속되었다.

그런데 제131회 정기국회 기간 중인 1986년 10월 14일 국회 본회의에서 대정부질문을 하던 유성환 의원이 대한민국의 국시(國是)는 '반공'이 아니라 '통일'이어야 한다는 내용의 발언을 하였다. 이른바 '국시논쟁'으로 정국은 다시 혼란에 빠졌고, 10월 16일 유성환의원체포동의안이 국회에서 가결되었고 다음 날 유 의원이 자택에서 수사관들에 의하여 연행되는 사태가 발생하였다.

4) 6월항쟁과 6·29선언

야당의 개헌요구가 거세지는 가운데 전두환 대통령은 1987년 4월 13일 호헌조치를 발표하였다. 그러나 이 호헌조치발표는 시민들의 개헌요구 강도를 더욱 높이는 결과를 초래하였다. '민주헌법쟁취국민운동본부'는 6월 10일 '박종철군고문살인은폐조작규탄 및 호헌철폐대회'를 전국 22개 도시에서 일제히 개최하였다(6월항쟁). 대회당일날 잠실체육관에서는 민주정의당의 대통령후보지명대회가 열리고 있었고, 밖에서는 항의집회가 전개되는 등 국가적 위기상황이 초래되고 있었다.

이에 노태우 민주정의당대표는 6월 29일 대통령직선제 개헌을 포함하는 8개 항의 민주화조치를 담은 특별선언(6·29선언)을 발표하였다. 시민들의 민주화 및 개헌요구에 대하여 정부 여당이 노태우 대표의 6·29선언을 수용하면서 정국은 안정을 회복하였다. 이어 대통령직선제를 주요 내용으로 하는 헌법개정안이 1987년 10월 12일 여야 합의로 의결되고 1987년 10월 28일 국민투표에 의하여 확정되었다(제6공화국 헌법).

14. 제13대 국회

1) 구성

제13대 국회는 1988년 4월 26일 실시된 총선거에서 선출된 299명의 국회
의원으로 구성되었다. 제13대 국회의원선거에서는 사상 처음으로 집권여당
인 민주정의당이 과반수의석 확보에 실패하여 이른바 '여소야대'의 정국이
형성되었다. 국회의원선거제도는 16년 만에 소선거구제로 바뀌어 지역구
224석, 전국구 75석으로 총 299석이었다. 그중 민주정의당 125석, 평화민주
당 70석, 통일민주당 59석, 신민주공화당 35석, 무소속 10석의 분포를 보였
다. 이에 앞서 실시된 제13대 대통령선거에서는 여당인 민주정의당의 노태
우 후보가 대통령으로 당선되었다.

2) 국정감사제도 부활 및 청문회 개최

1972년 폐지되었던 국정감사제도가 16년 만에 제13대 국회에서 부활되어
'5공비리', '삼청교육대사건', '언론통폐합' 등의 문제들을 파헤치는 등 국회
의 주요한 국정감시 및 통제장치로서 활용되기 시작하였다.

제5공화국 출범 전과 그 기간 동안 발생한 각종 비리와 의혹을 규명하고
이를 청산하기 위하여 제13대 국회 제142회 국회 회기 중인 1988년 6월 21
일 국회에 '제5공화국의 정치권력형비리조사특별위원회구성결의안'이 여야
공동으로 발의되어 6월 27일 국회운영위원회의 심사를 거쳐 그날로 본회의
에서 만장일치로 가결되었다. 이렇게 하여 구성된 특별위원회는 국정조사승
인을 받은 조사특별위원회의 성격을 띠었다.

여소야대의 국회에서 국회운영과 관련하여 국민적 관심을 모은 것은 16
년 만에 부활된 국정감사와 청문회 개최였다. 국회는 이른바 신군부의 등장
과 5·18광주민주화운동 등 진실규명이 제대로 이루어지지 않은 사안들을
조사하기 위하여 '제5공화국의 정치권력형비리조사특별위원회' 등을 구성하
여 청문회를 개최하였다.

1988년 11월 3일부터 시작된 '5공비리특위(위원장 이기택)', '광주특위(위원장 문동환)'와 문화공보위원회의 언론통폐합진상조사를 위한 청문회는 제13대 국회의 주요 성과이며 동시에 여소야대 국회의 위력을 보여 주었다. 청문회에는 장세동 전 청와대 경호실장, 허문도 전 청와대 정무수석비서관 등 당시 집권 민주정의당의 실력자들과 일부 재벌, 언론사주 등을 포함한 100여 명이 증인으로 출석하였다.

야당으로부터 '5공청산'을 강하게 요구받고 있던 노태우 대통령은 1989년 12월 15일 3명의 야당총재(김영삼 총재, 김대중 총재, 김종필 총재)를 청와대로 초청하여 전두환 전 대통령이 국회에 출석하여 의원들의 서면질의에 대하여 한 차례 증언하고, 의원들이 보충 질의하는 것을 텔레비전으로 중계하는 것을 비롯하여 11개 항목에 합의를 보았다.

1989년 12월 31일 국회 제2회의장에서 열린 5공비리·광주특위 연석청문회에서 전두환 전 대통령은 광주문제와 관련된 51개 문항에 대하여 답변을 하던 중 군(軍)의 발포를 '자위권의 발동'이라고 주장하였다. 이에 야당의원들이 강하게 항의하는 소동이 벌어져 증언을 다 마치지 못한 채 청문회는 산회되었다. 청문회를 통하여 그동안 공론화되지 못했던 민감한 사안들이 공론화되고 많은 진상이 밝혀졌으나 발포명령자 등 핵심적인 문제는 그 실체를 밝혀내지 못한 채 청문회는 막을 내렸다.

1988년 7월 13일 구성된 광주특위는 청문회 개최를 통하여 5·17비상계엄확대조치가 당시 정국상황과는 관계없이 일부 군부인사들이 사전에 계획한 '음모'일 가능성과 '김대중내란음모사건'의 조작 여부, 광주사태에서의 미국의 역할, 광주일원에 파견된 공수부대의 지휘책임 및 발포명령 등을 중점적으로 추궁하였다. 사안의 핵심인 발포 명령자와 사망자의 숫자에 대하여 피해자 측 증인과 계엄군 측 증인 간에 증언이 엇갈렸으나 투입된 공수부대원들의 과잉진압 사실은 여러 증인들의 진술과 야당위원들의 추궁을 통하여 거의 진상이 밝혀졌다.

청문회는 라디오와 텔레비전을 통하여 전국에 생중계되어 조사대상 기간 동안 비공개, 비합리적으로 내려진 국가정책결정과 집행이 국민 앞에 공개

됨으로써 큰 관심을 모았다. 물론 증인들의 위증과 불성실한 답변, 법적 구속력과 후속조치 결여 등과 같은 문제점이 남기는 하였으나 청문회의 개최는 의정사에 한 획을 긋는 사건이었다.

3) 남북국회 접촉

서울올림픽 개막을 앞둔 1988년 7월 9일 국회는 박정수 의원 외 100인이 발의한 '서울올림픽대회에의 북한참가촉구결의안'을 원안대로 가결하였다. 이에 대하여 북한 최고인민회의 상설회의의장 양형섭은 그해 7월 26일 김재순 국회의장에게 보낸 서한에서 올림픽참가와 관련하여 협상할 용의가 있음을 밝히고 공동개최문제도 국회회담에서 함께 다루자고 제의하였다.

남북국회회담 추진을 위한 남북대표단의 준비접촉이 판문점에서 10여 차례에 걸쳐 개최되었다(제1차 준비접촉 1988. 8. 19). 그러나 북한 측은 12월 29일의 준비접촉에서 팀스피리트합동군사연습을 중지할 것을 요구함으로써 접촉은 더 이상 이루어지지 않았다. 이후 긴장완화라고 하는 세계적인 조류에 맞추어 남북국회 접촉이 재개되었으며, 1991년 4월에는 평양에서 개최된 제86차 국제의회연맹(IPU)총회에 한국국회대표단이 판문점을 통하여 다녀오는 등 남북한 긴장완화에 공헌하였다.

4) 정계개편 - 3당통합과 야권통합

여당 민주정의당이 제13대 국회의원선거에서 재적 과반수 의석을 확보하지 못함으로써 제13대 국회 전반기는 이른바 여소야대의 국회로 운영되었다. 그러다가 1990년 2월 15일 3당(민주정의당 · 통일민주당 · 신민주공화당)이 합당하여 통합신당 민주자유당으로 출범함으로써 정치권 구도의 대변동을 가져왔다. 이에 대응하여 1991년 9월 16일에는 신민주연합당(평화민주당)과, 3당합당에 동참하지 않았던 민주당의 잔류의원들이 결성한 민주당이 통합신당 민주당을 창당함으로써 정계는 양당구도로 돌입하였다.

15. 제14대 국회

1) 구성

제14대 국회의원선거는 1992년 3월 24일 실시되었다. 선거결과 여당인 민주자유당은 전체 299의석 중 지역구 116석, 전국구 33석 등 149석을 차지하였으나 과반수에 못 미쳤고 제13대 국회 당시의 소속의원 218명보다 69명이나 적은 의원을 당선시켰다. 민주당은 지역구 75석, 전국구 22석 등 97석을 차지하여 제13대의 78명보다 19석이 늘어났고, 선거 직전에 창당된 통일국민당은 31석, 무소속은 21석, 신정당은 1석을 각각 차지하였다.

2) 여권분열

1992년 12월 18일 제14대 대통령선거가 실시되었다. 선거결과 민주자유당의 김영삼 후보가 유효표의 42%인 997만 7,332표로 대통령에 당선되었다. 김영삼 대통령과 문민정부는 정통성, 대표성, 도덕성을 바탕으로 '한국병 치유'와 '신한국건설'을 목표로 세우고 각종 사회개혁을 단행하였다. 그런 가운데 김종필 대표가 민주자유당을 나와 자유민주연합을 창립함으로써 여권이 분열되었으며 분열의 여파는 그 후 정권의 변동에까지 미치게 되었다.

3) 지방자치 시행

1990년 12월 15일 정기국회에서는 지방자치 관련법안이 가결되어 1991년 상반기에는 기초 및 광역자치단체의회의원 선거가 실시되는 등 풀뿌리민주주의가 구현되었다.

제14대 국회 임기가 시작되었으나 여당이 지방자치단체장선거 연기방침을 표명하면서 지방자치실시 시기를 둘러싼 여야 간의 대립과 갈등이 계속되었다. 의원의 임기개시는 1992년 5월 30일부터지만 지방자치단체장선거와 국회상임위원장선거를 둘러싼 여야 간의 협상이 뒤늦게 타결되어 제14

대 국회 전반기 원 구성이 이루어진 것은 그로부터 4개월이 지난 10월 2일
이었다. 또 지방자치단체 입후보자에 대한 정당공천문제로 여야 간 대립이
있었으나 1995년 6월 27일 지방의회의원(기초, 광역)선거, 지방자치단체장
(기초, 광역)선거 등 4대 지방선거가 실시되었다.

4) 노태우 전 대통령 비자금 파문

1995년 들어서서 전직 대통령의 비자금문제가 간헐적으로 제기되던 중
제14대 국회의 임기가 얼마 남지 않은 1995년 10월 19일 민주당 박계동 의
원은 국회 본회의 대정부질문을 통하여 노태우 전 대통령의 비자금이 시중
의 각 금융기관에 분산 배치되어 있다고 주장하고 그 증거로 신한은행 서소
문지점에 개설되어 있는 차명계좌의 예금조회표를 제시하였다. 이 주장에
대하여 노태우 전 대통령은 부인으로 일관하다가 이현우 전 청와대경호실장
이 검찰에서 사실을 시인하자 10월 25일 임기 중에 5천억 원의 비자금을
조성하였으며 현재 1,700억 원이 남아 있음을 밝히고 국민 앞에 사과하였다.
노태우 전 대통령은 11월 1일 검찰에 소환되어 조사를 받음으로써 헌정
사상 국가 원수가 비리혐의로 검찰에 소환되어 조사를 받은 첫 번째 사례로
기록되었다.

5) 최다 당적변경 국회

제13대 국회에서 당적을 변경한 의원은 55명이었고, 제14대 국회에서는
75명의 의원들이 모두 118회에 걸쳐 당적을 바꿔 역대 국회 중 가장 많은
당적변경을 기록하였다. 제14대 국회에서 당적을 변경한 의원이 많았던 것
은 통일국민당과 신정치개혁세력이 합당한 신민당창당(1994년 7월), 자유민
주연합의 신민당 흡수통합(1995년 5월), 새정치국민회의 창당(1995년 9월)
등 잦은 정계개편 때문이었다. 그리고 임기 말에 제15대 국회의원선거에 공
천을 받기 위하여 당적을 옮긴 이들이 많았는데 이 과정에서 의원직을 상실
하거나 의원직을 승계한 이들도 많았다.

16. 제15대 국회

1) 구성

제15대 국회는 1996년 4월 11일 선거를 실시하여 지역구에서 선출된 253
인과 전국구에서 선출된 46인을 합한 299인의 국회의원으로 구성되었다. 제
15대 국회에서도 일부 당선의원의 당적변경 등과 관련된 여야대립으로 인
하여 첫 임시회 집회일에 개원식 및 의장단선거를 실시하지 못하는 전철을
다시 밟게 되었다.

1994년 6월 28일 개정된 국회법에서는 국회 개원이 늦어지는 것을 방지
하기 위하여 국회법 제5조 제2항 및 제15조 제2항에서 국회의원 총선거 후
최초의 임시회는 의원의 임기개시 후 7일에 집회하도록 하고, 의장 및 부의
장의 선출은 총선거 후 최초 집회일에 실시하도록 규정하였다. 그러나 이
규정이 지켜지지 못하고 임시회 회기 마지막 날인 7월 4일에야 비로소 의장
및 부의장을 선출하였다. 상임위원장 선출은 1996년 7월 8일에 집회된 제
180회 임시국회 회기 중에 이루어졌다.

2) 제97차 국제의회연맹(IPU) 서울총회

1997년 4월 10일부터 15일까지 서울 여의도 국회의사당에서 제97차 국제
의회연맹(IPU) 총회 및 제160차 IPU이사회가 개최되어 세계 126개국과 27
개 국제기구에서 1,300여 명이 참석하였다. 총회 기간 중 한국대표단은 타
이완 핵폐기물의 북한반입금지를 촉구하는 등 한반도의 평화와 안정에 관한
세계적 관심을 이끌어내는 성과를 거두었다.

3) 외환위기와 국정조사

국회는 제15대 대통령선거를 눈앞에 둔 1997년 11월, 외환위기를 초래한
진상을 밝히고 그 책임의 소재를 명확히 규명하여 재발방지대책을 강구함과

동시에 경제회복의 기반을 마련하기 위하여 국정조사특별위원회를 구성하였다.

외환위기가 초래된 것은 한보그룹 등 대기업들의 부도가 속출하는 가운데 금융기관들이 대규모 부실채권을 떠안게 되면서 국가신인도가 추락한 것이 주요한 원인 중의 하나였다.[16] 정부는 외환위기를 벗어나기 위하여 1997년 11월 21일 국제통화기금구제금융을 신청, 국제통화기금(IMF)관리체제에 편입되었다.

국회는 1997년 11월 이후 발생한 외환위기를 극복하기 위하여 '노동조합 및 노동관계조정법' 등 기업구조조정과 정부조직개편관련법률을 정비하고, 1998년 1월 7일 'IMF환란원인규명과 경제위기진상조사를 위한 국정조사특별위원회'를 구성하여 외환위기를 초래한 경제정책, 종합금융사 감독부실과 기아사태·한보사건 등에 대한 국정조사를 실시하였다.

4) 정치개혁입법

1998년 4월 '정치개혁입법특별위원회'를 구성한 국회는 2000년 2월 16일 국회법을 개정하면서 국회의원정수의 축소조정(299인을 273인으로), 연중 상시개원체제, 예산결산특별위원회의 상설화, 전원위원회제도와 인사청문회제도 도입 등 정치개혁입법을 마련하였다.

특히 의원정수를 299명에서 273명으로 감축한 것은 역대 국회에서 의원정수가 증가 일로에 있던 것에 비하면 긍정적인 것으로 평가된다. 이는 온 국민이 허리띠를 졸라맨 외환위기상황이 있었기에 가능하였다. 국회법상 인사청문회제도 도입, 기록표결제 제도화, 소위원회 속기록 작성의무화 등은 책임지는 의정활동, 투명한 의정활동을 위한 기초가 되고 있다.

5) 529호실 사건

1998년 12월 야당인 한나라당 소속 국회의원들이 국회의사당 내의 사무

---

16) IMF환란원인규명과 경제위기진상조사를 위한 국정조사특별위원회, 『IMF환란원인규명과 경제위기진상조사를 위한 국정조사보고서』(1999. 3).

실 문을 뜯고 들어가는 사태가 발생하였다. 이른바 '국회 529호실 사건'이다. 이때 정보위원회의 국가안전기획부 연락관 사무실인 5층 529호실에서 정치사찰 관련 문건이 나와 파문을 일으켰는데 사건의 전말은 다음과 같다.

1998년 12월 30일 한나라당 의원총회 도중 이신범 의원은 "국회본청 529호가 국가안전기획부 분실로 사용되고 있다는 제보가 들어왔다."는 내용을 보고하였다. 이에 대해 국가안전기획부의 정치사찰을 금지하고 있는 국가안전기획부법 제9조의 위반이라고 본 한나라당 의원들은 의총결의로 529호실 앞에 집결하였다.[17]

한나라당은 국회사무처와 국회정보위원회에 529호실을 공개할 것을 요구하였고, 김인영 정보위원회 위원장, 임복진 의원(새정치국민회의 측 정보위원회 위원), 한나라당 측 정보위원회 위원 등이 529호실에 입실하였다. 이들은 방에서 책상, 비화기, 팩스, 캐비닛 등이 설치되어 있음을 확인하였으며 한나라당은 책상서랍과 캐비닛 개방을 요구하였다. 529호실 개방과 관련하여 국회의장의 주선하에 3당 총무회담이 개최되었는데 이 자리에서는 다음과 같은 사항들이 합의되었다.

① 529호에 정보위원장, 여야 정보위원, 3당 수석부총무가 입회한다.
② 비밀서류, 개인사물은 복사하지 않고 일반서류는 복사하여 3당 합의사항을 공개한다.
③ 모든 임무완료 시 YTN 및 국회카메라로 촬영한다.

그러나 새정치국민회의 측은 곧 이 합의내용을 전면 파기한다고 한나라당에 통보하였고, 한나라당은 국회의장에게 재차 개방할 것을 촉구하였다.

새정치국민회의 측으로부터 합의사항 이행이 불가함을 통보받은 한나라당은 다시 의원총회를 열어 529호실 개방을 결정하였다. 한나라당은 529호실에서 총 59건의 사찰문서가 확인되었다고 발표하였다. 이에 대하여 새정치국민회의는 그 문서들은 통상적인 업무에 따르는 문서에 불과하다는 입장을 밝혔다.

---

17) 국가안전기획부법 제9조(정치관여 금지): 부장, 차장 및 기타 직원은 정당 기타 정치단체에 가입하거나 정치활동에 관여하는 행위를 하여서는 아니 된다.

17. 제16대 국회

1) 6 · 15 남북공동선언

김대중 대통령은 제16대 국회 임기 초인 2000년 6월 13일부터 6월 15일까지 2박 3일간 평양을 방문하였다. 방문 마지막 날인 6월 15일 북한의 김정일 위원장과 함께 6 · 15 남북공동선언을 발표하였다. 이 공동선언은 그 후 국회에서의 남북관계 관련법률의 제정과 개정 등 새로운 입법 환경을 조성하여 남북관계의 발전을 도모하였다.

2) 국군부대의 이라크 전쟁 파견 동의

국회는 2003년 3월 28과 29일 이틀간에 걸친 전원위원회의 심사를 거쳐, 4월 2일 '국군부대의 이라크 전쟁 파견 동의안'을 가결하였다. '자이툰 부대'로 명명된 대한민국 국군의 이라크 평화 재건사단은 2004년 8월 3000명 규모로 편성되어 이라크 북부의 아르빌 지역 재건을 목적으로 파견되어 활동하였다.

3) 대한민국정부와 칠레공화국정부간의 자유무역협정(FTA) 비준 동의

국회는 2004년 2월 16일 대한민국정부와 칠레공화국정부간의 자유무역협정(FTA) 비준동의안을 가결하였다. 2004년 4월 1일부터 한국과 칠레 간의 자유무역이 시행되고 있다.

4) 대통령 노무현 탄핵소추

2004년 3월 12일 본회의에서 '대통령(노무현) 탄핵소추안'이 상정되어 원안 가결되었다. 헌법재판소는 2개월 후인 5월 14일 동 탄핵심판에 대하여 기각 결정을 내렸다.

5) 국회예산정책처 신설

국회는 행정부에 대한 견제·감시기능을 효율적으로 수행하기 위하여, 재정 분야의 전문인력을 충원·확보하여 방대한 예산·결산을 심의함에 있어 독자적·중립적으로 전문적 연구·분석을 위하여 국회예산정책처를 설립하였다.

국회의 시각에서 국가의 예산결산·기금 및 재정운용과 관련된 사항에 관하여 연구분석·평가하고 의정활동 지원하는 기관인 국회예산정책처는 국회사무처 법제예산실(1994. 08 신설)과 국회사무처 예산정책국(2000. 01 출범)을 그 전신으로 한다. 국회예산정책처법은 2003년 7월 18일 공포되었으며 2004년 3월 3일 개청과 동시에 업무를 시작하였다.

6) 국회·정당·선거제도 개선

국회 본회의에서 일문일답식 대정부 질문, 전자투표실시, 국정감사 시 노트북 사용 허용, 국회방송국 개국 등 국회운영 및 지원기능 강화를 위한 여러 제도의 개선이 이루어졌다. 2004년 3월 9일 지구당을 폐지하고, 후원회의 집회에 의한 금품 모집을 금지하며, 선거운동에 신문·방송 등 미디어 매체의 활용을 확대하는 등 고비용 저효율의 정당구조와 고비용 선거 구조를 혁신하고 후원회 제도를 개선하는 정치개혁입법을 마련하였다.

18. 제17대 국회

1) 선거제도 개정 및 총선 후의 원내 보수·진보 구도 형성

2004년 4월 15일 실시된 제17대 국회의원선거 결과 전체 299석 중 열린우리당 152석, 한나라당 121석, 민주노동당 10석, 민주당 9석, 자민련 4석, 기타 3석의 의석 분포로 나타났다.

이번 선거에서 여당인 열린우리당이 과반수 의석을 차지하여 그동안의 여소야대 국회가 거대 여당체제로 전환되었고, 최초로 도입한 1인 2표제 '정당명부식 비례대표제'의 시행에 힘입어 진보정당인 민주노동당이 원내에 들어와 원내에 보수·진보의 구도가 형성된 것이 특기할만한 사실이다. 또한 전체 국회의원의 70%인 211명이 초선으로 당선되어 큰 폭의 의원 교체가 이루어졌다.

2) 국회사상 최다 의원발의 법안 제출

제17대 국회는 임기 중 6,387건의 의원발의 법률을 접수하였으나 그중 약 79%의 법안이 폐기, 철회, 임기만료폐기 등으로 소멸되었다. 시민단체의 의정활동평가가 수량위주로 이루어지는데다가 의욕이 앞선 의원들이 수많은 법안을 국회에 제출하였으나 대부분 가치 있게 처리되지 못하였다. 또 제출된 의원발의법안의 가결비율은 21%로 역대 국회 최저수준이다.

접수 혹은 처리되는 법안이 수가 많다고 해서 좋은 법률이 만들어지는 것이 아니라는 것을 알려 준 국회이다.

제3절 국회의사당의 변천

1. 국회의사당 현황

국회의 주소는 서울특별시 영등포구 여의도동 1번지이다. 의사당 본관자리는 신축 전에는 양말산이라는 지명으로 불리었으며 의사당의 면적은 여의도 총면적 2,649,000㎡의 8분의 1에 해당하는 330,000㎡이다.[18]

---

18) 여의도(汝矣島)는 거름기 하나 없던 허허벌판에 아무 농사도 되지 않으니 '너나 가져라'는 뜻으로 '너섬'이라고도 불렸다. 한강물의 퇴적 작용에 오랜 세월 동안 모래가 쌓여 이루어진 섬 여의도는 조선시대에는 말을 키우는 목장이어서 양(養) 자가 붙은 양말벌이라고도 하였다. 지금의 국회의사당 자리에는 50미터가

국회의 상징인 본청(지하 2층, 지상 6층)은 길이 122미터, 폭 81미터로 단일 의사당 건물로는 동양 제일의 위용을 자랑한다. 외곽의 팔각기둥 24개와 가운데의 돔은 '토론과 설득과정을 거쳐 하나의 결론을 내린다.'는 의회정치의 본질을 상징한다. 본관 1층은 각 정당의 총재실과 원내총무실 등 사무실로 사용되고 있다. 2층에는 국회의장실, 국회부의장실과 국회사무총장실 등이 있다. 5층까지는 상임위원회 소속 회의실과 전문위원실 등이 있고 6층에는 국회사무처의 각 부서가 배치되어 있다.

국회 정문에서 의사당을 바라보았을 때 왼편에 있는 디귿 모양의 건물이 국회의원 회관(1989. 11. 30 준공)인데 이 건물은 연건평 57,097㎡의 지하 2층, 지상 8층으로 되어 있으며 의원들의 개인사무실이 있다. 82.5㎡짜리 오피스텔 형태의 방이 344개 있으며 보좌관실, 화장실 등을 제외한 의원 전용공간은 38.3㎡이다.

국회 정문에서 의사당을 바라보았을 때 우측에는 107만 9,500여 권의 장서를 보유하고 있는 연건평 28,066㎡의 지하 1층, 지상 5층 규모의 석조건물인 국회도서관(1987. 10. 31 준공)이 있다.

2. 국회의사당의 연혁

1) 중앙청 국회의사당

1948년 5월 31일 역사적인 제헌국회의 개원식이 거행된 곳은 중앙청 중앙홀이다. 중앙청건물은 1935년부터 일본제국이 조선총독부청사로 사용해온 것을 1945년 8월 15일 해방 이후 미 군정 청사로 사용하였다. 미 군정 당국은 1946년 12월 12일 개원된 남조선과도입법의원의사당을 중앙청에 마련하였다. 이 중앙청은 제헌국회가 개원된 1948년 5월 31일부터 제2대 국회 초인 1950년 6월 27일까지 2년 1개월간 의사당으로 사용되었다.

량 높이의 양마(양말)산이 있었는데 이 야산은 국회의사당을 지을 때 흙을 깎아서 둑을 쌓는 데 이용하였다. 양말벌에서는 양이나 염소도 길렀다고 한다. 한국토지공사, 『땅이야기』(1996).

제헌국회가 중앙청회의실에서 개원한 이래 한국전쟁 기간에는 대구·부산 등지를 전전하면서 극장과 경남도청의 무덕전(武德殿) 등을 임시회의실로 사용한 바 있다. 그 후 서울 태평로의 시민회관을 개수하여 1954년 6월 7일 제3대 국회 때부터 국회의사당으로 사용하여 왔으나 건물이 협소하고 시설이 미비하여 국회운영에 많은 불편과 지장을 주었다. 중앙청 건물은 그 후 국립중앙박물관으로 개수하여 사용하던 중 민족의 기상을 회복하고 민족문화의 복원을 위하여 1995년 8월 15일 광복절에 철거되었다.

2) 한국전쟁과 임시 의사당

제2대 국회가 개원된 지 6일 후인 1950년 6월 25일 한국전쟁이 발발하였다. 6월 27일 새벽, 국회는 미국대통령과 미국연방의회에 대하여 긴급원조를 요청하는 메시지를 발송하고 '수도사수에 관한 결의안 및 사태수습 긴급조치에 관한 건의안' 가결을 끝으로 피난길에 올랐다. 7월 4일 대전 충남도청에서 임시비상국회를 소집하였으나 정원미달로 인하여 간담회 형식으로 사태수습에 관한 의견교환에 그쳤다. 그 후 정부가 임시수도를 대구로 옮겨 행정기능을 재정비하게 됨으로써 국회는 대구문화극장을 임대하여 임시 의사당으로 하고 1950년 7월 27일 제8회 임시국회를 개회하였다. 의사당으로 대구문화극장을 사용한 지 22일 만인 8월 17일 국회는 전세가 불리해지자 정부와 함께 부산으로 남하하였다.

국회는 부산문화극장을 임시 의사당으로 사용하기로 하고 내부구조 공사를 마친 후 1950년 9월 1일 제8회 국회 제11차 본회의부터 사용하다가 그해 9월 28일 서울이 수복되고 정부가 환도하자 국회도 서울로 올라오게 되었다. 그러나 중앙청의사당이 심하게 파괴되어 이를 빠른 시일 내에 수리하기는 불가능하였으므로 임시 응급조치를 취한 후 10월 7일 제8회 국회 제3차 본회의부터 사용하였다.

그러나 중앙청의사당을 계속 사용할 수 없게 되어 비교적 피해가 적은 서울시공관(태평로 임시 의사당)을 대여받아 내부수리 후 그해 12월 20일 제9

회 임시회를 개의하고 사용하던 중 중공군의 참전으로 전세가 다시 악화되어 태평로 임시 의사당은 27일밖에 사용하지 못하였다. 국회는 또다시 부산으로 남하하여 1951년 1월 4일부터 부산극장을 임시 의사당으로 사용하였으나 건물 자체의 수용능력이 크지 않아 국회사무처 및 상임위원회 등을 근처에 있는 여러 개의 건물에 분산 배치하고 부산극장을 개축 보수하여 그해 1월 25일 제10회 정기국회를 개의하였다. 그러나 부산극장건물로서는 국회 기능을 발휘하기 어려웠기 때문에 경상남도 도청 내의 무덕전으로 의사당을 이전하여 그해 6월 27일부터 1953년 환도할 때까지 사용하였다.

1953년 7월 27일 휴전협정이 체결됨에 따라 전흔이 그대로 남아 있는 중앙청의사당으로 귀환하여 제2대 국회 잔여 임기 동안 사용하였다. 그러나 중앙청의 복구계획이 지연됨에 따라 국회는 서울시로부터 서울시공관을 다시 임대하여 1954년 6월 9일 제3대 국회를 개원한 후 1975년 9월 2일 제9대 국회의 중도에 준공된 여의도의사당으로 이전할 때까지 계속 사용하였다.

1952년 7월 7일 헌법 개정으로 양원제가 채택되었으나 후속 입법조치의 미비로 참의원의 구성을 미루어 오다가 제5대 국회에 이르러 민의원과 참의원이 각각 구성되었다. 1960년 8월 8일 민의원은 종래의 태평로의사당에서 개원하고, 참의원은 태평로를 사이에 둔 대한공론사에서 개원하였다.

3) 태평로 국회의사당

태평로 국회의사당의 본관 건물은 소유주인 서울시로부터 임대하여 사용해 왔으나 그 규모를 보면 대지 5,032㎡, 건물 8,068㎡(연면적)이었다. 태평로의사당은 1975년 여의도로 이전하기까지 의원 수의 증가 등 수요에 맞게 본회의장을 3번 개수하였으며, 그 이외의 각 청사도 건축물뿐만 아니라 각종 시설물, 즉 냉난방설비, 전기시설, 확성기시설, 전화, 위생시설 등을 여러 차례 개·보수하는 데 많은 예산을 투입하였다.

4) 남산 국회의사당 건립 계획

1959년 제4대 국회 당시 서울시내 남산을 국회의사당 건립 부지로 선정하여 설계와 정지작업에 착수한 바 있었으나, 5·16군사정변 이후 일시 중단되었다가 제6대 국회가 개원되면서부터 국회의사당 건립문제가 본격적으로 거론되었다.

그러다가 여의도에 부지 10만 평을 확보하여 남북통일에 대비한 국회의사당을 그 수요에 따라 단계적으로 건립할 것을 계획하고, 1969년 7월 17일 제헌절에 기공하여 6년여 만인 1975년 8월 15일 국회의사당 본관 건물을 준공한 다음 그해 9월 2일 태평로의사당에서 여의도의사당으로 이전하였다.[19] 이 국회의사당은 통일이 되어 의회제도가 양원제로 채택되더라도 불편 없이 사용할 수 있도록 건축되었다.

태평로의사당은 본래 건물 자체가 극장 또는 일반 사무실용으로 건축되었기 때문에 의사당 건물로서는 구조적 결함이 많았다. 건물이 간선도로인 태평로를 가운데에 두고 이곳저곳 흩어져 있어 통행의 어려움과 소음 그리고 협소한 면적이 문제가 되었다. 따라서 새로운 의사당 건립의 필요성이 대두되던 중 1955년 3월 4일 제3대 국회 제20회 정기국회 제2차 국회운영위원회에서 국회의사당 건축문제를 공식적으로 논의한 결과 이를 적극 추진하기로 의결하였다. 그해 5월 5일 제3차 국회운영위원회에서 국회의사당건립추진위원회를 구성하였다. 동 추진위원회는 부지선정에 착수하여 종묘, 남산, 사직공원, 장충단공원, 중앙청 대지 등의 후보지를 거론하였으나 결정을 보지 못한 채 제3대 국회가 종료되었다.

1958년 11월 29일 제4대 국회 제30회 정기회 제29차 국회운영위원회에서 비로소 남산(옛 남산야외음악당 자리)을 국회의사당 신축부지로 결정하였다. 당시 남산을 신축부지로 선정한 것은 서울의 중심지점으로 지역이 광활하고 전망이 좋으며 주위환경이 아름답다는 이유에서였다. 신축의사당의 건설규모는 장차 남북통일이 되었을 때를 대비하고 양원제와 국회도서관의

---

19) 국회사무처, 『국회의사당건립지』(1976).

독립을 전제로 구상하여 대지의 총면적은 약 100,650㎡, 건물 총면적은 약 96,690㎡ 정도였다. 공사 기간은 대지조성 2년, 건물신축 3년을 예정으로 1959년 5월 15일 부지정지공사 기공식을 이승만 대통령의 임석하에 남산현장에서 거행하였다. 이보다 앞선 4월 20일경부터는 이미 육군 제1201건설공병단이 개토작업에 착수하였다.

1958년 5월 25일 국회의사당설계도안 현상모집을 공고한 결과 17점의 응모작 가운데 김수근 외 4인의 작품이 그해 11월 17일 당선작으로 선정되었다. 남산의사당 부지조성공사는 순조롭게 진행되다가 4·19혁명과 5·16군사정변 등 국내정치의 제반 사정으로 중단되었다.

5) 여의도 국회의사당

제6대 국회 역시 태평로의사당을 계속 사용하였다. 국회운영이 종래의 본회의중심주의에서 상임위원회중심주의로 바뀌게 되면서 공무원의 수요는 더욱 많아졌고, 사무처와 도서관의 기구도 확장되어 청사부족문제는 갈수록 심각해졌다.

1966년 2월 10일 제54회 국회 제11차 국회운영위원회에서 국회의사당건립을 위한 국회의사당건립위원회가 구성되어 활동을 시작하였다. 동 건립위원회가 발족되고 업무량이 급증함에 따라 1967년 1월 30일 전담부서로 총무국 산하에 건설과를 설치하여 의사당 신축업무를 전담하다가 1970년 1월 1일자로 건설과를 확대 격상시켜 건설국으로 개편하였다.[20] 건설국은 1975년 12월 31일까지 6년 동안 존속하면서 의사당 신축업무를 전담하였다.

---

20) 국회사무처, 『국회의사당건립 기본계획기준』(1967)

<표 4-3> 국회의사당의 변천

국회	소재지	기간	비고
제헌	중앙청(서울시 종로구 세종로)	1948. 5. 31~1950. 7. 26	
제2대	문화극장(경북 대구시)	1950. 7. 27~1950. 8. 17	· 한국전쟁 발발로 피난
	문화극장(경남 부산시)	1950. 9. 1~1950. 10. 6	
	중앙청(서울시 종로구 세종로)	1950. 10. 7~1950. 11. 26	
	시민회관 별관(서울시 중구 태평로 1가 60-1)	1950. 12. 8~1951. 1. 3	
	부산극장(경남 부산시)	1951. 1. 4~1951. 6. 11	
	무덕전(경남도청)	1951. 6. 27~1953 정부환도 전	
	중앙청(서울시 종로구 세종로)	1953. 9. 21~1954. 5. 30	
제3대~제5대	시민회관 별관(서울시 중구 태평로 1가 60-1)	1954. 6. 9~1961. 5. 16	· 민의원의사당(환도)
제5대(참의원)	대한공론사(서울시 중구 태평로 1가 31-3)	1960. 8. 8~1960. 12. 22	· 참의원의사당
	심중정(구 해군본부) (서울시 중구 태평로 2가 24)	1960. 12. 23~1961. 5. 16	
제6대~제9대	시민회관 별관(서울시 중구 태평로 1가 60-1)	1963. 12. 1~1975. 7. 9	
제9대~현재	국회의사당(서울시 영등포구 여의도동 1)	1975. 9. 22~현재	· 여의도 국회의사당 준공(1975.8.15)

의사당건립사업은 국회의사당건립위원회가 발족한 1966년부터 의사당 본관이 준공된 1975년 8월 15일까지 약 10년이 소요되었다. 이 기간 중 약 3년은 건립준비계획단계로서 1969년까지 계속되었다. 1969년 7월 17일에 기공식을 거행하고 건립부지의 정지공사에 착수한 후 1975년 말까지 공사를 하였다.

건립사업은 1969년 기공한 이래 7년 만에 총 135억 원이 투입되어 1975년 의사당 본관의 신축을 주축으로 하는 제1단계 건립사업이 마무리되었다. 1975년 9월 1일 박정희 대통령과 정일권 국회의장, 민복기 대법원장, 김종필 국무총리를 비롯한 3부 요인, 내외귀빈이 참석한 가운데 국회의사당 준공식이 거행되었다.

국회의사당 본관은 회록색의 거대한 돔과 회백색의 수평을 이룬 처마와 난간, 수직을 이룬 열주(列柱)와 이를 반석처럼 떠받치고 있는 넓은 기단으로 구성되어 있다. 로턴다홀은 본관 정면 현관과 넓은 계단을 거쳐 오르게 된다. 사방 40미터인 홀의 좌우 양측에 민의원과 참의원 본회의장이 있고 상부는 천장의 돔까지 공간으로 되어 있어 의사당 전체의 구심적 대공간을 형성하고 있다. 대리석 바닥과 각 층 발코니의 난간과 그릴 등에는 신라시대에서 조선시대에 이르는 문양 중에서 전아한 고유의 문양을 현대화한 디자인으로 되어 있다. 천장은 장중한 분위기를 연출하기 위하여 수은등과 백열등으로 혼합 조명하였으며 특히 중앙의 링 부분에는 별도의 조명으로 입체감을 살렸다.[21]

3. 국회의사당 내 회의실과 기물

1) 본회의장(제1회의장)

국회의사당 중앙의 로턴다홀에 들어섰을 때 왼쪽에 있는 회의장이 본회의장이다. 본회의장의 넓이는 1,881㎡이다. 본회의장의 의석배치는 의장단상을 중심으로 반원형으로 되어 있으며 의장석에서 의원석을 볼 때 우측에 국무위원석이 있다.

2) 참의원 회의장(제2회의장)

국회의사당에는 본회의장과 똑같은 모양의 회의장이 하나 더 있다. 본관 중앙의 로턴다홀을 중심으로 왼쪽에 본회의장이 있고, 오른쪽에 크기는 작지만 내부구조가 똑같은 회의장이 있다. 공식명칭은 본회의장이 제1회의장, 맞은편의 회의장은 제2회의장이다. 제2회의장은 현재 예산결산위원회 회의장으로 사용되고 있다.

제2회의장은 본래 참의원 회의장이었다. 참의원 회의장은 1975년 여의도 의사당을 신축할 때 '통일 이후 회의장이 더 필요하게 될 상황과, 양원제가

---

21) 국회사무처, 『국회의사당건립지』(1976).

될 경우에 대비하여' 만들어진 것이다. 그래서 모양도 본회의장과 똑같은 반원형으로 중앙의 의장단상을 중심으로 왼쪽에 국무위원석, 오른쪽에 의석을 배치해 두고 있다. 회의장 2층 중앙에 방청석이, 좌·우측에 기자석이 배치되어 있는 것이 같으나 크기는 본회의장보다 작은 1,551㎡이고, 좌석도 본회의장보다 적은 100석이다.

참의원 회의장은 평소에는 문이 닫혀 있다가 정기국회 때 예산심의가 본격적으로 이루어지는 10월 말부터 12월 초까지 회의가 개최된다. 과거 여당이 예산안 등의 변칙처리를 위하여 야당 모르게 회의장을 옮길 때에도 참의원회의장은 거의 사용되지 않았다. 위치가 본회의장 바로 맞은편인데다가 넓은 중앙홀과 접해 있어서 야당의원들의 눈에 띄기 쉽고, 출입구가 많아 야당의원들의 진입저지가 쉽지 않기 때문이다.

3) 로턴다홀(중앙홀)

6층 건물인 국회의사당은 건물 한가운데가 텅 비어 있다. 지붕인 푸른색 돔 아래부터 1층 바닥까지 커다란 공간이 의사당 안을 차지하고 있다. 이 공간의 맨 밑바닥을 로턴다홀(Rotunda Hall)이라고 부른다. 로턴다는 그리스어로 광장이라는 뜻이다. 사방이 각각 40미터 크기의 정사각형인 이 홀은 바닥 전제가 화려한 문양의 대리석으로 깔려 있다. 천장 돔에서는 300와트 수은등 60개와 200와트 백열등 132개가 조명을 비춰 장중한 분위기를 자아낸다. 바닥에서 천장 돔까지의 기본 디자인은 신라시대의 기와문양과 석굴암 천장, 조선시대의 띠무늬와 경복궁 근정전의 꽃살무늬 창 등을 본떠 기하학적으로 재구성한 것이다.[22]

본회의장과 제2회의장(예산결산특별위원회 회의장)도 로턴다홀을 중심으로 좌우로 배치되어 있다. 의원들은 회의장에 입장하려면 언제나 이곳을 지나야 한다. 로턴다홀의 제1, 제2 회의장 출입문 양쪽에는 4개의 화강석 좌대가 있다. 1975년 국회의사당 건립 당시부터 있었던 이 좌대는 민족지도자

---

22) 국회사무처, 『국회의사당건립지』(1976), 89~92쪽.

들의 동상을 올려놓기 위하여 미리 만들어 둔 것이다. 이 4개의 좌대 중 1996년 5월 17일 1919년 임시의정원 초대의장이었던 석오 이동녕(石吾 李 東寧) 선생의 흉상이 세워졌다. 동상 아래에는 "평생을 개화와 독립투쟁으로 일관하시고, 이 나라에 민주주의를 도입하는 데 주도적 역할을 한 민족 지도자"라고 적혀 있다. 2000년 5월 15일에는 우남 이승만 박사와 해공 신익희 선생의 동상 제막식이 로턴다홀에서 거행되었으며 현재 두 지도자의 동상이 그곳에 자리하여 있다.[23)

4) 국회의사당 146호실

국회의사당 1층 정문에서 왼쪽 복도를 따라가다 보면 마주치게 되는 곳이 146호실이다. 이 방의 정식명칭은 '제4회의실'이다. 앞쪽 탁자를 향하여 부채꼴 모양으로 215개의 좌석이 계단식으로 나열되어 있고 회의실의 넓이는 약 337㎡이다. 이 방은 최근 교섭단체 회의와 직원교육용으로 쓰이고 있다. 그러나 146호실은 정계의 많은 이들에게는 '제3의 용도'로 널리 알려져 있다. 의원총회, 변칙처리, 각 정당의 전열 가다듬기 장소로 이용되었기 때문이다.

1985년 12월 2일 오전 7시 5분 당시 여당이었던 민주정의당은 이곳에서 단독으로 1986년도 예산안을 기습적으로 가결시켰다. 곧이어 야당인 신민당 의원들이 육중한 나무문을 눗재떨이 받침대로 부수고 들어갔고, 여야 의원 간의 충돌은 국회의원 7명 기소조치로 이어져 다음 해 내내 정국을 뜨겁게 달구었다. 이에 앞서 1979년 10월 2일, 여당인 민주공화당이 본회의를 단독 소집하여 뉴욕타임스와의 기자회견 내용을 문제 삼아 김영삼 신민당 총재를 제명 조치한 곳도 146호실이었다.

1995년 3월 초 지방자치제 후보의 정당공천 여부를 둘러싼 여야 간 대치 정국 속에서 146호실은 이기택 당시 대표 등 민주당의 지도부가 1주일간

---

23) 이승만 박사는 1875년 황해도 평산에서 태어나 개화사상에 눈을 떠 독립협회에 참여하는 등 독립운동을 주도하였고, 건국 후에는 초대 국회의장으로서 또 초대 대통령으로서 국가를 세우고 건국의 기초를 닦았다. 신익희 선생은 1894년 경기도 광주에서 출생하여 해방이 될 때까지 대한민국임시헌장 기초위원 및 임시의정원 부의장을 지냈으며 제헌국회에서는 부의장과 국회의장으로서 의회민주주의를 정착시키는 일에 진력하였다.

농성을 벌였던 곳이기도 하다. 여야 지도부는 예산안 처리와 같은 주요 표결을 앞두고 막바지 표단속을 위한 의원총회 소집장소로 146호실을 자주 이용한다.

5) 의사봉

의사봉이란 의사진행 시 각 단계마다 의사정리를 위하여 사용하는 사회봉을 말한다. 의사봉은 회의 전체 또는 1안건의 심의과정 중 한 단계가 시작 또는 끝났음을 확인하는 행위, 즉 회의의 개의, 회의 중지, 속개, 산회와 안건의 상정, 질의 또는 종결, 의결 등을 선포할 때 사용된다. 이런 경우에는 3타를 하고, 기타 회의장의 주의환기 등을 요하는 경우에는 연타를 하는 것이 관행으로 되어 있다.[24]

그러나 이처럼 회의마다 의사봉을 3번씩 때려야 그 결정이 성립한다는 규정이 없기 때문에 의사봉을 3타 하지 않아도 법적 효력을 갖는다. 다만 관행적으로 3타를 하는 것이다.[25]

상해임시정부 때부터 의사봉을 사용하여 온 것으로 알려져 있으며, 가깝게는 미 군정 당시 남조선과도입법의원에서 사용하여 온 것을 본받은 것으로 보인다.

한국국회에서 사용된 최초의 의사봉은 1948년 제헌국회 당시 하와이교민회로부터 정부수립 축하품으로 기증 받은 것이다. 그 후 각종 의사봉은 기본적으로 사각형 목제 밑판과 티(T) 자형의 목제봉으로 이루어진 형태를 따르고 있으나 꼭 그 모양이 일정한 것은 아니다. 최초로 사용하던 의사봉은 한국전쟁 중에 분실되어 다시 제작하였는데, 1960년 3월 제4대 대통령과 부통령의 당선을 공표하는 국회회의에서 의사봉의 머리 부분이 빠져 없어졌다고 한다. 그 후 머리 부분 봉과 손잡이 사이에 쇠를 넣어 다시 만들었으나, 너무 크고 무거워서 1981년 제11대 국회 때 새로 제작하여 사용해 오고 있

---

24) 국회사무처, 『국회사무처38년사』(1987), 101~102쪽.

25) 의사봉 3타를 하지 않은 것은 의안을 변칙처리한 경우로 보면 된다. 예로는 이 책 제5장 회기 중 제14대 국회 부분 참조.

다. 과거에는 주로 박달나무로 만들었으나 요즘에는 재질이 단단한 아프리카산 '부빈가'라는 수입목으로 만든다.

6) 본회의장 방청석

국회의사당 3층 본회의장에 있는 방청석은 일반인들이 국회의원들의 토론과 법안 의결과정을 직접 볼 수 있는 열린 공간이다. 회의장 한 층 위에는 특별방청석과 일반방청석, 기자용 방청석이 부채꼴로 빙 둘러 있다.

중앙에 있는 336석의 일반방청석은 12살 이상이면 누구나 의자에 앉아서 본회의장을 볼 수 있다. 노란색 의자가 있는 특별방청석은 예를 들면 외국 대통령이 국회에서 연설할 때 그 부인이 앉는 곳이다.

방청석에 입장할 때는 금속탐지기를 거쳐 휴대품검사를 받게 되며, 신문이나 커피 등 음료의 반입은 허용되지 않는다. 모자는 벗어야 하며 입장해서는 찬반표명은 물론이고 박수 치는 일도 허용되지 않는다.

제4절 국회의사당 부대시설

1. 국회의장공관

1) 연혁

제헌국회가 개원된 1948년에 시내 삼청동 소재 건물(현 국무총리공관으로 대지 14,065㎡ 지상건물 739㎡)을 의장 공관으로 사용하였다. 삼청동 의장공관(議長公館)은 당시 귀속 재산으로 소유주인 경성전기주식회사 측과 수년간 교섭하였으나 협의가 이루어지지 않아 매수하지 못하다가 1961년 5·16군사정변으로 폐쇄되었다.

제6대 국회가 개원되면서 사용하기 시작한 장충동 의장 공관은 1961년 당시 국가재건최고회의 의장 공관으로 사용했던 건물로 대지면적 6,046㎡, 건물면적 762㎡의 목조 2층 건물이었다.

제8대 국회 개원 후에는 장충동 의장 공관을 사용하지 않다가 1971년 8월 19일 재무부로 이관시켜 매각하였다. 그 후 의장 공관을 다른 곳에 마련하는 것이 여의치 않아 그해 8월에 서울시 성동구 신당동 290번지에 소재한 대지면적 756㎡, 건물면적 242㎡의 건물(당시 백두진 국회의장의 사저)을 국회사무처에서 임차하여 국회의장공관으로 사용하였다.

제9대 국회에서도 의장 공관을 마련하지 못하여 정일권 국회의장의 사저(서울시 성동구 옥수동 91번지 19호)를 임차하여 여의도 의장 공관이 신축될 때까지 사용하였다. 옥수동 의장 공관의 규모는 대지면적 912㎡, 건물면적 973㎡이었다.

여의도 의장 공관은 국회의사당부지 내에 대한주택공사에서 건물을 신축한 후 매수한 것으로 그 규모는 의장 공관 본관이 건물면적 1,263㎡에 지하 1층 지상 2층의 철근 콘크리트구조물이고, 그 외에 공관경비실, 공관초소, 공관차도 등으로 이루어져 있다. 1977년 1월 26일 건물을 인수하고 담장높이기, 차고확장, 수목이식 등 많은 보완공사를 하였다.

2) 한남동 의장공관

여의도 의장 공관은 입지조건, 기능, 건축양식, 기타 시설 특히 공간이 좁아 의장 공관으로서는 적절치 못하였다. 특히 서강대교 건설 및 의사당 전면도로 확장에 따른 교통량의 증가와 소음의 증대 때문에 입지조건이 더욱 악화될 것으로 전망되었다. 이에 따라 1986년 7월 이재형 의장 재임 시 의장 공관을 다른 곳으로 이전하기로 결정하고 입지를 물색한 결과 1988년 6월 17일 건립후보지로 서울시 소유인 한남동 723-48의 1(전 서울시 공무원 연수원 자리)을 서울시와 협의하여 1990년 12월 20일 설계를 완료하였다.

이어 1991년 5월 20일 서울시와 부지매입계약을 체결하여 부지 9,580㎡

(대지 7,586㎡, 임야 1,894㎡)을 111억 5,900만 원에 매입하였다. 그해 12월 10일 건축, 토목, 조경, 기계공사는 두산건설(주)과, 전기공사는 부원전기와 공사계약을 체결하고 총 52억 8,131만 원의 예산을 들여 착공 2년여 만인 1993년 12월 30일 준공하였다.

1994년 8월 14일 제14대 국회 후반기 의장인 황낙주 의장이 처음으로 입주하여 오늘에 이르고 있다. 그리고 국회 경내에 있던 구 의장 공관은 국회 의정연수원이 사용하였으나 2000년 1월 1일부로 의정연수원이 폐지됨에 따라 국회사무처 연수국에서 사용하여왔다.

2. 국회의원회관

1) 연혁

1967년 7월 제7대 국회 초까지 국회는 의원사무실을 확보하지 못한 상태였다. 일부 의원은 사비로 사무실을 임차하여 사용했으며 대부분의 의원은 사무실 없이 활동하였다. 의원회관의 설립 필요성이 절실하던 차에 1968년도 예산에 반영된 의원회관 임차료 범위 내에서 시내에 있는 건물 중 세운상가 '라'동(신성상사)의 6층부터 10층까지 건물평수 7,115㎡(총 16,675㎡)을 의원회관으로 사용하기로 하고 신성공업주식회사와 전세권 설정계약을 1968년 3월 13일 체결하여 그해 7월 1일부터 의원회관으로 사용하였다. 이때 의원사무실의 바닥면적은 약 26.4㎡ 정도로 모두 175실이었다. 전화는 국선전화 1회선과 구내전화 1회선을 설치하였으며 승강기는 12인승 2대를 의원회관 전용으로 사용토록 하였다.

제8대 국회가 개원되면서 의원정수가 175명에서 204명으로 증가하자 신성상가건물의 3층에 950㎡, 6층에 158㎡, 합계 1,109㎡을 1971년 4월 23일 추가로 계약하여 24개의 의원사무실을 증설하고 그해 7월 15일부터 사용하였다. 그러나 국회의사당과의 거리가 너무 떨어져 있는 등 여러 가지 입지

조건이 갖추어져 있지 않아 1972년 7월 태평로 의사당 옆의 코리아나호텔로 옮겼다.

코리아나호텔은 태평로의사당 바로 옆에 위치하였던 조선일보사 사옥의 대지 위에 새로 건축된 고층건물로 8층부터 23층까지 14,078㎡를 1972년 7월 12일 조선일보사와 전세권 설정계약을 체결하고 그해 7월 20일부터 사용하였다. 부대시설로서 13인승 승강기 3대를 의원회관 전용으로 사용하였으며 지하 1층에 주차장 1,119㎡도 확보하였다. 코리아나호텔의 의원회관 관리운영 방법은 신성상가와 같은 내용이었으며 이곳 의원회관은 그해 이른바 '10월 유신'으로 국회가 해산된 후 폐쇄되었다.

여의도 의원회관은 의사당을 여의도로 이전한 후 1977년 6월 20일 당시 아파트용으로 건축 중인 건물(의사당 본관 정면 남쪽에 위치)을 라이프개발 주식회사로부터 매수하여 국회사무처가 의원회관으로 설계 변경하고 1978년 3월 28일 완공시켰다. 또 1978년 3월 9일 관리동 동쪽에 위치한 대지 2,458㎡를 매수하여 대지를 확장하였다.

2) 국회의원회관 건립

의원의 입법활동을 뒷받침하는 데 가장 기본적인 것은 의원과 의원보좌진의 업무공간 확보이다. 제7대 국회(1967. 7. 1~1971. 6. 30)의 임기를 마칠 때까지도 의원들은 사무실이 없어서 불편을 겪었다. 일부 의원들은 자비로 사무실을 임차하여 사용하고 있었고 대부분의 의원들은 사무실 없이 의정활동에 임하였다.

구의원회관의 건립은 1967년 국회의사당건립계획 당시 종합계획이 이루어졌으나 그동안 실현되지 못하였다. 의원회관은 아파트로 건축 중인 건물을 설계 변경하여 사용하여 각 사무실의 넓이가 일정치 않을 뿐만 아니라 의원사무실 업무의 특수성에 비추어 건물구조상 의원회관으로 사용하기에는 부적합하였다. 무엇보다도 의사당 경내에 있지 않아 의원에 대한 경호문제를 비롯하여 여러 문제점이 있었다.

1981년 서울시가 서강대교건설계획을 발표하였는데 이에 따르면 의사장 전면의 도로 폭이 확장되어 의원회관 건물 1동과 2동이 철거되어야 할 형편에 놓였다. 철거하게 될 90개의 의원사무실을 마련하기 위하여 신축도서관의 4층과 5층을 의원사무실로 사용할 수 있도록 설계변경을 추진하던 중 이재형 국회의장은 의원회관 신축방안을 다시 검토하였다. 1986년 8월 28일 전두환 대통령에게 의원회관 신축방안을 보고, 재가를 받아 그해 9월 15일 의원회관건립계획이 확정되었다.

신축된 현재의 의원회관은 연면적 57,096㎡ 규모의 지하 2층, 지상 8층 건물로서 의원사무실 이외에 회의실, 세미나실, 의원식당, 지하주차장, 휴게실 등의 편의시설을 갖추고 있다. 이전에 사용하던 구의원회관은 매각하여 그 대금은 국고에 편입시키고 이에 상응하는 예산을 건립공사에 충당하는 방법으로 총공사비 313억 원의 예산을 확보하였다. 의원회관건립공사는 1987년 1월 30일 (주)동산토건이 시공하여 착공 약 3년이 지난 1989년 11월에 완공되었다.

3. 제헌회관

1950년 5월 30일 제헌국회의 임기가 종료된 뒤 제헌의원들은 제헌국회에서 헌정의 기본인 헌법을 제정하였음을 기념하고 앞으로도 국가와 민족을 위하여 헌신하고 국민에 대한 정치적 계몽과 국정에 적극 협력하는 사업을 수행하며 제헌의원 상호 간의 친목을 도모하기 위하여 제헌동지회를 결성하였다.

국회에서는 1958년 제10회 제헌절기념일을 맞아 국회예산에서 900만 원을 마련하여 제헌의원에게 기념품을 증정하기로 추진하였으나 제헌의원들이 그 예산으로 기념회관을 마련하여 줄 것을 원하여 1958년 11월 10일 서울시 종로구 관철동 142번지 3호 소재 목조 한옥(대지면적 205㎡, 건물면적 82.5㎡)을 매입하여 제헌회관을 마련하였다.

관철동에 제헌회관을 마련할 때에는 주로 교통의 중심지라는 점에 주안점을 두었으나 시간이 경과하면서 이 일대가 복잡한 상가로 변모하였을 뿐만 아니라 여러 낡은 건물의 중앙부에 위치하여 제헌회관으로서의 존엄성을 상실해 가고 있었다. 1983년 6월에 서울시 종로구 통의동 75번지 1호에 있는 대지면적 386㎡, 건물면적 170㎡ 규모의 목조 한옥과 맞교환하여 통의동 제헌회관이 오늘에 이르고 있다.[26]

4. 헌정기념관

헌정기념관은 1998년 5월 29일 국회 개원 50주년을 기념하여 국회도서관 건물 옆에 신축되었다. 헌정기념관 건물은 지하 1층, 지상 3층 규모에 총면적은 8,160㎡이며, 강의실, 강당, 사무실, 그리고 전시실로 이루어져 있다. 전시실은 제1전시실(330㎡), 제2전시실(520㎡), 제3전시실(271㎡), 그리고 제4전시실(15㎡)로 나뉘어 역대 국회와 국회의원들의 기록물, 유품, 사료가치가 있는 자료들을 전시, 보존하고 있다.

1층 전시실에는 헌정 50년 파노라마, 개원전사, 개원식 디오라마, 제헌국회-제17대 국회 의정활동 패널, 정보검색코너 등이 있으며, 2층의 전시실에는 대한민국헌법 및 국회 관련 안내, 국회의 어제와 오늘, 국회 탐방 등을 볼 수 있으며, 의정체험관에서 모의국회를 체험할 수 있다. 특히 남북통일에 대한 홍보와 관심 제고를 위하여 2001년 8월 14일 2층에 '통일을 준비하는 국회'라는 주제로 제3전시실을 마련하였다.

---

26) 국회사무처, 『국회사무처38년사』(1987), 571~574쪽, 기타 자료.

제5장 회기

  국회의원의 활동은 넓은 의미로는 임기 중의 법률 제정·개정 등 입법활동, 국정심의 등 스스로 의사결정을 할 수 있는 의사활동 외에 지역구활동, 의원외교활동, 의원연구모임, 외국귀빈의 본회의 연설청취 등 국회의 기능에 수반하는 각종 의정활동을 포함한다. 좁은 의미로는 원내에서 자신의 의사표명 혹은 정책결정을 할 수 있는 회기 중의 활동과 폐회 중의 위원회 개회를 의미한다. 역대 국회에서는 회기 중 의안의 변칙처리(날치기처리) 사례가 많았다. 변칙처리란, 원내에서 어떤 세력이 법률안 등 의안에 대한 정상적인 질의나 토론, 표결절차를 거치지 않고 의결하는 행위를 말한다. 본회의에서의 변칙처리는 제2대 국회에서부터 시작되는데 그 사례들을 소개하고자 한다.[1]

---

1) 1996년 12월 26일 새벽 당시 여당인 신한국당은 '노동조합 및 노동관계조정법안'을 변칙처리하였다. 이와 관련된 소송에서 헌법재판소는 1997년 7월 16일 '국회의원과 국회의장 간의 권한쟁의심판'에서 법률의 입법절차에 관한 위헌 여부를 심사하였다. 헌법재판소는 야당의원들의 헌법에 대하여 부여된 법률안 심의·표결권은 침해되었다고 인정하면서도 이 사건 관련 법률안은 재적의원 과반수가 출석한 가운데 개의된 본회의에서 출석의원 전원의 찬성으로 의결되었고, 방청이나 취재 등 회의공개원칙을 위반하였다고 볼 수 없기 때문에 이 법률안의 가결선포행위는 무효라고 볼 수 없다고 판시하였다.
헌법재판소는 2000년 2월 24일 한 건의 '국회의원과 국회의장 간의 권한쟁의'를 기각하였다. 야당인 한나라당에 의한 법률안 변칙처리 위헌결정요구를 헌법재판소가 기각한 내용을 보면 앞으로는 국회에서 법률안 변칙처리가 매우 어렵게 될 것임을 시사하고 있다. 기각의 결정이유로 제시된 것을 보면 사실인정으로서 그 증거를 국회속기록에 의존한다고 하였는데, 그 속기록에는 사건이 된 법률안을 처리할 때에 '이의 없다'는 것과, '장내 소란'이라고만 기록되어 있다는 이유로 기각된 것이다. 이는 속기록에 '이의 있어요' 하는 표현이 하나라도 있었다면 헌법재판소의 평결이 달라질 수 있다는 것을 의미한다. 속기록이 중요한 증거로 제시됨에 따라 앞으로는 발언 내용을 그대로 적는 속기사의 자세 또한 중요하다고 하겠다. 우병규, 「변칙국회와 외부의 압력」 ≪국회보≫(2000. 4), 28쪽, 이석연, 「국회의 입법과정에 대한 헌법적 통제의 당위성」, ≪법률신문≫(1998. 1. 22).
2000년 7월 국회운영위원회에서 여당인 새천년민주당이 '국회법개정안'(교섭단체 구성조건 완화 내용)을 변칙처리한 것에 대하여 한나라당이 심판청구를 제기한 바 있다. 이에 대하여 헌법재판소는 2001년 4월 12일 "법률안에 대한 날치기통과가 국회의원들의 법률안 심의권과 표결권을 침해했고, 날치기 의안에 대한 가결선포행위가 헌법상 다수결의 원리를 위반했기 때문에 무효"라는 결정을 내렸다. 이 사건은 선고를 앞두고 한나라당이 청구를 취하함으로써 종결되었으나 이 선고가 갖는 의미는 매우 큰 것이다.

1. 집회

　집회란, 의원이 국회 고유의 권능을 행사하기 위하여 일정한 시기에 일정한 장소에 모이는 것을 말한다. 집회는 정기회와 임시희로 나뉘는데 정기회는 정기국회, 임시회는 임시국회로 불리기도 한다. 입법과정에서 회기 기간의 길고 짧음이나 제한 여부는 국회운영의 탄력성과 국회의 대행정부관계를 가늠하게 해 주는 중요한 단서가 된다.

2. 회기

　회기란 전체 의원이 모이는 본회의를 기준으로 설정된 개념으로서 국회가 법규정에 의하여 집회하여 활동능력을 갖는 기간, 즉 개회에서 폐회까지의 기간을 말한다. 국회는 정기회, 임시회의 구별 없이 회기마다 제 몇 회 국회라 칭하고 본회의는 회기별로 제 몇 차 본회의라고 칭한다. 다만, 개회식은 회의 차수에 산입하지 않는다. 본회의는 회기 기간에 한하여 활동능력을 가지고 안건을 심사함을 원칙으로 한다.

　회기제도는 바로 의회와 행정부의 기능적 필요성을 조화시키기 위한 제도로 발전된 것인데, 현재 대부분의 국가에서는 그 제도적 장치의 일환으로 헌법이나 법률에서 의회의 소집시기와 활동 기간을 명시하는 법적 제도로 정착되고 있다.

　국회는 제5대 국회까지 회기불계속의 원칙을 채택하였으나 제3공화국의 제6대 국회부터는 회기계속의 원칙을 채택하고 있다.

　회기 중에 본회의는 물론 위원회도 활동능력을 가지고 안건을 심사하는 것을 원칙으로 한다. 종전에는 위원회의 개회요건을 회기 중과 폐회 중으로 구분하였으나 제14대 국회의 국회법 개정(1994. 6. 28)에서 국회기능의 활성화를 위한 연중상시운영 취지에 부합하도록 위원회의 개회요건을 회기 중과 폐회 중이 같도록 조정하였다.

3. 회기의 계산

회기는 집회 당일부터 기산(起算)한다. 정기회의 회기는 매년 9월 1일 시작되며 이날부터 기산한다. 다만, 이날이 공휴일인 때에는 그 다음 날부터 기산한다. 한편 임시회의 회기는 집회공고에 명시된 집회일부터 기산한다.

4. 회기의 연장

국회는 회기 중에 예정된 안건을 처리하지 못한 때에는 의결로 그 기간을 연장할 수 있다(국회법 제7조 제1항). 그러나 정기회는 100일, 임시회는 30일을 초과할 수 없도록 되어 있다.

제9대 국회부터 제12대 국회까지는 연 회기일수가 150일을 초과하지 못한다는 제한이 있어(대통령이 집회 요구한 임시회의 회기일수는 산입하지 않음) 국회활동에 제약이 되었으나, 제13대 국회부터는 이러한 제한규정을 두고 있지 않다. 국회사무처에서는 회기가 결정되거나 회기의 연장이 결정된 때에는 문서로 정부에 통지하고 있다.

〈표 5-1〉 국회 회기 현황

구분		회	기간	정기회 회기	임시회 회기	회기일수 제한
공화국	국회					
제1공화국	제헌	1~6회	1948. 5. 31 ~ 1950. 5. 30	90일	30일	
	제2대	7~18회	1950. 5. 31 ~ 1954. 5. 30	90일	30일	
	제3대	19~28회	1954. 5. 31 ~ 1958. 5. 30	90일	30일	
	제4대	29~35회	1958. 5. 31 ~ 1960. 7. 28	90일	30일	
제2공화국	제5대	36~38회	1960. 7. 29 ~ 1961. 5. 16	120일	양원일치 의결	
제3공화국	제6대	39~60회	1963. 12. 17 ~ 1967. 6. 30	120일	30일	
	제7대	61~76회	1967. 7. 1 ~ 1971. 6. 30	120일	30일	
	제8대	77~84회	1971. 7. 1 ~ 972. 10. 17	120일	30일	
제4공화국	제9대	85~100회	1973. 3. 12 ~ 1979. 3. 11	90일	30일	연 150일
	제10대	101~105회	1979. 3. 12 ~ 1980. 10. 27	90일	30일	연 150일
제5공화국	제11대	106~124회	1981. 4. 11 ~ 1984. 4. 10	90일	30일	연 150일
	제12대	125~140회	1985. 4. 11 ~ 1988. 5. 29	90일	30일	연 150일
제6공화국	제13대	141~156회	1988. 5. 30 ~ 1992. 5. 29	100일	30일	
	제14대	157~178회	1992. 5. 30 ~ 1996. 5. 29	100일	30일	
	제15대	179~211회	1996. 5. 30 ~ 2000. 5. 29	100일	30일	
	제16대	212~246회	2000. 5. 30 ~ 2004. 5. 29	100일	30일	
	제17대	247~ 274회	2004. 5. 30 ~ 2008. 5. 29	100일	30일	
	제18대	275 ~ 현재	2008. 5. 30 ~ 현재	100일	30일	

주 1: 제1공화국에서는 의결로 회기연장이 가능하였음.
주 2: 제2공화국에서는 양원일치 의결로 회기연장 가능, 양원불일치 및 참의원 의결 불가 시 민의원 의결로 연장 가능.

5. 회기계속의 원칙

회기계속의 원칙이란 회기 중에 처리되지 못한 의안을 폐기하지 않고 다음 회기에서 계속 심의하는 것을 말한다. 헌법 제51조는 "국회에 제출된 법률안 기타의 의안은 회기 중에 의결되지 못한 이유로 폐기되지 아니한다. 다만, 국회의원의 임기가 만료된 때에는 그러하지 아니하다."라고 규정하여 회기계속의 원칙을 채택하였다. 따라서 회기 중에 한하여 활동을 할 수 있지만 회기마다 독립된 별개의 국회가 아니며 적어도 의원 임기 중에 제출된 의안은 회기의 변경에 관계없이 심의되는 일체성을 갖는 국회라는 뜻이다.

이에 대하여 회기불계속의 원칙은, 의회의 1회기 중에 심의가 완료되지 않은 안건은 그 회기가 끝남으로써 소멸되고 다음 회기에 계속되지 않는 원칙을 말한다. 제5대 국회까지 회기불계속의 원칙을 채택하였지만 폐회 중 위원회가 계속 심사할 수 있는 의안은 예외로 하였다.[2]

6. 휴회

1) 휴회의 의의

휴회란 국회가 의사활동을 할 수 있는 회기 중임에도 회의를 하지 않고 쉬는 상태를 말한다. 휴회는 일반적으로 본회의의 휴회를 의미하며, 위원회에서는 휴회의 개념을 사용하지 않는다. 위원회는 본회의의 심의에 대비한 예비심사의 기능을 가지고 있고, 본회의 중에는 본회의의 의결이 있거나 의장이 필요하다고 인정하여 각 교섭단체 대표의원과 협의한 경우를 제외하고는 위원회(국회운영위원회 제외)를 개회할 수 없도록 제한하고 있다(국회법 제56조). 이러한 본회의의 휴회는 다음의 '휴회의 사유'에서 보는 것처럼 위원회의 활동을 촉진하는 경우도 있다.

2) 휴회의 사유

휴회는 회기 중 의사일정의 원만한 조정과 회의운영의 능률성을 기하기 위하여 국회가 스스로 의결하여 정하는 것이므로 그 사유에 특별한 제한은 없다. 일반적으로 휴회의 사유는 다음과 같다.[3]

　① 본회의에서 처리할 안건이 없는 경우
　② 위원회의 안건심사를 위한 기간이 필요한 경우
　③ 국정감사 기간 또는 시찰을 위하여 많은 의원이 파견되는 경우

---

2) 국회사무처, 『국회법 해설』(2000), 372쪽.

3) 이때 본회의를 주재하는 자는 의장의 권한을 대리하거나 대행하는 범위 내에서 의사정리권과 질서유지권을 갖는다고 해석되고 있다. 박봉국, 『최신 국회법』(서울: 박영사, 2004), 331쪽.

④ 국가 또는 국회의 주요한 행사가 있는 경우
⑤ 원내 정당의 전당대회 등 주요한 정당행사가 있는 경우
⑥ 여야 간 이견조정 등을 위한 시간이 필요한 경우
⑦ 일요일 및 연말연시 기타 공휴일
⑧ 기타 불가피한 사정으로 다수의 의원이 회의에 출석하기 어려운 경우

국회가 휴회하고자 할 때에는 본회의에서 기간을 정하여 의결한다. 그러나 일요일 기타 공휴일에는 의결 없이 자동적으로 휴회하는 것을 관례로 하기 때문에 이날 회의를 열려면 의결이 있어야 한다.

휴회는 의장이 국회운영위원회와 회기 중 의사일정 협의과정에서 전체 의사일정의 하나로 예정되는 경우가 일반적이지만 기타 사유로 휴회하는 경우에는 의장이 각 교섭단체 대표의원과 사실상 협의한 후 의장의 제의로 의결한다. 물론 각 의원도 휴회동의를 할 수 있다. 휴회의 의결에는 일수와 횟수에 제한이 없으며, 휴회일수는 제헌국회 제1회 임시회 이래 회기에 산입하여 오고 있다.[4]

제2절 정기회와 임시회

1. 정기회 및 임시회

정기회는 헌법과 법률에 의하여 매년 9월 1일에 집회하며, 100일 이내의 회기를 갖는다.[5] 집회하는 날이 공휴일인 때에는 그 다음날에 집회한다. 임시회는 대통령 또는 국회 재적의원 4분의 1 이상의 요구에 의하여 집회되며, 대통령이 임시회의 집회를 요구할 때에는 기간과 집회요구의 이유를 명

---

4) 국회사무처, 『국회선례집』(2000), 58쪽.

5) 정기회 집회일을 9월 1일로 한 것은 회계연도가 매년 1월 1일부터 개시되는 것을 감안하여 적어도 그 전에 다음 해의 예산안을 심의, 확정할 수 있도록 하기 위한 것이다. 그동안 매년 9월 10일 개회되던 정기회는 국회법 개정(2000. 2. 16.)에 의하여 9월 1일로 변경되었다.

시하여야 한다. 임시회의 회기는 30일을 초과할 수 없으며, 2개 이상의 임시회 집회요구가 있으면 먼저 제출된 것을 공고하고, 동시에 제출되었을 때에는 집회일이 빠른 것을 공고하도록 되어 있다.

<표 5-2> 정기회 집회일의 변화

법 적용 국회	적용 기간	집회일
제헌~제3대 초반	1948. 10. 2~1954. 12. 30	12월 30일
제3대 초반~제5대 초반	1954. 12. 31~1960. 9. 25	2월 20일
제5대 초반~비상국무회의	1960. 9. 26~1973. 2. 6	9월 1일
비상국무회의~제13대 초반	1973. 2. 7~1988. 6. 14	9월 20일
제13대 초반~제15대 말기	1988. 6. 15~2000. 5. 29	9월 10일
제16대~	2000. 5. 30~	9월 1일

주: 정기회의 집회일이 국회법에 규정된 것은 제3대 국회 기간 중인 1954년 11월 29일 헌법 개정 이후부터임.
출처: 정호영, 앞의 책. 259쪽.

제3공화국까지는 연 회기일수의 제한이 없었으나, 제4공화국 현법과 제5공화국 헌법에서는 국회의 정기회는 90일, 임시회는 30일을 초과할 수 없을 뿐만 아니라 정기회·임시회를 합하여 연 150일을 초과할 수 없도록 규정하여 회기를 제한하였다. 그러다가 제6공화국 헌법에서는 연 150일의 회기 제한규정을 삭제하여 국회기능의 활성화를 도모하고 있다.

정기회는 회의의 소집시기(집회일자)와 회의 기간이 헌법이나 법률에 의하여 매년 일정하게 정해진 경우를 가리킨다.

임시회는 휴회 또는 폐회 기간 중에 소집되는 임시적 회기를 뜻한다. 휴회 또는 폐회 기간 중에도 의회의 개입이 필요한 사안이 있을 수 있기 때문에 헌법이나 법률에서 임시회의 소집절차를 규정하고 있다. 임시회는 대통령 또는 국회 재적의원 4분의 1 이상의 요구에 의하여 소집된다.

개정국회법(2000. 2. 16)은 국회의 연중상시운영을 위하여 연간 국회운영 기본일정 작성기준을 구체적으로 규정하였으며, 짝수 월인 2월, 4월, 6월에는 30일 회기의 임시회(임시국회)를 개회하도록 하여 회의개최의 예측성과 안정성을 높였다.

1. 개의일

회기는 일반적으로 헌법이나 법률에 의하여 미리 정해지거나 의회가 스스로 정한다. 그러나 이러한 회기 기간 내에 실제로 회의가 며칠간이나 열렸는가는 별개의 문제라고 할 수 있다. 회기 중 본회의가 열린 날을 개의일(開議日)이라고 하며 개의일수는 그 의회가 얼마나 활발하게 활동을 하고 있는가를 가늠하는 기준이 될 수도 있다.

본회의중심제에서 위원회중심제로 전환된 제6대 국회를 기준으로 볼 때 그 이전은 본회의가 자주 열렸으나 그 이후에는 개의일수가 급격히 감소하였다. 위원회 회의 일수의 경우

2. 본회의 및 위원회 개의일수

국회 회기 중 실제로 회의가 열린 날을 개의일이라고 하는데 개의일수는 입법활동의 활성화 정도를 측정하는 기준의 하나가 된다는 점에서 그 의미가 있다.

제헌국회 이래 제15대 국회 임기종료 시까지 본회의는 연평균 90일, 위원회는 484일 열렸으며, 제15대 국회의 경우에는 본회의 54일, 위원회 416일로 나타났다. 본회의의 연평균 개의일수를 보면 제헌의회가 200일로서 가장 활발한 의정활동을 전개한 것으로 나타났다. 이는 건국 초기에 국가의 골격을 세우고 틀을 다지기 위하여 노력한 제헌의원들의 노고가 엿보이는 대목이다.

〈표 5-3〉 국회 개의일수

국회	회기	개회일	폐회일	본회의 개의일수	위원회 개의일수
제헌	1~6	1948. 5. 31	1950. 5. 30	399	907
제2대	7~18	1950. 6. 19	1954. 4. 30	631	2,404
제3대	19~28	1954. 6. 9	1958. 5. 29	609	3,827
제4대	29~35	1958. 6. 7	1960. 7. 25	212	2,303
제5대	36~38	1960. 8. 8	1961. 5. 3	민의원 142	601
				참의원 132	202
제6대	39~60	1963. 12. 17	1967. 6. 30	365	2,504
제7대	61~76	1967. 7. 10	1971. 4. 27	241	1,624
제8대	77~84	1971. 7. 26	1972. 10. 17	81	414
제9대	85~100	1973. 3. 12	1979. 3. 11	167	1,833
제10대	101~105	1979. 3. 15	1979. 10. 27	28	183
제11대	106~124	1981. 4. 11	1985. 1. 9	144	1,441
제12대	125~140	1985. 5. 13	1988. 3. 8	120	789
제13대	141~156	1988. 5. 30	1991. 12. 18	165	1,798
제14대	157~178	1992. 6. 29	1996. 1. 27	167	1,326
제15대	179~211	1996. 6. 5	2000. 3. 15	216	1,664
제16대	212-246	2000. 06. 05	2004. 03. 12	215	2,332
제17대	247-274	2004. 06. 05	2008. 05. 29	179	2,965

주: 비율은 본회의 대 위원회의 개의일수 비율임.
출처: 국회사무처, 『국회경과보고서』(국회별)에서 발췌 작성.

　　역대 국회의 개의일수를 본회의와 위원회별로 나누어 보면 본회의의 경우 <표 5-3>에 제시된 것처럼 감소추세에 있으며 특히 본회의중심주의에서 위원회중심주의로 국회운영이 전환된 제6대 국회부터는 연평균 개의일수 비율에 있어서 위원회의 증가세를 볼 수 있다. 이는 적어도 통계상 위원회의 활동이 점진적으로 활성화되고 있음을 뜻하는 것이라 할 수 있다. 최근에는 연중상시 국회개념이 도입됨에 따라 본회의 개의일수도 증가하고 있다.

　　개의일수를 본회의 대 위원회의 비율로 보면 연평균 1 대 5.42이며, 위원회의 활동을 개의일수로 평가하는 경우에 본회의와의 비율이 1 대 10을 넘은 제4대, 9대, 11대, 13대 국회에서 그 활동이 두드러졌다고 할 수 있다. 특히 제4대 국회의 경우 위원회의 연평균 개의일수는 다른 국회보다 많은 것으로 나타났다.

1) 제헌국회

　제헌국회의 회기에 대한 법정일수는 정기회 90일, 임시회 30일 이내이며 연간집회 일수에 제한이 없었고, 의결로 회기의 연장이 가능하였다.

　제헌국회의 회기는 제1회부터 제6회까지이며 정기회 2회, 임시회 4회가 집회되었다. 이 기간 동안의 회기는 640일인데 본회의 개의일수는 399일로 나타났다. 제5회 임시회는 당시 전염병이 만연하였던 관계로 7일간 본회의를 열지 못하였다. 제헌국회의 회별 집회상황은 <표 5-4>와 같다. 제정헌법(제34조)에서 국회의 정기회는 매년 1회 12월 20일에 집회하도록 규정하였기 때문에 정기회인 제2회 국회의 개회일은 1948년 12월 20일로 되어 있다.[6]

〈표 5-4〉 제헌국회 집회상황

회별(回別)	회별(會別)	개회일	폐회일	회기	본회의 개의일수	비고
제1회	임시	1948. 5. 31	1948. 12. 18	203	128	
제2회	정기	1948. 12. 20	1949. 4. 30	132	88	
제3회	임시	1949. 5. 21	1949. 6. 19	30	20	
제4회	임시	1949. 7. 1	1949. 7. 30	30	23	
제5회	임시	1949. 9. 12	1949. 1. 23	83	57	
제6회	정기	1949. 12. 20	1950. 5. 30	162	83	

2) 제2대 국회

　제2대 국회는 제7회 국회부터 제18회 국회까지 임시회 8회, 정기회 4회가 집회되었다. 정기회는 12월 20일에 개회하도록 규정되어 있었기 때문에 제헌국회에서와 마찬가지로 제2대 국회의 정기회는 매년 12월 20일에 개최되었다.

　제7회 임시회는 한국전쟁 발발로 인하여 1950년 6월 27일 새벽 긴급회의가 소집된 이후 상당 기간 회의를 열지 못하였다. 회기 동안 본회의 개의일수는 631일, 위원회 개의일수는 2,404일이었다.

---

6) 단, 그날이 공휴일인 때에는 그 다음 날 집회하도록 하였다.

제13회 국회는 1952년 7월 1일 개회되었다. 이른바 발췌개헌안을 처리하기 위하여 개의되었으나, 국회가 이를 거부할 경우 국회를 해산하겠다는 이승만 대통령의 발언과, 6월 30일에 민중자결단의 국회의사당 포위 및 국회의원 80명 연금사건이 있던 터라 생명의 위협을 느낀 야당의원들이 피신하는 사태가 발생하였다. 결국 이날의 제1차 본회의는 정원미달로 유회되었다.

자유당합동파와 신라회는 7월 1일부터 2일간 의사당에서 숙식하면서 경찰력을 동원하여 출석을 거부하는 의원들을 강제로 국회에 출석시켰다. 7월 3일 오후에는 발췌개헌안을 가결처리하기 위하여 당시 국제공산당사건에 연루되어 공산주의자라는 혐의로 구속되었던 10여 명의 의원들을 보석시켜 개헌안 심의에 출석시켰다.

〈표 5-5〉 제2대 국회 집회상황

회별	회별	개회일	폐회일	회기	본회의 개의일수	비고
제7회	임시	1950. 6. 19	1950. 6. 27	9	6	
제8회	임시	1950. 7. 27	1950. 11. 25	122	58	
제9회	임시	1950. 12. 8	1950. 12. 16	9	6	
제10회	정기	1950. 12. 20	1951. 5. 30	162	90	
제11회	임시	1951. 5. 31	1951. 12. 19	203	113	
제12회	정기	1951. 12. 20	1952. 6. 30	193	86	
제13회	임시	1952. 7. 1	1952. 9. 10	72	29	
제14회	임시	1952. 10. 15	1952. 12. 19	66	38	
제15회	정기	1952. 12. 20	1953. 5. 30	162	77	
제16회	임시	1953. 6. 3	1953. 10. 20	140	61	
제17회	임시	1953. 11. 10	1953. 12. 19	40	18	
제18회	정기	1953. 12. 20	1954. 4. 30	132	49	

심의에서 여야는 양원제 개헌안에 합의하였다. 출석인원은 철야의원과 경찰의 안내를 받아서 온 의원 및 자진출석한 의원 등 125인이었으나 자유롭게 출입할 수 있는 외출의원이 있는 관계로 개의 시에는 117인이었다. 이날 경비는 여느 때보다 특히 삼엄하여 임시중앙청 정문에서는 전례 없이 나가는 사람들을 조사하였고, 의사당 앞에는 수많은 방청객이 출입하던 옆문을 폐쇄하고 의원이 출입하는 정문만을 개방하여 일단 의사당 안에 들어온 의

원은 삼우장파 남송학 의원이 주는 출입허가증 없이는 출입이 금지되었다.

국회는 개회와 동시에 회기 초인만큼 전원위원장을 선출하자는 동의에 따라 하루 전날 민주국민당을 탈당한 지청천 의원을 위원장으로 선출한 후 비공개 전원위원회를 시작하였다.

7월 4일 경찰의 삼엄한 경비 아래 야간국회가 속개되었다. 신익희 의장의 사회로 열린 국회 본회의는 기립표결을 실시하여 재석의원 166, 찬성 163, 반대 0, 기권 3으로 정부제출개헌안과 국회제출개헌안 중에서 상당부분을 발췌한 이른바 발췌개헌안을 가결하였다.

이날 본회의는 전원위원회의 '발췌조항 전원합의' 보고를 접수하고 김종순 의원의 각 조항 설명이 있은 후 아무런 질의나 대체토의 없이 제1독회를 생략한 채 제2독회, 제3독회에 걸친 표결만으로 결정하였다.

3) 제3대 국회

제19회부터 제28회까지 임시회 7회, 정기회 3회의 집회가 있었다. 제25회 임시회는 1957년 5월 15일 집회되어 개회식은 거행하였으나 자유당소속의원들의 출석거부로 5월 31일까지 회의를 열지 못하였다.

헌법 개정 시에 '정기회 12월 20일' 조항이 삭제되었다. 이에 따라 국회법도 개정되어 2월 20일에 정기회를 소집하도록 하였다. 제3대 국회의 정기회는 제20회와 제22회는 2월 20일에 집회되었다.

그러나 2년여 만에 회계연도가 역년(歷年)으로 바뀜에 따라 매년 1회 9월 1일에 집회하도록 하였고, 그날이 공휴일인 때에는 그 다음 날에 집회하도록 하였다. 이에 따라 제26회 국회의 정기회는 9월 2일에 집회되었다.

〈표 5-6〉 제3대 국회 집회상황

회별	회별	개회일	폐회일	회기	본회의 개의일수	비고
제19회	임시	1954. 6. 9	1955. 2. 10	247	130	
제20회	정기	1955. 2. 20	1955. 7. 31	162	81	
제21회	임시	1955. 9. 15	1956. 2. 18	157	87	
제22회	정기	1956. 2. 20	1956. 12. 31	316	117	
제23회	임시	1957. 1. 10	1957. 2. 5	27	19	
제24회	임시	1957. 3. 5	1957. 5. 3	60	34	
제25회	임시	1957. 5. 15	1957. 8. 30	108	55	
제26회	정기	1957. 9. 2	1958. 1. 3	124	70	
제27회	임시	1958. 2. 6	1958. 4. 5	60	16	
제28회	임시	1958. 5. 21	1958. 5. 29	9	–	공전

제19회 국회가 열리고 있던 1954년 11월 29일 정부 여당은 이른바 4사5입 개헌안을 변칙으로 처리하였다.[7] 또 임기 말기에 제4대 국회의원선거(1958. 5. 2)에서의 부정을 이유로 야당인 민주당(조영규 의원 외 57인)이 국회소집을 요구하여 1958년 5월 21일 제28회 국회가 개회되었다. 여당인 자유당이 참석하지 않은 가운데 개회식을 거행하였으나 정족수 미달로 단 하루도 개의하지 못하고 공전하다가 법정 기간 만료로 5월 29일 폐회되었다.

4) 제4대 국회

회기 동안 본회의 개의일수는 212인, 위원회 개의일수는 2,303일이었다. 제29회부터 제35회까지 임시회 5회, 정기회 2회의 집회가 있었다. 법 규정에 따라 정기회는 1957년 이래 매년 9월 1일에 집회되었다.

자유당은 반공체제를 강화하기 위하여 국가보안법을 대폭 강화하는 개정안을 1958년 8월 11일 국회에 제출하였다. 11월 18일에는 이 개정안의 내용에 언론규제조항을 추가한 제2차 개정안을 다시 제출하였다. 이에 민주당 소속의원 81명과 무소속의원 10명 등 91명이 '보안법개악반대투쟁위원회'를 구성하고 공청회와 옥외집회를 하려 했으나 경찰의 원천봉쇄로 집회 자체가

---

7) 이에 관해서는 이 책 제4장 참조.

성사되지 못하였다.

제30회 국회(정기회)회기 중인 12월 11일, 법제사법위원회에서의 '국가보안법안' 예심 도중 여야의원 간에 난투극이 벌어졌다. 12월 19일 동 위원회에서는 여당의원만으로 동 법안이 3분 만에 가결되었다. 이에 국가보안법안의 본회의 상정 및 처리를 저지하기 위한 '보안법개악반대투쟁위원회' 소속 의원들은 12월 19일 본회의장에서 철야농성을 벌였다.

20일 여야가 다시 격돌함으로써 국회기능이 마비되었다. 투쟁위원회는 21일 범야·범국민반대운동전개를 결정하고 야당들이 보안법반대성명을 발표하자 정부는 22일 긴급 각의를 소집하여 국회대책을 강구하기도 하였다. 12월 24일 정부 여당은 본회의에서 여당 단독으로 국가보안법안 등 의안을 가결처리하였다. 이날 오전 10시 사회를 맡은 한희석 부의장은 전격적으로 경호원을 발동, 임시로 채용된 무술경위 300명을 본회의장에 투입하여 농성 중이던 야당의원들을 지하실로 내몰고 의안들을 변칙처리하였다. 이 과정에서 박순천 의원 등 8명의 의원이 부상을 당하였다. 국회는 12월 31일 임시경위 300명을 해고하고 제30회 국회를 폐회하였다. 1959년 1월 12일 민주당 윤제술 의원 외 66인이 제31회 임시국회를 소집하였으나 여당인 자유당이 국회불출석을 결의함으로써 국정논의나 안건처리는 하지 못한 채 2월 10일 폐회되었다.

<표 5-7> 제4대 국회 집회상황

회별	회별	개회일	폐회일	회기	본회의 개의일수	비고
제29회	임시	1958. 6. 7	1958. 8. 26	81	42	
제30회	정기	1958. 9. 1	1958. 12. 31	122	30	
제31회	임시	1959. 1. 12	1959. 2. 10	30	6	
제32회	임시	1959. 2. 18	1959. 7. 17	150	54	
제33회	정기	1959. 9. 1	1960. 1. 20	142	35	
제34회	임시	1960. 2. 2	1960. 3. 2	30	–	공전
제35회	임시	1960. 3. 17	1960. 7. 25	131	45	

민주당(박찬현 의원 외 57인)은 여당인 자유당의 정·부통령 조기 선거실

시 방침을 추궁하기 위하여 국회소집을 요구하였다. 1960년 2월 2일 제34회 국회가 개회되었으나 30일간의 회기 동안 자유당의 불참으로 단 하루의 본회의도 열지 못하다가 법정 기간 만료로 3월 2일 폐회되었다. 제34회 국회는 폐회식을 거행하지 않은 첫 사례로 기록되었다.

5) 제5대 국회

1960년 4 · 19혁명으로 자유당정권이 붕괴되고 민주당정권이 국정을 담당한 제5대 국회는 1961년 5 · 16군사정변이 발생하기까지 약 9개월간 존속했기 때문에 회기는 258일, 본회의 개의일수는 142일이었다. 회기 중 1회의 임시회와 2회의 정기회가 집회되었다.

제36회 국회 기간 중인 1960년 8월 17일 김도연 의원의 총리인준이 좌절되고 8월 19일 장면 의원이 신임총리로 인준을 받았다. 민주당 내의 신 · 구파 간 대립으로 정국이 혼미한 가운데 총리인준을 둘러싼 민주당 내분을 규탄하는 시위가 국회의사당 앞에서 벌어졌다. 제37회 국회(정기회) 기간 중인 1960년 11월 11일 4 · 19부상학생들이 조속한 혁명입법을 요구하며 국회본회의장을 점거하는 사태가 발생하였다.

1960년 9월 26일 공포된 개정국회법은 정기회의 회기를 종전의 90일에서 120일로 변경하였다. 정기회 120일 규정은 제5대 국회부터 제7대 국회 말까지 존속하다가 제8대 국회부터는 다시 90일로 변경된다.

〈표 5-8〉 제5대 국회 집회상황

회별	회별	개회일	폐회일	회기	본회의 개의일수	비고
제36회	임시	1960. 8. 8	1960. 8. 31	24	14	
제37회	정기	1960. 9. 1	1960. 12. 31	122	67	
제38회	임시	1961. 1. 12	1961. 5. 3	112	61	

6) 제6대 국회

제39회부터 제60회까지 임시회 19회, 정기회 3회의 집회가 있었다. 회기 중 제45회 정기회는 성탄절 이전에 정기회를 마감하고 연말연시를 맞기 위하여 법정일수 120일에서 9일을 단축하여 111일의 회기를 가졌다.[8] 이 기간 동안은 국회가 한 번도 공전되지 않고 운영되었다.

한일협정비준동의안에 대한 국회 본회의 보고를 둘러싸고 만 이틀을 대치해 온 여야는 1965년 7월 14일 밤 의사당에서 2·4파동(1958) 이후 최대의 집단난투극을 벌였다. 본회의는 민주공화당의 다수의 힘으로 비준안 및 베트남파병안 제출의 보고를 듣고 이를 발의하였다. 오전과 오후 10시간에 걸친 협상이 결렬된 오후 8시 38분 의석에 대기하던 야당의원들이 일제히 단상으로 뛰어오르려 하였으나 민주공화당의원들이 한발 먼저 뛰어올라 의장석을 보호하면서 90여 명의 여당과 야당의원들이 난투극을 벌였다. 그동안 장경순 부의장은 "한일조약 및 제협정체결에 관한 비준동의안과 전투병력 1개 사단의 베트남증파동의안이 12일 정부로부터 제출되어 외무위원회, 국방위원회에 각각 회부한다."는 내용의 보고를 1분 30초 만에 마쳤다.

1965년 8월 10일 한일협정비준동의안 심의를 위하여 특별위원회가 구성되었으나 야당이 참여를 거부함에 따라 심의 첫날부터 야당의석이 텅 빈 채로 진행되었다. 야당인 민중당소속의원 61명은 8월 12일 동 비준안이 국회에서 가결되는 것을 막기 위하여 민중당사에서 집단적으로 의원직 사퇴서에 서명하였다. 그러나 제52회 국회의 마지막 날인 8월 14일 여당인 민주공화당은 한일협정비준동의안 등을 변칙으로 처리하였다. 이날 본회의장에서 비준동의를 반대하는 야당의원들이 의장 단상을 점거하자 여당의원들이 이들을 1 대 1로 끌어내는 과정에서 여야의원들 간에 난투극이 벌어졌다.

제58회 국회(정기회) 기간 중인 1966년 9월 22일 한국독립당 김두한 의원은 제14차 본회의에서 대정부질문인 '특정재벌밀수사건에 관한 질문'을 하였다.[9] 그는 자신의 질문을 마치면서 미리 준비해 간 오물을 국무위원석에 앉아 있던 국무위원들에게 살포하였다. 국회 본회의에 출석 중인 여러 국무위원이 봉변을 당하자 내각이 일괄 사표를 제출하였다. 이효상 국회의장은

---

8) 국회사무처, 『국회선례집』(2000), 60－61쪽.

9) 이 사건은 삼성재벌이 일본으로부터 사카린을 밀수하다가 적발되면서 발생하였다.

9월 22일 국회법 제146조 제1항의 규정에 근거하여 김두한 의원을 징계대
상자로 신청하였다. 김두한 의원은 의원직을 자진사퇴하였다. 박정희 대통령
은 이날 내각 일괄사표를 반려하고 9월 26일 민복기 법무부장관, 김정렴 재
무부장관만을 삼성밀수사건과 관련하여 해임하였다.

<표 5-9> 제6대 국회 집회상황

회별	회별	개회일	폐회일	회기	본회의 개의일수	비고
제39회	임시	1963. 12. 17	1964. 1. 5	20	13	
제40회	임시	1964. 1. 23	1964. 2. 21	30	16	
제41회	임시	1964. 3. 23	1964. 4. 21	30	20	
제42회	임시	1964. 5. 4	1964. 6. 2	30	17	
제43회	임시	1964. 6. 10	1964. 6. 27	18	9	
제44회	임시	1964. 7. 6	1964. 8. 4	30	17	
제45회	정기	1964. 9. 1	1964. 12. 20	111	36	회기단축
제46회	임시	1964. 12. 29	1965. 1. 1	4	2	
제47회	임시	1965. 1. 15	1965. 1. 30	16	11	
제48회	임시	1965. 2. 25	1965. 3. 26	30	18	
제49회	임시	1965. 4. 12	1965. 5. 8	27	17	
제50회	임시	1965. 5. 20	1965. 6. 18	30	10	
제51회	임시	1965. 7. 12	1965. 7. 21	10	2	
제52회	임시	1965. 7. 29	1965. 8. 14	17	12	
제53회	정기	1965. 9. 1	1965. 12. 29	120	32	
제54회	임시	1965. 11. 7	1966. 2. 15	30	15	
제55회	임시	1966. 2. 23	1966. 3. 24	30	16	
제56회	임시	1966. 4. 1	1966. 4. 9	9	6	
제57회	임시	1966. 6. 15	1966. 7. 14	30	24	
제58회	정기	1966. 9. 1	1966. 12. 29	120	52	
제59회	임시	1967. 1. 15	1967. 2. 7	23	11	
제60회	임시	1967. 2. 25	1967. 3. 10	14	9	

국회밀수조사위원회는 1966년 11월 11일 여야단일화안 처리에 실패하여
여당 단독으로 9개항의 밀수사건처리안을 가결하고 조사활동을 종결지었다.
국회는 그해 12월 23일 '특정재벌밀수사건진상조사보고'를 야당의원들이 총
퇴장한 가운데 단독 채택하였다.

7) 제7대 국회

제61회부터 제76회까지 임시회 12회, 정기회 4회의 집회가 있었다.

1969년 8월 8일 제71회 국회가 개회되었으나 신민당의 3선 개헌 저지농성으로 개회식은 거행되지 못하였다. 제71회 국회는 1969년 8월 31일 폐회되었다.

국회 본회의는 1969년 9월 13일 오후 2시 3일간에 걸친 질의와 토론을 끝내고 개헌에 대한 투표를 선포하였다. 이날 오전 10시 35분부터 열린 본회의는 신민회 유진산 의원의 반대토론을 끝으로 개헌안에 대한 찬반토론을 마치고 개헌안 투표에 들어갈 예정이었으나 신민회 이재형 의원이 제안한 개헌안 철회권고동의안을 의제로 채택하여 표결에 들어갔다. 투표결과 재석의원 158명 중 찬성 44표, 기권 114표로 동의안은 부결되었다. 신민회 송원영·김영삼 의원은 발언을 통하여 국회의사당 내외의 공포분위기 시정을 요구하는 등 개헌안 표결 지연작전을 폈으나 이효상 의장이 개헌안 표결을 선포하자 신민회 측의 단상점거로 표결은 이루어지지 않았다. 이날 민주공화당 측은 본회의가 시작되기에 앞서 청와대에서 박정희 대통령의 주재하에 개헌서명의원대회를 열고 개헌안 표결에 행동통일을 하기로 다짐하였다.

개헌안 내용의 핵심은 제69조 제3항 "대통령은 1차에 한하여 중임할 수 있다."를 "대통령의 계속 재임은 3기에 한한다."라고 수정하는 것이었다.

민주공화당은 제72회 국회(정기회)가 열리고 있던 1969년 9월 14일 새벽 야당의원들이 국회 본회의장을 점거, 농성하는 가운데 당시 국회 제3별관 특별위원회 회의실에서 제6차 본회의를 개의하고 헌법개정안(3선 개헌안)과 국민투표법안을 야당 측이 모르게 전격적으로 변칙가결시켰다. 본회의에는 민주공화당소속의원을 비롯하여 헌법개정안과 국민투표법 발의서명자 118명 전원과 무소속의원, 정우회의원 등 모두 122명(민주공화당 107명, 정우회 11명, 무소속 4명)이 참석하였다. 감표위원으로 민주공화당 박주현·이진용 의원, 유신정우회 김익준·차형근 의원을 지명하고 3선 개헌안에 대한 기명투표를 실시한 결과 재석의원 122인 중 찬성 122표로 가결되었다. 이러한 변칙 가결처리는 본회의장 이외의 장소에서 본회의를 개회한 최초의 사례이기도 하다.

신민당(정해영 의원 외 41인)의 요구로 제76회 국회가 1971년 3월 29일 개회되었다. 임시회의 집회요구 이유는 대한항공기 납북미수사건 및 주요 미처리 사건 등의 처리였는데, 제8대 국회의원선거(1971. 5. 25)를 앞둔 관계로 대다수 의원이 출석하지 않았다.

〈표 5-10〉 제7대 국회 집회상황

회별	회별	개회일	폐회일	회기	본회의 개의일수	비고
제61회	임시	1967. 7. 10	1967. 8. 8	30	4	
제62회	정기	1967. 9. 1	1967. 12. 29	120	34	
제63회	임시	1968. 1. 31	1968. 2. 29	30	18	
제64회	임시	1968. 4. 1	1968. 4. 2	2	1	
제65회	임시	1968. 4. 15	1968. 5. 14	30	18	
제66회	임시	1968. 6. 5	1968. 7. 4	30	13	
제67회	정기	1968. 9. 2	1968. 12. 30	120	42	
제68회	임시	1969. 2. 6	1969. 3. 7	30	5	
제69회	임시	1969. 4. 1	1969. 4. 30	30	15	
제70회	임시	1969. 6. 11	1969. 7. 10	30	18	
제71회	임시	1968. 8. 8	1969. 8. 31	24	9	
제72회	정기	1969. 9. 1	1969. 12. 29	120	18	
제73회	임시	1970. 5. 11	1970. 6. 9	30	16	
제74회	임시	1970. 6. 19	1970. 7. 18	30	8	
제75회	정기	1970. 9. 1	1970. 12. 29	120	22	
제76회	임시	1971. 3. 29	1971. 4. 27	30	-	공전

이에 본회의를 한 번도 열지 못하여 1건의 의안도 처리하지 못한 채 4월 27일 회기가 종료되었다.

8) 제8대 국회

제77회부터 제84회까지 임시회 6회, 정기회 2회의 집회가 있었다.

제78회 국회(정기회)가 열리고 있던 1971년 12월 27일 새벽 3시 3분 민

주공화당과 무소속의원들만으로 당시 국회 제4별관 외무위원회 회의실에서
'국가보위에 관한 특별조치법안'이 3분 만에 전격적으로 가결처리되었다. 이
법안은 12월 22일 제78회 국회 제35차 본회의에서 발의되었음을 보고할 예
정이었으나 이를 저지하려는 신민당의 방침이 알려지면서 관례상 의사국장
이 의안제출보고를 백두진 의장이 직접 보고하려는 순간 신민당의원들이 의
장석을 점거하여 보고되지 못하였다. 의장은 야당의원들의 농성이 이날 오
후 8시경까지 계속되자 민주공화당·신민당 양당 대표의원에게 공한을 보
내어 사태를 해결하기 위한 총무회담을 제의하였다. 그러나 신민당에서 이
를 거부하자 의장은 본회의 보고를 생략한 채 법제사법위원회에 회부하겠다
고 통지하고 동 위원회에 회부하였다. 신민당은 이 법안의 심의를 저지하기
위하여 이날부터 본회의장과 법제사법위원회 회의실을 점거하고 농성을 계
속하였다.

국회는 12월 24일 백두진 의장의 제의로 여야 총무회담을 열고 이 법안
의 처리에 관하여 협의하였으나 철회를 주장하는 신민당과 이를 처리하려는
민주정의당과의 이견으로 해결책을 찾지 못하였다.

법제사법위원회는 신민당의원들이 본회의장과 법제사법위원회 회의실에
서 농성 중인 12월 27일 새벽 3시 국회 제4별관에 있는 외무위원회 회의실
에서 민주공화당소속 의원 9명이 참석한 가운데 제78회 국회 제15차 위원
회를 개의하였다. 동 법안을 상정하고 회의장 변경에 관한 양해를 구한 뒤
제안설명과 전문위원의 예비검토보고는 유인물로 대체하며 질의와 토론을
생략하는 등 절차를 줄인 다음 이의 없이 원안대로 의결하였다.

법제사법위원회가 산회한 직후 같은 장소에서 113명의 의원(민주공화당
111명, 무소속 2명)이 출석한 가운데 백두진 의장은 제78회 국회 제36차 본
회의 개의를 선포하였다. 야당의 본회의장 점거로 본회의 장소를 변경한 것
과, 국회법 제66조의 규정에 의하여 본회의 개의시간을 오전 3시로 변경하
였다는 보고를 한 다음, 법제사법위원회의 심사보고는 서면으로 대체하고
질의와 토론을 생략한 채 이의 없이 원안대로 가결하였다.[10] 신민당은 즉각
이 법안을 철회할 것을 강력히 요구하였다.

　야당인 신민당(김재광 의원 외 88인)은 여당인 민주공화당에 의한 '국가보위에 관한 특별조치법안'의 전격처리 등을 추궁하기 위하여 국회소집을 요구하였다. 이 요구에 의하여 1972년 1월 21일 제79회 국회 개회식이 거행되었으나 민주공화당이 개회식에 참석하지 않음으로써 본회의를 열지 못한 채 공전되다가 법정 기간 만료로 2월 19일 폐회되었다.

　제79회 국회의 집회요구 이유는 '국가보위에 관한 특별조치법안'의 전격의결을 추궁하고, 백두진 국회의장의 사퇴권고결의안을 처리하기 위함이었다. 경과를 보면, 신민당의원들이 5일간 계속 출석하였으나 민주공화당의원들이 출석을 거부하자 1월 27일부터 전국에 강연반을 파견하는 원외투쟁으로 전환하였다. 그러나 본회의를 한 번도 열지 못하여 1건의 의안도 처리 못 하고 종료되었다(외무위원회는 개의).[11]

　그 후 야당인 신민당(김재광 의원 외 88인)은 다시 단독으로 제80회 국회를 소집하였다. 집회요구 이유는 미국과 중국의 정상회담에 따른 국제정세의 변화, '국가보위에 관한 특별조치법' 의결과정의 문제점 규명, 백두진 의장의 국회변칙운영 등을 추궁하기 위함이었다. 1972년 3월 7일 개회되었으나 여당은 국가비상사태하에서 국회가 '국가보위에 관한 특별조치법안' 문제를 다룰 수 없다는 이유를 들어 참석을 거부하여 3월 10일부터 원외활동으로 전환하였다. 본회의를 한 차례도 열지 못하고 공전되다가 1972년 4월 5일 30일간의 법정 기간이 만료되었다(외무위원회와 국방위원회는 개의).

　제81회 국회가 1972년 5월 8일 신민당(김재광 의원 외 88인)의 요구에 의하여 소집되었으나 역시 공전되다가 1972년 6월 6일 법정 기간 만료로 폐회되었다. 임시회의 집회요구 이유는 닉슨 미국대통령의 중국방문과 관련한 국제정세, 국가보위에 관한 특별조치법안 변칙의결 추궁, 물가대책 등이었다. 그 경과를 보면, 집회 이후 신민당의원들이 계속 출석하여 5월 3일 의원총회에서 의장사회권 이양요구 및 국무위원출석요구서 제출, 회기 말까지

---

10) 손성태·한공식, 「주요국의 의사운영의 변칙사례와 우리나라 역대 의회의 변칙사례에 관한 연구」, 국회사무처, 『1991년도 입법연구논문집』(1992), 383~385쪽.

11) 국회사무처, 『의정자료집』(2000), 190~191쪽.

공개 의원총회 계속, 6월 2일부터 5일간 국회정상화를 위한 본회의장 농성, 6월 5일 국회정상화와 비상사태철회를 요구하며 가두시위 등을 벌였으나 여당인 민주공화당 측은 응하지 않았다. 본회의를 한 번도 열지 못하였기 때문에 1건의 의안도 처리하지 못하였다.

〈표 5-11〉 제8대 국회 집회상황

회별	회별	개회일	폐회일	회기	본회의 개의일수	비고
제77회	임시	1971. 7. 26	1971. 8. 14	20	12	
제78회	정기	1971. 9. 1	1971. 12. 29	120	36	
제79회	임시	1972. 1. 21	1972. 2. 19	30	–	공전
제80회	임시	1972. 3. 7	1972. 4. 5	30	–	공전
제81회	임시	1972. 5. 8	1972. 6. 6	30	–	공전
제82회	임시	1972. 7. 3	1972. 8. 1	30	18	
제83회	임시	1972. 8. 10	1972. 8. 31	22	6	
제84회	정기	1972. 9. 1	1972. 10. 17	47	9	국회해산

1972년 9월 1일 제84회 국회(정기회)가 개회되었으나 10월 17일 대통령 특별선언으로 제8대 국회는 해산되었다.

9) 제9대 국회

제85회 국회부터 제100회 국회까지 임시회 10회, 정기회 6회의 집회가 있었다. 제9대 국회의 임기는 6년이었고, 제10대 국회의 임기는 불과 1년 7개월이었음을 감안할 필요가 있다.

회기 중 제100회 국회(정기회)는 제10대 국회의원선거(1978. 12. 12) 준비를 위하여 법정일수 90일보다 31일이 단축된 59일의 회기를 가졌다. 1957년부터 매년 9월 1일에 소집되던 정기회는 제4공화국 헌법(유신헌법)의 제정 이후 국회법이 개정되어 1973년부터는 매년 9월 20일에 집회하였다.

제9대 국회는 제85회 국회부터 제100회 국회까지 임시회 10회, 정기회 5회 집회가 있었다. 임기는 길었으나 연평균 본회의 개의일수는 28일로 나타나 제10대 국회(연평균 본회의 개의일수 17일)와 더불어 역대 국회 중 연평균 본회의 개의일수가 가장 적었다.

　민주공화당과 유신정우회는 제91회 국회가 열리고 있던 1975년 3월 18일 국외에서 대한민국 또는 대한민국의 헌법기관을 모욕하거나 국내에서 외국인을 상대로 이와 같은 행위를 한 경우 이를 처벌하기 위한 '형법중개정법률안'을 국회에 제출하였다. 민주공화당과 유신정우회는 3월 19일 오후 법제사법위원회를 국회도서관 2층 의원열람실에서 열어 '형법중개정법률안'을 변칙으로 처리한 데 이어, 그날 오후 6시 48분 본회의를 당시 의사당 본관 뒤에 있는 의원휴게실에서 열고 '형법중개정법률안'과 '핵무기의 비확산에 관한 조약비준동의안', '원자력발전공사법안' 등 25개의 의안을 1분 만에 무더기로 전격 가결하였다.

　여당 단독으로 소집된 법제사법위원회와 본회의는 야당의원들에게는 사전통고를 하지 않았다. 본회의는 이날 오후 6시 48분 김진만 부의장이 개회를 선포하였다. 김 부의장은 휴게실 난로 옆에서 1분간 의사메모를 낭독하고, 25건의 의안이 가결되었음을 선포하였다. 본회의 때 여당 측은 야당의원들이 휴게실로 접근하지 못하도록 본회의장에서 휴게실로 통하는 철문을 닫았다.

　이에 앞서 민주공화당과 유신정우회소속 법사위원 8명은 도서관 1층 백두진 유신정우회 회장실에서 대기하고 있다가 야당의원들에게 알리지 않고 열람실로 올라가 사회봉도 없이 오후 5시 22분 형법개정안을 일부 수정하여 처리, 가결하였다. 여당이 본회의장을 옮겨 의안을 처리한 것은 이번이 세 번째이고 식당겸용 휴게실과 도서관을 회의장소로 사용한 것은 이번이 처음이다.[12)]

　한편 신민당은 3월 19일의 여당 단독 의안처리가 법적으로 무효라고 주장하였다. 신민당은 이날 오후 같은 시간에 2개의 국회가 성립되고 있는 점은 문제라며 다음과 같이 지적하였다.

---

12) 첫 번째 회의장 변경은 1969년 9월 14일 새벽 2시 30분 제3별관 예결위원회에서의 3선 개헌안 처리였고, 두 번째는 1971년 12월 27일 새벽 3시 제4별관 외무위원회 회의실에서 법제사법위원회와 본회의를 차례로 열어 '국가보위에 관한 특별법안'을 처리한 사례이다.

① 휴게실에서 열린 본회의가 적법하였다면 같은 시간 2개의 국회가 성립 또는 성립 과정에 있었다고 볼 수 있으므로 무효이다. 휴게실 회의가 진행되는 동안 본회의 장에는 국회를 성립시키는 과정, 즉 먼저 의원소집 벨이 울렸고 뒤이어 정일권 국회의장이 의사국장을 대동하여 사회를 보기 위하여 입장하였다. 이 시간에 휴게실에서 본회의가 성립되었다면 결과적으로 2개의 국회가 동시에 성립되는 것이므로 무효일 수밖에 없다.

② 본회의 장소 변경과 개설시간 변경은 의원 전원에게 통지되어야 하며 이것은 법제사법위원회도 마찬가지인데 야당의원들에게는 전혀 통지가 되지 않았다. 이는 국회법의 정신에 위배되는 것이다.

신민당은 1975년 3월 24일 정일권 국회의장, 김진만 부의장에 대한 불신임결의안과 장영순 법제사법위원장에 대한 징계동의안을 제출하였고, 이에 맞서 민주공화당은 김영삼 신민당총재, 김형일 총무, 문부식 의원에 대한 징계를 요구하였다. 징계요구 이유는 김영삼 의원의 경우, 신민당소속의원을 동원하여 본회의장과 의장석을 불법으로 점거하고 소란을 피워 의사진행을 불가능하게 하였다는 것이고, 김형일 총무의 경우에는 3월 18일 소속의원들을 동원하여 법제사법위원회 점거 당시 직접 나서서 회의진행을 방해하였을 뿐 아니라 3월 19일 회의장과 의장석을 불법 점거하여 의사진행을 방해하였고, 문부식 의원의 경우에는 회의장을 점거하여 의장으로 하여금 사회를 불가능하게 할 목적으로 소란을 피웠고 또 유신정우회 한태연 의원에 대하여 공공연한 욕설과 심한 구타를 가함으로써 그 행위의 포악성이 국회의 위신을 손상시켰다는 것이다. 이 4건의 징계동의는 징계위원회 회부결과 본회의에 상정하지 않는 것으로 결론이 났으며 그 후 임기만료로 폐기되었다.

〈표 5-12〉 제9대 국회 집회상황

회별	회별	개회일	폐회일	회기	본회의 개의일수	비고
제85회	임시	1973. 3. 12	1973. 3. 17	6	6	
제86회	임시	1973. 5. 17	1973. 6. 6	21	11	
제87회	임시	1973. 6. 25	1973. 6. 27	3	2	
제88회	정기	1973. 9. 20	1973. 12. 18	90	19	
제89회	임시	1974. 8. 1	1974. 8. 12	12	7	
제90회	정기	1974. 9. 20	1974. 12. 18	90	8	
제91회	임시	1975. 3. 11	1975. 3. 20	10	4	
제92회	임시	1975. 5. 17	1975. 5. 20	4	2	
제93회	임시	1975. 6. 28	1975. 7. 9	12	6	
제94회	정기	1975. 9. 22	1975. 12. 18	88	20	
제95회	임시	1976. 3. 12	1976. 3. 23	12	6	
제96회	정기	1976. 9. 20	1976. 12. 18	90	19	
제97회	임시	1977. 6. 20	1977. 7. 6	17	6	
제98회	정기	1977. 9. 20	1977. 12. 17	89	23	
제99회	임시	1978. 2. 25	1978. 3. 8	12	5	
제100회	정기	1978. 9. 20	1978. 11. 17	59	13	

10) 제10대 국회

제105회 정기회는 1980년 9월 20일 집회되어 9월 22일 제1차 본회의를 개의하여 국무총리와 감사원장임명동의안을 처리하고 9월 30일까지 휴회한 다음 개정헌법에 의하여 임기가 만료되는 그해 10월 27일까지 회의를 열지 않았다.

제10대 국회는 제101회 국회부터 제105회 국회까지 임시회 3회, 정기회 2회가 집회되었다. 제104회 국회는 1980년 5월 17일 비상계엄에 의하여 정치활동의 금지가 선포되어 개회식을 거행하지 못하였으며 본회의를 하루도 개의하지 못하였다. 10월 27일에는 헌법 부칙에 의하여 제10대 국회의 임기가 종료되었다.

제103회 국회(정기회)가 열리고 있던 1979년 10월 4일 오후 1시 18분 '국회의원(김영삼) 징계에 관한 건’이 여의도 국회의사당 146호실에서 변칙으로 처리되었다. 이 사건의 발단은 미국의 <뉴욕타임스>(1979년 9월 16일자)에 실린 "카터 미행정부에 대하여 박정희 대통령정부에 대한 지지를 끝낼 것을 요구하였다."는 김영삼 총재의 기자회견 내용이었다. 여당인 민주공화당은 회견내용을 ‘사대주의’로 규정하고 10월 4일 국회에 ‘국회의원(김영삼)에 대한 징계동의안’을 제출하였다. 징계동의안은 이날 오전 국회 본회의에서 경호권이 발동되고 여야의원들이 난투극을 벌이는 가운데 보고, 발의되어 법제사법위원회에 회부되었다. 신민당의원들이 국회 본회의장을 점거하자 민주공화당과 유신정우회 소속의원들은 이날 오후 4시 7분 국회의사당 1층 146호실로 본회의 장소를 변경하여 비공개리에 본회의를 소집하고 동 징계동의안을 변칙처리, 4시 20분 백두진 국회의장이 출석의원 159명 중 찬성 159표로 가결되었다고 선포함으로써 김영삼 의원이 제명되었다.

<표 5-13> 제10대 국회 집회상황

회별	회별	개회일	폐회일	회기	본회의 개의일수	비고
제101회	임시	1979. 3. 15	1979. 3. 20	16	9	
제102회	임시	1979. 7. 20	1979. 7. 31	12	6	
제103회	정기	1979. 9. 20	1979. 12. 18	90	12	
제104회	임시	1980. 5	1980. 6. 18	30	–	
제105회	정기	1980. 9. 20	1980. 10. 27	38	1	

11) 제11대 국회

제106회부터 제124회까지 임시회 15회, 정기회 4회의 집회가 있었다.

제11대 국회의 연평균 본회의 개의일수는 36일로서 유신체제하의 제10대(17일), 제9대(28일)에 이어 역대 국회 중 세 번째로 본회의가 적게 열렸다.

정부 여당이 원내에서 절대우위를 지킨 제11대 국회에서는 단독 국회가 소집되거나 국회가 공전되는 일은 없었다.

제109회 국회가 개회된 1982년 1월 22일 전두환 대통령은 국회국정연설

에서 민족통일협의회 구성과 통일헌법을 제정하여 통일을 준비하자고 북한
에 제의하였다. 국회는 이날 '전두환 대통령의 통일헌법제정제의지지결의안'
을 가결 처리하였다.

1983년 9월 1일 민간항공기인 대한항공여객기가 사할린 부근에서 소련전
투기의 공격을 받아 승객과 승무원 등 탑승자 269명 전원이 사망하는 사건
이 발생하였다. 국회는 9월 8일 하루 회기의 제118회 임시국회를 열어 '소
련의 대한항공여객기 격추만행에 대한 규탄결의안'을 가결하였다.

<표 5-14> 제11대 국회 집회상황

회별	회별	개회일	폐회일	회기	본회의 개의일수	비고
제106회	임시	1981. 4. 11	1981. 4. 18	8	6	
제107회	임시	1981. 5. 4	1981. 5. 19	16	7	
제108회	정기	1981. 9. 21	1981. 12. 19	90	22	
제109회	임시	1982. 1. 22	1982. 1. 23	2	2	
제110회	임시	1982. 2. 26	1982. 3. 13	16	7	
제111회	임시	1982. 4. 26	1982. 4. 26	1	1	
제112회	임시	1982. 5. 7	1982. 5. 11	5	3	
제113회	임시	1982. 5. 28	1982. 6. 1	5	3	
제114회	정기	1982. 9. 20	1982 12. 18	90	21	
제115회	임시	1983.1. 1. 8	1983. 1. 18	1	1	
제116회	임시	1983. 4. 11	1983. 4. 30	20	11	
제117회	임시	1983. 6. 13	1983. 6. 22	10	3	
제118회	임시	1983. 9. 8	1983. 9. 8	1	1	
제119회	정기	1983. 9. 20	1983. 12. 18	90	21	
제120회	임시	1984. 1. 17	1984. 1. 17	1	1	
제121회	임시	1984. 2. 28	1984. 3. 17	19	10	
제122회	임시	1984. 6. 25	1984. 7. 11	17	6	
제123회	정기	1984. 9. 20	1984. 12. 18	90	17	
제124회	임시	1985. 1. 9	1985. 1. 9	1	1	

12) 제12대 국회

제12대 국회 회기 동안 국회는 제125회부터 제140회까지 임시회 13회, 정기회 3회의 집회가 있었다.

제12대 국회 첫 임시국회인 제125회 국회는 원 구성을 둘러싼 여야의 갈등 때문에 임기개시일보다 34일이 늦은 5월 13일에 집회되었다.

제131회 국회(정기회) 회기 중인 1986년 9월 24일 제10회 서울아시안게임과 관련하여 10일간 휴회를 결정하였다. 또 제137회 국회(정기회)는 1987년 9월 21일 개회되었으나 대통령선거(1987.12.16)와 관련하여 법정일수 90일보다 39일 단축된 51일간의 회기를 가졌다.[13]

제126회 국회는 신한민주당(김동영 의원 외 101인)의 집회요구로 1985년 7월 15일에 집회되어 개회식은 거행하였으나 교섭단체 간 의사일정이 협의되지 않아 회의를 열지 못하다가 7월 26일 폐회되었다.

임시회의 집회요구 이유는 사면, 복권 및 구속자 석방, 부실기업과 중소기업대책, 학원대책 등을 묻기 위함이었다. 그 경과를 보면, 신한민주당의원들이 3일간 출석하였으나 여당인 민주정의당의원들이 출석을 거부하여 7월 25일까지 공전되었으며, 그동안 7월 20일 3당대표회담, 7월 23일부터 7월 25일까지 3당 총무회담으로 7월 26일 남북국회 회담과 관련하여 하루 회의를 열고 폐회하기로 합의하였다. 7월 26일 첫 회의를 개의하여 회기를 7월 15일부터 7월 26일까지 12일간으로 의결하고 동일 '남북국회회담 제1차 예비접촉에 관한 보고'만을 듣고 폐회하였다.

제128회 국회(정기회) 기간 중인 1985년 12월 2일 여당인 민주정의당은 1986년도 예산안을 단독으로 기습 처리하였다. 그 과정을 보면, 민주정의당은 이날 오전 7시 4분 본회의장이 아닌 의사당 1층 146호실에서 예산결산특별위원회와 본회의를 단독으로 열어 문을 걸어 닫은 채 새해 예산안과 예산부수법안을 전격 가결하였다.

이때 2층 본회의장에서 의원총회를 막 끝낸 신한민주당의원들이 민주정

---

13) 국회사무처, 『국회선례집』(2000), 61쪽.

의당 의원총회 소식을 듣고 김동영 총무를 선두로 수십 명이 1층으로 내려가 민주정의당 소속 보좌관들을 몰아내고 유리창을 깨뜨린 후 146호실 문을 두드리면서 "날치기다."라고 소리쳤다. 신한민주당이 즉각 법안처리의 무효를 선언하고 단식농성에 돌입하자 정국이 경색되었다.

제131회 국회(정기회)가 열리고 있던 1986년 10월 17일 새벽 2시 '국회의원(유성환) 체포동의의 건'이 가결되었다. 민주정의당은 전날인 16일 밤 경호원이 발동된 가운데 국회의사당 참의원회의실에서 '유성환의원체포동의안'을 단독으로 가결 처리하였다. 이에 10월 22일 속개된 국회 본회의 도중 신한민주당의원들이 이 동의안의 변칙처리에 대한 이재형 의장의 책임문제를 들어 의석에서 의장을 야유하며 사회진행을 거부하기도 하였다. 유성환 의원의 구속은 현역 의원이 회기 중 처음으로 체포된 사례이기도 하다.

같은 회기 중인 12월 2일 여당인 민주정의당은 단독으로 예산결산특별위원회 전체회의와 본회의를 열어 1987년도 예산안과 조세감면규제법개정안 등 21개 법안을 단 2분 만에 변칙처리하였다.

이를 뒤늦게 알고 달려온 신민당의원들은 문이 잠겨 있어 회의가 끝날 때까지 들어오지 못하였다. 신민당의원들은 회의가 끝나고 문이 열리자 '사기꾼', '파렴치범' 등의 욕설을 퍼붓고 민주정의당의원들과 몸싸움을 벌였다.[14] 이에 앞선 12월 1일 밤 11시 30분경 이재형 국회의장이 본회의 개의를 위하여 의장석으로 진입하려다가 신민당의원들에게 저지당하였다. 야당인 신한민주당소속의원 87명은 이에 항의하여 의원직 사퇴서를 제출하였다.

---

14) ≪동아일보≫, 1986년 12월 2일자.

<표 5-15> 제12대 국회 집회상황

회별	회별	개회일	폐회일	회기	본회의 개의일수	비고
제125회	임시	1985. 5. 13	1985. 6. 11	30	18	
제126회	임시	1985. 7. 15	1985. 7. 26	12	1	
제127회	임시	1985. 8. 24	1985. 8. 31	8	3	
제128회	정기	1985. 9. 20	1985. 12. 18	90	20	
제129회	임시	1986. 3. 21	1986. 4. 9	20	10	
제130회	임시	1986. 6. 5	1986. 6. 24	20	10	
제131회	정기	1986. 9. 20	1986. 12. 18	90	21	
제132회	임시	1987. 1 26	1987. 1. 28	3	1	
제133회	임시	1987. 5. 4	1987. 5. 13	10	6	
제134회	임시	1987. 6. 4	1987. 7. 3	30	0	공전
제135회	임시	1987. 8. 7	1987. 8. 14	8	4	
제136회	임시	1987. 9. 11	1987. 9. 19	9	1	
제137회	정기	1987. 9. 21	1987. 11. 10	51	13	회기단축
제138회	임시	1988. 1. 18	1988. 1. 29	12	6	
제139회	임시	1988. 2. 10	1988. 2. 23	14	3	
제140회	임시	1988. 3. 2	1988. 3. 8	7	3	

제132회 국회가 신한민주당·한국국민당(김현규 의원·김용채 의원 외 109인)의 집회요구로 1987년 1월 26일 소집되었다. 임시회의 집회요구 이유는 대학생 박종철 군에 대한 경찰의 고문치사사건을 추궁하기 위함이었다. 집회 직전 여야 간에 의사일정협의가 이루어져 첫날 이 사건에 대한 보고와 질의를 마쳤으나 인권특별위원회의 구성과 관련하여 의견 절충이 이루어지지 않아 그 후 회의가 이루어지지 못하고 폐회되었다. 회의경과를 보면, 1월 26일 제1차 본회의에서 회기를 1월 26일부터 28일까지 3일간에 의결하고 동일 '박종철 사망사건에 관한 보고'와 질의를 행한 후 1월 28일 폐회하였다.

제134회 국회는 여당과 시민, 학생들에 의한 민주화 요구시위가 절정에 달할 무렵인 1987년 6월 4일 야당 통일민주당·신한민주당·한국국민당(김현규 의원·이택돈 의원·양정규 의원 외 114인)의 집회요구로 소집되었다. 그러나 여당인 민주정의당이 불참함으로써 국회는 회기 30일 동안 단 하루도 개의하지 못한 채 공전하다가 1987년 7월 3일 법정기간 만료로 폐회되었다.

임시회의 집회요구 이유는 박종철 군 고문치사사건 및 진상은폐·범인조

작사건조사를 위한 국정조사권을 발동하기 위함이었다. 그 경과를 보면, 여야 간 국회소집에는 의견 접근이 되었으나 국정조사권발동문제, 소집시기문제 등의 논란 와중에 야당 3당의 요구로 집회되었다. 6·10대회, 명동성당 사건 등 정치상황의 급변으로 장외투쟁이 계속되어 본회의는 한 번도 개의되지 않았다.

제140회 국회 마지막 날인 1988년 3월 8일 국회의원선거법 등의 의안이 변칙으로 처리되었다. 국회는 이날 새벽 본회의를 열고 야당의원들이 단상 주변을 점거, 격렬하게 반대하는 가운데 224개의 선거구를 채택하는 내용의 민주정의당 측 국회의원선거법 개정안을 기습적으로 처리하였다.

장성만 부의장은 이날 새벽 2시 10분 민주정의당의원 10여 명과 경위 20여 명의 호위 속에 의장석 뒷문으로 입장, 자정을 넘겨 자동 유회된 본회의를 속개한 후 선거법안을 상정하고 제안설명과 찬반토론 등 일체의 의사절차를 생략한 채 1분 만에 마이크도 없이 육성으로 가결 처리하였다. 단상 주변에 있던 통일민주당과 평화민주당의원들은 장 부의장이 급히 의장석으로 와서 의사봉을 잡는 순간 "날치기다."라고 외치며 격렬하게 항의하였으나 의안은 이미 처리된 후였다.

13) 제13대 국회

제13대 국회는 제141회 국회부터 제156회 국회까지 임시회 12회, 정기회 4회의 집회가 있었다. 제13대 국회의 본회의 개의일수는 165일이고 연평균 본회의 개의일수는 41일이다.

1973년부터 매년 9월 20일 소집되던 정기회는 정기국회의 회기일수가 100일로 연장됨에 따라 1988년부터는 정기회 집회일을 10일 앞당겨 9월 10일로 변경하였다. 또 연중 총회기 일수는 150일을 초과할 수 없도록 한 규정을 삭제하여 의정활동 활성화에의 길을 터놓았다.

제144회 정기회 회기 중인 1988년 9월 15일 제24회 서울올림픽과 관련하여 15일간 휴회를 결정하였다.

　　제148회 국회가 열리고 있던 1990년 3월 12일 국회국방위원회는 야당의원들의 반발 속에 정부가 제출한 국군조직법개정안을 일부 수정하여 변칙으로 가결하였다. 이날 동 위원회에서 유학성 위원장은 법안설명을 듣고 찬반토론, 토론종결, 표결선포 등의 통상적 의사절차를 생략한 채 "이의 없느냐?"고 물은 뒤 평화민주당의원들이 "이의 있다."고 반발하는 가운데 손바닥으로 탁자를 치며 가결을 선포하였다.[15]

　　이는 3당합당(민주정의당, 통일민주당, 신민주공화당의 합당, 1990. 2. 15 합당등록) 후 발생한 첫 변칙처리 사례이다. 민주자유당은 3월 13일 통합추진위원회 회의를 개최한 자리에서 12일 국방위원회에서의 국군조직법개정안 변칙가결처리는 절차상 문제가 있었다는 결론을 내리고 이 법안을 이번 회기에는 처리하지 않기로 결정하였다.

　　제149회 국회는 민주자유당(김동영 의원 외 217인)의 소집요구에 의하여 1990년 5월 29일 집회되었다. 집회요구 이유는 국회의장단선거를 실시하기 위함이었다. 그러나 상임위원장직 배분관계로 야당의원들이 불참함에 따라 여당인 민주자유당 단독으로 의장 및 부의장 1인을 선출하고 1일간의 회기를 마쳤다.

　　3당통합으로 창당된 민주자유당은 거대 여당이 되었음에도 국회운영이 여의치 않자 밀어붙이기식의 국회운영을 계속하였다.

　　제150회 국회 기간 중인 1990년 7월 10일 문교공보위원회에서는 여당의원들만이 참석한 가운데 방송관계법안을 기습 처리하였고, 11일에는 국방위원회에서 국군조직법안중개정법률안을 질의나 토론 없이 처리하였다. 7월 14일 본회의에서는 광주보상법안, 국군조직법안중개정법률안, 방송관계법중개정법률안 등 26개 의안(이 중 법률안 14건)이 변칙처리되었다. 이때 김재광 부의장은 의장석이 아닌 일반의원 의석에서 갑자기 기립하여 마이크를 사용하지 않고 의사봉도 없이 "이의 없으십니까?"라고 물은 후 30초 만에 의안을 처리하였다. 이날의 본회의에서는 토론이나 질의가 없었고 부의장

주변의 의원들 외에는 회의진행 내용조차 모르는 상황에서 적법한 절차 없이 법률안이 의결되었다.[16]

통일민주당의 김정길·이철·노무현 의원과 평화민주당의 이해찬 의원은 7월 13일 오전 여당 측의 쟁점법안 강행처리와 야당 측의 실력저지가 맞부딪쳐 국회운영이 파행으로 치닫는 상황에서 의원직 사퇴서를 박준규 국회의장에게 제출하였다. 이들은 하루빨리 야권이 단일정당으로 통합되어야 한다고 주장하였다.

이처럼 제150회 국회에서는 대부분의 법안들이 심사나 논의도 되지 않은 상태에서 처리되었고, 이에 반발한 야당의원 75명이 7월 23일 의원직 사퇴서를 제출하는 등 의정활동에 막대한 지장을 초래하였다.

제151회 국회(정기회) 폐회를 하루 앞둔 1990년 12월 17일 국회농림수산위원회는 위원회를 기습 개의하여 야당의원들이 참석하지 않은 가운데 추곡수매동의안을 변칙으로 가결 처리하였다. 국회는 12월 18일 본회의를 개의하여 박준규 의장이 그동안 추곡구매동의안 심의과정과 농어촌구조개선을 위하여 1천억 원의 예산을 여야의 노력으로 증액하였고, 1992년까지 농업기반조성기금으로 5천억 원을 마련하는 등 국회가 농어민을 위하여 많은 노력을 하였다고 말한 후 19개 안건을 일괄 상정하였다.

새해 예산안과 예산부수법안은 표결로 처리하였으나 추곡수매동의안 등 일반 의안은 평화민주당의원들의 의사진행 방해로 처리되지 못하였다. 이에 박준규 의장은 밤 11시 35분 민주자유당의원들의 호위를 받으며 입장, 등단하여 추곡수매동의안 등 19개 안건을 일괄 상정하고 제안설명과 심사보고를 생략한 채 20여초 만에 가결을 선포하였다. 이 과정에서 평화민주당의원들이 의장석으로 달려가 의사진행에 대한 실력저지를 시도하면서 의장석 주변에서는 여야의원들 사이에 격한 몸싸움이 벌어졌다.[17]

제151회 국회(정기회)는 새해 예산안과 소득세법개정안 등 일반 법안 33건과 추곡수매동의안, 1991년 산업금융채권발행동의안 등 36건의 안건을 처

---

16) ≪중앙일보≫, 1990년 7월 11일자.

17) ≪서울신문≫, 1990년 12월 19일자, ≪동아일보≫, 1990년 12월 19일자.

리하고 12월 18일에 폐회하였다.

제153회 국회는 1991년 3월 7일 야당인 평화민주당·민주당(김영배 의원·김정길 의원 외 78인)의 소집요구로 개회되었으나 본회의를 단 하루도 열지 못한 채 약 1개월 동안 공전하다가 1991년 4월 5일 30일간의 법정 기간 만료로 폐회되었다. 임시회의 집회요구 이유는 수서지구택지특혜분양사건진상조사를 위한 국정조사권의 발동에 있었다.

제154회 국회는 1991년 5월 10일 열린 본회의에서 경찰법안과 국가보안법중개정법률안을 변칙처리하였다. 민주자유당은 이달 오후 최대 현안이 된 국가보안법개정안과 경찰법을 신민주연합당(평화민주당과 신민주연합당의 통합신당) 의원들의 실력저지 속에 기습적으로 본회의에 상정한 후 변칙처리하였다. 이날 오후 3시 20분 박준규 국회의장은 본회의장 진입을 막고 있는 신민주연합당의원들을 따돌리고 민주자유당의원들과 국회경위들의 호위를 받으며 본회의장으로 들어가 김영삼 민주자유당대표최고위원 좌석 옆 통로에 서서 35초 만에 이들 법안을 가결 처리하였다. 박준규 의장은 미리 준비한 무선마이크를 통하여 "제안설명과 심사보고는 유인물로 대체하겠다. 이의 있느냐"고 물었다. 신민주연합당의원들은 민주자유당의원들이 둘러싼 방어벽 때문에 의장에게 접근하지 못하고 "이의 있다." 또는 "무효다."라고 소리쳤으나 박 의장은 일부 이의가 있으나 표결할 수 없는 상태이고 다수의원이 찬성하므로 가결을 선포한다고 말하였다.

박준규 의장이 두 법안을 처리하기에 앞서 이날 오후 2시 40분경 본회의장에 들어오는 의장을 호위하는 민주자유당의원들과 이를 막는 야당의원들 사이에 격렬한 몸싸움이 벌어졌는데 이 과정에서 신민주연합당의 이영권 의원이 부상을 당하여 병원으로 옮겨지는 사태가 발생하였다. 여당의 변칙처리에 항의하여 신민주연합당의원들은 10일부터 11일 자정까지 본회의장에서 항의농성을 벌였다.

제13대 국회의 마지막 정기국회인 제156회 국회 기간 중인 1991년 11월 26일 내무위원회에서 바르게살기운동조직육성법안을, 재무위원회에서 세법관계개정법률안들을, 건설위원회에서 제주도개발특별법안을 토론이나 질의 등의 절차를 생략한 채 전격 의결하였다.

국회는 12월 3일 새벽 4시 38분 총규모 33조 2천억 원의 새해 예산안을 야당의원들의 반대 속에 기립표결에 부쳐 가결 처리하였다. 여야의 협상이 난항을 거듭하면서 예산안의 본회의 처리는 그동안 7차례나 연기되어 왔다. 그 과정을 보면 12월 2일 본회의는 밤 11시 30분에 개의되었는데 우선 조세감면규제법안을 비롯한 6개 예산부수법안 등 8개 법안을 민주당이 기권한 가운데 표결처리한 뒤 예산결산특별위원회의 예산안 회부를 기다리기 위하여 정회하였다. 본회의는 3일 새벽 3시 30분에 속개되어 수정안에 대한 김용태 예산결산특별위원장의 심사보고와 찬반토론, 표결 등의 순서로 1시간 10여 분 동안 진행되어 새벽 4시 45분에 종료되었다.

회기 마지막 날인 12월 18일에도 여야 간 의견이 일치하지 않은 의안들이 변칙처리되었다. 그 과정을 보면 민주당은 12월 18일 오후 2시부터 박준규 의장의 본회의장 입장 자체를 실력으로 저지하였는데 그 과정에서 여야의원들 사이에 심한 몸싸움이 벌어졌다. 이에 박 의장은 밤 11시 18분경 의장전용통로를 이용하여 본회의장에 들어와 11시 45분 여당인 민주자유당이 제출한 추곡수매동의안, 제주도개발특별법안, 바르게살기운동조직육성법안 등 3개 쟁점의안을 여야의원들이 몸싸움을 벌이는 가운데 변칙 가결 처리하였다.

〈표 5-16〉 제13대 국회 집회상황

회별	회별	개회일	폐회일	회기	본회의 개의일수	비고
제141회	임시	1988. 5. 30	1988. 5. 31	2	2	
제142회	임시	1988. 6. 10	1988. 7. 9	30	20	
제143회	임시	1988. 7. 18	1988. 7. 23	6	2	
제144회	정기	1988. 9. 10	1988. 12. 18	100	17	
제145회	임시	1989. 2. 13	1989. 3. 9	25	9	
제146회	임시	1989. 5. 9	1989. 5. 29	21	7	
제147회	정기	1989. 9. 11	1989. 12. 19	100	18	
제148회	임시	1990. 2. 20	1990. 3. 16	25	9	
제149회	임시	1990. 5. 29	1990. 5. 29	1	1	
제150회	임시	1990. 6. 18	1990. 7. 17	30	11	

회별	회별	개회일	폐회일	회기	본회의 개의일수	비고
제151회	정기	1990. 9. 10	1990. 12. 18	100	19	
제152회	임시	1991. 1. 21	1991. 2. 9	20	11	
제153회	임시	1991. 3. 7	1991. 4. 5	30	–	공전
제154회	임시	1991. 4. 19	1991. 5.11	23	12	
제155회	임시	1991. 7. 8	1991. 7. 24	17	7	
제156회	정기	1991. 9. 10	1991. 12. 18	100	20	

본회의가 끝난 직후 여야의원들이 퇴장할 때 야당의원 보좌관들이 의장을 떼밀어 의장의 안경이 깨지는 등 소동이 벌어졌고, 이 과정에서 민주자유당 최형우 의원이 민주당 이철 의원에게 폭행을 가하는 사태가 발생하기도 하였다.[18]

14) 제14대 국회

제157회부터 제178회까지 임시회 18회, 정기회 4회의 집회가 있었다.

1992년 6월 29일 여당인 민주자유당(김용태 의원 외 158인)의 소집요구로 개회된 제157회 국회는 의장·부의장선거와 개회식만 거행하고 지방자치단체장 및 상임위원장 선거문제로 의사일정이 협의되지 못하여 공전하다가 7월 28일 30일간의 법정기간 만료로 폐회되었다. 집회요구 이유는 국회의장단선거의 실시문제였다. 그러나 의장 및 부의장 선거를 실시한 후 지방자치단체장선거와 상임위원장 선거문제를 둘러싼 여야 간의 이견으로 공전되었다. 본회의는 6월 29일 제1차 본회의에서 의장·부의장을 선출하고, 7월 3일 제2차 본회의에서 회기를 30일간으로. 의결한 후 7월 8일 이후 공전하다가 폐회하였다.

제158회 국회는 민주자유당(김용태 의원 외 156인)의 소집요구로 1992년 8월 1일 집회되었다. 집회요구 이유는 제14대 국회 원 구성과 현안 민생문제를 논의하기 위함이었다. 소집 후 5차 본회의가 개의되었으나 여야 간에 지방자치단체장 선거실시문제와 상임위원장 선거문제의 이견으로 원 구성을 하지 못하였다. 회의는 제1차 본회의에서 회기를 14일 동안 하기로 하였고, 제2차 본회의부터 제4차 본회의는 유회되었으며, 제5차 본회의에서 감사원

---

18) ≪한국일보≫, 1991년 12월 19일자.

장임명동의안, 대법관임명동의안, 국회사무총장임명승인안 등을 처리하고 1992년 8월 14일 폐회하였다.

1992년 9월 14일 개회된 제159회 국회(정기회)는 이에 앞서서 지방자치단체장 선거실시시기와 원 구성 문제 및 대통령선거법 등의 개정문제에 대한 교섭단체 간의 합의가 이루어지지 않아 본회의가 개의되지 않다가 9월 30일 3당 대표가 상임위원장 선거 및 정치관계특위 구성 등을 합의함으로써 10월 2일부터 본회의가 재개되었다. 대통령선거 일정관계로 11월 21일부터 12월 22일까지 32일간 본회의 휴회를 결의하였다.

제165회 국회(정기회)가 열린 1993년 12월 2일 밤 10시 20분경 속개된 예산결산특별위원회에서는 민주당 등 야당의원들이 몸으로 강행처리를 저지하고 나선 가운데 김운환 민주자유당 간사가 회의장 중앙통로에서 민주자유당의원들의 호위를 받으며 선 채로 새해 예산안 상정을 선언한 뒤 정부 측 수정예산안을 변칙으로 가결 처리하였다. 이날 농림수산위원회와 재무위원회에서도 추곡수매동의안, 세법안이 변칙으로 가결되었다.

예산결산특별위원회의 변칙처리에 이어 밤 11시 40분경 황낙주 부의장은 예산안처리의 사회를 보기 위하여 여당의원 20여 명의 호위를 받으며 본회의장 의장석으로 다가갔다. 이때 야당 민주당의원들이 부의장에게 달려들어 입을 틀어막고 머리를 끌어당기기도 하였다. 황 부의장은 입술이 찢기고 안경이 깨졌으며 실신하여 병원으로 이송되었다.[19] 위원회에서의 변칙처리파동 이후 여야의 협상이 재개되어 5일 후인 12월 7일 양측 합의하에 새해 예산안을 가결하였다.[20]

이번 정기국회는 9월 11일부터 9월 15일까지 '12·12군사쿠데타적 사건 및 율곡사업, 평화의 댐 건설' 등에 관한 국정조사기간의 연장 및 전두환, 노태우 전 대통령 증인출석문제로 여야 간 의사일정 합의에 진통을 겪다가

---

19) ≪동아일보≫, 1993년 12월 3일자.

20) 여야는 본회의에 앞서 총무회담을 갖고 추곡수매는 정부안인 960만 섬보다 40만 섬 늘어난 1천만 섬을 수매하기로 합의하였다. 예산결산특별위원회에서 변칙처리된 새해 예산안은 총액 43조 2,500억 원으로 변동이 없으나 내용을 조정하여 가결하기로 합의하였다. 또 국가안전기획부법안은 예비비를 사용할 때에는 국회보고를 의무화하였고, 수사권을 축소하였으며, 인권침해에 대한 처벌을 강화하였다.

9월 16일 제1차 본회의를 개의하였다. 그러나 12월 2일부터 12월 6일까지 국가안전기획부법중개정법률안과 예산결산특별위원회에서의 예산안 변칙처리에 대하여 민주당의원들이 본회의 개의를 반대하다가 12월 7일 제19차 본회의에서 예산안을 처리하였다.

제167회 국회는 민주자유당·민주당(이한동·김태식·양정규 의원 외 266인)의 소집요구로 1994년 4월 18일 집회되었다. 집회요구 이유는 상무대 공사대금 일부정치자금 유입의혹사건의 진상조사를 위한 국정조사요구서를 처리하기 위함이었다. 그 경과를 보면, 국정조사계획서에 대한 여야의 합의가 이루어지지 않아 2차례 회기연장이 있었음에도 조사계획서를 작성하지 못하였다. 회의는 제4차 본회의에서 민주당의원들이 불참한 가운데 '국무총리(이영덕) 임명동의의 건'을 처리하고 1994년 4월 29일 폐회하였다.

제170회 국회(정기회) 회기 중인 1994년 11월 4일 '사회·문화에 관한 질문' 도중 검찰의 12·12사건 관련자 기소유예처분에 대하여 민주당 측이 이의를 제기한 후 그 다음 날부터 장외투쟁 및 회의불참을 당론화함에 따라 11월 24일까지 본회의는 개의되지 않았다. 11월 25일 예산안의 법정처리시한이 얼마 남지 않자 민주자유당은 단독으로 본회의를 개의하여 12월 1일까지 휴회를 결의하였다.

제170회 국회(정기회)의 회기를 마감할 시점인 12월 2일 민주자유당의 이춘구 부의장은 오후 8시 30분 본회의장을 점거하고 있던 민주당의원들을 피하여 본회의장 2층의 지방기자 취재석에서 의사를 진행, 1995년도 예산안 등 47개 의안을 일괄 상정한 뒤 20초 만에 모두 가결 처리하였다. 이춘구 부의장은 이날 권해옥 의원과 송영진 의원을 대동하고 지방기자석에 들어와 무선마이크를 통하여 사회를 보았는데 제안설명과 심사보고는 유인물로 대체하였고 1층의 본회의장 의원석을 향하여 "이의가 있느냐"고 묻고 가결을 선포하였다. 의사봉 3타가 법적 구속력을 갖는 것은 아니지만 이때는 의사봉을 두드리지도 않았다.[21]

---

21) ≪중앙일보≫, 1994년 12월 3일자.

정부 여당이 이렇게 의안을 변칙적으로 처리하자 야당이 반발하면서 12월 3일과 5일의 본회의는 개의되지 않았다. 4일 전의 새해 예산안처리에 대하여 국회의장이 사과하고, 민주당대표의원의 변칙처리의 부당성에 대한 발언을 전제로 12월 6일 본회의가 개의되었다.

제172회 국회는 민주자유당·민주당(현경대·신기하 의원 외 269인)의 소집요구로 1995년 2월 20일 집회되었다. 집회요구 이유는 교섭단체대표연설, 대정부질문, 그리고 민생현안을 위한 심의였다. 그러나 민주당은 기초자치단체 선거의 정당공천을 배제하려는 민주자유당의 '공직선거 및 선거부정방지법안' 처리를 저지하기 위하여 3월 6일 소속의원들을 황낙주 국회의장 공관과 이한동 부의장 자택에 보내 의장과 부의장의 등원 자체를 막는 한편 국회내무위원회 회의장을 점거하였다. 의원들이 국회의장을 공관에 억류하는 사태가 벌어진 것은 헌정사상 초유의 일이다.

제172회 국회는 국회의장공관 및 부의장 사택 점거사태로 회의를 열지 못하다가 1995년 3월 7일 폐회하였다.

제173회 국회는 제172회 국회에서 여야의 협상결렬로 처리하지 못한 4개 지방선거에 대비한 공직선거 및 선거부정방지법 등 법안처리 및 현안심의를 위하여 제172회 국회 회기 중인 3월 6일 민주자유당 현경대의원 외 171인(전원 민주자유당원)의 요구로 소집되었다.

제173회 국회는 3월 9일부터 소집되었으나 민주자유당의 상기 법안 단독 처리를 저지하기 위하여 민주당의원들이 의장공관 및 이한동 부의장 사택을 점거함으로써 국회의장·부의장의 등원이 봉쇄되어 개회식을 거행하지 못하였다. 황낙주 의장과 이한동 부의장은 9일과 10일에도 몇 차례 등원을 시도하였으나 불발로 끝나고 본회의도 자동 유회되었다.

결국 일요일인 3월 12일 새벽 1천여 명의 경찰이 의장공관에 투입되었다. 일주일간에 걸친 공관점거사태는 충돌 없이 종료되고 여야 간의 공직선거법 협상이 계속 이어졌다. 국회는 6일간 공전한 후 3월 15일 오후 본회의를 열어 합의된 내용의 선거법안을 가결하고 3월 18일 폐회되었다. 합의된 선거법안은 기초선거에서 단체장은 정당공천을 허용하지만 의회의원의 공천은 배제하며, 광역의회에 10%의 비례대표제를 도입하는 내용이다.

⟨표 5-17⟩ 제14대 국회 집회상황

회별	회별	개회일	폐회일	회기	본회의 개의일수	비고
제157회	임시	1992. 6. 29	1992. 7. 28	30	2	공전
제158회	임시	1992. 8. 1	1992. 8. 14	14	5	
제159회	정기	1992. 9. 14	1992. 12. 22	100	16	회기단축
제160회	임시	1993. 2. 9	1993. 2. 28	20	9	
제161회	임시	1993. 4. 26	1993. 5. 20	25	12	
제162회	임시	1993. 7. 2	1993. 7. 13	12	5	
제163회	임시	1993. 8. 16	1993. 8. 20	5	2	
제164회	임시	1993. 8. 30	1993. 8. 30	1	1	
제165회	정기	1993. 9. 10	1993. 12. 18	100	23	
제166회	임시	1994. 2. 15	1994. 3. 4	18	11	
제167회	임시	1994. 4. 18	1994. 4. 25	8	4	
제168회	임시	1994. 5. 21	1994. 5. 21	1	1	
제169회	임시	1994. 6. 25	1994. 7. 14	20	15	
제170회	정기	1994. 9. 10	1994. 12. 18	100	20	일시공전
제171회	임시	1994. 12. 19	1994. 12. 23	5	2	
제172회	임시	1995. 2. 20	1995. 3. 7	16	8	
제173회	임시	1995. 3. 9	1995. 3. 18	10	2	
제174회	임시	1995. 5. 1	1995. 5. 4	4	1	
제175회	임시	1995. 5. 8	1995. 6. 6	30	–	공전
제176회	임시	1995. 7. 5	1995. 7. 15	11	8	
제177회	정기	1995. 9. 11	1995. 12. 19	100	18	
제178회	임시	1996. 1. 10	1996. 1. 27	18	2	공전(15일)

제174회 국회는 민주자유당·민주당(현경대·신기하 의원 외 268인)의 소집요구로 1995년 5월 1일 집회되었다. 집회요구 이유는 5개 시·군의 통합에 따른 법안 및 현안문제를 심의하기 위함이었다. 그 경과를 보면, 4월 28일 대구지하철가스폭발사고 등과 관련하여 의사일정(대정부질문 기간을 민주자유당은 2일, 민주당은 3일을 주장)을 합의하지 못하여 3일간 공전하다가 5월 4일 제1차 본회의에서 민주당이 불참한 가운데 '대구가스폭발사고에 관한 긴급현안 질문' 등을 행하고 1995년 5월 4일 폐회하였다.

1995년 5월 8일 민주당(신기하 의원 외 98인)의 요구에 의하여 소집된 제

175회 국회는 본회의가 하루도 열리지 못하고 공전하다가 6월 6일 폐회되었다. 집회요구 이유는 대구지하철가스폭발사고와 관련한 대정부질문 및 진상규명을 하기 위함이었다. 그 경과를 보면, 여당 민주자유당이 불참한 가운데 야당만으로 개회식을 거행하고 30일간 공전하다가 폐회하였다. 1996년 1월 10일 개회된 제178회 국회 역시 2일간의 본회의 개의를 제외하고는 공전하다가 1월 27일 폐회되었다.

15) 제15대 국회

제179회부터 제199회까지 임시회 29회, 정기회 4회의 집회가 있었다.

여야는 정기국회인 제181회 국회 기간 중에 국회에서 국정현안이 되어온 경제협력개발기구(OECD) 가입비준동의안과 제도개선협상안을 합의 처리하였으나 노동관계법 개정안과 국가안전기획부법중개정법률안 처리에서는 의견의 일치를 보지 못하였다.

이에 여당인 신한국당은 제182회 국회를 소집하고 회기 초반인 1996년 12월 26일 새벽 6시 국회 본회의에서 단독으로 '노동조합 및 노동관계조정법안'과 '국가안전기획부법중개정법률안' 등 11개 법률안을 7분 만에 변칙 처리하였다. 오세응 국회부의장의 사회로 진행된 이날 본회의는 소속의원 157명 중 김수한 국회의장과 대통령특사로 외유 중인 김윤환 의원을 제외한 155명이 참석하였는데 회의장에 늦게 도착한 이신범 의원을 제외한 154명 전원이 만장일치로 의안을 가결 처리하였다.[22]

제182회 국회는 1996년 12월 23일에 집회되었으나 국가안전기획부법과 노동관계법 개정문제로 교섭단체 간 의사일정이 합의되지 않아 집회일부터 공전하다가 12월 26일 여당 단독으로 개의되어 국가안전기획부법안 등 11개 법률안을 처리하였다.

---

22) ≪한겨레≫, 1996년 12월 27일자. 새정치국민회의와 자유민주연합은 12월 30일, 여당 단독으로 처리한 노동관계법 및 국가안전기획부법중개정법률안에 대한 효력정지가처분을 위하여 헌법소원과 권한쟁의 심판청구서를 헌법재판소에 제출하였다. 또 1997년 1월 21일에는 이들 법률안의 변칙처리문제와 관련하여 김영삼 대통령 · 김대중 총재 · 김종필 총재의 영수회담이 있었다.

　제185회 정기회는 제15대 대통령선거(1997. 12. 18.)와 관련하여 회기 100일 중 1997년 11월 19일부터 12월 18일까지 30일간을 휴회하기로 의결하였다.

　1998년 2월 2일 제188회 국회가 개회되어 의정활동을 하던 중 회기를 연장하여 2월 17일 폐회하였는데 이는 임시회 회기가 연장된 최초의 사례이다. 제188회 국회(임시회) 기간 중인 1988년 2월 14일 한나라당은 국회운영위원회에서 여당인 새정치국민회의 · 자유민주연합소속의원들이 불참한 가운데 인사청문회법안을 단독으로 가결 처리하였다.

　제189회 국회는 국무총리 및 감사원장임명동의안을 처리하기 위하여 집회되었다. 그러나 한나라당이 '국무총리(김종필)임명동의안'에 반대하여 3월 1일까지 본회의가 개의되지 못하였다. 3월 2일 본회의가 개의되었으나 회기만 결정하고, '국무총리(김종필)임명동의안'은 상정 후 투표실시 중 여당의 '백지투표 주장'으로 중단되었다. 자정에 이르러 회기종료로 폐회되고 투표함은 보관되다가 8월 17일에 겨우 수습되었다. 이날의 임명동의안 처리를 둘러싼 여야 간의 분쟁에 대하여 헌법재판소는 일단 국회관행과, 국회의장의 의사진행에 관한 포괄적인 권한 및 책임을 인정하였다. 당시 투표 도중 투표유효 여부를 둘러싼 여야의원들 간의 언쟁과 몸싸움 때문에 투표가 중단되고 본회의가 자동 산회되었다면 이 절차에 관한 궁극적인 판단과 결정은 국회의장에게 유보되어 있다고 보았다.[23] 이로써 5개월 보름 동안의 총리서리체제 국정운영이라는 기록이 남게 되었다.

　제190회 국회는 1998년 3월 6일 '국무총리임명동의안 개표의 건'과 '감사원장임명동의의 건'을 처리하기 위하여 소집, 개회되었다. 집회일인 3월 6일부터 현안문제에 대한 교섭단체 간 이견으로 본회의가 개의되지 않다가 3월 16일 제1차, 3월 25일 제2차 본회의가 개의되었으며 회기를 연장하여 4월 4일 폐회하였다.

　제191회 국회는 당초 1998년 4월 8일부터 5월 7일까지 30일간으로 회기

---

23) 우병규, 「변칙국회와 외부의 압력」, ≪국회보≫(2000. 4), 25쪽.

를 결정하였으나 4월 15일부터 4월 23일까지 공직선거법에 대한 교섭단체 간의 이견으로 공전되다가 4월 24일 국회운영위원회에서 '공직선거 및 선거 부정방지법중개정법률안' 등을 처리하고 당초의 회기에서 13일간을 단축한 4월 24일 폐회하였다.

제193회 국회는 한나라당(하순봉 의원 외 148인)의 집회요구로 의장단 선출, 위원장 선출 등 후반기 원 구성을 위하여 1998년 5월 25일 개의되었다. 한나라당 단독으로 소집을 요구하였는데 원 구성에 관한 교섭단체 간의 이견으로 의사일정이 합의되지 않음으로써 본회의는 단 한 번도 열지 못하고 6월 23일 법정 기간 만료로 폐회되었다.

제194회 국회는 한나라당(하순봉 의원 외 147인)의 집회요구로 1998년 6월 24일 집회되었다. 후반기 원 구성을 위하여 한나라당이 단독으로 소집을 요구하였으나 의장 및 부의장 선출과 국회법 개정에 관한 교섭단체 간의 합의가 이루어지지 않아 본회의는 단 한 번도 개의되지 않다가 7월 23일 폐회되었다. 1998년 9월 4일 개회된 제197회 국회 역시 공전되다가 폐회되었다.

제198회 국회(정기회)는 1998년 9월 10일 집회되었다. 그러나 국세청을 통한 대선자금모금사건 및 정치권에 대한 검찰수사 등으로 인한 교섭단체 간 입장 차이로 야당인 한나라당이 장외투쟁을 계속하여 9월 25일 새정치국민회의와 자유민주연합소속의원만이 모여 회기를 결정하고 단독 국회운영 방침을 밝혔다. 그러던 중 10월 10일 3당 총무회담에서 국회를 정상화하기로 하고 이후의 의사일정은 수석부총무회담에서 합의하여 10월 13일 제2차 본회의를 개의하였다.

제199회 국회는 한나라당(박희태 의원 외 136인)의 집회요구로 1998년 12월 19일 개회하였다. 집회일인 12월 19일에 제1차 본회의를 개의하여 제4차 본회의까지 개의하였으나 한나라당의 국회의사당 529호실 자료공개요구와 국가안전기획부의 정치사찰에 대한 정부 측의 사과를 요구하는 등 교섭단체 간의 대립으로 개의되지 않다가 여당의 단독처리가 3차례 있었다. 회기 동안 7차례의 본회의가 개의되었으나 제5차, 제6차, 제7차 본회의는 새정치국민회의와 자유민주연합, 무소속의원만으로 안건을 처리하였다.

1999년 1월 6일 여당인 새정치국민회의는 본회의에서 '교원노조설립법안'과 '교원정년단축관련교육공무원법개정안' 등 65개 법안과 한일어업협정비준동의안을 야당인 한나라당의 반대 속에 15분여 만에 변칙처리하였다. 새정치국민회의의 김봉호 부의장은 이날 오후 2시 35분에 본회의 개의를 선언한 뒤 오후 3시 27분경 의사정족수를 넘기자 곧바로 법안제안설명과 심사보고를 생략한 채 상정된 의안을 모두 가결, 처리하였다. 한나라당의원들은 이날 본회의장 입구를 막고 여당의원들의 입장을 저지하였으며 여당의원들과 몸싸움을 벌이기도 하였다. 한나라당은 본회의 직후 긴급의원총회를 열었으며 이날 밤 늦게 본회의장에서 심야의원총회를 열고, 여당이 1월 5일과 6일 이틀간 불법으로 처리한 138개 법안은 완전 무효라고 주장하였다.

제200회 국회는 한나라당(박희태 의원 외 135인)의 집회요구로 1999년 1월 8일 소집되어 한나라당의원들만으로 제1차 본회의를 개의하였으나 의사일정이 합의되지 않아 공전되었다. 그 후 한나라당이 불참한 가운데 새정치국민회의와 자유민주연합의원들만으로 청문회 등 국정조사활동을 하였다.

〈표 5-18〉 제15대 국회 집회상황

회별	회별	개회일	폐회일	회기	본회의 개의일수	비고
제179회	임시	1996. 6. 5	1996. 7. 4	30	9	
제180회	임시	1996. 7. 8	1996. 7. 27	20	11	
제181회	정기	1996. 9. 10	1996. 12. 18	100	22	
제182회	임시	1996. 12. 23	1997. 1. 21	30	1	
제183회	임시	1997. 2. 17	1997. 3. 18	30	15	
제184회	임시	1997. 7. 1	1997. 7. 30	30	11	
제185회	정기	1997. 9. 10	1997. 12. 18	100	16	
제186회	임시	1997. 12. 22	1997. 12. 30	9	2	
제187회	임시	1998. 1. 15	1998. 1. 21	7	2	
제188회	임시	1998. 2. 2	1998. 2. 17	16	8	회기연장
제189회	임시	1998. 2. 25	1998. 3. 2	6	1	
제190회	임시	1998. 3. 6	1998. 4. 4	30	2	회기연장
제191회	임시	1998. 4. 8	1998. 4. 24	17	2	
제192회	임시	1998. 5. 1	1998. 5. 15	15	4	
제193호	임시	1998. 5. 25	1998. 6. 23	30	–	공전

회별	회별	개회일	폐회일	회기	본회의 개의일수	비고
제194호	임시	1998. 6. 24	1998. 7. 23	30	–	공전
제195호	임시	1998. 7. 25	1998. 8. 22	29	11	
제196호	임시	1998. 8. 24	1998. 9. 2	10	4	
제197호	임시	1998. 9. 4	1998. 9. 9	6	–	공전
제198호	정기	1998. 9. 10	1998. 12. 18	100	20	
제199호	임시	1998. 12. 19	1999. 1. 7	20	7	
제200호	임시	1999. 1. 8	1999. 2. 6	30	2	
제201호	임시	1999. 2. 8	1999. 3. 9	30	5	
제202호	임시	1999. 3. 10	1999. 4. 8	30	5	
제203호	임시	1999. 4. 9	1999. 5. 3	25	4	
제204호	임시	1999. 5. 31	1999. 6. 25	26	4	
제205호	임시	1999. 6. 29	1999. 7. 16	18	7	
제206호	임시	1999. 8. 2	1999. 8. 14	13	5	회기연장
제207호	임시	1999. 8. 17	1999. 9. 9	24	–	공전
제208호	정기	1999. 9. 10	1999. 12. 18	100	24	
제209호	임시	1999. 12. 20	2000. 1. 18	30	7	회기연장
제210호	임시	2000. 1. 21	2000. 2. 9	20	5	회기연장
제211호	임시	2000. 2. 15	2000. 3. 15	30	–	공전

제203회 국회는 마지막 날인 1999년 5월 3일 본회의를 열어 정부조직법안, 국가공무원법개정안, 노사정위원회설치운영법제정안, 공직자병역신고공개법제정안 등 4개 법안과 추곡수매동의안을 사실상 여당 단독으로 변칙처리하였다. 한나라당의원들은 본회의장에 들어가 여당의 변칙처리에 항의하였으나 표결을 물리적으로 저지하지는 않았다.

이날 본회의에서 가결된 4개 법안은 상임위원회 또는 법제사법위원회에서 한나라당이 심의를 거부하여 박준규 의장이 직권으로 본회의에 상정한 것이다. 사회를 맡은 김봉호 부의장은 의장석에 올라가지 않은 채 새정치국민회의 의석에서 안건을 상정한 뒤 추곡수매동의안과 공직자병역신고공개법안을 10분 만에 원안대로 가결하였다.

제206회 국회, 제209회 국회, 제210회 국회는 각각 회기를 연장하여 의정활동을 하였는데 제15대 국회는 모두 5회에 걸쳐 임시회의 회기가 연장되는 기록을 세웠다. 1999년 8월 17일 개회된 제207회 국회는 공전 끝에 9월

9일에 폐회되었다.

제208회 국회(정기회)가 열리고 있던 1999년 9월 28일 여당인 새정치국민회의는 국회 본회의에서 국군해외파병안을 단독처리하였다. 이날 처리된 동티모르파병안은 대한민국정부수립 이후 최초로 유엔평화유지활동에 전투부대를 파견하는 중대사안이었으나 그 처리과정에서 행정부가 먼저 파병을 발표하였기 때문에 국회는 사실상 '사후 동의'를 한 셈이 되었다.

제211회 국회는 한나라당(이부영 의원 외 131인)의 집회요구로 2000년 2월 15일 개회되었으나 제16대 국회의원 선거(2000. 4. 13)를 앞둔 관계로 의사일정에 합의를 보지 못하여 본회의를 하루도 열지 못하고 공전하다가 법정 기간 만료로 폐회되었다. 제15대 국회는 여느 국회보다 우여곡절이 많았던 국회로 기록되었다.

제6장 입법과정

제1절 입법과정의 의의

국회의 가장 본질적이고 핵심적인 권한은 입법권이다. 헌법(1987. 10.29) 제40조에 "입법권은 국회에 속한다."고 규정하고 있는 것처럼 입법의 중심 기관으로서의 국회는 법률 제정에 관한 한 전속적인 권한을 가지고 있다. 국회가 일정한 정책목표를 설정한 후 법률을 제정할 때에 일련의 절차를 거치게 되는데 이를 입법과정(legislative process)이라고 한다.

입법과정은 좀 더 구체적으로는 하나의 법이 만들어지기까지의 모든 과정을 말하는데, 넓은 의미에서 법제정을 위한 원인제공행위나 국회 또는 정부 관련부서의 법안작성, 법률심의, 그리고 국회 본회의에서의 의결을 거쳐 정부에 이송된 후 국가원수가 서명·공포하기까지의 모든 과정을 가리킨다.

현실적인 의미에서 입법과정은 법을 제정, 개정 혹은 폐지하는 것에 그치지 않고 예산확정 및 결산, 결의안 채택, 조약승인, 고위공직자 임명 등에 대한 결정행위를 둘러싸고 원내외의 여러 정치세력, 이익단체 혹은 시민이 상호작용하여 법을 포함한 각종 의안을 산출하는 과정이다.

한국헌법에서는 국회입법의 원칙에 대한 예외를 규정하고 있기 때문에 실질적 의미의 입법에 관한 권한 중 국회가 현실적으로 담당하고 있는 입법권은 헌법 개정 발의·의결권(제128조, 제130조), 법률안 의결권(제53조), 조약의 체결·비준에 대한 동의권(제60조), 국회규칙 제정권(제64조 제1항) 등을 들 수 있다.[1] 이 중에서 법률안의 심의의결권이 국회입법권의 본질을 이룬다.

---

1) 권영성, 『헌법학개론』(서울: 법문사, 1990), 645쪽.

대의제 민주주의는 국회의원이 유권자의 의견을 수렴하고 그것을 법률의 이름으로 정책화하는 것을 기본으로 하는 제도이다. 국회의원들은 법률안의 초안 작성은 물론 법률안의 심사와 표결과정에서도 유권자들의 의견을 수렴하고자 노력하게 된다는 점에서 입법과정은 민의를 수렴하기 위한 시간적 · 공간적 기회이기도 한다. 또한 입법과정은 법안에 이해관계자들의 입장을 각기 반영함으로써 사회에 내재하는 대립과 갈등관계를 조정, 해결하고 사회를 통합하는 기능을 수행하기도 한다.

제2절 입법과정의 형태

입법과정의 형태는 나라마다 차이가 있는데 법안심의활동의 중심이 본회의에 있는지 아니면 위원회에 있는지에 따라 본회의중심주의 의회, 위원회중심주의 의회로 분류된다.

1. 본회의중심주의

본회의중심주의란 의원 전원이 참가하는 본회의에서 실질적으로 의안을 심의하는 것을 원칙으로 하는 제도를 말한다. 본회의중심주의를 채택한 의회에서는 본회의가 법안심의과정에 초기단계에서부터 관여한다. 법안이 의회에 제출되면 먼저 본회의에서 이를 심사하여 법안의 기본원칙을 승인한 후 그 이상의 법안심사가 계속 진행된다. 본회의에서 기본원칙에 대한 토론을 행하여 승인된 경우 기본원칙의 범위 내에서 구체적인 내용만을 심사하는 의회운영체계인 소관상임위원회에 회부한다. 영국의회가 이에 속한다.

2. 위원회중심주의

위원회중심주의란 소수의 의원으로 구성된 상임위원회에서 의안을 심의하여 본회의에의 상정 여부를 결정하는 제도를 말한다. 이는 곧 본회의 심사 전의 예비적 심사 제도를 말한다.

위원회중심주의를 채택한 의회에서는 법안이 접수되면 바로 소관상임위원회에 회부된다. 해당 위원회에서 법안의 일반원칙 및 그 내용에 관해서도 심의·가결되면 본회의에 상정하여 의결과정을 거친다.

위원회중심주의 의회는 위원회에서 일반원칙은 물론 구체적인 내용심사가 실제적으로 이루어지기 때문에, 위원회 심사는 활성화되지만 본회의 심사과정은 형식적이 되는 경향이 있다. 한국, 미국, 일본의회가 이에 속한다.

3. 독회제도

독회(讀會)란 법안의 낭독으로부터 유래된 용어로서 법안이 통과되는 각각의 단계에서 이루어지는 계속적 의미를 갖는 승계적 토론을 말한다. 이는 본회의가 입법과정에서 제도적으로 의안에 대한 심사기회를 몇 차례나 갖는가를 뜻한다.

독회제도라고 할 때는 통상 3독회제를 가리킨다. 3독회제에서는 제1독회에서 제안설명과 제목낭독, 제2독회에서 일반원칙 토론, 위원회 심사보고 단계에서 축조심사와 수정안 심사, 제3독회에서 최종안을 심사·의결하는 것이 일반적이다.[2]

한국국회는 제헌국회부터 제4대 국회까지는 3독회제를 채택하였다가 제5대 국회(1960. 9. 26 개정국회법) 때 3독회제를 폐지하고 제6대 국회부터 위원회 중심으로 국회 운영을 해오고 있다.

---

2) 독회제도가 발생한 것은 아직 인쇄기술이 발달하지 않은 시대에 인쇄사본을 배포할 수 없었기 때문에 심의하고자 하는 내용을 서기가 낭독한 것에서 유래한다. 본회의중심주의를 채택한 의회는 대체로 독회제를 채택한 의회와 일치하는 경향이 있기는 하나 반드시 그렇지는 않다. 국회사무처, 『의회대사전』(1992), 391쪽, 박종흡, 『의회행정론』(서울: 법문사, 1998), 276∼279쪽.

1. 입안의 주체와 참여자

1) 입안의 주체

입법권을 국회가 독점하고 있는 미국의회와는 달리 한국국회는 입법권이 있으나 독점적이지는 않다. 입법과정 참여자의 가장 중요한 요소는 입법기능을 공유하고 있는 행정부와 입법의 주체인 입법부이다. 이론적으로는 법률을 심의하고 채택할 수 있는 권한은 의회만이 가지고 있지만 실제로는 행정부가 의회의 입법권에 여러 경로를 통하여 영향을 주고 있다.

① 국회의원

국회의원은 대표적인 입안주체이지만 정당정치의 발달로 개개 국회의원의 자율성은 제약받을 수 있다. 행정권의 비대화로 인한 행정부의 역할 증대, 사회의 전문·다양화에 상응하는 의원들의 전문성이나 입법에 대한 관심의 부족 등이 입법활동의 주요 저해요인으로 작용한다.

② 정부

사회의 분화 및 다원화에 따라 행정권이 비대해지면서 실제 정책을 입안하고 집행하는 행정부가 법률안 제출권을 부여받거나 입법과정을 실질적으로 주도하는 경향이 강해졌다. 의회보다 행정부 특히 대통령이 우월한 지위를 인정받고 있는 경우, 대통령이 여당총재를 겸하고 있는 경우, 대통령이 강력한 리더십을 발휘하는 경우, 행정부에 법률안의 제출권을 부여하는 경우에 행정부의 영향력이 커진다.

③ 정당

정당은 의회에서 정책을 입법화하기 때문에 유력한 법률안의 입안자로서 그 기능을 담당한다. 정당의 의회에 대한 지배력이 강한 경우, 여당의 의석이 야당보다 훨씬 많으면서 대립관계에 있는 경우, 의회다수당과 대통령의 소속정당이 불일치하는 경우 등에는 정당의 입안이 증가하게 된다. 물론 정당은 법률안 제출권이 없으므로 소속국회의원의 이름으로 입안한다.

④ 국회의 위원회

실제의 입법과정에서 위원회가 법률안을 입안하는 경우는 복수로 제출된 안을 본회의에 부의하지 않기로 하고 단일한 또는 새로운 법률안을 만드는 경우, 원안의 내용을 수정하는 경우, 의회차원에서 입법정책을 수립하여 이를 반영하고자 하는 경우이다.

⑤ 대법원 등 헌법상 독립기관

법률안 제출권은 국회의원과 정부만이 가지고 있지만, 헌법상 독립기관인 대법원, 헌법재판소, 중앙선거관리위원회는 국회의원이나 정부를 통하여 법률안을 제안할 수 있다. 특히 법률의 성질상 이들 기관과 관련된 때에는 정부제출형식을 취하는 경우일지라도 실제 입안은 해당 독립기관에서 하고 정부는 법률안 제출의 통로를 제공하는 정도에 그치는 것이 일반적이다.

2) 입안의 참여자

입안의 참여자란 법률안의 입안주체는 아니지만 입안과정에 개입하여 전문지식이나 의견을 제공 또는 개진하거나 그 입안에 영향력을 미치는 자를 말한다. 입법과정에서 사회의 분화와 전문화현상을 반영한다는 측면에서 의의가 있다. 한국의 경우 대표적인 입안 참여자로는 국회 입법지원기관, 소관이 아닌 관련행정부처, 지방자치단체, 이익집단이나 시민단체(비정부 민간조직 등), 일반시민, 언론 등이 있다.

2. 법률안의 입안

법률안의 입안이란 좁은 의미에서는 수립된 입법정책을 법률로 수용하는 일정한 형식과 체계에 맞추어 작성하는 행위를 말하며, 넓은 의미로는 정책을 결정하고 이에 따라 법률안을 기초하는 행위라고 말할 수 있다. 법률안은 중요한 정책을 수립 혹은 변경하면서 그 정책이 법률의 제정, 개정 또는 폐지를 필요로 하는 경우에 입안한다.

한편 법률안의 입안자는 조화로운 법규범 형성자로서의 지위와 공정한 가치분배자로서의 지위를 갖는다.

국회에서의 입법과정의 기본 경로는 ① 입법정책의 결정, 법안의 작성 및 제출(발의) ② 위원회에서의 심의 및 표결 ③ 본회의에서의 심의 및 표결 ④ 대통령의 서명 및 포고의 4단계를 들 수 있다.

입법과정에서 행정부의 간여와 영향을 살펴보면 다음과 같다. 첫째, 법률안의 제안권을 통해서, 둘째, 입법사항에 관한 의회 내외적인 협의를 통해서, 셋째, 입법에 대한 권한을 의회가 행정부에 위임하여, 넷째, 의회에서 의결된 법률에 대해서 선포권과 그 법률에 대한 행정부수반의 거부권을 통해서 영향을 주고 간여한다.

입법과정은 행정부에 의해서만 침해를 받는 것이 아니다. 의회가 입법기능을 부분적으로 국민에게 직접 부여하기도 한다. 국민에게 직접 참정권을 부여하는 제도 아래에서는 일반여론이 입법과정에 원활히 반영되고 표현될 수 있다. 대표적인 국민여론의 직접적인 표현방법이 국민투표제이다.

의회와 더불어 입법기능을 공유하면서 입법과정에 영향을 주는 것으로 위임입법의 원칙과 연방제의 원칙을 예로 들 수 있다. 위임입법이란 의회가 입법권을 의회 외에 위임하는 것으로서 두 가지의 기본적인 특성이 있다. 첫째는 의회자체가 의회를 대신해서 입법할 수 있는 특정의 타 기관을 승인해야 되는 경우이고, 둘째는 행정부의 특정한 부서가 그 위임권한을 갖게 하는 경우이다. 행정부가 입법과정에서 중요한 영향력을 행사하는 것은 아시아나 아프리카 의회에서뿐만 아니라 선진국의회에서도 두드러진 현상이다.[3] 오늘날 입법과정에 참여하는 행위자는 국회와 국회의원만이 아니라 행

---

3) 우병규, 『각국의회의 비교연구』(서울: 일조각, 1983), 263쪽.

정부, 관료, 정당, 이익단체 등 여러 세력이 있다.

　각국의 의회는 제도상 공통적으로 상임위원회를 설치하고 있으며 그 권한
과 내용을 보면 국가에 따라 차이는 있으나 대체로 다음과 같은 목적과 성
격을 가지고 있다.

> ① 수백 명으로 구성되는 국회에서 축조심사하여 검토하기 어려우므로 소수자로 구
>   성되는 위원회가 법안을 정리하여 관계 전문가들로 하여금 현대국가기능의 전문
>   화 경향에 대응하려는 데 있다.
> ② 위원회의 성격은 종래와 같이 의회 본회의로부터 회부된 법안과 안건을 조사하고
>   예비심사만을 하는 데 그치지 않고 실질적으로 의회의 제1차적 심사기관의 역할
>   을 담당한다.
> ③ 본회의로부터 회부된 법안 및 사건을 심의한 결과 본회의에 회부할 필요가 없다
>   고 결정된 의안은 본회의에 부의하지 아니한다. 그러나 위원회의 결정이 본회의에
>   보고된 날로부터 폐회 또는 휴회 중의 기간을 제외한 7일 이내에 의원 30인 이
>   상의 요구가 있을 때에는 그 의안을 본회의에 부의하여야 한다(국회법 제87조).

　한국국회는 위와 같은 성격을 가진 상임위원회제를 채택하고 있기 때문에
상임위원회는 중요한 법안을 심의하는 기구일 뿐만 아니라 스스로 법안을
제출할 수도 있다. 또한 상임위원회에서 통과된 법안은 국회 본회의에서 이
의가 제기되는 경우가 거의 없기 때문에 대부분의 법안은 상임위원회 단계
에서 거의 입법화되고 있다. 그러나 상임위원회의 운영상태를 보면 법안의
심의를 '법안심의소위원회'에 맡기고 해당 상임위원회에서는 형식적으로 심
의하는 경우가 적지 않다.[4]

---

4) 김영평, 「정책결정에 대한 국회의 영향력 분석(하)」, ≪국회보≫ 제226호(1985년 8월호), 58～71쪽.

3. 의원발의법률안의 작성과정

1) 의원발의법률안

국회의원(정당)이 발의한 경우를 말하며 개개 국회의원이 입안한 경우와 정당이 입안한 경우에는 다소 차이가 있다. 의원발의법률안을 입안하는 과정[5]은 ① 입법정보의 수집분석과 입법정책의 결정 ② 법률안의 초안작성 또는 작성의뢰 ③ 초안에 대한 검토 ④ 의견수렴 ⑤ 법률안 확정 ⑥ 법률안 발의의 순서로 이루어지는 것이 일반적이다.

2) 위원회안

여야 간 쟁점이 되는 특정한 법률안을 입안하기 위해 정치적인 합의를 도출한다. 이후 이 법률안을 입안하기 위한 특별위원회를 설치하고 동 위원회 구성과 법률안의 처리일정을 확정한다. 위원회 내에 소위원회를 설치하여 소위원회안을 마련하면 위원회 전체회의에서 소위원장으로부터 소위원회안을 보고받은 후 이를 위원회안으로 확정하게 되며 위원회안을 위원장 명의로 제출한다. 상임위원회의 법률안 입안과정 가운데 먼저 위원회안을 입안하는 경우에는 다음과 같은 순서를 따른다.

① 위원회에서 특별한 법률안을 입안하기로 하고 이를 위하여 관련 소위원회를 지정하거나 별도로 소위원회를 구성하기로 의결한다.
② 동 소위원회에서 법률안 초안을 작성, 검토하여 소위원회안을 마련하고 초안에 대하여 검토한다.
③ 위원회 전체회의에서 소위원장으로부터 소위원회안을 보고받은 후 의결로 이를 위원회안으로 확정한다.
④ 위원회안을 위원장의 명의로 의장에게 제출한다.

---

5) 제정법률안은 전혀 새로운 정책을 수립한다는 전제로 제정되는 법률이다. 기존 정책폐지 후 대체정책 추진으로 많은 인적·물적 자원을 필요로 한다. 개정법률안은 전문개정법률안과 부분개정법률안이 있는데, 전문개정법률안은 기존의 법률명칭은 그대로 두고 내용을 전면 개정하는 경우이고, 부분개정법률안은 내용의 일부만을 개정하는 경우이다. 폐지법률안은 ① 실효성 없는 정책을 담고 있는 법률 ② 위헌 결정으로 존립근거를 상실한 법률 ③ 다른 법률의 제정으로 전면정비가 필요한 법률 등이다.

대안을 입안하는 과정은 다음과 같다.

① 상임위원회에 이미 회부되어 있는 법률안을 전체회의에 상정하여 대체토론을 거쳐 소위원회에 회부한다.
② 소위원회에서 회부된 법률안을 심사하여 원안을 대신하는 소위원회안을 입안한다.
③ 위원회 전체회의에서 소위원장으로부터 소위원회안을 보고받은 후 이를 위원회안으로 의결한다.
④ 이를 위원장 명의로 의장에게 제출한다.

4. 정부제출법률안의 작성과정

헌법(제52조)은 국회의원뿐만 아니라 정부도 법률안을 국회에 제출할 수 있다고 규정하고 있다. 법률안을 의원이 낼 때에는 발의, 정부 또는 위원회가 낼 때에는 제출이라고 한다. 정부제출법률안은 국무회의의 심의를 거쳐 대통령의 명의로 제출하는데 국무총리와 관계 국무위원이 서명하여야 한다. 의원발의법률안은 발의자를 포함하여 의원 10명 이상의 찬성으로 연서하여 발의한다. 국회의 위원회도 그 소관에 속하는 사항에 관하여 법률안을 입안하여 위원장 명의로 제출할 수 있다.

정부가 제출하는 법률안은 행정부의 각 부처가 자기 관할사항에 대하여 입법을 추진하는 것이 일반적이다. 이 경우 해당 법률안의 초안은 담당소관과에서 마련한다. 행정부의 각 부처 외에 특별법에 근거하여 설립된 특수법인 또는 전문가 등에게 법률안 기초를 의뢰할 수도 있다.

정부에서 법률안을 마련하여 국회에 제출하기까지는 여러 과정을 거치게 되는데, 이러한 과정은 단계별로 구분하기가 쉽지 않다. 여기에서는 입법절차의 대강을 정하고 있는 법제업무운영규정(대통령령 제15602호) 등을 참고로 하여 그 과정을 살펴보고자 한다.

1) 입법정보의 수집 · 분석 및 입법정책의 결정

입법정책은 기존법률의 개정 · 폐지나 새로운 법률의 제정 필요성 및 그 내용을 결정하는 행위를 말한다. 이러한 입법정책을 결정하는 데는 대통령의 공약사항, 국정감사 등에서 국회의원의 지적 사항, 이해관계인의 민원, 대형사고 · 사건대책, 헌법재판소의 위헌 결정 등 입법미비사항이 주로 영향을 미치며, 현실적으로 대통령의 입법의지가 가장 중요하다.

2) 초안(부처안) 작성

입법정책이 결정되면 그 정책의 집행을 담당하는 소관부서는 법률안 초안을 담당하게 된다. 초안은 조문형식에 따라 입법정책의 내용을 반영하여 작성되며, 그 작성과정에서 한국법제연구원 등 정부출연연구기관이나 법률전문회사인 법무법인 등의 도움을 받기도 한다.

실무적으로 초안작성에 앞서 연구보고서를 만들기도 하는데, 여기에 입법사항의 확정, 입법에 따른 비용 편익의 분석, 입법에 따른 예산문제, 국내외 입법례에 대한 조사검토 등의 내용을 담게 된다.

법률안의 기초는 대개 행정부의 실무자 선에서 이루어지고 있으며, 각 행정부서의 법무담당관과 법제처의 법령심의관은 대개 행정부의 초안에 대해 약간의 법기술적인 역할에 그치고 있다.

3) 관계부처와의 협의 및 의견수렴

초안(부처안)이 마련되면 초안의 내용과 관련된 부처와 협의를 진행하게 된다. 협의를 진행하면서 관련 이해단체나 관계전문가의 의견을 듣기도 한다.

법제업무운영규정에서는 관계부처와의 협의를 의무화하고 있으며, 개별 법령에서 협의를 의무화하고 있는 경우도 있다. 협의과정에서 관계부처와의 합의를 이끌어 내기 위하여 상당 기간을 소요하기도 하고, 관계부처 간의 의견 대립이 심하거나 강력한 반대가 있을 때에는 입법 자체가 연기되기도 한다.

4) 당정협의

관계부처와의 협의를 마치면 당정협의에 들어간다. 당정협의에 관해서는 국무총리 훈령(법제업무운영규정 시행지침)으로 규정하고 있는데, 이를 통하여 여당의 협조를 구하는 한편 정책을 사전조율하기도 한다.

당정협의는 관련부서와 여당의 소관정책부서 단위에서 이루어지는 '실무 당정협의'와 국무총리와 여당대표 등이 참석하는 '고위 당정협의'가 있다.

참고로 당정협의는 여당과 행정부 사이의 정책 조율을 위한 회의체 기구이다. 행정부가 작성한 정책안은 법률화하여야만 시행될 수 있기에 여당과의 협의는 필수적으로 거쳐야 하는 과정이다.

5) 입법예고

당정협의과정을 거쳐 법률안의 내용이 개략적으로 확정되면 입법예고를 한다. 입법예고란 입법(법의 제정, 개정, 폐지)하고자 하는 법률안과 그 내용을 국민에게 알리고 국민들로부터 의견을 듣고자 하는 절차이다.

입법예고는 법률안을 입안한 소관부서에서 담당하며, 입법예고결과를 분석한 후 부처안의 보완 여부를 검토한다. 또한 법제처장은 국민의 권리의무와 관련하여 특히 중요한 법률안에 대하여 주요 일간신문을 통하여 따로 입법예고를 한다.

행정절차법 및 법제업무운영규정에서는 입법취지, 주요 내용 또는 전문을 관보에 게재한다. 신문 · 방송 · 컴퓨터 통신 등을 통하여 알리고, 입법예고 기간은 특별한 사정이 없는 한 20일 이상으로 하고 있는데 실제적으로는 주로 법안의 취지 및 주요 골자를 관보에 게재하는 형식을 취한다.

입법예고를 거친 법안은 '규제심사'를 거쳐 법제처를 넘겨진다.

6) 법제처 심사

주무부서는 입법예고절차를 거친 후 부처안을 확정하여 법제처에 심사를

의뢰한다. 법제처 심사는 정부 입법과정에서 반드시 거쳐야 할 절차(정부조
직법 제27조 및 법제업무운영규정 제21조)로서 이를 통하여 헌법에 저촉되
거나 법리상 모순 등의 문제점을 시정하며 법률상호 간의 체계를 유지하게
하는 한편, 입안과정에서 부처 간 협의 및 입법예고 등 필요한 절차를 거쳤
는지 확인한다. 부처 간 협의절차 등이 미비한 경우에는 심사의뢰된 부처안
을 반려하여 협의를 거치게 하기도 한다.

7) 차관회의 · 국무회의 심의

부처안에 대한 법제처의 심사가 완료되면 차관회의를 거쳐 국무회의에 상
정한다. 상정업무의 실무는 법제처와 행정자치부에서 담당한다.[6] 차관회의는
차관회의 규정에 근거를 두고 있는데 해당 법률안을 국무회의에 상정하기에
앞서 심의한다. 헌법 제89조 제3호는 국무회의 심의사항에 헌법개정안·국민
투표법안 등 법률안을 포함하고 있다.

8) 대통령 결재 및 국회 제출

국무회의의 심의를 마치면 대통령의 결재를 받게 되며 대통령은 국무회의
에서 심의한 내용대로 결재하는 것이 관례로 되어 있다. 대통령의 결재가
있으면 정부의 법률안은 확정되며 확정된 법률안에 대통령의 서명과 국무총
리 및 관계국무위원이 부서한(감사원, 국무총리소속 처 및 국가정보원 소관
의 법률안의 경우에는 행정자치부장관이 부서를 함) 후 이를 국회에 제출한
다. 대통령 결재 및 국회 제출에 관련된 실무업무는 법제처에서 담당하고
있다.

---

6) 차관회의와 국무회의는 통상 1주일에 1회 정례적으로 개최(차관회의는 목요일, 국무회의는 화요일)되며, 법
   률안의 긴급한 처리가 필요한 경우에는 1주일에 2회 이상 개최되기도 한다.

제4절 법률안 처리절차

앞부분에서 의원발의법률안과 정부제출법률안의 작성과정을 보았다. 여기에서는 이렇게 작성된 법률안이 국회에 제출되어 심의를 거쳐 공포에 이르기까지의 과정을 살펴보도록 한다. 법률안의 경우 다음과 같은 단계를 거친다.

1. 발의(제출)

의원이 법률안을 발의하는 경우에는 의원 10인 이상의 찬성이 있어야 한다. 의안을 발의하는 의원은 그 안을 갖추고 이유를 붙여 소정의 찬성자와 연서하여 의장에게 제출한다. 이 경우 발의의원과 찬성의원을 구분하여 당해 법률안에 대하여 그 제명의 부제로 발의의원의 성명을 기재한다(국회법 제79조).

위원회가 법률안을 제안하는 형태로는 위원회에서 기초하여 위원회 의결을 거쳐 제안하는 경우와, 의원 또는 정부가 제출한 법률안을 폐기하고 대안을 제안하는 경우가 있다. 위원회에서 법률안을 제안할 때에는 위원장의 명의로 한다. 정부가 법률안을 제출할 때에 각 부처는 소관사항에 대하여 국무회의의 심의를 거쳐 제출한다.

2. 본회의 보고 및 소관위원회 회부

국회의장은 법률안이 발의 또는 제출되면 이를 인쇄하여 의원들에게 배부하고 본회의에 보고한다. 그리고 소관상임위원회에 회부하여 심사보고하도록 한다. 다만, 폐회 또는 휴회 등으로 본회의에 보고할 수 없을 때에는 이를 생략하고 회부할 수 있다.

소관상임위원회가 불분명할 때에는 의장이 국회운영위원회와 협의하여 회부하되 협의가 이루어지지 않을 때에는 의장이 소관상임위원회를 결정한다.

의장은 특히 필요하다고 인정하는 안건이나 특별위원회에 이미 회부된 안건과 관련이 있는 다른 안건을 특별위원회에 회부할 수 있다.

의장은 소관위원회에 안건을 회부하는 경우에 그 안건이 다른 위원회의 소관사항과 관련이 있다고 인정할 때에는 소관위원회와 관련위원회를 명시하여 관련위원회에 회부한다. 안건이 소관위원회에 회부된 후 다른 위원회로부터 회부요청이 있는 경우 필요하다고 인정한 때에도 또한 같다.

의장이 위원회에 법률안을 회부할 때에는 각 교섭단체 대표의원과 협의하여 심사 기간을 정하여 회부할 수 있으며 위원회가 이유 없이 심사 기간 안에 심사를 마치지 아니한 때에는 의장은 중간보고를 들은 후, 다른 위원회에 회부하거나 곧바로 본회의에 회부할 수 있다.

3. 위원회 심사

법률안이 위원회에 회부되면 소관위원회는 그 법률안에 대한 심사에 착수한다. 위원회의 법률안 심사과정은 일반적으로 ① 위원회 상정 ② 제안자 취지설명 ③ 전문위원 검토보고 ④ 대체토론 ⑤ 소위원회 심사 ⑥ 축조심사 ⑦ 찬반토론 ⑧ 표결 순으로 이어진다. 소위원회 위원장은 소위원회의 심사가 끝나면 심사경과와 결과를 심사보고서로 작성하여 위원회에 보고한다. 위원회는 상설소위원회의 보고를 듣고 축조심사 및 찬반토론을 거쳐 표결한다. 단, 축조심사는 위원회의 의결로 생략할 수 있다.

국회법은 제정법률안과 전문개정법률안에 대해서는 심도 있는 심사를 위하여 축조심사를 생략할 수 없도록 하고, 공청회 또는 청문회를 개최하도록 하고 있다. 다만, 공청회 또는 청문회는 위원회의 의결로 생략할 수 있다(국회법 제58조).

4. 체계 · 자구 심사

위원회에서 법률안의 심사를 마치거나 입안한 때에는 법제사법위원회에 회부하여 체계와 자구에 대한 심사를 거쳐야 한다. 이 경우 법제사법위원장은 간사와 협의하여 그 심사에서 제안자의 취지설명과 토론을 생략할 수 있다(국회법 제86조).

'체계심사'란 법률안 내용의 위헌 여부, 관련법률과의 저촉 여부·균형유지, 자체조항 간의 모순유무를 심사하여 법률형식을 정비하는 것이고, '자구심사'란 용어의 정확성, 적합성과 통일성 등을 심사하여 법률용어를 정비하는 것이다.

체계·자구 심사에 대하여 의장은 각 교섭단체 대표의원과 협의하여 심사 기간을 정할 수 있으며 이유 없이 그 기간 내에 심사를 마치지 않은 때에는 바로 본회의에 부의할 수 있다.

5. 심사보고서 제출

위원회는 법률안의 심사를 마친 때에는 심사경과와 결과, 기타 필요한 사항을 서면으로 의장에게 보고한다. 이 경우 보고서에는 소수의견의 요지 및 관련위원회의 의견 요지를 기재한다(국회법 제66조).

위원회에서 폐기된 법률안에 대해서는 위원회의 결정이 본회의에 보고된 날부터 폐회 또는 휴회 중의 기간을 제외한 7일 이내에 의원 30인 이상의 요구가 있을 때에는 그 법률안을 본회의에 부의하여야 한다(국회법 제87조).

6. 전원위원회 심사

국회는 위원회의 심사를 거치거나 위원회가 제안한 의안 중 정부조직에 관한 법률안, 조세 또는 국민에게 부담을 주는 법률안 등 주요 의안의 본회의 상정 전이나 본회의 상정 후에 재적의원 4분의 1 이상의 요구가 있는 때에는 심사를 위하여 의원 전원으로 구성되는 전원위원회를 구성한다. 다만, 의장은 주요 의안의 심의 등 필요하다고 인정하는 경우 각 교섭단체 대표의원의 동의를 얻어 전원위원회를 개회하지 않을 수 있다. 전원위원회는 회부된 의안에 대하여 2일 이내 1일 2시간의 범위 내에서 심사를 할 수 있다.

7. 본회의 심의

소관위원회 위원장의 법률안 심사보고서가 의장에게 제출된 때에는 본회의에서 의제가 되기 전에 이를 인쇄하여 의원들에게 배부한다.

본회의에서는 소관위원장의 심사보고 또는 제안자의 제안설명을 듣고 질의와 토론을 거쳐 표결한다. 다만, 위원회의 심사를 거친 안건에 대해서는 본회의의 의결로 질의와 토론 또는 그중 하나를 생략할 수 있다(국회법 제93조).

8. 법률 공포

헌법 제53조에 의하면 국회에서 의결된 법률안은 의장이 이를 정부에 이송하며 대통령은 15일 이내에 이를 공포하여야 한다고 되어 있다. 정부에 이송된 법률안에 이의가 있을 때에는 대통령은 위의 기간 내에 이의서를 붙여 국회로 환부하고 그 재의를 요구하며 국회가 재적의원 과반수의 출석과 출석의원 3분의 2 이상의 찬성으로 전과 같은 의결을 하면 그 법률안은 법률로서 확정된다.

또한 대통령이 국회에서 법률안이 이송된 후 15일 이내에 공포나 재의요구를 하지 아니한 때에는 그 법률안은 법률로서 확정되며, 법률로서 확정된 후 또는 확정법률이 정부에 이송된 후 5일 이내에 대통령이 공포하지 않을 때에는 국회의장이 이를 공포한다.

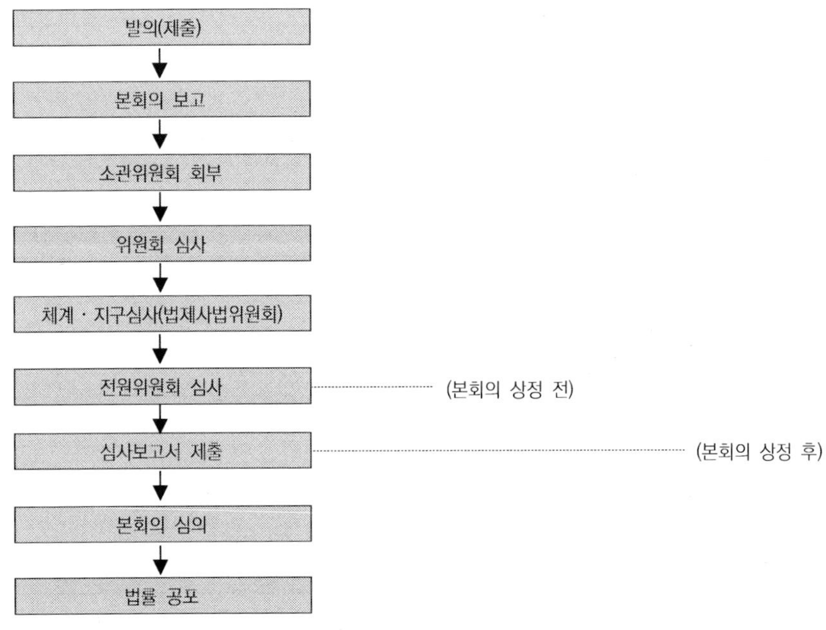

<그림 6-1> 법률안 처리절차

제5절 단계별 입법절차의 변천

1. 법안기초

국회에서의 입법과정은 국회소집 – 법안제출발의 – 소관위원회 회부 – 위원회 심의 – 본회의에서의 심의·표결 – 공포의 절차를 거친다. 법안이 국회에 제출되기 전까지의 사전협의과정에서 관료는 당이나 의원과 협의하면서 법안을 조율한다.

2. 법률안의 제출(발의)

1) 정부의 법률안 제출

공식적인 정부조직 내의 담당부서에서 초안을 마련하고 법제처의 심사,
국무회의 심의를 거쳐 대통령의 결재를 받은 후 정부명의로 국회에 제출한다.

2) 국회의원 법률안의 발의

공식·비공식 조직을 통하여 다양한 경로로 법률안 기초 작업이 이루어
진다. 의원 10인 이상의 찬성을 얻고 발의 이유에 찬성자와 연서하여 의장
에게 제출(예산상의 조치가 필요한 경우 예산 명세서도 함께 제출)한다.

3) 위원회의 법률안 제출

위원회에서 기초하여 위원회 의결을 거쳐 제출하거나 국회의원 또는 정부
가 제출한 법률안을 심사한 후 폐기하고 위원회에서 대안을 작성한 후 의결
을 거쳐 제출한다.

법률안의 제출은 국회의원과 정부가 할 수 있도록 되어 있으며, 국회의원
의 법률안 발의 시 발의자 외에 몇 명의 국회의원으로부터 찬성을 얻느냐에
따라 변화가 있었다. 제1공화국에서는 의원 10인 이상의 찬성, 제2공화국에
서는 양원제에서 민의원의 경우 10인 이상, 참의원의 경우에는 5인 이상의
찬성, 제3공화국에서는 단원제로 환원되어 의원 10인 이상의 찬성, 제4공화
국에서는 20인 이상(특히 예산상의 조치가 수반되는 법률안은 50인 이상의
찬성), 제5공화국에서는 법률안 발의요건은 20인 이상의 찬성(예산상의 조치
가 수반되는 법률안은 30인 이상의 찬성), 제6공화국에서는 20인 이상의 찬
성(예산상의 조치가 수반되는 법률안은 30인 이상의 찬성)으로 제5공화국과
같았으나 제16대 국회 때 법률안 발의 요건이 국회의원 10인 이상 찬성으
로 완화되었다.

〈표 6-1〉 법률안 발의요건의 변화

구분		발의요건
공화국	국회	
제1공화국	제헌~제4대	의원 10인 이상의 찬성
제2공화국	제5대	의원 10인 이상의 찬성(민의원): 의원 5인 이상의 찬성(참의원)
제3공화국	제6대~제8대	의원 10인 이상의 찬성
제4공화국	제9대~제10대	의원 20인 이상의 찬성(1973.2.7)
제5공화국	제11대~제12대	의원 20인 이상의 찬성
제6공화국	제13대~제16대 국회 전반부	의원 20인 이상의 찬성
	제16대 국회 후반부(2003~현재)	의원 10인 이상의 찬성

2003년에 개정된 국회법 제79조는 의원 10인 이상의 찬성으로 법안을 발의할 수 있다고 규정하여 의원 발의 요건을 완화하였다.

3. 위원회 회부

정부제출법안에는 관계국무위원의 부서가 따르게 되므로 이것이 소관위원회 결정의 기준이 된다. 의장은 또한 법안이 다른 위원회의 소관사항과 관련이 있다고 인정할 때에는 관련위원회에도 의견제시 기간을 정하여 회부할 수 있다(국회법 제83조).

의장의 회부행위는 소관위원회 위원장 앞으로 법안을 첨부한 공문을 보냄으로써 이루어진다. 위원회 전문위원은 회부공문을 위원장에게 보고하고 결재를 받은 뒤 위원회 회의에서 회부사실을 보고함과 동시에 법안의 쟁점사항과 문제점 등에 관한 예비검토에 착수하게 된다. 이 과정에서 관련부처의 실무자, 기타 전문가, 이해관계인 등과 접촉하면서 필요한 자료와 정보를 얻는다.

국회의장은 제출된 법률안을 인쇄하여 의원에게 배부하고 본회의에 보고한다. 법률안이 어느 상임위원회의 소관인지 명백하지 않은 경우 국회운영위원회와 협의하여 결정하되 협의가 이루어지지 않은 경우 의장 단독으로 결정한다. 의장은 특별히 필요하다고 인정하는 법률안을 본회의의 의결을 얻어 특별위원회에 회부할 수 있으며 그 법률안의 심사 기간은 각 교섭단체 대표의원과 협조하여 회부할 수 있다. 위원회가 이유 없이 심사 기간 내에 심사를 마치지 못하였을 경우 의장은 중간보고를 들은 후 다른 위원회에 회부하거나 바로 본회의에 부의할 수 있다.

제1공화국에서는 법률안 발의·제출 시 국회의장은 이 법률안을 본회의에 보고한 후 적당한 위원회에 부탁하여 심사보고하도록 하였다.

제2공화국에서는 상임위원회의 소관이 국회법에 명시됨에 따라 법률안이 발의 또는 제출되었을 때에는 이를 소관상임위원회에 회부하였다. 어느 상임위원회의 소관인지 불분명한 경우 국회의장은 운영위원회에 물어서 소관 상임위원회를 결정하였다.

제3공화국에서는 위원회 회부제도와 유사한 것이 있었는데 소관위원회가 지정된 심사 기간 내에 심사를 마치지 못한 경우에 다른 위원회에 재회부할 수는 있어도 위원회 단계에서의 심사 자체는 생략할 수 없도록 하였다.

<표 6-2> 상임위원회 회부

구분		발의(제출) 시 회부절차
공화국	국회	
제1공화국	제헌~제4대	의장이 본회의에 보고한 후 적당한 위원회에 회부, 회부 시 본회의 의결로 심사 기간을 정함.
제2공화국	제5대	소관상임위원회가 국회법에 명시됨. 의안 발의(제출) 시 의장은 이를 소관상임위원회에 회부하여 그 심사가 종료된 후 본회의에 회부함.
제3공화국	제6대~제8대	의장이 소관상임위원회에 회부하되 소관이 분명하지 않은 경우 국회운영위원회와 협의 후 회부함.
제4공화국	제9대~제10대	제3공화국과 동일. 단, 소관이 분명하지 않은 경우 국회운영위원회와 협의하되 협의가 이루어지지 않은 경우 의장이 소관상임위원회를 결정함.
제5공화국	제11대~제12대	제4공화국과 동일. 단, 소관상임위원회 회부 시 폐회 또는 휴회 중에는 본회의 보고를 생략하고 회부할 수 있도록 함(종전에는 휴회, 폐회 중이라도 반드시 본회의에서 보고 후 위원회 회부.)
제6공화국	제13대~현재	상임위원회 회부 및 특별위원회 회부는 제5공화국과 동일. 단, 관련위원회 회부제도를 도입함.

제4공화국에서는 법률안의 소관위원회가 불명확할 때에 의장은 국회운영위원회와 협의하여 소관위원회를 결정하고 미협의 시 의장이 독자적으로 소

관상임위원회를 결정하도록 수정 보완하였다. 또한 법률안을 위원회에 회부할 때 의장이 독자적으로 지정하도록 하였고, 위원회가 이유 없이 심사 기간 내에 심사를 마치지 못한 때에는 의장은 중간보고를 들은 후 다른 위원회에 회부하거나 바로 본회의에 상정할 수 있었다. 법제사법위원회에 법률안의 체계, 자구 심사를 의뢰할 때에도 심사 기간을 지정할 수 있도록 하였고, 기간 내에 법제사법위원회가 심사를 마치지 못할 때에는 바로 본회의에 상정할 수 있도록 하였다.

제5공화국에서는 종전과 달리 본회의가 폐회 중이거나 휴회 중에는 본회의 보고 없이 의장이 법률안을 소관위원회에 회부할 수 있었다.

제6공화국에서는 독일, 미국 등의 복수위원회제도를 참고하여 의장이 법률안을 소관위원회에 회부하는 경우, 그 법률안이 다른 위원회의 소관사항과 관련이 있다고 인정할 때에는 관련위원회에도 회부하도록 하였다.

4. 위원회 심사

제1공화국 제헌국회에서는 위원회에서의 심사절차가 구체적으로 규정되어 있지 않았으나 관례적으로 ① 상정 ② 제안자의 취지설명 ③ 전문위원의 검토보고 ④ 질의 답변 ⑤ 소위원회 심사 ⑥ 축조심사 ⑦ 찬반토론 ⑧ 의결의 순서로 진행되었다.

위원회의 이유 없는 법률안의 심사보고 지연 시 본회의는 그 법률안을 해당 위원회로부터 반려 받아 다른 위원회에 회부할 수 있었다. 법률안을 심사할 때 위원의 발언은 횟수와 시간에 제한이 없었다. 법제사법위원회의 체계, 자구 심사절차도 규정되지 않았으며 그 대신 본회의 3독회에서 자구를 수정토록 하였으나, 제2차 개정국회법(1951. 3. 15)에서 법제사법위원회의 체계, 자구 심사제도를 신설한 이래 현재까지도 계속 유지되고 있다. 제4공화국 때 위원회에서의 안건심사는 제안자의 취지설명을 듣고, 질의토론과 축조심사를 거쳐 표결하도록 규정하였다(위원장은 축조심사를 생략할 수 있음). 또한 예산상의 조치가 필요한 법률안에 대해서는 정부의 의견을 청취하도록 의무화하고 위원장이 각 교섭단체별로 소속의원 수의 비율에 따라 발언자 수와 발언시간을 제한할 수 있도록 하였다.

제5공화국에서는 그동안 관행적으로 해오던 전문위원 검토보고를 개정국회법에 명문화하여 제안자의 취지설명이 있은 뒤 위원들의 질의, 토론 진에 검토보고를 하도록 하였다. 또한 법제사법위원회의 체계, 자구심사 시 위원장은 제안자의 취지설명과 토론을 생략할 수 있고, 심사 기간을 의장이 지정할 수 있도록 하였다.

제6공화국에서는 법률안의 위원회 심사절차에 대체토론제도를 도입하고 위원회에서의 법률안 상정시기를 제한하였다. 전문위원의 검토보고서는 특별한 사정이 없는 한 법률안 상정 48시간 전까지 소속위원들에게 배부하도록 하고 법률안 심사에 필요한 경우 2인 이내의 전문가를 심사보조자로 위탁할 수 있도록 하였다. 입법취지의 주요 내용을 국회공보 등에 게재하여 입법예고할 수 있게 하였으며, 폐회 중 상임위원회의 정례회의제도를 신설하였다.

〈표 6-3〉 위원회 심사

구분		심사절차
공화국	국회	
제1공화국	제헌~제4대	① 의사일정 상정 ② 제안자의 취지설명 ③ 전문위원 검토보고 ④ 질의답변 ⑤ 소위원회 심사 ⑥ 축조심사 ⑦ 찬반토론 ⑧ 의결
제2공화국	제5대	① 의사일정 상정 ② 제안자의 취지설명 ③ 전문위원 검토보고 ④ 질의답변 ⑤ 소위원회 심사 ⑥ 축조심사 ⑦ 찬반토론 ⑧ 의결
제3공화국	제6대~제8대	① 의사일정 상정 ② 제안자의 취지설명 ③ 전문위원 검토보고 ④ 질의답변 ⑤ 소위원회 심사 ⑥ 축조심사 ⑦ 찬반토론 ⑧ 표결
제4공화국	제9대~제10대	위원회에서의 구체적인 심사절차 국회법에 최초로 명시 ① 제안자의 취지설명 ② 질의 ③ 토론 ④ 축조심사 ⑤ 표결
제5공화국	제11대~제12대	① 제안자의 취지설명 ② 전문위원 검토보고 ③ 질의 ④ 토론 ⑤ 축조심사 ⑥ 표결(1981. 1. 29 국회법에 전문위원 검토보고 명문화됨)
제6공화국	제13대~현재	① 제안자의 취지설명 ② 전문위원 검토보고 ③ 질의 ④ 토론 ⑤ 축조심사 ⑥ 표결(1999. 6. 28 질의를 포함하는 대체토론제도 도입)

5. 본회의 심의

법안을 다루게 될 본회의의 의사일정(개의일시와 부의안건)은 총무회담의 합의내용을 기초로 하여 의장이 국회운영위원회와 협의하여 정한다(국회법 제76조). 현재의 국회운영은 총무회담의 합의가 결정적인 요소가 되고 있다.

정해진 본회의 운영일정에 따라 본회의가 개의되면 본회의장에 배부된 의사일정에 게재된 부의안건 순서에 따라 법안이 상정된다.

본회의에 회부되는 법안에는 ① 위원회가 심사보고한 법안 ② 위원회가 입안하여 제안한 법안(국회법 제51조) ③ 위원회에서 부결된 법안으로서 본회의에 보고된 날부터 폐회 또는 휴회 기간을 제외한 7일 이내에 의원 30인 이상의 요구로 본회의에 부의된 법안(국회법 제87조) ④ 의장이 위원회에 회부할 때 심사 기간을 지정한 법안으로서 당해 위원회가 이유 없이 그 기간 내에 심사를 마치지 아니하여 의장이 중간보고를 듣고 바로 본회의에 부의한 법안(국회법 제85조 제2항) 등이 있다. ①과 ②의 경우가 대부분이고 ③과 ④의 경우는 흔하지 않다.

의장이 법안을 상정하게 되면 ①과 ③의 경우에는 위원장 또는 위원장이 지명한 소속위원이 위원회의 심사경과 및 결과와 소수의견, 관련위원회 의견 등 필요한 사항을 구두로 심사보고하고, ②와 ④의 경우에는 제안자가 취지설명(제안설명이라고도 한다)을 하게 된다. 같은 위원회에서 심사한 여러 개의 법안을 일괄하여 상정한 때에는 심사보고도 일괄하여 상정하는 것이 관례로 되어 있다. 심사보고 또는 제안설명의 내용은 이미 의원에게 배부되므로 구두로 보고하거나 설명은 요약하는 경우가 일반적이다.

보고 또는 설명이 끝나면 토론으로 넘어가는 것이 통상적이나 경우에 따라 필요하다고 인정할 때에는 의결로 그 안건을 다시 같은 위원회 또는 다른 위원회에 회부할 수도 있다(국회법 제94조). 그렇지 않은 경우에는 심사보고 또는 제안설명이 끝난 후 질의와 토론절차가 이어진다. 다만 위원회의 심사를 거친 안건에 대해서는 의결로 질의와 토론 또는 그중의 하나를 생략할 수 있다(국회법 제93조 단서). 위원회에서 심사를 마친 법률안이 본회의에서 의제가 된 때에는 위원장(또는 위원장이 지명하는 위원회소속위원)은 그 법률안에 대한 위원회의 심사경과 및 결과를 소수의견 및 관련위원회의 의견 등 필요한 사항과 함께 본회의에 보고한다. 위원장의 심사보고를 들은 후 본회의는 법률안에 대하여 질의, 토론을 거쳐 표결한다. 다만 본회의의 의결로 질의와 토론 또는 그중의 하나를 생략할 수 있다.

의장이 표결 결과를 선포함으로써 본회의 심의절차는 종료된다. 국회에서 의결된 의안은 의장이 이를 정부에 이송하는데 본회의는 서로 저촉되는 조항, 자구, 숫자, 기타의 의안정리가 필요할 때에는 이를 의장 또는 소관위원장에게 위임할 수 있다(국회법 제97조). 이러한 위임이 없는 때에도 국회사무처 의안과에서는 최종안을 이송하기 위한 실무작업의 일환으로 소관위원회 및 법제사법위원회의 전문위원과 문안확인, 필요한 자구교정 등 의안정리를 하는 것이 관행이다. 제1공화국에서는 법률안 심의가 본회의중심주의로 운영되었다. 즉 법률안은 위원회의 심사보고 뒤 본회의에서 3독회를 거쳐 심의되었다. 이때의 전원위원회제도는 본회의와 비슷한 역할을 하였다. 제2공화국에서는 위원장의 심사보고가 제1독회에 포함되는 대신 의안낭독 절차가 제1독회에서 빠졌다. 또한 독회과정에서의 수정동의절차가 별도로 규정되지 않아 수정안이 어느 단계에서 제출되어야 하는지 불분명하였다.

제3공화국에서는 본회의중심주의가 위원회중심주의로 전환되고 이에 따라 3독회제도는 폐지되었다. 법률안의 수정동의는 이유를 붙여 의원 10인 이상의 찬성자와 연서하여 미리 의장에게 제출하여야 했다.

제4공화국에서는 위원회의 심사를 거친 법률안에 대하여는 질의를 금지하고, 본회의 의결로 토론을 생략하게 된 점이 달라졌다. 그리고 법률안에 대한 수정동의 요건이 대폭 강화되어 종전의 의원 10인 이상에서 의원 30인 이상의 찬성이 필요하게 되었다. 결과적으로 위원회중심주의는 더욱 강화되었으며, 위원회에서 의결된 법률안은 본회의에서 사실상 수정이 어렵게 되었다.

<표 6-4> 본회의 심의

구분		심의절차
공화국	국회	
제1공화국	제헌~제4대	심의절차: 3독회 수정동의 요건: 의원 10인 이상의 찬성. 단, 위원회에서 심사보고한 수정안은 별도의 찬성 없이 의제가 되도록 함.
제2공화국	제5대	심의절차: 3독회(안건심사 시 제안자가 취지설명) 수정동의 요건: 위원 10인 이상의 찬성(민의원): 의원 5인 이상의 찬성(참의원). 단, 예산안에 대한 수정동의는 민의원의 경우 의원 20인 이상, 참의원의 경우 의원 10인 이상의 찬성을 요함.
제3공화국	제6대~제8대	위원회중심주의로 전환, 독회제도 폐지 심의절차: ① 의사일정 상정 ② 위원장의 심사보고 또는 제안자의 취지설명 ③ 질의·답변 ④ 토론 ⑤ 표결 수정동의 요건: 수정동의 이유와 의원 10인 이상의 찬성자의 연서를 미리 의장에게 제출. 단, 예산안에 대한 수정동의는 의원 20인 이상의 찬성을 요함.
제4공화국	제9대~제10대	심의절차: ① 의사일정 상정 ② 위원장의 심사보고 또는 제안자의 취지설명 ③ 질의 ④ 토론 ⑤ 표결 단, 위원회의 심사를 거친 안건에 대해서는 질의를 금지하였고, 본회의 의결로 토론이 생략 가능함. 수정동의 요건: 법률안 등 일반의안은 의원 30인 이상, 예산안은 의원 50인 이상의 찬성을 요함.
제5공화국	제11대~제12대	심의절차: ① 의사일정 상정 ② 위원장의 심사보고 또는 제안자의 취지설명 ③ 질의 ④ 토론 ⑤ 표결 단, 위원회의 심사를 거친 안건이라도 예산안 등 의장이 중요하다고 인정하는 안건에 대해서는 질의가 가능하도록 함. 수정동의 요건: 법률안 등 일반의안은 의원 30인 이상, 예산안은 의원 50인 이상의 찬성을 요함.
제6공화국	제13대~제18대 국회(현재)	심의절차: ① 의사일정 상정 ② 위원장의 심사보고 또는 제안자의 취지설명 ③ 질의 ④ 토론 ⑤ 표결 단, 위원장의 심사보고에 종전에는 위원회의 심사경과 및 결과와 소수의견 등을 보고하였으나 관련위원회의 의견 등을 추가하여 보고하도록 함(제25차 국회법개정 이후). 또 위원회의 심사를 마친 안건에 대해서는 의결로 질의와 토론 또는 그중의 하나를 생략 가능하도록 함. 수정동의 요건: 법률안 등 일반의안은 의원 30인 이상, 예산안은 의원 50인 이상의 찬성을 요함.

제5공화국에서는 의장이 중요하다고 인정하는 법률안의 경우에는 질의가 가능하게 되었다.

제6공화국에서는 법률안의 관련위원회 회부제도가 신설되어 위원장의 심사보고에 해당 위원회의 심사경과와 결과 외에 관련위원회의 의견도 포함하여 보고하도록 하였다.

6. 정부이송 및 공포

　본회의는 법률안 의결이 있은 후 서로 저촉되는 조항, 자구, 숫자, 기타 정리를 필요로 할 때에는 이를 의장 또는 위원회에 위임할 수 있다. 본회의에서 법률안이 의결되면 의장은 이를 정부에 이송하도록 되어 있다.

　제헌헌법에서는, 의결된 법률안은 정부에 이송되어 15일 이내에 대통령이 공포하되, 대통령의 이의가 있을 때에는 대통령은 이의서를 첨부하여 국회에 재의를 요구하도록 하였다. 국회에서 재의 시 재적의원 3분의 2 이상의 출석, 출석의원 3분의 2 이상의 찬성으로 전과 동일한 결의 시에 그 법률안은 확정되었다. 정부에 이송된 후 15일 이내에 공포 또는 환부되지 않는 때에도 법률안은 확정되며, 특별한 규정이 없는 한 공포일로부터 20일을 경과함으로써 효력을 발생하도록 하는 규정이 현행헌법까지 이어지고 있다. 대통령은 법안의 일부에 대하여 또는 법안을 수정하여 재의를 요구할 수는 없다.

　제2공화국에서는 양원제를 채택하여 법률안은 먼저 민의원에 제출한 후 참의원의장이 법률안을 정부에 이송토록 하였다.

　제3공화국에서는 대통령이 이송된 법률안을 15일 이내에 공포나 재의의 요구를 하지 않아 확정된 법률이나 국회의 재의결에 의하여 확정된 법률이 정부에 이송된 후 5일 이내에 공포되지 아니할 때에는 국회의장이 이를 공포하도록 하였다.

　제4공화국에서는 국회의장이 확정된 법률을 공포하는 경우에는 대통령에게 통지하도록 하였다. 제5, 6공화국에서는 별다른 변화가 없었다.

　법률안이 확정되고 공포되기까지의 과정을 정리하면 다음과 같다.

   ① 국회에서 의결된 법률안이 정부에 이송되어 오면 대통령은 15일 이내에 공포해야 하며, 법률에 특별한 규정이 없으면 공포한 날로부터 20일을 경과함으로써 공포된 법률이 효력을 발생한다.

   ② 법률안에 이의가 있을 때에는 대통령은 15일 이내에 이의서를 붙여 국회에 환부하고, 그 재의를 요구할 수 있다. 국회가 폐회 중에도 마찬가지다. 따라서 대통령에 의한 법률안의 재의를 요구할 때에도 대통령은 그 법률안의 일부에 대하여 또

는 법률안을 수정하여 재의를 요구할 수 없다.

③ 대통령으로부터 재의요구된 법률안은 국회에서 소관위원회에 회부되지 않고 바로 본회의에 부의되어 무기명투표로 표결하는데, 재적의원 과반수의 출석과 출석의원 3분의 2 이상의 찬성으로 재의결되면 그 법률안은 법률로써 확정된다. 이렇게 확정된 법률안이 정부에 이송되어 오면 대통령은 5일 이내에 이를 공포한다.

④ 대통령이 국회에서 이송되어 온 법률안을 15일 이내에 공포나 재의의 요구를 하지 아니한 때에는 국회의장이 이를 공포한다.

〈표 6-5〉 정부이송 및 공포

구분		이송 및 공포요건
공화국	국회	
제1공화국	제헌~제4대	국회의결 후 정부에 이송되면 대통령은 15일 이내에 이를 공포. 단, 이의가 있을 때에는 대통령은 이의서를 붙여 국회로 환부하며 국회는 이를 재의에 부침. 재의결과 국회 재적의원 3분의 2 이상의 출석과 출석의원 3분의 2 이상의 찬성으로 전과 동일한 의결을 한 때에는 그 법률안은 법률로써 확정한다.
제2공화국	제5대	국회의 의결을 요하는 의안은 그 의안을 최후로 의결한 원의 의장이 이를 정부에 이송하도록 하였고, 정부에 이송된 후 15일 이내에 대통령이 이를 공포하도록 함. 기타 재의요구 및 재심의절차는 제1공화국과 동일하다.
제3공화국	제6대~제8대	국회의결 후 정부에 이송된 후 대통령은 15일 이내에 이를 공포토록 함. 대통령의 재의요구가 있는 경우 그 요구에 대하여 국회에서 재의결되어 확정된 법률을 대통령이 공포하지 아니한 때에는 그 공포기일이 경과한 날로부터 5일 이내에 의장이 이를 공포한다. 이 경우에는 대통령에게 통지하여야 한다.
제4공화국	제9대~제10대	제3공화국과 동일
제5공화국	제11대~제12대	제4공화국과 동일
제6공화국	제13대~제18대(현재)	제5공화국과 동일

제6절 국회운영방식 및 입법절차의 변천[7]

　국회의 입법과정은 4차례에 걸쳐 큰 변화가 있었는데 국가재건최고회의 당시의 제10차 국회법 개정(1963. 11. 26 전문개정), 유신체제하의 비상국무회의 당시의 제15차 국회법 개정(1973. 2. 7), 제14대 국회의 제24차 국회법 개정(1988. 6. 15), 제15대 국회의 제33차 국회법 개정(2000. 2. 16)이다.

---

7) 박종흡, 『의회의 입법과정』(국회사무처 입법차장실, 1996), 41~52쪽, 정호영, 앞의 책, 69~73쪽 참조.

1. 제헌 ~ 제4대 국회(제1공화국)

제헌국회부터 제4대 국회까지의 입법절차는 본회의중심제와 3독회제라고 할 수 있다. 법안을 비롯한 의안이 제출 또는 발의되면 본회의에 보고한 후 위원회에 회부하고 위원회의 심사가 끝나면 의장에게 보고서를 제출한다.

제1독회에서는 심사보고, 의안낭독, 질의응답과 대체토론을 거친 후 제2독회에서 부의 여부를 표결에 부쳐 부의하지 않기로 의결한 때에는 그 의안은 폐기되고 가결된 경우에는 제2독회로 넘어간다. 의장은 필요한 때에는 의안낭독을 생략할 수 있고 국회의 의결이 있으면 대체토론도 생략할 수 있다.

제2독회에서는 의안을 축조낭독하는데(의장이 생략가능), 이때 수정안의 제안이 있으면 이를 토론 표결한다(제2독회에서의 수정동의는 20인 이상의 찬성을 요하였다). 의장은 의안의 낭독을 생략할 수 있고, 축조심사의 순서를 변경하거나 몇 개 조항을 합하거나 또는 몇 개 조항을 나누어서 토의에 부의할 수 있다. 제3독회에서는 의안 전체의 가부만을 표결에 부치고 문자를 정정하는 외에는 수정동의를 할 수 없도록 하였다.

1948년 10월 2일 제정된 국회법은 3독회제와 관련해서 다음과 같이 규정하였다.

제38조 법률안의 의결은 3독회(讀會)를 거쳐야 한다. 단, 국회의 결의로 독회의 절차를 생략할 수 있다. 독회와 독회와의 기간은 적어도 3일을 두어야 한다. 단, 국회의 결의로 그 기간을 단축 또는 생략할 수 있다.

제39조 법률안이 제출 또는 발의되었을 때에는 의장은 이것을 국회에 보고한 후 적당한 위원회에 회부하여 심사보고하도록 한다. 위원회에서 채택된 법률안은 그 보고에 의하여 제1독회를 개시하고 의안낭독, 질의응답과 그 의안의 대체에 대하여 토론한 후 제2독회에 부의 여부를 결의한다. 의장은 필요한 때에는 의안낭독을 생략하며 또는 국회의 결의로 대체토론을 생략할 수 있다. 제2독회에 부의하지 아니하기로 결의된 때에는 그 법률안은 폐기된다.

제40조 제2독회에서는 의안을 축조낭독하며 심의한다. 단, 의장은 의안의 낭독을 생략할 수 있다. 의장은 축조심의의 순서를 변경하거나 수조(數條)를 합하거나 혹은 1조(條)를 갈라서 토의에 부할 수 있다. 의원은 제2독회 개시 전일까지 서면으로 예비 수정안을 제출할 수 있다. 예비수정안은 국회에 특별한 결의가 없는 한 위원

회에 회부하여 심사정리한 후 보고하도록 한다. 제2독회에서는 20인 이상의 연서
로 수정동의를 제출할 수 있다.

제41조 제3독회는 의안 전제의 가부(可否)를 의결한다. 제3독회에서는 문자를 정정
하는 외에는 수정의 동의(動議)를 할 수 없다. 단, 의안 중 서로 저촉되거나 다른
법률과 저촉됨이 발견되어 필요한 수정을 할 때에는 예외로 한다. 제3독회를 마칠
때에 수정결의의 조항과 자구의 정리를 법제사법위원회 또는 의장에게 부탁할 수
있다.

국회법은 제2대 국회 기간 중인 1951년 3월 15일 개정되었고 3독회제는
다음과 같이 변경되었다.

제38조 법률안의 의결은 3독회를 거쳐야 한다. 단, 국회의 결의로 독회의 절차를 생
략할 수 있다. 독회와 독회와의 기간은 적어도 3일을 두어야 한다. 단, 국회의 결
의로 그 기간을 단축 또는 생략할 수 있다.

제39조 법률안이 제출 또는 발의되었을 때에는 의장은 이것을 국회에 보고한 후 적
당한 위원회에 회부하여 심사보고하도록 한다. 위원회에서 입안 또는 심사한 법률
안은 법제사법위원회의 심사를 경유하여야 한다. 단, 법제사법위원회는 법률안의
체계와 형식에 대한 심사를 하여 소관위원회에 회송한다. 위원회에서 본회의에 부
의하기로 결정되었거나 제33조 제5항 단서의 요구가 있는 법률안은 그 보고에 의
하여 제1독회를 개시하고 의안낭독, 질의응답과 그 의안의 대체에 대하여 토론한
후 제2독회에 부의할 지의 여부를 결의한다. 의장은 필요한 때에는 의안낭독을 생
략하며 또는 국회의 결의로 대체토론을 생략할 수 있다. 제2독회에 부의하지 아니
하기로 결의된 때에는 그 법률안은 폐기된다.

제40조 제2독회에서는 의안을 축조낭독하며 심의한다. 단, 의장은 의안의 낭독을 생
략할 수 있다. 의장은 축조심의의 순서를 변경하거나 수조(數條)를 합하거나 혹은
1조(條)를 갈라서 토의에 부할 수 있다. 의원은 제2독회 개시 전일까지 서면으로
예비수정안을 제출할 수 있다. 예비수정안은 국회에 특별한 결의가 없는 한 위원
회에 회부하여 심사정리한 후 보고하도록 한다. 제2독회에서는 20인 이상의 연서
로 수정동의를 제출할 수 있다.

제41조 제3독회는 의안 전체의 가부(可否)를 의결한다. 제3독회에서는 문자를 정정
하는 외에는 수정의 동의(動議)를 할 수 없다. 단, 의안 중 서로 저촉되거나 다른
법률과 저촉됨이 발견되어 필요한 수정을 할 때에는 예외로 한다. 제3독회를 마칠
때에 수정결의의 조항과 자구의 정리를 법제사법위원회 또는 의장에게 부탁할 수
있다.

2. 제5대 국회(제2공화국)

1960년 4·19혁명 후 제2공화국이 수립되었다. 제3차 헌법 개정(1960. 6. 15)에 따라 정부형태가 내각책임제로 바뀌고, 국회구성도 민의원과 참의원의 양원제로 바뀌었다. 헌법상 법률안과 예산안은 먼저 민의원에 제출하도록 하였고, 참의원이 국회의 의결을 요하는 의안을 받은 날부터 60일 이내에 의결하지 아니한 때에는 이를 부결한 것으로 간주하였다. 국회법상 법률안 등 의안은 10인 이상, 참의원은 5인 이상의 찬성으로 발의할 수 있었다. 참의원이 발의한 법률안은 참의원의장이 이를 민의원의장에게 제출하였다. 의원이 발의한 의안 중 국회의 의결을 요하는 것은 그 원(院)의 의장이 예비심사를 위하여 당해 의안을 다른 원에 송부하도록 하였다.

제5대 국회에서는 소관상임위원회가 국회법에 명시됨으로써 의안이 발의 또는 제출되었을 때에는 이를 소관상임위원회에 회부하고 그 심사가 끝난 후 본회의에 회부하였다. 단, 법률안·예산안·결산 이외의 의안으로서 긴급한 것은 제안자의 요구에 의하여 본회의의 의결로 그 심사를 생략할 수 있었다. 본회의에서의 심의는 종전과 같이 제3독회를 통하여 이루어졌다.

제2공화국 헌법 제37조에 의하면, 국회의 의결을 요하는 의안에 대하여 양원의 의결이 일치하지 않을 때에는 의안을 민의원의 재의에 부치고 각 원에서 의결된 것 중 민의원에서 재적의원 과반수의 출석과 출석의원 3분의 2 이상의 찬성으로 다시 의결된 것을 국회의 의결로 하였다.

국회의 의결을 요하는 의안은 그 의안을 최후로 의결한 원의 의장이 이를 정부에 이송하고, 정부에 이송된 후 15일 이내에 대통령이 공포하도록 하였다. 제5대 국회에서의 기본적인 입법절차는 제4대 국회까지의 그것과 크게 다르지 않았다.

국회법은 제5대 국회 기간 중인 1960년 9월 26일 다음과 같이 개정되었다.

제103조(법률안의 의결) ① 법률안의 의결은 3독회를 거쳐야 한다. 단 의원(議院)의 의결로 독회의 절차를 생략할 수 있다. ② 예산안과 의원규칙의 의결은 법률안의

의결의 예에 준한다.

제104조(체계, 자구의 심사) 위원회에서 법률안의 심사를 끝내거나 입안한 때에는 법제사법위원회에 회부하여 체계와 자구에 대한 심사를 거쳐야 한다.

제105조(제1독회) ① 제1독회에서는 위원장의 심사보고, 질의응답과 대체토론을 한 후 제2독회에 부의할 여부를 의결한다. ② 제2독회에 부의하기로 의결한 의안은 그 의결이 있은 다음 날 이후에 제2독회에 부의한다. ③ 제2독회에 부의하지 아니하기로 의결된 때에는 그 의안은 폐기된다.

제106조(제2독회) ① 제2독회에서는 의안을 축조낭독하여 심의한다. 단, 의장은 의안의 낭독을 생략할 수 있다. ② 의장은 축조심의의 순서를 변경하거나 수조(數條)를 합하거나 혹은 1조(條)를 갈라서 심의에 부할 수 있다.

제107조(제3독회) ① 제3독회는 의안 전체의 가부(미좀)를 의결한다. ② 제3독회에서는 문자를 정정하는 외에는 수정의 동의(動議)를 할 수 없다. 단, 의안 중 서로 저촉되거나 다른 법률과 저촉됨이 발견되어 필요한 수정을 할 때에는 예외로 한다. ③ 제3독회를 마칠 때에는 의결의 결과 의안 중 서로 저촉되는 조항, 자구, 숫자, 기타의 정리를 필요로 할 때에는 그것을 의장 또는 위원회에 위임할 수 있다.

3독회제는 제6대 국회 임기개시 직전인 1963년 11월 26일 국회법 개정 시에 폐지되고 이때부터 국회운영방식으로 위원회중심주의가 채택되어 오늘에 이르고 있다.

3. 제6대 국회~제8대 국회(제3공화국)

1961년 5·16군사정변 후 군부는 과도적 통치기구인 국가재건최고회의를 설치하고 제3공화국수립을 위한 헌법 및 법률 정비에 나섰다.

제6대 국회의원 선거가 실시된 1963년 11월 26일 폐지 제정된 국회법에서는 3독회제가 폐지되고 위원회 심사단계가 끝나면 곧바로 본회의심사단계로 들어가도록 변경되었다. 본회의 심사절차는 위원회 심사보고, 질의, 축조심사 및 토론, 표결의 순서로 하였으나 축조심사는 의장이 생략할 수 있도록 하였다. 이와 같은 입법절차의 변경은 순수한 위원회중심제로 전환하는 계기가 되기는 하였으나 입법과정의 각 단계에서 그 절차의 개념이나 기능 범위 등이 너무 포괄적이고 단순화되었다. 그렇기 때문에 의안이 입법과정을 거치는 동안 종래의 독회제도하에서 토론되고 수정될 수 있는 기회가 크게 감소하는 결과를 초래하였다.

4. 제9대 국회~제14대 국회 전반(제4공화국~제6공화국)

유신체제의 출범은 국회운영제도 면에서 커다란 변혁을 가져왔다. 유신체제하의 제9대 국회 당시 이루어진 제15차 국회법 개정(1973. 2. 7)에서는 본회의 축조심사의 폐지와 발언의 제한을 통하여 입법과정에 다음과 같은 두 가지 제한을 덧붙였다.

① 본회의 축조심사의 폐지: 제5대 국회까지의 3독회제하에서는 물론 그 후의 제8대 국회까지는 본회의에 부여되었던 축조심사절차를 제도상으로 완전히 폐지하고 이 절차를 위원회의 절차로 전환하였다. 그런데 본회의 축조심사절차는 그전에도 별로 활용되지 못했기 때문에 사실상 유명무실한 형식적 절차로 전락하였었다. 그러나 이러한 형식적인 절차마저 완전히 폐지함으로써 본회의의 형식화는 더욱 가속화되었다. 더욱이 위원회의 구체적인 심사절차를 처음으로 국회법에 명시한 제9대 국회 제15차 국회법 개정에서 위원회에서 축조심사를 하도록 변경한 후에도 위원장이 이를 생략할 수 있도록 예외를 허용함으로써 사실상 위원회에서 축조심사를 하는 예를 찾아볼 수 없게 되었다. 이는 결과적으로 우리 국회의 입법과정의 그 어느 곳에서도 축조심사절차가 이루어지지 않게 됨으로써 토론이나 수정의 기회도 그만큼 줄어드는 계기가 되었다고 할 수 있다.

② 발언제한을 통한 토론절차의 규제: 국회의 토론절차, 즉 발언절차에 중요한 제한적 조치가 가해졌다. 우선 본회의에서의 질의나 토론 등 의원의 발언시간을 그전에는 본회의 의결이 없는 한 제한할 수 없었으나 이때부터 30분으로 제한하였다. 또한 종전에는 질의나 토론의 총시간 및 이에 참여할 수 있는 총발언자의 수는 교섭단체소속의원 수의 비율에 따라 자율적 협의(제6대 국회까지) 혹은 운영위원회가 각 교섭단체와 협의(제6대 국회에서 제8대 국회까지)하여 정하도록 되어 있었다. 그러나 이때부터는 발언자 수를 각 교섭단체소속의원 수의 비율에 따라 각 2인 이내(그 후 3인 이내로 변경)의 범위 안에서 정하도록 함으로써 각 교섭단체별로 2인을 초과하여 토론에 참가할 수 있는 길은 원칙적으로 봉쇄되었다.

5. 제14대 국회 중반～제15대 국회(제6공화국)

제14대 국회 기간 중에 이루어진 제25차 국회법 개정(1994. 6. 28)은 입법기능을 활성화하는 방향으로 개정이 이루어졌다. 특히 발언기회의 확대, 위원회 대체토론제도의 부활, 축조 심사의 강화 등을 특징으로 한다. 우선 토론과 같은 발언제도는 의원 1인당 발언할 수 있는 시간을 대폭 축소(종래 30분에서 15분으로)하는 대신에 의원이 발언에 참가할 수 있는 기회는 확대하였다. 즉 총 토론시간을 먼저 정한 후 각 교섭단체 소속의원 수의 비율에 따라 이를 각 교섭단체에 할당하고 각 교섭단체는 할당된 시간 내에서 발언자 수를 자율적으로 정하도록 한 것이다.

위원회 심사과정에서는 과거 독회제하에서 본회의 절차로 있었던 대체토론제도를 부활시키고 위원회에서 의안을 소위원회에 회부할 때에는 대체토론 이후에만 가능하도록 하였다. 위원회에서의 발언절차의 경우도 첫 번째의 발언 시에는 각 위원에게 15분을 균등하게 적용하고, 축조심사와 관련해서는 종전에 위원장이 생략할 수 있던 것을 의결로 생략할 수 있도록 축조심사 생략요건을 강화하였다. 이 밖에도 폐회 중의 정례회의 수를 월 1회에서 2회로 하는 등 국회의 입법과정에 중요한 영향을 미치는 조치들이 행하여졌다.

6. 제16대 국회 이후(제6공화국)

제15대 국회 후반에 이루어진 제33차 국회법 개정(2000. 2. 16)은 몇 가지 중요한 제도운영상의 개선을 가져왔다. 국회의 상시개원을 위한 제도를 도입하여 원칙적으로 매년 2월, 4월, 6월의 1일에 임시회를 집회하도록 하였다. 국회가 연중상시 법률안 심의를 할 수 있도록 하기 위하여 정부가 매년 연초에 법률안 제출계획을 국회에 통지하도록 하였다. 또 법안내용을 철저히 하려는 의도에서 법안실명제를 도입, 법률안 발의 시 발의의원과 찬성의원을 구분하여 명기하도록 하였다.

본회의 심의과정의 충실화를 위하여 전원위원회제도를 부활시키고 발언제도 및 표결제도를 개선하였다. 위원회심사과정에서도 상설소위원회의 심사와 축조심사 및 회의록(속기록) 작성의 의무화, 그리고 공청회·청문회제도의 활성화 등을 내용으로 하는 입법과정상의 변화가 있었다.

이러한 제도상의 변화는 제16대 국회부터 시행되고 있다. 특히 위원회가 안건을 심사할 때 반드시 상설소위원회에 회부하여 이를 심사보고하도록 함에 따라 법률안 등 안건의 졸속 처리를 방지할 수 있게 되었다. 본회의 상정 전이나 상정 후에 재적의원 4분의 1 이상의 요구가 있을 때에는 그 심사를 위하여 의원 전원으로 구성되는 전원위원회를 열어 본회의 법안심의의 형식화를 보완하고자 하였다.

제7절 맺음말

한국국회에서 입법과정의 현실은 일반적으로 의원이 발의하는 법률안이 정부가 제출하는 법률안보다 접수 건수가 적고 가결비율이 크게 낮으며, 그 내용 면에서도 합리성이나 실효성이 의문시되는 것이 적지 않다. 입법의 주도권을 행정부가 장악하고 있는 현실을 감안하더라도 의원발의법률안은 입법 영역확대, 전문성 제고라고 하는 과제를 안고 있다. 역대 국회는 능률성과 전문성을 강조하는 행정부에 종속되어 입법활동과 행정통제기능을 효율적으로 수행하지 못하였다. 국회운영도 여당의 독주와 야당의 극한 투쟁이 맞대결함으로써 변칙과 파행이 수시로 되풀이되어 왔다.

입법과정상의 문제는 크게 두 가지로 나누어 생각할 수 있다. 첫째는 의원들의 의욕적인 입법활동 의지의 존재 여부이고, 둘째는 의원들의 이러한 의지를 전문적으로 뒷받침하여 줄 입법보좌기구 및 그 구성원의 존재 여부이다.

먼저 의원들의 입법활동 의지는 최근의 각종 자료(예를 들면 본회의, 위원회 출석 및 발언, 각종 의원연구모임 가입 및 활동 등)를 통하여 볼 때 크게 높아진 것으로 나타나 긍정적으로 평가된다.

심화되고 있는 국회의 통법부화(通法部化) 현상은 크게는 행정권의 입법 과정 관여에 기인하나 작게는 국회사무처가 입법기능을 제대로 발휘하고 있지 못한 것에 기인한다. 게다가 국회사무처의 분위기가 권위주의적이고 계급구조적이기 때문에 사회변화를 입법권으로 형성하고 제어하는 기관으로서의 역동성이 부족하다는 지적 또한 나오고 있다.[8]

의원발의법률안의 입안 및 발의의 문제점은 무엇보다도 법제전담기구의 취약성을 들 수 있다. 의원이 법률안을 발의하는 경우 국회상임위원회의 입법관료, 법제실, 예산정책국, 의원의 개인보좌진 등이 입법보조를 하고 있다. 상임위원회 직원들은 그 업무에 관하여 위원장의 지휘감독을 받으면서 회의진행 보좌뿐만 아니라 각종 위원회 심사안건에 종사하기 때문에 적은 인원으로 광범위한 입법 영역 분야의 조사 및 분석업무를 담당하면서 의원들에게 입법자료를 제공하는 데에는 한계가 있다. 따라서 입법정보 및 인적 자원의 효율적인 관리 및 활용이 필요하다.

행정부의 정보독점과 입법부의 입법정보부족은 입법정책수립과 법안심의에 커다란 제약이 되고 있다. 행정부가 수집, 보유하고 있는 정보 및 자료에 국회의원이 보다 쉽게 접근할 수 있는 방안을 제도적으로 마련해야 한다.

또한 국회사무처와 국회도서관의 입법보좌기구와 기능을 의회 선진국형으로 강화시켜야 한다. 이와 더불어 국회도서관과 국회사무처의 법제실, 예산정책처, 입법조사처, 위원회가 서로 유기적 관계를 가져 자료와 정보의 흐름을 끊임없이 이어줄 수 있어야 한다.

---

8) 이창훈, 『맞아죽을 각오를 하고 쓴 국회사무처 비판』, ≪국회보≫(2000. 11), 152~153쪽.

제7장 위원회

 위원회의 기능과 종류

1. 위원회제도의 기원과 기능

1) 위원회제도의 기원

영국의회에서는 1340년 초에 원내에서 필요한 법령을 심의, 제정하기 위하여 위원을 선출한 적이 있는데 이것이 관례로 굳어지고 제도화되어 오늘날의 위원회(Committee)가 되었다. 16세기 중반부터 영국의회의 의사록에는 위원회와 위원에 관한 기록이 등장하기 시작한다.[1] 이 무렵에 벌써 3독회와 위원회부탁(付託)이라고 하는 근대적 의미의 의사규칙의 기본형태가 갖추어져 있었다. 그러나 위원회부탁은 그 법안에 수정이 필요하다고 판단되는 경우에 한정되어 있었다.

위원회의 원리는 의회 자체만큼이나 그 역사가 길다. 에드워드 1세의 통치 기간 동안 임명되기 시작한 청원접수관 및 심사관은 위원회제도의 원리가 적용된 최초의 사례이다. 서민원이 그 구성원들의 통일적 합의체로서 기능하기 시작하였을 때부터 예컨대 '청원사항을 구체화하는 성문법의 기초를 감독하기 위하여' 위원회가 설립되었다.

영국에 뿌리를 두는 위원회제도는 영국이 세계각지에 식민지를 건설하는 과정에서 다른 나라 의회로 전파되었다. 특히 미국에 전해진 위원회제도는 미국이 독립을 쟁취하고 제2차 세계대전 이후 국제사회에 영향력을 발휘하는 새로운 세력으로 등장하면서 여러 나라 의회로 전파되었다.

---

1) K. R. Mackenzie, *The English Parliament*(Middlesex: Penguin Books, 1963), 46~47쪽.

한국에서는 1919년 상해 대한민국임시의정원에서 제정한 임시의정원법(제5장 제28조)에 의하여 위원회의 종류를 전원위원회, 상임위원회, 그리고 특별위원회의 세 가지로 규정한 바 있다.

2) 위원회의 기능

위원회는 의원 가운데서 전문 분야별로 일정한 수의 위원을 선임하여 구성하는 국회의 주요 기관으로, 본회의의 심의가 있기 전에 회부된 안건을 심사하거나 그 소관에 속하는 의안을 입안하는 하부기관이다.

위원회의 권한은 정부 혹은 기타 관계자들에 대하여 국무위원 국회출석요구, 공무원의 국회출석요구, 증인출석요구, 서류제출요구 등이 있다.[2]

위원회는 국회의 기능을 가장 효율적으로 수행하는 기관이라고 할 수 있는데, 위원회의 기능은 어떠한 정체 및 의회운영방식을 채택하느냐에 따라 달라질 수 있다.

위원회는 본회의의 예비적 심사기관이지만 한국과 같이 상임위원회중심주의를 채택하고 있는 나라에서는 상임위원회에서의 심사가 가장 중요한 심사이다. 상임위원회는 회부된 안건을 심사하고 그 결과를 본회의에 보고하여 본회의의 판단자료를 제공한다.

그러나 영국과 같이 내각책임제의 정체에, 전원위원회제도를 채택하고 있는 의회에서는 대부분의 중요 법안은 전원위원회의 심의를 거친다. 영국의 위원회제도하에서는 상임위원회보다 전원위원회가 중심 기능을 하고 있다. 3독회제가 시행되고 있는 영국은 내각책임제의 영향으로 정부의 의회에 대한 영향력이 강한 편이다.

한국국회는 제헌국회부터 현재에 이르기까지 안건의 실질적인 심사기관으로 위원회를 설치, 운영하여 오고 있다. 비록 제4대 국회까지는 전원위원회가 있었지만 한국의 위원회제도에서 중심을 이루는 것은 상임위원회와 특별

---

2) Malcolm Shaw, "Committee in Legislatures", in Philip Norton(ed.), *Legislatures*(Oxford: Oxford University Press, 1990), 246~253쪽.

위원회이다. 국회법은 1948년 10월 2일 법률 제5호로 공포되어 시행된 이래 여러 차례 개정되어 왔다. 법 개정의 흐름을 살펴보면 제헌국회 이래 제4대 국회까지는 본회의중심주의의 국회운영이 큰 변화 없이 유지되었으나, 4·19혁명 직후 '의사운영의 간편능률화'를 위하여 위원회중심주의로 전환을 도모하였고, 5·16군사정변 이후 제6대 국회부터 현행 상임위원회중심주의로 전환되었다.

2. 위원회의 종류

위원회는 본회의의 심의에 앞서 소수의 위원들로 구성되는 의안의 예비적 심사기관이며, 그 종류로는 상설되어 있는 상임위원회와 특별히 필요성이 인정되는 안건을 심사하기 위하여 설치되는 특별위원회가 있다. 위원회의 종류는 두 가지로 분류되지만 유형별로 나누면 여기에 전원위원회를 추가할 수 있다.

1948년 10월 2일 공포된 제정국회법에서는 위원회의 종류를 상임위원회와 특별위원회로 나누었다. 상임위원회에는 국회운영위원회, 법제사법위원회, 정무위원회, 재정경제위원회, 통일외교통상위원회, 국방위원회, 행정자치위원회, 교육위원회, 과학기술정보통신위원회, 문화관광위원회, 농림해양수산위원회, 산업자원위원회, 보건복지위원회, 환경노동위원회, 건설교통위원회, 정보위원회 등 16개가 있고, 특별위원회에는 예산결산특별위원회, 윤리특별위원회, 여성특별위원회, 그리고 기타특별위원회가 있다. 각 위원회에는 1인의 수석전문위원과 1~2인의 전문위원, 그리고 2~7명의 입법심의관과 입법조사관, 그리고 약간 명의 직원들이 배속되어 있다.

3. 위원회의 의사 · 의결 정족수

위원회는 재적위원 5분의 1 이상의 출석으로 개회하고, 재적위원 과반수의 출석과 출석위원 과반수의 찬성으로 의결한다.

〈표 7-1〉 위원회의 종류

구분	설명
상임위원회	안건의 유무에 관계없이 상설되어 있는 위원회로서 의안이 제출되고 청원 등이 접수되면 그 소관 부문에 따라 각 위원회가 그 부문에 속한 입법자료의 수집 · 생산 및 입안을 한다.
특별위원회	특별히 필요하다고 인정한 안건을 심사하기 위하여 설치되고, 그 안건이 본회의에서 의결될 때까지 존속한다.
전원위원회	본회의에서의 법안심의의 형식화를 보완하고 더 많은 의원들에게 의안 심사에 참여할 기회부여를 확대한 위원회제도이다.

제2절 상임위원회

1. 상임위원회

의회의 회의운영방식에는 본회의중심주의와 상임위원회중심주의가 있다. 한국에서는 제헌국회(1948) 때 상임위원회제도가 채택되었으나 국회운영은 본회의중심주의를 채택하였고, 제6대 국회(1963)부터 상임위원회중심주의를 채택하고 있다.

상임위원회는 국가의 정책이 토론, 심의되고 법률안으로 정리되는 곳인데 국회가 정책결정 능력을 인정받고 있는지는 상임위원회가 행정부로부터 업무상 전문성과 자율성을 확보하고 있는지의 여부에 달려 있다. 법률안의 채택 여부 등 심의를 요하는 안건에 대한 국회의 최종적인 의사는 국회의원 전원이 참여하는 본회의에서 결정되고 있으나 복잡하고 전문화된 내용을 포함하는 모든 안건을 본회의에서 의원 모두가 참여하여 깊이 있게 논의한다는 것은 현실적으로 어려운 일이다. 그래서 보다 전문화된 행정부에 대응하기 위하여 소수의 전문지식과 경력을 가진 의원들이 자유로운 토론과 신중한 심의를 할 수 있도록 하기 위하여 상임위원회를 운용하고 있다. 위원회는 본회의의 의결이 있거나 의장 또는 위원장이 필요하다고 인정할 때, 재적위원 4분의 1 이상의 요구가 있을 때에 개회한다. 위원회는 재적의원 5분의 1 이상의 출석(의사정족수)으로 개회하고, 재적의원 과반수의 출석과 출석위원 과반수의 찬성(의결정족수)으로 의결한다.[3]

상임위원회는 국회법의 규정에 의하여 17개의 상임위원회를 두며, 각 위원회의 위원정수는 국회규칙으로 정한다. 상임위원은 교섭단체 소속의원 수의 비율에 의하여 각 교섭단체 대표의원의 요청으로 의장이 선임 및 개선하며 임기는 2년이다.

위원회에는 각 교섭단체별로 간사 1인을 둔다. 간사는 위원회에서 호선하고 이를 본회의에 보고한다. 위원장이 사고가 있을 때에는 위원장이 지정하는 간사가 위원장의 직무를 대리한다(국회법 제50조).

2. 상임위원장

국회법은 상임위원회에 위원장 1인을 두도록 하고 있다(제41조 제1항). 상임위원장의 임기는 상임위원의 임기와 같이 2년으로 하되, 국회의원 총선거 후 처음 선출된 상임위원장의 임기는 그 선출된 날부터 시작하여 의원의 임기개시 후 2년이 되는 날까지로 되어 있다(제40조 제1항 단서).

상임위원회는 각 정당의 정책차원의 이해관계뿐만 아니라 지지세력의 결집이라는 정치적 전략에도 커다란 영향을 미치기 때문에 의미가 크다.[4] 정당은 물론 의원 개개인의 입장에서도 상임위원회 배정결과에 따라 자신의

---

3) 상임위원회 또는 특별위원회 위원은 원내교섭단체 소속의원 수의 비율에 의하여 각 교섭단체 대표의원의 요청으로 의장이 선임한다.

4) 제헌국회부터 제5대 국회까지는 본회의에서 독회절차를 밟음으로써 위원회는 본회의의 예비심사기관으로서의 기능을 수행하여 왔다.

정책입장과 정치적 이익을 추구하는 데 큰 차이가 생길 수 있으므로 상임위원회 구성에 관심을 갖게 되며 특히 위원장은 입법과정에 커다란 영향력을 행사할 수 있는 지위와 그에 따른 권한을 갖고 있기 때문에 위원장직을 어느 정당이 차지하느냐에 관심이 집중되어 왔다.

위원장은 위원회 회의에 대한 의사정리 권한으로 의사일정과 개회일시를 간사와 협의하여 정한다. 개회·산회와 회의의 중지를 선포하고 발언을 허가하며 위원회 회의록에 서명 날인하고 위원장을 대리할 간사를 지정할 권한을 가지고 있다(국회법 제49조 제1, 2항, 제50조 제3항, 제69조 제3항). 무엇보다도 위원장은 법안 상정권한을 갖는다. 교섭단체의 간사들과 협의하도록 되어 있기는 하지만 최종 결정은 위원장이 행한다.

상임위원회 위원장과 특별위원회 위원장의 선출방법에는 차이가 있다. 상임위원장은 본회의에서 선출하며, 특별위원장은 당해 특별위원회에서 호선하고 본회의에 보고한다. 상임위원장선거는 위원선임이 완료되어 그 명단이 본회의에 보고된 다음 지체 없이 행하는데 임시의장선거의 예에 따라 본회의에서 당해 위원회 소속위원 가운데 무기명투표로서 재적의원 과반수 출석과 출석의원 다수의 득표자를 당선자로 한다(국회법 제17조, 제41조 제4항).

위원장이 소속 교섭단체의 정치적 사정이나 개인적 사유 등으로 위원회의 개회나 의사진행을 거부 또는 기피하는 경우 회의가 공전되고 국회의 정상운영에 지장을 가져온다. 때문에 위원회의 원만한 의사진행을 위하여 제150회 국회에서 국회법을 개정하여 위원장이 의사진행을 거부 또는 기피할 경우 위원장이 소속하지 아니하는 교섭단체의 간사 중에서 소속의원의 수가 많은 교섭단체의 순으로 위원장의 직무를 대행하도록 하였다(국회법 제50조 제5항).

한국국회의 경우 상임위원장직의 배분에 관하여 명문의 규정이 없다. 다만, 국회법상 상임위원장은 본회의선거(국회법 제41조), 특별위원장은 특위에서의 호선(국회법 제47조)에 의거하여 선임되기 때문에 제12대 국회까지는 여당에 모두 배정되었으며, 제13대 국회에서는 대체로 교섭단체 의석비율을 고려하여 교섭단체 간의 합의로 여야에 위원장직을 배분하고 있다.[5]

3. 각 상임위원회 · 특별위원회 소관사항

제18대 국회의 상임위원회별 소관사항은 <표 7 - 2>와 같다.

<표 7-2> 위원회별 소관사항

위원회	소관 사항/특징
국회운영위원회	국회운영, 국회법 기타 국회규칙, 국회사무처, 국회도서관, 국회예산정책처, 국회입법조사처, 대통령실, 국가인권위원회 소관에 속하는 사항
법제사법위원회	법무부, 법제처, 감사원, 헌법재판소, 법원 · 군사법원, 친일반민족행위자재산조사위원회, 탄핵소추, 법률안 · 국회규칙안의 체계 · 형식과 자구의 심사 등 관한 사항
정무위원회	국무총리실, 국가보훈처, 특임장관실, 공정거래위원회, 금융위원회, 국민권익위원회 소관 의안 및 청원 등 심사
기획재정위원회	재정경제부 및 한국은행 소관 의안 및 청원 등 심사
외교통상통일위원회	통일부, 외교통상부 및 민주평화통일자문회의사무처 소관 사항
국방위원회	국방부 소관에 속하는 사항
행정안전위원회	행정안전부 소관 사항, 중앙선거관리위원회 사무에 관한 사항 및 지방자치단체에 관한 사항에 속하는 의안과 청원 등 심사
교육과학기술위원회	교육과학기술부 소관 의안 및 청원 등 심사
문화체육관광방송통신위원회	문화체육관광방송통신분야의 법률안, 예산안, 청원 등 안건 심사
농림수산식품위원회	농림수산식품부 소관 법률안, 예산안, 청원 등의 안건 심사
지식경제위원회	지식경제부소관에 속하는 사항. '산업자원위원회'가 2008년 8월 25일 지식경제위원회로 명칭 변경
보건복지가족위원회	보건복지가족위원회는 보건복지가족부소관 및 식품의약품안전청소관에 속하는 의안과 청원 등의 심사, 기타 법률에서 정하는 직무 수행
국토해양위원회	주택 · 토지 · 건설 · 수자원, 철도 · 도로 · 항공, 해양 · 물류 · 항만 등의 분야에 관한 의안과 청원 등의 심사
정보위원회	국회법 제36조의 규정에 의하여 정보위원회 소관에 속하는 의안과 청원 등의 심사. 국가정보원법 제3조 제1항 제5호에 규정된 정보 및 보안업무의 기획 · 조정 대상부처 소관의 정보예산안과 결산심사에 관한 사항
여성위원회	여성부 소관에 속하는 의안과 청원 등의 심사 및 기타 법률에서 정하는 직무 수행(여성부는 여성정책의 기획 · 종합 및 여성의 권익증진 등 지위향상 업무 관장). 여성위원회 위원은 다른 위원회 위원과 겸임이 가능한 겸임위원회로 운영(국회법 제39조 제1항)
예산결산특별위원회	예산안 · 결산 심사. 국가의 경제활동에 있어서 재정의 역할이 증대되고 이에 따라 국회의 예산안 및 결산에 대한 심사기능을 한층 더 전문화하고 효율화시킬 필요성이 높아짐에 따라 제15대 국회 말 국회법을 개정하여 제16대 국회(2000. 5. 30)부터 상설특별위원회로 전환
윤리특별위원회	의원의 자격심사, 윤리심사 및 징계. 여 · 야 동수위원(위원장 제외)로 구성. 비공개 심사원칙으로 국회의 자율권에 속하는 준사법적 심사. 상설 특별위원회

자료: 각 위원회별 홈페이지 자료(검색일: 2009.10.09)

---

5) 외국의회를 보면 위원장은 원내에서 다수석을 차지하고 있는 정당 혹은 교섭단체 소속의원들 가운데서 선출하는 것이 일반적이다. 오스트레일리아 양원, 캐나다 하원, 이집트, 프랑스 양원, 이탈리아 양원, 일본 중의원, 미국 양원 등. 특히 미국의회의 경우 다수당 소속의원들 가운데 연임 횟수가 가장 많은 선임자가 위원장에 자동으로 임명되는 선임우선제(seniority system)가 운용되고 있다. Barbara Hinckley, *Seniority System in Congress*(Indianapolis: Indiana University Press, 1971), 108~109쪽.

1. 특별위원회

특별위원회는 '특별히 필요하다고 인정되는 안건을 심사하기 위하여' 설치한다. 이 위원회는 본회의의 의결을 거쳐 설치되며, 정해진 활동 기간이 종료되기나 그 안건이 본회의에서 의결될 때까지 한시적으로 존속한다(예: 제24회서울올림픽대회지원특별위원회). 특별위원회는 그 심사대상이 '특별한 안건'이라는 점과 위원회의 존속기간이 '일시적'이라는 점에서 상임위원회와 구별된다. 실제 운용에서 여러 상임위원회의 소관과 관련되어 그 경중을 가리기 어렵거나 특히 중요한 안건으로서 새로 구성하는 위원회에서 특별히 심사를 요하는 경우에 설치된다. 국회법에 의거하여 윤리특별위원회, 예산결산특별위원회는 상설로 운영하고 있다.

2. 특별위원회 위원장

1) 일반특별위원회 위원장과 조사특별위원회 위원장의 선출

국회법(제47조 제1항)은 일반특별위원회의 위원장과 조사특별위원회의 위원장은 본회의에서 선출하는 상임위원장과는 달리 해당 위원회에서 호선한 후 본회의에 보고하도록 규정하고 있다.

특별위원회 위원장의 호선은 처음 개회되는 특별위원회에서 모든 교섭단체 소속위원이 참석하여 호선하는 것이 상례이다. 호선은 구두호천에 의한 위원회의 승인 또는 투표로 행하는 것이 선례로 되어 있다.[6] 일반특별위원

---

6) 특별위원장을 투표로 선출한 예로는 1964년 3월 30일 국회 제41회 제6차 본회의의 결의로 구성된 '일본자금사전수수발언진상조사특별위원회'의 위원장 선출은 그해 4월 9일 제13차 위원회에서 연장자인 함덕용 위원의 사회로 무기명투표로 조사형 위원을 위원장으로 선출한 사례를 들 수 있다. 이 밖의 사례는 국회사무처, 『국회법 해설』(2000), 174~175쪽 참조.

회와 조사특별위원회는 각각 그 위원회의 활동 기간에만 존재하므로 위원장
의 임기는 위원회의 존재 기간과 같다.

2) 상설특별위원회의 위원장의 선출

상설특별위원회 위원장은 특별위원회 위원 중에서 임시의장선거의 예, 즉
국회법 제17조(임시의장의 선거)의 규정에 따라 무기명투표 방법에 의하여
선거하되, 재적의원 과반수의 출석과 출석의원 다수의 득표로 선출한다.

상설특별위원회 위원장의 임기는 상임위원회 위원장의 임기와 같은 2년
이다. 다만, 예산결산특별위원회의 경우는 "예산결산특별위원회 위원의 임기
를 1년으로 한다."(국회법 제45조 제3항)는 조항과, "상임위원장의 선거 및
임기 등과 위원의 선임에 관하여 이를 준용한다."(동법 제45조 제6항)고 규
정된 바에 따라 1년을 임기로 한다.

제4절 소위원회

1. 소위원회의 의의

소위원회는 위원회가 그 의결로 정하는 범위 내에서 의안이나 청원 등 안
건의 심사나 그 소관사항을 분담하고 심사하기 위하여 일정한 소수의 의원
으로 위원을 구성하는 위원회의 내부기관이다. 소위원회는 위원회의 효율성
과 전문성을 높이기 위하여 설치된다.

국회 폐회 중에도 언제든지 회의를 소집, 활동할 수 있는 소위원회의 활
동은 위원회에서 정한 범위에 한하며 그 구성, 권한, 활동시한 등은 위원회
의 의사에 의하여 결정된다. 소위원회는 국회법에서 다르게 정하지 않는 한
위원회에 관한 규정을 적용받는다.

2. 소위원회의 종류

국회법에서 위원회는 특정한 안건을 심사하기 위하여 두는 특정안건심사소위원회, 상임위원회의 소관사항을 분담 심사하기 위하여 두는 상설소위원회, 그리고 청원심사를 위한 청원심사소위원회를 두도록 규정하고 있다. 국회법에서 규정하는 대표적인 소위원회는 앞의 세 가지이나, 그 외에도 특정한 목적을 위하여 '국정감사 또는 조사를 위한 소위원회', '방송심의소위원회', '윤리심사소위원회' 및 '징계·자격심사소위원회' 등을 둘 수 있다.[7]

3. 소위원회의 구성

위원회의 심사는 그 위원회의 모든 의원이 행하는 것이 보통이나 필요에 따라 위원회의 결의로 법률안, 결의안, 청원 등 각종 의안의 심사, 위원회의 보고서 등의 기초 또는 국정감사, 국정조사를 행하거나 위원회의 소관사항을 분담, 심사하기 위하여 소수의 위원으로 소위원회를 구성할 수 있다.

구성시기는 특정안건심사소위원회의 경우에는 필요에 의하여 위원회의 의결로 구성하되 위원 중의 일부를 소위원회 위원으로 선임하면 된다. 상설소위원회의 경우에는 청원심사소위원회와 함께 특별한 사정이 없는 한, 임기 초에 이를 구성하고 가급적 각 위원을 하나의 상설소위원회의 위원으로 선임하는 것이 바람직하다.

소위원회가 구성되면 소위원회의 위원장은 위원회의 의결에 따라 위원장이 지명하거나 각 교섭단체별로 그 소속위원이 호선한다. 경우에 따라서는 소위원회 위원의 선임을 위원장이나 간사에게 위임하기도 한다. 여기에서 간사란 위원회의 운영에 관하여 위원장의 협의에 응하거나 위원장의 직무를

---

7) 상설소위원회 설치에 관해서는 '국회상설소위원회 설치 등에 관한 규칙'(제정 1998. 8. 29 국회규칙 제104호) 참조.

대리 또는 대행하기 위하여 각 교섭단체별로 1인씩 두는 위원을 말한다.

제5절 전원위원회

1. 전원위원회의 의의와 연혁

그 기원을 영국에 두고 있는 전원위원회(Committee of the Whole House)는 국회의 전체 의원을 위원으로 하여 구성되는 위원회를 말한다. 이 제도는 본회의중심주의를 채택하고 있는 영국과,[8] 상임위원회중심주의를 채택하고 있는 미국 등에서 운영되고 있으나 일본, 프랑스, 독일 등에서는 채택하고 있지 않다. 영국에서 유래한 이 제도는 국왕의 권력행사를 견제하기 위하여 신설된 것으로 근대사회가 성립되면서 의회에 진출하게 된 시민계급이 국왕이 임명한 의장이 주재하는 회의를 거부하거나 기피하고 의회자체에서 선출한 위원장, 즉 전원위원장이 회의를 주재하도록 하여 의사 및 정책 결정의 독립성을 확보하기 위하여 성립되었다. 그 후 의안에 대하여 다수에 의한 합리적인 판단 및 결정을 위한 본회의 전 단계의 심사절차가 되었다.

전원위원회는 상해 대한민국임시의정원 당시 임시의정원법(1919. 4. 25 제정)의 규정에 의하여 1919년 7월 7일 상임위원회, 특별위원회와 함께 설

---

8) 영국 튜더왕조에서 소규모의 위원회는 국왕이 영향력을 행사하는 데 아주 좋은 도구였다. 통상적으로 그 위원회는 의회의 구성원인 추밀원 고문관들 중의 여러 명 – 때로는 전원 – 을 포함하고 있었기 때문에, 그들을 통하여 국왕은 그의 견해를 서민원에 유효하게 반영시킬 수 있었다. 의회가 무원칙하게 위원회를 임명하는 방식은 국왕에 의한 영향력의 남용을 조장하여 불만은 커지고 있었다. 1601년 "의장석으로부터 멀리 떨어진 곳에 좌석이 있는 의원은 위원에 임명될 수 없다."고 하였을 때 특히 소외된 의원들의 불만은 커지고 있었다. 이러한 사태를 방지하기 위하여 1621년 의회는 하나의 규칙을 제정하였다. 그것은 "위원으로 임명되어 있는지 아닌지에 관계없이 의회의 모든 구성원은 위원회에 출석하여 발언할 수 있다."고 한 규칙이었다. 이는 모든 의원이 위원으로 임명된 것과 같은 자격을 실질적으로 부여한 것이다. 또 중요한 법안이나 과세법안은 특히 전원위원회에 회부된다. 전원위원회에서는 본회의에서보다도 충분한 토론의 기회가 부여되었다. 전원위원회의 발전에 기여한 또 하나의 이유는 왕의 충복이었던 의장이 동 위원회에 출석하지 않기 때문에 위원회에서의 토론이 엄격한 분위기에서 진행되지 않았다는 것이다. 전원위원회에 회부된 최초의 법안은 1607년 잉글랜드 · 스코틀랜드연합유지법안(Bill for the Preservation of the Union with Scotland)이었다. K. R. Mackenzie, 앞의 책, 제4장.

치되었다. 최초의 전원위원회 위원장은 신채호였다.[9] 해방 후 제정된 남조선과도입법의원법(안)의 제15조에서는 위원회의 종류를 임시의정원과 마찬가지로 전원위원회, 상임위원회, 특별위원회의 세 가지로 분류, 설치하였다.

전원위원회는 제헌국회 이후 제4대 국회까지 16회에 걸쳐 구성되었으며, 제헌국회 기간인 1948년 9월 15일, 16일 2일간 최초로 개의되어 '대한민국정부와 미국정부 간의 재정과 재산에 관한 최초의 협정동의안'을 심사한 이래 3건의 예산안과 헌법개정안에 대한 심사를 하였고 '휴전대책에 관한 건'을 논의하였다. 이후 전원위원회는 본회의와의 중복과 국회결의로 예산안에 대한 전원위원회 심사를 대부분 생략함으로써 유명무실하게 되었다. 제5대 국회 초반의 제9차 개정국회법(1960. 9. 26)에서 전원위원회제도를 폐지하였다.[10]

제16대 국회에 다시 도입된 전원위원회는 조세 또는 기타 국민에게 부담을 주는 의안 등 중요 안건에 한하여 전원위원회의 심의를 거치도록 하는 미국의회의 전원위원회제도를 본뜬 것이다.

2. 전원위원회의 기능

이 제도가 성립될 당시와는 달리 현재는 사회가 복잡다기해진 관계로 사회의 구성과 모든 사안은 전문화, 세분화되고 있다. 따라서 전원위원회제도가 아직도 유효한 제도인가 하는 것은 의문의 여지가 있다. 이러한 인식하에 일반적인 전원위원회의 기능을 보면 다음과 같다.

① 본회의 심의 강화기능: 전원위원회는 소정의 절차를 거쳐 보고된 의안을 본회의에서 심의하기 전에 심도 있는 재심사를 행한다.

---

9) 국회도서관, 『대한민국임시정부의정원문서』(1974), 44쪽.

10) 당시의 전원위원회는 의원 전원으로 구성하고 본회의장을 회의장소로 사용한다는 점에서는 본회의와 유사하였다. 그러나 전원위원회는 의원 10인 이상의 발의에 의하여 국회의 결의로 개의되며, 위원 3분의 1 이상의 출석이 없으면 의결할 수 없었다. 또 전원위원장의 사회로 국회가 회부한 특별한 안건을 다른 위원회와 같은 절차로 심사하였다는 점에서 본회의와는 달랐다. 또한 전원위원회는 국회의 의결로 회부된 안건 외에 예산결산특별위원회에서 예산안의 심사보고가 있을 때에는 이 예산안을 전원위원회에 회부하여 심사를 거치도록 되어 있었다.

② 소관위원회의 이해관계 작용결과에 대한 재조정기능: 한 위원회에 특정한 정파가
  우월하거나, 위원들 다수가 이익단체로부터 영향이나 압력을 받아 특정한 결정을
  내렸을 때 정책은 적절치 못한 방향으로 흐를 수 있다. 따라서 이를 방지하기 위
  하여 의원 전원이 위원으로 참여하는 전원위원회에서 특정한 의안에 대한 정책결
  정을 조정한다.
③ 의안 심사과정에 탄력성 제공기능: 국민생활에 큰 영향이나 과세부담을 주는 등
  의 중요 의안에 대해서는 전원위원회에서 집중적인 심사를 하여 탄력적인 정책결
  정이 되도록 한다.
④ 역기능: 전원위원회의 심사가 위원회 또는 본회의에서의 심의와 중복되거나, 의안
  처리가 지연되거나 또는 배치되는 결정으로 이어질 때 초래될 혼란은 이 제도에
  대한 불신과 의회운영의 비효율로 이어질 수 있다.

3. 전원위원회 소관사항 및 재도입 배경

전원위원회는 위원회의 심사를 거치거나 위원회가 제안한 의안 중 정부조
직에 관한 법률안, 조세 또는 국민에게 부담을 주는 법률안 등 주요 의안을
심사한다.

전원위원회 존치 기간은 1948년 6월 10일부터 1960년 9월 25일까지였으
며, 전원위원장의 선출은 모두 17회 있었다. 국회법 제15조의 규정에 의하
여 제헌국회부터 제2대 국회 제13회 국회까지의 전원위원장의 재임 기간은
선출일부터 선출된 회기의 종료일까지로 하였으며, 제2대 국회 제15회 국회
부터 제4대 국회 제33회 국회까지의 전원위원장 재임 기간은 선출된 날부
터 다음 정기국회 회기 개시일의 전날까지로 하였다.

구분	제정국회법(1948. 10. 2)	개정국회법(2000. 2. 16)
심사대상안건	특별한 안건	위원회 심사를 거친 안건과 위원회 제안안건 중 정부조직에 관한 법률안과 조세 또는 국민에게 부담을 주는 법률안 등 주요 의안
개회요건	위원 10인 이상의 발의에 의한 국회의결	재적의원 4분의 1 이상의 요구(의장은 교섭단체 대표의원의 동의를 얻어 개회하지 않을 수 있음)
위원장	재적의원 과반수 출석과 출석위원 다수의 동의로 선거	의장이 지명하는 부의장
의결정족수	재적의원 3분의 1 이상의 출석으로 의결	재적의원 4분의 1 이상의 출석과 출석의원 과반수 찬성
회의 기간 제한	없음	계속하여 2일 이내, 1일 2시간 범위 이내
발언시간	없음	5분 이내(의원 1인당)

출처: 임종훈 외, 『입법과정론』(서울: 박영사, 2000), 205쪽.

제헌국회는 특별한 안건을 부탁하기 위하여 의원 전원으로 전원위원회를 구성하였다. 전원위원회는 의원 10인 이상의 발의에 의하여 국회의 의결로 개의하는데 위원 3분의 1 이상의 출석이 없으면 의결할 수 없도록 하였다(제정국회법 제15조). 전원위원장은 무기명투표로 선거하되 재적의원 과반수의 출석과 출석의원 다수의 동의를 얻은 자를 선출하였다(제정국회법 제7조 제5항에 준함). 전원위원장에게 사고가 있을 때에는 각 상임위원장 중에서 호선으로 대리자를 정하도록 하였다. 전원위원회에서의 안건은 '본회의 결의로 정한 특별한 안건'과 '재정경제위원회에서 심사보고한 후 회부된 예산안'이었다.

2000년 2월 16일 개정된 개정국회법에서 전원위원회제도를 재도입하였는데 이 제도가 재도입된 배경은 다음과 같다.

〈표 7-4〉 전원위원회 개회일·안건·본회의 보고

국회	회별	개회일	안건	심사결과	본의보고	
					보고자	보고일
제헌	제1회	1984. 9. 16~9. 17(2일간)	· 대한민국정부와 미국정부 간의 재정과 재산에 관한 최초의 협정동의안	원안 가결	이청천 위원장	제68차 본회의 1948. 9. 17
	제2회	1949. 4. 28~4. 29(2일간)	· 1949년도 세입세출예산안	수정 의결	지대형 위원장	제88차 본회의 1949. 4. 30
제2대	제11회	1951. 11. 29(1일간)	· 1951년도 내무부소관 제3회 추가 경정예산안	수정 의결	이갑성 위원장	제106차 본회의 1951. 11. 30
	제12회	1952. 4. 8~4. 16(9일간)	· 1952년도 예산안	수정 의결	오위영 위원장	제46차 본회의 1952. 4. 16
	제13회	1952. 7. 3~7. 4(2일간)	· 헌법개정안	수정 의결	지청천 위원장	제2차 본회의 1952. 7. 4
	제16회	1953. 6. 13(1일간)	· 휴전대책에 관한 것	–	곽상훈 위원장	제8차 본회의 1953. 6. 13

출처: 국회사무처, 『국회선례집』(2000), 184~185쪽.

제6대 국회 이래 국회가 위원회중심주의로 운영되면서 위원회에서 채택된 안건은 본회의에서 대부분 위원회에서 심사보고한 대로 의결하는 것이 일반화되다시피 하였다. 이로 인하여 본회의의 의안 심사는 형식화되고 국회의 의사를 최종결정하는 상징성만 갖게 되었다. 또한 위원회에서 교섭단체 상호 간에 이견이 있는 주요 안건에 대해서는 원만한 절충과 조정이 어려워 본회의에서의 변칙처리의 요인이 되는 등 국회운영의 파행을 초래하는 일이 자주 발생하였다. 전원위원회제도를 다시 도입한 것은 상임위원회중심제도의 문제점을 개선하고 안건의 심도 있는 심사와 국회의 원만한 운영을 제고하려는 취지이다.

제6대 국회까지 전원위원회가 개최된 사례와 전원위원장의 명단 및 재임기간은 <표 7-5>와 같다.

<표 7-5> 전원위원장 명단 및 재임 기간

국회	회별	선출일(본회의)	위원장	재임 기간	위원회 개회일	비고
제헌	제1회(임)	1948. 6. 18	이청천	1948. 6. 18~1948. 12. 18	2일	임기: 선출된 회기 동안만 활동
	제2회(임)	1949. 4. 28	지대형	1949. 4. 28~1948. 4. 30	2일	
	제6회(임)	1949. 12. 21	지대형	1949. 12. 21~1950. 5. 30		
제2대	제8회(임)	1950. 7. 30	지청천	1950. 7. 30~1950. 11. 25		선출 시기: 매 회기 초
	제10회(임)	1950. 12. 24	이갑성	1950. 12. 24~1951. 5. 30		
	제11회(임)	1951. 11. 29	이갑성	1951. 11. 29~1951. 12. 19	1일	※ 이청천, 지대형, 지청천은 동일인임
	제12회(임)	1952. 1. 23	오위영	1951. 1. 23~1952. 6. 30	1일 이상	
	제13회(임)	1952. 7. 3	지청천	1952. 7. 3~1952. 9. 10	2일	
	제15회(임)	1953. 1. 29	곽상훈	1953. 1. 29~1953. 12. 19	1일	임기: 1년(단, 임기 개시 후 처음 선출된 위원장의 임기는 다음 정기국회 기간 전까지 임)
	제18회(임)	1953. 12. 29	지청천	1953. 12. 29~1954. 5. 30		
제3대	제19회(임)	1954. 6. 23	정문흠	1954. 6. 23~1955. 2. 19		
	제20회(임)	1955. 3. 2	윤성순	1955. 3. 2~1956. 2. 19		선출 시기: 매년 정기회 초(단, 임기 개시 후 최초 위원장은 처음 집회되는 임시회에서 선출)
	제22회(임)	1956. 2. 25	정문흠	1956. 2. 25~1957. 9. 1		
	제26회(임)	1957. 9. 6	홍순철	1957. 9. 6~1958. 5. 30		
제4대	제29회(임)	1958. 6. 17	김병로	1958. 6. 17~1958. 8. 31		
	제30회(임)	1958. 9. 9	조경규	1958. 9. 9~1959. 8. 31		
	제33회(임)	1959. 10. 14	인태식	1959. 10. 14~1960. 9. 25		

출처: 국회사무처, 『의정자료집』(2000), 491쪽.

제6절 위원회제도의 변천

1. 제헌국회

1) 구성 및 운영

국회 의안심의과정에서 법률안의 의결은, 제헌국회부터 제5대 국회까지는 위원회의 심사가 있은 후에 다시 본회의에서 3독회제도를 두어 축조심의를

하는 등 위원회중심제와 본회의중심제의 절충형제도를 채택하여 왔으나, 제
6대 국회부터는 3독회제도를 폐지하고 상임위원회중심주의로 전환하여 오
늘에 이르고 있다.

제정국회법은 상임위원회와 특별위원회를 두고 의원 전원으로 구성되는
전원위원회제도를 설치하였다. 상임위원회의 종류와 그 위원정수를 살펴보
면 법제사법위원회 20인, 외무국방위원회 30인, 내무치안위원회 20인, 재정
경제위원회 40인, 산업위원회 40인, 문교사회위원회 20인, 교통체신위원회
20인, 징계자격위원회 20인이었다.[11] 국회의 결의로 그 위원회와 위원정수
를 증감할 수 있도록 하였으며, 상임위원회별로 분과위원회를 둘 수 있었다.

의원은 임기 초에 국회에서 선거에 의해 하나의 상임위원회 위원이 될 수
있었으며, 의장과 의원으로서 국무위원 기타 공무의 겸직이 허용되는 자는
상임위원회 위원이 될 수 없었다.

특별위원회는 특히 필요하다고 인정하는 안건을 심사할 필요가 있을 때
구성되었으며 특별위원회 위원의 선임은 국회의 결의로 의장에게 위임할 수
있었다. 또한 국회는 특별한 안건을 처리하기 위하여 의원 10인 이상의 발
의에 의하여 국회의 결의로 개의되며 의원 전원으로 구성되는 전원위원회제
도를 채택하였으나 본회의와 중복되고 그 성과도 미미하였다.

2) 복수상임위원제도 도입

제정국회법(1948) 제14조에는, "…의원은 1개의 상임위원이 된다. 단, 필
요에 의하여 2개의 상임위원이 될 수 있다."고 규정하였다. 복수상임위원제
도는 이렇게 제정국회법에 도입되었으나 실제로 한 의원이 2개 이상의 상임
위원회 위원이 된 예는 없었다. 이 제도는 제6대 국회부터 단수상임위원제
로 바뀌었다가 제15대 국회 말기인 2000년 2월 국회법 개정 시에 '단, 필요
에 의하여'라는 단서조항이 없어진 정식 복수상임위원회제도가 다시 도입되
었다.

---

11) 국회별 위원회 명칭 및 위원정수 변화는 〈자료 7-1〉 참조.

3) 상임위원의 임기

제정국회법 제14조는 "상임위원은 의원의 임기 초에 국회에서 선거하고 그 임기 중 재임한다."고 하여 임기는 '재임 중'으로 하였다.

2. 제2대 국회~제4대 국회

1) 구성 및 운영

제2대 국회 1951년 3월 15일 제2차 국회법 개정에서는 상임위원회의 수를 8개에서 12개로 증설하였다. 국회운영위원회를 신설하여 의사일정의 조정 등 국회운영에 관한 사항을 담당하게 하였다. 의장·부의장은 국회운영위원회의 당연직 위원이 되도록 하며, 국회의 승인을 얻어 의장이 임명하던 사무총장을 승인 전에 국회운영위원회의 의결을 거치도록 하였다. 국회운영위원회의 경우는 그 소관사항을 법에 명시하였다.

법제사법위원회가 위원회에서 입안 또는 심사한 법률안의 체계 및 형식을 심사하도록 규정하였으며, 1953년 1월 22일 제4차 국회법 개정에서는 법률안 외의 의안은 국회의 결의에 의하여 위원회의 심사를 생략할 수 있으나 법률안은 반드시 위원회의 심사를 거치도록 규정하였다.

이때 종래 각 상임위원회의 예비심사를 거쳐 재정경제위원회가 예산의 종합심사를 담당함으로써 방대한 사무분량과 각 상임위원회와의 관계에서 일어나는 난점을 방지한다는 취지에서 예산결산위원회를 재정경제위원회로부터 분리신설하여 상임위원회는 종전의 12개에서 13개로 증가되었다. 그리고 예산안과 결산 심사업무를 담당하는 예산결산특별위원회의 위원정수를 36인으로 하되 기타 12개 상임위원회에서 3인씩 균등하게 겸임할 수 있도록 규정하였다.[12]

예산결산위원회, 징계자격위원회, 국회운영위원회의 위원은 다른 상임위

---

12) 국회사무처, 『국회사무처38년사』(1987), 244~245쪽.

원회 위원을 겸임할 수 있었으며, 상임위원회 위원장 선출은 위원회에서 호선하던 것을 본회의에서 당해 위원회 위원 중에서 선출하도록 하였다.

제3대 국회인 1956년 2월 22일 제20회 국회 제1차 본회의는 부흥부를 신설한 정부조직법 개정을 계기로 국회법 개정사안인 위원회 신설과 상임위원 정수변경을 '상임위원회와 위원정수 증감에 관한 결의'로 대체하여 부흥위원회를 신설함으로써 상임위원회의 수를 종전의 13개에서 14개로 개편하고 각 상임위원회의 위원정수는 13인 내지 39인으로 변경하였다.

제3대 국회의 의원정수 203인이 국회의원선기법의 개정으로 제4대 국회에서는 233인으로 증가됨에 따라 제4대 국회 초인 1958년 6월 9일 제29회 국회 제2차 본회의에서 '상임위원회 위원정수 증감에 관한 결의안'을 의결하여 각 상임위원회의 위원정수를 증원하였다. 1958년 9월 8일 제30회 국회 제2차 본회의에서는 각 상임위원회 소관사항의 비중과 업무량을 고려하여 위원정수를 12인 내지 29인으로 증감조정하였다.

2) 상임위원의 임기

상임위원의 임기는 제2대 국회 임기 중인 1953년 1월 22일 국회법 개정에서 '임기 중'에서 '1년'으로 단축하였다.

3. 제5대 국회

1) 구성 및 운영

1960년 6월 15일 공포된 제2공화국 헌법에 의하여 그해 8월 8일 제5대 국회가 민의원과 참의원의 양원으로 구성되었다. 이에 따라 9월 26일 국회법을 전문개정하여 국회 각 원에 상임위원회와 특별위원회 2종류의 위원회를 설치함과 동시에 종전의 전원위원회제도를 폐지하였다. 그리고 민의원과 참의원에 두는 상임위원회와 그 소관사항을 정부조직법상의 행정부처 소관사항의 단위로 처음 법정화함과 동시에 상임위원회 위원정수는 의원(議院) 규칙으로 정하되 의원의 의결로 그 정수를 증감할 수 있도록 하였다.

이에 따라 민의원에서는 종전의 징계자격위원회가 폐지되고 그 기능이 법제사법위원회로 통합됨에 따라 상임위원회가 14개에서 13개로 감소하였으며, 참의원에는 법제사법, 내무, 외부국방, 재정경제, 예산결산, 산업, 문교사회, 교통체신, 의원운영 등 9개 위원회를 두었다.

1960년 9월 26일 개정된 국회법과 1960년 9월 21일에 제정된 '민의원상임위원정수에 관한 규정' 및 그해 9월 23일에 제정된 '참의원상임위원회 위원정수에 관한 규정'에 의하여 상임위원회의 소관사항이 법정화되고 위원정수는 민의원 12인~36인, 참의원 10~24인이 되었다.

또한 국회법상 각 원(院)은 정부의 행정기관이 설치 또는 통폐합되었을 때에는 그 원의 결의로 상임위원회를 설치하거나 통폐합하여 그 소관을 변경할 수 있도록 하였다. 그러나 제5대 국회 임기 중에는 상임위원회의 조직에 관한 변화는 없었다.

민의원과 참의원에 별도의 상임위원회를 두되, 각 상임위원회의 위원정수는 의원규칙으로 정하도록 하였다. 민의원의 상임위원회는 법제사법위원회, 외무위원회, 내무위원회, 재정경제위원회, 예산결산위원회, 국방위원회, 문교위원회, 부흥위원회, 농림위원회, 상공위원회, 보건사회위원회, 교통체신위원회, 의원(議院)위원회 등 13개였으며, 참의원은 법제사법위원회, 내무위원회, 외무국방위원회, 재정경제위원회, 예산결산위원회, 산업위원회, 문교사회위원회, 교통체신위원회, 의원위원회 등 9개의 상임위원회를 두었다.

각 원의 상임위원회는 다른 원과의 관계상임위원회와 협의위원회를 열고 의견을 듣거나 진술할 수는 있지만 표결은 할 수 없도록 하였다.

2) 복수상임위원제도

국회법(1960. 9. 26) 제38조 제2항은 "의원은 적어도 1개의 상임위원이 된다." 하여 경우에 따라서는 한 의원이 2개 이상의 복수상임위원이 될 수 있도록 하였다.

3) 상임위원의 임기

상임위원의 임기는 제5대 국회 임기 초인 1960년 9월 26일 개정된 국회법(제138조)에서 "상임위원은 매 정기회 초에 선임하고 1년간 재임한다. 단, 임기 초에 선임된 위원의 임기는 다음 정기회 전까지로 한다."고 규정하였다.

4. 국가재건최고회의

1962년 12월 26일 공포한 대통령중심제와 국회단원제를 중심으로 하는 제3공화국헌법에 따라 1963년 11월 26일 국회법을 전문개정(제10차개정)하였는데, 이때 위원회조직과 기능도 대폭 개편되었다.

제5대 국회까지 상임위원회였던 예산결산위원회를 특별위원회로 개편하고 부흥위원회를 폐지하는 대신 건설위원회를 신설함으로써 상임위원회는 13개에서 12개로 감소하였다. 또한 '문교위원회'를 '문교공보위원회'로, '의원운영위원회'를 '국회운영위원회'로 그 명칭을 변경하였다. 정부조직법상의 행정부처 개편에 따라 각 상임위원회의 소관사항을 대폭 개편하고 서울특별시를 내무위원회 소관으로 명문화하였으며, 상임위원회 위원정수도 1963년 12월 19일에 제정한 '국회상임위원회 위원정수에 관한 규칙'에 의하여 11인 내지 24인으로 정하였다.

5. 제6대 국회~제8대 국회

1) 구성 및 운영

제5대 국회 1960년 9월 26일 제9차 국회법 전문개정에서는, 의원 전원으로 구성되는 전원위원회는 본회의와 이중심의를 하게 되는 폐단이 있고, 제헌국회에서의 1~2차례를 제외하고는 국회의 결의로 예산안의 심사를 생략해 왔으며 다른 안건으로 전원위원회를 개회한 일도 없어 유명무실한 존재가 되었으므로 이를 폐지하였다. 그리고 상임위원회 간의 권한분쟁을 방지하고 의장이 의안을 위원회에 회부할 때 일정한 기준을 세우기 위하여 상임위원회의 소관사항을 법률로 명시하되, 정부행정기관이 설치 또는 통폐합되었을 때에는 각 원의 의결로 상임위원회를 설치하거나 통폐합하며 그 소관을 변경할 수 있도록 하였다. 또한 위원정수가 변경될 때마다 국회법을 개정하는 번거로움을 덜기 위하여 위원정수를 국회규칙으로 정하도록 하였다. 상임위원회는 행정부의 부흥부 신설에 맞추어 부흥위원회를 신설하고, 징계자격위원회는 그 심사의 성질이 일종의 재판이라는 관점에서 법제사법위원회와 통합하였다. 특정안건의 소관이 분명하지 않거나 여러 개의 상임위원회의 소관에 속할 때에는 의장은 운영위원회와 협의하여 그 소관을 결정하도록 하였다.[13]

제헌국회부터 제5대 국회까지 실시되어 오던 본회의 중심의 3독회제도가 폐지되고 제6대 국회부터는 국회운영이 위원회 중심으로 바뀌었다.

제6대 국회의 상임위원회는 법제사법위원회, 외무위원회, 내무위원회, 재정경제위원회, 국방위원회, 문교공보위원회, 농림위원회, 국회운영위원회 등 12개였다. 상임위원회의 위원은 임기 초에 선임하여 2년간 재임하도록 하고, 의원은 하나의 상임위원회에 소속하도록 하되, 국회운영위원회의 위원을 겸할 수 있으며 의장은 상임위원이 될 수 없도록 하였다.

국회는 특히 필요하다고 인정되는 안건을 심사하기 위하여 특별위원회를 둘 수 있으며, 그 존속 기한은 특별위원회에 회부된 안건이 국회에서 의결될 때까지로 하였다.

제7대 국회에서는 1970년 12월 31일 국회법을 개정하여 재정경제위원회를 재무위원회와 경제과학위원회로 분리시켜 13개 상임위원회를 두었으며, 제8대국회에서는 위원회제도에 큰 변화가 없었다.

---

13) 김용구, 『국회위원회제도의 변천』, ≪국회보≫ 제377호(1998. 3), 122~142쪽. 안병옥, 『위원회 운영제도』, ≪국회보≫ 제402호(2000. 4) 참조.

　1970년 12월 31일 제14차 개정국회법에 따라 '재정경제위원회'를 '재무위원회'와 '경제과학위원회'로 분리, 증설하여 재무위원회는 재무부 소관에 속하는 사항을, 경제과학위원회는 경제기획원 과학기술처 소관에 속하는 사항과 경제과학심의회의사무에 관한 사항을 담당하도록 함으로써 상임위원회를 12개에서 13개로 증설하였다. 또한 '법제사법위원회' 소관에 탄핵소추와 탄핵심판위원회 사무에 관한 사항을, '국방위원회' 소관에 국가안전보장회의 사무에 관한 사항을 각각 추가하고, '내무위원회' 소관 중 내각사무처를 총무처로, '문교공보위원회' 소관 중 공보부를 문화공보부로 개정하였다.

　이에 따라 1971년 7월 27일 제77회 국회 제2차 본회의에서 국회상임위원회 위원정수에 관한 규칙을 개정하여 각 상임위원회의 위원정수를 14인 내지 24인으로 조정하였다.

2) 복수상임위원제도 폐지

　제6대 국회의원선거일인 1963년 11월 26일 개정된 국회법(제40조 제2항)에서는 "의원은 1의 상임위원이 된다. 다만, 국회운영위원회의 위원을 겸할 수 있다."고 하여 그동안 시행되어 오던 복수상임위원제도를 폐지하고 단수상임위원제도를 신설하였다.

3) 상임위원의 임기

　국회법(1963. 11. 26 개정) 제40조에서는 "상임위원회의 위원은 회기 초에 선임하고 2년간 재임한다."고 하여 2년 임기를 규정하였다. 제7대 국회 기간 중인 1970년 12월 31일 개정된 국회법(제40조)에서는 "상임위원회의 위원은 회기 초에 선임하고 2년간 재임한다. 그러나 총선거 후 최초의 임시회 초에 선임된 위원의 임기는 그 임기가 만료되는 해의 정기회 집회일 전까지로 한다."고 하였다.

6. 제9대 국회~제10대 국회

1) 구성 및 운영

1973년 2월 7일 제15차 개정국회법에 따라 상임위원회 소관을 일부 개정하였는데, 법제사법위원회 소관사항 중 '탄핵심판위원회 사무'를 삭제하고 '헌법위원회 사무'를 추가하였다.

1973년 3월 3일 제16차 개정국회법에 따라 '농림위원회'를 '농수산위원회'로 개편하고 그 소관사항 중 '농림부'를 '농수산부'로 개칭하였으며, 그해 3월 14일 제85회 국회 제3차 본회의에서 국회상임위원회 위원정수에 관한 규칙을 개정하여 각 상임위원회의 위원정수를 13인 내지 24인으로 변경하였다.

1977년 7월 6일 제97회 국회 제6차 본회의에서 '국회상임위원회 위원정수에 관한 규칙'을 개정하여 국회운영, 법제사법, 경제과학, 문교공보, 보건사회, 교통체신, 건설 등 7개 위원회는 각각 17인으로, 외무, 내무, 국방, 농수산, 상공 등 5개 위원회는 각각 19인으로, 재무위원회는 21인으로 그 정수를 조정하였다.

1977년 12월 31일 제19차 개정국회법에 따라 상공위원회 소관사항에 동력자원부 소관사항이 추가되었고, 1979년 3월 20일 제101회 국회 제3차 본회의에서 국회상임위원회 위원정수에 관한 규칙이 개정됨에 따라 13개 상임위원회의 위원정수가 17인 내지 21인으로 변경되었다. 제9대 국회 상임위원회는 13개 상임위원회체제를 그대로 유지하였으며, 국회의원의 임기가 6년으로 늘어남에 따라 상임위원장 및 위원의 임기를 3년으로 규정하였다.

법제사법위원회와 국회운영위원회의 위원은 다른 위원회 위원을 겸할 수 있도록 하던 것을 국회운영위원회 위원만이 겸할 수 있도록 하고, 위원회 위원은 각 교섭단체 소속의원 수의 비율에 따라 의장이 선임하도록 하였다. 각 교섭단체 대표의원은 국회 운영위원회의 위원이 되었다.

1973년 3월 3일 개정된 국회법에서는 정부조직법이 개정되어 농림부가 농수산부로 변경되어 농림위원회의 소관이 변경됨에 따라 농수산위원회로 그 명칭을 바꾸었다. 제10대 국회에서는 위원회제도에 큰 변화가 없었다.

2) 상임위원의 임기

제9대 국회 임기개시 직전인 1973년 2월 7일 개정된 국회법(제40조 제1항)은 "상임위원회의 위원은 회기 초에 선임하고 3년간 재임한다. 그러나 총선거 후 최초의 임시회 초에 선임된 위원의 임기는 그 임기가 만료되는 해의 정기회 집회일 전까지로 한다."고 하여 3년 임기를 규정하였다.

7. 국가보위입법회의

제5공화국 헌법 부칙에 의하여 설치된 국가보위입법회의가 1981년 1월 29일 전문 개정한 국회법에서는 상임위원회의 수와 소관에 대해서는 변경된 내용이 없으나 법제사법위원회가 관장하던 '다른 위원회 소관에 속하지 아니하는 사항'을 국회운영위원회 소관으로 조정하였다. 그리고 국회상임위원회 중 선임위원회는 국회운영위원회라고 규정하였다.

법제사법위원회는 제정국회법 이래 서열상 첫 번째 위원회로서 '다른 위원회의 소관에 속하지 아니하는 사항'을 관장하여 왔으나 이때의 개정으로 그 기능을 국회운영위원회에 이관하였다. 이는 국회의 효율적인 운영 측면을 중시한 입법으로서 위원회조직의 주요한 변화로 평가된다.[14]

---

14) 국회사무처, 『국회사무처38년사』(1987), 247쪽.

8. 제11대 국회~제12대 국회

1) 구성 및 운영

제11대 국회 초인 1981년 4월 8일 제21차 국회법 개정에 따라 보건사회위원회 소관사항에 노동부 소관에 속하는 사항을 추가하였다.

1981년 4월 13일 의원정수가 제10대 국회의 231인에서 276인으로 증원됨에 따라 국회상임위원회 위원정수에 관한 규칙을 개정하여 각 상임위원회의 위원정수를 18인 내지 28인으로 정하였다. 1981년 5월 4일 제107회 국회 제1차 본회의에서 법제사법위원회 18인을 17인으로, 외무위원회 23인을 24인으로, 1981년 9월 22일 제108회 국회 제1차 본회의에서 재무위원회 27인을 28인으로, 국방위원회 22인을 21인으로 개정하였다.

1983년 11월 17일 제22차 개정국회법에 따라 국회운영위원회의 소관사항 중 '다른 위원회에 속하지 아니하는 사항'을 삭제하고, 어느 상임위원회에도 속하지 아니하는 사항은 의장이 국회운영위원회와 협의하여 소관상임위원회를 정하도록 하였다. 또한 외무위원회 소관에 평화통일정책자문회의 사무에 관한 사항, 문교공보위원회 소관에 체육부 소관에 속하는 사항을 각각 추가하였다. 제11대 국회 상임위원회는 13개 상임위원회체제를 그대로 유지하면서 일부 상임위원회의 소관사항을 변경하였다.

제12대 국회 초인 1985년 5월 15일 제125회 국회 제3차 본회의에서 국회상임위원회 위원정수에 관한 규칙이 개정되었다. 제12대 국회상임위원회는 국회운영위원회, 법제사법위원회, 외무통일위원회, 행정위원회, 내무위원회, 재무위원회, 경제과학위원회, 국방위원회, 문교공보위원회, 농림수산위원회, 상공위원회, 동력자원위원회, 보건사회위원회, 노동위원회, 교통체신위원회, 건설위원회 등 16개 상임위원회가 있었다.

2) 상임위원의 임기

제11대 국회 임기개시 직전인 1981년 1월 29일 개정된 국회법(제41조 제1항)은 "상임위원은 선임된 날로부터 2년간 재임한다. 다만, 국회의원 총선거 후 처음 선임된 위원의 임기가 폐회 기간 중에 만료되는 때에는 다음 회기에서 위원을 새로 선임하는 전일까지 존재한다."고 규정하였다.

9. 제13대 국회~제16대 국회

1) 구성 및 운영

제13대 국회 상임위원회는 전반기에는 16개 상임위원회체제를 유지하다가 1990년 6월 29일 국회법을 개정하여 문교공보위원회가 문교체육위원회와 문화공보위원회로 분리되어 17개 상임위원회가 되었다. 지방자치의 실시에 따라 행정위원회 소관 중 서울특별시 소관에 속하는 사항을 삭제하고 정부조직법의 개정에 따라 일부위원회의 소관부처 명칭이 변경되었다.

위원회의 회의는 재적위원 4분의 1 이상의 요구가 있을 때 개회하도록 하여 위원회의 개회요건을 완화하였다. 또한 청문회제도를 국회법 등에 명문화함으로써 국정감사 및 조사를 포함하여 중요한 안건의 심사에 필요한 경우 증인·감정인·참고인으로부터 증언 및 진술청취와 증거채택을 위하여 청문회를 개최할 수 있도록 하였다.

제13대 국회 특별위원회는 상설특별위원회인 예산결산특별위원회와 윤리특별위원회 외에 '국회법개정특별위원회', '통일정책특별위원회', '지역감정해소특별위원회', '제5공화국의 정치권력형비리조사특별위원회', '양대선거부정조사특별위원회', '민주발전을 위한 법률개폐특별위원회', '올림픽특별위원회', '5·18광주민주화운동 진상조사특별위원회', '세계잼버리지원특별위원회', '조선대생이철규군치사사건조사특별위원회' 등이 설치되었다. 그중 '조선대생이철규군치사사건조사특별위원회', '양대선거부정조사특별위원회',

'제5공화국의 정치권력형비리조사특별위원회', '5·18광주민주화운동진상조사특별위원회'는 국정조사를 담당한 위원회로서 뒤의 2개 특별위원회는 국회법에 새롭게 규정된 청문회제도를 국정조사 때 처음 활용하였다.

제14대 국회 상임위원회는 전반기에는 17개 상임위원회를 그대로 유지하다가 정부조직법의 개정에 따라 일부 위원회의 소관과 명칭이 변경되고 상공위원회와 동력자원위원회가 상공자원위원회로 통합 신설되어 16개 상임위원회가 있었다. 후반기에는 정보위원회가 신설되어 그 수가 17개로 늘었으나 정부조직법의 개정에 따라 관련위원회의 명칭변경과 교통위원회와 건설위원회가 건설교통위원회로 통폐합되어 다시 16개 상임위원회가 되었다.

특별위원회는 예산결산특별위원회, 윤리특별위원회, 여성특별위원회 외에 '정치관계법심의특별위원회', '환경보전대책특별위원회', '대전세계박람회지원특별위원회', '국제경쟁력강화 및 경제제도개혁에 관한 특별위원회', '우루과이라운드대책을 위한 특별위원회', '지방자치발전특별위원회', '국제경기대회지원특별위원회'가 있었으며, 국정조사를 위한 특별위원회로서 '삼풍백화점붕괴사건조사특별위원회' 등이 설치되었다.

제15대 국회에서는 16개 상임위원회체제를 유지하면서 1996년 8월 8일 국회법 개정에 따라 농림수산위원회가 신설된 해양수산부를 소관으로 하여 농림해양수산위원회로 그 명칭이 변경되었다.

특별위원회에는 상설특별위원회 성격인 예산결산특별위원회, 윤리특별위원회 및 여성특별위원회를 제외하고 '제도개선특별위원회', '2002년 월드컵 등 국제경기대회지원특별위원회', '국제경쟁력강화 및 경제제도개혁에 관한 특별위원회'가 있었으며, 국정조사를 위한 특별위원회로서 '제15대 국회의원 총선거에 있어서 공정성시비가 있는 사안에 대한 국정조사특별위원회'와 '한보사건국정조사특별위원회'를 설치하여 활동하였다.

2) 복수상임위원제도 재도입

제15대 국회 말기인 2000년 2월 16일 공포된 국회법에서는 능률적인 국

회운영과 국정심의를 위하여 연중 상시 국회개원체제의 도입, 본회의 발언
제도의 개선, 기록표결제도의 도입, 공청회 및 청문회제도의 활성화, 법률안
의 연중 심사제도의 도입 등 제도적 보완이 이루어졌다.

이때 위원회제도와 관련해서는 복수상임위원제도가 재도입되었고, 예산결
산특별위원회가 상설화되는 등 변화가 있었다.

3) 상임위원의 임기

제13대 국회 임기 중인 1988년 6월 15일 개정된 국회법(제40조)은 "상임
위원은 선임된 날로부터 2년간 재임한다. 다만, 국회의원 총선거 후 처음 선
임된 위원의 임기가 폐회 기간 중에 만료되는 때에는 다음 회기에서 위원을
새로 선임한 전일까지 존재한다."고 하였고, 보임된 상임위원의 임기는 전임
자의 잔임 기간으로 하였다.

제14대 국회 임기 중인 1994년 6월 28일 개정된 국회법(제40조)은 상임
위원의 임기를 다음과 같이 조정하였다.

> ① 상임위원의 임기는 2년으로 한다. 다만, 국회의원 총선거 후 처음 선임된 위원의
>   임기는 그 선임된 날부터 개시하여 의원의 임기개시 후 2년이 되는 날까지로 한다.
> ② 정보위원회의 위원은 제1항의 규정에 불구하고 의원의 임기 동안 재임한다.
> ③ 보임 또는 개선된 상임위원의 임기는 전임자의 잔임 기간으로 한다.

제7절 위원회의 전문성 제고

우수한 정책전문성과 자율성을 가지고 행정부의 정책집행에 대한 감독과
통제활동을 하고 있는 미국의회의 상임위원회는 한국국회 상임위원회의 전
문성을 논할 때 흔히 인용되는 예이다.

미국의회는 삼권분립의 원칙이 적용되며 어느 국가의 의회보다도 행정부

에 대한 견제기능이 철저하게 수행되고 있다. 이러한 견제가 가능한 것은 미국이 오랜 민주주의의 전통을 가지고 있는 것 이외에 상임위원회를 중심으로 각 의원들이 높은 정책전문성을 확보하고 있고, 또 각 위원회가 위원회운영의 자율성을 확보하고 있기 때문인 것으로 분석되고 있다.[15]

위원회의 구성원 배속이나 각 위원의 전문성 수준, 그리고 정책결정의 실질적인 주체, 위원의 임기 등을 보면 미국의회 상임위원회제도는 시사하는 바가 크다. 그러나 미국의회와 한국국회는 근본적으로 정치의 환경, 즉 기제가 다르기 때문에 그러한 기제의 차이를 경시한 위원회 전문성 제고방안을 한다면 제도는 도입하였으나 운용은 의도한 대로 되지 않는 사태를 유발할 수 있다.

〈표 7-6〉 위원회의 변천

구분	위원회의 주요 변천사항	위원회 조직
제2대	· 상임위원회를 8개에서 12개로 증설 · 국회운영위원회 신설 · 예산결산위원회를 상임위원회로 신설(각 교섭단체 소속의원 수의 비율로 각 위원회에서 3인씩 균등 배분)	· 위원임기를 4년에서 1년으로 단축 · 위원은 2개 이상 위원회를 초과 못 함
제5대	· 전원위원회 폐지 · 상임위원회 소관사항을 법률로 명시 · 부흥위원회 신설 · 징계자격위원회를 법제사법위원회에 통합	· 위원정수를 국회규칙으로 규정
국가재건 최고회의	· 상임위원회로 운영되던 예결위원회를 특별위원회로 전환 · 문교위원회를 문교공보위원회로 확대 개칭 · 건설위원회 신설, 부흥위원회 폐지 · 12개 상임위원회 조정	· 의장의 상임위원 겸직제도 폐지 · 국회운영을 상임위원회중심주의로 전환
제6대	· 예산결산특별위원회의 위원정수를 위원회당 3인씩으로 총 36인으로 증원	
제7대	· 재정경제위원회를 재무위원회와 경제과학위원회로 분리	· 의장이 직권으로 상임위원을 선임
비상국무회의	· 법제사법위원회의 겸임제도 폐지 · 상임위원회 수를 13개로 증가 · 농림부를 농수산부로 확대	· 각 교섭단체 대표의원이 국회운영위원이 됨

---

15) 김광수, 『한미 양국의회의 입법전문성 성장비교』, ≪한국정치학회보≫ 제27집 제1호(1993), 이은호·이경은·김인, 『국회상임위원회의 전문성제고방안』, ≪의정연구≫ 제10집: 이종범·박통희, 『위원회제도와 국회운영의 대표성, 능률성, 그리고 전문성』, ≪의정연구≫ 제65집(1993. 9) 등을 참조.

구분	위원회의 주요 변천사항	위원회 조직
국가보위입법회의	· 상임위원회 중 국회운영위원회를 선임위원회로 하고 법제사법위원회 소관이던 '다른 위원회에 속하지 아니하는 사항'을 국회운영위원회 소관으로 함	· 상임위원의 임기종료일을 '다음 위원을 새로 선임하기 전일까지'로 함
제11대	· 노동부를 보건사회위원회의 소관으로 함 · 국회운영위원회 소관 중 '어느 상임위원회에도 속하지 아니하는 사항'을 의장이 국회운영위원회와 협의하여 소관상임위원회를 정하도록 함	
제12대	· 법제사법위원회의 소관사항 중 '군법회의'를 '군사법원'으로 변경	
제13대	· 상임위원회 중 내무위원회를 행정위원회와 내무위원회로 분리 · 공보위원회를 문교체육위원회와 문화공보위원회로 분리하여 소관조정 · 국회의원 윤리강령 및 국회의원 윤리실천규범 제정 윤리특별위원회 신설	
제14대	· 일부 상임위원회의 명칭과 소관사항을 조정 · 정보위원회 신설·경제과학위원회 폐지 · 특별위원회 구성 시 존속기간 명시 · 재무부와 경제기획원 통합 · 16개 상임위원회의 명칭과 소관부처 조정	· 정보위원회 위원정수 12인으로 증원 · 단체의 임원 등을 겸직하는 위원은 유관상임위원으로의 선임을 제한
제15대	· 해양수산부 신설, 농림수산위원회를 농림해양수산위원회로 확대, 개칭 · 16개 상임위원회 유지	
제16대	· 전원위원회제도 재도입 · 예산결산특별위원회 상설화(여성특별위원회 폐지 여성위원회 신설	

미국의회의 경우 의원은 복수의 위원회 위원으로 선임되어 의정활동을 할 수 있도록 되어 있다. 의원들이 복수의 위원회 위원으로서 최선을 다하여 열심히 일할 수 있도록 그의 참모진(입법보좌진)이 각 의원의 전문성을 뒷받침하고 있다.

제8절 위원회 전문위원 충원방식의 변천

법안심의의 실질적인 업무를 담당하고 있는 위원회 참모진의 역할이 중요하다고 하는 것은 아무리 강조하여도 지나치지 않다.[16] 이 부분에서는 국회

---

16) 위원회 입법관료제도에 대한 분석은 박재창, 『한국의회행정론』(서울: 법문사, 1995), 277~293쪽 참조.

법과 국회사무처법의 위원회 전문위원에 관한 규정을 정리하고자 한다.

1. 전문위원의 의의

전문위원은 국회의원이 아닌 자로서 위원회 해당 분야에서 자타가 공인하는 전문지식을 갖고 있는 입법관료를 말하며 입법조사 및 법안심의 활동을 전문가적 입장에서 보좌한다. 전문위원은 현재 수석전문위원(Senior Staff Director)과 전문위원(Staff Director)으로 구분한다.

현행 국회법 제42조에서는 위원회에 두는 전문위원과 공무원은 국회사무처법에 의하도록 규정하고 있다.

2. 전문위원제도 도입

제정국회법(1948. 10. 2) 제20조 각 위원회에 국회의원이 아닌 전문지식을 가진 위원(전문위원이라 칭함)과 녹사를 둔다. 전문위원은 각 위원회의 추천으로 의장이 임명한다. 전문위원은 위원회에 열석하여 발언할 수 있으며 의장의 요구가 있을 때에는 본회의에서 발언할 수 있다.

제정국회법에서 처음으로 규정된 위원회 참모직원에 관한 조항은 그 후 국회사무처법에서 구체적으로 언급되기 시작한다. 제정국회법 제20조에 "각 위원회에 국회의원이 아닌 전문지식을 가진 위원(전문위원이라 칭함)과 녹사(錄事, 현재의 5급 공무원에 해당)를 둔다."고 규정한 바 있다. 전문위원은 각 위원회의 추천으로 의장이 임명하도록 하였는데 임용된 전문위원은 위원회에 열석하여 발언할 수 있으며 의장의 요구가 있을 때에는 본회의에서 발언할 수 있도록 하는 등 전문성을 십분 발휘할 수 있는 기회를 주었다. 그러나 여기에서의 '전문성'이란 실질적인 전문성의 문제가 아니라 외국의 의회제도를 본떠 설치한 직위에 누가 부임하느냐 하는 인사(人事)문제였다. 위원회 조직 측면에서 볼 때 이는 위원회에 행정지원 관료가 먼저 등장(1856)하고 그 후에 전문직 관료가 등장(1924)한 미국의 경우와는 달리 행정지원 관료와 전문직 관료가 동시에 등장하였음을 보여주는 것이다.[17] 결국 과정이 무시되고 결과만 도입됨으로써 위원회 전문성의 부재와 인사의 부적절성 등의 문제에 봉착하게 되어 결과적으로 행정지원 관료들이 위원회를 장악하게 된 하나의 요인이 되었다.

전문위원의 임명자격기준은 제4대 국회(1958. 5. 31~1960. 7. 28)인 1958년 7월 '전문위원임명동의에 관한 내규'가 제정됨으로써 마련되었다.

제정국회법 제20조의 내용은 1963년 11월 국회법 개정 시 그 내용이 크게 달라지지는 않았으며 같은 날 개정된 국회사무처법에서는 전문위원의 인사·보수 및 직급을 보다 구체적으로 명시하였다. 그리고 이때 처음으로 위원회에 일반직 공무원을 둔다고 규정하였다.

국회법(1963. 11. 26) 제42조(상임위원회의 전문위원) ① 상임위원회에 의원 아닌 전문지식을 가진 위원(이하 '전문위원'이라 한다)을 둔다. ② 전문위원은 당해 상임위원회의 제청으로 의장이 임명한다. ③ 전문위원은 위원회에서 발언할 수 있으며 국회의 의결로 본회의에서 발언할 수 있다.

국회사무처법(1963. 11. 26) 제8조(상임위원회의 전문위원) ① 상임위원회의 전문위원의 인사 및 보수에 관한 필요한 사무는 사무총장이 이를 처리한다. ② 상임위원회의 전문위원은 별정직으로 하고 보수는 일반직 1급 국가공무원과 동액으로 한다.

제11조(상임위원회의 공무원) ① 상임위원회에 배속시킬 공무원은 3급 내지 4급의 일반직 국가공무원으로 한다. ② 전항의 공무원은 소속된 상임위원회 위원장의 명을 받아 위원회의 사무를 처리한다.

제4공화국 제9대 국회의 국회법 개정(1973. 2. 7)에서는 전문위원의 임명

---

17) 박재창, 『한국의회행정론』(서울: 법문사, 1995), 277쪽.

과 관련하여 큰 변화가 있었다. 제헌국회(1948. 5. 31~1950. 5. 31)부터 제8대 국회(1971. 7. 1~1972. 10. 17)까지는 상임위원회의 제청으로 의장이 임명하였으나 국회사무총장의 제청에 의하여 국회의장이 임명하는 것으로 변경되었다. 즉 전문위원 임용에 관한 실질적인 권한이 상임위원회 위원장으로부터 사무총장에게 이양된 것이다.

국회법(1973. 2. 7) 제42조(상임위원회의 전문위원) ① 상임위원회에 의원 아닌 전문지식을 가진 위원(이하 '전문위원'이라 한다)을 둔다. ② 전문위원은 사무총장의 제청으로 의장이 임명한다. ③ 전문위원은 위원회에서 발언할 수 있으며 본회의의 의결로 본회의에서 발언할 수 있다.

국회사무처법(1973. 12. 20) 제6조(전문위원) ① 상임위원회(특별위원회를 포함한다)에 전문위원을 두며 별정직으로 하고 보수는 일반직 1급 국가공무원과 동액으로 한다. ② 전문위원은 복무에 관하여 사무총장의 감독을 받으며, 소속된 상임위원회 위원장의 지휘를 받아 의안의 기초심사를 보조하며 전문사항의 조사연구에 종사한다. ③ 의장은 특별위원회 위원장의 요청에 의하여 전문위원으로 하여금 특별위원회의 안건심사를 보조하게 할 수 있다.

제9조(상임위원회의 공무원) ① 상임위원회에 일반직 국가공무원을 둔다. ② 전항의 공무원은 제8조 제3항의 규정을 준용한다.

제9대 국회에서는 '전문위원 임용에 관한 규정'을 제정, 임명자격기준과 전문위원자격심사위원회에 관한 사항을 규정하였으며, 제10대 국회(1979. 3~1980. 10)에서는 위원회별로 전문위원을 보좌하는 법제관(당시 3급 갑 또는 을류)을 2~3인씩 두도록 하였다.

1975년 이후 국회 5급 공무원(현재의 입법고시) 공채가 시작되면서 전문위원제도는 다시 바뀌게 된다. 이 시기에는 전문자격증소지자나 박사학위소지자들이 많지 않았기 때문에 5급 공무원시험을 통하여 우수한 입법보좌인력을 충원하는 것이 최상의 방법이었다. 제10대 국회까지는 위원회에 법률안 검토 등 입법보좌업무를 수행하는 전문위원실과 의사·행정업무를 담당하는

행정관(부이사관)을 구분하여 두었으나, 국가보위입법회의(1980. 10~1981. 4)
를 거쳐 제11대 국회(1981. 3~1985. 4)부터는 전문위원실과 행정관실을 통
합하여 1인의 전문위원(차관보급)을 두어 위원회 소속 입법관료들을 통솔하
게 하고 그 밑에 종전의 법제관 대신 입법심의관(이사관 또는 부이사관)과
입법조사관(서기관 또는 행정사무관)을 두어 법률안·예산안 등 의안검토업
무와 함께 위원회의 의사·행정업무를 통합하여 수행하도록 하였다.[18]

국회법(1981. 1. 29) 제43조(전문위원과 공무원) ① 위원회에 의원 아닌 전
문지식을 가진 위원(이하 '전문위원'이라 한다)과 필요한 공무원을 둔다. 공
무원은 국회사무처법에서 정하는 바에 의한다. ② 전문위원은 사무총장의
제청으로 의장이 임명한다. ③ 전문위원은 위원회에서 발언할 수 있으며
본회의에서는 본회의 의결 또는 의장의 허가를 얻어 발언할 수 있다.

국회사무처법(1981. 2. 10) 제8조(위원회의 공무원) ① 위원회에 전문위원
1인과 입법심의관·입법조사관 기타 필요한 공무원을 둔다. 다만, 의장은
필요하다고 인정할 때에는 전문위원과 필요한 공무원을 특별위원회에 겸직
근무하게 할 수 있다. ② 전문위원은 별정직으로 하고 보수는 차관보의 보
수와 동액으로 한다. ③ 입법심의관은 2급, 입법조사관은 3급인 일반직 국
가공무원으로 각각 보한다. ④ 전문위원의 임용자격 기타 필요한 사항은
규칙으로 정한다.

제9조(전문위원의 직무) ① 전문위원은 소속위원회 위원장의 지휘를 받아
의안의 심사 및 의사진행을 보조하고 그 위원회 소속공무원을 지휘·감독
한다. ② 입법심의관은 그 위원회의 전문위원이 사고가 있거나 위원장이
특히 필요하다고 인정할 때에는 전문위원의 직무를 대행한다.

3. 수석전문위원 및 외부전문가 활용제도 도입

제11대 국회 기간 중에 있었던 국회사무처법 개정(1984. 7. 25)에서는 전
문위원까지 일반직 공무원으로 충원하도를 규정하였다. 전문위원은 수석전

---

18) 정호영, 『국회법론』(서울: 법문사, 2000), 196쪽.

문위원과 전문위원으로 나누어 수석전문위원은 차관보급, 전문위원은 2급 일반직 공무원으로 하였다.

일반직 공무원이 위원회·특별위원회에 참모진으로 충원되면서 얻은 것은 인사(人事)의 '공정성'이고, 논란이 된 것은 '전문성'일 것이다. 위원회의 운영과 인사관리가 제도화되기 전에는 위원회 참모진은 적지 않은 경우 정실인사에 의하여 충원되었다.[19] 이에 대한 개선책으로 공무원시험을 거친 일반직 행정관료들을 위원회에 진출시키기 시작하여 오늘에 이르고 있다.

그런데 1980년대 중반부터 국내외 대학에서 박사학위를 취득한 이들이 사회에 진출하고 전문자격증소지자의 수가 급증하면서 위원회 전문위원의 전문성에 대한 논의가 이어지고 있다.

1991년 5월 31일 국회법 개정에서는 이들 전문자격증소시자, 학위소지자들을 전문가로 활용하도록 하고 있다(제43조). 그러나 전문가들이 위원회에서 법안심사보조자로 참여한다고 하여 한계가 없는 것은 아니다. 외부전문

---

19) 길기상, 「국회사무기구에 대한 연구(상)」, ≪국회보≫ 제97호(1969. 11), 55~59쪽.

가활용은 예산사정이 허락하는 한도 내에서 간헐적으로 이루어지기 때문에 실질적인 법안심의나 입법정책 설정에 큰 영향을 미칠 수 있을지는 알 수 없다. 이러한 입법보조의 한계를 극복하기 위하여 외부의 우수한 전문가들이 위원회로 들어올 수 있도록 문호를 개방하는 것이 바람직하다.

국회법(1991. 5. 31) 제43조(전문가의 활용) ① 위원회는 그 의결로 중요한 안건 또는 전문지식을 요하는 안건의 심사와 관련하여 필요한 경우 당해 안건에 관하여 학식과 경험이 있는 2인 이내의 전문가를 심사보조자로 위촉할 수 있다. ② 위원회가 제1항의 규정에 의하여 전문가를 심사보조자로 위촉하고자 할 때에는 위원장이 의장에게 이를 요청한다. 이 경우 의장은 예산사정 등을 감안하여 그 인원 또는 위촉 기간 등을 조정할 수 있다. ③ 제1항의 규정에 의하여 위촉된 심사보조자는 국가공무원법 제33조의 결격 사유에 해당하지 아니하는 자이어야 하며, 위촉된 업무의 성질에 반하지 아니하는 한 국가공무원법 제7장 복무에 관한 규정이 준용된다. ④ 위촉된 심사보조자에 대한 수당의 지급기준 기타 필요한 사항은 의장이 정한다.
국회법(2000. 2. 16) 제43조(전문가의 활용) ① 위원회는 그 의결로 중요한 안건 또는 전문지식을 요하는 안건의 심사와 관련하여 필요한 경우 당해 안건에 관하여 학식과 경험이 있는 3인 이내의 전문가를 심사보조자로 위촉할 수 있다. ② 위원회가 제1항의 규정에 의하여 전문가를 심사보조자로 위촉하고자 할 때에는 위원장이 의장에게 이를 요청한다. 이 경우 의장은 예산사정 등을 감안하여 그 인원 또는 위촉 기간 등을 조정할 수 있다. ③ 제1항의 규정에 의하여 위촉된 심사보조자는 국가공무원법 제33조의 결격사유에 해당하지 아니하는 자이어야 하며, 위촉된 업무의 성질에 반하지 아니하는 한 국가공무원법 제7장 복무에 관한 규정이 준용된다. ④ 위촉된 심사보조자에 대한 수당의 지급기준 기타 필요한 사항은 의장이 정한다. 전문위원은 위원회에서 발언할 수 있으며 국회의 의결로 본회의에서 발언할 수 있다.

위원회 참모진의 운용과 관련해서는 위원회의 포괄적 기능과 업무에 비하여 위원회 직원 수가 적고 소관사항이 과다한 상태에 있다. 따라서 각 상임위원회는 참모진의 규모를 늘려 연구조사실, 법안심의정책실, 행정실의 분야로 특화하여 운영되는 것이 바람직하다.

그동안 상임위원회 입법보좌 직원들의 담당업무가 유사하여 인력관리와 전문성 제고 면에서 개선이 요망되어 왔다. 또 직위에 복수인원이 있는 경우 각각의 지위업무 내용에 대하여 명문규정이 없는 실정이며, 그때그때 위원회가 처리해야 할 의안의 성격에 따라 전문위원의 지시로 업무가 배정되기도 한다. 국회의 입법조사직위에 일반 행정직위를 보임함으로써 전문조사요원의 양성과 전문성 강화에 장애요인이 되고 있다.[20] 이는 결과적으로 그 특성상 참모직·연구직이 중심이 되어 기능해야 할 위원회 조직이 계선조직화하여 업무의 창의성을 저해하고 있다. 2000년 국회법에서는 전문위원의 위원회 혹은 본회의 발언 규정이 있었으나 2006년 국회법에서는 이 조항이 삭제되었다. 이는 회의 운영상의 문제이기도 하겠지만 전문위원의 업무 전문성 또한 낮게 평가되었다고 해석할 수 있는 부분이다.

국회사무처법(1994. 7. 20) 제8조(위원회의 공무원) ① 위원회에 수석전문위원 1인을 포함한 전문위원과 입법심의관·입법조사관 기타 필요한 공무원을 둔다. 다만, 입법심의관은 필요한 경우에 한하여 둘 수 있다. ② 수석전문위원은 별정직으로 하고 보수는 차관보의 보수와 동액으로 한다. ③ 수석전문위원 외의 전문위원은 2급 일반직 국가공무원으로 한다. ④ 입법심의관은 2급 또는 3급, 입법조사관은 4급 또는 5급 일반직 국가공무원으로 각각 보한다. ⑤ 의장은 필요하다고 인정할 때에는 전문위원과 필요한 공무원을 특별위원회에 겸직 근무하게 할 수 있다. ⑥ 전문위원의 임용자격 기타 필요한 사항은 규칙으로 정한다.

국회사무처법(1995. 12. 30) 제8조(위원회의 공무원) ① 위원회에 수석전문위원 1인을 포함한 전문위원과 입법심의관·입법조사관 기타 필요한 공무원을 둔다. 다만, 입법심의관은 필요한 경우에 한하여 둘 수 있다. ② 수석전문위원은 별정직으로 하고 보수는 차관보의 보수와 동액으로 한다. ③ 수석전문위원 외의 전문위원은 2급 일반직 국가공무원으로 한다. ④ 입법심의관은 2급 또는 3급, 입법조사관은 3급 내지 5급 일반직 국가공무원으

---

20) 지성배, 『효율적인 입법보좌를 위한 위원회 조직개편방안에 대한 소고』, ≪국회사무처 입법연구논문집≫ (1990), 9~22쪽, 국회사무처, 『사무진단결과보고서』(1997), 70~71쪽.

로 각각 보한다. ⑤ 의장은 필요하다고 인정할 때에는 전문위원과 필요한 공무원을 특별위원회에 겸직 근무하게 할 수 있다. ⑥ 전문위원의 임용자격 기타 필요한 사항은 규칙으로 정한다.

국회사무처법(1999. 12. 15) 제8조(위원회의 공무원) ① 위원회에 수석전문위원 1인을 포함한 전문위원과 입법심의관 · 입법조사관 기타 필요한 공무위원을 둔다. 다만, 특별위원회의 수석 전문위원과 위원회의 입법심의관은 필요한 경우에 한하여 둘 수 있다. ② 수석전문위원은 별정직으로 하고 보수는 차관보의 보수와 동액으로 한다. ③ 수석전문위원 외의 전문위원은 2급 일반직 국가공무원으로 보한다. ④ 입법심의관은 2급 또는 3급, 입법조사관은 3급 내지 5급 일반직 국가공무원으로 각각 보한다. ⑤ 의장은 필요하다고 인정할 때에는 전문위원과 필요한 공무원을 특별위원회에 겸직 근무하게 할 수 있다. ⑥ 전문위원의 임용자격 기타 필요한 사항은 규칙으로 정한다.

제9절 맺음말

위원회 기능의 확대를 위해서는 기본적으로 위원회 운영과 관련한 제도의 개선, 의원의 전문성 보유 혹은 전문성 획득 노력, 그리고 전문인력의 탄력적인 채용 및 운용 등의 뒷받침이 있어야 한다.

이런 의미에서 상임위원회 위원들의 교체가 빈번히 이루어지는 지금의 관행은 바뀌어야 한다. 경험적으로 볼 때 여야 간 이해관계가 상충하는 특정 법률안이 상임위원회에 회부되면 이에 대한 처리를 둘러싸고 여당은 다른 위원회에 있던 의원을 데려와 바람막이용으로 배치하고, 야당 역시 다른 위원회에 있던 공격에 능한 의원을 교체하여 배치하는 사례가 적지 않았다.[21]

---

21) 예를 들면, 1994년 12월 세계무역기구(WTO)가입비준동의안은 외무통일위원회에서 현안되어 있었다. 이의 처리에 반대하는 야당 민주당은 동 위원회소속의원 3명(김상현 고문, 김원기 의원, 이부영 의원)을 빼고 김영진 의원, 이길재 의원, 류인학 의원 등 농수산위원회와 상공위원회소속의원들로 교체하였다. 이에 여당 민주자유당은 김종필 대표와 이만섭 전 국회의장을 빼고 신재기 의원과 원광호 의원으로 교체하여 야당의 공세에 대비하였다. ≪세계일보≫, 1994년 12월 14일자.

이제는 정치현안이 돌출할 때마다 관행처럼 되풀이되는 상임위원 교체는 지양되어야 한다.

각 의원은 국민의 대표자로서 선출되기 때문에 모두가 각 분야의 전문가일 수는 없을 것이다. 또 어떤 분야의 전문가라 할지라도 자신의 전문 분야 상임위원회에 배속된다는 보장은 없다. 또 자신의 전문 분야인 위원회에 배속된다 하더라도 이해관계에 얽히게 되는 경우가 많다. 더구나 제16대 국회부터는 복수상임위원제도가 도입되었기 때문에 각 의원의 전문성을 십분 활용할 수 있다면 더할 나위 없이 좋은 일이지만 현실적으로는 그렇지 못하다. 그것은 하나의 상임위원회 배속 기간이 임기 4년 중 2년이며 그것도 경우에 따라서는 타의에 의하여 소속상임위원회를 바꾸어야 하고, 무엇보다도 각 의원이 희망하는 위원회에 배속되는 것이 어렵기 때문이다. 위원회 기능수행에 큰 비중을 갖는 위원장직이 정치적인 배려에 의하여 각 교섭단체에 분배되는 것도 문제이다. 따라서 차선책으로 입법보좌조직의 개편 및 보강문제가 제기되는 것이다.

위원회의 기능강화와 의원의 입법활동보좌를 위해서 빼놓을 수 없는 것이 위원회에 소속된 참모진의 전문성 제고문제이다. 위원회 참모진의 취약성이 의원발의법률안의 가결비율을 높이지 못하는 여러 이유 중의 하나이므로 위원회 참모진의 충원방식을 개선할 필요가 있다. 위원회업무지원은 전문성과 급변하는 입법환경에 대처할 수 있는 적응성, 그리고 입법수요 예측능력을 확보할 수 있어야 한다. 따라서 위원장의 재량(위원장의 제청으로 의장이 임명)으로 당해 위원회에서 필요로 하는 정규 혹은 비정규 전문인력을 수시로 충원할 수 있도록 제도적 보완을 검토할 때가 되었다.

의원입법보좌의 일선에 있는 위원회 참모진의 충원방식과 배치는 이제 대국적인 견지에서 바라보아야 한다. 위원회의 전문성과 입법능력 제고문제는 국회법과 국회사무처법 제8조(위원회 공무원)에 주목하면 그 해결방법을 찾을 수 있다. 보다 구체적으로는 위원회 직원들은 각 위원회에서 필요한 때에 필요한 분야의 전문가를 충원할 수 있도록 채용제도를 변경하는 것이 바람직하다. 이렇게 하면 인사의 공정성과 직원의 전문성을 동시에 확보할 수 있을 것이다. 예를 들면 과학기술관련 위원회에는 과학기술관련분야에서 장기간 연구 혹은 근무 경력을 가졌거나 관련 학위가 있는 자 중에서 선발하는 것이 바람직하다. 지금과 같은 순환보직제나 계급개념이 아닌 전문보직제, 직위개념의 도입이 바람직하다.

〈자료 7-1〉 국회별 위원회 명칭 및 위원정수

1) 제헌국회 · 제2대 국회

제헌국회 국회법 제16조(1948. 10. 2) 제1회			제2대 국회 국회법 제16조(1951. 3. 15) 제10회		
1	법제사무	20인	1	법제사무	20인
2	외무국방	30인	2	내무	20인
3	내무치안	20인	3	외무	15인
4	재정경제	40인	4	국방	20인
5	산업	40인	5	재정경제	30인
6	문교사회	20인	6	농림	20인
7	교통체신	20인	7	상공	20인
8	징계자격	20인	8	문교	20인
-	-	-	9	사회보건	20인
-	-	-	10	교통체신	15인
-	-	-	11	징계자격	10인
-	-	-	12	국회운영	10인

2) 제3대 · 제4대 국회

제3대 국회법(1953. 1. 22) 제15회			제4대 국회법(1955. 5. 22) 제20회		
1	법제사무	15인	1	법제사무	16인
2	내무	20인	2	외무	15인
3	외무	15인	3	내무	20인
4	국방	20인	4	재정경제	20인
5	예산결산	36인	5	예산결산	39인
6	재정경제	20인	6	국방	20인
7	농림	20인	7	문교	18인
8	상공	20인	8	부흥	18인
9	문교	20인	9	농림	20인
10	사회보건	20인	10	상공	20인
11	교통체신	20인	11	사회보건	18인
12	징계자격	15인	12	교통체신	18인
13	국회운영	10인	13	징계자격	15인
–	–	–	14	국회운영	13인

3) 제4대 국회

제4대 국회					
제29회 본회의(1958. 6. 9)			제30회 본회의(1958. 9. 8)		
1	법제사법	18인	1	법제사법	16인
1	내무	24인	2	내무	29인
3	외무	16인	3	외무	12인
4	국방	24인	4	국방	29인
5	예산결산	39인	5	예산결산	39인
6	재정경제	24인	6	재정경제	29인
7	부흥	20인	7	부흥	18인
8	농림	24인	8	농림	29인
9	상공	23인	9	상공	23인
10	문교	20인	10	문교	16인
11	사회보건	20인	11	사회보건	16인
12	교통체신	20인	12	교통체신	16인
13	징계자격	18인	13	징계자격	18인
14	국회운영	16인	14	국회운영	15인

4) 제5대 국회

제5대 국회					
1960. 9. 21 제37회 본회의 의결(민의원)			1960. 9. 23 제37회 본회의 의결(참의원)		
1	법제사법	12인	1	법제사법	10인
2	외무	12인	2	외무국방	12인
3	내무	30인	3	내무	12인
4	재정경제	30인	4	재정경제	12인
5	예산결산	36인	5	예산결산	24인
6	국방	30인	6	산업	12인
7	문교	16인	7	문교사회	10인
8	부흥	18인	8	교통체신	10인
9	농림	30인	9	의원운영	10인
10	상공	23인	–	–	–
11	보건사회	16인	–	–	–
12	교통체신	16인	–	–	–
13	의원운영	15인	–	–	–

5) 제6대 국회

제6대 국회					
1963. 12. 19 제39회 본회의 의결			1965. 12. 22 제53회 본회의 의결		
1	법제사법	11인	1	법제사법	11인
2	외무	11인	2	외무	11인
3	내무	18인	3	내무	18인
4	재정경제	24인	4	재정경제	24인
5	국방	18인	5	국방	17인
6	문교공보	15인	6	문교공보	14인
7	농림	24인	7	농림	24인
8	상공	20인	8	상공	20인
9	보건사회	11인	9	보건사회	11인
10	교통체신	11인	10	교통체신	12인
11	건설	11인	11	건설	12인
12	국회운영	11인	12	국회운영	12인

6) 제7대 국회

제7대 국회					
1963. 12. 19 제39회 본회의 의결			1965. 12. 22 제53회 본회의 의결		
1	법제사법	11인	1	법제사법	11인
2	외무	11인	2	외무	11인
3	내무	18인	3	내무	18인
4	재정경제	24인	4	재정경제	24인
5	국방	18인	5	국방	17인
6	문교공보	15인	6	문교공보	14인
7	농림	24인	7	농림	24인
8	상공	20인	8	상공	20인
9	보건사회	11인	9	보건사회	11인
10	교통체신	11인	10	교통체신	12인
11	건설	11인	11	건설	12인
12	국회운영	11인	12	국회운영	12인

주: 제7대 국회의 상임위원회와 위원정수는 제6대와 같음.

7) 제8대 국회

제8대 국회 제77회 본회의(1971. 7. 27) 의결					
1	법제사법	16인	8	농림	24인
2	외무	15인	9	상공	24인
3	내무	20인	10	보건사회	14인
4	재무	24인	11	교통체신	16인
5	경제과학	16인	12	건설	20인
6	국방	16인	13	국회운영	20인
7	문교공보	14인	–	–	–

주: 제8대 국회에서 법제사법위원회 위원은 겸임하였음.

8) 제9대 국회

제9대 국회					
1973. 3. 14 제85회 제3차 본회의 의결			1977. 7. 6 제97회 제6차 본회의 의결		
1	법제사법	13인	1	국회운영	17인
2	외무	17인	2	법제사법	17인
3	내무	24인	3	외무	19인
4	재무	23인	4	내무	19인
5	경제과학	13인	5	재무	21인
6	국방	17인	6	경제과학	17인
7	문교공보	15인	7	국방	19인
8	농수산	24인	8	문교공보	17인
9	상공	24인	9	농수산	19인
10	보건사회	15인	10	상공	19인
11	교통체신	15인	11	보건사회	17인
12	건설	17인	12	교통체신	17인
13	국회운영	13인	13	건설	17인

9) 제10대 국회

제10대 국회 제101회 본회의(1979. 3. 20) 의결					
1	국회운영	17인	8	문교공보	19인
2	법제사법	17인	9	농수산	21인
3	외무	19인	10	상공	21인
4	내무	21인	11	보건사회	17인
5	재무	21인	12	교통체신	19인
6	경제과학	17인	13	건설	19인
7	국방	19인	–	–	–

10) 제11대 국회

제11대 국회					
제106회 본회의(1981. 4. 13) 의결			제107회 본회의(1981. 5. 4) 의결		
1	국회운영	21인	1	국회운영	17인
2	법제사법	18인	2	법제사법	17인
3	외무	23인	3	외무	24인
4	내무	28인	4	내무	28인
5	재무	27인	5	재무	27인
6	경제과학	18인	6	경제과학	18인
7	국방	22인	7	국방	22인
8	문교공보	21인	8	문교공보	21인
9	농수산	28인	9	농수산	28인
10	상공	27인	10	상공	27인
11	보건사회	19인	11	보건사회	19인
12	교통체신	21인	12	교통체신	21인
13	건설	23인	13	건설	23인

11) 제12대 국회

제12대 국회 제125회 본회의(1985. 5. 15) 의결					
1	국회운영	21인	8	문교공보	20인
2	법제사법	18인	9	농수산	30인
3	외무	23인	10	상공	30인
4	내무	28인	11	보건사회	18인
5	재무	27인	12	교통체신	21인
6	경제과학	18인	13	건설	23인
7	국방	22인	–	–	–

12) 제13대 국회

제13대 국회					
제24차 개정국회법(1988. 6. 15) 제142회			제26차 개정국회법(1991. 5. 31) 제154회		
1	국회운영	26인	1	국회운영	26인
2	법제사법	16인	2	법제사법	16인
3	외무통일	18인	3	외무통일	16인
4	행정	18인	4	행정	16인
5	내무	27인	5	내무	26인
6	재무	29인	6	재무	28인
7	경제과학	16인	7	경제과학	16인
8	국방	17인	8	국방	17인
9	문교공보	17인	9	교육체육청소년	16인
10	농림수산	25인	10	문화공보	16인
11	상공	25인	11	농림수산	23인
12	동력자원	16인	12	상공	17인
13	보건사회	19인	13	동력자원	16인
14	노동	16인	14	보건사회	16인
15	교통체신	20인	15	노동	16인
16	건설	22인	16	교통체신	21인
-	-	-	17	건설	22인

13) 제14대 국회(1)

제14대 국회					
제27차 개정국회법(1993. 3. 6) 제160회			제28차 개정국회법(1994. 6. 28) 제169회		
1	국회운영	26인	1	국회운영	24인
2	법제사법	16인	2	법제사법	14인
3	외무통일	16인	3	외무통일	22인
4	행정	16인	4	행정경제	16인
5	내무	26인	5	내무	26인
6	재무	28인	6	재무	28인
7	경제과학	23인	7	경제과학	16인
8	국방	17인	8	교육	16인
9	교육	16인	9	문화체육공보	18인
10	문화체육공보	16인	10	농림수산	23인
11	농림수산	23인	11	상공자원	22인
12	상공자원	26인	12	보건사회	16인
13	보건사회	16인	13	노동환경	18인
14	노동	16인	14	교통	20인
15	교통체신	21인	15	체신과학기술	18인
16	건설	22인	16	건설	23인
-	-	-	17	정보	12인

14) 제14대 국회(2)

	제14대 국회 개정국회법(1995. 3. 3) 제172회				
1	국회운영	24인	9	문화체육공보	19인
2	제법사법	15인	10	농림수산	24인
3	행정	16인	11	통상산업	22인
4	재정경제	30인	12	통신과학기술	18인
5	통일외무	24인	13	환경노동	18인
6	내무	30인	14	보건복지	16인
7	국방	20인	15	건설교통	30인
8	교육	16인	16	정보	12인

15) 제15대 국회

	제15대 국회				
	제30차 개정국회법(1996. 8. 8) 제180회		제32차 개정국회법(1998. 3. 18) 제190회		
1	국회운영	26인	1	국회운영	24회
2	법제사법	16인	2	법제사법	15인
3	외무통일	16인	3	정무	16인
4	행정	16인	4	재정경제	30인
5	나무	26인	5	통일외교통상	24인
6	재무	28인	6	국방	20인
7	경제과학	23인	7	행정자치	30인
8	국방	17인	8	교육	16인
9	교육	16인	9	과학기술정보통신	18인
10	문화체육공보	16인	10	문화관광	19인
11	농림수산	23인	11	농림해양수산	24인
12	상공자원	26인	12	산업자원	22인
13	보건사회	16인	13	보건복지	16인
14	노동	16인	14	환경노동	18인
15	교통체신	21인	15	건설교통	30인
16	건설	22인	16	정보	12인

16) 제16대 국회

	제16대 국회				
1	국회운영	23인	10	문화관광	19인
2	법제사법	15인	11	농림해양수산	22인
3	정무	20인	12	산업자원	19인
4	재정경제	23인	13	보건복지	15인
5	통일외교통상	23인	14	환경노동	16인
6	국방	18인	15	건설교통	25인
7	행정자치	23인	16	정보	12인
8	교육	16인	17	여성	16인
9	과학기술정보통신	18인			

17) 제17대 국회

	제17대 국회				
1	국회운영	21인	10	문화관광	23인
2	법제사법	15인	11	농림해양수산	22인
3	정무	22인	12	산업자원	22인
4	재정경제	25인	13	보건복지	20인
5	통일외교통상	26인	14	환경노동	16인
6	국방	18인	15	건설교통	26인
7	행정자치	24인	16	정보	12인
8	교육	19인	17	여성/여성가족	16인
9	과학기술정보통신	20인			

18) 제18대 국회

	제18대 국회				
1	국회운영	24	10	농림수산식품	19
2	법제사법	16	11	지식경제	25
3	정무	24	12	보건복지가족	24
4	기획재정	26	13	국토해양	29
5	외교통상통일	29	14	정보	12
6	국방	18	15	여성	16
7	행정안전	24	16	예산결산특별	50
8	교육과학기술	21	17	윤리특별	15
9	문화체육관광방송통신	28			

제8장 본회의

제1절 본회의의 의의

1. 본회의의 의의

　본회의란 국회의 구성원인 국회의원 전원이 본회의장에 모여 국회의장의 주재로 국회의 의사를 최종적으로 결정하는 회의를 말한다. 한국과 같이 국회를 상임위원회중심주의에 입각하여 운영하는 경우에도 국회의 의사는 최종적으로 본회의에서 결정된다. 헌법(제50조 제1항)과 국회법(제75조 제1항)은 국가의 안전보장을 위하여 필요하다고 인정하는 경우 이외에는 국회 회의의 공개를 규정하고 있다.

2. 본회의의 주재

　본회의는 국회를 대표하고 의사를 정리하며 질서를 유지하는 권한을 갖는 국회의장이 주재한다. 국회의장에게 사고 혹은 부득이한 사정이 있어 회의를 주재할 수 없을 때에는 의장이 지정하는 부의장이 회의를 주재하도록 되어 있다(국회법 제10조 및 제12조).

　의장과 부의장에게 모두 사고가 있을 때에는 임시의장을 선출하여 본회의를 주재하며, 국회의원 총선거 후 최초의 집회에서 의장과 부의장을 선거할 때 등 국회법 제18조 각 호에 해당될 때에는 출석의원 중 최다선 의원이, 최다선 의원이 2명 이상일 때에는 그중 연장자가 본회의를 주재한다.

　본회의는 오후 2시(토요일은 오전 10시)에 개의한다. 다만, 의장은 각 교섭단체 대표의원과 협의하여 그 개의 시간을 변경할 수 있다.

3. 본회의의 기능

국회운영은 본회의중심주의나 위원회중심주의의 채택 여부와 관계없이 본회의에서 국회의 의사를 최종적으로 조정하여 결정하는 기능을 갖는다.

위원회중심주의로 운영하는 한국국회의 경우 관례상 본회의에서 바로 처리하는 안건을 제외한 모든 안건은 소관위원회에서 예비심사를 거쳐 본회의에 부의하거나 부의하지 않기로 결정한다. 위원회에서 가결되어 본회의에 부의된 안건도 최종적으로 본회의에서 가결 또는 수정하거나 부결하며, 위원회에서 본회의에 부의할 필요가 없다고 결정된 의안은 본회의에 부의하지 않는다. 그러나 위원회의 결정이 본회의에 보고된 날부터 폐회 또는 휴회 중의 기간을 제외한 7일 이내에 의원 30인 이상의 요구가 있을 때에는 그 의안을 본회의에 부의하도록 되어 있다(국회법 제87조).[1]

4. 본회의 안건심의절차

본회의에서의 안건심의절차는 두 가지로 나뉜다. 첫째는 위원회의 심의를 거친 안인데 이 경우 ① 본회의 상정 ② 심사보고 ③ 질의 ④ 토론 ⑤ 표결(의결)의 순서를 거치게 되며, 둘째는 위원회의 심의를 거치지 않은 안건인데 이 경우 ① 본회의 상정 ② 제안설명 ③ 질의 ④ 토론 ⑤ 표결(의결)의 순서를 거치게 된다.

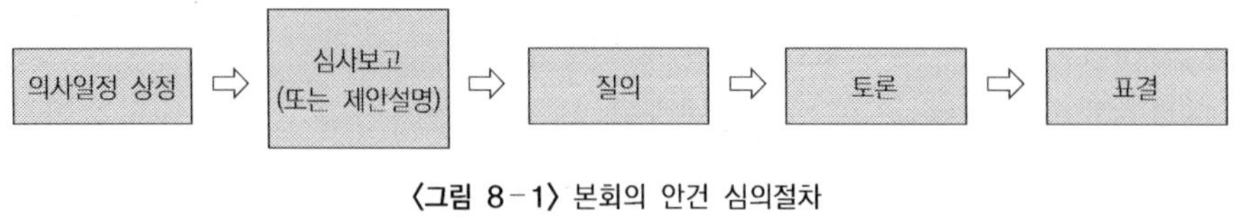

〈그림 8-1〉 본회의 안건 심의절차

---

1) 제1항 단서의 요구가 없을 때에는 그 의안은 폐기된다.

1. 의안처리 현황

국회는 제헌국회부터 제17대 국회에 이르기까지 <표 8-1>에서 보는 것처럼 법률안, 예산안, 건의안, 결의안 등을 포함하는 각종 의안을 모두 1만 6,367건 접수하였다. 그중에서 84.0%인 1만 3,820건을 처리하였으며 가결건수는 1만 1,182건으로서 평균 68.0%의 가결률을 보였다.

각종 의안처리 상황을 과도입법기구인 국가재건최고회의와 국가보위입법회의를 제외한 후 각 대별로 구분하여 보면, 제9대 국회의 의안 가결비율이 84.0%로 가장 높았고, 처리비율 면에서는 제2대 국회와 제9대 국회가 각각 91.0%로 가장 높았으며, 그 다음으로는 제11대 국회와 제14대 국회가 90.0%로 높았다. 통계상 제9대 국회, 제11대 국회, 그리고 제14대 국회의 의안처리가 적극적이었다.

제17대 국회의 경우 의안접수 면에서 8,368건(연평균 2,092건)으로 역대 어느 국회보다도 많은 접수건수를 보였다. 이는 제17대 국회 때 입법활동이 크게 활성화되었음을 의미하며 동시에 시민의 민주의식 함양과 입법과정 참여도가 높아졌음을 반영하는 것으로 볼 수 있다.

그러나 제14대 국회와 제15대 국회, 제16대 국회와 제17대 국회에서 여야의 대립이 심하였고 결과적으로 변칙처리, 공전, 회기연장 등의 상황이 되풀이되었음을 감안하면 법안이 상당부분 졸속처리되었다는 사실 또한 지적하지 않을 수 없다. 앞에서 살펴본 통계수치가 나름대로 중요한 의미를 갖고 있으나 더 중요한 것은 실질적인 내용이다. 법안이 과연 전문가들에 의하여 충분한 시간을 갖고 심의, 제정되었느냐 하는 문제에 대해서는 짚고 넘어가야 할 필요성이 있다.

〈표 8-1〉 의안처리 통계

국회	접수	처리							미처리	비고
		가결(%)	부결	폐기	철회	반려	보류	계(%)		
제헌	512	365(71)	15	49	7	–	13	449(88)	63	
제2대	1,183	861(73)	29	150	11	6	22	1,079(91)	104	
제3대	1,206	752(62)	29	86	36	–	10	913(76)	293	
제4대	642	300(47)	17	36	3	–	1	357(55)	285	
제5대	572	252(43)	3	60	5	–	–	320(56)	252	
최고회의	1,593	1,436(90)	2	111	42	2	–	1,593(100)	0	
제6대	1,194	671(56)	7	266	33	–	–	977(82)	217	
제7대	884	654(74)	9	88	19	–	–	770(87)	114	
제8대	245	111(49)	4	9	5	–	–	129(53)	10	106
제9대	952	797(84)	2	62	8	–	–	869(91)	83	
제10대	308	185(60)	5	1	2	70	–	263(85)	45	
입법회의	215	215(100)	–	–	–	–	–	215(100)	0	
제11대	772	578(75)	26	73	21	–	–	698(90)	74	
제12대	641	412(64)	13	71	15	–	–	511(80)	130	
제13대	1,439	864(60)	81	275	57	–	–	1,277(89)	762	
제14대	1,439	1,112(77)	31	118	27	–	–	1,288(90)	151	
제15대	2,570	1,617(63)	7	430	57	–	–	2,111(82)	459	
제16대	3,177	1,496(47)	17	798	45	–	–	2,356(74)	821	
제17대	8,368	2,548(30)	9	2,365	101	–	–	5,023(60)	3,345	

주: 재의법률안은 통계에 산입하지 않음.
주: 미처리는 회기불계속 및 임기만료 폐기를 가리키며, 비고난의 수치는 비상국무회의 이관 건수임.
출처: 국회사무처, 『의정자료집』(2000), 495쪽; 제16대 국회경과보고서(2004)및 제17대 국회경과보고서(2008)에서 발췌 작성.

2. 법률안 접수 및 처리현황

국회에서는 제헌국회부터 제17대 국회 임기종료 시(2008. 5. 29)까지 27,912건의 법률안을 접수하였고 이 가운데 21,198건을 처리하여 76%의 처리비율을 보였다. 이 중 정부 제출법안의 처리율은 총 6,865건 중 5,972건이 처리되어 87%인 반면 의원발의법안은 12,893건 중 7,972건이 처리되어

62%에 그쳤다. 각 국회별 법률안 접수 및 처리결과는 <표 8-2>와 같다.

　<표 8-2>를 보면 몇 가지 특징을 알 수 있다. 첫째, 법률안의 접수건수가 정치의 민주화가 이루어지기 시작한 제13대 국회부터 크게 증가하고 있다. 제13대 국회 이후 법률안 접수건수가 급증하고 있는 것은 정치의 민주화, 사회활동 영역의 급속한 확장과 환경의 변화 등이 이루어지고 있음에 기인한다. 둘째, 본회의중심주의를 채택하였던 제헌국회부터 제5대 국회까지는 정부제출법률안보다는 의원발의법률안의 처리비율이 다소 높았으나 상임위원회중심주의를 채택한 제6대 국회부터 제17대 국회까지는 정부제출법률안의 처리비율이 항상 높았다. 셋째, 제15대 국회에는 의원발의법률안의 제출건수가 크게 증가하였다. 특히 제12대 국회 때 211건이던 것이 제13대 국회에서 570건으로 급증한 것은 정치·사회부문의 민주화 추세와 관련이 있는 것으로 보이며, 3당통합(1920. 2) 이후 거대해진 여당이 주도한 제14대 국회에서 감소하였다가 제15대 국회에서는 제14대 국회 제출건수의 약 4배에 가까운 1,144건이 제출되었다. 넷째, 정부제출법률안을 중심으로 입법활동이 이루어지고 있다. 제11대 국회부터 제12대 국회까지는 정부제출법률안의 처리비율이 평균 98%인 데 비하여 의원발의법률안의 처리비율은 평균 68.5% 수준에 머물고 있다. 제16대 국회에서는 2,507건의 법률안을 접수하여 이중 1,753건을 처리하여 70%의 처리율을 제17대 국회에서는 7,489건의 법률안을 접수하였는데 이중 4,335건을 처리하여 58%의 처리율을 보였다. 여기에서 처리율이란 접수된 건수에서 임기완료로 인한 폐기건수를 제한 것이므로 이 자체는 큰 의미를 갖지 않는다.

<표 8-2> 법률안 접수 및 처리

국회	총계			정부제출			의원발의		
	접수	처리	처리비율(%)	제출	처리	처리비율(%)	발의	처리	처리비율(%)
제헌	234	191	82	145	118	81	89	73	82
제2대	398	340	85	216	183	85	182	157	86
제3대	410	216	53	241	115	48	169	101	60
제4대	322	108	34	202	59	29	120	49	41
제5대	296	103	35	159	43	27	137	60	44
국가재건최고회의	1,162	1,162	100	607	607	100	554	554	100
제6대	658	508	77	242	225	93	416	283	68
제7대	535	442	83	291	272	93	244	170	70
제8대	138	47	34	95	35	37	43	12	28
제9대	633	591	93	479	472	99	154	119	77
제10대	129	101	78	124	98	79	5	3	60
국가보위입법회의	189	189	100	156	156	100	33	33	100
제11대	489	430	88	287	282	98	202	148	73
제12대	379	299	79	168	165	98	211	134	64
제13대	938	806	86	368	359	98	570	447	78
제14대	902	763	85	581	567	98	321	196	61
제15대	1,951	1,561	80	807	770	95	1,144	791	69
제16대	2,507	1,753	70	595	554	93	1,912	1,199	63
제17대	7,489	4,335	58	1,102	892	81	6,387	3,443	54

출처: 국회사무처. 『의정자료집』(2000). 527쪽; 제16대 국회경과보고서(2004)및 제17대 국회경과보고서(2008)에서 발췌 작성.

3. 법률안 가결현황

앞부분에서 법률안의 제출(발의)에서는 의원발의건수가 정부제출건수보다 뒤떨어져 있고, 법률안의 가결건수에서는 의원발의건수가 정부제출건수의 절반 정도에 지나지 않고 있는 등 정부가 입법을 주도하고 있음을 보았다. 총접수 19,759건 가운데 의원발의 건수는 12,893건으로 정부제출 6,866건보다 2배 가까이 많았다. 총가결 8,934건 중에서 정부제출 중 가결 4,971건, 의원발의 가결은 3,963건으로 정부제출법안 중 가결 건수가 1천 건 정도 많았다. 정부제출법안의 가결 비율은 72%이고, 의원발의법안의 가결 비율은 31%였다. 각 국회별 가결 비율은 <표 8-3>과 같다.

　정부제출법안이 가결되는 비율은 국회가 대(代)를 거듭하면서 평균 70% 이상의 수준을 유지하고 있는 반면 의원발의법안의 가결비율은 평균 40%를 약간 상회하고 있다. 국회의 입법 활동이 적극적으로 전개되기 시작한 제13대 국회 이후에도 이러한 현상은 계속되고 있다. 이 비율에는 과도기의 입법기구인 국가재건최고회의와 국가보위입법회의의 가결비율이 포함된 것으로서 이 두 기구를 제외한 순수 평균 가결비율은 정부제출법안의 경우 67%, 의원발의법안의 경우 37%로 비율 격차는 30% 정도이다.

<표 8-3> 법률안 가결현황

국회	총계			정부제출			의원발의		
	접수	가결	가결비율(%)	접수	가결	가결비율(%)	접수	가결	가결비율(%)
제헌	234	149	64	145	106	73	89	43	48
제2대	398	214	54	216	137	64	182	77	43
제3대	410	157	38	241	85	35	169	72	43
제4대	322	75	23	202	44	22	120	31	26
제5대	296	70	24	159	40	25	137	30	22
최고회의	1,162	1,075	87	608	501	82	554	514	93
제6대	658	332	50	242	154	64	416	178	43
제7대	535	357	67	291	234	80	244	123	50
제8대	138	39	28	95	33	35	43	6	14
제9대	633	544	86	479	460	96	154	84	55
제10대	129	100	78	124	97	78	5	3	60
입법회의	189	189	100	156	156	100	33	33	100
제11대	489	340	70	287	257	90	202	83	41
제12대	379	222	59	168	156	93	211	66	31
제13대	938	492	52	368	321	87	570	171	30
제14대	902	656	73	581	537	92	321	119	37
제15대	1,951	1,120	57	807	659	82	1,144	461	40
제16대	2,507	948	38	595	431	72	1,912	517	27
제17대	7,489	1,915	26	1,102	563	51	6,387	1352	21
계	19,759	8,934	45	6,866	4,971	72	12,893	3,963	31

주: 가결비율 난 괄호 안의 수치는 2개의 과도입법기구를 제외한 가결비율임.
출처: 국회사무처, 『의정자료집』(2000), 528쪽; 제16대 국회경과보고서(2004)및 제17대 국회경과보고서(2008)에서 발췌 작성.

　제14대 국회의 예를 보더라도 정부제출법안은 581건 중 527건이 가결되어 92%의 가결비율을 보인 반면 의원발의법안은 321건 중 119건이 가결되어 37%의 가결비율을 보였다. 제15대 국회에서는 의원발의법률안이 급증하여(국회 1,144건 발의, 정부 807건 제출) 의원입법이 활성화 단계에 접어들었다고 볼 수 있으나 가결비율에서는 정부제출안이 82%인 데 비하여, 의원발의안은 40%로 큰 격차를 보이고 있다.

국가재건최고회의와 국가보위입법회의와 같은 과도적 기구에 접수된 법률안은 상당히 높은 비율로 가결되었다. 국가재건최고회의에서의 법률안 가결비율은 87%로서 국가보위입법회의를 제외하면 제헌국회부터 제15대 국회까지 가장 높은 비율이다. 한편 국가보위입법회의에 접수된 법률안은 모두 100% 처리에 100% 가결로 나타났는데 이는 두 가지로 해석될 수 있다. 첫째는 법률안에 대한 심의가 정부의 정책의도에 맞추어 형식적으로 이루어졌다는 것이고, 둘째는 그 이전의 국회에서 여야 간 이해관계 대립 때문에 처리하지 못했던 법안들이 일거에 처리되었다는 것이다. 어느 경우든 바람직한 입법현상은 아니다.

4. 법률안의 수정

정부와 국회가 각기 법률안 제출권을 갖고 있는 상황에서 국회의 활동이 행정부의 작용으로부터 얼마나 자율성을 갖고 있는지에 대한 평가기준의 하나가 바로 정부제출법안에 대한 수정비율이다.

국회에서 가결된 법안의 수정률을 보면 제6대 국회부터 제14대 국회까지 총 3,271건의 통과 법안 중 54%에 해당하는 1,759건이 원안대로 수정 없이 처리되었고 1,512건이 수정가결됨으로써 46%의 수정률을 보이고 있다. 이를 다시 정부제출법안과 의원발의법안으로 구분하여 보면 정부법안은 51%의 수정률, 의원법안은 33%의 수정률로 나타났다.

이와 같이 의원법안의 수정률이 정부법안보다 낮게 나타나는 것은 의원법안이 위원회 심사단계에서 심사대상으로 상정되기까지는 사전에 여야 간, 정부 간의 협의과정을 거쳤기 때문이다.[2]

정부제출법안에 대한 위원회 심사과정에서는 야당소속의원이 정부안과는 다른 수정안을 제시하거나 전문위원이 해당 법안에 대한 검토보고를 하면서 수정의견을 제시하는 등의 방법으로 수정이 이루어지고 있다. 그러나 법제사법위원회에서의 단순한 체계·자구 수정도 수정의 범주에 포함되기 때문에 가결비율 자체가 매우 큰 의미를 갖는 것은 아니라고 인식되고 있다.[3]

<표 8-4>에서 보면 제10대 국회를 제외하면, 의원발의법안의 원안의결비율이 정부 제출법안의 원안의결보다 항상 높았음을 볼 수 있다. 의원발의법안의 원안가결비율이 높은 것은 발의자를 기준으로 볼 때 표에는 제시되지 않았으나 다른 연구결과 여당소속의원이 발의한 법안의 가결비율이 야당소속의원이 발의한 법안보다 높은 것으로 나타났다. 여당소속의원은 때때로 정부가 마련한 법률안을 정치적 배려로 정부제출이 아닌 여당의원 발의형식으로 하거나 발의하기 전에 정부 측과 사전협의 등을 통하여 문제점을 해소하는 등 조정과정을 거치기 때문에 적어도 법률안의 내용을 둘러싸고는 정부 측과 마찰의 소지가 적다고 할 수 있다.[4]

결국 수정비율보다는 수정내용이 더 의미 있다고 할 수 있다. 국회가 정부제출법안에 대하여 수정을 하고자 할 때, 충분한 자료와 외국의 입법사례 등을 제시하여 수정이유를 명확히 밝힐 수 있어야 한다. 그러한 능력 없이는 아무리 국회의 위상이 높아지고, 행정부의 정책집행상의 오류나 비리가 발견되더라도 이를 제어할 방법이 없다. 즉 행정부의 정책집행과 향후 정책의도에 대하여 국회가 발전적인 관여를 하기 위해서는 국회 내의 입법보좌조직이 정비되어야 하고, 또 그 구성원은 프로의식을 가진 수준 높은 전문가들이어야 한다.

---

2) 법률안 심의는 국회가 수행하는 역할 정도를 분석하는 데 있어서 단순한 가결률 외에도 여러 가지 측면을 고려해야 하는데, 법률안의 수정비율, 개회일수 중 법률안 심사 할애일수, 개별 법률안의 심의에 소요되는 기간 등이 대표적인 고려사항이다.

3) 임종훈 외, 앞의 책, 98–99쪽.

4) 박종흡, 앞의 책, 323쪽.

<표 8-4> 법률안 수정현황

구분	제출	총계			정부제출			의원발의		
		가결(%)	원안(%)	수정(%)	가결(%)	원안(%)	수정(%)	가결(%)	원안(%)	수정(%)
제6대	658	322(50)	178(54)	153(46)	154(23)	60(39)	94(61)	178(27)	119(67)	59(33)
제7대	535	357(67)	170(48)	187(52)	234(44)	84(36)	150(64)	123(23)	86(70)	37(30)
제8대	138	39(28)	15(38)	24(62)	33(24)	12(36)	21(64)	6(4)	3(50)	3(50)
제9대	633	544(86)	311(57)	233(43)	460(73)	256(56)	204(44)	84(13)	55(65)	29(35)
제10대	129	100(78)	55(55)	45(45)	97(75)	54(56)	43(44)	3(3)	1(33)	2(67)
입법회의	189	189(100)	133(70)	56(30)	156(83)	104(67)	52(33)	33(17)	29(88)	4(12)
제11대	489	340(70)	174(51)	166(49)	257(53)	123(48)	134(52)	83(17)	51(61)	32(39)
제12대	379	222(59)	116(52)	106(48)	156(41)	73(47)	83(53)	66(18)	43(65)	23(35)
제13대	938	492(52)	256(52)	236(48)	321(34)	138(43)	183(57)	171(18)	118(69)	53(31)
제14대	902	656(73)	350(53)	306(47)	537(60)	271(50)	266(50)	119(13)	79(66)	40(34)
계	4,990	3,271(66)	1,759(54)	1,512(46)	2,405(48)	1,175(49)	1,230(51)	866(18)	584(67)	282(33)

주: 가결란의 ( )는 제출에 대한 비율이고, 원안수정란의 ( )는 가결에 대한 비율임.
출처: 국회사무처, 『의정통계집』(1996), 205쪽.

국회가 정부제출법안에 대한 심의거부나 법안내용 수정 외에 정부의 정책의도를 변경시킬 수 있는 방법은 정부제출법안에 대한 심의나 의결을 연기하는 방법이 있을 수 있다. 그러나 이 방법은 적절하지 못하다. 그 이유는 그간의 국회에서의 법안 등 의안처리 사례를 볼 때 여당 측은 '강행처리'를, 야당은 '실력저지'로 맞서 왔고 결국에는 여당 측이 '변칙처리'를 통하여 자신들의 정책의도를 충실히 반영하고 있기 때문이다.

5. 법률안 제출시기

법안의 제출시기를 월별로 구분하여 보면 <표 8-5>에서 보는 것처럼 제6대 국회에서 제15대 국회까지 정기국회가 열리는 9월부터 12월 사이에 집중되고 있음을 알 수 있다. 제13대 국회부터는 이러한 현상이 더욱 심화되어 충분한 시간적 여유를 가지고 심도 있는 법안심사를 할 수 없게 하는 하나의 장애요소가 되고 있는 것으로 지적되고 있다.[5]

〈표 8-5〉 법안제출시기별 현황(제6대 국회~제15대 국회)

월별	제6대	제7대	제8대	제9대	제10대	제11대	제12대	제13대	제14대	제15대	계
1	50	23	–	1	–	4	7	26	5	82	198
2	46	26	–	6	–	9	1	72	46	95	301
3	89	10	5	9	8	29	15	54	14	65	298
4	43	48	1	4	1	3	24	13	10	43	190
5	30	39	1	11	2	17	17	32	25	25	199
6	65	58	5	43	2	62	16	19	20	96	386
7	71	39	21	15	14	11	2	52	78	130	433
8	29	13	29	8	1	40	24	24	5	104	277
9	47	53	18	68	1	42	27	37	135	79	507
10	62	39	17	222	49	69	119	141	196	261	1,175
11	41	65	7	170	49	146	109	267	248	620	1,722
12	85	122	34	76	1	57	18	201	120	351	1,066
계	658	535	138	633	129	489	379	938	902	1,951	6,752

출처: 국회사무처, 『의정자료집』(2000), 531쪽.

이러한 현상은 제15대 국회 말인 2000년 2월 16일 국회법 개정에 의하여 제16대 국회부터는 매년 2월, 4월, 6월에 정기적으로 임시국회가 소집되도록 법정화되어 국회가 상시국회체제로 운영됨에 따라 어느 정도 분산되고 있으나 아직도 정기국회에 높은 비율의 법률안이 제출 되고 있다.

6. 법률안 처리시기

법률안이 처리되는 시기를 정기회와 임시회로 나누어 보면 제6대 국회부터 제15대 국회까지 36회의 정기회(회기 3,423일)와 137회의 임시회(회기 2,512일)가 열렸으며, 정기회 기간 중에는 4,442건이 제출되어 2,737건이 가결되었고 임시회 기간 중에는 2,310건이 제출되어 1,572건이 가결되었다.

정기국회 기간 동안 임시국회 기간에 비하여 약 3배나 되는 법률안이 제출되었다. <표 8-6>을 보면, 국회가 상임위원회중심제로 운영되기 시작한 첫 국회인 제6대 국회에서는 정기회보다 임시회에 법률안 제출이 많았

---

5) 박종흡, 앞의 책, 318~319쪽.

고, 또 가결건수도 월등히 많았다. 제7대 국회부터 제15대 국회까지는 정기회 기간에 임시회 기간보다 많은 법률안을 처리한 것으로 나타났다. 그런데 제15대 국회의 경우 임시회보다 정기회에 많은 건수가 제출되었으나 가결 건수는 임시회가 월등히 많았다. 그 외의 국회에서는 임시회보다는 정기회에 법률안의 제출건수가 많았고, 가결건수도 많았다.

〈표 8-6〉 정기회 및 임시회 법률안 가결 현황

구분		의원발의		정부제출		계		회기총일수
국회	회기별	발의	가결	제출	가결	제안	가결	
제6대	정기회	150	59	90	35	240	94	351(3회)
	임시회	266	119	152	119	418	238	438(19회)
제7대	정기회	124	71	155	138	279	209	480(4회)
	임시회	120	52	136	96	256	148	326(12회)
제8대	정기회	25	4	54	25	79	29	240(2회)
	임시회	18	2	41	8	59	10	162(6회)
제9대	정기회	126	72	428	407	554	479	506(6회)
	임시회	28	12	51	53	79	65	109(10회)
제10대	정기회	5	3	97	88	102	91	180(2회)
	임시회	-	-	27	9	27	9	58(3회)
제11대	정기회	147	70	207	206	354	276	360(4회)
	임시회	55	13	80	51	135	64	123(15회)
제12대	정기회	135	46	133	110	268	156	231(3회)
	임시회	76	20	35	46	111	66	183(13회)
제13대	정기회	362	95	301	228	663	323	400(4회)
	임시회	208	76	67	93	275	169	230(12회)
제14대	정기회	210	132	470	473	680	605	400(4회)
	임시회	111	64	111	94	222	158	221(18회)
제15대	정기회	1,923	693	2,519	2,044	4,442	2,737	3,548(36회)
	임시회	1,387	678	923	894	2,310	1,572	2,491(137회)
총계		3,310	1,371	3,442	2,938	6,752	4,309	6,039(173회)

출처: 국회사무처, 『의정자료집』(2000), 530쪽.

7. 폐기만료 법률안

국회의 임기만료로 인한 법률안의 폐기 현황을 보면 제헌국회부터 제17대 국회까지 제출된 법률안 총수 19,758건 중 5,723건이 폐기됨으로써 평균

29%의 폐기율을 보이고 있다.

제17대 국회까지를 정리한 <표 8-7>에서 법률안의 폐기비율이 높았던 국회를 보면 제4대(66%), 제5대(65%) 순이다. 이것을 정부제출과 의원발의로 분류하여 보면 정부제출법률안의 폐기율이 높았던 것은 제5대(73%), 제4대(71%), 그리고 제3대(52%)였다. 의원발의법률안의 경우, 폐기율이 높은 것은 제4대(59%), 제5대 국회(56%), 제13대 국회(40%), 그리고 제14대 국회(39%)의 순이었다.

<표 8-7> 임기만료 폐기법률안 현황

국회	총계			정부제출			의원발의		
	제출	폐기	폐기율(%)	제출	폐기	폐기율(%)	발의	폐기	폐기율(%)
제헌	234	43	18	145	27	19	89	16	18
제2대	398	58	15	216	33	15	182	25	14
제3대	410	194	47	241	126	52	169	68	40
제4대	322	214	66	202	143	71	120	71	59
제5대	296	193	65	159	116	73	139	77	56
최고회의	1,162	0	0	608	0	0	514	0	0
제6회	658	150	23	242	17	7	416	133	32
제7대	535	93	17	291	19	7	244	74	30
제8대	138	0	0	95	0	0	43	0	0
제9대	633	42	6	479	7	2	154	35	23
제10대	129	28	22	124	26	21	5	2	40
입법회의	189	0	0	156	0	0	33	0	0
제11대	489	59	12	287	5	2	202	54	27
제12대	379	80	21	168	3	2	211	17	36
제13대	937	132	14	368	9	2	570	123	22
제14대	902	139	15	581	14	2	321	125	39
제15대	1,951	390	20	807	37	5	1,144	353	31
제16대	2,507	754	30	595	41	7	1,912	713	37
제17대	7,489	3,154	42	1,102	210	19	6,387	2,944	46

출처: 국회별 경과보고서에서 발췌, 작성

자동폐기된 법률안의 미처리 사유는 의원 및 이해집단의 이해관계 상충, 위헌소지 등 법리상의 문제,[6] 법안취지의 충족으로 인한 미처리, 다른 미처리 법률안과의 연계, 예산제약에 따른 보류, 법안내용의 타당성 부족으로 인한 보류, 법안내용이 입법사항으로 볼 수 없는 경우, 회의 불소집 등이다.

<표 8-7>을 보면, 본회의 중심 국회운영방식을 채택하고 있던 제헌국회부터 제5대 국회까지는 정부제출안의 폐기율이 의원발의안의 폐기율보다 항상 높았음을 알 수 있다. 이러한 경향은 상임위원회중심 국회운영방식을 채택하고 국회에 대한 행정부의 우월화현상이 나타나기 시작한 제6대 국회부터 역전되어 제17대 국회가 임기를 마칠 때까지 계속되었다.

이렇게 볼 때 단순히 폐기비율을 가지고 정부와 국회의 입법능력을 가늠하기는 어렵다. 다만, 정부의 동의 없이는 의원발의법률안이 국회에서 가결처리되기 어렵다는 현실을 보여주었다는 것과, 국회 내의 입법보좌조직의 취약성이 정부의 입법적 우월성과 맞물리면서 법안심의의 불충분으로 이어진 점을 지적할 수 있다.

제15대 국회의 경우 임기만료로 인하여 자동폐기된 의안은 458건인데 그 가운데 법률안은 390건이다. 자동폐기된 법률안의 건수가 많은 위원회는 행정자치위원회 96건(24.6%), 법제사법위원회 52건(13.3%), 건설교통위원회 41건(10.5%), 국회운영위원회 34건(8.7%)의 순이다. 이들 위원회에 자동폐기된 법률안이 많은 것은 행정자치위원회, 법제사법위원회, 국회운영위원회의 경우 정치·행정관련 쟁점사항에 대하여 각 정당별, 의원별로 발의된 법률안이 여야 간 타협을 이루지 못하고 보류된 데 기인한다. 건설교통위원회의 경우는 여러 민원성 법률안이 형평성문제와 예산제약 등으로 처리되지 못하였기 때문인 것으로 분석되었다.[7]

<표 8-7>은 제16대 국회 이후 법률안 접수가 크게 증가하여 제17대 국회에 와서는 7,489건이라고 하는 상식적으로는 이해하기 힘든 많은 법률

---

6) 국회사무처 법제실, 『헌법재판소의 위헌결정사유와 입법상 유의사항』(2000. 6)에 위헌결정사유가 정리되어 있다.

7) 국회사무처 법제실, 『제15대 국회 임기만료로 폐기된 의원발의법률안의 분석』(2000. 6), 1~2쪽.

안이 제출, 접수되었다. 시민단체의 의정활동평가가 수량 위주로 이루어지는 데다가 젊은 초선의원들의 의욕이 앞선 결과라고 볼수 있다. 제17대 국회를 '정부제출'과 '의원발의'로 분류해 보면 정부 제출법안의 임기만료 폐기율은 19%인에 반해 의원발의 법안의 임기 만료 폐기율은 46%에 달하여 정제되지 않은 많은 의원발의 법안이 국회에 제출되고 있음을 알수 있다.

제3절 의원입법과 정부입법

헌법(1987. 10. 29) 제52조 국회의원과 정부는 법률안을 제출할 수 있다. 제82조 대통령의 국법상 행위는 문서로 하며, 이 문서에는 국무총리와 관계국무위원이 부서한다. 군사에 관한 것도 또한 같다.

국회법(2000. 2. 16) 제51조(위원회의 제안) ① 위원회는 그 소관에 속하는 사항에 관하여 법률안 기타 의안을 제출할 수 있다. ② 제1항의 의안은 위원장이 제출자가 된다.

제79조(의안의 발의 또는 제출) ① 의원은 10인 이상의 찬성으로 의안을 발의할 수 있다.<개정 2003. 02. 04>

의원입법은 국회의원 10인 이상이 발의하여 위원회의 심사를 거친 후 본회의에서 의결되는 법률을 말한다. 보다 넓은 의미로 본다면, 정부제출법안의 국회심의과정에서 그 내용에 상당부분 수정보완이 필요하여 소관위원회에서 정부제출법안을 폐기하고 그 대신 위원회에서 발의한 위원회 대안(代案)까지를 의원입법의 범주에 포함시킬 수 있다(국회법 제51조).

제헌국회 이래 법률안의 제안은 헌법의 규정에 의하여 의원발의 또는 정부제출로 하고 있으나, 정부형태를 대통령책임제로 운영하여 오면서 국회보다는 정부가 입법의 주도권을 행사하여 왔다. 입법과정에서 나타나는 국회와 국회의원들의 행정부에 대한 열세는 법안들이 법률로 확정되는 비율에서 뚜렷하게 나타난다. 제헌국회부터 제17대 국회까지 국회의원이 발의한 법률안의 가결비율은 31%인데 정부가 제출한 법률안의 가결비율은 72%에 달한다. 이는 행정부에 의한 입법이 주도적 역할을 하고 있음을 여실히 보여주는 것이다.

외국의 의원입법 사례를 관찰한 한 연구에 의하면, 대부분의 국가에서 의원발의법안의 대부분은 찬반의견이 나뉘지 않은 중요성이 낮은 법안들이라는 특징을 갖는다.[8]

의회에 제출된 법률안의 가결비율에서도 양상은 비슷하다. 한국의 경우에는 제헌국회 이후 제15대 국회까지 정부가 제출한 법률안의 가결비율은 77%였다. 민주국가 의회의 경우는 정부법안의 가결비율이 한국보다 낮은 국가는 벨기에(52%)와 포르투갈(13.5%)뿐이다. 그 외의 대부분의 국가들에서의 정부법안의 가결비율은 85~90%에 가깝다.[9]

의회가 입법활동을 수행하는 데 있어서 의회와 정부 사이의 상대적 우위를 파악하는 방법의 하나는 의회에 제출된 법률안과 가결된 법률안을 정부제출안과 의원제출안으로 분리하여 비교하는 것이다. 이러한 비교를 해 보면 대부분의 국가에서는 법안심사활동이 정부의 지배하에 있는 것으로 나타났다. 프랑스 하원과 상원에서는 법안심사 일정의 우선권이 정부법안에 부여되어 있고, 정부가 결정한 순서를 따르도록 되어 있다. 또 프랑스보다는 정도의 차이가 있기는 하지만 영국 및 대부분의 영연방국가, 폴란드, 이스라엘 등도 정부법안의 우선권이 강하다고 볼 수 있다. 반면 미국의회는 프랑스와는 달리 하원에서의 법안심사활동의 관리에 대한 결정은 의회지도자 특히 다수당의 지도자인 하원의장이 내린다.

세계 여러 나라에서 법안심사활동의 관할체제상의 차이는 다음과 같이 정리할 수 있다.[10]

---

8) 래니, 오스틴(권만학 외 역), 『현대 정치학』(서울: 을유문화사, 1994), 381쪽, Ingvar Mattson, "Private Members' Initiative and Amendments." in Herbert Doring(ed.), *Parliaments and Majority Rule in Western Europe*(Frankfurt: Campus Verlag and New York: St. Martin's Press, 1995), 456쪽.
9) 신명순, 「한국국회의 입법활동」, 한홍수 편, 『한국정치동채론』(서울: 오름, 1996), 387쪽.
10) 국회운영위원회전문위원실, 『각국 의회의 입법과정』(1991), viii.

① 정부가 입법과정을 관할하는 체제에서는 대부분의 법안심사 시간은 자연히 정부
    법안에 할애된다.
② 정부가 입법과정을 관할하는 체제에서는 비정부법안의 숫자 및 제출시기뿐만 아
    니라 법안의 부속적인 사항에 대해서도 제약이 있다.
③ 일부 예외적인 경우도 있으나 입법과정에 대한 정부의 관여 정도가 클수록 토론
    을 단축시킬 가능성이 커지고, 또 수정안의 채택을 제약할 가능성도 커진다.

  대체로 다수의 국가에서 정부제출안이 의원발의안보다 많으며, 제출안 가
결비율 또한 정부안의 가결비율이 훨씬 높다. 의원제출안이 정부제출안보다
그 수가 많았던 벨기에, 프랑스, 스웨덴, 영국에서도 정부제출안의 가결비율
이 의원제출안보다 훨씬 더 높다. 이러한 결과는 많은 나라에서 행정부의
지위가 입법부보다 상대적으로 높아 입법에 대한 주도권을 행정부가 장악하
고 있기 때문에 의회의 입법활동 면에서 의원들의 역할이 매우 수동적이어
서 의원들이 법안을 제출하고 또 그 안을 법으로 가결시키는 데 매우 불리
하다는 것을 나타낸다.[11]
  중요한 것은 어느 쪽이 제출(발의)하는 법안의 수가 많은지, 또 어느 쪽이
제출(발의)한 법안의 가결비율이 높은지에 있는 것이 아니라, 법안 하나하나
에 얼마만큼의 노력이 투입되어 국가와 국민생활에 긍정적 영향을 미치느냐
에 있다.

제4절 본회의 발언

> 헌법(1987. 10. 29) 제45조 국회의원은 국회에서 직무상 행한 발언과 표결
> 에 관하여 국회 외에서 민사상 또는 형사상 책임을 지지 아니한다.

---

11) 래니, 앞의 책, 380~381쪽.

1. 발언

발언이란 회의에서 구두의견을 진술하는 것을 말한다. 국회의원은 국회에서 직무상 발언을 행하게 되는데 이러한 직무상 발언은 국회 의정활동의 기본이 된다.

2. 발언자유의 원칙

회의는 발언의 연속이며 의원의 발언이 충분히 보장되고 존중되지 않으면 의원은 그 직책을 다하기 어렵다. 따라서 헌법 제45조에서 규정하는 것처럼 국민의 대표로서의 의원이 자신의 정치적 신념에 따라서 직무상 행한 발언에 대해서는 민사상 및 형사상의 책임을 묻지 않음으로써 언론의 자유를 보장하고 있다. 이를 면책특권이라 하는데 이는 정부에 대한 국회의 비판·통제기능, 공정한 입법과 충실한 민의반영, 국민의 알 권리 충족 등을 위한 장치이다.

참고로 필리버스터(filibuster)의 사례를 소개하고자 한다. 제7대 국회 임기 중인 1969년 8월 29일 밤 법제사법위원회에서 박한상 의원이 3선 개헌을 위한 국민투표법안에 대하여 마지막으로 반대 발언을 하였다. 그는 10시간 5분 동안 쉬지 않고 발언하였는데, 그의 발언은 다음날 오전에야 종료되었다. 박 의원은 발언 중에 생리적인 현상이 오는 것을 막기 위하여 전날부터 식사 시에 국을 먹지 않는 등 수분 섭취를 최대한 줄였다고 전해진다.[12]

그의 발언 이후 제7대 국회 임기가 종료되기 전에 국회법이 개정되었고 의원들이 의사진행을 방해하는 긴 발언을 하지 못하도록 하였다. 국회에서 소수파 의원들이 다수파의 독주를 막거나 필요에 따라 의사진행을 고의로 방해하는 행위를 필리버스터라고 한다.

---

12) 〈국회보〉 2001년 8월호 참조

3. 발언의 종류

본회의에서의 발언은 다음과 같다.

1) 심사보고 및 취지설명

본회의는 안건을 심사함에 있어서 그 안건을 심사한 위원회 위원장의 심사보고를 듣는다. 다만, 위원회의 심사를 거치지 않은 안건은 제안자가 그 취지를 설명한다.

2) 보충보고

위원장이 위원회의 심사보고 내용을 보충하여 설명하는 추가적인 보고를 말한다. 보충보고에는 위원장이 소위원회 위원장 또는 간사로 하여금 보충보고를 하게 하는 경우와, 위원장이 지명한 소수의견자가 위원회의 보고를 보충하여 발언하는 경우가 있다.

3) 질의 및 답변

질의는 상정된 의안에 대하여 의원이 그 내용을 보다 상세히 알고 싶거나 의문스러운 점을 제안자에게 묻는 것이다. 본회의는 위원장의 심사보고 또는 제안자의 취지설명을 듣고 위원장 또는 제안자에게 질의를 한다. 이 경우 위원장, 제안자, 소위원장 등은 그 질의에 답변을 한다(발언시간 15분 이내).

4) 토론

본회의의 안건심사에서 안건의 처리에 관하여 찬성과 반대의 의견으로 나뉠 때에는 토론을 한다. 토론은 반대자부터 한다(발언시간 15분 이내).

5) 의사진행발언

원활한 의사진행을 위하여 의사진행의 순서나 방법, 발언의 내용 및 동의 등이 의사진행에 관한 법규나 발언규칙에 위반된다는 취지로 이의를 제기하거나 의장에게 주의 또는 희망을 말하거나 자신의 의견을 개진하는 발언을 말한다.

6) 신상발언

의원이 그의 신변에 관련된 일신상의 문제에 대하여 설명, 변명, 합리화 또는 사과하고자 할 때 허용되는 발언이다. 이러한 발언은 의원(議員)의 권리가 아니라 의원(議院)의 관용에 의하여 허용되는 것이다(발언시간 5분 이내).

7) 보충발언

의원이 의장의 허가를 받은 발언을 마친 후에 발언내용에 대하여 부족하거나 미진하다고 생각하는 부분을 보충하기 위하여 추가로 하는 발언을 말한다(발언시간 5분 이내).

8) 반론발언

다른 의원의 발언으로 오해의 소지가 생기거나 명예를 손상하는 등 예기치 못한 피해를 입었다고 생각하는 의원이 진실을 밝히고 이를 해명하는 한편 적극적으로 그 발언의 부당함을 주장하기 위한 발언을 말한다(발언시간 3분 이내).

9) 대정부질문

본회의에서 회기 중 기간을 정하여 국정 전반 또는 국정의 특정 분야를 대상으로 정부에 대하여 질문하는 것을 말한다(질문시간 15분 이내).

10) 긴급현안질문

회기 중 현안이 되고 있는 중요한 사항을 대상으로 정부에 대하여 질문하는 것을 말한다(질문시간 10분 이내).

11) 5분자유발언

5분자유발언이란, 의원이 국회가 심의 중인 의안과 청원 기타 중요한 관심사안에 대한 의견을 5분 동안에 자유롭게 발언하는 것을 말한다.

종전의 국회법에서는 의원은 대정부질문 또는 안건심사와 관련된 질의, 토론 이외에는 본회의에서 안건 내지 국정사안 등에 대하여 자유롭게 발언할 기회가 많지 않았다. 제14대 국회의 국회법 개정(1994. 6. 28)에서 의원의 발언기회 확대 및 생산적인 국회운영을 위하여 미국과 캐나다 의회에서 시행하고 있는 '1분자유발언제도'에 착안하여, 개의 시부터 1시간을 초과하지 않는 범위 내에서 시행하는 '4분자유발언제도'를 도입하였다.

제15대 국회의 국회법 개정(1997. 1. 13)에서 그 발언시간을 5분으로 확대하였으며, 국회법 개정(2000. 2. 16)에서는 자유발언의 실시시기를 개의 시부터 1시간을 초과하지 않는 범위 내에서 실시함을 원직으로 하되, 효율적인 의사진행을 위하여 필요하다고 인정하는 경우에는 개의 중 어느 때라도 실시할 수 있도록 제도를 보완하였다.

5분자유발언을 하고자 하는 의원은 늦어도 본회의 개의 4시간 전까지 그 발언취지를 간략히 기재하여 의장에게 신청하여야 하며, 의장은 교섭단체별 소속의원 수의 비율을 고려하여 각 교섭단체 대표의원과의 협의하에 5분자유발언의 발언자 수와 발언순서를 정하도록 되어 있다(국회법 제105조).

12) 교섭단체의 대표발언

교섭단체를 가진 정당을 대표하는 의원이나 교섭단체의 대표의원이 정당 또는 교섭단체를 대표하여 발언하는 것을 교섭단체 대표발언이라고 한다.

교섭단체 대표발언의 종류에는 교섭단체 대표연설, 교섭단체 대표질문, 교섭단체 대표질의 등이 있다(발언시간 40분 이내).

13) 각종 동의

여기에서의 '동의(動議)'란 의원이 사전에 서면으로 안을 갖출 필요 없이 구두로 발의하는 것을 말하며, 법령의 규정에 의하여 안을 갖추고 서면으로 소정의 절차에 따라 발의하는 의안과 구별된다. 발언의 유형에는 포함되지 않는다.

제5절 본회의 질문제도

1. 대정부질문

1) 대정부질문제도의 의의

본회의는 회기 중 기간을 정하여 국정전반 또는 국정의 특정 분야를 대상으로 정부에 대하여 질문을 할 수 있는데 이 질문을 대정부질문이라고 한다. 대정부질문은 기본적으로 의원이 국정의 전반 또는 일부에 내하여 원칙적으로 정부에 대하여 설명을 요구하며 소견을 묻는 것이다.

국정전반을 대상으로 대정부질문을 하는 경우 국정 분야를 여러 개의 의제로 구분하여, '의제별 일정'과 출석대상 국무위원을 본회의의 의결로 결정하고 이를 정부에 통고한다.

대정부질문을 하고자 하는 의원은 미리 모두(冒頭)질문의 요지와 소요시간을 기재한 질문요지서를 의장에게 제출하여야 하며, 의장은 질문시간 48시간 전까지 질문요지서가 정부에 제출될 수 있도록 송부하여야 한다.

대정부질문은 모두질문을 마친 후 일문일답에 의한 보충질문을 하는 방식으로 하되, 의원의 모두질문과 일문일답에 의한 보충질문시간은 각각 15분을 초과할 수 없다. 일문일답에 의한 보충질문시간의 경우에는 답변을 포함한다(2000. 2. 16 개정국회법).

의제별 의원의 모두질문과 일문일답에 의한 보충질문에 소요되는 총시간은 의장이 각 교섭단체 대표의원과 협의하여 정한다. 이때 의장은 총질문시간을 교섭단체별로 소속의원 수의 비율에 따라 배정하며, 각 교섭단체는 배정된 질문시간의 범위 안에서 질문자 수와 질문자별 질문시간을 정한다. 이 경우 교섭단체에 속하지 않는 의원의 질문자 수와 질문시간은 의장이 각 교섭단체 대표의원과 협의하여 정한다.

국회법은, 각 교섭단체 대표의원은 질문의원과 질문배정시간 및 질문순서를 질문일 전날까지 의장에게 통지하도록 규정하고 있다. 이때 의장은 각 교섭단체 대표의원의 통지내용에 따라 질문순서를 정한 후 이를 본회의 개의 전에 각 교섭단체 대표의원과 정부에 통지한다.

대정부질문은 제도의 특성상 의원내각제국가의 의회에서 발전된 전형적인 제도이다. 따라서 미국과 같이 철저한 권력분립주의에 입각한 대통령제국가의 의회에서는 대정부질문제도가 없고 대신 청문회와 같은 제도가 발달하였다.

2) 대정부질문 절차

의제는 제7대 국회 중반까지는 구체적인 사안을 의제로 삼았으나, 제7대 국회 후반 이후 국정전반에 관하여 제한 없이 질문하는 방식으로 운용하여 왔다. 그러다가 제9대 국회부터는 국정을 정치, 외교·안보, 경제, 사회·문화의 분야로 나누어 질문하는 방식으로 운용하고 있다.

대정부질문은 국정전반을 정치 분야, 통일·외교·안보 분야, 경제 분야, 사회·문화 분야의 4개 의제로 나누어 각 1일씩 행하고 있다. 단, 경제 분야는 2일간 실시하고 있는 것이 관례이다. 대정부질문은 그 기간을 2~3일로 단축하여 의제를 이에 맞추어 실시하는 경우도 있다.

〈표 8-8〉 대정부질문 절차

순서	절차	설명
1	질의의제 결정	· 대정부질문의 의제설정은 보통 국회소집 이전에 각 교섭단체 대표들 간의 의사일정의 협의과정에서 대정부질문의 의제의 수와 기간을 결정
2	의제별 총질문시간 및 질문의원 결정	· 의장이 교섭단체 대표의원과 협의하여 의제 및 의제별 총질문시간을 결정
3	의제별 관계국무위원 출석요구 의결	· 의제가 결정되면 의제별 관계국무위원 출석요구 의결
4	질문시간 배정	· 교섭단체 소속의원 수의 비율에 따라 배정 · 교섭단체에 속하지 않는 의원의 질문자 수와 질문시간은 의장이 교섭단체 대표의원과 협의하여 결정
5	질문의원 · 질문시간 및 질문순서 통지	· 교섭단체 대표의원은 질문의원, 질문배정시간, 질문순서를 정하여 질문일 전날까지 의장에게 통지
6	질문순서 결정	· 의장은 교섭단체 대표의원의 통지내용에 따라 질문순서를 정한 후 이를 본회의 개의 전 교섭단체 대표의원과 정부에 통지
7	질문요지서 제출	· 모두질문요지, 소요시간을 구체적으로 작성하여 의장에게 제출
8	질문요지서 송부	· 질문시간 48시간 전까지 정부에 도달되도록 송부
9	질문 · 답변	· 모두질문 15분, 보충질문 15분(일문일답식) · 질문과 답변을 교대로 균형 있게 유지함

2. 긴급현안질문

긴급현안질문이란 회기 중 현안이 되고 있는 중요한 사항을 대상으로 정부에 대하여 행하는 질문을 말한다.

현행 대정부질문제도는 관례에 따라 국정전반을 여러 개의 의제로 구분하여 운영하기 때문에 의제의 포괄성 · 경직성과 그 절차의 번잡성 등으로 인하여, 예견하지 못한 중요한 현안문제나 사건이 발생하였을 때 국회차원에서 적절한 대응을 하기 위한 실질적인 제도로 활용하기에는 한계가 있었다. 이에 따라 국회가 국정현안문제에 대하여 국민의 의사를 적시에 수렴, 반영할 수 있도록 하기 위하여 현행 대정부질문제도를 보완하는 방안의 하나로 제14대 국회의 국회법 개정(1994. 6. 28)에서 긴급현안질문 제도를 도입하였다.

긴급현안질문제도는 20인 이상의 의원이 찬성하는 경우 회기 중 현안이 되고 있는 사항을 대상으로 정부에 대하여 질문할 수 있는 제도이다. 긴급현안질문을 요구하는 의원은 그 이유와 질문요지 및 출석을 요구하는 국무총리 또는 국무위원을 기재한 질문요구서를 본회의 개의 24시간 전까지 의장에게 제출하도록 되어 있다(국회법 제122조의 3). 의장은 질문요구서가 접수된 때에는 실시 여부와 의사일정을 국회운영위원회와 협의하여 정한다. 의장은 필요한 경우 본회의에서 실시 여부를 표결에 부쳐 정할 수 있다.

긴급현안질문시간은 총 120분이며, 의장이 교섭단체 대표의원과 협의하여 시간을 연장할 수 있다. 긴급현안질문 시 각 의원의 질문시간은 10분을 초과할 수 없으며, 보충 질문시간은 5분을 초과할 수 없다.

3. 서면질문

의원이 개회 중에 행하는 구두질문(대정부질문, 긴급현안질문) 이외에도 구두질문에서 누락되거나 미흡한 부분이 있거나 또는 폐회 중 정부시책 등에 관하여 정부의 소견을 들을 수 있도록 '서면질문'을 규정함으로써 국회의 대정부 비판 내지 감시권을 충실화하고 있다. 서면질문의 대상은 모든 국가기관을 그 대상으로 한다.

의원이 정부에 서면으로 질문을 하고자 할 때에는 질문서를 의장에게 제출하며, 의장은 질문서가 제출된 때에는 지체 없이 이를 정부에 이송한다. 정부는 질문서를 받은 날로부터 10일 이내에 서면으로 답변하여야 하며, 그 기간 내에 답변하지 못할 때에는 그 이유와 답변할 수 있는 기한을 국회에 통지하여야 한다. 정부는 서면질문에 대하여 답변할 때 국회회의록(속기록)에 게재할 답변서와 기타 답변관계자료를 구분하여 국회에 제출하여야 한다 (1994. 6. 28 신설).

> 국회법(2006. 2. 21) 제109조(의결정족수) 의사는 헌법 또는 이 법에 특별한 규정이 없는 한 재적의원 과반수의 출석과 출석의원 과반수의 찬성으로 의결한다.
>
> 제110조(표결의 선포) ① 표결할 때에는 의장이 표결할 안건의 제목을 의장석에서 선포하여야 한다. ② 의장이 표결을 선포한 때에는 누구든지 그 안건에 관하여 발언할 수 없다.
>
> 제111조(표결의 참가와 의사변경의 금지) ① 표결을 할 때에는 회의장에 있지 아니한 의원은 표결에 참가할 수 없다. 그러나 기명·무기명투표에 의하여 표결할 때에는 투표함이 폐쇄될 때까지 표결에 참가할 수 있다. ② 의원은 표결에 있어서 표시한 의사를 변경할 수 없다.

1. 표결

본회의에서 토론이 종결되면 바로 표결에 들어가는데, 표결이란 안건에 대한 회의체의 의사를 결정하는 방법으로서 의장의 표결선포에 따라 각 의원이 의제에 대하여 찬성과 반대의 의사를 표명한 후 그 수를 집계하는 것을 말한다.

2. 표결방법의 종류와 순서

1) 종류

본회의에서의 표결방법으로는 이의유무, 전자투표, 기립표결, 기명투표, 호명투표, 무기명투표가 있으며 일반적으로 이의유무 외의 표결방법으로 전자투표에 의한 기록표결을 원칙으로 한다(국회법 제112조).

중요한 안건으로서 의장의 제의 또는 의원의 동의로 본회의의 의결이 있거나 재적의원 5분의 1 이상의 요구가 있을 때에는 기명, 호명 또는 무기명투표로 표결한다.

헌법개정안은 기명투표로 하며 대통령으로부터 환부된 법률안, 인사에 관한 안건, 국무총리와 국무위원의 해임건의안은 무기명투표로 한다. 그리고 국회에서 실시하는 각종 선거는 법률에 특별한 규정이 없는 한 무기명투표로 한다.

2) 순서

투표순서는 의사국장의 호명에 따라 행하게 되며, 앞줄 좌측에서부터 중앙통로를 중심으로 일렬씩 교대로 호명한다. 투표가 종료되면 의장이 투표의 종료와 개표를 선언하며, 순서에 따라 투표결과의 집계 및 선포가 이루어진다.

표결은 그 기관의 의사를 최종적으로 결정하는 절차이다. 의회는 보통 의결을 요하는 안건을 다룰 때 토론이 종료되면 의장 또는 위원장의 표결선포에 따라 의원 개개인의 찬성 또는 반대의견을 묻는다. 이때 각 의원의 찬반의사표시 행위를 표결이라고 한다. 의장이 결과를 집계하여 그 결과를 공표하게 되면 이것이 곧 국회의 최종 의사로 확정된다.

이러한 의미에서 표결의 전 단계인 토론이 소수자 보호를 위한 절차적 성격을 갖는다면 표결은 다수결 원칙이 확인되는 절차적 의미를 갖는다고 볼 수 있다. 따라서 의회 표결의 공정성과 토론의 민주성은 다수결에 의하여 결정되는 의회의 기관적 의사가 곧 국민 전체를 기속하는 의사로 의제하는 민주적 원리를 담보하는 전제가 된다고 할 수 있다.

3. 표결방법의 구분

1) 기록표결과 비기록표결

찬성 또는 반대한 의원 이름을 회의록에 게재하느냐 하지 않느냐에 따른 구분이다. 기록표결제도는 찬성 또는 반대한 개개 의원의 성명이 회의록에 수록되어 공개되는 제도인 데 반하여 비기록표결은 찬반의원의 수만이 회의록에 기재되는 것이다.

표결방법 중 영국의회에서 발달한 분열표결(division), 미국의회에서 과거 흔히 볼 수 있었던 호명투표, 최근에 미국 등의 의회에서 도입된 전자투표 등은 기록표결을 위하여 고안된 투표방법이다.

기록표결제도는 의회의 대국민적 신뢰와 의원의 선거구민에 대한 책임성을 제고시키고 의원 상호 간이나 정당 간의 담합여지를 줄임으로써 의회의 투명성을 높이는 장점이 있다. 반면에 표결에 많은 시간을 소비함으로써 능률적인 회의운영을 저해할 수 있다는 단점이 있으며 비기록표결은 이에 상반되는 장단점을 가진다.

한국국회의 경우 제헌국회 이후 본회의 의결이 있는 경우 기명투표를 실시할 수 있었다. 특히 1960년 9월 26일 국회법 개정 이후에는 헌법개정안에 한하여 기명투표를 할 수 있었으나 국회법의 회의록 조항의 미비로 찬반의원 이름이 회의록에 게재되지는 않았다. 1994년 대폭적인 국회제도개혁작업의 일환으로 같은 해 6월 28일 국회법 개정에서 전자표결제와 호명표결제를 도입하는 동시에 의회록조항도 보완하여 찬반의원 이름을 회의록에 게재하도록 하였다.

4. 표결방법의 종류

표결방법의 종류는 다음과 같은 여섯 가지가 있다.

1) 이의유무 확인

출석의원 중 반대자가 없을 것으로 예상되거나 여야합의가 이루어졌을 때 이용되는 방법이다. 사회자인 의장이 본회의장에 모여 있는 출석의원들에게 "이 안건에 대하여 이의가 없습니까?"라고 물어보고 의석에서 "없습니다."라는 응답이 있으면 가결을 선포하는 방법이다. 이 표결방법은 목소리표결 방법과 같이 표결과정의 맨 처음 단계에서 사용되는 가장 간단한 표결방법이기 때문에 이러한 방법으로 가부를 결정할 수 없을 때, 즉 한 명의 의원이라도 이의가 있거나 반대발언 또는 수정안 제안이 있을 때에는 거수, 기립, 호명, 전자투표 등 다른 방법으로 표결한다.

2) 기립표결

찬성과 반대를 기립으로 표시하는 방법으로서 보통 찬성인 경우에 기립한다. 찬성 또는 반대의원을 기립토록 하여 그 수를 계산하는 방법으로 거수표결과 비슷하나 더 정확하다는 장점이 있다. 이 방법은 의제가 된 안건에 대하여 가(可)하다고 하는 의원을 기립하게 하여 그 수를 집계한 다음, 부(否)하다고 하는 의원을 기립하게 하여 그 수를 집계한 후 가부의 결과를 선포하는 방법이다. 투표기기 혹은 전자표결기의 고장 등 특별한 사정이 있을 때 주로 택하는 방법이다.

3) 호명표결

의원의 성명을 호명하면 해당 의원이 찬성, 반대, 기권 등으로 답을 하고 이를 기록하여 계산하는 방법이다. 표결결과는 게시판 및 회의록에 의원의 이름과 해당 의원의 가부의사가 기록된다. 이 방법은 호명하는 데 시간이 많이 소요되므로 소규모 회의에 적합하다. 종래 호명표결(roll-call vote)이 정착되었던 미국의회 등에서는 이러한 단점 때문에 근래에는 전자투표장치를 도입하고 있다.

이 방법은 전자투표와 더불어 의원의 국민에 대한 책임성을 제고하기 위하여 제14대 국회의 국회법 개정(1994. 6. 28) 시 도입되었으나 실시된 적은 없다.

4) 전자투표

전자투표는 의석에 설치된 전자투표장치를 통하여 의원이 찬성과 반대의 사표시를 하면 그 표결결과가 전광판에 표시되는 기록표결 방법이다. 이의 유무 표결 시 이의가 있을 때 실시한다. 의장이 전자표결의 실시를 선언하면 의원은 각 의석에 설치된 전자투표장치의 재석단추를 먼저 누르고, 그 다음에 찬성 또는 반대의 단추를 누른다. 표결의 종료가 선포되기 전에는 취소단추를 눌러 의사표시를 변경할 수 있다. 표결의 종료가 선포되면 회의장 전면의 전광판에 표결결과가 표시되며 의장이 표결결과를 선포한다. 이 방법은 의원별 표결내용이 회의장 벽면이나 전광판에 즉시 나타나 그 결과를 신속히 알 수 있기 때문에 신속성, 정확성, 시간절약, 분쟁소지의 방지 등과 같은 장점이 있다.

제9대 국회 기간 중인 1977년 12월 31일 개정공포된 국회법에서 표결방법의 하나로서 전자투표기를 사용할 수 있도록 하였고, 이때 본회의장에 전자투표기가 설치되었다. 제14대 국회 기간 중인 1994년 제28차 국회법 개정(1994. 6. 28) 시 표결방법의 하나로서 전자투표제가 재도입되었으며 이 규정에 따라 본회의장에 전자표결기가 설치되었다. 그러나 실제로 이 전자표결기가 최초로 사용된 것은 1999년 3월 9일 제15대 국회 제201회 국회 제5차 본회의에서 '약사법중개정법률안'에 대한 표결에서였다. 그 후 제23차 국회법 개정(2000. 2. 16)에서는 전자투표에 의한 기록표결을 일반적인 표결 방법으로 규정하였다. 전자투표는 제15대 국회 기간 중 모두 9회에 걸쳐 표결에 활용되었다.

5) 기명 · 무기명투표

투표용지를 이용하는 방법은 기명과 무기명투표의 두 가지가 있다. 투표용지를 배부 받은 각 의원은 기표소에서 투표용지에 찬성 또는 반대의 의사표시를 하며, 의장 · 부의장 · 위원장 등의 선거에서는 그 성명을 기재하여 투표함에 투입토록 한 후 투표가 종료된 후 이를 개봉, 계산하는 방식이다. 기명투표인 경우, 각 의원은 투표용지에 안건에 대한 가부표시와 자신의 성명을 기재한다.[13] 무기명투표는 안건이 선거와 선출인 경우, 기표소에서 선출하고자 하는 사람의 이름을 투표용지에 기재한다. 그러나 기타의 표결일 경우에는 투표용지에, 안건에 찬성하는 경우에는 한글 또는 한자로 가(可), 반대하는 경우에는 부(否)라고 기재한다.

무기명투표인 경우, 투표용지에 각 의원이 기재할 난이 인쇄되어 배부되지만 기명 투표인 경우에는 각 의원의 성명이 미리 색인된다. 이 투표방식은 주로 국회에서의 선거나 임명동의와 같이 인사안건을 처리하는 데 사용된다.[14]

기명 · 무기명투표는 의장이 먼저 감표위원 약간 명을 지명하며 감표위원으로 하여금 명패 및 투표용지 교부서와 기표소 그리고 명패함 및 투표함을 확인하고 투표와 개표과정을 감시한다. 투표는 회의의 원활한 진행을 위하여 본회의장의 중앙통로를 중심으로 의장석을 향하여 좌우 양쪽으로 나누어 실시한다. 중앙통로 우측에 위치한 의원은 우측에 설치된 명패와 투표용지의 교부처에서 이를 교부 받아 우측에 설치된 기표소에서 기표하며 명패 및 투표용지의 투입도 우측에 설치된 곳을 이용하게 된다. 중앙통로를 중심으로 좌측에 위치한 의원은 우측에서와 마찬가지로 좌측에서 투표한다.

---

13) 제6대 국회까지는 투표용지의 기재란을 가부로 구분하여 가(可)하겠다고 하는 의원은 '부'(否)를 '×'로써 말소하고, 반대로 부(否)하겠다는 의원은 '가'(可)를 '×'로 말소하는 방법으로 의사를 표시하였다. 국회사무처, 『국회법 해설』(2000), 374쪽.

14) 인사에 관한 안건, 대통령환부법률안 재의, 각종 선거 등.

6) 거수표결

　의석에 앉은 의원이 오른쪽 손을 들어 자신의 의사를 표명하는 방법이다. 본회의장에서는 의원의 수가 많고 회의장이 넓어 집계상 정확을 기하기 어렵기 때문에 표결방법으로 인정되지 않는다. 다만, 위원회에서는 거수표결이 가능하다(국회법 제71조, 제112조).

5. 표결의 절차

　표결을 하는 경우 다음과 같은 절차를 밟는다.

1) 정족수 확인

　투표는 회의에서 행하게 되므로 의결정족수가 필요하다. 투표함을 폐쇄할 때까지 투표할 수 있으므로 투표 전에 재석의원 수를 계산하여 정족수요건을 충족시키는지를 확인하고 투표결과 전체 투표의원 수가 의결정족수에 달하면 된다.
　본 회의는 재적의원 5분의 1이상의 출석으로 개의한다(의사 정족수).

2) 표결선포

　의장은 표결할 안건의 제목과 동 안건을 국회법에 따라 기명 또는 무기명 투표로 한다는 것을 선포한다.

3) 감표위원 지명

　'감표위원'은 투표가 공정하게 행하여지는가를 감시한다. 의장은 각 교섭단체의 의식비율을 고려하여 투표용지 배부소, 기표소 및 투표소에 6~8인을 지명하여 배치한다.

4) 투표함과 명패함 검사

감표위원은 '투표함'과 '명패함'이 비어 있는지를 투표실시 전에 검사하고 투표 및 개표상황을 점검한다. 이때 투표수보다 명패 수가 많은 경우 차이가 나는 명패의 수는 기권처리한다. 명패의 수보다 투표수가 많은 경우에는 무효로 처리하여 재투표함을 원칙으로 한다.

5) 투표

투표에 들어가기 전에 의사국장이 투표방법을 설명한다. 설명이 끝나면 중앙통로를 중심으로 좌우교대로 앞 의석부터 호명받은 의원이 투표용지 배부소에서 투표용지와 명패를 받아 기표소에서 기표를 한다. 그 다음 발언대 앞에 설치된 투표소에 가서 먼저 명패를 명패함에 넣은 뒤 투표용지를 투표함에 넣고 의석으로 돌아간다. 감표위원들은 마지막으로 투표한다.

6) 투표종료 선포

투표가 끝났을 때에는 의장은 투표함을 폐쇄할 것을 선포하는데, 투표함이 폐쇄된 다음에는 누구도 투표할 수 없다.

7) 개표의 선포

의장은 투표가 종료되면 '개표'할 것을 선포한다.

8) 명패 수와 투표수의 점검

의장은 먼저 명패함을 열고 명패 수를 계산할 것을 선포한다. 국회직원은 감표위원의 참여하에 명패 수를 계산하여 의장에게 보고하고 의장은 그 수를 회의에 보고한다. 그 다음에 투표함을 열고 투표수를 계산하여 명패 수와 투표수가 일치하는지를 확인한다.

9) 투표결과 선포

득표의 계산이 끝나면 의장은 그 결과를 보고하고 의견 또는 당선자를 선포한다.

10) 국무위원 등 해임건의안에 대한 표결

국무총리 또는 국무위원의 해임건의안과 탄핵소추안에 대한 표결은 본회의에 보고한 때부터 표결시간을 기산하여 24시간 이후 72시간 이내에 무기명투표로 표결한다. 이 기간 내에 표결하지 아니한 때에는 그 안건은 폐기된다.

6. 교섭단체 대표연설제도

1) 교섭단체 대표연설제도의 의의

교섭단체 대표연설은 통상 회기 초에 정부 측으로부터 시정연설 또는 국정보고를 듣고 의원들이 대정부질문에 들어가기 전에 각 교섭단체의 대표자격을 가진 의원이 소속교섭단체를 대표하여 본회의에서 행하는 발언의 한 종류로서 역대 국회에서 교섭단체 대표질문, 교섭단체 대표질의, 교섭단체 대표연설 등의 형태로 행하여져 왔다. 교섭단체 대표연설은 소속정당의 정상정책에 입각한 기본입장을 밝힘으로써 국정에 대한 교섭단체별 소견과 정책방향을 제시한다.

이러한 교섭단체 대표연설제도의 취지는 현대국가에 있어 정당정치의 추세를 의정에 반영하고 교섭단체 대표에게 국민의 대변자로서 국정전반에 대하여 소견을 피력할 기회를 부여하는 데 있다.

'교섭단체 대표연설'이라는 의제를 정하여 각 교섭단체를 대표하는 의원 1인이 발언하는 관례는 제6대 국회부터 시작되었으나 국회법에서 이를 제도적으로 도입, 정착시킨 것은 제11대 국회부터이다. 제6대 국회 초에는 '대통령연두교서에 대한 각 교섭단체별 대표의 질문'이라는 별개의 의제와 의사일정으로 발전하였으며 발언의 순서, 발언의 시간 등에서 일반의원의 질문과는 구분되는 형태로 운영되었다.

2) 교섭단체 대표연설의 절차

교섭단체 대표연설의 형태로 의제를 정하여 각 교섭단체를 대표하는 의원 1인이 발언하는 관례는 제6대 국회부터 시작되었다. 그러나 제11대 국회인 1981년 1월 29일 개정국회법에서 "교섭단체를 가진 정당을 대표하는 의원이나 교섭단체의 대표의원이 정당 또는 교섭단체를 대표하여 발언할 때에는 40분까지 허가"할 수 있다는 발언원칙 규정을 새로 도입하기까지는 아무런 명문규정이 없었으며 그 이후에도 이를 위한 별도의 절차규정이 설정된 바가 없다. 따라서 교섭단체 대표연설제도는 국회법상으로는 원내발언의 한 형태일 뿐 별도의 의사절차를 갖춘 것은 아니며 관례적으로 운영되고 있는 하나의 독립된 의사절차이다.

교섭단체 대표연설에 관해서는 국회법에서 따로 그 절차를 규정하지 않았으므로 통상적인 의사일정 결정방식의 예에 따라 운영되었다. 즉 의장이 각 교섭단체 대표의원과 협의하여 의제와 실시일정 및 연설순서 등을 결정한다.

교섭단체 대표연설에서도 대정부질문의 예에 따라 국무총리와 국무위원 등이 출석하는 것이 관례가 되어 왔으나 제14대 국회부터는 본회의 의결로 출석을 요구하고 있다.

〈자료 8-1〉 국회해산 결의안 제출 및 처리결과

국회	회별	건명	제안자	처리일	처리결과	비고
제2대	12	국회자율적 해산에 관한 결의안	이갑성 의원 외 61인 (1952. 6. 29)	1952. 6. 30	회기불계속 폐기	
제4대	35	시국수습에 관한 결의안 (개헌안 가결 후 국회 해산)	이철승 의원 외 15인 (1960. 4. 26)	1960. 4. 26	가결	
제6대	60	국회의원 총사직과 선거에 의한 새 국회구성에 관한 결의안	조재천 의원 외 37인 (1965. 8. 6)	1967. 3. 10	임기만료 폐기	운영
제6대	60	국회자진해산에 관한 결의안	진성하 의원 외 10인 (1966. 9. 23)	1967. 3. 10	임기만료 폐기	법사
제13대	148	의원총사퇴결의안	김영배 의원, 조세형 의원, 신순범 의원 외 68인 (1990. 3. 9)	1991. 5. 29	임기만료 폐기	운영

제9장 국정감사 · 국정조사

제1절 국정감사 · 국정조사의 의의와 기능

1. 의의

국정감사권과 국정조사권은 헌법이 국회에 부여한 기능인 입법권, 재정에 관한 권한(예산심의 및 확정), 국정통제권 등을 유효적절하게 행사하기 위하여 감사 또는 특정사안에 관한 조사를 할 수 있는 권한이다.[1]

이러한 권한을 갖는 국정감사와 국정조사는 국회가 국정을 감시, 비판하고 입법활동과 예산심의를 위하여 필요한 정보 및 자료를 획득하여 행정부의 정책설정이나 정책집행에서 나타날 수 있는 잘못된 부분을 찾아내고 이를 시정하게 하는 데 그 의의가 있다.[2]

국회의 활동은 공개를 원칙으로 하고 있기 때문에 이러한 감사 · 조사활동은 정부정책과 집행내용 그리고 잘못된 부분들을 국민 앞에 알리는 계기가 되기도 한다.

2. 국정감사 · 국정조사의 기능과 구분

국정감사와 국정조사는 내각책임제국가보다는 대통령중심제국가에서 더

---

1) 국회사무처, 『국회법 해설』(2000), 425~426쪽.

2) 국정조사제도는, 의회의 시원이라 할 수 있는 영국에서 기원한다. 1689년 아일랜드전쟁의 실패원인을 조사하기 위하여 의회 내에 특별위원회를 구성하였다. 이 제도는 그 후 미국에 전수되어 건국 초기부터 헌법에 명문규정 없이 의회 고유권한으로 인정되었다. 유럽에서는 프랑스에서 뒤늦게 도입하였다. 즉 1784년 나폴레옹의 패전과 왕정복고로 영국식 의회제도를 도입하면서 1830년 7월 혁명 이래 헌법규정 없이 의회의 당연한 권한으로 인정하였다.

중요한 기능을 발휘한다. 내각책임제국가에서는 비리사실이 드러나면 내각 불신임에 의하여 내각이 총사퇴하거나 하여 정치적 책임을 묻게 되지만 임기가 보장된 대통령중심제국가에서는 행정부의 부정이나 정책집행상의 오류를 제어할 마땅한 장치가 없기 때문이다.

국정감사·국정조사의 기능은 소극적인 것과 적극적인 것으로 나누어 볼 수 있다. 소극적 기능은 국가기관의 직권남용이나 정책시행상의 비리, 비행 등을 조사하고 적발하는 것으로 이는 사후적이며 일과성을 띠고 있다. 적극적 기능은 국정의 실태를 정확히 파악하여 새로운 입법, 예산심의 등의 자료를 얻고 나아가 어떤 사안에 관하여 여론의 환기를 꾀하는 것이다.[3]

국정감사·국정조사를 통한 성과가 입법과정과 예산심의 등에 반영된다고 볼 때 적극적 기능이 보다 강조되어야 할 것이다. 국정감사·국정조사는 이러한 기능 외에도 국민에게 국정에 관한 '알 권리'를 충족시켜 주는 중요한 기능을 하고 있다. 그러나 실제로는 문제를 파헤쳐도 핵심에 접근하지 못하거나 정치적인 이유 때문에 핵심을 피해가기도 한다.

국정감사와 국정조사의 구분은 "국회가 입법, 재정, 국정통제에 관한 권한 등을 유효적절하게 행사하기 위하여 국정전반에 대하여 감사하는 것이 국정 감사이고, 특정한 국정사안에 대하여 조사하는 것이 국정조사"이다.[4] 이를 보다 구체적으로 살펴보면 다음과 같은 차이점이 있다.

일반적으로 '감사'는 어떤 사항을 조사하는 경우에 감독적 입장에서 특정 사안이 아닌 전반적 사항에 대하여 실시하며, 위법 또는 부당한 사실이 발견되었을 경우에는 이에 대한 시정지시가 따른다. '조사'는 반드시 감독적 입장에서 하기보다는 대개 특정사항을 지정하여 행한다. 조사결과 위법이나 부당한 사실이 발견되었다고 하더라도 바로 시정지시를 하는 것이 아니고 이에 대한 의견을 발표하여 그 시정을 건의하는 과정이며 당해 사안에 관하여 정확한 지식을 획득하는 데 그 목적이 있다.

---

3) 권영성, 『신헌법요론』(서울: 형설출판사, 1989), 380쪽.
4) 국회운영위원회, 『의회대사전』(1992), 198쪽, 219쪽.

3. 국정감사 · 국정조사의 연혁과 법적 근거

제정헌법(1948. 7. 17) 제43조 "국회는 국정을 감사하기 위하여 필요한 서류를 제출하게 하며 증인의 출석과 증언 또는 의견의 진술을 요구할 수 있다."는 규정에 근거하여 '국정감사법'이 1953년 2월 4일, '국회에서의 증언 · 감정 등에 법률'이 1954년 9월 23일 각각 제정되었다.

국정감사법(1953. 2. 4 공포, 1973. 2. 7 폐지)을 보면 제2조 제1항에 "감사는 일반감사와 특별감사의 2종으로 한다.", 제2항에는 "일반감사는 국정 전반에 긍하여 의원 전원으로 반을 나누어서 동일한 기간에 시행한다.", 제3항에는 "특별감사는 국정의 특별한 부문에 한하여 국회법 규정의 특별위원회로 하여금 시행하게 한다."고 되어 있다.

1972년 12월 제4공화국 헌법에서는 '국정감사권' 조항이 삭제되었고, '국정감사법'과 '국회에서의 증언 · 감정 등에 관한 법률'도 폐지되었다. 그러나 국회가 특정 중요사안에 대해서 조사할 수 있는 권한은 헌법상의 명문규정 유무에 관계없이 국회의 보조적 권한으로서 인정되어야 한다는 관련학계의 요구에 따라 1975년 국회법(제121조)을 개정한 데 이어 '국회에서의 증언 · 감정 등에 관한 법률'은 다시 제정하였다. 그 후 제5공화국 헌법(제97조)에서 국회의 특정 사안에 관한 국정조사권을 명문화하였다. 이에 따라 국회는 특정 사안에 관하여 조사할 수 있게 되었으며 이와 관련된 서류의 제출, 증인의 출석과 증언, 의견의 진술을 요구할 수 있게 되었다. 국정감사권은 제6공화국 헌법(1987.10.29)에서 부활하여 명문화되었다(제61조).

1. 국정감사관계법 연혁

국정감사는 국정조사의 한 변형으로서 한국에만 있는 특수한 제도로 이해되고 있다. 제헌국회부터 제5대 국회까지의 시기(자유당~민주당정부)는 국정감사·국정조사 활동이 매우 활발하게 이루어졌던 기간이었다. 그러나 제6대 국회부터 제8대 국회 기간은 감사·조사 활동의 제한시기, 제9대 국회와 제10대 국회의 유신시기는 감사·조사 활동의 부재시기, 제11대 국회와 제12대 국회 기간은 특히 국정조사 활동의 행사부재시기, 제13대 국회부터 제15대 국회까지는 감사·조사 활동의 재가동시기로 분류된다.[5]

〈표 9-1〉 국정감사제도의 변천

국 회	국정감사		
	헌 법	국회법	국정감사·조사법
제헌	근거조항신설(1948. 7. 17)	-	-
제2대	-	-	국정감사법 제정(1953. 2. 4)
제8대	근거조항폐지(1972. 12. 27)	-	국정감사법 폐지(1973. 2. 7)
제9대	-	-	-
제12대	근거조항부활(1987. 10. 29)	-	-
제13대	-	구체적인 절차는 '국정감사 및 조사에 관한 법률'에 위임(1955. 6. 15)	국정감사 및 조사에 관한 법률 제정(1988. 8. 5)
제14대	-	국정감사·국정조사를 위한 보고, 서류제출 요구 및 증인, 감정인, 참고인 축석요구 등에 관한 규정, 구체적인 절차는 '국정감사 및 조사에 관한 법률'에 위임(1994. 6. 28)	

* 국정감사의 정확한 증거수집을 위하여 1954년 9월 23일 '국회에서의 증언·감정 등에 관한 법률'이 제정되었다. 1973년 2월 7일 국정감사법이 폐지됨에 따라 이 법도 폐지되었고, 1987년 헌법 개정 시 국정감사제도가 부활되면서 1988년 8월 5일 전문개정되었다.

---

5) 안병옥, 『국정감사·조사제도』, ≪국회보≫ 제359호(1996. 9), 65~78쪽.

1) 제헌국회～제4대 국회

국정감사에 대해서는 건국 초부터 헌법에 명문으로 근거규정을 두고 시행하여 왔다. 1948년 7월 17일 공포된 제정헌법은 제43조에 "국회는 국정을 감사하기 위하여 필요한 서류를 제출케 하며 증인의 출석과 증언 또는 의견의 진술을 요구할 수 있다."고 규정하였다.

그러나 1948년에 국회법을 제정하면서 의원의 파견, 정부에 대한 보고 또는 기록의 제출요구, 증인의 출석요구조항을 두면서도 정작 필요한 조사의 대상이나 조사의 주체(위원회)에 관하여는 아무런 언급도 하지 않았다. 결과적으로 국회의 결의로써 사건조사를 하거나 조사반을 구성하여 감사를 하는 등 사실상 조사와 감사의 명확한 구분 없이 운영하였다.

따라서 이 시기의 국정감사·국정조사 활동은 세부적인 절차가 없었을 뿐만 아니라 충분한 선례도 정립되어 있지 않았기 때문에 감사·조사의 주체인 국회는 실시방법에서 실효성을 결여하였고 피감사기관인 정부기관도 수감태세가 갖추어져 있지 않았다. 일부 행정관청(검찰)에서는 사법권의 침해 등을 이유로 내세워 감사를 회피하거나 서류제출을 거부하는 사례도 있었다.

국정감사는 제2대 국회 중반까지 상기 헌법규정에 의거하여 실시하였고, 국정조사는 국회법 규정에 의하여 실시하다가 미비점을 보완하기 위하여 헌법이 제정된 지 4년 7개월 뒤 1953년 2월 4일 국정감사법을,[6] 1954년 9월 23일 '국회에서의 증언·감정 등에 관한 법률'을 각각 공포하였다. 이 두 가지 법률이 제정된 것은 당시 행정부가 국회법상에 규정되어 있는 보고, 서류제출 의무조항을 가볍게 보아 이를 이행하지 않았거나 이행한다 하더라도 무성의하였기 때문인 것으로 판단된다.

그 과정을 보면 국정감사법안(대안)은 1952년 11월 7일 법제사법위원장이 제안하였으며, 1953년 1월 19일 국회 본회의에서 원안가결되었고, 2월 4일 공포되었다. 이 법의 제안 이유와 주요 골자는 <표 9-2>와 같다.[7]

---

6) 1972년 12월 27일 공포된 제4공화국 헌법(유신헌법)에서는 국정감사에 관한 규정이 삭제되었다. 이에 따라 1973년 2월 7일 국정감사법이 폐지되었다.

7) 본문은 〈자료 9-1〉에 제시되어 있다.

<표 9-2> 국정감사법

법률안건명	제안일자	본회의 의결일	공포일자
	제안자	처리결과	
국정감사법	1952. 11. 7 법제사법위원장	1953. 1. 19 원안가결	1953. 2. 4

제안 이유: 국정감사권을 발동할 수 있는 국회가 감사법이 제정되지 않아 감사의 강행, 피감사기관의 수검거부 등 상호 의견 차이로 인한 논쟁 등을 감안하여 김정실 의원 외 22인이 제출한 법안을 폐기하고 감사의 이관, 감사상의 주의, 보고, 징계사유 등 명문으로 규정하기 위하여. 또 국회에서 국가의 전반적인 국정사항을 확인·파악하고 정부 또는 공무원의 부정·비위 및 직권남용사안을 조사하는 데 필요한 절차와 내용을 정하기 위함이다.

주요 골자: ① 감사는 일반감사와 특별감사의 2종으로 하되 일반감사는 국정전반에 걸쳐 의원 전원을 반으로 나누어 동일 기간에 시행하게 하고, 특별감사는 특별한 부분에 한하여 특별위원회로 하여금 시행하게 한다. ② 감사는 국회의 승인 없이 시행할 수 없게 한다. ③ 국회는 감사를 계속할 필요가 없다고 인정할 시에는 시행 중의 감사를 정지시킬 수 있게 한다. ④ 의원이 감사를 할 때에는 사무보조자를 사용할 수 있게 한다. ⑤ 감사는 의원 2인 이상으로 구성된 위원회 또는 반에 의하여 행하도록 한다. ⑥ 의원은 이해관계가 있거나 기타 공정을 기할 수 없는 사안에 대하여는 감사를 할 수 없게 한다. ⑦ 감사 시 피감사기관의 기능과 활동을 저해하거나 국정상의 기밀을 누설하는 일이 없도록 하게 하며 의원 또는 보조자는 감사로 인하여 지득한 비밀을 누설하지 못하게 할 뿐 아니라 피감사기관에 소속하는 공무원으로부터 항응 기타 이익의 제공도 받을 수 없게 한다. ⑧ 감사를 완료한 의원은 지체 없이 그 결과를 서면으로 국회에 보고하여야 하며 폐회 중에는 의장에게 보고할 수 있게 한다. ⑨ 피감사기관 또는 기타 관계기관은 국정감사에 관하여 요구하는 서류를 제출하여야 하며 질문에 진실한 진술을 하도록 한다.

국정감사법은 본문 15개조로 구성되어 있으며 일반국정감사와 특별국정감사로 나뉘었다. 일반국정감사는 "국정전반에 긍하여 의원 전원으로 반을 나누어 동일한 기간에 시행"하고, 특별국정감사는 "국정의 특별한 부문에 한하여 특별위원회로 하여금 시행"토록 하고(제2조), 감사를 시행하기 위하여 국회의 승인(본회의 의결)을 받도록 하였으며(제3조), 2인 이상으로 감사위원회나 감사반을 구성하여 시행토록 하였다(제7조). 또한 감사가 완료되면 지체 없이 그 결과를 서면으로 보고토록 하였고(제10조), 국회가 감사결과를 정부에 이송한 때에는 정부는 지체 없이 이에 대한 상세한 회답을 국회에 하도록 하였다(제13조). 정부의 감사에 대한 수감태도와 관련한 사항으로 피감 국가기관의 협조의무(제12조)와 서류제출 및 의원질문에 대한 진술의무를 규정하였으며 이 밖에 이해관계 의원의 감사회피(제8조)와 감사상의 주의사항으로서 국가기관의 기능과 활동을 저해하거나 국정상의 기밀을 누설하지 않도록 하였다(제9조).

한편 '국회에서의 증언·감정 등에 관한 법률'(1954. 9. 23)은 전문10조와 부칙으로 구성되었다. 이 법의 제정목적은 국회에서 의안 기타 사안의 심사나 조사 국정에 관한 정확한 증거를 수집함에 있음을 명시하고(제1조), 국회가 증인으로 채택한 여하한 사람이나 국가기관도 서류제출이나 감정요구가 있으면 이에 응하여야 하며(제2조), 증인에 대해서는 증인선서를 의무화하였다(제4조, 제5조).

이 법에 의하여 선서한 증인 또는 감정인이 허위의 진술이나 감정을 한 때에는 1년 이상 10년 이하의 징역에 처하도록 하였고, 다만 이러한 죄를 범한 자가 심사 또는 조사 종료 전, 범죄가 발각되기 전에 자백한 때에는 그 형을 경감 또는 면제할 수 있도록 하였다(제8조). 또 정당한 이유 없이 증인이 출석하지 않거나 요구된 서류를 제출하지 아니한 때, 출석한 증인이나 감정인이 선서 또는 증인이나 감정을 거부할 때에는 1년 이상 10년 이하의 금고에 처하도록 하였다(제9조).

2) 제5대 국회

4·19혁명 후 제2공화국의 제5대 국회 때 국정감사, 국정조사가 비록 짧은 기간 동안 시행되었으나 국회법상 두 가지 측면에서 개정이 있었음이 지적되었다.[8]

첫째, 당시 국회법 제36조(상임위원회의 직무) 제3항에 "상임위원회는 회기 중 의원(議院)의 승인을 얻어 그 소관사항에 대한 국정감사를 할 수 있다."라는 규정을 둔 것이다. 이 규정이 가지는 의미의 중요성은 상임위원회도 국정감사의 주관자가 될 수 있다는 점에 있다. 당시 시행되고 있던 국정감사법 제2조에 의하면 일반국정감사는 의원 전원이, 특별국정감사는 특별위원회만이 주체가 될 수 있도록 규정함으로써 사실상 상임위원회는 배제되었다. 더욱이 일반국정감사의 경우, 감사반의 편성에서 통상 각 상임위원회를 한 단위로 반을 구성하여 실시한 예가 많았지만 이는 어디까지나 편의상 상임위원회를 감사반으로 활용한 데 지나지 않았다.

둘째, 국정조사 시 종래의 제정국회법(제73조)에서 국회가 보고 또는 기록

---

8) 정호영, 『국회법론』(서울: 법문사, 2000), 526～528쪽.

제출을 요구할 수 있는 대상을 '정부 기타의 기관'으로 하고 있던 것을 '국가 또는 지방자치 단체의 행정기관'으로 명시함으로써 지방자치단체에까지 그 범위를 확대한 것을 들 수 있다(제151조).

3) 제6대 국회~제8대 국회

5 · 16군사정변 후 제3공화국이 출범하면서 1962년 12월 26일 전면개정되어 공포된 헌법에는 국정감사의 한계와 관련하여 중요한 변화가 있었다. 제정헌법 제43조에 해당하는 국정감사의 근거조항(제57조)에 "재판과 진행 중인 범죄수사 · 소추에 간섭할 수 없다."라는 단서의 추가가 그것이다.[9]

제3공화국 헌법 제57조를 보면, "국회는 국정을 감사하며, 이에 필요한 서류의 제출, 증인의 출석과 증언, 의견의 진술을 요구할 수 있다. 다만, 재판과 진행 중인 범죄수사, 소추에 간섭할 수 없다."고 되어 있다.

사법부와 행정부 특히 검찰에 대한 국정감사, 국정조사의 한계와 관련하여 사법재판권과 준사법적인 검찰소추권에 대한 국정감사 · 국정조사 문제는 주요 외국에서 신중히 논의되고 있을 뿐만 아니라 한국에서도 논란의 대상이 되고 있음을 생각할 때 이 조항은 이러한 문제를 최초로 명문화했다는 점에서 중요한 의미를 갖는다.[10]

4) 제9대 국회~제10대 국회

1972년 단행된 10월유신으로 제헌국회 이래 24년간 실시되어 온 국회의 국정감사 · 국정조사가 중단되었다. 1972년 12월 27일 개정, 공포된 제4공화국 헌법에서 종래의 국정감사 근거조항(제57조)이 삭제되었고, 1973년 2월 7일 비상국무회의에서 전면 개정된 국회법에서도 종래 국정조사 시 정부 · 행정기관에 대하여 보고와 서류제출 요구를 안건의 심의와 직접 관련된 경우에만 가

---

9) 박종흡, 『국정감사와 국정조사제도』, 국회사무처, 『대한민국국회50년사』(1988), 1186~1193쪽.

10) 이 규정은 제4공화국 헌법(유신헌법)에서 국정감사제도를 폐지하면서 삭제되었다가 제5공화국 헌법의 국정조사조항(제97조)에서 부활되었으나 현행 제6공화국 헌법 개정 당시 다시 삭제되었다(제61조).

능하도록 하였고(제121조), 국정조사에 따른 증인의 출석요구권도 폐지하여 이 것 역시 안건심의 등에 한하여 증인이 아닌 참고인만을 출석요구할 수 있도록 개정하였다(제122조). 이렇게 헌법과 국회법의 관련규정이 삭제, 개정됨에 따라 국정감사법과 '국회에서의 증언, 감정 등에 관한 법률'도 폐지되었다.

당시 제4공화국 헌법(유신헌법)하에서 국정감사와 국정조사제도를 폐지한 명분으로는, 국정전반에 걸쳐 행한 이른바 일반국정감사는 외국에서도 그 예를 찾아볼 수 없는 이례적인 것이라는 점과 과거 국정감사 시행과정에서 폐단이 많았던 점이 거론되었다.

이와 같은 입법조치가 있은 후 야당과 사회일각에서는 국회의 기능을 대폭 약화시킨 처사라는 비난의 소리가 높았다. 특히 헌법이나 국회법에서 국정감사 또는 국정조사에 관한 근거규정이 없어졌다 하더라도 국정감사·국정조사는 국회의 고유권한이라는 점에서 그 행사의 옳고 그름 문제를 놓고 여야 간 논쟁을 거듭하였다.

법학계의 주장과 여론의 힘을 얻어 제9대 국회 기간 중인 1975년 7월 26일 제18차 국회법 개정을 통하여 전술한 제121조와 제122조를 손질하여 국정조사를 다시 법률상 명시하고 이를 위하여 정부에 보고와 서류제출은 물론 증인의 출석요구도 가능토록 환원하였다. 이로부터 4개월 후인 11월 29일, 폐지되었던 '국회에서의 증언·감정 등에 관한 법률'이 부활되었다.

5) 제11대 국회~제12대 국회

1979년 박정희대통령시해사건(10. 26) 이후 유신체제가 붕괴되고 1980년부터 활발히 전개된 헌법 개정논의와 함께 국정감사권 부활문제를 둘러싸고 또다시 찬반논쟁이 벌어졌다. 민주공화당, 신민당, 6인연구회 등이 내놓은 헌법개정안에는 국정감사가 행정부를 견제하는 가장 유효적절한 수단이라는 점을 들어 감사권의 부활을 주장한 반면 정부헌법연구반의 보고는 일반국정감사는 여느 선진국에서도 찾아볼 수 없는 제도이며, 국회의 행정부에 대한 감사나 입법심의 자료수집은 국정조사권만으로도 충분히 그 목적을 달성할 수 있기 때문에 국정감사의 부활보다는 국정조사를 효율적으로 시행하는 방안을 강구해야 한다는 입장을 보였다.

결국 1980년 10월 27일 개정, 공포된 제5공화국 헌법에서는 국정조사권만이 부활되어 제97조의 근거규정으로 "국회는 특정한 국정사안에 관하여 조사할 수 있으며, 그에 직접 관련된 서류의 제출, 증인의 출석과 증언, 의견의 진술을 요구할 수 있다."고 규정하면서 제3공화국 헌법(1962. 12. 26)에서 국정감사의 한계로서 명문화하였던 "재판과 진행 중인 범죄수사·소추에 간섭할 수 없다."는 단서조항도 다시 살렸다.

이와 함께 국회법 제127조 내지 제129조에서 국정조사에 관한 세부절차를 규정하였다. 이러한 국회법 조항은 대부분 과거 국정감사법의 내용을 사실상 그대로 가져온 것으로 이를 개략적으로 설명하면 다음과 같다.

국정조사는 그 대상을 국정에 관한 특정사안으로 한정하고 본회의 의결을 시행상의 조건으로 하고 있으며 발의는 의원 30인 이상이나 소관위원회의 서면발의에 의하도록 하고 있다(제120조). 조사를 주관하는 주체는 소관상임위원회, 특별위원회 또는 조사반으로 3원화하고(제121조), 조사방법으로는 증언·감정법에 의하여 집행되는 증언청취와 제출서류의 심사에 의하되 이러한 방법으로 소기의 목적달성이 어려울 때에는 현지출장조사를 허용하였다(제122조). 또한 정부·행정기관 기타에 대하여 보고 또는 서류제출을 요구할 수 있으며 정부는 이 경우 특별한 사유가 없는 한 이에 응하도록 하고(제123조), 증인, 감정인, 참고인의 출석도 요구할 수 있도록 하고 있다(제123조, 제124조). 조사가 완료되면 지체 없이 보고서를 의장에게 제출하고(제126조), 보고 내용 중 정부에서 처리함이 타당한 사항은 정부에 이송하며 이 경우 정부는 지체 없이 그 처리결과를 국회에 보고토록 하고 있다(제127조). 이 밖에 과거 국정감사법에서 정한 조사상의 주의의무를 그대로 규정하였다(제125조).

'국회에서의 증언·감정 등에 관한 법률'도 1981년 2월 10일 개정되었으나 그 내용은 국회법 개정에 따른 일부조항의 보완에 그쳤다.

6) 제13대 국회~제15대 국회

1987년 10월 29일 공포된 제6공화국 헌법에서는 대통령의 국회해산권과 비상조치권이 삭제된 반면 국회의 국정감사권이 부활되었고, 행정부는 국회를 해산할 수 없지만 국회는 내각불신임권과 탄핵소추권을 행사하게 되어 국회의 행정부 통제기능이 강화되었다.

국정감사제도는 1948년 제정헌법에서 처음으로 채택된 후 1972년 12월 27일 공포된 제4공화국 헌법(유신헌법)에서 폐지되기까지 24년간 시행되어 오다가 제6공화국 헌법에서 다시 채택됨으로써 16년 만에 부활되었다.

제6공화국 헌법 제61조에서 "국회는 국정을 감사하거나 특정한 국정사안에 대하여 조사할 수 있으며 이에 필요한 서류의 제출, 증인의 출석과 증언, 의견의 진술을 요구할 수 있다."고 규정한 데에는 대략 다음의 네 가지 중요한 의미가 내포되어 있다고 할 수 있다. 첫째, 국정감사권을 부활시켰다. 둘째, 지금까지 헌법에 명시되지 않았거나 하위법인 국회법에 규정되었던 국정조사권을 헌법에 명문화하였다. 셋째, 국정감사권과 국정조사권을 헌법에 병렬적으로 규정하여 양자의 동질·동가치성을 인정하였다. 넷째, 종래의 감사·조사권 행사상의 한계로 설정하였던 "재판과 진행 중인 범죄수사·소추 불간섭" 단서를 삭제함으로써 이 부분을 국회의 자율적인 해석과 관행에 맡겼다.

1988년 6월 13일 제141회 국회 본회의에서 처리된 국회법 개정내용을 보면 종전 국회법 제120조 내지 제127조에서 규정한 국정조사에 관한 세부절차 조항을 전면 삭제하는 대신에 국정감사·조사의 발동요건 기타 절차에 관해서는 '국정감사 및 조사에 관한 법률'이 정하는 바에 따르도록 하고(국회법 제120조), 국정감사·국정조사에 필요한 보고, 서류제출요구, 증인·참고인 등의 출석요구에 대하여는 국회법에 근거조항만을 두고 그 세부절차는 '국회에서의 증언·감정 등에 관한 법률'이 정하는 바에 따르도록 하는 등 3개 조문만을 두었다(국회법 제121조 및 제122조).

〈표 9-3〉 국정감사법 개정 시도

법률안건명	제안일자	본회의 의결일	공포일자
	제안자	처리결과	
국정감사 및 조사에 관한 법률안	1988. 7. 8 국회법개정특별위원장	1988. 7. 9 원안가결	폐기

제안 이유: 헌법 제61조의 규정에 의하여 국회의 국정감사와 국정조사에 관한 절차 기타 필요한 사항을 규정하는 법률을 제정함으로써 국민대표기관인 국회가 국정감사 및 조사의 기능을 효율적으로 수행하도록 하기 위한 것임.

주요 골자: ① 국정감사는 국정전반에 대하여 소관상임위원회별로 매년 정기국회 집회기일의 다음 날부터 20일간 시행하되, 본회의 의결에 의하여 그 시기를 변경할 수 있도록 함. ② 국정조사는 국정의 특정사안에 대하여 필요한 경우 본회의 의결로 시행하고 그 발동요건으로는 의장, 의원 20인 이상 또는 상임위원회가 발의하고, 본회의 의결은 재적의원 3분의 1 이상의 찬성으로 함. ③ 각 상임위원회는 국정조사와는 별도로 그 소관의 특정사안에 대하여 그 의결로써 본회의의 승인을 얻어 조사를 시행할 수 있도록 하고, 이 경우 본회의의 승인은 재적의원 3분의 1 이상으로 함. ④ 감사 또는 조사를 시행하는 위원회는 위원회의 의결로 필요한 경우 2인 이상의 소위원회나 반을 구성할 수 있되, 동일교섭단체 소속의원만으로는 구성할 수 없도록 함. ⑤ 감사 또는 조사를 시행함에 있어서 국회사무처의 직원과 교섭단체 정책연구위원 등을 사무보조자로 사용할 수 있도록 함. ⑥ 감사대상기관: 정부조직법 기타 법률에 의하여 설치된 국가기관(다만, 행정부의 지방행정기관에 대해서는 위원회가 필요하다고 의결하는 경우에 한한다), 서울특별시·직할시·도, 감사원의 감사대상기관(단, 위원회가 특히 필요하다고 인정한 경우에 한한다).

<표 9-3>에서 보는 것처럼 1988년 7월 9일 본회의에서 야당이 발의한 '국정감사 및 조사에 관한 법률'과 '국회에서의 증언·감정 등에 관한 법률개정안'이 원안가결되어 7월 11일 정부에 이송하였다. 그러나 정부는 7월 14일 국무회의의 의결을 거쳐 7월 15일 노태우 대통령이 헌법 제53조 제2항 규정에 의하여 2개의 법률안을 재의에 부치도록 국회에 환부하였다. 환부된 2개의 법률안을 다루기 위하여 7월 18일부터 6일간의 회기로 소집된 제143회 국회(임시회)에서 두 법률안은 출석의원 3분의 2 이상의 찬성을 얻지 못하여 폐기되었다.[11]

두 법률안의 재협상처리를 위하여 구성한 국회운영위원회 5인소위원회는 7월 20일부터 7월 22일까지 3차례의 회의를 갖고 그동안 쟁점이 되었던 사안에 대하여 합의하였다. 5인소위원회의안은 7월 22일 국회운영위원회 전체회의에서 운영위원회안으로 채택되고, 다음 날인 7월 23일 본회의에서 여야 만장일치로 이 법률안들이 가결되어 <표 9-4>와 같은 내용의 법률안이 성립되었다. 주요 내용을 살펴보면 폐기법률안에서는 국정감사·국정조사 발동과 승인이 비교적 쉬웠으나 대통령이 거부권을 행사한 뒤 국회에 환부

---

11) 정부가 제출한 재의 이유는 박종흡, 앞의 글(1998), 1193~1197쪽 참조.

되어 폐기된 후 여야가 재협상하여 개정한 동 법률에서는 국정조사의 경우
발동요건이 강화된 사실을 알 수 있다.

〈표 9-4〉 국정감사법 개정

| 법률안건명 | 제안일자 | 본회의 의결일 | 공포일자 |
	제안자	처리결과	
국정감사 및 조사에 관한 법률안	1988. 7. 23 국회운영위원장	1988. 7. 23 원안가결	1988. 8. 5

제안 이유: 헌법 제61조의 규정에 의하여 국회의 국정감사와 국정조사에 관한 절차 기타 필요한 사항을 규정하는 법률을 제정함으로써 국민대표기관인 국회가 국정감사 및 조사의 기능을 효율적으로 수행하도록 하기 위한 것임.

주요 골자: ① 국정감사는 국정전반에 대하여 소관상임위원회별로 매년 정기국회 집회기일의 다음 날부터 20일간 시행하되, 본회의의 의결에 의하여 그 시기를 변경할 수 있도록 함. ② 국정조사는 재적의원 3분의 1 이상의 요구로 행하도록 하고, 요구는 조사할 사항의 범위 및 시행위원회 등을 기재한 서면으로 하도록 함. 의장은 이러한 요구가 있는 경우 지체 없이 본회의에 보고하고 교섭단체 대표의원과 협의하여 조사를 시행할 특별위원회 구성 또는 당해 상임위원회에 회부, 조사위원회를 확정함. 조사위원회는 조사의 목적·방법·소요경비 등을 기재한 조사 계획서를 작성하여 본회의의 승인을 얻어 조사를 시행함. 본회의 시 조사계획서를 반려한 경우 조사위원회는 이를 그대로 다시 본회의에 제출할 수 없도록 함. ③ 국정조사를 위한 특별위원회는 교섭단체 의원 수의 비율에 따라 구성하되, 조사에 참여하기를 거부하는 교섭단체의 의원은 제외할 수 있도록 하고, 위원장이 사고가 있거나 그 직무를 수행하기를 거부 또는 기피하는 때에는 의원 수가 많은 교섭단체소속인 간사의 순으로 위원장의 직무를 대행하도록 하며, 조사위원회는 그 의결로 본회의 폐회 중에도 활동할 수 있고, 조사와 관련한 보고 또는 증인출석요구 등은 의장을 경유하지 아니할 수 있도록 함. ④ 감사 또는 조사를 시행하는 위원회는 위원회의 의결로 필요한 경우 2인 이상의 소위원회나 반을 구성할 수 있되, 동일 교섭단체 소속의원만으로는 구성할 수 없도록 함.

〈표 9-5〉 국정감사법 개정

| 법률안건명 | 제안일자 | 본회의 의결일 | 공포일자 |
	제안자	처리결과	
국정감사법 및 조사에 관한 법률 중 개정법률안	국회운영위원장	2000. 2. 9 가결	2000. 2. 16

주요 골자: ① 국정감사대상기관 등에 대한 운영위원회 조정권 명문화: 국회운영위원회는 상임위원회 간에 감사대상기관이나 감사일정 등이 중복될 때에는 이를 조정할 수 있도록 함(제2조 제2항). ② 국정조사요구조건 완화: 국회는 재적의원 4분의 1 이상의 요구가 있는 때에는 특별위원회 또는 상임위원회로 하여금 국정의 특정 사안에 관하여 조사를 시행할 수 있도록 함(제3조). ③ 상설소위원회의 국정감사·조사실시 근거규성 신설: 감사 또는 조사를 행하는 위원회는 상설소위원회로 하여금 감사 또는 조사를 시행할 수 있도록 함(제5조 제1항). ④ 지방자치단체에 대한 위원회 합동국정감사 시행: 지방자치단체에 대한 국점감사는 2 이상의 위원회가 합동으로 반을 구성하여 시행할 수 있도록 함(제17조의 2). ⑤ 예비조사제도의 도입: 위원회는 국정조사를 하기 전에 전문위원 기타 국회사무처 소속직원이나 조사대상기관의 소속이 아닌 전문가 등으로 하여금 예비조사를 할 수 있도록 함(제9조의 2). ⑥ 감사원 등 관계행정기관에 대한 지원요청: 본회의 또는 위원회는 국정조사 기간 및 자료의 부족 등으로 인하여 조사가 추가로 필요하다고 인정되는 경우나 사전조사가 필요한 경우에는 그 의결로 감사원 등 관계행정기관의 장에게 인력 등의 지원을 요청할 수 있도록 하고, 이 경우 관계행정기관의 장은 특별한 사유가 없는 한 이에 응하도록 함(제15조의 2).

국회는 국정감사 및 국정조사의 효율성을 제고하기 위하여 국회운영위원회의 조정기능을 강화하고, 국정조사의 실효성을 제고하는 등 국정감사 및 조사의 절차와 방법을 개선·보완하기 위하여 2000년 2월 16일 '국정감사 및 조사에 관한 법률'을 개정, 공포하였다.

한편 2000년 2월 16일 개정, 공포된 '국회에서의 증언·감정 등에 관한 법률'은 국정감사 및 조사의 실효성 확보를 위하여 국정감사·조사 시 불출석 또는 증언을 거부한 증인 등에 대한 처벌을 강화하고, 청문회에 불출석 또는 위증한 증인에 대한 고발요건을 완화하였다. 기타 이 법에 의한 기간의 계산에 있어 초일(初日)을 산입하기 위하여 개정된 것인데 그 주요 골자는 다음과 같다.

① 벌칙강화: 국정감사 및 조사 시 불출석 등에 대한 벌칙을 1년 이하의 징역 또는 500만 원 이하의 벌금에서 3년 이하의 징역 또는 1천만 원 이하의 벌금으로 강화함(제12조 제1항).
② 고발요건 완화: 청문회에서의 위증 등의 죄에 대하여 위원회 의결 외에도 재적위원 3분의 1 이상의 연서에 의해 고발할 수 있도록 함(제15조 제1항).
③ 초일산입원칙 명문화: 기간 계산에 있어 초일산입원칙을 명문화함(제16조).

2. 국정감사의 절차

국정감사는 '국정감사 및 조사에 관한 법률'에서 정하는 바에 따라 실시되는데 그 절차는 다음과 같다.

〈표 9-6〉 국정감사 절차

순 서	절 차	설 명
1	국정감사 시기결정	(법정시기)매년 정기회 집회기일 다음 날부터 20일간 (시기변경)본회의 의결로 시기변경 가능
2	국정감사 계획서 작성	각 상임위원장이 국회운영위원회와 협의
3	국정감사 대상기관 승인의 건 제안	본회의 의결을 요하는 국정감사 대상기관을 상임위원회별로 제안
4	본회의 승인	국정감사계획서 확정
5	보고·자료요구 및 증인 등 출석요구	감사 실시일 7일 전에 요구서 송달
6	국정감사	상임위원회별 국정감사
7	국정감사 보고서 제출	상임위원회별로 국정감사 결과보고서를 의장에게 제출
8	본회의 의결	본회의 의결로 국정감사 결과보고서 채택 여부 결정
9	시정요구·이송	정부 또는 해당 기관에 시정요구하거나 이송
10	시정 및 처리결과 보고	정부 또는 해당기관은 국회에 처리결과 서면보고

3. 국정감사제도의 특징

1) 대상범위의 포괄성

"국회는 국정전반에 관하여 소관상임위원회별로 매년 정기회 집회기일의 다음 날부터 20일간 감사를 행한다."고 규정함으로써 국정감사의 대상범위를 국정전반으로 삼고 있다(국정감사 및 조사에 관한 법률 제2조 제1항).

2) 실시시기의 정기성

국정감사는 매년 정기국회 기간 중에만 실시하도록 되어 있다. 매년 정기회 집회기일의 다음 날부터 20일간 국정감사를 행하고 있으나 본회의의 의결에 의하여 그 실시시기를 정기국회 기간 내에 변경할 수 있다.

3) 상임위원회 중심주의

국정감사는 소관상임위원회별로 실시하며, 상임위원회의 소관은 국회법 제37조에 규정하고 있다. 따라서 국정감사계획서의 작성이나 국정감사 결과

보고의 주체는 상임위원회이다. 국정감사를 소관상임위원회별로 실시하도록
하는 것은 국회법상 국회운영이 상임위원회중심주의를 채택하고 있는 것과
맥을 같이한다.

4) 비공개성

국정감사는 국정조사와는 달리 비공개를 원칙으로 하며, 예외적으로 당해
위원회의 의결이 있을 경우에는 공개로 할 수 있다. 국정감사를 비공개원칙
으로 규정한 입법취지는 각종 공무상의 비밀이나 국가안보에 관한 기밀 등
이 공개될 경우에 야기될 수 있는 문제들을 최소화하기 위한 조치이다.

5) 강제성

국회의 국정감사는 정부 등 수감기관에 대하여 여러 가지 수인의무를 부
여하고 이를 보장하기 위한 강제력을 가진다. 즉 국정감사와 관련된 보고,
서류제출, 증인 등의 출석요구 및 검증요구에 대하여 별도의 규정이 없는
한 해당자 또는 관계기관은 이에 응하여야 한다. 이에 응하지 않거나 동행
명령 선서 또는 증언 등을 거부하거나 위증을 한 때에는 고발을 할 수 있도
록 규정하고 있다. 또한 국정감사결과 정부나 해당기관은 국회의 시정요구
및 처리에 대한 이송 사항을 지체 없이 처리하고 그 결과보고에 대하여 국
회는 적절한 조치를 취할 수 있도록 하였다.

제3절 연도별 국정감사 실시현황

1. 일반국정감사(1948~1972)

1953년에 국정감사법이 제정되고 동법에서 국정전반에 대하여 의원 전원

이 동일한 시기에 감사를 시행할 수 있도록 규정함으로써 일반국정감사제도가 법제화되었다. 제헌국회부터 제8대 국회까지의 연도별 일반국정감사 실시현황은 다음과 같다.[12]

<표 9-7> 일반국정감사 실시 조건

구 분	내용 또는 조건
명칭 및 대상	·일반국정감사(국정전반) ·특별국정감사(특정부문)
실시주체	·일반국정감사(의원전원으로 반 편성) ·특별국정감사(특별위원회 구성)
발동요건	·본회의 의결
감사 기간	·본회의 의결(연장가능)
감사방법	·보고, 서류제출, 증인 등 출석요구
감사 계획서	·각 상임위원회가 자체 작성
감사 대상기관	·명문규정 없음
감사 결과처리	·본회의 보고·의결
처리결과 정부이송	·정부에 처리사항 이송 ·정부처리결과 통보

1) 1949년도 일반국정감사

1949년 12월 1일 각 상임위원장 및 각 단체교섭회 회의에서 국정감사에 관하여 합의를 보았다. 다음 날인 12월 2일 제5회 국회 제56차 본회의에서 헌법 제43조, 국회법 제72조, 제73조에 의거하여 최초의 일반국정감사 실시를 위한 '국정감사에 관한 계획의 건'이 수정가결되었다. 주된 내용은 국정감사계획에 의하여 국정을 감사한다는 것이었고, 5개 위원회에서 15개의 감사반을 편성하여 1949년 12월 5일부터 12월 19일까지 일반국정감사를 실시하였다.

제6회 국회 개회일인 12월 20일부터 국정감사의 결과보고를 위한 보강조사를 하는 동안 법제사법감사반이 서울지방검찰청에 대하여 검사의 직권으로 처리한 불기소 서류와 영치물 관계서류제출을 요구하였으나 검찰은 이를 거부하였다. 이에 국회는 1950년 1월 21일 행정부의 국정감사수인의무를 강요하기 위하여 차기 대통령에게 국정감사 거부당사자인 법무부장관과 검찰총장 파면에 관한 건의안을 가결하였다.[13] 이에 대하여 이승만 대통령은

---

12) 일반국정감사의 소관위원회별 감사실시 및 감사처리상황은 국회사무처, 『국회사』(각 대별) 참조.

"국정감사의 거부문제가 단순히 사법적 해석의 문제에서 비롯된 것이므로 국회에서 제헌헌법위원회법을 통과시켜 이로 하여금 위헌 여부를 심판하도록 하자."고 국회의장에게 통보하는 것으로 국회의 해임요구에 답하였다. 실제로 1월 30일 국회에서는 헌법위원회법안이 가결되었다.[14]

이처럼 최초의 국정감사는 실시과정에서 적지 않은 난관에 부딪쳤다. 특히 검찰청의 감사거부사건은 큰 파문을 일으켜 추후의 감사에 부정적인 영향을 미치게 된다. 그 과정을 보면 검찰청은 "국회의 감사권은 정무에 관한 것이지 사법권까지는 미칠 수 없다. 검사의 민사소송법 또는 형사소송법에 의한 처분은 사법처분임이 분명하기 때문에 검사의 기소권 행사에는 국회가 간섭할 수 없다."는 것이었다. 이에 국회는 임시국회에서 법부부장관과 검찰총장을 출석시켜 질의하였으나 법무부장관은 검사의 기소권 행사는 사법처분이라는 입장을 고수하였다. 국회는 법무부장관과 검찰총장의 파면 건의안을 채택하였고, 여야 간에 개헌논쟁까지 비화되는 등 감사결과보고서의 처리를 둘러싸고 원내에서 심각한 논란이 있었다. 이러한 사정 때문에 감사결과보고서는 감사가 끝난 지 약 2개월이 지나서야 본회의에 상정되었다.[15]

1950년 2월 2일 제6회 국회(정기회) 제21차 본회의에 '국정감사보고처리의 건'을 상정하였는데 보고 여부를 둘러싸고 장시간 토론한 끝에 민주국민당 조한백 의원, 의장·부의장 3인, 각 분과위원장에게 일임하여 국정감사 보고에 대한 순서와 방법을 결정, 지시한 후에 2월 3일 본회의에 보고하자는 동의를 채택하였다.

2월 3일 제22차 본회의에서 '국정감사보고처리에 관한 건'을 상정하고 김동원 부의장으로부터 2월 2일 의장단과 분과위원장단에서 결정한 본건 보고서를 2월 10일까지 각 반별로 완료하고 2~3일 내에 본회의에 제출, 보고하게 한다는 보고를 듣고 앞서의 회의결의와는 내용이 다르다는 문제로 논란을

---

13) 국회사무처, 『국회본회의록』 제11호(제헌국회 제6회 국회, 1950. 1. 21).

14) 국회헌법위원회 위원선거는 1950년 3월 7일 실시되어 이인·백관수·조병한·최운교·서순영 의원이 당선되었다.

15) 박종흡, 『국정감사권과 국정조사권: 이론과 실제』, 박동서·김광웅 공편, 『의회와 행정부』(서울: 법문사, 1989), 236~239쪽.

벌였다. 결국 민주국민당 홍성하 의원이 2월 10일까지 보고서를 제출한 뒤 각 분담책임자가 보고하도록 원의(院議)로서 결정하자는 동의를 채택하였다.

2월 4일 제23차 본회의에서는 '서울지방검찰청 국정감사에 관한 보고문제'의 경위 및 중간보고를 듣는 한편 법무부장관과 검찰총장에 대한 파면건의에 대한 정부 측의 처리결과를 보고토록 하자는 동의가 채택되었다.

2월 21일 제36차 본회의에서 신정희, 오석주 의원의 의사진행발언으로 '국정감사보고처리의 건'을 긴급 상정하고 보고일자 및 보고방법 등을 토의한 다음, "2월 27일에 전원위원회를 열어서 감사보고를 듣고 충분히 검토한 다음 2월 28일에 대통령 이하 모든 국무위원·대법원장·심계원장·감사위원장을 출석시켜 공개회의에서 처리하자."는 이정래 의원의 제의를 채택하여 표결한 결과 재석 136인 중 찬성 69, 반대 16으로 가결하였다.

국회는 2월 28일 제41차 본회의에 '국정감사보고와 질문의 건'을 상정하고 대통령 이하 전 국무위원이 참석한 가운데 각 국정감사반별 보고를 들었다. 3월 2일 제42차 본회의에 이 건을 상정하고 각 의원들의 질의와 국무총리의 답변을 들은 뒤 노동당 이진수 의원의 본건 질의종료 동의를 채택하였고, 민주국민당 김상돈 의원의 다음 본회의에서 질문과 함께 각부 책임자의 답변을 듣자는 제의를 채택하였다. 3월 3일 제43차 본회의에서는 지난 회의의 질문에 대한 각 부처 장관·차관 및 육군참모총장으로부터 각각 답변을 들었다. 3월 4일 제44차 본회의에 본건을 상정하고 해당 각 부처 장관·차관으로부터 답변을 듣고 각 의원의 보충질문과 응답이 있은 뒤 민주국민당 윤재욱 의원의 본건 질의를 종결하자는 동의를 채택하였다. 또 노동당 이훈구 의원의 본건에 대한 결론과 이에 대한 처리방법을 다음 본회의에서 비공개로 처리하자는 동의를 채택하였다. 이에 따라 비공개 회의로 열린 3월 6일 제45차 본회의에서 '국정감사결과에 관한 대책의 건'을 상정, 처리하였다.

최초로 실시된 일반국정감사는 이렇게 비공개로 처리되었으며, 이러한 처리는 이후 일반국정감사에서 위원회의 보고서 미제출 또는 부실감사 요인제공 등 제도운영에 부정적인 영향을 미쳤다.

2) 1951년도 일반국정감사

국회는 1951년 3월 20일 신정희, 최성웅 의원 외 27인이 제안한 '국정감사실시의 건'(긴급동의)을 같은 날 제10회 국회 제46차 본회의에 상정하고 감사방법·기일·인원 등은 추후에 결정한다는 조건을 붙여 가결한 다음, 4월 2일 제57차 본회의에서 '국정감사반 구성에 관한 결의안'을 채택하고 감사에 착수하였다. 감사는 4월 3일부터 14일까지 12일간 실시되었다.

국회는 제10회 국회의 제63차~제65차 본회의(1951. 4. 24~4. 26)에 감사보고를 상정하고 각 상임위원회의 감사반장으로부터 각각 보고를 들었다. 5월 5일 제74차 본회의에서 '국정감사처리위원회 구성의 건'을 상정하여 이상철 국회운영위원장으로부터 국정감사처리를 위한 국정감사처리위원을 각 정파에서 2명씩 선출하여 8명으로 구성하기로 합의하였다는 결과보고를 듣고, 본건에 대한 동의를 표결에 부쳐 가결한 후, 국정감사보고처리위원회로 하여금 향후 3일 이내에 처리결과를 보고토록 하였다. 6월 11일 비공개회의로 열린 제19회 국회 제9차 본회의에서 '국정감사결과처리에 관한 건'을 상정한 후 가결, 처리하였다.

전쟁으로 인한 증거서류의 분실, 징집·사망·행방불명에 따른 관계공무원의 빈번한 이동 등으로 국정감사활동은 단편적이고 형식적이었다. 따라서 감사결과는 평상시 국회에서 논란이 되어 온 군통수권의 자율성 문제, 피난민 구호대책, 난립하여 있는 수사기관의 정비 및 인권보호문제, 물가고와 식량부족에 대한 대책과 전시 폭리행위규제문제 등에 집중되었다.

3) 1952년도 일반국정감사

국회는 한국전쟁 중인 1952년 1월 24일 제12회 국회(정기회) 제13차 본회의에 1952년도 총예산을 심사하기 위한 '국정감사실시에 관한 건'을 상정, 가결하였다. 각 교섭단체 대표들과 각 상임위원장들 간에 감사의 적시성·효율성을 제고하기 위하여 가능한 한 동일지방, 동일기관에는 동일일시에 감사할 것을 조치하는 등 네 가지 합의가 이루어졌다. 네 가지의 합의는 신익희 의장에 의해서 보고되었으며 그 요령에 대한 토의 후 표결을 한 결과 제2차 표결에서 재석 136인 중 찬성 97, 반대 5로 가결되었다. 국정감사반의 구성 및 구체적인 일정은 각 상임위원회 별로 각각 의결하였으며, 감사는 2월 중에 실시되었다.[16]

전쟁포로송환문제로 유엔군 측과 공산군 측이 협상을 벌이고 있는 가운데 국정감사가 10여 일간 실시되었다. 국회는 1952년 3월 26일 제36차 본회의에서 국정감사보고서를 상정하고 법제사법위원회, 외무위원회, 내무위원회의 각 감사반장의 보고를 들었다. 동 보고서는 3월 27일 제37차 본회의에 다시 상정되어 국방위원회 감사반장으로부터 보고를 들은 뒤 기타 위원회소관은 시간관계상 구두보고를 생략하고 서면보고로 대체하자는 이종욱 의원의 동의를 만장일치로 채택하여 감사보고서를 처리하였다. 법제사법위원회의 감사보고에는 '인신구속 신중', '과학수사증거주의의 결여' 등의 지적이 있었고, 외무위원회는 '정보활동 부진', '외교진용 빈곤' 등의 지적이 있었다.[17]

이 밖의 감사결과에는 급작스런 한국전쟁의 발발로 인하여 '국군조직법'의 실효성이 없어져 법적인 근거 없이 국방행정이 행하여지고 있으며, 병력 증강 등 병무 또는 작전이 유엔군에 의하여 이루어지고 있고, 이에 따른 예산이 유명무실해지고 있다는 점 등이 지적되었다.

4) 1953년도 일반국정감사

1953년 2월 4일 국정감사법이 제정되어 그동안의 감사에서 나타난 미비점을 보완하고자 하였다. 1953년 2월 5일 제15회 국회(정기회) 제23차 본회의에서 국회운영위원회가 제안한 '휴회에 관한 결의안'이 가결되어, 각 상임위원회에서 1953년도 예산안을 예비심사하기 위하여 2월 9일부터 2월 28일까지 20일간 본회의를 휴회하고 국정감사 실시를 결의하였다.

국회는 감사실시 후 제58차~제60차 본회의(1953. 4. 20~4. 22)에 국정감

---

16) 국회사무처, 『국회사(제헌~제3대 국회)』(1971), 666~667쪽.

17) 《동아일보》, 1952년 3월 27일자.

사보고를 상정하여 각 감사반별 보고를 들었다. 5월 1일 제65차 본회의에 '의사진행에 관한 운영위원회의 보고서'를 상정하고, '감사결과처리특별위원회'를 9인(자유당 5인, 민주국민당 2인, 무소속 2인)으로 구성하여 5월 6일까지 처리하자는 오성환 국회운영위원회 위원장의 제안설명을 듣고 이의 없이 가결하였다.

그러나 예정된 감사는 긴급통화조치로 일시중단되어 통화조치에 관련된 본회의의 임무가 끝난 이후 3월 3일부터 감사에 착수하였다.[18]

5월 30일 제77차 본회의에서 '국정감사보고처리에 관한 건'을 상정하고 오성환 위원장으로부터 국정감사결과에 따른 지적 및 시정요구사항 중 10개항에 대해서는 대정부 경고사항으로 처리하고 4개항에 대해서는 시정한 다음 국회에 보고한 후 가결처리하였다.

그런데 농림부의 이른바 양곡무지령배급사건과 관련해서는 그 책임을 규명하는 방향으로 처리하였다는 내용의 보고를 청취하였다. 이 문제처리를 토론한 결과 농림부양곡무지령배급사건은 특별조사위원회를 구성하여 처리하자는 민주공화당 서범석 의원의 제의를 채택하였다.[19]

5) 1954년도 일반국정감사

국회는 1954년 1월 14일 제18회 국회(정기회) 제14차 본회의에서 홍익표 국회운영위원회 위원장의 제안으로 1월 16일부터 21일까지 6일간의 휴회 기간 중 우선 중앙부서에 대한 국정감사를 실시할 것을 결의하였고, 1월 23일 제17차 본회의에서 1월 25일부터 2월 13일까지 20일간의 휴회 기간을 이용하여 국정감사를 연장 실시할 것을 결의하였다.

1954년 4월 21일 제47차 본회의 및 4월 22일 제48차 본회의에서 내무·외무·국방·예산결산·재정경제·농림위원회의 각 감사반별 대표로부터

---

18) 국회 민의원, 『1953년도 민의원 국정감사보고서』(1953), 1쪽.

19) 양곡무지령배급사건이란 전남도지사·전북도지사·전 충남도지사가 무려 4만 3,000여 석의 양곡을 농림부장관의 지시가 없음에도 불구하고 임의로 처분하여 양곡행정의 체계와 질서를 문란하게 한 사건이다. 국회는 특별조사위원회를 구성하여 조사활동을 하였는데 상세한 것은 국회사무처, 『국회사(제헌국회~제3대 국회)』(1971), 896~898쪽 참조.

국정감사보고를 청취한 다음 4월 23일 제49차 본회의에서 일부 감사반의 구두보고만 듣고 나머지 위원회는 서면보고로 대체 처리하자는 무소속 곽상훈 의원의 제의를 채택하여 동 보고서를 만장일치로 가결하였다.

6) 1955년도 일반국정감사

제3대 국회의 첫 일반국정감사실시를 위하여 1955년 3월 25일 국회운영위원회로부터 '국정감사실시에 관한 결의안'이 제출되었다. 같은 날 제20회 국회(정기회) 본회의에서 조순 국회운영위원장으로부터 제안설명을 청취하고 질의와 토론이 있은 후 호헌동지회 정준 의원의 "정기국회 초까지 국회에 제출하여야 할 신년도 예산안이 정부에서 제출되지 않아 다음 본회의에서 장관들로부터 그 지연에 대한 이유를 청취한 다음 다시 토론하기로 하고 보류하자."는 동의가 있어 재석 118인 중 찬성 84로 가결되었다.

3월 28일 제21차 본회의에서 김영찬 재무부차관으로부터 "1956년도 예산안이 정기국회 초인 2월 20일까지 국회에 제출되어야 하지만 정부조직법 개정으로 종래 기획처에서 취급하던 예산편성이 재무부로 이관되어 모든 사무적인 준비 등이 곤란한 상태에 있으므로 3월 말까지 국회에 제출하겠다."는 증언을 듣고 질의와 토론 및 각 교섭단체의 의견을 교환하였다.

6월 24일 제67차 본회의에서 국회운영위원장은 1956년도 예산안 처리 법정일자(7월 31일)까지 예산안 심의를 마치기 어려우므로 본 국정감사를 후일로 미루자는 다수의 의견을 받아들여 '국정감사실시에 관한 결의안'은 일단 폐기되었다.

10월 19일 국회운영위원회로부터 '국정감사실시에 관한 결의안'이 다시 제출되어, 그날 제21회 국회 제21차 본회의에서 조순 국회운영위원회 위원장의 의사일정에 대한 설명을 들은 뒤 의사진행관계를 참작하여 적당한 시기에 다시 결정짓기로 하고 당분간 보류하자는 자유당 정명섭 의원의 동의가 있어 재석 113인 중 찬성 64, 반대 2로 가결하였다.

11월 17일 제21회 국회 제45차 본회의에서 11월 18일부터 12월 7일까지

20일간 본회의를 휴회하고 국정감사를 실시하자는 국회운영위원장의 동의
가 있었는데 이의 없이 만장일치로 가결되어 그대로 실시되었다.

이러한 과정을 거쳐 제3대 국회의 첫 일반국정감사가 각 상임위원회별로
소관부처에서 실시되었으나 각 위원회는 감사보고서를 본회의에 제출하지
않았다.

7) 1956년도 일반국정감사

1956년 11월 10일 국회운영위원회에서 제출한 '국정감사실시에 관한 결
의안'이 같은 날 제22희 국회(정기회) 제96차 본회의에 상정되어 조순 국회
운영위원회 위원장으로부터 제안설명을 듣고 토론한 후 표결에 부쳤다. 표
결결과 재석 106인 중 찬성 62인으로 가결되어, 11월 14일부터 27일까지
14일간 '1957년도 세입세출총예산안' 심의를 위한 국정감사를 실시하였다.

1957년 2월 4일 제23회 국회(임시회) 제19차 본회의에 국정감사보고가 상
정되어 박세경 법제사법위원장, 한희석 내무위원장, 박용익 예산결산위원장,
이종수 재정경제위원장대리로부터 각각 보고를 들었다. 헌정동지회 양일동
의원으로부터 국무위원들이 출석하지 않았으니 여타 보고서를 일괄 접수한
것으로 하고 처리는 다음 회기에 하자는 동의가 있어 이의 없이 가결되었
다. 그러나 감사보고서는 제3대 국회가 종료될 때까지 처리되지 않았다.

8) 1957년도 일반국정감사

1957년 9월 20일 국회운영위원회로부터 '1957년도 국정감사실시결의안'이
제출되어 같은 날 제26회 국회(정기회) 제13차 본회의에서 김춘호 국회운영위
원회 위원장의 제안설명을 들은 다음 이를 가결하였다. 감사는 1957년 9월 23
일부터 10월 12일까지 20일간 실시되었다. 그러나 여야는 감사가 시작된 다음
날인 9월 24일부터 선거법에 대한 항목별 토의에 착수하였기 때문에 감사에
무게가 덜 실릴 수밖에 없었다. 1957년도 감사의 초점은 예산문제였는데, 감사
에서 국방비 편중 등 국가예산집행의 불균형 문제가 지적되기도 하였다.

각 상임위원회별로 소관부처에 대하여 감사를 실시하였으나 제3대 국회의 임기종료로 각 위원회에서 감사보고서가 본회의에 제출되지 않아 처리되지 못하였다.

9) 1958년도 일반국정감사

1958년 10월 10일 제30희 국회(정기회) 제7차 본회의에서 조순 국회운영위원장으로부터 10월 14일부터 11월 2일까지 20일간 본회의를 휴회하고 1958년도 일반국정감사를 실시하기로 국회운영위원회에서 결의하였다는 보고를 들은 다음 이를 이의 없이 가결하고 예정대로 감사를 실시하였다.

제7차 본회의의 결의에 따라 각 상임위원회별로 소관부처에 대한 1958년도 일반국정감사를 실시하였으나 각 위원회에서 국정감사보고서를 본회의에 제출하지 않아 처리되지 못하였다.[20]

국정감사 기간 중인 10월 30일 서울시공관에서 제4회 민주당 전당대회가 개최되었고, 11월 4일 민주당 유진산 의원 외 11인은 민의원 본회의에서 감사기일 5일 연장에 관한 긴급동의안을 제출하였으나 자유당의 반대로 부결되었다. 야당은 여당의 이러한 태도를 정부의 비위를 은폐하기 위한 것이라고 공박하였다.[21]

10) 1959년도 일반국정감사

1959년 10월 16일 국회운영위원회로부터 '1959년도 일반국정감사실시에 관한 결의안'이 제출되어 같은 날 제33회 국회(정기회) 제11차 본회의에서 이성주 국회운영위원장으로부터 제안설명을 들은 다음 이를 이의 없이 가결하였다.

제11차 본회의의 결의에 따라 각 상임위원회별로 소관부처에 대한 일반국정감사를 10월 19일부터 11월 7일까지 20일간 실시하였고 그 후 감사 기간을 연장하였으나 각 위원회에서 국정감사보고서를 본회의에 제출하지 않았다.

---

20) 국회사무처, 『국회사(제4대 국회~제6대 국회)』(1971), 114쪽.
21) ≪경향신문≫, 1958년 11월 4일자.

11) 1960년도 일반국정감사

민의원은 예산심의에 앞서 국정감사를 실시하기로 결의하였으며, 이에 따라 국회운영위원장이 제출한 '국정감사실시에 관한 결의안'이 1960년 10월 20일 제37회 국회(정기회)에서 가결되었다.

10월 21일부터 30일까지 10일간 개시된 민의원 각 상임위원회의 국정감사는 본래의 목적인 예산집행상의 비위나 구정권의 구악(舊惡) 적발을 거의 조사하지 않아 감정적인 보복과 이해관계에 얽힌 정실감사가 되었다. 12개 상임분과위원회가 10일 동안 중앙과 지방에서 실시한 감사를 종합하면 내무·재경·부흥위원회의 일부 감사반에서 단편적이고 우발적으로 정부 비리를 몇 건 들추어냈을 뿐 나머지 교체·농림·문교·재경위원회 등은 경주 불국사 유람과 성환 축산시험장의 소풍놀이를 비롯하여 야간에 향응을 받는 등 구태의연한 모습을 보인 것으로 지적되었다.[22]

10월 27일부터 국정감사를 위하여 휴회에 들어간 참의원은 구정권의 실정과 장면정권의 시정방침을 다각도로 검토하기 위하여 본래 10일간으로 예정된 감사 기간을 17일간으로 연장하였다. 10월 31일 예산결산위원장이 제출한 '국정감사실시 기간 연장에 관한 건'이 가결되었고, 11월 1일 교통체신위원장이 제출한 '국정감사 기간 연장에 관한 건'이 가결처리되었다.

이 회기의 국정감사는 이해·정실·보복으로 일관하여 혁명국회의 의원들이라고 보기에는 구태의연한 감사모습을 보였다.

12) 1961년도 일반국정감사

1961년도 일반국정감사는 민의원과 참의원 각 위원회별로 실시하였으나 5·16군사정변으로 헌정이 중단되어 국정감사보고서는 제출되지 않았다.

1961년 3월 2일 민의원 운영위원회로부터 3월 3일부터 3월 16일까지 14일간의 감사를 실시하겠다는 내용의 '1961년도 일반국정감사실시에 관한 결

---

22) ≪경향신문≫, 1960년 10월 30일자.

의안’이 제출되어 제38회 국회 제34차 본회의에서 민의원 윤재근 운영위원
장으로부터 제안설명을 듣고 이의 없이 가결하였다. 3월 22일 내무위원장이
제출한 ‘국정감사 기간 연장에 관한 건’이 본회의에서 가결되었고 상공위원
장이 제출한 ‘특별국정감사 승인의 건’은 1961년 5월 3일 회기불계속으로
폐기되었다.

한편 국회공민권제한심사위원회는 1961년 3월 7일 밤 11명의 현역 국회
의원을 ‘반민주행위자’로 판정하고 이들에 대하여 각각 5년(심사케이스) 내
지 7년(자동케이스)간 공민권을 제한하기로 하였다(참의원 정상구 · 여운홍
두 의원 제외).

1961년 3월 10일 참의원 운영위원회로부터 3월 13일부터 21일까지 9일
간 감사를 실시하겠다는 내용의 ‘1961년도 일반국정감사실시에 관한 결의
안’이 제출되어 제38회 국회(임시회) 제28차 본회의에서 참의원운영위원장
으로부터 제안설명을 들은 다음 이를 이의 없이 가결하였다. 내무위원회는
3월 23일부터 25일까지 3일간 감사를 연장 실시하였다. 이번 국정감사는
용두사미격으로 종료되었다.

13) 1961년도 일반국정감사(재실시)

앞에서 본 것처럼 1961년도 일반국정감사는 이미 그해 3월에 실시되었으
나 5 · 16군사정변으로 국정감사보고서가 본회의에서 채택되지 않았기 때문
에 국가재건최고회의는 일반국정감사를 다시 실시하였다.

국가재건최고회의는 헌법 제43조 및 국가재건비상조치법 제9조에 근거하
여 1961년 9월 25일 제51차 상임위원회에서 국정감사를 실시하기로 의결하
고, 10월 11일부터 10월 20일까지 10일 동안 국가기본정책의 시정을 위한
실태파악과 1962년도 예산심의의 적정을 위하여 중앙과 지방에 대한 국정
감사를 실시하였다.

국정감사단(단장 이주일 소장, 최고회의 부의장)은 6개 반(법사, 내무, 외
무, 재경, 문교사회, 보사관계)을 편성하여 10월 11일부터 14일까지 중앙관

서에 대한 감사를 실시하였다. 감사반은 10월 16일부터 20일까지 서울시와 각 도를 단위로 다시 10개 반으로 재편성하여 지방관서감사에 착수할 예정이었으나 지방관서감사상황은 언론에 보도되지 않았다.

14) 1962년도 일반국정감사

국가재건최고회의는 민정이양을 앞둔 1962년 9월 3일 제65차 상임위원회의 의결에 따라 9월 17일부터 27일까지 국정전반에 걸쳐 국정감사를 실시하였다. 중점감사사항과 감사목적은 최고회의의 기본정책에 대한 집행실태, 경제개발5개년계획 제1차 연도의 사업집행현황과 실적 및 전망, 정부 중요시책의 기획 및 실적사항, 예산집행사항, 국영기업체의 운영계획 및 실태, 국민의 여론 청취, 1961년도 국정감사에서 지적된 사항의 시정 여부 확인, 신년도 예산심의에 필요한 자료의 수집 등이었다.[23] 그러나 국정감사 실시가 의결되기는 하였으나 본회의에 보고되지 않아 감사보고서도 처리되지 못하였다.

15) 1964년도 일반국정감사

1964년 9월 8일 국회운영위원회로부터 '1964년도 일반국정감사실시에 관한 결의안'이 제출되어 같은 날 제45회 국회(정기회) 제6차 본회의에서 김용순 국회운영위원회 위원장의 제안설명을 들은 다음 이를 이의 없이 가결하였다. 감사는 9월 11일부터 30일까지 20일간 실시된 후 10월 1일부터 4일까지 4일간 연장실시되었다.

국회재경위원회는 9월 28일 삼호재벌을 위하여 정부가 제일은행에 압력을 넣어 일반대출로 9억 2,300만 원을 특혜융자하고, 조건이 극히 불리한 무역차관 500만 달러(6개월 거치, 24개월 상환) 등 외국차관에 22억 원 상

---

23) 1963년 9월 27일 '국정감사시행에 관한 승인안'이 가결되었다. 이 승인안은 1963년 10월 21일 '국정감사연기에 관한 결의안'이 가결되어 연기되었다. 그 후 다시 1963년 11월 21일 '일반국정감사실시에 관한 결의안'이 가결되었으나 감사가 실시되지는 않았다. ≪최고회의보≫(1963년 10월호~1963년 12월호).

당의 지불보증을 해 준 사실을 발견하고 이를 추궁한 사실을 공식 발표하였
다. 이 문제는 9월 26일 한국은행을 감사할 때 삼민회 이상철 의원이 비밀
회의에서 추궁한 것이며, 27일에도 밤 11시 40분까지 경제기획원장관, 재무
부장관 및 제일은행장을 참석시켜 한국은행에 대한 감사를 계속한 끝에 위
원회 결의로써 28일 아침 김성곤 재경위원장이 발표한 것이다. 한편 교통체
신위원회는 워커힐호텔 건립자금 70억 원 중 59억 원의 출처를 알 수 없다
고 공개하였으며, 삼민회 김대중 의원은 한국은행에 대한 감사결과, 금융의
독자성이 심각하게 침해당하고 있으며 은행감독원의 기능이 악용되고 있다
고 주장하였다.[24]

감사 후 국회는 1964년 11월 16일 제45회 국회(정기회) 제22차 본회의
및 11월 23일 제23차 본회의에서 각 상임위원장으로부터 감사보고를 들었
으나, 보고서는 해를 넘긴 1965년 10월 20일 제53회 국회 제15차 본회의에
서 채택되었다.

16) 1965년도 일반국정감사

국회운영위원회는 1965년 10월 19일 '1965년도 일반국정감사실시에 관한
결의안'을 제출하였으며, 같은 날 제53회 국회(정기회) 제14차 본회의에서
김용순 국회운영위원회 위원장이 제안설명을 하였다. 이 건은 이의 없이 가
결되어 10월 21일부터 11월 9일까지 20일간 각 상임위원회별로 감사를 실
시하였다.

국회는 각 상임위원회별로 예년처럼 중앙반, 지방반으로 나누어 감사를
실시하였다. 국회는 11월 10일 '국정감사시행 기간 연장에 관한 건'을 의결
하여 재정경제 · 농림 · 보건사회위원회는 11월 10일부터 11일까지, 국회운
영 · 국방위원회는 11월 10일부터 12일까지 각각 감사 기간을 연장하였다. 이
번 감사에서는 재경위원회 위원들이 주로 대규모 상사의 세금포탈의혹, 금리
현실화 이후의 거액대출의혹, 부정세리(稅吏) 처리상황, 일본인 상사(商社)에

---

24) ≪조선일보≫, 1964년 9월 29일자.

대한 과세 및 징세현황, 시중은행 및 각 보험회사의 부동산 투자현황 등에 대하여 집중적인 감사를 하였다. 1966년 7월 12일 제57회 국회 제22차 본회의에서 국정감사보고를 상정하고 각 상임위원장으로부터 본건에 관한 보고를 들은 다음 각 상임위원회에서 제출된 원안대로 이의 없이 채택하였다.

그러나 감사는 정부 측이 자료를 늦게 제출하여 의원들이 이를 검토할 시간적 여유를 주지 않거나 의원들의 준비부족 등으로 문제의 핵심에는 접근하지 못하였다.[25]

17) 1966년도 일반국정감사

국회는 1966년 10월 18일 국회운영위원회로부터 '1966년도 일반국정감사 실시에 관한 결의안'이 제출되어 같은 날 제58회 국회(정기회) 제30차 본회의에서 신영주 국회운영위원회 위원장대리의 제안설명을 들었다. 이 건은 이의 없이 가결되었으며 감사는 10월 19일부터 11월 7일까지 20일간 실시되었다. 국회는 감사 기간 중 본회의를 휴회하기로 의결하였는데, 방한하는 존슨 미국대통령의 국회방문을 고려하여 11월 2일 하루 동안 국회의장의 직권으로 본회의를 소집하였다. 그런데 감사는 10월 19일부터 시작되었지만 10월 22일에는 민중당 전당대회, 10월 23일은 일요일, 10월 24일은 당시 공휴일인 유엔의 날이었기에 국정감사는 제대로 실시되지 못하다가 10월 27일부터 실시되었다. 야당은 이번 감사에서 1967년의 대통령 선거에 대비, 정치자금의 창구가 될 수 있는 모든 요인들에 대하여 감사의 중점을 두었다. 특히 외자도입업체의 관리, 관세행정, 청구권 자금 배정관계, 금융정책 등을 중점 감사하였다. 그러나 각 상임위원회의 국정감사가 11월 초순에야 중앙관서 감사에 임하는 등 전반적으로 지지부진한 상태에 머물렀다. 11월 4일 재정경제위원회의 국세청에 대한 감사에서 야당의원들은 주한 일본계 상사(駐韓日本系商社)에 대한 치외법권적인 과세행정, 무원칙한 조세감면정책, 저소득층에 편중된 징세 등을 따졌다. 이에 대하여 국세청장은 일본계

---

25) ≪조선일보≫, 1965년 11월 9일자.

상사에 대하여 영업세를 부과할 것이며 일본계 상사의 영업행위는 계속 조사할 것이라고 답변하였다.

11월 7일까지 감사를 마친 상임위원회가 국회운영·외무·법제사법 3개 위원회뿐이어서 국회는 국정감사 기간을 11월 8일부터 10일까지 3일간 연장하였다.

이번 감사는 감사반 편성은 전년과 같았으나 의결로 결정된 감사요강, 감사대상, 감사사항에 따라 감사가 이루어졌다. 1967년 3월 7일 제60회 국회(임시회) 제6차 본회의에 국정감사보고를 상정하고 각 상임위원장으로부터 보고를 들은 다음 각 상임위원회에서 제출한 대로 이의 없이 가결처리하였다.

18) 1967년도 일반국정감사

국회는 1967년 10월 21일 제62회 국회(정기회) 제12차 본회의에서 이상무 국회운영위원회 위원장으로부터 1967년 10월 21일부터 11월 3일까지 14일간 본회의를 휴회하고 1967년도 일반국정감사를 실시하겠다는 내용의 결의안에 대한 제안설명을 들은 다음 이를 원안대로 가결하였다.

이번 국정감사는 1967년 6월 8일에 실시한 제7대 국회의원선거에서 부정을 이유로 신민당소속의원들이 제7대 국회 개원일(1967. 7. 10)부터 국회출석을 거부함에 따라 신민당의원의 출석을 기다리기 위하여 감사실시를 보류하다가 부득이 여당인 민주공화당과 십오구락부소속의원만으로 감사반을 편성하여 10월 21일부터 11월 3일까지 실시하였다.

감사가 끝난 후인 11월 29일부터 신민당소속의원이 국회에 출석하여 국정감사를 재실시할 것을 주장하였다. 절충안으로 특별위원회를 구성(위원 14인)하고 법제사법·내무·재정경제 상공위원회 소관 등에 한하여 중점적인 감사를 12월 7일부터 9일까지 3일간 실시하였다. 그러나 1967년도 일반국정감사는 일부 위원회의 감사결과보고서가 제출되지 않아 본회의에서 채택되지 않았다.[26]

---

26) 보고서가 제출된 위원회 소관에 대한 지적 사항 및 시정요구사항은 국회사무처, 『국회사(제7대 국회)』 (1976), 49~121쪽 참조.

19) 1968년도 일반국정감사

1968년 9월 9일 국회운영위원회로부터 '1968년도 일반국정감사에 관한 결의안'이 제안되어 같은 날 제67회 국회(정기회) 제6차 본회의에서 송한철 국회운영위원장대리의 제안설명을 들은 다음 이의 없이 가결되어, 9월 16일부터 10월 10일까지 25일간 실시되었다. 결의안의 내용을 보면, 헌법 제57조에 의하여 1969년도 총예산안의 심의에 대한 자료수집을 위하여 감사를 실시하는 것이라고 그 목적을 밝혔다(법제사법위원회는 4일간, 재정경제위원회는 7일간 감사 기간 연장).

감사 후 국정감사결과는 일부 상임위원회(법제사법·내무위원회)에서 보고서가 의결되지 않았고, 일부 상임위원회에서 의결한 보고서도 본회의에서 채택되지 않아 처리되지 못하였다.

이 감사에서 특기할 것은 재정경제위원회와 상공위원회가 감사결과 긴급히 시정을 요구하는 서한을 정부에 촉구하기 위하여 다음 회기인 제68회 국회(1969. 3. 7)에 '1968년도 일반국정감사결과 긴급을 요하는 지적 사항 및 시정요구의 건'을 본회의에 상정시켜 채택한 점이다.

이번 감사는 제7대 국회 개원 이후 야당이 참여한 첫 감사였다. 감사결과에 대한 평가가 엇갈리는 가운데, 9월 24일 국회의원 보궐선거로 공백 기간이 있을 수밖에 없었으며 무엇보다도 감사기관인 국회와 피감기관인 정부의 권력균형이 중심을 잃어가고 있는 현실에서 감사에 임하는 정부기관의 불성실한 답변, 자료제출 기피 그리고 고자세가 문제가 되었다. 그럼에도 감사에서 막대한 외채현황이 국민 앞에 드러났고, 일부 기업의 독과점 폭리문제, 제약품 폭리문제, 외곡(外穀)·농기구 도입의혹 등과 같은 문제를 제기한 것만으로도 성과가 있는 것으로 평가되었다.[27]

20) 1969년도 일반국정감사

1969년 11월 27일 국회운영위원회로부터 1970년도 예산안 심의자료수집

---

27) 이상원, 『기자가 본 68년도 국정감사』, ≪국회보≫(1968. 11), 36~38쪽.

등을 위한 '1969년도 일반국정감사실시에 관한 결의안'이 제출되었다. 같은 날 제72회 국회(정기회) 제11차 본회의에서 김우영 국회운영위원장대리의 제안설명을 들은 다음 이의 없이 가결되어, 1969년 11월 28일부터 12월 9일까지 12일간 감사를 실시하였다.

국회는 신민당소속의원들이 불참한 가운데 민주공화당의 방침에 따라 11월 28일 국정감사에 돌입하였다. 국회 각 상임위원회는 11월 29일 오전 이틀째 소관부처에 대한 국정감사를 실시하였으나 여당 단독 국정감사의 바쁜 일정에 쫓겨 예년과 비교할 때 크게 저조한 활동을 하였다.

1969년도 일반국정감사결과는 외무·농림·보건사회·건설·국회운영위원회만 보고서를 제출하였고 나머지 위원회는 보고서를 제출하지 않아 처리되지 못하였다.

21) 1970년도 일반국정감사

1970년 9월 26일 국회운영위원회로부터 '1970년도 일반국정감사실시에 관한 결의안'이 제안되어 같은 날 제75회 국회(정기회) 제8차 본회의에서 김우영 국회운영위원장대리로부터 제안설명을 들은 다음 이의 없이 가결되어 10월 1일부터 25일까지 25일간 감사를 실시하였다. 여느 때와 마찬가지로 새해 총예산 심의를 위한 자료수집 등이 이번 감사의 목적이었다.

각 상임위원회는 그동안 지방감사의 자료를 토대로 중앙관서에 대한 감사에서 공무원의 부정부패, 특혜금융 등에 대한 경제질서의 교란 등 정부시책의 시행착오 및 비정(秕政)을 추궁하였다. 야당은 재정경제위원회를 비롯한 몇 개 상임위원회의 감사 기간 연장을 요구하였는데 여야 원내총무회담에서 26일과 27일 2일간 감사 기간을 연장하기로 합의하였다.

국회는 재정경제위원회를 제외하고 10월 23일로 사실상 국정감사를 모두 마침에 따라 27일부터 상임위원회별로 총규모 5,282억 원의 새해 예산안에 대한 예비심사에 들어갔다.

10월 1일부터 시작된 국정감사는 변칙운영이 되풀이되었던 제7대 국회의 마지막 국정감사로 여당과 야당이 함께 지방과 중앙의 행정기관을 포함하여 가장 오랜 기간 국정전반에 걸쳐 점검하였다. 신민당은 1971년의 대통령선거와 국회의원선거를 앞두고 이번 감사에서 행정선거의 조짐과 정치자금의 출처를 찾아내고 비정을 파헤쳤으나 제도 자체의 근원적인 미비와 피감기관의 문제핵심 회피로 인하여 기대한 만큼의 성과는 거두지 못하였다. 1971년의 선거를 앞두고 실시된 데다가, 선기법과 새해 예산안을 둘러싼 여야 간의 흥정 결과 올바른 감사를 하지 못하고 10월 25일 막을 내렸다.

감사 후 국방·보건사회·국회운영위원회에서만 감사보고서를 제출하였고, 나머지 위원회는 보고서를 제출하지 않아 처리되지 못하였다.

22) 1971년도 일반국정감사

1971년 10월 28일 국회운영위원회로부터 '국정감사실시에 관한 결의안'이 제출되어 같은 날 제78회 국회(정기회) 제25차 본회의에서 문태준 국회운영위원장의 제안설명을 들은 다음 이의 없이 가결되어 1971년 10월 29일부터 11월 18일까지 21일간 감사가 실시되었다. 농림위원회는 제26차 본회의(1971. 11. 19) 결의에 의하여 11월 19일까지 감사 기간을 1일간 연장하였다.

국회는 21일 동안 계속된 일반국정감사를 마치고 그간의 감사에서 얻은 자료를 바탕으로 11월 19일부터 각 상임위원회별로 6,500억 원 규모의 새해 예산안 예비심사에 들어갔다. 10월 29일 시작된 국정감사는 전반부는 지방관서, 후반부는 중앙관서에 대하여 실시하였다.

야당인 신민당은 이번 감사에서 행정난맥, 공무원 부정, 부실기업, 외채문제, 사회복지미비, 공명선거를 해친 행정권의 개입과 부정선거, 예산 오용 및 남용, 농수산부문 소홀문제 등을 지적하고 시정을 촉구하였다.

이번 국정감사는 여야 원내의석이 거의 균형을 이룬 제8대 국회의 첫 감사일 뿐 아니라 국정의 여러 분야에서 대형사건들이 터진 시기에 실시되었다. 그러나 '저자세 감사'라는 신조어가 만들어졌을 정도로 국정감사에 임하는 의원들의 행정부 각 부처에 대한 미숙한 감사기술, 자료 부족, 피감기관에 대한 저자세가 문제가 되었다.

신민당은 일반국정감사처리에서 '특혜요인제거'에 중점을 둔다는 방안을 마련하였다. 각 상임위원회별로 파헤친 문제점들은 많으나 대체로 제1차 및 제2차 경제개발5개년계획 기간 동안 누적되어 온 차관도입정책의 문제점, 외국인의 직접 및 합작투자의 타당성 여부, 세제 및 그 운영상의 모순점, 건설붐으로 큰 이득을 본 토건업자에 대한 특혜, 정부산하단체 및 투자기업체의 운영난맥상 등이 대표적인 것으로 지적되었다.

이번 감사는 국민의 절실한 관심사보다는 체계 없고 일관성 없는 문제를 주로 제기한 것으로 나타났다. 또 지방감사에 치중한 나머지 주요 중앙부서에 대한 감사는 시간에 쫓겨 제대로 하지 못한 채 감사가 종료되었다.

1971년도 일반국정감사에서는 일부 상임위원회(법제사법·외부·재정경제·국방·문공·상공·교통·체신)에서 감사결과보고서가 제출되지 않았고, 제출된 일부 위원회의 보고서도 본회의에 보고되지 않아 처리되지 못하였다.[28] 본회의에서 보고서가 채택되지 않아 감사결과가 정부에 이송되지 못하였으므로 행정부처에 시정을 요구할 근거가 취약해졌다.

23) 1972년도 일반국정감사

1972년 9월 30일 국회운영위원회로부터 '1972년도 일반국정감사실시에 관한 결의안'이 제출되어 같은 날 제84회 국회(정기회) 제9차 본회의에서 문태준 국회운영위원장의 제안설명이 있은 다음 이의 없이 가결되었고, 기간은 1972년 10월 4일부터 28일까지 25일간으로 하였다.

국회 12개 상임위원회(국회운영위원회 제외)가 10월 4일 일제히 감사에 들어갔다. 그런데 재무위원회의 일부 지방감사에서 피감기관의 자료제출 비협조행위로 신민당의 재무위원들이 감사를 중지하기도 하였다. 신민당은 국세청 소공세무서의 자료제출 거부에 항의하여 10월 10일 서울과 부산에서 실시할 예정이던 재무위원회의 제1반, 제2반의 국정감사를 모두 거부하였다.

---

28) 보고서를 제출한 위원회의 소관부처별 지적 및 시정요구사항은 국회사무처, 『국회사(제8대 국회)』(1976), 125～141쪽 참조.

〈표 9-8〉 일반국정감사 실시 현황

구분연도	감시결의안 의결	위원회→본회의 보고(상정)	감사실시	보고서 처리
1949	1949. 9. 8	1950. 2. 20	1949. 12. 5~12. 19	1950. 3. 4
1951	1951. 3. 20	1951. 4. 24~4. 26	1951. 4. 3~4. 14	1951. 6. 11
1952	1952. 1. 24	1952. 3. 26	1952. 2	1952. 3. 27
1953	1953. 2. 5	1953. 5. 1	1953. 2. 9~2. 28	1953. 5. 30
1594	1953. 12. 1	1954. 4. 20	1954. 1. 16~1. 21 1954. 1. 25~2. 13	1954. 4. 24
1955	1955. 11. 17	–	1955. 11. 18~12. 7	–
1956	1956. 11. 10	1957. 2. 4	1956. 11. 14~11. 27	–
1957	1957. 9. 20	–	1957. 9. 23~10. 12	–
1958	1958. 10. 10	–	1958. 10. 14~11. 12	–
1959	1959. 10. 16	–	1959. 10. 19~11. 7	–
1960	1960. 10. 20	–	1960. 10. 21~10. 30(민)	–
1961	1961. 3. 2	–	1961. 3. 3~3. 16(민)	–
1961(재실시)	1961. 9. 25	–	1961. 10. 11~10. 20	–
1962	1962. 9. 3	–	1962. 9. 17~9. 27	–
1964	1964. 9. 8	1964. 11. 16 1964. 11. 23	1964. 9. 11~9. 30 1964. 10. 1~10. 4	1965. 10. 20
1965	1965. 10. 19	1966. 7. 12	1965. 10. 21~11. 9	1966. 7. 12
1966	1966. 10. 18	1967. 3. 7	1966. 10. 19~11. 7	1967. 3. 7
1967	1967. 10. 21	–	1967. 10. 21~11. 3	–
1968	1968. 9. 9	–	1968. 9. 16~10. 10	–
1969	1969. 11. 27	–	1969. 11. 29~12. 9	–
1970	1970. 9. 26	–	1970. 10. 1~10. 25	–
1971	1971. 10. 28	–	1971. 10. 29~11. 18	–
1972	1972. 9. 30	–	1972. 10. 4~10. 17	–

주1: －표시는 미보고, 미처리임.
주2: 1950년도, 1963년도 감사는 실시되지 않았음. 1972년도 감사는 실시 중에 중지됨.

　　신민당 재무위원들은 10일 오전 8·3긴급명령령에 의하여 신고된 사채 가운데서 채권자의 소재불명으로 조정사채증서가 발급되지 못한 것이 282억 원에 달한다고 밝히고 채권자의 불명부분은 채권자가 신원을 밝힐 수 없는 입장에 있기 때문일 것이라고 보고 이에 대한 규명을 주장하였다. 여당 측은 이 같은 신민당의 강경자세에 절충을 벌인 결과 10월 15일까지 자료를 제공한다는 선에서 합의하여 감사를 계속하였다.

　　국회 각 상임위원회는 1972년 10월 16일 국정감사 13일째를 맞아 해외감사 중인 외무위원회와 국책은행에 대한 감사를 진행 중인 재무위원회를 제외한 지방감사를 20일까지 마무리하고 21일부터 각 상임위원회가 중앙관서에 대한 감사를 할 예정이었다.

이번 감사 역시 헌법 제57조에 의거하여 새해 총예산안의 심의자료수집을 위한 목적에서 실시되었는데 각 상임위원회가 앞서 결의에 의거하여 감사요강을 작성, 의결하고 요강에 따라 감사를 실시하던 중 1972년 10월 17일 대통령특별선언에 따라 국회가 해산됨으로써 감사가 중단되어 각 상임위원회 모두 감사보고서를 작성하지 못하였다.

일반국정감사와 특별국정감사는 이때부터 중단되었으며, 1988년부터 국정감사제도가 부활되어 매년 시행되고 있다. 1972년까지는 일반국정감사와 특별국정감사로 나뉘어 감사가 실시되었으나 1988년부터는 그 구분이 없어지고 명칭도 국정감사로 변경되었다.

2. 국정감사(제13대~제15대 국회)

1972년 12월 27일 공포된 유신헌법에 의하여 국회기능 무력화의 상징으로서 폐지되었던 국정감사가 1988년 2월 25일 개정된 헌법에 의하여 16년 만에 부활되어 제13대 국회부터 시작되었다. 앞부분에서 본 것처럼, 일반국정감사의 경우 국정감사보고서가 작성되지 않았거나 본회의에 제출되지 않은 경우가 많았다. 이를 개선하기 위하여 제13대 국회에서 부활된 국정감사제도는 지체 없이 감사 또는 조사보고서를 작성하여 제출하도록 하고 있다. 보고서에는 감사 · 조사의 목적, 활동 기간, 대상기관과 감사 · 조사의 경과와 결과, 처리의견을 기재하고 중요 근거서류를 첨부하도록 하고 있다(국정감사 및 조사에 관한 법률 제15조 제1항 및 제2항). 감사 · 조사결과는 시정요구사항과 처리요구사항, 그리고 건의사항을 주된 내용으로 한다.

국정감사의 실시조건과 제13대 국회 이후 현재까지의 연도별 국정감사 실시현황은 <표 9-9>와 같다.

〈표 9-9〉 국정감사 실시 조건

구분	내용 또는 조건
대상	· 국정전반(국정감사와 조사에 관한 법률 제2조)
실시주체	· 각 상임위원회별로 실시
발동요건	· 법정감사
감사기간	· 법정 기간 20일, 매년 1회 · 정기회 집회일의 다음 날부터 20일간 실시 · 본회의 의결에 의하여 감사 기간 단축은 가능하나 연장 불가
감사방법	· 보고, 서류제출, 증인 등 출석요구 · 청문회 · 검증
감사계획서	· 상임위원장 국회운영위원회와 협의하여 작성
감사대상기관	· 위원회 결정만으로 가능한 당연대상기관과 본회의 승인을 요하는 임의대상기관으로 구분(국정감사와 조사에 관한 법률 제7조)
감사결과처리	· 본회의 보고 · 의결
처리결과 정부이송	· 정부에 시정요구 통보 또는 조치사항 이송 · 정부처리결과 통보

1) 1988년도 국정감사

헌법 제61조와 국회법 제120조, 그리고 1988년 8월 5일 제정된 '국정감사 및 조사에 관한 법률'에 의하여 제13대 국회인 1988년 정기국회부터는 국정감사가 매년 정기적으로 실시되고 있다.

국회는 1988년 10월 5일부터 24일까지 20일간 각 상임위원회별로 1989년도 예산안 심사를 위한 자료 및 정보의 획득을 목적으로 국정감사를 실시하였다.

1988년도 국정감사는 정기회 집회기일 다음 날부터 실시하시 못하고 제144회 국회(정기회) 제1차 본회의(1988. 9. 10)에서 제24회 서울올림픽대회 개최 관계로 감사실시 시기를 변경하기로 의결함에 따라 1988년 10월 5일부터 24일까지 중앙과 지방에 걸쳐 소관상임위원회별로 20일간 실시되었다.

국회가 감사를 실시한 감사대상기관은 상임위원회가 선정한 193개 기관과 본회의가 특히 필요하다고 의결한 371개 기관을 합하여 총 564개 기관이었으며, 실제 감사일수는 감사 기간 중 공휴일 3일을 제외한 17일간이었다.

총감사시간은 1,656시간이며, 서류제출요구는 총 1만 6,222건이었다. 또 증인출석 요구는 총 2,877명이었는데 이 중 22명이 불출석하여 99.4%의 출석률을 보였으며, 자진출석증인 26명을 포함하여 2,881명이 증인으로 출석하였다.

국회는 국정감사 및 조사에 관한 법률 제16조 규정에 의하여 16개 상임위원회가 제출한 1988년도 국정감사결과보고서를 제145회 국회(임시회) 제9차 본회의(1989. 3. 9)에서 일괄 채택하였다.[29]

2) 1989년도 국정감사

1989년도 국정감사는 '국정감사 및 조사에 관한 법률' 제2조 제1항의 규정에 의한 정기회 집회기일 다음 날부터 실시하지 못하고 1989년 9월 11일 제147회 국회(정기회) 제1차 본회의에서 감사준비일정과 보고·서류제출 및 증인출석요구서의 7일 전 송달 등을 감안하여 국정감사 실시시기를 변경하기로 의결함에 따라 1989년 9월 18일부터 10월 7일까지 20일간 중앙과 지방에서 소관상임위원회별로 실시되었다.

국회가 감사를 실시한 감사대상기관은 상임위원회가 선정한 171개 기관과 본회의가 특히 필요하다고 의결한 158개 기관을 합하여 총 329개 기관이었으며, 실제 감사일수는 감사 기간 중 공휴일 4일을 제외한 16일간이었다.

총감사시간은 1,995시간으로 1988년도의 1,656시간에 비하여 338시간 증가하였다. 서류제출요구는 총 2만 4,028건을 요구하였는데 이는 1988년도 서류제출요구건수 1만 6,222건에 비하여 7,806건이 증가한 것이다. 또 증인출석요구는 총 2,798명이었는데 이 중 자진출석증인 23명을 포함하여 2,746명이 출석하였고, 75인이 불출석하여 97.3%의 출석률을 보였다.

국회는 각 상임위원회가 제출한 1989년도 국정감사결과보고서를 제147회 국회(정기회) 제18차 본회의(1989. 12. 19)에서의 결로 일괄 채택하였다.[30]

3) 1990년도 국정감사

1990년 9월 12일 제151회 국회(정기회) 제2차 본회의에서는 야당의원들의 등원거부로, 11월 19일 제10차 본회의에서는 감사준비일정과 교섭단체

---

29) 국회사무처, 『1988년도 국정감사관련통계자료집』(1989), 7쪽.
30) 국회사무처, 『1989년도 국정감사관련통계자료집』(1990), 7쪽.

간 합의에 의한 본회의 일정조정 등으로 각각 실시시기를 변경하기로 의결함에 따라 11월 25일부터 12월 3일까지 9일간 소관상임위원회별로 감사를 실시하였다.[31] 야당의원들의 등원거부로 4개월 만에 국회가 정상화되었으나 국정감사 기간이 실제로는 9일밖에 되지 않았다.

이번 국정감사의 쟁점은 민간방송 지배주주로 선정된 (주)태영의 선정과정 문제였다. 본래 건설회사인 '태영'이 민간방송을 운영할 자격이나 능력 소유 여부, 선정과정에서의 금융상 특혜부여 의혹 등이 논란이 되었다. 국회는 1990년 7월 방송법안을 변칙처리하여 국회를 파행으로 몰았고, 공보처 또한 (주)태영을 민방주주로 선정한 바 있다. 이 문제를 다루기 위하여 국회는 12월 3일 문화공보 · 재무 · 건설위원회에서 민간방송의 지배주주인 '태영'에 대하여 집중적인 감사를 벌였다.

문화공보위원회는 이날 오전 최병렬 공보처장관을 출석시켜 공보처에 대한 감사를 실시하였다. 오후에는 '태영'의 윤세영 회장을 참고인으로 출석시켜 민방주주 선정과정, 배후인물, 사전내락설, 방송경영자 자질문제 등에 대하여 신문하였으나 제기된 의혹을 밝혀내지는 못하였다.[32] 재무위원회에서는 (주)태영과 관련된 자금출처조사를 하지 않는 이유를 추궁하였으나 역시 시원스런 답변은 듣지 못하였다.

11월 25일부터 중앙과 지방에서 소관상임위원회별로 시작된 국정감사는 12월 3일 밤 종료되었다. 이번 감사는 실질적인 감사는 7일간에 그치고 말았다.

감사대상기관은 상임위원회가 선정한 135개 기관이었다. 총감사시간은 1,055시간이었으며, 서류제출요구는 총 1만 4,589건이었는데 이는 1989년도의 서류제출요구건수 2만 4,028건에 비하여 9,439건이 감소한 것이다. 증인출석요구는 총 1,645인이었는데 1,630인이 출석하였으며 15인이 불출석하여 99.3%의 출석률을 보였다.

---

31) 위원회별 국정감사 사정 및 처리사항은 국회사무처, 『1990년도 국정감사결과 사정 및 처리사항(Ⅰ, Ⅱ)』 (1991) 참조.

32) 이날 신문에 앞서 평화민주당의원들이 청문회 개최를 제의하였으나 표결결과 다수인 민주자유당의원들이 반대하여 부결되었다. 이에 따라 윤 회장은 선서도 하지 않는 참고인 자격으로 나와 진술하였기 때문에 진실이 밝혀지기 어려웠다.

국회는 각 상임위원회가 제출한 1990년도 국정감사결과보고서를 제152회 국회(임시회) 제11차 본회의(1991. 2. 8)에서 의결로 일괄 채택하였다.[33]

4) 1991년도 국정감사

1991년도 국정감사는 정기회 집회기일 다음 날부터 실시하지 못하고 1991년 9월 10일 제156회 국회(정기회) 제1차 본회의에서 감사실시 준비일정 등을 감안하여 그 실시시기를 변경하기로 의결함에 따라 1991년 9월 16일부터 10월 5일까지 중앙과 지방에 걸쳐 소관상임위원회별로 20일간 실시되었다.

이번 국정감사는 부실감사, 반쪽감사로 종료되었다. 그 이유는 수서비리와 관련한 한보그룹 정태수 회장에 대한 증인채택문제를 놓고 야당 측이 국정감사를 거부하여 파행으로 막을 내렸기 때문이다.

민주당은 국정감사 종반 정태수 회장의 증인 채택을 요구하였으나 민주자유당은 수서사건이 재판에 계류 중인 점을 들어 이를 거부하였다. 이에 야당 측은 9월 30일부터 감사가 끝나는 10월 5일까지 국정감사를 전면거부함으로써, 20일간의 감사 기간 중 6일 동안 여당의 단독감사가 진행되었다.

민주당은 별도로 당내에 수서비리, 골프장비리, 호화별장비리, 재벌의 농수산물수입과 매점매석, 블랙리스트, 선경에 대한 의약품 허가, 한 씨 총기사망사건 등 7대 쟁점별 진상조사단을 구성하여 현장답사를 하는 등 독자적인 활동을 벌였다.[34] 그러나 예년과 마찬가지로 제출된 자료의 성실성 여부, 수감기관 관계자들의 수감태도 등이 국정감사 진행에 장애가 되었다.

감사대상기관은 상임위원회가 선정한 142개 기관과 본회의가 필요하다고 의결한 137개 기관을 합하여 총 279개 기관이었으며, 실제 감사일수는 감사기간 중 공휴일 5일을 제외한 15일이었다.

총감사시간은 1,150시간이었으며, 서류제출요구는 총 1만 6,854건이었는데 이는 1990년도의 서류제출요구건수 1만 4,589건에 비하여 2,265건이 증

---

33) 국회사무처, 『1990년도 국정감사관련통계자료집』(1991), 5쪽.
34) ≪조선일보≫, 1991년 10월 5일자.

가한 것이다. 증인 출석요구는 총 2,234인이었는데 2,116인이 출석하였으며 국정감사 취소 등으로 증인 신문을 하지 못한 증인이 84인이고, 34인이 불출석하여 98.4%의 출석률을 보였다.

국회는 농림수산위원회를 제외한 16개 상임위원회가 제출한 1991년도 국정감사결과보고서를 제156회 국회(정기회) 제19차 본회의(1991. 12. 17)에서 의결로 일괄 채택하였다.[35]

5) 1992년도 국정감사

1992년도 국정감사는 1992년 9월 14일 제159회 국회 제1차 본회의에서 감사실시 준비일정 등을 감안, 그 실시시기를 변경하기로 의결하여 1992년 10월 15일부터 24일까지 중앙과 지방에서 소관상임위원회별로 실시되었다.

감사대상기관은 상임위원회가 선정한 138개 기관과 본회의가 특히 필요하다고 의결한 152개 기관을 합하여 총 290개 기관이었으며, 실제 감사일수는 감사 기간 중 공휴일 1일을 제외한 9일이었다.

총감사시간은 1,003시간이었으며, 서류제출요구는 총 3만 2,884건이었는데 이는 1991년도의 서류제출요구건수 1만 6,854건에 비하여 1만 6,030건이 증가한 것이다. 증인출석요구는 총 2,266인이었는데 2,232인이 출석하였으며 34인이 불출석하여 출석률은 98.5%였다.

이번 국정감사는 대통령선거를 앞두고 실시되어 시기적 특수성이 작용한 관계로 치밀하게 전개되지 못하였다.

의원들은 사전 국회활동 없이 곧바로 감사를 치른데다가 상임위원회 구성도 늦어져 심도 있는 감사활동을 하기 어려웠다. 법정일수 20일의 절반인 10일간(일요일을 제외하면 9일간) 291개 기관을 파헤친다는 것은 사실상 무리였다.

또 노태우 대통령의 유엔총회연설, 민주자유당 김영삼 총재, 민주당 김대중 대표 등 여야 수뇌부의 뉴욕 방문, 추석 연휴, 야권통합 등의 상황도 부실한 감사의 요인이 되었다. 제2이동통신, 경부고속전철공사, 영종도 신공항

---

35) 국회사무처, 『1991년도 국정감사관련통계자료집』(1992), 1쪽.

공사 등 여러 의혹을 파헤치겠다던 야당 측의 다짐도 다가오는 대통령 선거 분위기에 묻힌 듯하였다.

국회는 재무위원회와 농림수산위원회를 제외한 15개 상임위원회가 제출한 1992년도 국정감사 결과보고서를 제159회 국회 제14차 본회의(1992. 11. 11)에서, 재무위원회와 농림수산위원회는 제16차 본회의(1992. 11. 20)에서 각각 의결, 채택하였다.[36]

6) 1993년도 국정감사

1993년도 국정감사는 1993년 9월 16일 제165회 국회(정기회) 제1차 본회의에서 국정조사기간연장 및 증인출석문제로 의사일정협의가 늦어져 실시시기를 변경하기로 의결하고, 10월 4일부터 23일까지 20일간 중앙과 지방에서 소관상임위원회별로 실시하였다.

이번 국정감사에서 채택된 증인은 모두 84명으로 이는 야당 측이 요구한 증인 수 252명의 30% 선에 불과한 것이다. 더 큰 문제는 중대한 사건의 관련인물들이 대부분 증인에서 누락되어 증언을 통한 의혹입증작업이 불가능한 것이었다.

감사대상기관은 상임위원회가 선정한 143개 기관과 본회의가 특히 필요하다고 의결한 206개 기관을 합하여 총 349개 기관이었으며, 실제 감사일수는 감사 기간 중 공휴일 2일을 제외한 18일간이었다.

총감사시간은 1,818시간이었으며, 서류제출요구는 총 3만 133건이었는데 이는 1991년도의 서류제출요구건수 3만 2,884건에 비하여 2,751건이 감소한 것이다. 증인출석요구는 총 2,586인이었는데 2,552인이 출석하였으며 34인이 불출석하여 98.7%의 출석률을 보였다.

국회는 농림수산위원회를 제외한 15개 상임위원회가 제출한 1993년도 국정감사결과보고서를 제165회 국회(정기회) 제22차 본회의(1993. 12. 17)에서, 농림수산위원회는 제166회 국회(임시회) 제11차 본회의(1994. 3. 4)에서 각

---

36) 국회사무처, 『1992년도 국정감사관련통계자료집』(1993), 1쪽.

각 의결, 채택하였다.[37]

새 정부 출범 후 처음 실시되는 국정감사에 많은 관심이 모였으나 실질적인 검증 작업이 이루어지지 않아 단순한 정책질의로 끝났다. 이러한 결과는 통상적인 상임위원회의 활동과 무엇이 다른 것인가 하는 제도 자체에 대한 의문을 낳게 하였다. 특히 국민적 관심을 모은 율곡사업비리문제는 실체를 제대로 파악하지 못했다는 지적을 받았다.

7) 1994년도 국정감사

1994년도 국정감사는 1994년 9월 10일 제170회 국회(정기회) 제1차 본회의에서 감사준비일정 등을 감안하여 그 실시시기를 변경하기로 의결함에 따라 9월 28일부터 10월 17일까지 20일간 중앙과 지방에서 소관상임위원회별로 실시하였다.

감사대상기관은 상임위원회가 선정한 144개 기관과 본회의가 특히 필요하다고 의결한 198개 기관을 합하여 총 342개 기관이었으며, 실제 감사일수는 감사 기간 중 공휴일 4일을 제외한 16일간이었다.

총감사시간은 1,862시간이었으며, 서류제출요구는 총 3만 6,533건이었는데 이는 1993년도의 서류제출요구건수 3만 133건에 비하여 6,400건이 증가한 것이다. 증인출석요구는 총 2,888인이었는데 2,856인이 출석하였으며 30인이 불출석하여 98.9%의 출석률을 보였다.

국회는 17개 상임위원회가 제출한 1994년도 국정감사결과보고서를 제171회 국회(임시회) 제1차 본회의(1994. 12. 19)에서 각각 의결, 채택하였다.[38]

이번 국정감사에서는 과거 정부를 두둔하던 여당의원들이 적극적이고 공세적인 감사활동을 편 것으로 평가되었다.[39] 그러나 문제제기만 하였을 뿐 끈질긴 추궁과 기초 자료의 부족 등의 이유 때문에 실질적인 행정부 감독 혹은 견제를 하지는 못하였다. 특히 영종도 신공항건설공사 입찰과정에서

---

37) 국회사무처, 『1993년도 국정감사관련통계자료집』(1994), 1쪽.
38) 국회사무처, 『1994년도 국정감사관련통계자료집』(1995), 1쪽.
39) ≪동아일보≫, 1994년 10월 17일자.

정치권의 개입 여부를 추궁하기 위하여 관계자들을 국회로 불러 증인신문을 벌였으나 소기의 성과를 거두지 못한 채 종료되었다.

8) 1995년도 국정감사

제14대 국회의 마지막 감사인 1995년도 국정감사는 정기회 집회기일 다음 날부터 실시하지 못하고 1995년 9월 11일 제177회 국회(정기회) 제1차 본회의 에서 감사실시 준비일정 등을 감안하여 그 실시시기를 변경하기로 의결함에 따라 9월 25일부터 10월 14일까지 20일간 소관상임위원회별로 실시하였다.

국회가 감사를 실시한 기관은 상임위원회가 선정한 161개 기관과 본회의 가 특히 필요하다고 의결한 175개 기관을 합하여 총 336개 기관이었으며, 실제 감사일수는 감사 기간 중 공휴일을 제외한 17일간이었다.

총감사시간은 1,743시간이었으며, 서류제출요구는 총 4만 15건을 요구하 였는데, 이는 1994년도의 서류제출요구건수 3만 6,533건에 비하면 3,482건 증가한 것이다. 증인출석요구는 총 2,653명이었는데 2,621명이 출석하였으 며 26명(6명은 출석 보류)이 불출석하여 98.8%의 출석률을 보였다.[40]

16개 상임위원회가 제출한 '1995년도 국정감사 결과보고서'가 1995년 12 월 2일 제177회 국회(임시회) 제16차 본회의에서 의결처리되었다.

다가오는 제15대 국회의원선거를 의식하지 않을 수 없었기 때문에 대다 수의 상임위원회에서 의원들의 출석률이 80~90%를 넘는 높은 출석률을 보 였다. 또 그동안 국정감사에서 소극적이었던 여당의원들이 적극적인 자세로 감사에 임하는 모습을 보였다. 그러나 몇 가지 의혹사건에 핵심적 인물들이 증인으로 채택되지 못하여 진실규명에는 한계를 보였다.

9) 1996년도 국정감사

제15대 국회의 첫 국정감사인 1996년도 국정감사는 1996년 9월 10일 제

---

40) 국회사무처, 『1995년도 국정감·조사관련통계자료집』(1996), 2쪽.

181회 국회(정기회) 제1차 본회의에서 감사실시 준비일정 등을 감안하여 그 실시시기를 변경하기로 의결함에 따라 1996년 9월 30일부터 10월 19일까지 20일간 소관상임위원회별로 실시하였다.[41]

국회가 국정감사를 실시한 기관은 상임위원회가 선정한 150개 기관과 본회의가 특히 필요하다고 의결한 190개 기관을 합하여 총 340개 기관이었으며, 실제 감사일수는 감사 기간 중 공휴일 등 4일을 제외한 16일간이었다.

총감사시간은 1,765시간이었고, 서류제출요구는 총 4만 1,938건을 요구하였는데 이는 1995년도의 서류제출요구건수 4만 15건에 비하여 1,923건이 증가한 것이다. 증인출석요구는 총 2,942명이었는데 2,898명이 출석하였으며 26명이 불출석하여 98.5%의 출석률을 보였다.

제15대 국회의 첫 국정감사는 '안보정국' 전개 등의 이유로 뚜렷한 성과를 거두지 못하였다. 특히 9월 18일 동해안을 통하여 상륙한 간첩을 소탕하는 작전에서 오인사격으로 인하여 아군장병 5명 이상이 사망하였다는 사실이 폭로되어 최대 쟁점사항으로 부각되었다. 또 감사 도중인 10월 17일 이양호 국방부장관이 '군기밀유출의혹'으로 전격 경질되기도 하였다.

국회는 법제사법위원회를 제외한 15개 상임위원회가 제출한 1996년도 국정감사결과보고서를 1996년 12월 17일 제181회 국회(정기회) 제22차 본회의에서, 법제사법위원회의 1996년도 국정감사 결과보고서는 1997년 2월 18일 제183회 국회(임시회) 제2차 본회의에서 각각 의결, 채택하였다.[42]

예년에 비하여 정책대안 제시, 질의자료의 내실화 등이 언론에 의하여 긍정적으로 평가되었다.

10) 1997년도 국정감사

국회운영위원장이 제출한 '1997년도 국정감사시기 변경의 건'이 1997년 9월 11일 제185회 국회(정기회)에서 가결되었다. 1997년 9월 10일 제185회

---

41) 국회는 그동안 주마간산식으로 전개되어 온 국정감사행태를 시정하기 위하여 제15대 국회부터 '국정감사 사후평가제'를 도입하였다.

42) 국회사무처, 『1996년도 국정감·조사관련통계자료집』(1997), 2쪽.

국회(정기회) 제1차 본회의에서 감사실시준비 기간 등을 감안하여 그 실시시기를 변경하기로 의결함에 따라 감사는 10월 1일부터 18일까지 중앙과 지방에서 소관상임위원회별로 18일간 실시되었다.

감사를 실시한 기관은 상임위원회가 선정한 128개 기관과 본회의가 특히 필요하다고 의결한 170개 기관을 합하여 총 298개 기관이었으며, 실제 국정감사일수는 감사 기간 중 공휴일을 제외한 15일간이었다.

총감사시간은 1,430시간이었으며, 서류제출요구는 총 4만 7,571건으로 1996년도의 서류제출요구건수 4만 1,938건에 비하여 5,633건이 증가하였다. 증인출석요구는 총 2,286인이었는데 2,263인이 출석하였으며 23인이 불출석하여 99%의 출석률을 보였다.

전 조선노동당비서였던 황장엽이 10월 15일 국가안전기획부의 국회정보위원회 국정감사에 출석하여 "북한의 위협에 대비하기 위하여 군대를 강화하여야 한다."고 발언하였다.

국회는 16개 상임위원회가 제출한 1997년도 국정감사결과보고서를 제185회 국회(정기회) 제16차 본회의(1997. 11. 18)에서 각각 채택하였다.[43]

이번 국정감사는 제15대 대통령 선거(1997. 12. 18)를 앞둔 탓에 정쟁성 주제들이 크게 부각되었다. 특히 여당은 야당총재 비자금 관련 의혹을 강력하게 제기하여 '비자금 정국'을 조성하였고, 야당은 이에 반박하는 등 국정감사의 방향이 한쪽으로 치우쳐졌다. 여야가 대통령선거에만 전력투구하다 보니 국정감사는 목적이 아니라 하나의 수단으로 전락하였고, 1998년도 예산안에 대한 심의는 제대로 이루어지기 않았다.

이번 감사에는 기아사태, 경부고속철도건설을 둘러싼 부실공사와 잦은 설계변경에 따른 건설비 증가문제 등 국정현안문제는 소홀히 다루어졌다.

11) 1998년도 국정감사

국회운영위원장이 제출한 '1998년도 국정감사시기 변경의 건'이 1998년

---

43) 국회사무처, 『1997년도 국정감 · 조사관련통계자료집』(1998), 3쪽.

10월 13일 제198회 국회(정기회)에서 가결되었다. 이번 정기회에서는 주요 정치현안에 대한 여야의 입장 차이가 컸기 때문에 회기 시작부터 공전되었다. 이로 인하여 국정감사실시와 관련한 의사일정에 합의를 이루지 못하다가 10월 13일 3당 수석부총무회담에서 감사실시 시기 및 기간에 대한 합의가 이루어져 10월 23일부터 11월 11일까지 중앙과 지방에서 소관상임위원회별로 20일간 감사를 실시하기로 의결하였다.

국회가 감사를 실시한 기관은 16개 상임위원회가 선정한 147개 기관과 본회의가 특히 필요하다고 인정한 181개 기관을 합하여 총 328개 기관이었다. 실제 감사일수는 감사 기간 중의 공휴일 3일을 제외한 17일간이었으며, 이 기간 동안 총감사시간은 1,791시간으로 1997년도의 1,430시간에 비하여 361시간이 증가하였다. 감사위원의 평균 출석률은 88%로서 1997년의 66.5%에 비하여 21.5%가 증가하였다. 서류제출건수는 총 5만 1,735건으로 1997년도 서류제출요구건수 4만 7,571건에 비하여 4,174건이 증가하였다.[44] 증인출석요구는 총 2,749인이었는데 그중 2,708인이 출석하고 41인이 불출석하여 98.5%의 출석률을 보였다. 16개 상임위원회가 제출한 보고서는 제199회 국회(임시회) 제5차 본회의(1999. 1. 5)에서 각각 의결하였다.

이번 국정감사는 증인채택문제를 놓고 여야 간에 힘겨루기가 극심하였지만, 실제로 출석한 증인을 신문하는 과정에서는 새로운 사실을 거의 밝혀내지 못한 채 설전을 벌이다가 끝나는 경우가 많았다. 또 각종 기금과 연금이 제멋대로 운영되어 최악의 상태인 것으로 지적되었다.[45]

각 상임위원장이 제출한 '1998년도 국정감사 결과보고서 채택의 건'(16건)은 1999년 1월 5일 제199회 국회(임시회)에서 가결되었다.

---

44) 국회사무처, 『1998년도 국정감사관련통계자료집』(1999), 3쪽.
45) ≪한국일보≫, 1998년 11월 10일자.

〈표 9-10〉 국정감사 실시 현황(제13대 국회 이후)

연도	감사 기간	감사실시기관			서류제출요구	증인출석요구		참고인출석요구	
		위원회선정	본회의승인	계		출석요구	불출석	출석요구	불출석
1988	10. 5~10. 24	192	371	564	16,222	2,877	22	14	2
1989	9. 18~10. 7	171	158	329	24,028	2,798	75	9	3
1990	11. 25~12. 3	135	-	135	14,589	1,645	15	2	-
1991	9. 16~10.5	142	137	279	16,854	2,234	34	38	2
1992	10. 15~10. 24	138	152	290	32,884	2,296	34	30	3
1993	10. 4~10. 23	143	206	349	30,133	2,584	25	51	3
1994	9. 28~10. 17	143	197	340	36,533	2,888	30	49	-
1995	9. 25~1.014	148	176	324	40,015	2,653	34	82	3
1996	9. 30~10.19	150	181	331	41,938	2,942	26	96	-
1997	10. 1~10.18	128	170	298	47,571	2,286	23	68	4
1998	10.23~11.11	147	181	328	51,745	2,749	41	95	11
1999	9.29~10.18	138	213	351	56,099	2,442	32	161	1

출처: 국회사무처, 『의정자료집』(2000), 548, 561, 574쪽.

12) 1999년도 국정감사

1999년도 국정감사는 '국정감사 및 조사에 관한 법률' 제2조 제1항의 규정에 의하여 제208회 국회(정기회) 제1차 본회의(1999. 9. 10)에서 감사실시 준비일정 등을·감안하여 감사실시 시기를 변경하기로 의결함에 따라 1999년 9월 29일부터 10월 18일까지 20일간 중앙과 지방에 걸쳐 소관상임위원회별로 실시되었다.

총감사시간은 1,808시간으로 1998년도의 1,791시간에 비하여 17시간이 증가하였다. 서류제출요구는 총 5만 6,099건으로 1998년도 서류제출요구건수 5만 1,745건에 비하여 4,354건이 증가하였다. 증인출석요구는 총 2,442명이었는데 그중 32명이 불출석하여 98.7%의 출석률을 보였다.[46] 16개 상임위원회가 제출한 '1999년도 국정감사결과보고서 채택의 건'(196건)은 1999년 12월 28일 제209회 국회 제1차 본회의에서 가결, 채택되었다.

이번 국정감사의 최대 쟁점은 도청 및 불법감청문제였다. 한나라당 이부영 의원은 10월 15일 법제사법위원회 국정감사에서 '국가정보원 감청기구

---

46) 국회사무처 의사국, 『1999년도 국정감·조사관련통계자료집』(2000), 3쪽.

및 감청실태'를 폭로하였다. 이 때문에 법제사법위원회 국정감사에서는 불법감청을 둘러싼 여야 간 공방이 격렬하게 전개되기도 하였다.[47)

3. 국정감사(제16대 – 제17대 국회)

국정감사 및 조사에 관한 법률이 개정되어 제17대 국회 기간인 2006년의 국정감사부터 국회운영·정보·여성가족위원회(겸임 상임위원회)는 정기국회 기간 중 별도로 3일 이내의 기간을 정하여 국정감사를 행할 수 있게 되었다.

〈표 9-11〉 제16대 국회 국정감사 실시 현황

구분	감사기간	감사기관수		증인 출석		참고인 출석		서류제출 요구
		선정	실시	요구	출석	요구	출석	
2004년	10.19–11.07(20일간)	357	355	2614	2550	222	214	66497
2005년	09.10–09.29(20일간)	402	392	2612	2552	199	184	57547
2006년	09.16–10.05(20일간)	365	365	2436	2385	175	170	56974
2007년	09.22–10.11(20일간)	399	364	2489	2393	186	162	49361

자료: 국회사무처, '제16대 국회 경과보고서'(2004), 44쪽.

제17대 국회의 2006년도 겸임상임위원회의 국정감사는 별도로 실시되었다. 국회운영위원회는 11월 6일부터 11월 17일까지 2일간, 정보위원회는 11월 22일부터 11월 24일까지 3일간, 그리고 여성가족위원회는 11월 2일 하루 동안 각각 실시되었다.

2007년도의 겸임상임위원회 국정감사 또한 별도로 실시되었다. 국회운영위원회는 11월 1일부터 11월 2일까지 2일간, 정보위원회는 11월 12일부터 11월 14일까지 3일간, 그리고 여성가족위원회는 11월 6일 하루 동안 각각 실시되었다.

---

47) 국가정보원의 도청 및 불법감청 의혹제기와 관련하여 국가정보원은 10월 19일 동 기관의 기구와 조직내용을 언급한 이부영 원내총무를 공무상 비밀누설과 명예훼손 혐의로 서울지검에 고소하였다.

〈표 9-12〉 제17대 국회 국정감사 실시 현황

구분	감사기간	감사기관수		증인 출석		참고인 출석		서류제출 요구
		선정	실시	요구	출석	요구	출석	
2004년	10.04–10.23(20일간)	457	456	3068	3008	91	73	73695
2005년	09.22–10.11(20일간)	461	461	3162	3073	89	76	70837
2006년	10.13–11.01(20일간)	510	510	3543	3427	90	75	76324
2007년	10.17–11.04(19일간)	488	488	3340	3253	64	52	73061

자료: 국회사무처, '제17대 국회 경과보고서'(2008), 73쪽.

제4절 국정조사

1. 국정조사제도의 연혁

1) 관행적 제도

국정조사에 관해서는 헌법상 명문규정이 없었다. 제정국회법(1948. 10. 2)을 보면 제72조에 "국회는 의안 기타 국정에 관한 사항을 심사 또는 조사하기 위하여 의원을 파견할 수 있다."고 하였고, 제73조에는 "국회로부터 심사 또는 조사하기 위하여 정부 기타의 기관에 대하여 필요한 보고 또는 기록의 제출을 요구할 때에는 이에 응하여야 한다."고 하였다. 또 제74조에는 "국회는 의안 기타 국정에 관한 사항을 심사 또는 조사하기 위하여 증인의 출석을 요구할 때에는 따로 정하는 규정에 의하여 여비와 일당을 지급한다."고 되어 있었다.

이 3개의 조항이 국정조사의 근거로 간주되었다. 그러나 이보다 앞선 1948년 7월 17일 공포된 제정헌법에서는 제43조에 "국회는 국정을 감사하기 위하여 필요한 서류를 제출해야 하며 증인의 출석과 증언 또는 의견의 진술을 요구할 수 있다."고 규정하였다. 앞에서 기술한 제정국회법 제72조, 제73조, 제74조의 규정을 국정조사의 근거라고 본다면 이는 헌법에 없는 근거조항이 된다. 즉 당초에 국회법을 기초한 위원들은 감사나 조사를 같은 의미로 인식하고 사용하였다는 것이다. 법률전문가들이 헌법에도 없는 국정조사제도를 국회법에 두었다고는 생각되지 않기 때문에 결국 당시에는 감사나 조사가 같은 의미, 같은 기능을 갖는 용어로 사용되었다고 볼 수 있다.

<표 9-13> 국정조사제도의 변천

국 회	국정조사		
	헌 법	국회법	국정감사 · 조사법
제헌	-	근거조항신설(1948. 10. 2)	-
제8대	-	근거조항폐지(1973. 2. 27)	-
제9대	-	근거조항부활(1975. 7. 26)	-
제10대~국가보위입법회의	근거조항신설(1980.10.27)	구체적인 절차규정(1981. 1. 29)	-
제13대	-	구체적인 절차를 '국정감사 및 조사에 관한 법률'에 위임(1988. 6. 15)	'국정감사 및 조사에 관한 법률' 제정(1988. 8. 5)

2) 제도 신설

국정조사제도는 헌법상에 명확한 근거규정 없이 제헌국회부터 제8대 국회까지 국회법의 규정에 의하여 시행되어 왔다. 그 후 제4공화국 헌법과 국회법에서 국정조사제도가 폐지되었다가 제9대 국회기간 중에 국회법(1975. 7. 26) 국정조사 근거조항이 부활되었다. 제5공화국 헌법(1980. 10. 27)에 의하여 최초로 헌법에 국정조사 제도가 명시되었으며, 1981년 1월 29일 국회법 개정 시 그 주요 절차가 규정되었다. 그 후 제6공화국 헌법(1987. 10. 29)에서 국정감사권이 부활되어 국정조사권과 함께 규정되었다. 제6공화국 제13대 국회 초에 국회법이 개정(1988. 6. 15)되어 국정조사에 관한 구체적 사항은 따로 법률로 정함에 따라 '국정감사 및 조사에 관한 법률'(1988. 8. 5)이 제정되어 현행과 같은 국정조사제도가 정착되었다.

제헌국회부터 제12대 국회까지의 국정조사는 헌법과 국회법에 의한 국정감사를 뒷받침하기 위하여 실시되었으며, 이때의 국정조사는 제5공화국 헌법에 의하여 '국정감사 및 조사에 관한 법률'이 제정됨에 따라 실시되었다.

2. 국정조사의 절차

국정조사는 '국정감사 및 조사에 관한 법률'에서 정하는 바에 따라 국정사
안을 조사하기 위하여 수시로 실시되는데 그 절차는 <표 9-14>와 같다.

<표 9-14> 국정조사 절차

순 서	절 차	설 명
1	국정조사 요구	재적의원 4분의 1 이상의 요구, 조사요구서 제출
2	본회의 보고	의장이 각 교섭단체 대표의원과 협의
3	조사위원회 (특별위원회 또는 해당 상임위원회) 확정	조사위원회가 조사계획서를 작성하여 제출(본회의 필요)
4	조사계획서 제출	조사위원회가 조사계획서를 작성하여 제출(본회의 필요)
5	본회의 승인	조사계획서를 본회의 의결로 반려 가능
6	국정조사 실시	조사위원회의 국정조사
7	국정조사보고서 제출	조사위원회는 국정조사보고서를 의장에게 제출
8	본회의 의결	본회의 의결로 조사결과 처리
9	시정요구 · 이송	정부 또는 해당기관에 시정요구를 통보하거나 조치사항을 이송
10	처리결과 보고	정부 또는 해당기관은 처리결과를 국회에 서면보고

3. 국정조사제도의 특징

1) 대상범위의 특정성

대상범위가 포괄적인 국정감사와는 달리 국정조사는 특정한 사안이나 개
별적 사항에 한정하여 조사를 행한다(국정감 · 조사법 제3조). 대상기관은 위
원회 의결로 정한다.

2) 실시시기의 수시성

국정감사는 매년 정기국회 회기 내에 한정하여 감사를 실시하는 데 반하
여 국정조사는 재적의원 4분의 1 이상의 요구가 있는 경우 특별위원회 또는
상임위원회가 국정의 특정사안에 관하여 조사할 수 있다. 국회가 폐회 또는

휴회 중인 경우에는 조사요구서에 의하여 국회의 집회 또는 재개의 요구가 있는 것으로 본다. 조사 기간은 조사계획서에서 정한 기간이지만 이를 연장하고자 할 때에는 본회의의 의결을 필요로 한다. 실시시기는 교섭단체가 협의하여 결정한다.

3) 특별위원회 중심

국정감사는 상임위원회가 주체가 되어 실시하지만 국정조사는 특별위원회를 설치하여 조사하되, 경우에 따라서는 해당 상임위원회가 주체가 되기도 한다.

4) 청문회 개최

국정조사가 발동되는 경우 대부분 청문회를 개최한다.

제5절 국정조사 실시현황(제13대 국회 이후)

국정조사특별위원회는 제13대 국회 이전까지는 국회 본회의의 의결을 거쳐 구성하였으나, 1988년 8월 5일 '국정감사 및 조사에 관한 법률'이 제정된 이후에는 국회의장이 각 교섭단체 대표의원과 협의하여 그 위원의 수를 정하되 교섭단체 의원 수의 비율에 따라 구성한다. 다만, 조사에 참여하기를 거부하는 교섭단체의 의원은 제외할 수 있도록 하였다(동법 제4조). 이 사례로는 IMF환란원인규명과 경제위기진상조사를 위한 국정조사특별위원회가 있다. 1999년 1월 6일 제199회 국회(임시회) 제6차 본회의에서 국정조사를 시행할 특별위원회를 구성하기로 의결하고 위원회 명칭을 'IMF환란원인규명과 경제위기진상조사를 위한 국정조사특별위원회'라고 정하였다. 위원의 수는 20인(한나라당 9인, 새정치국민회의 7인, 자유민주연합 4인)으로 하였으나 한나라당은 소속위원명단을 제출하지 않아 위원선임이 이루어지지 않았다. 따라서 동 위원회는 여당인 새정치국민회의와 자유민주연합소속위원들로 위원회를 구성하여 조사를 진행하였다.

1. 제13대 국회의 국정조사

국정조사는 제헌 이래 국회의 당연한 권한으로 시행되어 오고 있었으나, 제11대 국회와 제12대 국회를 거치는 동안 총 19건(제11대 8건, 제12대 11건)의 국정조사 발의가 있었지만 단 1건도 발동되지 않았다.

제13대 국회에서는 모두 4건의 국정조사요구가 있었는데 그중 2건은 제13대 국회임기가 만료됨에 따라 보고서를 채택하지 못하였고, 다른 2건은 본회의에서 보고서가 채택되었는데 그 결과는 <표 9-15>과 같다.

〈표 9-15〉 제13대 국회 국정조사 실시 현황

| 회별 | 국정조사 | | | 본회의 | | 조사위원회 | 조사 기간 | 조사결과 보고 |
	요구일	요구자	건명	보고	계획서 승인			
	1988. 6.21	김윤환, 김원기, 최형우, 김용채 의원 외 183인	양대선거부정조사특위구성결의안	1988. 6.27	1988. 6.27	양대선거부정조사특위	1988.7.8~ 1990.11.17	임기만료로 조사결과보고서 채택하지 못함
142	1988. 6.27	국회운영위원장	5·18광주민주화운동진상조사특위구성결의안	〃	〃	5·18광주민주화 운동진상조사특위	1988.7.7~ 1990.7.14	〃
	1988. 6.21	김윤환, 김원기, 최형우, 김용채 의원 외 186인	제5공화국에서의 정치권력형 비리조사특위구성결의안	〃	〃	제5공화국의 정치권력형 비리조사특위	1988.7.8~ 1992.5.29	1990.7.14
146	1989. 5.22	김윤환, 김원기, 최형우, 김용채 의원 외 288인	조선대생 이철규 군 변사사건에 관한 국정조사요구	1989. 5.23	1989. 5.27	조선대생 이철규 군 변사사건조사특위	1989.5.29~ 1990.6.27	1990. 7. 14

제13대 국회 제142회 국회 기간 중 실시한 3건의 국정조사는 '국정감사 및 조사에 관한 법률'이 제정되기 전에 실시되어 동법 부칙 제2항 규정에 의하여 별도의 국정조사요구 및 계획서 승인의 절차를 거치지 않아 요구일

은 특위구성결의안의 요구일자를, 본회의 보고 및 계획서 승인일은 특위구
성결의안의 보고 및 승인일을, 조사 기간은 특위활동일을 기준으로 하였
다.[48]

2. 제14대 국회의 국정조사

제14대 국회임기 동안 모두 4건의 국정조사가 실시되었다. 그중 1건은 여
야 간 증인채택문제 등의 이견으로 조사활동을 마무리하지 못하였고, 1건은
조사결과보고서가 본회의에서 처리되지 못하였다. 나머지 2건은 조사결과보
고서가 본회의에서 채택되었는데 채택된 2건은 공직자세금부정사건과 삼풍
백화점붕괴사건으로서 1995년에 조사가 모두 종료되었다.

공직자세금부정사건국정조사는 1994년 12월 15일 신기하 의원 외 102인
의 요구로 12월 23일 제171회 국회(정기회) 제2차 본회의에서 조사계획서가
승인됨에 따라 1995년 1월 11일부터 25일까지 15일간 실시하였다. 1995년
12월 2일 제177회 국회(정기회) 제16차 본회의에서 국정조사결과보고서가
채택되었다.

삼풍백화점붕괴사건국정조사는 1995년 7월 7일 현경대, 신기하, 한영수
의원 외 282인의 요구로 7월 12일 제176회 국회(임시회) 제7차 본회의에서
조사계획서가 승인됨에 따라 1995년 7월 12일부터 8월 11일까지 31일간 실
시하였다. 1995년 9월 18일 제177회 국회(정기회) 제2차 본회의에서 국정조
사결과보고서가 채택되었다.

---

48) 국회사무처, 『의정통계집』(1996), 246쪽.

〈표 9-16〉 제14대 국회 국정조사 실시 현황

회별	국정조사			본회의		조사위원회	조사 기간	조사결과 보고
	요구일	요구자	건명	보고	계획서 승인			
162	1993. 7.12	김태식 의원 외 101인	12 · 12 군사쿠데타, 율곡비리, 평화의댐건 설진상조사를 위한 국 정조사요구	1993. 7.13	1993. 8.30	국방위원회, 건설위원회	1993.8.31~ 1993.9.10	여야 간 증인채 택문제 등 이견 으로 조사활동 마무리 못 함
167	1994. 4.15	이한동, 김태식 의원 외 266인	상무대공사대금일부 정치자금유입의혹사 건의 진상조사를 위 한 국정조사요구	1994. 4.18	1994. 5.21	법제사법위원회	1994.5.21~ 1994.6.19	결과보고서 처리 되지 못함
170	1994. 12.16	김태식 의원 외 102건	공직자세금부정사건 국정조사요구	1994. 12.17	1994. 12.23	내무위원회	1995.1.11~ 1995.1.25	1995.12.2 채택
176	1995. 7.7	현경대, 신기하, 한영수 의원 외 282인	삼품백화점붕괴사건 에 대한 국정조사요구	1995. 7.8	1996. 7.12	삼품백화점붕괴 사건조사특위	1995.7.12~ 1995.8.11	1995.9.18 채택

3. 제15대 국회의 국정조사

제15대 국회에서는 본회의에 보고된 22건의 국정조사요구 중 모두 4건의 국정조사를 실시하였다. 그중 3건은 조사활동을 벌였으나 국회 본회의에서 조사결과보고서를 채택하지 못하였고, 유일하게 'IMF환란원인과 경제위기진 상조사를 위한 국정조사'만이 조사결과보고서를 채택할 수 있었다.

1) 제15대 국회의원 총선거에 있어서 공정성시비가 있는 사안에 대한 국정조사

1996년 7월 6일 박상천 · 이정무 의원 외 126인으로부터 요구되어 7월 8 일 제180회 국회(임시회) 제1차 본회의에 보고 후 7월 16일 국정조사특별위 원회를 구성, 국정조사계획서 작성을 위하여 6차의 전체회의를 가졌으나 조 사범위에 대한 여야 간 이견을 좁히지 못하여 국정조사활동을 시작하지도 못한 채 종료되었다.49)

---

49) 국회사무처, 『1996년도 국정감 · 조사관련통계자료집』(1997), 2쪽.

2) 한보사건국정조사

1997년 2월 14일 서청원·박상천·이정무 의원 외 277인으로부터 요구되어 2월 18일 국정조사특별위원회를 구성하였다. 1997년 3월 18일 제183회 국회 제15차 본회의에서 국정조사계획서를 승인함에 따라 3월 21일부터 5월 4일까지 45일간 실시되었다. 그러나 국정조사결과보고서를 채택하지 못한 채 종료되었다.[50] 모두 41명에 대한 출석요구가 있었으나 그중 38명이 출석하였고 불출석 3명, 기타 1명이었다.

3) IMF환란원인과 경제위기진상조사를 위한 국정조사

1998년 12월 10일 한화갑, 구천서 의원 외 155인(IMF환란원인과 경제위기진상조사를 위한 국정조사요구서)과, 1998년 12월 12일 박희태 의원 외 136인(환란 및 경제위기의 원인규명과 대책에 관한 진상조사를 위한 국정조사요구서)으로부터 각각 요구되었다. 이에 따라 1999년 1월 7일 국정조사특별위원회를 구성(3개 교섭단체 중 한나라당은 위원선임 요청을 하지 않아 새정치국민회의와 자유민주연합소속위원 11인으로 구성)하고, 이날 제199회 국회(임시회) 제7차 본회의에서 국정조사계획서를 승인함에 따라 1월 15일부터 2월 13일까지 30일간 실시되었다. 국정조사결과보고서는 1999년 4월 7일 제202회 국회(임시회) 제7차 본회의에서 채택되었다.

4) 한국조폐공사파업유도 진상조사를 위한 국정조사

1999년 6월 9일 이부영 의원 외 132인(한국조폐공사파업유도진상조사를 위한 국정조사요구서)과 1999년 6월 10일 손세일·강창희 의원 외 155인(한국조폐공사노동조합파업유도설의 진상조사를 위한 국정조사요구서)으로부터 요구되어 1999년 7월 30일 국정조사특별위원회를 구성하였다. 8월 13일 제206회 국회(임시회) 제4차 본회의에서 국정조사계획서를 승인함에 따라 8월 14일부

---

50) 국회사무처, 『1997년도 국정감·조사관련통계자료집』(1998), 117쪽.

터 9월 3일까지 21일간 실시되었다. 그러나 한국조폐공사파업유도 진상조사를 위한 국정조사특별위원회는 1999년 9월 15일 전체회의를 열고 '국정조사결과보고서 채택의 건'을 상정하고 국정조사결과보고서 작성소위원회에서 작성한 결과보고서의 시정 및 처리요구사항 중 '구조조정반대파업의 불법성 문제 삭제 여부 및 보완' 등의 문제와 '옥천조폐창 원상회복' 추가문세에 대하여 논의하던 중 정회된 후 속개되지 않아 국정조사결과보고서는 채택되지 않았다.

이 사건의 발단은 진형구 대검공안부장이 1999년 6월 초 사석에서 취중에 "한국조폐공사의 파업은 우리가 만들었다. 공기업에서 파업이 일어나면 검찰이 이렇게 한다는 것을 보여주려고 했다."는 내용의 발언을 한 것에서 비롯되었다.[51] 진형구 부장의 취중발언으로 불거진 검찰의 조폐공사파업유도 의혹에 대해 특히 노동계는 검찰의 파업개입 의혹을 노동운동에 대한 탄압으로 규정하고 정부에 대하여 강경한 입장을 취하였다.

1999년 9월 20일 검찰의 조폐공사파업유도 의혹을 조사하기 위하여 특별검사제가 도입, 시행되었다. 조사결과 1998년에 발생한 조폐공사파업에 앞서 강희복 조폐공사 사장이 진형구 전 대검공안부장과 자주 접촉하였음이 밝혀졌다.

강원일 특별검사팀은 1999년 12월 11일 오후 7시 강희복 전 사장을 업무방해와 노동조합 및 노동관계조정법, 노동자참여 및 협력증강에 관한 법률 위반혐의로 구속하고 서울구치소에 수감시켰다. 특별검사팀은 12월 12일 진형구 전 대검공안부장을 다시 불러 강희복 사장의 파업유도과정에 검찰 등 국가기관이 직접 개입했는지를 추궁하였다.

5) 언론문건진상규명을 위한 국정조사

1999년 11월 15일 박상천·이긍규·이부영 의원 외 288인(언론문건진상규명을 위한 국정조사요구서)으로부터 요구되어 1999년 11월 17일 국정조사특별위원회가 구성되었으나, 언론문건진상규명을 위한 국정조사특별위원

---

51) 재야관계자들은 1999년 6월 1일 김태정 전 법무부장관과 진형구 전 공안부장 등을 직권남용과 업무방해 등의 혐의로 고발하였다.

회 전체회의에서 증인선정문제 등 여야 간 이견으로 동 위원회에서 조사계획서를 의결하지 못하였다. 그로부터 20일이 지나도록 국정조사는 착수되지 않았고, '언론장악음모의혹' 사건에 대한 국정조사는 실시되지 못하였다.

<표 9-17> 제15대 국회 국정조사 실시 현황

| 회별 | 국정조사 | | | 본회의 | | 조사위원회 | 조사 기간 | 조사결과 보고 |
	요구일	요구자	건명	보고	계획서 승인			
180	1996. 7.6	박상천, 이정무 의원 외 126인	제15대 국회의원총선거에 있어서 공정성시비가 있는 시안에 대한 국정조사요구	1996. 7.8	1996. 7.27	제15대 국회의원총선거에 있어서 공정성시비가 있는 사안에 대한 국정조사특위	1996.8.10～9.9(업무보고만 실시)	채택 못함(임기만료 폐기)
183	1997. 2.14	서청원, 박상천, 이정무 의원 외 277인	한보시건국정조사특별위원회	1997. 2.17	1997. 3.18	한보사건국정조사특별위운회	1997.3.21～5.4(45일간)	채택 못함(임기만료 폐기)
198	1998. 12.10	한화갑, 구천서 의원 외 155인	IMF환란원인규명과 경제위기진상조사를 위한 국정조사연구	1998. 12.11	1999. 1.7	IMF환란원인규명과 경제위기진상조사를 위한 국정조사특위	1999.1.15～1999.2.13(30일간)	1999.4.7(여당 단독처리)
204	1999. 6.9	이부영 의원 외 132인	한국조폐공사파업유도진상조사를 위한 국정조사요구	1999. 6.10	1999. 8.13	한국조폐공사파업유도진상조사를 위한 국정조사특위	1999.8.14～1999.9.3	여야 간 이견으로 채택 못함(임기만료 폐기)
208	1999. 11.15	박상천, 이긍규, 이부영 외 288인	언론문건진상규명을 위한 국정조사요구	1999. 11.15	채택 못함	언론문건진상규명을 위한 국정조사특위	조사 착수 못함	(임기만료 폐기)

4. 제16대 국회의 국정조사

제16대 국회 기간 중 모두 4건의 국정조사가 실시되었다. 그러나 국정조사보고서는 1건도 채택되지 않음으로써 여야 간의 대립이 컸으소, 이해관계가 달랐음을 보여주었다.

1) 한빛은행대출 국정조사

2000년 10월 12일 정균환·정창환 의원 등 250인에 의해 국정조사가 요구되어 11월 8일 '한빛은행대출관련의혹사건등의 진상조사를 위한 국정조사특별위원회가 구성되었다. 12월 19일 동 위원회에서 국정조사계획서가 채택되고 그 다음날 본회의에서 승인되었다. 12월 21일부터 2001년 1월 31일까지 약 40일간 조사를 행하였다. 그러나 본회의에서 국정조사결과보고서는 채택되지 않았다.

2) 공적자금 운용실태 국정조사

2000년 12월 1일 정균환 의원 등 251인에 의해 국정조사가 요구되어 12월 23일 '공적자금의 운용실태 규명을 위한 국정조사특별위원회'가 구성되었다. 국정조사계획서는 12월 26일 동 위원회에서 채택되고 12월 27일 본회의에서 승인되었다. 12월 27일부터 2001년 1월 31일까지 1개월여의 기간 조사활동을 하였으나 본회의에서 국정조사결과보고서는 채택되지 않았다.

3) 언론사태 진산규명 국정조사

2001년 6월 25일 이재오 의원 등 132인에 의해, 또 2001년 8월 20일 강성구 의원 등 113인에 의해 국정조사가 요구되어 8월 21일 '최근 일련의 언론사태 진상규명을 위한 국정조사특별위원회'가 구성되었다. 그러나 국정조사계획서가 동 위원회에서 채택되지 못함으로써 조사활동을 하지 못하고 위원회는 소멸되었다.

4) 공적자금 국정조사

2002년 1월 29일 이재오 의원 등 135인에 의해 국정조사가 요구되어 8월 30일 '공적자금 국정조사특별위원회'가 구성되었다. 국정조사계획서는 9월 2일 위원회와 본회의에서 각각 채택, 승인되어 당일부터 위원회에서 국정조사결과 보고서가 채택될 때까지 활동하였다. 그러나 결국 보고서가 채택되지 않음으로써 동 위원회는 소멸되었다.

5. 제17대 국회의 국정조사

제17대 국회 기간 중 2간의 국정조사를 실시하였다.

1) 이라크 한국인 피살사건 국정조사

2004년 6월 28일 천정배 · 김덕룡 의원 등 98인에 의해 국정조사가 요구
되어 이틀 후인 6월 30일 '이라크 내 테러집단에 의한 한국인 피살사건관련
진상조사특별위원회'가 구성되었다. 동 위원회는 7월 5일 조사계획서를 채
택하여 동일 본회의에서 승인을 받았다. 조사기간은 7월 5일부터 8월 4일까지
1개월간이었으며, 8월 23일 본회의에서 국정조사 결과보고서가 채택되었다.

2) 쌀 관세화 유예연장협상 국정조사

2005년 4월 22일 권오을 · 김영덕 의원 등 148인에 의해 국정조사가 요구
되어 5월 4일 '쌀 관세화 유예연장협상실태규명을 위한 국정조사특별위원
회'가 구성되었다. 이 위원회는 구성 당일 바로 조사계획서를 위원회와 본
회의에서 각각 채택, 승인받았으며 5월 12일부터 6월 15일까지 1개월여의
기간 국정조사를 실시하였으나 본회의에서 결과보고서가 채택되지 않았다.

제6절 국정감사 · 국정조사 일원론

앞에서 국정감사 · 국정조사 활동경과를 살펴보았는데 이 제도들이 제 기능
을 다하고 있는지는 의문이다. 국정감사와 국정조사는 본래 하나의 제도였어
야 한다는 전제하에 그 통합운용을 강조한 이 글에서는 "국정감사는 그 폭은
넓지만 얕은 수준의 국정감시 혹은 감독활동이고, 국정조사는 그 폭은 좁지만
깊은 수준의 국정감시 혹은 조사활동"이라고 영역개념을 설정하고자 한다.

1. 국정감사 · 국점조사를 분립시킨 법조문

> **헌법**(1948. 7. 17) 제43조 국회는 국정을 감사하기 위하여 필요한 서류를 제출하게 하며 증인의 출석과 증언 또는 의견의 진술을 요구할 수 있다.
> **국회법**(1948. 10. 2) 제72조 국회는 의안 기타 국정에 관한 사항을 심사 또는 조사하기 위하여 의원을 파견할 수 있다. 제73조 국회로부터 심사 또는 조사하기 위하여 정부 기타의 기관에 대하여 필요한 보고 또는 기록의 제출을 요구할 때에는 이에 응하여야 한다. 제74조 국회는 의안 기타 국정에 관한 사항을 심사 또는 조사하기 위하여 증인의 출석을 요구할 때에는 따로 정하는 규정에 의하여 여비와 일당을 지급한다.

위의 헌법 조문을 보면 "국회는 국정을 감사하기 위하여 ……."라고 되어 있다. 개인적인 판단으로는 오늘날 국정감사와 국정조사가 분리되어 별개의 제도로서 시행되고 있는 원인은 바로 이 부분에 있다고 보인다. 즉 이 부분을 기초할 때 헌법기초위원들이 외국의 헌법이나 의사규칙을 참조하면서 'investigation'을 '조사'라고 하지 않고 '감사'라고 번역한 것으로 보인다.

헌법에 국정감사제도가 포함되기는 하였으나 헌법초안 작성 당시 그들은 정부의 안정을 염두에 두었다. 즉 어떻게 하면 행정권이 흔들리지 않고 안정된 기초 위에서 강력한 정치를 추진해 나갈 수 있겠느냐 하는 것이 최대의 관심사였다.[52] 국정사안에 대한 조사로 정부를 곤경에 몰아넣을 수 있는 수준의 제도적 힘을 부여하지 않음으로써 국정감사를 다만 감사에 그치도록 한 것이다.

헌법이 공포된 지 40일 정도가 지난 10월 2일 국회법이 제정, 공포되었는데 국정감사와 관련된 조항을 보면 제72조, 제73조, 제74조에 "국회는 의안 기타 국정에 관한 사항을 심사 또는 조사하기 위하여 ……."라고 되어 있다. 헌법상에는 '감사'라는 표현으로 되어 있으나 국회법상에는 '감사'가 아닌 '심사' 또는 '조사'라는 표현이 사용되었다.[53] 국회법상의 이러한 표현은

---

52) 국회사무처, 「제헌국회의 개요」, ≪국회보≫ 제44호 부록, 13쪽.

53) 국어사전에서 '감사'는 '감독하고 검사함'이라고 되어 있고, '조사'는 '(어떤 사실의 내용을) 뚜렷하게 알기 위하여 자세히 살펴보거나 찾아봄'이라고 되어 있다.

1963년 개정된 국회법까지 계속되다가 1973년 국회법에서 제도 자체가 폐지됨에 따라 삭제되었다.

국정감사제도와 국정조사제도는 그 운영과정에는 많은 차이가 있으나, 성격과 기능, 실시방법, 실시장소 등은 거의 동일하다. 국정조사는 정치적 여건에 따라 여야합의가 없는 한 시행될 수 없는 반면 국정감사는 헌법과 법률에 의하여 매년 정기국회 기간 중 의무적으로 행하도록 되어 있을 뿐 아니라 그 대상도 국정전반에 관하여 모든 상임위원회가 감사에 임할 수 있다.

2. 국정감사 · 국정조사 일원론의 근거

헌법(1987. 10. 29)제61조 ① 국회는 국정을 감시하거나 특정한 국정사안에 대하여 조사할 수 있으며, 이에 필요한 서류의 제출 또는 증인의 출석과 증언이나 의견의 진술을 요구할 수 있다. ② 국정감사 및 조사에 관한 절차 기타 필요한 사항은 법률로 정한다.

국회에서의 증언 · 감정 등에 관한 법률(1954. 9. 23) 제1조(목적) 본 법은 · 국회에서 의안 기타 사안의 심사나 조사 또는 국정에 관한 조사에서 정확한 증거를 수집함을 목적으로 한다.

국회에서의 증언 · 감정 등에 관한 법률(2000. 2. 16) 제1조(목적) 이 법은 국회에서의 안건심의 또는 국정감사나 국정조사와 관련하여 행하는 보고와 서류제출의 요구, 증언 · 감정 등에 관한 절차를 규정함을 목적으로 한다.

1) 국정조사에 관한 현행법 조문과 전문가들의 견해

현행 헌법하에서도 국정감사권을 '강화된 국정조사권'으로 보거나 국정감사권과 국정조사권은 본질, 주체, 방법과 절차, 그리고 한계와 효과 면에서 동일한 것이며, 단지 그 시기와 기간, 범위에서만 차이가 있을 뿐이라는 것이 일반적인 견해이다. 즉 국정감사는 국정전반을 대상으로 정기적으로 행하는 '정례일반' 국정조사이지만, 국정조사는 특정한 국정사안을 대상으로

부정기적 혹은 수시로 행하는 '부정기적 특정' 국정조사라는 점에서 다르다는 것이다.[54] 다만 실제 운영상에서 국정조사권은 발동시기가 특별히 정해져 있지 않아 그 발동시기에 탄력성을 갖는다.

국정조사는 여야 간 이해관계가 첨예하게 대립되면 활동을 개시하지 못하거나, 조사활동을 하여도 본회의에서 조사결과보고서를 채택하지 못하는 경우가 있다. 국정감사 또한 단기간 내에 수많은 피감기관을 상대로 감사활동을 벌여야 하기 때문에 많은 경우 부실감사를 범할 우려가 있다.

'국회에서의 증언·감정 등에 관한 법률' 제1조와 같은 규정은 오랫동안 문제점으로 지적되어 왔었고 학자들도 이 양자에 대한 개념(본질)구분을 명확히 한 바가 없으며 대체로 양자를 동일한 개념으로 수용하였다. 문제는 헌법기초위원이었던 유진오 박사를 비롯한 한국의 헌법학자들 대부분이 국정감사를 국정조사로 보았다는 것이다.[55] 본질적으로 국정감사권과 국정조사권의 구분이 없었던 것이다.[56]

또 의회정치학자 중에도 흔히 '국정조사권'이라고 번역되는 investigative power를 '국정감사권'으로 번역하여 사용하는 경우가 있다.[57] 국정감사와 국정조사가 별개로 행해지는 나라가 없기 때문에 한국의 헌법기초위원들이 처음부터 국정감사와, 국정조사를 별개의 제도로 생각하지는 않았을 것으로 보인다.

국정감사제도는 의회가 갖고 있는 국정조사일 것이라는 견해가 있다. 의회주의가 발달한 여러 국가의 국정조사권은 목적하는 바에 따라 세 가지로 나뉘는데 첫째는 국가의 중요정책입안을 위한 입법보조행위로서의 '입법조사'이고, 둘째는 의회의 일반 국정업무에 대한 감독행위기능으로서의 '정치조사'이며, 셋째는 선거에서 당선에 이르기까지 선거에 관한 조사와 심리를 하는 '선거조사'이다. 제8대 국회 국회운영위원회 문태준 위원장은 당시 헌

---

54) 권영성, 『헌법학원론』(서울: 법문사, 1999), 805쪽.

55) 문홍주, 「국회의 국정감사의 본질」, ≪정경연구≫(1965. 5), 65쪽, 유진오, 『헌법기초회고록』(서울: 일조각, 1980), 이규복, 「국회의 국정감사권의 비교법적 고찰(1)」, ≪법정≫ 제84호(1956. 4), 28~34쪽.

56) 국정감사와 국정조사의 변천과정상 국정감사권과 국정조사권을 구분해서 함께 규정한 현행 헌법은 결코 동일한 사항을 그 규율대상으로 볼 수 없다는 견해, 즉 국정감사·국정조사 이원론을 수용하는 견해로는 허영, 『한국헌법론』(서울: 박영사, 2000), 874~875쪽 참조.

57) 예를 들면 최요환, 『의회정치의 이론과 실제』(서울: 법문사, 1987), 139~142쪽.

법 제57조의 국정감사조항이나 국정감사법 또는 국회법 제124조의 국정조사조항은 의회가 갖는 국정조사에 관한 권한의 행사에 대하여 규정한 것이라고 보았다.[58] 용어상으로는 국정감사이지만 실제로는 국정조사라는 뜻이다. 결국 한국의 '국정감사'는 외국의 입법례에 비추어 볼 때 '국정조사'를 말하는 것이다.

국정감사와 국정조사를 굳이 별개의 것으로 분리하여 취급할 필요는 없다는 주장은 꽤 오래전부터 제기되어 왔다.[59] 그럼에도 불구하고 그동안 두 제도의 통합운용보다는 독립된 제도를 각기 보완하여 운용하여 온 것이 사실이다. 여러 가지 정황으로 미루어 볼 때 결국 국정조사제도와 국정감사제도는 별개의 제도로 존재할 이유가 없는 것으로 생각된다. 이제 국회는 연중 상시국회체제로 운영되기 때문에 국정감사의 기능을 국정조사로 옮겨 본회의 혹은 위원회의 결의만 있으면 언제든지 특정사안이나 특정부처에 대하여 조사 및 자료수집을 할 수 있어야 한다.

2) 국정조사위원회법안 발의의 취지

국정감사와 국정조사 별립의 의미가 없다고 판단되는 또 하나의 자료는 비약이 될지는 모르겠으나 국정조사위원회법안의 발의와 그 취지에 있다.

한병채·김인기·이충환 의원 외 54인이 1975년 6월 30일 국정조사위원회법안을 발의하였다. 이 법안은 1979년 3월 11일 제9대 국회의 임기만료로 자동 폐기되었으나 국정감사·국정조사가 폐지된 후 의원들이 국정감사의 부활보다는 국정조사의 부활을 먼저 시도하였다. 무엇보다도 <표 9-18>에 제시된 제안 이유와 주요 골자의 내용에서 국정감사와 국정조사의 경계가 없다는 것을 알 수 있다. 현행제도처럼 국정감사와 국정조사에 경계선을 긋고 마치 신성불가침의 독립된 제도로 보는 것은 제도적 틀 속에 사고를 구속시키는 결과를 낳을 뿐이다.

---

58) 문태준, 「일반국정감사에 대한 개선점」, ≪국회보≫(1971. 9), 13~19쪽.
59) 신현직, 「국정감사권과 국정조사권」, 박동서·김광웅 공편, 『의회와 행정부』(서울: 법문사, 1989), 265~266쪽.

〈표 9-18〉 국정조사위원회법안

법률안건명	제안일자	본회의 의결일	공포일자
	제안자	처리결과	
국정조사위원회법안	1975. 6. 30 한병채 · 김인기 · 이충환 의원 외 54인	1979. 9. 11 임기만료 폐기	

제안 이유: 의회제도는 국왕의 부당한 징세와 예산남용으로 인한 국민의 약탈을 견제하고자 국정(국왕)을 사전사후에 감독하기 위하여 발생된 것임은 1215년 영국대헌장이 명시하고 있는바, 그로부터 현재 의회제도를 채택하고 있는 나라는 어느 나라이든 입법 및 예산결산에 대한 국정감사를 갖지 아니한 의회는 없으며 국회의 예산 · 결산의 감독권의 유무는 실질적인 국회의 존재유무와 관계되는 것임을 말해 주는 것임.

따라서 우리 국회에서 입법조사, 예산결산에 대한 조사권을 갖자는 것은 국회를 부인하지 아니하는 한, 당연한 주장이며 나라살림에 대한 국민의 의혹과 불신감을 지양하고 국민총화를 위한 일체감을 조성하기 위한 필연적인 요구라 할 것임.

국회가 입법을 하고 예산을 최종적으로 확정하는 권한을 가지고 있는 이상 그 입법과 예산을 편성하는 데 타당성 여부와 확정예산이 정당하게 집행되었는가의 여부를 조사 감독하기 위한 국정전반에 대한 조사는 필요불가결의 것임은 자명한 이치이며 법치주의와 예산법정주의의 법리와 정신에 비추어 보아도 당연한 논리의 귀결임.

행정부가 스스로 자체 감사하는 제도만으로는 자체감사가 가지고 있는 자기방어적인 숙명적 한계를 탈피할 수 없고 뿐만 아니라 법규감사나 국민의 청원을 효율적으로 보장하기 위한 근원적인 대비책이 될 수 없으며 오직 입법부만이 할 수 있는 조사의 분야를 제도적으로 보장하여야 하는 조사제도의 특성에 비추어 각국이 이를 모두 채택하고 있는데 부조리문제로 여야가 공히 고민하고 있는 우리나라가 이를 배척하는 것은 운영의 불합리를 이유로 제도를 부인하는 자기모순이라 아니 할 수 없음.

작금의 추세가 행정의 다양화, 전문화, 기술화, 복잡화함에 따라 능률적인 행정을 위하여 행정권이 집중화되고 있어 이에 대한 새로운 견제책이 요구되고 있는바 입법부의 조사제도가 그에 부응하여 연구 발전되어야 할 마당에 국정조사제도마저 송두리째 배척한 것은 행정권의 독주를 더욱 가세하는 악순환을 가져와 민주행정의 원리를 부정하는 결과를 낳게 하는 과오를 범하고 있으므로 이를 시정하기 위하여 이에 알맞은 조사제도는 부활되어야 마땅함.

우리나라는 1972년 10월 17일 이전까지 존치 시행하고 의회기능의 가장 중요하다고 할 수 있는 국정조사제도를 폐지함으로써 의회를 제도상으로까지 행정부 시녀로 전락하게 하고 전시품화하여 삼권분립기능을 유명무실하게 만든 것임.

따라서 원내외에서는 그 필요성의 강조와 자탄의 소리는 한국의회제도 소생의 길이 국정조사제도의 부활에 있음을 뒷받침하는 것임은 자명한 사실이므로 때늦은 감이 없지 않으나 이에 국정조사위원회법안을 제안하는 것임.

주요 골자: ① 국회는 입법조사, 예산결산의 편성 및 집행에 필요한 자료를 조사하고 그 타당성을 확보하기 위한 국정전반에 대한 조사를 시행함을 목적으로 함(제1조 국정조사의 목적). ② 국정조사의 대상과 그 한계를 명시함(제2조 국정조사의 대상, 제3조 국정조사의 한계). ③ 국회의 구조적 특징과 우리의 현실을 고려하여 국정사를 자동화시키도록 함(각조). ④ 국정조사를 보다 효과적인 입법자료와 예산심의자료를 수집하도록 하고 실질적인 직무수행에 활용되도록 함(각조). ⑤ 수익기관에 최대한 수평적 감사분위기를 조성하도록 하고 지방감사는 위원회로 하여금 일괄 감사하도록 획일화함(제8조 조사위원회 및 반의 구성). ⑥ 국정조사에 필요한 증언, 감정에 관한 규정을 두도록 함(제16조 국정조사에 있어 서류제출, 증언, 감정 등).

1. 현황

국회에서는 제헌국회 최초의 집회일인 1948년 5월 31일부터 의정활동을 개시하여 제15대 국회 임기가 종료된 2000년 5월 29일에 이르기까지 52년간 모두 23회의 일반국정감사, 21회의 특별국정감사, 12회의 국정감사, 그리고 183회의 국정조사를 실시하였다.

20일간의 기간 동안 상임위원회가 수많은 피감기관을 상대로 짜인 일정대로 감사를 하다 보니 수박 겉핥기식의 감사를 하고 있는 실정이다. 법정감사 기간은 20일이나 국정감사제도가 부활된 1988년 이후 공휴일과 기타 사유로 감사를 하지 못한 일수를 제외하면 연평균 감사일수는 15일에 그치고 있다.[60]

2. 평가

철저한 사전준비와 자료조사 등으로 국정감사·국정조사에 임하여 기대 이상의 성과를 얻은 의원들도 많았다. 그러나 국정의 현안과 문제점 등을 파악하여 행정부의 집행상의 과오나 비리를 시정하려는 것이 국정감사임에도 불구하고 각 정당은 이를 정치적 목적에 따라 정치공방의 장으로 변질시켜 온 것이 사실이다. 또 일괄 질의에 일괄 답변하는 관행이 여전히 반복됨으로써 피감기관의 문제에 대한 본질적인 핵심 접근이 어려웠다.

국정감사나 국정조사는 헌법상의 여러 권한과 관계없이 독립적으로 무제한 행사할 수 없는 한계가 있다.[61] 그것은 무엇보다도 감사원과 같은 감사

---

60) 실제 감사일수: 1988년 17일, 1989년 16일, 1990년 9일, 1991년 15일, 1992년 9일, 1993년 18일, 1994년 16일, 1995년 17일, 1996년 16일, 1997년 15일, 1998년 17일, 1999년 18일.

61) 국정감사·국정조사가 갖는 한계와 그 처벌에 대한 법률적 해설은 국회사무처, 『국회법 해설』(2000),

기능을 가진 기구가 국회산하에 있지 않아 법적 근거를 가지고 조사 혹은 자료수집을 하는 데 한계가 있기 때문이다. 수감대상기관에서 자료제출을 거부하기나, 제출한다 하여도 핵심적이지 못한 자료를 제출한다면 감사나 조사는 언제나 주변에 머무를 뿐 문제의 핵심을 파헤칠 수 없다.

그러다 보니 감사나 조사가 단순한 폭로의 장이 되기도 한다. 아무도 사안의 실체에 접근할 수 없기 때문에 폭로하는 측은 무책임한 폭로를 해 놓고 상대를 곤궁에 빠뜨리며, 상대측에서는 먼저 폭로된 사안에 대하여 부인하기에 급급하다. 시간이 지나면 사안 자체가 유야무야되거나 여야가 합의하여 해결하기도 하지만 다른 대형사고의 발생에 의하여 가려지고 덮어지는 사례가 많았다.

3. 제안 – 국정감사 · 국정조사 통합운용

국정감사를 위한 자료는 정부제출자료가 대부분이고 의원들의 발언은 대체로 정부제출자료 수준에 머무는 경우가 많기 때문에 자체적인 입법정보수집 및 분석능력이 배양되어야 한다. 각 의원이나 위원회별로 행하는 동일자료에 대한 제출요구를 줄일 필요가 있다는 것도 흔히 지적되는 사항 가운데 하나이다.

감사에 임하는 의원들은 피감기관의 업무 및 예산에 대한 자료와 전문지식이 있어야 하며 단순한 폭로나 일회성 지적보다는 대안제시가 있는 감사가 되어야 한다. 대를 거듭할수록 의원들이 감사에 임하는 태도는 진지해지고 있으나 국정감사가 제도적 한계에서 벗어나고 있지 못하기 때문에 의원들의 노력이 빛을 보기 어려운 것이다. 결함이나 운용상 어려운 점이 있는 두 가지의 제도, 즉 국정감사와 국정조사를 통합 운용하여 보다 합리적이고 효율적인 국정통제 및 국가정책 방향의 제시가 가능토록 해야 한다.

431~433쪽, 전원배, 「국정조사권의 사법적 한계」, ≪현안분석≫ 제84호(1994. 10) 참조.

〈자료 9-1〉 국정감사법(1953. 2. 4)

제1조(국정감사의 절차) 국회의 국정감사(이하 감사라고 칭한다.) 절차는 다른 법에 특별한 규정이 없는 이상 본법에 의한다.

제2조(감사의 종류) ① 감사는 일반감사와 특별감사의 2종으로 한다.

② 일반감사는 국정전반에 긍하여 의원 전원으로서 반을 나누어 동일한 기간에 시행한다.

③ 특별감사는 국정의 특별한 부분에 한하여 국회법소정의 특별위원회로 하여금 시행하게 한다.

제3조(국회의 승인) 전조의 감사는 국회의 승인 없이 시행할 수 없다.

재4조(감사의 정지) 국회는 감사를 계속할 필요가 없다고 인정할 때에는 언제든지 시행 중의 감사를 정지시킬 수 있다.

제5조(사무보조자) ① 의원이 감사를 한 때에는 사무보조자를 사용할 수 있다.

② 전항의 사무보조자는 특별한 규정이 없는 이상 국회사무처의 직원이어야 한다.

제6조(감사승인증) ① 의원은 국회의원증과 국정감사승인증을 소지하지 아니하면 조사를 할 수 없다. 단 의원 내에서 관계인을 출석하게 하여 감사할 때에는 예외로 한다.

② 감사사무보조자는 국회사무처의 직원증을 소지하지 아니하면 감사를 보조할 수 없다.

제7조(감시위원회 또는 반의 구성) ① 감사는 의원 2인 이상으로 구성된 위원회 또는 반에 의하여 시행한다.

② 전항의 위원회 또는 반은 동일한 국회교섭단체만으로 구성할 수 없다.

제8조(감사의 회피) ① 의원은 이해관계가 있거나 기타 공정을 실할 우려 있는 사안에 대하여 감사를 할 수 없다.

② 국회가 전항의 사유를 발견하였을 때에는 언제든지 당해의원이 시행하는 감사를 정지시키고 다른 의원으로 하여금 갈음하여야 한다.

제9조(감사상의 주의) ① 감사를 할 때에는 감사를 받는 국가기관의 기능과

활동을 저해하거나 국정상의 기밀을 누설하는 일이 없도록 하여야 한다.

② 의원 또는 그 보조자는 감사로 인하여 지득한 타인의 비밀을 정당한 사유 없이 누설하지 못한다.

③ 감사에 임한 의원과 그 보조자는 국정감사를 받는 국가기관에 소속하는 공무원으로부터 향응 기타 여하한 이익의 제공도 받을 수 없다.

제10조(감사의 보고) 감사를 완료한 의원은 지체 없이 그 결과를 서면으로 국회에 보고하여야 한다. 단 폐회 중에는 의장에게 보고할 수 있다.

제11조(감사보고의 토론 또는 표결) 국회에 보고된 감사의 결과에 대해서는 10인 이상의 의원의 동의로써 토론 또는 표결에 부할 수 있다. 단 당해 감사를 시행한 반 또는 위원회가 토론 또는 표결에 부할 의견을 붙여서 보고하였을 때에는 예외로 한다.

제12조(감사의 협조) 감사를 받는 국가기관은 그 감사를 신속히 완료시키기 위하여 충분한 협조를 하여야 한다. 기타 국가기관 또한 같다.

제13조(서류의 제출과 진술) 감사를 받는 국가기관 또는 기타 여하한 국가기관의 소속공무원이라도 의원이 국정감사에 관하여 요구하는 서류를 제출하여 그 질문에 대하여 진실한 진술을 하여야 한다.

제14조(감사보고에 대한 정부의 회답) 국회가 국정감사의 결과를 정부에 이송할 때에는 정부는 지체 없이 이에 대한 상세한 회답을 국회에 하여야 한다.

제15조(징계사유) 감사를 시행하는 의원이 다음 각 호의 1에 해당한 행위를 할 때에는 국회법의 정하는 바에 의하여 처단한다.

1. 제4조 또는 제8조 제2항의 정지통지를 받고 이에 응하지 아니한 때2. 이해관계가 있는 사안임을 알면서 그에 대한 감사를 회피하지 아니한 때

3. 정당한 사유 없이 제5조, 제9조 제1항·제2항의 규정에 위반한 때

4. 제9조 제3항의 규정에 위반한 때

5. 감사를 결과보고를 태만한 때

6. 의원이 감사승인증 없이 감사를 시행한 때

7. 국회에 허위의 사실을 보고하거나 중대한 사실을 은폐한 때

부칙

본법은 공포일로부터 시행한다.

〈자료 9-2〉 국정감사 및 조사에 관한 법률(일부 개정 2008. 8. 25)

제정 1988. 8. 5 개정 1997. 12. 13, 2000. 2. 16.

제1조(목적) 이 법은 국정감사(이하 "감사"라 한다)와 국정조사(이하 "조사"라 한다)에 관한 절차 기타 필요한 사항을 규정함을 목적으로 한다.

제2조(감사) ① 국회는 국정전반에 관하여 소관 상임위원회별로 매년 9월 10일부터 20일간 감사를 행한다. 다만, 본회의의 의결에 의하여 그 시기를 변경할 수 있다.<개정 2002.3.7>

② 제1항의 규정에 불구하고 국회운영위원회·정보위원회 및 여성위원회는 정기회 기간 중 별도로 3일 이내의 기간을 정하여 감사를 행할 수 있다.<신설 2006.9.22, 2008.8.25>

③ 제1항 및 제2항의 감사는 상임위원장이 국회운영위원회와 협의하여 작성한 감사계획서에 의하여 행한다. 국회운영위원회는 상임위원회간에 감사대상기관이나 감사일정의 중복 등 특별한 사정이 있는 때에는 이를 조정할 수 있다.<개정 2000.2.16, 2006.9.22>

④ 제3항의 감사계획서에는 감사반의 편성·감사일정·감사요령 등 감사에 필요한 사항을 기재하여야 한다.<개정 2006.9.22>

제3조(조사) ① 국회는 재적의원 4분의 1이상의 요구가 있는 때에는 특별위원회 또는 상임위원회로 하여금 국정의 특정사안에 관하여 조사를 시행하게 한다.<개정 2000.2.16>

② 제1항의 조사요구는 조사의 목적, 조사할 사안의 범위와 조사를 시행할 위원회 등을 기재하여 요구의원이 연서한 서면(이하 "조사요구서"라 한다)으로 하여야 한다.

③ 의장은 제2항의 조사요구서가 제출되면 지체 없이 본회의에 보고하고 교섭단체대표의원들과 협의하여 조사를 시행할 특별위원회를 구성하거나 해당 상임위원회(이하 "조사위원회"라 한다)에 회부하여 조사를 시행할 위원회를 확정한다. 이 경우 국회가 폐회 또는 휴회 중일 때에는 제2항의 조사요구서에 의하여 국회의 집회 또는 재개의 요구가 있는 것으로 본다.

④ 조사위원회는 조사의 목적, 조사할 사안의 범위와 조사방법, 조사에 필요한 기간 및 소요 경비 등을 기재한 조사계획서를 본회의에 제출하여 승인을 얻어 조사를 시행한다.

⑤ 본회의는 제4항의 조사계획서를 검토한 다음 의결로써 이를 승인하거나 반려한다.

⑥ 조사위원회는 본회의로부터 조사계획서가 반려된 경우에는 이를 그대로는 본회의에 다시 제출할 수 없다.

제4조(조사위원회) ① 제3조 제3항의 특별위원회는 교섭단체의원수의 비율에 따라 구성하여야 한다. 다만, 조사에 참여하기를 거부하는 교섭단체의 의원은 제외할 수 있다.

② 제1항의 특별위원회는 위원장 1인과 각 교섭단체별로 간사 1인을 호선하고 본회의에 보고한다.

③ 조사위원회의 위원장이 사고가 있거나 그 직무를 수행하기를 거부 또는 기피하여 조사위원회가 활동하기 어려운 때에는 위원장이 소속하지 아니하는 교섭단체소속의 간사 중에서 소속의원수가 많은 교섭단체 소속인 간사의 순으로 위원장의 직무를 대행한다.<개정 2002.3.7>

④ 조사위원회는 의결로써 국회의 폐회 중에도 활동할 수 있으며 조사와 관련한 보고 또는 서류의 제출을 요구하거나 조사를 위한 증인 · 감정인 · 참고인의 출석을 요구하는 경우에는 의장을 경유하지 아니할 수 있다.

제5조(소위원회 등) ① 감사 또는 조사를 행하는 위원회(이하 "위원회"라 한다)는 위원회의 의결로 필요한 경우 2인 이상의 위원으로 별도의 소위원회나 반을 구성하여 감사 또는 조사를 시행하게 할 수 있다. 위원회가 상임위원회인 경우에는 국회법 제57조 제2항의 규정에 의한 상설소위원회로 하여금 감사 또는 조사를 시행하게 할 수 있다.<개정 2000.2.16>

② 제1항의 소위원회나 반은 같은 교섭단체소속 의원만으로 구성할 수 없다.

③ 제1항의 소위원회나 반에 관하여는 성질에 반하지 아니하는 한 국회법 또는 이 법의 위원회에 관한 규정을 준용한다.

제6조(사무보조자) ① 감사 또는 조사에는 사무보조자의 보조를 받을 수 있다.

② 사무보조자는 전문위원 기타 국회사무처 소속직원과 교섭단체소속의 정책연구위원으로 한다. 다만, 특히 필요한 경우에는 감사 또는 조사의 대상기관의 소속이 아닌 전문가 등을 사무보조자로 위촉할 수 있다.

제7조(감사의 대상) 감사의 대상기관은 다음 각 호와 같다. <개정 1997.12.13, 2002.3.7, 2003.2.4>

1. 정부조직법 기타 법률에 의하여 설치된 국가기관

2. 지방자치단체 중 특별시·광역시·도. 다만, 그 감사범위는 국가위임사무와 국가가 보조금 등 예산을 지원하는 사업으로 한다.

3. 정부투자기관관리기본법 제2조의 규정에 의한 정부투자기관·한국은행·농업협동조합중앙회·수산업협동조합중앙회

4. 제1호 내지 제3호외의 지방행정기관·지방자치단체·감사원법에 의한 감사원의 감사대상기관. 다만, 이 경우 본회의가 특히 필요하다고 의결한 경우에 한한다.

제7조의 2(지방자치단체에 대한 감사) 지방자치단체에 대한 감사는 2이상의 위원회가 합동으로 반을 구성하여 이를 행할 수 있다.

[본조신설 2000. 02. 16]

제8조(감사 또는 조사의 한계) 감사 또는 조사는 개인의 사생활을 침해하거나 계속 중인 재판 또는 수사 중인 사건의 소추에 관여할 목적으로 행사되어서는 아니된다.

제9조(조사위원회의 활동기간) ① 본회의는 의결로써 조사위원회의 활동기간을 연장할 수 있다.

② 본회의는 조사위원회의 중간보고를 받고 조사를 장기간 계속할 필요가 없다고 인정되는 경우에는 의결로써 조사위원회의 활동기간을 단축할 수 있다.

③ 조사계획서에 조사위원회의 활동기간이 확정되지 아니한 경우에는 그

활동기간은 조사위원회의 조사결과가 본회의에서 의결될 때까지로 한다.

제9조의 2(예비조사) 위원회는 국정조사를 하기 전에 전문위원 기타 국회사무처 소속직원이나 조사대상기관의 소속이 아닌 전문가 등으로 하여금 예비조사를 하게 할 수 있다.

[본조신설 2000. 02. 16]

제10조(감사 또는 조사의 방법) ① 위원회·제5조의 소위원회 또는 반은 감사 또는 조사를 위하여 그 의결로 감사 또는 조사와 관련된 보고 또는 서류의 제출을 관계인 또는 기관 기타에 요구하고, 증인·감정인·참고인의 출석을 요구하고 검증을 행할 수 있다. 다만, 위원회가 감사 또는 조사와 관련된 서류제출요구를 하는 경우에는 재적위원 3분의 1이상의 요구로 할 수 있다.<개정 2000. 02. 16>

② 제1항의 규정에 의한 서류제출은 서면, 전자문서 또는 컴퓨터의 자기테이프·자기디스크 그밖에 이와 유사한 매체에 기록된 상태나 전산망에 입력된 상태로 제출할 것을 요구할 수 있다.<신설 2002. 03. 07>

③ 위원회(제5조의 소위원회 또는 반을 포함한다. 이하 같다)는 제1항의 증거의 채택 또는 증거의 조사를 위하여 청문회를 열 수 있다.<개정 2000. 02. 16>

④ 제1항의 요구를 받은 자 또는 기관은 국회에서의증언·감정등에관한법률에서 특별히 규정한 경우를 제외하고는 누구든지 이에 응하여야 하며, 위원회의 검증 기타의 활동에 협조하여야 한다.

⑤ 감사 또는 조사를 위한 증인·감정인·참고인의 증언·감정등에 관한 절차는 국회에서의증언·감정등에관한법률이 정하는 바에 의한다.

제11조(감사 또는 조사의 장소) 감사 또는 조사는 위원회에서 정하는 바에 따라 국회 또는 감사·조사대상현장이나 기타의 장소에서 할 수 있다.

제12조(공개원칙) 감사 및 조사는 공개로 한다. 다만, 위원회의 의결로 달리 정할 수 있다.<개정 2000. 02. 16>

제13조(제척과 회피) ① 의원은 직접 이해관계가 있거나, 공정을 기할 수 없는 현저한 사유가 있는 경우에는 그 사안에 한하여 감사 또는 조사에 참여할 수 없다.

② 본회의 또는 위원회는 제1항의 사유가 있다고 인정할 때에는 그 의결로 당해 의원의 감사 또는 조사를 중지시키고 다른 의원으로 하여금 감사 또는 조사하게 하여야 한다.

③ 제2항의 조치에 대하여 당해 의원의 이의가 있는 때에는 본회의가 의결한다.

④ 제1항의 사유가 있는 의원은 그 사안에 한하여 위원회의 허가를 받아 감사 또는 조사를 회피할 수 있다.

제14조(주의의무) ① 감사 또는 조사를 할 때에는 그 대상기관의 기능과 활동이 현저히 저해되거나 기밀이 누설되지 아니하도록 주의하여야 한다.

② 의원 및 사무보조자는 감사 또는 조사를 통하여 알게 된 비밀을 정당한 사유 없이 누설하여서는 아니된다.

제15조(감사 또는 조사결과의 보고) ① 감사 또는 조사를 마친 때에는 위원회는 지체 없이 그 감사 또는 조사보고서를 작성하여 의장에게 제출하여야 한다.

② 제1항의 보고서에는 감사 또는 조사의 경과와 결과 및 처리의견을 기재하고 그 중요근거서류를 첨부하여야 한다.

③ 제1항의 보고서를 제출받은 의장은 이를 지체 없이 본회의에 보고하여야 한다.

④ 의장은 위원회로 하여금 중간보고를 하게 할 수 있다.

제15조의 2(관계행정기관에 대한 지원요청) 본회의 또는 위원회는 국정조사 기간 및 자료의 부족 등으로 인하여 조사가 추가로 필요하다고 인정되는 경우나 사전조사가 필요한 경우에는 그 의결로 감사원등 관계행정기관의 장에게 인력, 시설, 장비 등의 지원을 요청할 수 있다. 이 경우 관계행정기관의 장은 특별한 사유가 없는 한 이에 응하여야 한다.

[본조신설 2000. 02. 16]

제16조(감사 또는 조사결과에 대한 처리) ① 국회는 본회의의 의결로 감사 또는 조사결과를 처리한다.

② 감사 또는 조사결과 정부 또는 해당기관의 시정(관계자의 문책 등을 포함한다)을 필요로 하는 사유가 있을 때에는 국회는 그 시정을 요구하고, 정부 또는 해당기관에서 처리함이 타당하다고 인정되는 사항은 정부 또는 해당기관에 이송한다.

③ 정부 또는 해당기관은 제2항의 시정요구를 받거나 이송 받은 사항을 지체 없이 처리하고 그 결과를 국회에 보고하여야 한다.

④ 국회는 제3항의 처리결과보고에 대하여 적절한 조치를 취할 수 있다.

제17조(징계) 감사 또는 조사를 하는 의원이 제13조의 규정에 의한 제척사유가 있음을 알면서 이를 회피하지 아니하거나, 제14조의 규정에 의한 주의의무에 위반한 때에는 국회법이 정하는 바에 따라 징계할 수 있다.

제18조(국회규칙) 이 법 시행에 관하여 필요한 사항은 국회규칙으로 정한다.

부칙 <제4011호, 1988. 08. 05>

① 이 법은 공포한 날로부터 시행한다.

② 이 법 시행당시 국회에 구성된 "5·18광주민주화운동진상조사특별위원회"와 "제5공화국에있어서의정치권력형비리조사특별위원회", "양대선거부정조사특별위원회"는 이 법 제3조의 규정에 의한 국정조사승인을 받은 특별위원회로 본다.

부칙 (정부부처명칭등의변경에따른건축법등의정비에관한법률) <제5454호, 1997. 12. 13>

이 법은 1998년 1월 1일부터 시행한다. <단서 생략>

부칙 <제6267호, 2000. 02. 16>

이 법은 2000년 5월 30일부터 시행한다.

부칙 <제6658호, 2002. 03. 07>

이 법은 공포한 날부터 시행한다.

부칙 <제6857호, 2003. 02. 04>

이 법은 공포한 날부터 시행한다.

부칙 <제7973호, 2006. 09. 22>

이 법은 공포한 날부터 시행한다. 다만, 제2조제2항의 개정규정은 이 법 시행 당시 국정감사부터 적용한다.

부칙 (국회법) <제9129호, 2008. 08. 25>

제1조(시행일) 이 법은 공포한 날부터 시행한다.

제2조(다른 법률의 개정) ① 국정감사 및 조사에 관한 법률 일부를 다음과 같이 개정한다.

제2조 제2항 중 "여성가족위원회"를 "여성위원회"로 한다.

② 생략

〈자료 9-3〉 국회에서의 증언·감정 등에 관한 법률

[일부개정 2003.2.4 법률 제6858호]

제1조(목적) 이 법은 국회에서의 안건심의 또는 국정감사나 국정조사와 관련하여 행하는 보고와 서류제출의 요구, 증언·감정 등에 관한 절차를 규정함을 목적으로 한다.

제2조(증인출석 등의 의무) 국회에서 안건심의 또는 국정감사나 국정조사와 관련하여 보고와 서류제출의 요구를 받거나, 증인·참고인으로서의 출석이나 감정의 요구를 받은 때에는 이 법에 특별한 규정이 있는 경우를 제외하고는 다른 법률의 규정에 불구하고 누구든지 이에 응하여야 한다.

제3조(증언 등의 거부) ① 증인은 형사소송법 제148조 또는 제149조의 규정에 해당하는 경우에 선서·증언 또는 서류제출을 거부할 수 있다.

② 감정인은 형사소송법 제148조에 해당하는 경우에 선서 또는 감정을 거부할 수 있다.

③ 제1항 및 제2항의 거부이유는 소명하여야 한다.

④ 16세 미만의 자나 선서의 취지를 이해하지 못하는 자는 선서를 하게 하지 아니한다.

제4조(공무상 비밀에 관한 증언·서류의 제출) ① 국회로부터 공무원 또는 공무원이었던 자가 증언의 요구를 받거나, 국가기관이 서류제출을 요구받은 경우에 증언할 사실이나 제출할 서류의 내용이 직무상 비밀에 속한다는 이유로 증언이나 서류제출을 거부할 수 없다. 다만, 군사·외교·대북관계의 국가기밀에 관한 사항으로서 그 발표로 말미암아 국가안위에 중대한 영향을 미친다는 주무부장관(대통령 및 국무총리의 소속기관에서는 당해 관서의 장)의 소명이 증언 등의 요구를 받은 날로부터 5일 이내에 있는 경우에는 그러하지 아니하다.

② 국회가 제1항 단서의 소명을 수락하지 아니할 경우에는 본회의의 의결로, 폐회 중에는 해당위원회의 의결로 국회가 요구한 증언 또는 서류의 제출이 국가의 중대한 이익을 해친다는 취지의 국무총리의 성명을 요구할 수 있다.

③ 국무총리가 제2항의 성명의 요구를 받은 날로부터 7일 이내에 그 성명을 발표하지 아니하는 경우에는 증언이나 서류제출을 거부할 수 없다.

제5조(증인 등의 출석요구 등) ① 본회의 또는 위원회(국정감사나 국정조사를 위하여 구성된 소위원회 또는 반을 포함한다)가 이 법에 의한 보고나 서류제출의 요구 또는 증인·감정인·참고인의 출석요구를 할 때에는 본회의의 경우에는 의장이, 위원회의 경우에는 위원장이 해당자나 기관의 장에게 요구서를 발부한다.

② 제1항의 규정에 의한 서류제출은 서면, 전자문서 또는 컴퓨터의 자기테이프·자기디스크 그 밖에 이와 유사한 매체에 기록된 상태나 전산망에 입력된 상태로 제출할 것을 요구할 수 있다.<신설 2002.3.7>

③ 제1항의 요구서에는 보고할 사항이나 제출할 서류 또는 증인·감정인·참고인이 출석할 일시 및 장소와 요구에 응하지 아니하는 경우의 법률상 제재에 관한 사항을 기재하고, 증인과 참고인의 경우에는 신문할 요지를 첨부하여야 한다.

④ 제1항의 요구서는 늦어도 보고 또는 서류제출의 요구일이나 증인 등의 출석요구일 7일 전에 송달되어야 한다.

⑤ 제1항의 요구서의 송달에 관하여는 민사소송법의 송달에 관한 규정을 준용한다.

⑥ 출석을 요구받은 증인 또는 참고인은 사전에 신문할 요지에 대한 답변서를 제출할 수 있다.

제6조(증인에 대한 동행명령) ① 국정감사나 국정조사를 위한 위원회(이하 "위원회"라 한다)는 증인이 정당한 이유 없이 출석하지 아니하는 때에는 그 의결로 해당 증인에 대하여 지정한 장소까지 동행할 것을 명령할 수 있다.

② 제1항의 동행명령을 함에는 위원회의 위원장이 동행명령장을 발부한다.

③ 제2항의 동행명령장에는 해당 증인의 성명·주거, 동행명령을 하는 이유, 동행할 장소, 발부연월일, 그 유효기간과 그 기간을 경과하면 집행하지 못하며 동행명령장을 반환하여야 한다는 취지와 동행명령을 받고 거부

하면 처벌된다는 취지를 기재하고 위원장이 서명·날인하여야 한다. 해당 증인의 성명이 분명하지 아니하는 때에는 인상·체격 기타 해당 증인을 특정할 수 있는 사항으로 표시할 수 있으며 주거가 분명하지 아니한 때에는 주거기재를 생략할 수 있다.

④ 동행명령장의 집행은 동행명령장을 해당 증인에게 제시함으로써 한다.

⑤ 동행명령장은 국회사무처 소속공무원으로 하여금 이를 집행하도록 한다.

⑥ 교도소 또는 구치소(군교도소 또는 군구치소를 포함한다)에 수감 중인 증인에 대한 동행명령장의 집행은 국회사무처 소속공무원의 위임에 의하여 교도관리가 행한다.

⑦ 현역군인인 증인이 영내에 있을 때에는 소속부대장은 국회사무처 소속공무원의 동행명령장 집행에 협력할 의무가 있다.

제7조(증인·감정인의 선서) ① 의장 또는 위원장(국정감사나 국정조사를 위하여 구성된 소위원회 또는 반의 소위원장 또는 반장을 포함한다. 이하 이 조에서 같다)은 증인·감정인에게 증언·감정을 요구할 때에는 선서하게 하여야 한다.

② 참고인으로 출석한 자가 증인으로서 선서를 할 것을 승낙하는 경우에는 증인으로 신문할 수 있다.

③ 선서하기 전에 증언·감정을 요구한 의장 또는 위원장은 선서의 취지를 명시하고 위증 또는 허위감정의 벌이 있음을 알려야 한다.

제8조(선서의 방식) 선서의 방식에 관하여는 형사소송법 제157조 또는 제170조의 규정을 준용한다.

제9조(증인의 보호) ① 국회에서 증언하는 증인은 변호사인 변호인을 대동할 수 있다. 이 경우 변호인은 그 자격을 증명하는 서면을 제출하고, 증인에 대하여 헌법 및 법률상의 권리에 관하여 조언할 수 있다.

② 국회에서 증언하는 증인·참고인이 중계방송 또는 사진보도 등에 응하지 아니한다는 의사를 표명하거나, 특별한 이유로 회의의 비공개를 요구할 때에는 본회의 또는 위원회의 의결로 중계방송 또는 녹음·녹화·사진보도를 금지시키거나 회의의 일부 또는 전부를 공개하지 아니할 수 있다.

③ 국회에서 증인·감정인·참고인으로 조사받은 자는 이 법에서 정한 처벌을 받는 외에 그 증언·감정·진술로 인하여 어떠한 불이익한 처분도 받지 아니한다.

④ 국회가 감사 또는 조사시 작성한 서류 또는 녹취한 녹음테이프 등은 이를 외부에 공표할 수 없다. 다만, 이 법의 위반여부가 수사 또는 재판의 대상이 된 경우나 증인·감정인·참고인으로서 증언·감정·진술을 한 자가 그 사본을 요구한 때에는 의장의 승인을 얻어 이를 교부할 수 있다.

제10조(검증) ① 위원회는 안건심의 또는 국정감사나 국정조사를 위하여 필요한 경우에는 그 의결로 검증을 행할 수 있다.<개정 2003.2.4>

② 제1항의 의결이 있는 경우에는 위원장은 해당기관의 장에게 검증실시 통보서를 발부한다. 이 경우 그 통보서는 늦어도 검증실시일 3일 전에 송달되어야 한다.<신설 2002.3.7>

③ 제2항의 통보서에는 검증위원과 검증의 목적, 대상, 방법, 일시 및 장소 기타 검증에 필요한 사항을 기재하여야 한다.<신설 2002.3.7>

④ 국가기관이 제1항의 검증을 거절할 경우에는 제4조의 규정을 준용한다.

⑤ 제2항의 통보서의 송달에 관하여는 민사소송법의 송달에 관한 규정을 준용한다.<신설 2002.3.7>

제11조(여비·수당의 지급) 이 법의 규정에 의하여 서류의 제출이나 증언·감정 또는 진술을 하기 위하여 국회 또는 기타의 장소에 출석한 자에 대하여는 국회규칙이 정하는 바에 의하여 여비·일당·숙박료를 지급한다.

제12조(부출석 등의 죄) ① 정당한 이유 없이 출석하지 아니한 증인, 보고 또는 서류 제출요구를 거절한 자, 선서 또는 증언이나 감정을 거부한 증인이나 감정인은 3년 이하의 징역 또는 1천만원 이하의 벌금에 처한다.<개정 2000.2.16>

② 정당한 이유 없이 증인·감정인·참고인의 출석을 방해하거나 검증을 방해한 자에 대하여도 제1항의 형과 같다.

제13조(국회모욕의 죄) 증인이 본회의 또는 위원회에 출석하여 증언함에 있어 폭행·협박·기타 모욕적인 언행으로 국회의 권위를 훼손한 때 또는

증인이 동행명령을 거부하거나 제3자로 하여금 동행명령장의 집행을 방해하도록 한 때에는 5년 이하의 징역에 처한다.

제14조(위증 등의 죄) ① 이 법에 의하여 선서한 증인 또는 감정인이 허위의 진술이나 감정을 한 때에는 1년 이상 10년 이하의 징역에 처한다. 다만, 범죄가 발각되기 전에 자백한 때에는 그 刑을 감경 또는 면제할 수 있다.
② 제1항의 자백은 국회에서 안건심의 또는 국정감사나 국정조사를 종료하기 전에 하여야 한다.

제15조(고발) ① 본회의 또는 위원회는 증인·감정인 등이 제12조·제13조 또는 제14조 제1항 본문의 죄를 범하였다고 인정한 때에는 고발하여야 한다. 다만, 청문회의 경우에는 재적위원 3分의 1 이상의 연서에 의하여 그 위원의 이름으로 고발할 수 있다.<개정 2000.2.16>
② 제1항의 규정에 불구하고 제14조 제1항 단서의 자백이 있는 경우에는 고발하지 아니할 수 있다.<신설 2000.2.16>
③ 제1항 본문의 규정에 의한 고발은 서류 등을 요구하였거나 증인·감정인 등을 조사한 본회의 또는 위원회의 의장 또는 위원장의 명의로 한다.<개정 2000.2.16>
④ 제1항의 고발이 있는 경우에는 검사는 고발장이 접수된 날로부터 2월 내에 수사를 종결하여야 하며, 검찰총장은 지체 없이 그 처분결과를 국회에 서면으로 보고하여야 한다.

제16조(기간의 기산일) 이 법에 의한 기간의 계산에는 초일을 산입한다.

[본조신설 2000.2.16]

제17조(국회규칙) 이 법 시행에 관하여 필요한 사항은 국회규칙으로 정한다.

부칙 <제4012호, 1988.8.5>　　　이 법은 공포한 날로부터 시행한다.

부칙 <제6268호, 2000.2.16>　　　이 법은 2000년 5월 30일부터 시행한다.

부칙 <제6659호, 2002.3.7>　　　이 법은 공포한 날부터 시행한다.

부칙 <제6858호, 2003.2.4>　　　이 법은 공포한 날부터 시행한다.

제10장 청문회, 공청회, 청원

 청문회의 의의와 연혁

1. 청문회의 의의

청문회란 국회의 위원회가 중요한 안건을 심사하거나 국정감사 또는 조사를 할 때 위원회의 결정을 내리기에 앞서 그 판단의 기초가 되는 정보나 자료 입수를 위해 증인·참고인·감정인 등을 출석시켜 증언·진술을 청취하고 증거를 채택하는 위원회의 회의를 말한다.

이러한 청문회는 증인 참고인 등에 대한 신문과 증언 등의 청취가 회의의 전체 내용을 구성하는 것을 말한다.

청문회의 목적은 국회가 그 제반기능을 효과적으로 발휘하고 헌법에 의하여 부여된 권한을 유효적절하게 행사하기 위한 활용수단으로서의 역할을 하는 데 있다.[1] 입법을 목적으로 하는 청문회는 입법에 필요한 정보를 얻는 데 그치지 않고 청문회 과정에서 정부에 대한 감독기능이나 국민에 대한 알 권리 충족기능을 동시에 수행한다. 국정조사권의 일환으로 행하여지는 청문회도 단지 어떤 사안의 조사를 통한 진실파악에만 목적이 있는 것이 아니고 그 과정을 통하여 입법권이나 예산심의권 혹은 임명동의권이나 탄핵소추권 행사에 유익한 정보나 자료를 얻을 수 있는 좋은 계기를 마련하는 것이다.

청문회 개최는 공청회와 마찬가지로 위원회에 인정되는 권한이다(국회법 제65조). 다만 국정감사나 국정조사를 위하여 구성된 소위원회(국정감사 또는 조사를 행하는 상설소위원회 포함) 또는 반에서도 청문회를 개최할 수 있다.

---

1) 국회운영위원회. 『의회대사전』(1992), 1331쪽.

2. 청문회의 종류

　국회 청문회제도는 제13대 국회에서 국회법(1988. 06. 15)에 신설되어 시행되고 있는데, 개최목적에 따라 조사청문회, 입법청문회, 인사청문회의 세가지로 분류된다.

1) 조사청문회

> **국회법**(2000. 2. 16) 제65조(청문회) ① 위원회는 중요한 안건(국정감사 및 국정조사를 포함)의 심사에 필요한 경우 증인·감정인·참고인으로부터 증언·진술의 청취와 증거의 채택을 위하여 그 의결로 청문회를 열 수 있다.

　조사청문회는 미국의회에서 의회의 주요 권한의 하나인 조사권(Congressional Investigative Power)을 행사하는 수단으로 활용되고 있다. 조사청문회의 주된 목적은 특정사건이나 사안에 대한 진실을 규명함에 있다.

　조사청문회는 청문회과정에서 노출되는 새로운 사실의 발견이나 확인, 증거의 제시, 정보의 제공을 통하여 행정의 능률적인 집행을 촉진시키고, 입법에 필요한 자료를 찾아내며, 나아가 국가활동이나 정부의 행위 또는 입법조치가 필요한 사적인 활동 등에 대하여 의회와 일반국민에게 알려주는 이른바 정보제공기능을 수행한다. 미국의회의 워터게이트청문회(1970년대)나 한국국회의 5·18 광주특위청문회, 한보국정조사특위청문회 등이 이 유형에 속한다.

2) 입법청문회

국회법(2000. 2. 16) 제6조(청문회) ② 제1항의 규정에도 불구하고 법률안
의 심사를 위한 청문회의 경우에는 재적위원 3분의 1 이상의 요구로 개회
할 수 있다. 다만, 제정법률안 및 전문개정법률안의 경우에는 제58조 제5항
의 규정에 의한다.

입법청문회는 법령제정 및 개정을 위한 입법 사전단계에 실시되는 청문회
이다. 입법과정에서 이해관계인이나 학식과 경험이 풍부한 관계전문가의 의
견이나 증언을 듣기 위하여 실시하는 이 청문회는 사실의 확인이나 정보를
수집하기 위한 장치로서 작용한다.

입법청문회는 의원, 정부관료, 이익단체의 대표, 학계 및 법안에 의하여 영
향을 받는 시민 등 다양한 증인들이 참여하여 법안에 대한 장점이나 단점에
관하여 의견을 제시함으로써 일종의 공개토론의 역할을 하게 된다.

한국국회의 경우 아직 이러한 입법청문회가 활성화되고 있지는 않으나 제
15대 국회 기간 중인 2000년 2월 16일 개정된 국회법에서 입법청문회의 개
회를 위원회의 의결에 의해서뿐만 아니라 재적위원 3분의 1 이상의 요구가
있으면 가능하도록 요건을 완화하였다. 또 위원회의 의결이 없는 한 제정법
률안 및 전문개정법률안에 대해서는 공청회 또는 청문회를 반드시 개최하도
록 하고 있다(국회법 제65조).

3) 인사청문회

본래 인사청문회는 대통령제국가 중 특히 철저한 삼권분립주의를 채택하
고 있는 미국연방의회에서 행정부 통제수단의 일환으로 발달된 제도이다. 미
국헌법 제2조 제2절 2항은, 대통령은 고위 공직자를 지명하고, 상원은 인준
한다는 내용이다. 헌법상 상원에 부여된 대통령에 대한 '조언과 동의(advice
and consent)'의 책임을 완수하기 위하여 청문회가 개최되는 것이다.[2]

인준청문회라고도 불리는 인사청문회는 공무원이 될 자의 자질과 능력 등
을 사전에 심사하기 위하여 국회가 당사자로부터 진술 또는 설명을 청취하
고 필요한 경우 증인·감정인 및 참고인으로부터 증언·진술의 청취, 기타
증거의 채택을 행하는 청문회를 말한다.

국회법(2000. 2. 16) 제46조의 3(인사청문특별위원회) ① 국회는 헌법에 의하
여 그 임명에 국회의 동의를 요하는 대법원장·헌법재판소장·국무총리·감
사원장 및 대법관과 국회에서 선출하는 헌법재판소재판관 및 중앙선거관리위
원회 위원에 대한 임명동의안 또는 의장이 각 교섭단체 대표의원과 협의하여
제출한 선출안 등을 심사하기 위하여 인사청문특별위원회를 둔다. ② 인사청
문특별위원회의 구성과 운영에 관하여 필요한 사항은 따로 법률로 정한다.
제65조의 2(인사청문회) ① 제46조의 3의 규정에 의한 심사를 위하여 인사
에 관한 청문회(이하 '인사청문회'라 한다.)를 연다. ② 인사청문회의 절차
및 운영 등에 관하여 필요한 사항은 따로 법률로 정한다.

종전에는 국회의 동의를 요하거나 국회가 선출하는 공직자의 인사에 관한
안건은 바로 본회의에 상정하여 의결하였다. 그러나 공직자로서의 도덕성과
능력을 검증할 수 있는 장치가 없는데다가 일부 고위공직자의 경우 도덕성
과 자격문제가 사회적 물의를 빚게 되면서 인사청문회제도 도입의 필요성이
제기되었다. 개정국회법(2000. 2. 16)에서는 공직자의 자질검증의 기회를 마
련하고자 인사청문회제도를 도입하였다. 국회의 임명동의를 요하는 공직자
와 국회에서 선출하는 공직자는 <표 10-1>과 같다.

김대중 정부 말기인 2002년 7월 11일 이한동 국무총리가 사임하였다. 7
월 31일에 장상 후보자에 대한 국무총리임명동의안이 국회에서 거부되었고,
8월 28일에는 장대환 후보자에 대한 임명동의안이 부결되었다. 장상 후보는
부동산 투기, 학력 허위표기문제 등으로, 장대환 후보는 세금 탈루문제 등으
로 인하여 인준을 받지 못하였다. 세 번째로 총리 지명을 받은 김석수 후보
자가 10월 5일에 인준을 받았다.

---

2) 김현우, 「미국연방의회론」 (파주:한국학술정보, 2009), 396쪽.

<표 10-1> 국회의 동의를 요하거나 국회에서 선출되는 공직자

국회의 임명동의를 요하는 공직자			
직위	관련 조항	임명동의절차	비고
대법원장	헌법 제104조 제1항	소관위원회에 회부하지 않고 본회의에서 토론 없이 무기명 투표로 의결	· 토론 없음 · 무기명투표(국회법 제112조 제5항)
헌법재판소장	헌법 제104조 제1항		
국무총리	헌법 제104조 제1항		
감사원장	헌법 제104조 제1항		
대법관	헌법 제104조 제1항		
국회에서 선출되는 공직자			
직위	관련 조항	임명동의절차	비고
헌법재판소재판관(3인)	헌법 제111조 제3항	본회의에서 선출	· 토론 없음 · 무기명투표(국회법 제112조 제5항)
중앙선거관리위원회 위원(3인)	헌법 제104조 제3항		

출처: 국회운영위원회 수석전문위원실, 『개정 국회법 소개』(2000), 57~58쪽.

3. 청문회제도의 연혁

1) 청문회제도의 도입과 운영

청문회제도의 역사적 기원은 1215년 영국의 마그나카르타에서 찾는다. 마그나카르타에는 "당사자는 청문의 기회를 부여받지 아니하고는 신체의 자유와 재산권을 침해당하지 아니한다."는 조항이 있는데, 이 조항에 근거하여 사법적 청문제도가 성립되었다.

제2차 세계대전 이후 독일과 일본 등은 미국의 의회제도를 도입하는 과정에서 미국식 청문회를 그대로 도입하지 않고 순수하게 의안심사를 위한 경우에 국한하여 출석강제를 전제로 하지 않는 이해관계인이나 전문가를 출석시켜 의견을 청취하는 변형된 청문회제도 곧 공청회제도를 도입하였다. 한국 국회법상의 공청회제도도 같은 맥락에서 이해될 수 있다.

한국 국회에는 제12대 국회까지는 독일이나 일본의 예를 따라 안건심사를 위한 공청회제도만이 있었으며 사건조사를 위해서는 국정조사제도를 활용하였다. 미국식 청문회제도가 한국에 도입된 것은 제13대 국회 때이다. 제13대 국회에서는 국회의 권한을 대폭 강화한다는 차원에서 국회법개정특별위원회를 구성하고 1988년 6월 15일 국회법 개정을 통하여 청문회규정을 신설하였다. 또한 이를 뒷받침하는 조사활동을 효율적으로 운영하기 위하여 '국정감사 및 조사에 관한 법률'과 '국회에서의 증언 감정 등에 관한 법률'을 각각 제정 및 전문 개정하였다. 이로써 한국국회는 독일 및 일본의 공청회제도와 미국의 청문회제도를 동시에 갖는 유일한 나라가 되었다.

미국과 같은 대통령중심제국가에서는 의회가 불신임결의나 대정부질문과 같은 제도를 갖고 있지 않을 뿐만 아니라 국무위원이나 정부위원과 같은 제도를 가지고 있지 않다. 또 국무위원이나 정부위원과 같은 행정부관료를 의회에 출석시키는 일도 없다. 이런 의미에서 미국에서는 청문회제도가 의회활동에 정부를 참여시키는 유일한 연결장치가 되고 있으며 국정조사와 함께 의회가 행정부를 감독하는 전통적인 방법의 하나가 되어 있다.

제2절 청문회 개최현황

1. 국회별 청문회 개최현황

1) 제13대 국회

제13대 국회의원선거에서 여소야대 국회를 탄생시킨 야 3당 총재(김대중·김영삼·김종필)는 1988년 5월 18일 오전 국회에서 회담을 갖고 특별위원회를 구성하여 5공비리, 광주사태 등의 정치현안을 다루기로 합의하였다.

야당총재회담에서 5공청산과 민주화, 노사 및 학원문제의 해결 등 6개항의 당면과제가 설정된 후 국회는 1988년 6월 27일 '5·18 광주민주화운동 진상조사특별위원회'와 '제5공화국에서의 정치권력형 비리조사특별위원회' 등 2개의 국정조사권을 가진 특별위원회를 구성하였다. 제13대 국회 때 국회법에 신설(1988. 6. 15)된 청문회제도의 소관위원회별 청문회 개최현황은 다음과 같다.

① 문교공보위원회 청문회

<표 10-2> 문교공보위원회 청문회

일시	장소	신문 및 진술한 내용	출석증인
1988.11.20(일)	국회문공위원회 회의실	1980년 언론인해직에 관한 사항	윤승호, 손일근(비공개 회의)
1988.11.21(월)	국회 145호실	〃	이용인, 한중혁, 전재오, 김해진, 이상재, 허문도, 허삼수, 김만기, 이광표(증인 9인), 김종철(참고인 1인)
1988.11.22(화)	국회 145호실	1980년 언론사통폐합 조치에 관한 사항	이재필, 장기봉, 박상복, 최계수, 한용원, 이병찬, 이용원, 허문도, 이상재, 허삼수, 허화평, 이광표, 이수정(증인 13인), 송건호, 한승헌, 조영래, 김충립(참고인 4인), 불참증인(권정달, 홍대건)
1988.11.23(수)	국회 145호실	1980년 이후의 언론통제에 관한 사항	김주언, 신홍범, 김동호, 허만일, 이정배, 이경식, 박용상, 이진희, 이원홍, 허문도(증인 10인), 김태홍, 팽원순(참고인 2인)
1988.12.12(월)	국회 145호실	〃	김주언, 신홍범, 김태홍, 이광표, 이진희, 이원홍, 허문도(증인 7인), 김동세, 허만일, 이정배, 이경식(참고인 4인)
1988.12.13(화)	국회 145호실	1980년 이후의 언론통제 및 1980년 언론인해직에 관한 사항	허문도, 이경일, 김동세, 김근, 노성대, 이규행, 김기주, 김종규, 문태갑, 이진희, 이원홍, 최세경, 방우영, 장강재, 김상만, 이종기(증인 16인), 이종기, 이동욱(참고인 1인)

1980년 언론인 해직과 언론사 통폐합사건을 다룬 문교공보위원회에는 이진희 전 문화방송(MBC) 사장, 이원홍 전 한국방송(KBS) 사장, 허문도 전 문공부장관 등이 증인으로 출석하였다. 동 위원회는 1988년 11월 21일부터 12월 13일까지 허문도·이상재·허삼수 등의 증인을 소환한 가운데 언론관계 청문회를 실시하였다. 11월 23일 오후에는 3일째 청문회를 열어 제5공화국의 언론통제에 관하여 신문하였는데 이번 청문회를 통하여 허문도 전 문공부장관과 이상재 전 보안사령부 언론검열단 보좌관이 언론통폐합을 주도한 것과, 일련의 언론인 숙정, 언론 통폐합 등이 이른바 신군부의 언론 장악 음모에서 비롯되었음이 밝혀졌다.

② 5 · 18광주민주화운동진상조사특별위원회 청문회

5 · 18광주민주화운동진상조사특별위원회 청문회는 1988년 11월 18일부터 1989년 2월 24일까지 계속되었다. 주요 안건으로는 광주사태 관련 사항이었고, 주요 증인으로는 김대중 전 대통령후보와 정호용 전 의원 등이 있다.

<표 10-3> 5 · 18광주민주화운동진상조사특별위원회 청문회

일시	장소	신문 및 진술 내용	출석 증인
1988.11.18(금)	국회 145호실	5 · 18광주민주화운동에 관련된 제반사항	김대중, 이희성(증인 2인)
1988.11.19(토)	〃	〃	주영복, 김상현(2인)
1988.11.20(일)	〃	〃	김상현
1988.11.30(수)	〃	〃	정동년, 정강용, 심재철, 김종배(4인)
1988.12.1(목)	〃	〃	정기용, 김종배
1988.12.6(화)	〃	〃	신현확, 이신범, 한상석
1988.12.7(수)	〃	〃	정호용, 윤흥정(2인)
1988.12.8(목)	〃	〃	윤흥정
1988.12.19(월)	〃	〃	이희성, 소준열(2인)
1988.12.20(화)	〃	〃	김옥길, 유병현, 최웅, 권승만
1988.12.21(수)	〃	〃	박준병, 서병원, 정웅
1988.12.22(목)	〃	〃	정웅
1989.1.26(목)	〃	〃	김영택, 임정복, 이세형, 이순노, 유형근, 김일옥(6인)
1989.1.27(금)	〃	〃	정성용, 임수원, 홍금숙, 임희주, 이상기, 안부응(6인)
1989.2.22(수)	〃	〃	김복동, 김금순, 최진수, 전영병, 김성수, 강영숙, 황원길, 김옥자, 최성환, 김현녀(10인)
1989.2.23(목)	〃	〃	신경진, 이광영, 박병율, 송기숙, 조비오, 명노근, 김태찬, 윤영규, 박남선, 박효선, 윤석두, 이제춘(12인)
1989.2.24(금)	〃	〃	김태종, 전용호, 정형애, 전춘심, 문장우, 이선정, 양지문, 김오진, 김덕수, 전계량, 이지언, 허청, 김태헌(13인)

1988년 11월 18일부터 광주사태 당시의 학살피해자를 비롯하여 김대중, 이희성, 정호용 등 65명의 증인을 출석시켜 6차례에 걸쳐 진행된 '5 · 18 광주민주화운동 청문회'는 5 · 17 비상계엄확대조치의 불법성, 공수부대 지휘책임, 발포책임자 규명, 정확한 사망자 수 등을 밝혀내지 못한 채 종료되었다.

③ 5공비리조사특별위원회 청문회

국회 5공비리조사특별위원회는 1988년 11월 3일부터 1989년 3월 17일까지 활동하였다. 이 위원회에서 다룬 주요 안건은 일해재단설립과 그 기금모집에 관한 사항 등이었고, 주요 증인으로는 정주영 현대그룹 명예회장과 장세동 전 국가안전기획부 부장 등이 있다.

1988년 11월 4일부터 5차례에 걸쳐 진행된 '일해재단청문회'는 장세동, 정주영 등을 증인으로 소환하여 기금모금의 강제성, 정경유착의 실태, 청와대 경호실·보안사령부 등 권력기관의 전횡을 파헤쳤다.

5공청산작업은 1988년 11월 3일 '5공비리특별위원회'가 가동되고, 청문회가 시작되면서 본격화되었다. 언론사상 최초로 생중계된 '5공비리', '광주문제', 그리고 '언론문제' 청문회는 각종 비리와 음모를 부분적으로나마 세상에 밝히고 국정의 투명성 제고를 유도함으로써 국회의 기능을 활성화시켰다. 그러나 증인들의 답변회피·거부 등이 빈번했고 후속조치가 미흡하였다는 평가를 면하기는 어렵다.

〈표 10－4〉 5공비리조사특별위원회 청문회

일시	장소	신문 및 진술 내용	출석 증인
1988.11.3(목)	국회 145호실	· 일해재단의 설립배경 및 자금조성관련비리조사	임소혁, 이종원, 김규석, 김기환, 조성희(5인)
1988.11.4(금)	〃	〃	조성희, 김갑기, 이인배, 신동원, 임종보, 임정환, 박노관(7인)
1988.11.7(월)	〃	〃	장세동(1인), 안현태, 최순달, 양정모 증인은 11월 8일 증언 청취하기로 함
1988.11.8(화)	〃	〃	안현태, 최순달, 양정모(3인)
1988.11.9(수)	〃	〃	양정모, 이준용, 최순영, 유친우, 장치혁, 정주영(6인)
1988.12.8(목)	〃	· 일해재단설립기금모음배경 · 88정권교체준비연구서작성과 일해재단설립배경과의 관련성	정구호, 정수창(2인)
1988.12.14(금)	〃	· 기금모금의 강제성 여부 · 일해재단부지매입과정에 대한 증언 차이로 인한 위증 여부 대질확인	정주영(개별신문) 정주영, 장세동, 양정모(대질신문)
1989.3.16(수)	〃	· 부실기업정리관련비리조사	김철호, 양정모, 권철현(3인)
1989.3.17(금)	〃	· 부실기업정리관련비리조사	변강우, 주창균, 윤석조(3인)

청문회를 통하여 각종 비리가 규명되고 현직 대통령의 친형 전기환, 처남 이창식 등 친인척의 잇따른 구속으로 여론이 악화되자 전두환 대통령은 1988년 11월 23일 대국민 사과문을 발표하고 정치자금 139억 원과 연희동 사저 등을 국가에 헌납하겠다고 밝힌 후 강원도 백담사에서 은둔생활을 시작하였다.

1989년 12월 15일 노태우 대통령은 세 명의 야당총재를 청와대에서 만나 전두환 전 대통령이 국회에 출석하여 서면질의에 한 차례 증언하고, 의원들의 보충질의에 답변하는 것을 텔레비전으로 중계한다는 등 11개 항목에 합의하여 5공비리청산을 위한 정지작업을 하였다.

전두환 전 대통령은 1989년 12월 31일 전직 대통령으로서는 처음으로 국회 청문회에 나와 광주특위 · 5공특위 연석회의에서 증언하였다. 이날 오전 10시 8분경 참의원회의장(제2회의장)에서 황명수 특별위원회 위원장의 사회로 시작된 합동청문회에는 여야 특별위원들이 이미 서면으로 낸 총 125건의 질의가 준비되어 있었다. 광주에서의 군인들의 발포가 '자위권' 행사였다는 등 전 전 대통령의 답변내용에 의원들이 격하게 항의하면서 장내가 소란해지자 문동환 광주특위 위원장은 1990년 1월 1일 0시 48분 산회를 선포하였다. 이로써 청문회는 핵심사안의 진위를 명확히 가리지 못한 채 막을 내렸다.

2) 제15대 국회

① 한보사건국정조사특별위원회 청문회

한보사건국정조사특별위원회는 1997년 4월 7일부터 5월 4일까지 한보그룹에 대한 특혜의혹을 조사하기 위하여 활동하였다. 동 특별위원회 청문회에는 정태수 한보그룹 총회장 일가와, 김영삼 전 대통령의 차남 김현철 씨, 정태수 전 한보그룹 총회장, 홍인길 전 청와대 정무수석 등이 출석하여 증언하였다.

그러나 언론은 한보사건청문회가 증인들의 '거짓말청문회'였다고 보도하였다. 한보사건청문회는 4월 9일까지 정태수 총회장, 손홍균 전 서울은행장, 김종국, 이철수 등 4인을 증인으로 출석시켜 증인신문을 마쳤으나 조사특별위원회의 준비부족과 자료미비, 위원들의 당리당략적 이해관계가 얽힌 의도

적인 발언(신문), 증인들의 허위 또는 불성실한 증언, 진술거부 등으로 난관
에 부딪치게 되었다.

〈표 10-5〉한보사건국정조사특별위원회 청문회

일시	장소	신문 및 진술한 내용	출석 증인명
1997.4.7(월)	서울구치소회의실	· 공장설립인가 시 로비실체 및 비자금조성경위	정태수(1인)
1997.4.8(화)	〃	· 한보대출관련 · 비자금조성관련	손홍균, 김종국(2인)
1997.4.9(수)	〃	· 한보대출관련	이철수(1인)
1997.4.11(금)	〃	· 한보대출관련	신광식, 우찬목(2인)
1997.4.12(토)	〃	· 대출압력 및 뇌물수수관련	홍인길(1인)
1997.4.14(월)	〃	· 비자금조성 및 대출관련	정보근(1인)
1997.4.15(화)	〃	· 대출압력 및 뇌물수수관련	황병태, 정재철, 권노갑(3인)
1997.4.16(수)	국회 145호실	· 비자금 및 대출관련	이용남, 홍태선(2인)
1997.4.17(목)	〃	· 한보대출관련	박일영, 박석태(2인)
1997.4.18(금)	〃	· 한보대출관련	김시형, 이형구(2인)
1997.4.19(토)	〃	· 한보대출관련	박만수, 이석채(2인)
1997.4.20(일)	〃	· 한보대출관련	이석채(1인)
1997.4.21(월)	〃	· 비리폭로배경 및 한보사건관련사실 여부	박경식(1인)
1997.4.22(화)	〃	· 비자금조성관련	박태중(1인)
1997.4.23(수)	〃	· 비자금조성관련 · 김현철국정개입관련	정원근, 김기섭(2인)
1997.4.24(목)	〃	· 비자금조성관련 · 대출압력 및 대출수수관련	정일기, 한이헌(2인)
1997.4.25(금)	〃	· 한보특혜, 국정개입관련	김현철(1인)
1997.4.26(토)	〃	· 공유수면매립관련	김현철, 박승, 신영삼, 박태서(4인)
1997.4.28(월)	〃	· 코렉스공법도입관련	안영기, 박재윤(2인)
1997.4.29(화)	〃	· 한보전환사채관련 · 한보대출관련	방청부, 이수휴(2인)
1997.4.30(수)	〃	· 한보대출관련	장철훈, 장명선(2인)
1997.5.1(목)	〃	· 한보철강신용평가관련	이강성, 장흥열(2인)

청문회과정에서 한보그룹은 1996년 제15대 국회의원선거와 그해 가을 국정감
사 직전에 국회의원들에게 로비를 하면서 '국정감사 무마용'으로 돈을 제공했던
것으로 밝혀졌다. 또한 한이헌·이석채 전 청와대 경제수석은 김시형 산업은행
총재 등과 은행장들에게 한보철강에 대한 대출압력을 행사한 것으로 드러났다.[3]

특별위원회는 1997년 4월 21일부터 김현철 씨의 한보특혜대출개입의혹과 국
정 및 각종 이권개입의혹을 규명하기 위한 청문회를 개최하였으나 4월 25일 청
문회에 출석한 김현철 씨는 그동안 제기된 각종 의혹들을 대부분 부인하였다.[4]

동 특별위원회는 5월 4일 45일간의 활동을 마치고 보고서 작성 작업에
들어갔다. 보고서에는 한보철강 특혜대출 구제금융부도처리경위, 정부고위
층의 대출외압 여부, 코렉스공법도입경위, 김현철 씨 국정개입실상 등의 내
용과 한보사태를 통하여 드러난 금융감독체계의 문제점과 개선방안, 해당기
관 관계자의 시정요구내용 등이 포함되었다. 그러나 이른바 '정태수리스트'
(관리자 명단)에 대해서는 적극적으로 조사할 의지를 보이지 않는 등 문제
의 핵심에는 접근하지 못한 채 특별위원회의 활동이 마무리되었다.[5]

② IMF환란원인규명과 경제위기진상조사를 위한 국정조사특위 청문회

1997년 1월 한보사태발생 이후 제일은행을 비롯한 일부 은행권의 외환부
족현상이 발생하여 한국은행이 제일은행에 대하여 42억 달러의 해외점포예
치금을 제공하는 등 외환위기는 연초부터 발생하고 있었다. 설상가상으로
1997년 7월 태국 바트화의 폭락으로 촉발된 동남아시아의 외환위기는 말레
이시아, 필리핀, 인도네시아 등 주변국가로 급속히 파급되었고 이는 동남아
시아의 금융시장에 진출하여 있던 한국에도 악영향을 미치게 되었다.

1997년 하반기에 외국금융기관의 대출 회수가 본격화되면서 한국금융기
관의 외채만기연장률이 급속히 하락하였으며, 일부 금융기관은 외화부도사
태에 직면하였다. 이러한 상황에서 기아사태처리가 장기간 지연됨에 따라
한국정부의 위기관리능력이 의문시되자 외국투자가들이 이탈하면서 외환사
정이 극도로 악화되었다. 결국 한국은 국제통화기금(IMF)에 구제금융을 신
청하였고 그 관리체제에 편입되었다.

이에 국회에서는 국정조사특별위원회를 구성하여 진상파악과 향후 대책마

---

3) ≪한국일보≫, 1997년 4월 19일자.

4) ≪중앙일보≫, 1997년 4월 26일자.

5) 여론조사결과, 청문회에서 한보의혹이 '별로 밝혀지지 않았다.' 45.3%, '전혀 밝혀지지 않았다.' 27.6%.
   '대체로 밝혀졌다.' 22.8%로 나타났다. ≪동아일보≫, 1997년 4월 26일자.

련에 나섰다. 'IMF환란원인규명과 경제위기진상조사를 위한 국정조사특별위원회'는 1999년 1월 15일부터 2월 13일까지 30일간 외환위기를 초래한 경제정책을 다루기 위하여 활동하였는데 강경식 전 재정경제부장관과 이경식 전 부총리 등이 주요 증인으로 출석하였다.[6]

2월 4일 청문회에서는 김현철, 김기섭, 박태중, 홍인길 4인에 대하여 동행명령이 의결되었다. 정태수 전 한보그룹 총회장은 이날 열린 청문회에서 제14대 대통령선거(1992. 12. 18) 당시 여당인 민주자유당의 김영삼 후보에게 150억 원의 대선자금을 제공하였다고 시인하였다. 2월 8일 청문회에서는 증인출석을 요구받은 김영삼 전 대통령의 불출석으로 증인신문은 이루어지지 않았다.

'IMF환란원인규명과 경제위기진상조사를 위한 국정조사특별위원회' 청문회는 야당이 불참한 가운데 공동여당(새정치국민회의·자유민주연합)의 의원들만이 위원회를 구성하여 개최한 반쪽 청문회의 기록을 남겼다.

<표 10-6> IMF환란원인규명과 경제위기진상조사를 위한 국정조사특별위원회 청문회

일시	장소	신문 및 진술한 내용	출석 증인명
1999.1.25(월)	국회 145호실	· 외환위기를 초래한 경제정책관련	이경식, 홍재형, 윤진식, 정규영(증인 4인) 임창열, 김우석, 김석동, 변양호(참고인 4인)
1999.1.26(화)	〃	· 외환위기를 초래한 경제정책관련	강경식, 김인호, 윤증현, 백재윤, 엄낙용, 원봉희(증인 6인) 변양호, 김규복, 류재한, 김정관, 이강남(참고인 5인)
1999.1.27(수)	〃	· 외환위기를 초래한 경제정책관련	이경식, 강경식, 김인호(증인 3명) 최공필(참고인 1인)
1999.1.28(목)	〃	· 기아사태관련	김선홍, 이기호, 박제혁, 이재승(증인 4인) 한승준, 홍종민, 도재영(참고인 3인)
1999.1.29(금)	〃	· 기아사태관련	이신행, 류시열, 김인호, 김영태, 이수휴, 박운서(증인 6인)
1999.2.1(월)	〃	· 기아사태관련	김경식, 윤증현, 김재태(증인 3인) 주병국(참고인 1인)
1999.2.2(화)	〃	· 종합금융사 인·허가 및 부실감독관련	홍재형, 윤증현, 김영섭(증인 3인) 정병수, 나웅배, 주병국(참고인 3인)
1999.2.3(수)	〃	· 종합금융사 인·허가 및 부실감독관련	허만귀, 이창재, 김정환(증인 3인) 이우영, 진명욱, 이종갑(참고인 3인)
1999.2.4(목)	〃	· 한보사건관련	정태수, 정보근, 박재윤, 이형구, 이철수, 신광식(증인 6인) 김종국(참고인 1인)

6) IMF환란위기규명과 경제위기진상조사를 위한 국정조사특별위원회, 『IMF환란위기규명과 경제위기진상조사를 위한 국정조사보고서』(1999. 3).

일시	장소	신문 및 진술한 내용	출석 증인명
1999.2.5(금)	〃	· 개인휴대통신사업인 · 허가 관련	정장호, 조동만(증인 2인) 정홍식, 경상현, 이계철(참고인 3인)
1999.2.8(월)	〃	—	—
1999.2.9(화)	〃	· 외환위기를 초래한 경제정책관련 · 불법계좌추적관련	강경식, 김인호(증인 2인)
1999.2.10(수)	〃	· 외환위기를 초래한 경제정책 등	이경식, 김인호(증인 2인)
1999.2.11(목)	〃	· 외환위기를 초래한 경제정책 등	이성섭, 좌승희(참고인 2인)

③ 한국조폐공사파업유도진상조사를 위한 국정조사특별위원회 청문회

국회는 1999년 8월부터 9월 초까지 검찰의 한국조폐공사파업유도의혹진
상을 조사하기 위하여 활동하였다.[7] 주요 증인으로는 김태정 전 검찰총장,
진형구 전 대검공안부장 등이 있다.

이 사건은 1999년 6월 7일 진형구 대검공안부장이 사석에서 취중에 "검
찰이 한국조폐공사노조파업을 유도하였다."는 내용의 발언을 한 것이 전해
지면서 파문을 일으키게 되었다. 검찰은 7월 20일 특별수사본부를 구성하여
독자수사에 착수하였고, 수사착수 10일 만인 7월 30일 수사결과를 발표하고
진형구 부장을 기소하는 선에서 사태를 마무리하였다. 검찰 특별수사팀은
1999년 7월 진형구 전 대검공안부장을, 같은 해 12월에는 강희복 조폐공사
사장을 각각 구속하였다.

이번 사건은 1998년 4월 21일 강희복 씨가 조폐공사사장에 취임하고, 7
월 29일 정부가 조폐공사구조조정 내용을 밝히면서 이미 예고되었다. 조폐
공사노조는 8월 25일 파업에 돌입하여 9월 1일부로 무기한 직장 폐쇄조치
를 단행하였다. 대검공안부는 9월 18일 공안대책협의회를 개최하여 대책을
마련하였고, 조폐공사는 10월 2일 옥천조폐창을 폐쇄하고 경산조폐창으로
이전한다는 계획을 발표하였다. 조폐공사는 12월 15일 옥천창을, 12월 19일

---

7) 국회 조폐공사파업유도국정조사특별위원회소속 조영재 의원(자유민주연합)은 1999년 8월 22일 조폐공사
옥천조폐창과 경산조폐창의 조기통합결정은 당시 기획예산위원회가 사실상 주도한 것이라고 주장하였다.
조영재 의원은 이날, "기획예산위원회가 1998년 7월 5일 박종구 단장명의로 강희복 조폐공사 사장에게
공문을 보내 1999년 말까지 집행간부(옥천조폐창장) 1명을 감축하고 2000년까지 465명의 인원을 줄이
도록 권고했으며, 9월 26일 재차 보낸 공문에서는 인원감축을 928명으로 늘리도록 지시함으로써 조폐창
조기통폐합을 앞당기도록 했다."고 밝혔다. ≪동아일보≫, 1999년 8월 23일자

에는 경산창을 직장 폐쇄 조치하였다.

이 의혹사건조사를 위한 청문회는 1999년 8월 26일 시작되었다. 그런데 8월 27일 이틀째 청문회에 나온 진형구 전 대검공안부장은 파업유도를 위하여 조폐공사의 구조조정을 강행하라고 압박하였다는 검찰의 공소사실을 전면 부인하였다.

조사특별위원회는 8월 31일 김태정 전 검찰총장과 검찰관계자들을 증인으로 출석시킨 가운데 검찰이 조직적으로 파업유도에 개입했는지를 추궁하였으나 김태정 전 총장은 파업유도는 있지도 않았고 있을 수도 없는 일이라고 답변하였다.[8] 결국 이번 청문회에서는 조사결과보고서를 채택하지 못하였다.

〈표 10-7〉 한국조폐공사파업유도진상조사를 위한 국정조사특별위원회 청문회

일시	장소	신문 및 진술한 내용	출석 증명인
1999.8.26(목)	국회 145호실	·검찰공안부장과 파업유도 논의 여부 등	강희복, 강서웅, 양승조, 박종삼, 이석복, 이동일, 박창남(증인 7인) 박진도, 고영호, 김우식(참고인 3인)
1999.8.27(금)	〃	·파업유도를 위해 조폐공사 사장에게 구조조정압력을 행사했는지 여부 등	진형구, 안영욱(증인 2인) 박원순(참고인 1인)
1999.8.28(토)	〃	·공안대책협의회관련	박종구, 박개성, 유재한, 유성걸, 김상렬(증인 5인) 박석운(참고인 1인)
1999.8.31(화)	〃	·조폐공사파업유도 여부	김태정, 안영욱, 이준보, 정윤기(증인 4인) 이갑용(참고인 1인)
1999.9.1(수)	〃	·조폐공사파업과 검찰의 관련성 여부	구충일, 강승희, 강재규, 송민호(증인 4인) 김행님, 송대근, 김강자(참고인 3인)
1999.9.2(목)	〃	·노동부장관이 강희복 사장과 조폐창 통폐합문제를 논의했는지 여부 등	이기호, 신재면, 최기현, 위신복, 심항섭(증인 5인) 김행님(참고인 1인)
1999.9.3(금)	〃	·조폐공사파업유도 여부	진형구, 강희복, 강재규, 구충일(증인 4인) 유인학(참고인 1인)

이에 앞서 김대중 대통령과 김종필 국무총리는 1999년 7월 1일 주례회동에서 '특별검사제 수용'에 합의하였으며, 김 총리는 다음 날인 7월 2일 국회 대정부질문답변에서 특별검사제 수용의사를 표명한 바 있다.

---

8) ≪조선일보≫, 1999년 9월 1일자.

국회는 1999년 9월 20일 본회의를 열어 '특별검사제법안'을 가결하였으며, 이에 따라 검찰의 조폐공사파업유도의혹을 조사하기 위하여 특별검사제가 시행되었다. 그러나 이 사건은 2001년 7월 27일 법원이 진형구 전 부장에게 무죄판결을 내림으로써 일단락되었다. 서울지법은 이날 조폐공사 옥천·경산조폐창 조기 통폐합을 지시한 혐의(직권남용) 등으로 기소된 진형구 전 부장에 대하여 노동조합법위반(제3자 개입) 혐의만을 유죄로 인정하여 징역 1년에 집행유예 2년을 선고하였다. 또 조폐창 통폐합을 앞당겨 실시하여 노조파업을 유도한 혐의로 기소된 강희복 전 조폐공사 사장에 대해서도 노조 측에 하계휴양비를 제때에 지급하지 않은 혐의에 대해서만 유죄로 인정하여 벌금 300만 원을 선고하였다. 재판부는 진형구의 직권남용 및 업무방해 혐의와, 강희복 업무방해 혐의 등에 대해서는 검찰과 특별검사의 수사결과를 모두 뒤집고 무죄를 선고하였다.

④ 고급 옷 로비의혹사건 청문회

상임위원회인 법제사법위원회가 1999년 8월에 이른바 '고급 옷 로비의혹사건'을 조사하기 위하여 연정희 전 검찰총장 부인과 배정숙 전 통일원장관 부인 등을 증인으로 세워 조사활동을 하였다.

이 사건은 최순영 신동아그룹회장의 불법외화유출 등 범법행위에 대한 검찰수사가 진행 중인 1998년 6월부터 최순영·이영자 부부와 박시언 당시 신동아그룹부회장 등이 권력 핵심부에 대하여 로비를 펼치는 과정에서 발생한 것인데, 1999년 초반부터 최순형 신동아그룹회장 부인 이형자와 김태정 검찰총장의 부인 연정희 사이에 고가의 옷을 이용한 로비에 관한 의혹이 불거진 것이다. 세칭 사직동팀이라고 불리는 청와대 수사팀의 내사가 있었고 검찰의 수사가 이어졌다.

법제사법위원회는 8월 23일 강인덕 전 통일원장관의 부인 배정숙 등 증인 4명을 출석시켜 옷 로비의혹사건 진상조사를 위한 청문회 증인신문을 하였다. 여야의원들은 이날 배정숙을 상대로 최순영 신동아그룹회장의 구명로비 대가로 옷값 2,400만 원의 대납을 요구하였는지의 여부와 김태정 전 검찰총장 부인 연정희가 옷 로비의혹사건에 개입되었는지의 여부를 추궁하였다. 이 과정에서 배 씨가 검찰의 수사발표와 상반된 내용을 진술하여 검찰이 짜 맞추기 수사를 하였다는 의혹이 제기되었다.

청문회 마지막 날인 8월 25일 신동아그룹회장 부인 이형자, 전 검찰총장 부인 연정희, 강인덕 전 통일부장관 부인 배정숙, 라스포사 사장 부인 정일순 등 4명의 증인에 대한 대질신문을 벌였으나 증인들의 서로 엇갈린 주장으로 청문회를 통한 사건의 실체규명에는 실패하였다.

이에 한나라당은 1999년 9월 1일 이국헌 의원 등 101명의 이름으로 국회에 '특별검사임명에 관한 법률안'을 제출하였다. 이와 관련하여 여야 간 논의를 거듭한 끝에 여권이 특별검사제 도입을 수용하기로 하였다.

11월 1일 옷 로비의혹사건의 핵심관련자 가운데 이형자 씨와 배정숙 씨가 옷 로비수사특별검사팀에 소환되어 수사를 받았다(특별검사 최병모).

배정숙 씨는 11월 22일 사직동팀 내사 직후인 1월 말 연정희 씨로부터 사직동팀의 최초 보고서로 추정되는 문건을 전달받았다며 이를 공개하였다.

김태정 전 장관은 11월 24일 오후 2시 50분경 부인 연정희 씨와 함께 최병모 특별검사 사무실에서 가진 기자회견에서 "배 씨 측이 공개한 문건은 사직동팀 내사가 시작된 1월 중순 이후 받은 것으로 기억되며 내가 집사람에게 준 것"이라고 말하고 "조직의 장래와 전직 검찰총장 신분이라는 점을 고려해 문건의 출처는 공개할 수 없다."고 말하였다.9)

이에 따라 국회법제사법위원회 3당 간사들은 연정희 씨, 배정숙 씨, 라스포사 사장 정일순 씨를 옷 로비 국정조사청문회에서 위증을 한 혐의로 고발하기로 하였다(고발 1999. 11. 29).

김대중 대통령은 11월 26일 옷 로비 의혹사건과 관련한 '사직동팀 보고서'를 김태정 전 검찰총장에게 전달한 책임을 물어 박주선 청와대 법무비서관을 경질하였다. 그리고 김태정 씨는 12월 4일 기밀누설과 공문서변조혐의로 서울구치소에 수감되었다.

---

9) ≪동아일보≫, 1999년 11월 25일자.

사직동팀 보고서 유출사건을 수사한 대검 중앙수사부는 1999년 12월 8일 앞서 배정숙 씨 측이 공개한 이른바 '최초 보고서'는 사직동팀이 작성하였다는 잠정결론을 내렸다.

이처럼 청문회를 통한 진상규명에 실패하고 특별검사제를 도입한 후에야 진상을 어느 정도 규명할 수 있었던 것은 현행 청문회제도가 갖는 한계일 수밖에 없다.

3) 제16대 국회-제17대 국회

제16대 국회에서는 3건의 청문회, 제17대 국회에서는 6건의 청문회가 각각 개최되었다. 9건의 청문회 중 '공적자금의 운용실태규명을 위한 국정조사특별위원회'는 증인 및 참고인 신문을 실시하지 못하여 반쪽짜리 청문회가 되었다.

2. 맺음말

미국의회의 조사활동은 1792년에 채택된 의회의 조사권에 관한 법률에 의하여 보장을 받는다. 한국에서는 그동안 철저한 조사와 자료검토를 바탕으로 진행되는 미국의 청문회와는 전혀 다른 모습으로 청문회가 개최되어 왔다.

1988년 국회의원선거에서 여소야대의 정국이 전개되면서 그동안 여당이 거부해 오던 미국식 청문회제도가 도입되었으나 실질적으로는 제도도입의 취지를 살리기에는 여러 가지 문제점이 많다.[10]

청문회에 나온 증인마다 혐의나 의혹을 부인하는데다가, 조사과정이 증인들의 진술에 의존하기 때문에 한계가 있다. 따라서 증언 사후검증이나 위증에 대한 처벌가중, 무엇보다도 철저한 자료조사 등 사전준비가 필요하다. 청문회에서 진실을 규명하지 못하다 보니 청문회 무용론이 나온 지 오래이며,

---

10) 미국의회의 청문회는 그 소요 기간이 보통 1~3년이 걸릴 뿐만 아니라 청문회 개최에 수반하는 비용이 현실적으로 책정되어 있다.

청문회 이후에 특별검사제를 채택하여 다시 조사를 하는 경우도 있다. 이것은 결국 국회가 정보수집이나 자료획득 면에서 부족한 면이 많았다는 것으로 해석될 수 있다.

비록 개정국회법(2000. 2. 16)에서 청문회를 위한 사전조사제도를 도입하여 청문회 개회 시 필요한 경우 전문가를 위촉하여 사전조사를 실시할 수 있도록 하였으나 근본적인 문제, 예를 들면 독자적인 조사권 확보, 충분한 청문회 기간 설정, 청문회 개최를 위한 충분하고도 현실적인 예산책정, 출석·증언 거부 혹은 위증에 대한 엄격한 법적 제재 등이 고려되어야 할 것이다.

요식행위로서의 청문회가 아니라 입법과정에 국민과 이해당사자들의 정당한 의견을 반영하며, 국정사안조사에서는 진실이 규명될 수 있도록 내실화와 효율성 제고를 위한 제도운영이 요망된다.

제3절 공청회

1. 공청회의 의의

앞부분에서 살펴본 청문회와 여기에서 다루고자 하는 공청회는 모두 영어의 'hearing'을 그 어원으로 한다. 청문회와 공청회는 국회가 법률안 등 의안을 심사할 때 특정의안과 이해관계가 있는 사람들에게 직접 참여할 수 있는 기회를 제공하는 입법과정의 주요한 단계가 되어 있다. 같은 어원이라는 것에서도 알 수 있듯이 청문회와 공청회제도의 취지는 크게 다르지 않다. 다만 개최 요건, 출석 대상, 출석 대상자의 출석 강제 여부, 그리고 개최 부서 등에 차이가 있을 뿐이다.

공청회는 위원회에서 특히 중요한 안건 또는 전문지식을 요하는 안건을 심사할 때 이해관계자 또는 학식과 경험이 있는 자로부터 의견을 청취하기 위한 위원회 회의의 한 형태이다.[11] 공청회는 일반국민에게 입법과정에서 직접 그 의견을 진술할 기회를 줌으로써 일반국민의 입법에 대한 관심을 높일 수 있다. 동시에 이해관계자 또는 학식과 경험이 있는 자로부터 전문적인 의견을 청취하여 안건의 심사를 신중히 하고 심사의 질을 높일 수 있을 뿐만 아니라 특정한 쟁점을 미리 공론화하여 사회구성원 간의 잠재적 갈등을 해소 또는 최소화시키는 기능을 갖는다.

그러므로 공청회는 공청회가 다루는 의안에 대한 찬반양론의 질적 확장을 통하여 의안의 기술적·정치적 현저성을 신장시키고, 입법 과정에 대한 국민적 지지를 이끌어 내어 의회자체의 정통성을 고양시키는 위원회 심사장치 중의 하나이다. 또한 공청회는 심사대상주체의 사회적 관심을 고양시켜 사회적 쟁점으로 부상하게 하는 것은 물론, 주제에 대한 국민의 이해를 촉진시켜 갈등의 수준을 낮추는 데에도 기여한다.[12]

2. 공청회제도의 연혁

한국에서는 제헌국회부터 공청회제도를 채택하였다. 공청회대상 안건으로는 국회법에 "예산안과 주요 세입법안, 기타 중요한 안건"으로 명시되어 제10대 국회까지 존속되어 오다가 제11대 국회의 국회법 개정(1982. 1. 29.)에서 "중요한 안건 또는 전문지식을 요하는 안건"으로 규정하였다.

제헌국회 당시부터 공청회제도가 채택되었으나 제정국회법에 명시된 공청회조항은 없었다. 다만, 공청회제도의 근거가 되는 내용을 공청회제도라고 본 것이다. 제정국회법의 공청회 관련 조문을 보면 다음과 같다. 공청회의 개최부서를 위원회로 명시하였고, 총예산안과 중요한 세입법안에 대해서는 반드시 공청회를 개최하도록 하였다.

---

11) 국회운영위원회, 『의회대사전』(1992), 112쪽.
12) 박재창, 『한국의회행정론』(서울: 법문사, 1995), 177쪽.

제정국회법(1948. 10. 2.) 제24조 위원회는 중요하다고 인정되는 안건이나 전문지식을 요하는 안건에 대하여는 국무위원, 정부위원, 이해관계자 또는 학식·경험이 있는 자로부터 의견을 들을 수 있다. 위원회는 심사하는 안건에 관하여 다른 의원의 의견을 들을 수 있다. 총예산안과 중요한 세입안에 대하여는 전항에 의하여 필요한 의견을 들어야 한다.

'공청회'는 1960년 9월 26일 개정국회법에 처음으로 명시되어 등장한다. 이때부터 공청회는 의장의 승인을 얻어 행하게 되며 그 일시와 안건을 공시하도록 하였다. 제정국회법에서는 총예산안과 중요한 세입법안에 대해서는 반드시 공청회를 개최하도록 강제규정을 두었으나 이 법이 개정되는 시점까지 예산안과 세입법안에 대한 공청회가 한 번도 개최되지 않았기 때문에 이를 현실화하여 이 규정을 의무규정에서 임의규정으로 개정하였다.[13]

국회법(1960. 9. 26.) 제58조(공청회) 위원회는 총예산안, 중요한 세입법안 기타 일반적 관심이 깊은 중요한 안건 또는 전문지식을 요하는 안건을 심의하기 위하여 공청회를 열고 이해관계자 또는 학식·경험이 있는 자로부터 의견을 들을 수 있다.
제59조(공청회의 절차) 위원회에서 공청회를 열 때에는 의장의 승인을 얻어 그 일시와 안건을 공시하여야 한다.

개정국회법(1963. 11. 26.)의 공청회 관련 내용은 다음과 같다. 여기에서는 큰 변화는 없으나 조문의 내용 중 "일반적 관심이 깊은……"이라는 표현을 "중요한 안건……"으로 개정하였다.

---

13) 박종흡, 「청문회제도의 이론과 실제」, ≪국회보≫(1988. 12.); 현성수, 「청문회제도에 관한 연구」, ≪의정연구≫ 제40집(1990), 1~50쪽.

국회법(1963. 11. 26.) 제60조(공청회) ① 위원회는 예산안·세입법안 기타 중요한 안건 또는 전문지식을 요하는 안건을 심사하기 위하여 공청회를 열고 이해관계자 또는 학식·경험이 있는 자로부터 의견을 들을 수 있다. ② 위원회에서 공청회를 열 때에는 의장의 승인을 얻어야 한다.

1981년 1월 29일 개정된 국회법의 공청회 관련 내용은 다음과 같다. 이제까지 공청회 개최 대상안건으로 예시하였던 '예산안'과 '세입법안'을 삭제하였으며, 의장의 승인을 얻도록 한 것은 종전과 같으나 이때부터 안건·일시·장소·진술인·경비 기타 참고사항을 문서로 기재하여 의장의 승인을 받도록 한 것이 다르다. 뿐만 아니라 진술인의 선정과 발언시간 등을 위원회에서 정하도록 하였고, 진술인의 발언은 그 사안에 관한 것으로 한정하였으며 공청회를 당해 위원회의 회의로 하였다.

국회법(1981. 1. 29.) 제61조(공청회) ① 위원회는 중요한 안건 또는 전문지식을 요하는 안건을 심사하기 위하여 공청회를 열고 이해관계자 또는 학식·경험이 있는 자 등(이하 '진술인'이라 한다.)으로부터 의견을 들을 수 있다. ② 위원회에서 공청회를 열 때에는 안건·일시·장소·진술인·경비 기타 참고사항을 기재한 문서로 의장의 승인을 얻어야 한다. ③ 진술인의 선정과 발언시간은 위원회에서 정하며, 진술인의 발언은 그 의견을 듣고자 하는 안건의 범위를 넘어서는 아니 된다. ④ 위원회가 주관하는 공청회는 그 위원회의 회의로 한다.

여야합의로 헌법이 개정될 때 처음으로 청문회제도가 도입되었는데 이때 국회법의 공청회조항에서는 종전에는 의장의 승인을 얻도록 하던 것을 의장에게 보고를 하는 것으로 완화되었다. 1988년 6월 15일 개정된 국회법의 공청회 관련 내용은 다음과 같다.

> 국회법(1988. 6. 15.) 제61조(공청회) ① 위원회는 중요한 안건 또는 전문지식을 요하는 안건을 심사하기 위하여 공청회를 열고 이해관계자 또는 학식·경험이 있는 자 등(이하 '진술인'이라 한다.)으로부터 의견을 들을 수 있다. ② 위원회에서 공청회를 열 때에는 안건·일시·장소·진술인·경비 기타 참고사항을 기재한 문서로 의장에게 보고하여야 한다. ③ 진술인의 선정과 발언시간은 위원회에서 정하며, 진술인의 발언은 그 의견을 듣고자 하는 안건의 범위를 넘어서는 아니 된다. ④ 위원회가 주관하는 공청회는 그 위원회의 회의로 한다. ⑤ 기타 공청회 운영에 필요한 사항은 국회규칙으로 정한다.

2006년 2월 21일 개정된 국회법의 공청회 관련 내용은 다음과 같다. 여기에서는 공청회 개최요건을 위원회의 의결 또는 재적위원 3분의 1 이상의 요구로 개최할 수 있다고 명시하여 개최요건을 완화하였다.

> 국회법(2006. 2. 21.) 제64조(공청회) ① 위원회(소위원회를 포함한다. 이하 이 조에서 같다.)는 중요한 안건 또는 전문지식을 요하는 안건을 심사하기 위하여 그 의결 또는 재적위원 3분의 1 이상의 요구로 공청회를 열고 이해관계자 또는 학식·경험이 있는 자 등(이하 '진술인'이라 한다.)으로부터 의견을 들을 수 있다. 다만, 제정법률안 및 전문개정법률안의 경우에는 제58조 제6항의 규정에 의한다. ② 위원회에서 공청회를 열 때에는 조건·일시·장소·진술인·경비 기타 참고사항을 기재한 문서로 의장에게 보고하여야 한다. ③ 진술인의 선정과 진술인 및 위원의 발언시간은 위원회에서 정하며, 진술인의 발언은 그 의견을 듣고자 하는 안건의 범위를 넘어서는 아니 된다. ④ 위원회가 주관하는 공청회는 그 위원회의 회의로 한다. ⑤ 기타 공청회 운영에 필요한 사항은 국회규칙으로 정한다.

3. 공청회 개최

1) 주체

국회법상 공청회를 주최하는 권한은 위원회에 인정되는 권한이며, 상임위원회는 물론 특별위원회에서도 개최할 수 있다. 종전에는 위원회의 의결이 있어야 공청회를 개최할 수 있었으나 제15대 국회 제33차 국회법 개정 시 (2000. 2. 9.)에 민의수렴을 활성화하고 국회의 입법기능을 강화한다는 취지에서 위원회 의결 이외에도 재적위원 3분의 1 이상의 요구가 있으면 공청회를 개최할 수 있도록 공청회 개최요건을 완화하였다. 또한 소위원회도 공청회를 개최할 수 있도록 명문화하였다.

2) 공청회와 청문회의 차이점

공청회 개최현황을 보기 전에 먼저 국회법상의 공청회와 청문회의 차이점을 보면 다음과 같다.[14]

① 개최요건: 공청회는 중요한 안건 또는 전문지식을 요하는 안건의 심사를 위한 것이지만, 청문회는 중요한 안건의 심사뿐만 아니라 국정감사 또는 국정조사를 위해서도 개최할 수 있도록 되어 있어 그 범위가 좀 더 포괄적이다.

② 출석대상: 공청회는 특정안건에 대하여 찬반의 이해를 가지는 자나 전문적인 지식 또는 경험을 가진 자를 그 대상으로 하지만, 청문회는 이해관계자 또는 전문가보다는 증인 또는 감정인을 주된 대상으로 한다.

③ 출석과 선서의 강제성: 공청회의 경우는 단순히 참고의견을 듣는 것이기 때문에 진술인을 출석시키거나 선서하도록 강제할 수 없는 데 비하여, 청문회의 경우는 증인·감정인에 대하여 원칙적으로 출석 선서 및 증언을 강제할 수 있으며 위증에 대하여 고발할 수 있다.

④ 개최부서: 공청회는 원칙적으로 상임위원회 소위원회에서도 개최할 수 있지만(국회법 제64조 제1항), 청문회의 경우에는 국정감사나 국정조사를 위한 경우를 제외(국정감사 및 조사에 관한 법률 제10조 제2항)하고는 소위원회에서 청문회를 개최할 수 있는지에 관한 명문규정이 없다.

---

14) 박봉국, 『최신 국회법』(서울: 박영사, 2000), 323~325쪽.

〈표 10-8〉 공청회 개최 현황

국회	헌법개정안		법률안		중요정책		청원		계	
	건수	횟수	건수	횟수	건수	횟수	건수	횟수	건수	횟수
제1대	-	-	-	-	-	-	-	-	-	-
제2대	1	5	2	3	-	-	-	-	3	8
제3대			1	1	-	-	-	-	1	1
제4대	1	1	5	5	-	-	-	-	6	6
제5대	-	-	2	2	-	-	-	-	2	2
국가재건 최고회의	-	-	1	1	-	-	-	-	1	1
제6대	-	-	6	6	3	5	-	-	9	11
제7대	-	-	4	4	-	-	-	-	4	4
제8대	-	-	-	-	-	-	-	-	-	-
제9대	-	-	-	-	1	1	-	-	1	1
제10대	1	6	-	-	-	-	-	-	1	6
제11대	-	-	5	5	1	2	1	2	7	9
제12대	-	-	1	2	-	-	-	-	1	2
제13대	-	-	11	12	9	14	-	-	20	26
제14대	-	-	14	11	20	21	-	-	34	32
제15대	-	-	31	33	13	13	-	-	44	46
제16대	-	-	117	107	16	16	1	1	134	124
제17대	-	-	363	298	58	57	1	1	422	356
계	3	12	563	487	123	132	3	4	692	635

자료: 국회사무처, '대한민국국회60년사'(2008), 928쪽.

3) 공청회 개최현황

제헌국회부터 제12대 국회까지는 공청회제도의 활용이 부진하였으나 제13대 국회부터 국회의 권한이 확대 강화되면서 공청회제도의 운영 또한 활성화되고 있다. <표 10-8>에서 보는 것처럼 국회법을 전면 개정한 제13대 국회 이후 제15대 국회까지 지속적으로 공청회 개최건수가 증가하고 있는 것은 그만큼 입법 과정에 시민과 다양한 이해당사자들이 적극적으로 참여하여 자신들의 의견을 진술할 기회가 증가하고 있음을 보여 주는 것이다.

4. 맺음말

국회는 그동안 주로 법률안의 심사에서는 공청회를 국민적 관심을 모은 특정 사건조사를 위해서는 청문회를 개최하여 왔다.

개정국회법(2000. 2. 16.)에서는 청문회는 물론 공청회의 개최요건을 완화하였다. 공청회와 입법청문회의 개최요건을 완화하여 상임위원회의 경우 재적위원 3분의 1 이상의 요구가 있는 경우 그 개최가 가능하도록 하였다. 개정국회법은 또 제정법률안이나 전문개정법률안을 위원회에서 심의하는 경우, 위원회의 의결로 생략하지 않는 한 공청회 또는 청문회를 개최하도록 규정하였다. 제정법률안이나 전문개정법률안은 새로운 제도의 도입이나 기존제도에 대한 중대한 변경을 가하는 경우가 대부분이기 때문에 이러한 때에는 정해진 절차를 반드시 거침으로써 다양한 이해관계자와 국민의 여론을 법률안에 반영하도록 하고 있다.

제4절 청원

대한민국임시헌법(1919. 9. 11.) 제9조 대한민국의 인민은 법률에 의하여 좌열 각항의 권리를 유함…… 4. 입법부에 청원하는 권리…… 6. 행정관서에 소원하는 권리……

남조선과도입법의원법 제69조 청원은 서면에 그 요지를 기재하고 서명 날인하여 소개의원 3인 이상의 연서로 제출한다.

제정헌법(1948. 7. 17.) 제21조 모든 국민은 국가 각 기관에 대하여 문서로써 청원을 할 권리가 있다. 청원에 대하여 국가는 심사할 의무를 진다.

헌법(1987. 10. 27.) 제26조 ① 모든 국민은 법률이 정하는 바에 의하여 국가기관에 문서로 청원할 권리를 가진다. ② 국가는 청원에 대하여 심사할 의무를 진다.

제정국회법(1948. 10. 2.) 제68조 국회에 청원을 하려고 하는 자는 3인 이상의 의원의 소개로 청원서를 제출하여야 한다.

1. 청원의 의의

청원이란 국민이 국가 또는 공공단체의 기관에 대하여 피해의 구제, 공무원의 비위시정, 공무원에 대한 징계나 처벌의 요구, 법률·명령·규칙의 제정·개정 또는 폐지, 공공의 제도나 시설의 운영, 기타 공공기관의 권한에 속하는 사항 등에 관하여 희망을 개진하는 행위이다(청원법 제4조). 이러한 행위의 권한을 청원권이라 하며, 청원권은 헌법, 국회법, 청원법에서 규정하고 있다.

청원은 하나의 권리구제수단 또는 의회에 의한 국민의 정치적 압력의 수단으로 중요한 기능을 하여 왔다. 오늘날 사법적인 권리구제의 절차와 각종 입력수단의 보장으로 인하여 청원권의 고유기능이 퇴색되기는 했어도 청원권은 국민의 생활영역에 다음과 같은 중요한 기능을 수행하고 있다.[15]

① 국민적 관심사를 국가기관에 표명할 수 있는 수단으로서의 기능
② 국회와 국민의 유대를 지속 내지 강화시켜 주는 수단으로서의 기능
③ 국회의 국정통제의 기초를 마련하여 주고 이를 뒷받침하는 기능
④ 제한적이고 비정규적인 권리구제수단으로서의 기능

청원은 일반 안건의 하나이므로 회기와는 상관없이 계속 심사대상이 되지만 국회의원의 임기가 만료될 때까지 처리되지 않으면 자동 폐기된다. 그러나 의회제도의 발달, 언론자유의 확대, 국민의 참정권 확대, 사법구제제도의 정비 등으로 청원권 본래의 실질적인 의의와 효용은 감소하고 있는 실정이다.

2. 청원제도의 연혁

청원권(Right to Petition)은 1215년 영국의 마그나카르타에서 비롯되어 1628년 권리청원(Petition of Right)에서 처음으로 보장되었으며, 1689년 권

---

15) 허영, 『한국헌법론』(서울: 박영사, 2000), 507쪽.

리장전(Bill of Rights)이 제정되면서 정착된 국민의 기본 권리이다. 청원권은 미국연방헌법, 스위스헌법, 바이마르헌법, 그리고 1791년 프랑스헌법 등 세계 여러 나라의 헌법에 규정되어 있다.

바이마르헌법(제126조)에서는 공화국의 국민에게 처음으로 청원제출권을 부여하였는데 이후 청원권은 각국의 헌법에 도입되기 시작하였다. 의회는 청원의 접수, 처리 및 회답의무를 갖는데 이 의무는 바로 국민이 갖는 청원권에 대응하는 것이다.

한국의 경우, 일제 강점기에 중국령 상해에서 조국강토와 민족의 독립을 쟁취하기 위하여 구성된 대한민국임시정부·임시의정원의 임시헌법에 처음으로 청원권이 명시되었다. 임시헌법(1919. 9. 11.) 제9조의 4에서 대한민국의 인민은 입법부, 즉 임시의정원에 청원할 수 있는 권리를 갖는다고 명시하였다. 따라서 한국에서는 이때부터 국민청원의 권리가 헌법에 의하여 보장되기 시작하였으며 남조선과도입법의원법과 헌법(1948)에도 청원권이 명시되었다.

현행 헌법 제26조 제1항은 "모든 국민은 법률이 정하는 바에 의하여 국가기관에 문서로 청원할 권리를 가진다."고 하였고, 제2항은 "국가는 청원에 대하여 심사할 의무를 진다."고 규정하였다. 헌법의 규정에 따라 국민의 청원권 행사의 절차와 처리에 관한 일반법으로서 청원법을 제정(1963. 2. 26.), 시행하고 있다. 또 헌법의 규정에 따라 국회법 제123조부터 제126조에 걸쳐 청원서의 제출, 청원요지서의 작성과 회부, 청원심사·보고, 정부이송과 처리결과 보고 등에 관하여 규정하고 있다.

3. 국회청원제도

1) 관련 법규

현행 국회법은 다음에서 보는 것처럼 여러 조항에 걸쳐 청원관계를 다루고 있다.

헌법(제26조)에서 청원권을 명문화하여 국민의 청원권을 규정하고 있을 뿐만 아니라 청원에 관한 일반법으로서 청원법과 '행정규제 및 민원사무기본법'

이 있다. 특히 국회법에서는 청원처리에 관하여 청원의 일반적 기본법인 청원법보다 더 상세히 규정하고 있는데, 국회법 규정이 우선 적용되고 청원법의 규정은 보완적으로 적용되고 있다. 특히 제11대 국회(1981~1985)에는 본회의에 부의할 필요가 없다고 결정한 청원에 대하여도 그 처리결과를 의장이 청원인에게 통지하도록 하였으며, 정부에 이송된 청원의 국회에 대한 처리결과 보고시한 규정인 '다음 정기국회까지'를 '지체 없이 보고토록'으로 변경하는 등 처리절차를 신속화하였으며 그 이후에도 제도의 정비를 행하고 있다.

국회법(2006. 2. 21.) 제123조(청원서의 제출) ① 국회에 청원을 하려고 하는 자는 의원의 소개를 얻어 청원서를 제출하여야 한다. ② 청원서에는 청원자의 주소·성명(법인의 경우에는 그 명칭과 대표자의 성명)을 기재하고 서명·날인하여야 한다. ③ 재판에 간섭하거나 국가기관을 모독하는 내용의 청원은 이를 접수하지 아니한다.

제124조(청원요지서의 작성과 회부) ① 의장은 청원을 접수한 때에는 청원요지서를 작성하여 각 의원에게 인쇄·배부하는 동시에 그 청원서를 소관위원회에 회부하여 심사를 하게 한다. ② 청원요지서에는 청원자의 주소·성명·청원의 요지·소개의원의 성명과 접수연월일을 기재한다.

제125조(청원심사·보고 등) ① 위원회는 청원심사를 위하여 청원심사소위원회를 둔다. ② 위원장은 폐회 중이거나 기타 필요한 경우 청원을 바로 청원심사소위원회에 회부하여 심사 보고하게 할 수 있다. ③ 청원을 소개한 의원은 소관위원회 또는 청원심사소위원회의 요구가 있을 때에는 청원의 취지를 설명하여야 한다. ④ 위원회는 그 의결로 위원 또는 전문위원을 현장이나 관계기관 등에 파견하여 필요한 사항을 파악하여 보고하게 할 수 있다. ⑤ 위원회에서 본회의에 부의하기로 결정한 청원은 의견서를 첨부하여 의장에게 보고한다. ⑥ 위원회에서 본회의에 부의할 필요가 없다고 결정한 청원은 그 처리결과를 의장에게 보고하고, 의장은 청원인에게 통지하여야 한다. 다만, 폐회 또는 휴회기간을 제외한 7일 이내에 의원 30인 이상의 요구가 있을 때에는 이를 본회의에 부의한다. ⑦ 청원심사에 관하여 기타 필요한 사항은 국회규칙으로 정한다.

제126조(정부이송과 처리보고) ① 국회가 채택한 청원으로서 정부에서 처리함이 타당하다고 인정되는 청원은 의견서를 첨부하여 정부에 이송한다. ② 정부는 제1항의 청원을 처리하고 그 처리결과를 지체 없이 국회에 보고하여야 한다.

2) 청원처리절차 및 제도의 변천

현행법상 청원은 대체로 청원의 접수 및 회부, 소관위원회의 심사, 본회의 심사 및 의결의 과정을 거쳐 처리되며 다만 정부에서 처리함이 타당하다고 의결한 청원에 대해서는 정부이송, 처리결과에 대한 정부로부터의 보고, 청원인에 대한 통지의 순서를 거쳐 처리된다.

〈표 10-9〉 청원처리제도의 변천

구분	주요 내용
제정국회법 (1948. 10. 2.)	① 청원제출요건: 의원 3인 이상의 소개를 받아야 함 ② 청원서 양식: 청원의 요지, 청원인의 주소·직업·연령을 기재하고, 청원인의 기명날인을 요함 ③ 청원처리절차: 위원회 심사→본회의 심의→정부이송→차기 국회까지 정부의 처리결과보고를 청원인에게 통지함. 다만, 본회의에 부의하지 않는 청원은 위원회에서 요청한 요지만을 본회의에 보고하나 7일 이내 의원 30인 이상이 본회의 부의 요구를 할 경우에는 본회의에 부의함 ④ 청원 불수리 요건 규정: 법규위반, 재판간섭 및 국가기관 모욕에 관한 내용은 수리하지 않음
제9차 개정 (1960. 9. 26.)	① 청원제출 요건완화: '3인 이상의 의원의 소개'를 '의원의 소개'로 개정하여 그 제출요건을 완화함 ② 청원서 양식: 청원인이 법인인 경우에는 법인의 명칭과 그 대표자의 성명을 기재하고 날인하도록 함 ③ 청원서 처리절차: 청원요지서를 작성하여 각 의원에게 인쇄·배부하도록 하고 위원회가 요구할 경우에는 소개의원이 취지 설명을 하도록 함 ④ 위원회에서 폐기한 청원의 본회의 부의 요구: 민의원은 종전과 같이 의원 30인 이상, 참의원은 의원 10인 이상으로 규정함 ⑤ 진정서 등은 의장이 필요하다고 인정할 때에는 소관상임위원회에 참고로 부의하도록 함 ⑥ 청원불수리요건의 삭제
제10차 개정 (1963. 11. 26.)	① 청원서 양식: '기명날인'을 '서명날인'으로 변경 ② 위원회에서 폐기된 청원의 본회의 부의 요구 규정을 삭제함(그러나 위원회에서 폐기된 일반의안의 본회의 부의 요구 규정이 청원에도 적용되므로 청원의 본회의 부의 요구 제도가 폐지되는 것은 아님) ③ 정부의 청원처리결과보고 시한: '차기국회'에서 '다음 정기국회시'로 변경 ④ 진정서 등을 소관상임위원회에 참고 부의하는 규정을 삭제함
제15차 개정 (1973. 2. 7.)	① 청원불수리 요건의 부활 재판간섭 및 국가기관 모독 내용의 청원 불수리
제20차 개정 (1981. 1. 29.)	① 본회의에 부의할 필요가 없다고 결정한 청원에 대하여도 그 처리결과를 의장이 청원인에게 통지하도록 함 ② 정부에 이송된 청원의 국회에 대한 처리결과보고 시한: '다음 정기국회까지'를 '지체 없이 보고토록'으로 변경
제24차 개정 (1988. 6. 15.)	① 상설소위원회로서 청원심사소위원회의 설치: 종전에 국회규칙인 국회청원심사규칙에서 규정하고 있던 것을 국회법에 명문화함 ② 위원장은 폐회 중이거나 기타 필요한 경우 청원을 바로 청원심사소위원회에 회부할 수 있도록 함 ③ 위원회에서 폐기된 청원의 본회의 부의요건을 부활함(7일 이내에 의원 30인 이상의 요구)
제26차 개정 (1991. 5. 31.)	① 위원회는 그 의결로 위원 또는 전문위원을 현장이나 관계기관 등에 파견하여 사항을 파악·보고토록 함

출처: 국회사무처, 『대한민국국회 50년사』(1998), 1210~1211쪽.

제정국회법에서는 국회에 청원을 하려는 사람은 3인 이상의 의원의 소개로 청원서를 제출하도록 하였으나, 제10차 국회법 개정(1960. 9. 26.) 제143조에서는 의원(議院)에 청원을 하려는 사람은 의원(議員)의 소개를 얻어 청원서를 제출하도록 하되, 청원서 양식은 종전의 기명날인에서 서명날인으로 하도록 하였다.

그 후 청원을 제출할 때는 반드시 1인 이상의 국회의원의 소개가 필요하고, 일정한 형식을 요하며, 심사절차도 일반의안(법률안, 예산안 등)에 준하여 처리된다. 그런데 청원은 대개가 집행부인 행정부의 소관사항이기 때문에, 민원인들이 행정부에 제출하였다가 해결이 안 되면 국회에 다시 접수시키는 사례가 적지 않다. 청원처리의 개선을 위한 국회법의 변천내용은 <표 10-9>와 같다.

한편 국회청원심사규칙은 제11대 국회기간 중인 1984년 7월 9일 제122회 국회(임시회) 제2차 국회운영위원회에서 운영위원회안으로 채택된 후 7월 10일 본회의에서 의결되어 시행하게 되었으며, 1995년 3월 18일에 한 차례 개정된 바 있다.

4. 국회 청원접수 및 처리현황

국회가 개원한 1948년 5월 31일부터 제17대 국회의 임기가 종료된 2008년 5월 29일까지 국회에 접수된 청원의 총건수는 6,485건이고 이 중 처리된 건수는 3,460건으로서 평균 53%의 처리율을 보였다.

국회의 청원처리현황을 정리하면 <표 10-10>과 같다. 여기에서 처리라는 것은 국회가 청원을 심사하여 채택하거나 폐기한 경우 및 청원인이 철회한 경우를 말하고, 미처리라는 것은 청원을 접수하여 위원회 및 본회의에 계류되어 심사가 종결되지 않은 상태를 의미한다.

역대 국회의 청원접수 건수를 보면 월평균을 기준으로 할 때 제5대 국회가 25건으로 가장 많았고, 제6대 국회가 24건으로 그 뒤를 이었다.

역대 국회 중 청원처리비율이 높은 순서로 보면 제11대 국회와 제6대 국회가 각각 81%, 80%로 최고 수준이며, 다음으로 제13대, 제헌, 제9대, 제12대 국회의 순이다. 제14대 국회 이후 청원 처리율은 낮아지고 있다.

〈표 10-10〉 청원의 접수 및 처리 현황

국회	접수	처리					미처리	비고(임기)
		채택	본회의 회부하지 않기로 함	철회	소계			
					건수	처리율(%)		
제헌	226	29	119	0	148	66	78	2년
제2대	225	13	86	0	99	44	126	3년 11월
제3대	545	14	307	0	321	59	224	4년
제4대	307	0	62	2	64	21	243	2년 2월
제5대	250	0	123	1	124	50	126	9월
제6대	998	89	688	23	800	80	198	3년 6월
제7대	293	5	152	18	175	60	118	4년
제8대	94	0	2	0	2	2	92	1년 4월
제9대	230	5	125	19	149	65	81	6년
제10대	29	0	0	0	0	0	29	1년 8월
국가보위 입법회의	3	0	1	0	1	33	2	5월
제11대	276	2	186	37	225	81	51	4년
제12대	132	–	68	12	80	61	52	3년 2월
제13대	550	13	317	61	391	71	159	4년
제14대	535	11	184	33	228	43	307	4년
제15대	595	4	178	16	198	33	397	4년
제16대	765	4	316	19	339	44	426	4년
제17대	432	4	102	10	116	27	316	4년
총계	6,485	193	3,016	251	3,460	53	3,025	–

1) 제헌국회~제4대 국회

제헌국회에서는 모두 226건의 청원이 접수되었는데 이 중 148건을 처리하고 78건을 처리하지 못하여 66%의 처리율을 보였다. 제2대 국회에서는 44%, 제3대 국회에서는 59%, 제4대 국회에서는 21%의 처리율을 보임으로써 제1공화국 말기가 되면서 국회의 민원처리 능력은 크게 저하되었다.

2) 제5대 국회

4·19혁명 직후 제5대 국회에서는 청원접수가 월평균 접수 건수 27.8건으로 가장 높은 접수율을 보였으나 처리면에서는 50%의 처리율을 나타내어

역대 국회의 평균 처리율 53%에는 미치지 못하였다.

3) 제6대 국회~제8대 국회

5·16군사정변 후 제6대 국회에서는 998건의 청원이 접수되어 월평균 23.8건이라는 높은 접수 건수를 기록하였다. 이는 군사정변으로 오랜 정치적 공백기를 겪은 결과 때문일 것이다. 또한 처리율에서도 80%를 기록, 제11대 국회의 81%에 이어 높은 처리율을 보이고 있다. 그러나 제7대와 제8대에 이르면 접수 건수가 각각 293건(월평균 6.1건)과 94건(월평균 5.9건)으로 낮아지고 그 처리율도 각각 60%와 2%로 크게 낮아졌다.

4) 제9대 국회~제10대 국회

제9대 국회의 청원접수 건수는 230건(월평균 3.2건)이었으나 처리율은 전체 평균을 웃도는 65%였다. 그러나 제10대 국회에서는 접수 건수가 29건(월평균 1.5건)으로 급감한데다가 1건도 처리하지 못하고 임기를 마쳤다. 1972년에 단행되었던 이른바 10월 유신 이후 제9대와 제10대 국회에서 청원접수 건수가 격감한 것은 유신헌법 제정으로 인한 위축된 국회의 기능을 반영한다.

5) 제11대 국회~제12대 국회

제11대 국회에서는 종전보다는 다소 증가한 276건(월평균 5.8건)의 청원이 접수되어 225건이 처리됨으로써 역대 국회 중 가장 높은 81%의 처리율을 보였다. 그러나 그 내역을 보면 채택 건수는 2건에 불과하고, 186건은 본회의에 부의하지 않기로 한 것이고, 37건은 철회한 것이었다. 따라서 단순히 처리율이 높다고 하여 민원이 해결된 것은 아니다.

여야의 극한대립과 장외투쟁 등으로 국회의 회의가 제대로 열리지 못하였던 제12대 국회의 경우는 총접수 건수가 132건(월평균 3.5건)으로 제11대 국회에 비하여 크게 감소되었을 뿐만 아니라 그 처리 건수도 80건으로 61%의 처리율을 보였다.

6) 제13대 국회～제17대 국회

1987년 헌정사상 처음으로 여야 합의로 발의되어 국민투표를 거쳐 확정된 개정헌법이 1988년 2월 25일부터 발효되었다. 개정헌법에는 국회와 관련하여 두 가지의 커다란 제도적 변화가 이루어졌는데 하나는 유신헌법에서 폐지되었던 국정감사권의 부활이고, 다른 하나는 국회의 연간 회기제한제도의 폐지이다. 이러한 변화를 통하여 대통령중심제하에서의 정부권한의 비대화 현상을 억제하고 국회의 기능이 삼권분립 정신에 입각한 헌법적 보장을 받게 되어 국민의 대표기관으로서 국회의 활성화가 이루어질 수 있었다.

제13대 국회 때는 청원이 지방의회로 분산되었음에도 불구하고 제11대, 제12대 국회에 비하여 접수 건수가 증가세를 보였다. 이는 제5공화국 시절인 제11대, 제12대 국회가 그 기능을 제대로 발휘하지 못해 여소야대의 제13대 국회에 거는 국민들의 기대심리가 그만큼 컸기 때문인 것으로 분석되며, 이러한 결과는 제14대 및 제15대 국회에 그대로 반영되었다.

제13대 국회에서는 접수 건수가 550건(월평균 11.5건)으로 제11대 국회의 2배, 제12대 국회의 4배에 달하는 등 국민들의 청원제출이 많았으며, 그 처리 건수는 391건으로 71%의 처리비율을 보였다.

제14대 국회에서는 총 청원접수 건수가 535건(월평균 11.1건)으로 제13대 국회와 비슷하나 228건이 처리되어 43%의 처리비율을 나타내고 있다. 제15대 국회에서는 접수 건수 595건(월평균 12.3건)에 처리 건수 198건을 기록하여 33%의 처리율을 기록하였다. 제16대 국회와 제17대 국회의 경우에도 약간의 수치상의 변화가 있을 뿐 청원이 채택되어 민원이 해결된 사례는 <표 10-10>에서 보는 것처럼 극히 미미한 것으로 나타나고 있다.

청원의 접수를 입법사항, 행정사항, 보상사항, 인허사항, 조세사항, 기타로 나누어 보면 전체적으로는 시정·지원·단속·처벌 등을 원하는 행정사항 관련이 2,819건으로 가장 많았다.[16]

청원의 접수와 처리가 본격화되었다고 볼 수 있는 제13대 국회 이후부터

---

16) 국회사무처, 『대한민국국회60년사』 (2008), 968쪽.

는 법의 제정·개정·폐지 등을 바라는 입법청원이 행정청원을 크게 앞서고 있음을 볼 수 있다. 이는 국민들의 국회에 대한 기대와 법치의 원리에 의존하고자 하는 성숙된 시민의식을 반영하는 자료라고 볼 수 있다.

5. 맺음말

앞에서도 보았듯이 제11대 국회의 경우 접수된 청원 276건 중 225건을 처리함으로써 81%의 처리율을 기록하여 역대 국회 중 최고수준을 나타냈다. 그러나 그 내용을 보면 실제로 본회의에서 채택된 건수는 2건에 불과하기 때문에 높은 처리율이 반드시 높은 민원해결 능력을 반영하는 것은 아니다.

정치적 안정과 민주화가 본격적으로 이루어지기 시작한 제13대 국회 이후 국회에 대한 청원의 제출과 그 처리가 본격화되고 있는 것은 바람직한 현상이라고 할 수 있다.

그러나 청원을 제출한 당사자들이 얼마나 실질적인 문제 해결이 되었는지는 연구해 볼 필요성이 있다. 국회의 입법 활동 관련통계는 사실상 허수에 가까운 것이 많다. 적극적인 권리구제를 위해서는 먼저 반드시 국회의원의 소개를 받도록 되어 있는 청원제도를 변경하여 소개 없이도 제출할 수 있도록 하는 것이 좋다. 국회사무처의 담당부서의 기능을 확장하여 청원 내용에 대한 철저한 검토를 행하고, 민원인 접촉을 통하여 정확한 민원 혹은 요구 사항을 듣는 제도로 개선하는 것이 바람직하다.

제11장 국회의원선거

 선거의 기능

대의제 민주주의제도 하에서 선거는 '정치과정의 꽃'이다. 그것은 유권자를 대신하여 입법 및 행정의 주체가 될 '봉사자'를 선출하거나 유권자 자신이 그 주체로 나설 수 있는 기회공간이기 때문이다.

1. 선거의 의의

일반 국민들은 유권자와 정치를 연결하여 주는 제도화된 수단인 선거를 통해서 정치에 영향을 줄 수 있는 기회를 갖는다.

선거는 정책방향을 제시하고 정치의 틀을 만들며 일반 국민들은 그 틀 속에서 정치적 삶을 영위해야 하기 때문에 선거제도, 선거과정, 선거결과는 언제 어느 사회에서나 주목을 받는다. 학자들은 흔히 민주주의제도의 핵심으로 선거를 거론한다. 선거는 국민의 의사를 대변하는 가장 중요한 절차적 과정으로서 국민이 자유로운 분위기 속에서 그들의 정치지도자 또는 공직자를 선출하는 기제이기 때문이다.[1]

과거에는 신분이나 재산 등의 조건에 따라 선거권을 부여하는 제한선거제가 여러 나라에서 오랫동안 시행되어 왔다. 산업화와 노동조합의 결성, 민권의 확장과 여성들의 정치의식 함양에 힘입어 제한선거제는 점차 폐지되고 대신 보통선거제가 자리 잡게 되었다. 구미 여러 나라에서 보통선거제 시행

---

1) Maurice Duverger, *Political Parties*(translated by Barbara and Robert North)(London: Methuen & Co., 1967), 353쪽. Jurg Steiner, *European Democracies*(New York: Longman, 1986), 4쪽.

은 그 나라 국민들에 의한 장기간의 투쟁과 노력에 의해서 이루어졌다. 신분이나 재산, 성별 등의 자격 요건을 요구하지 않는 보통선거제의 확산과 시행은 경쟁에 기초한 정치체제의 확립에 기여하였으며 궁극적으로 유권자들의 현대 민주체제에 대한 막연한 요구를 충족시키게 되었다.[2]

2. 선거의 기능

정치제도화 수준의 높고 낮음에 관계없이 선거는 권력정당화의 상징으로서 기능을 하여 왔다. 선거란 본래 민의를 정치과정에 반영하여 정권의 운영주체를 밝히는 것이다. 선거의 기능에는 다음과 같은 것이 있다. 단, 여기에 제시된 기능은 경쟁적 선거와 제한 경쟁적 선거를 모두 포함한다.

1) 정치지도자 충원기능

선거를 통하여 유권자들은 현재의 공직자들을 신임하거나 아니면 새로운 인물의 정치지도자로 교체할 수 있다. 이 기능은 선거의 가장 중요한 기능이라고 할 수 있다.

2) 정치통제 기능

선거는 과거에의 판단 및 통제를 가능하게 하여, 공권력의 남용을 저지한다. 선거에 즈음하여 유권자들은 공직보유자들이 과거 어떠한 정책수행을 성공적으로 하였는지, 또 그들의 정치적 행동은 적절하였는지를 판단하여 후보자 또는 정당에 대한 지지를 결정한다.

3) 통치권 행사의 정당화

극단적인 선거부정과 불법이 행하여진 경우를 예외로 할 때, 선거에서 당

---

2) Edward Shils, *Political Development in the New States*(The Hague: Mouton & Co., 1965), 38~39쪽.

선(대통령선거의 경우)되거나 다수의석을 획득(국회의원선거의 경우)한 선거
결과는 국내외적으로 정통성, 정당성을 인정받게 된다. 따라서 정부의 구성
과 그 정부에 의한 통치권의 행사를 정당화시킨다.[3]

4) 선거권 확대 기능

한국의 경우에는 사정이 좀 다르나 서구 여러 나라에서는 선거의 장을 통
하여 선거권을 더욱 확장하는 기회를 가질 수 있었다. 예를 들면 여성참정
권을 쟁취하기 위하여 여성에게 최소한의 기본적인 권한을 인정하지 않으려
는 정당이나 후보자들에게 표를 주지 않으려는 투쟁 등이 그것이다.

5) 시민의 이익 표출 및 집약 기능

선거에 참여하는 정당이나 후보자들은 지지를 얻기 위하여 유권자들 앞에
서 각종 국가정책을 선거공약의 형태로 제시하게 된다. 그 과정에서 시민들
의 국가에 대한 또는 정당에 대한 희망이나 요구사항이 선거공약에 반영된
다. 이 때문에 선거는 시민의 이익을 표출하고 집약하는 기능을 갖는다고
말하는 것이다.

6) 정치사회화 기능

선거는 후보자나 유권자 양측에게 중요한 정치사회화 과정을 제공한다.
정당이나 후보자에 의한 활발한 선전 및 홍보활동, 대중매체에 의한 보도활
동, 공기관에 의한 선거계몽활동이 전개되기 때문에 평소에는 선거나 정치
에 무관심하던 시민들도 이에 관심을 갖게 되고 경우에 따라서는 그 과정의
행위자의 일원이 되기도 한다.

---

3) 허영, 『한국헌법론』(서울: 박영사, 1999), 718~719쪽.

3. 선거의 구분

1) 선거의 종류

한국에서는 1948년에 국제연합의 지도와 감독하에 제헌국회선거가 시행되었고 이때부터 보통선거제가 채택되어 지금까지 계속되고 있다.[4] 제헌국회선거에서는 민주적 선거의 요건을 법적인 측면에서 충족시키는 보통선거, 평등선거, 직접선거, 비밀선거의 원칙이 채택되었다.

대한민국헌법은 민주정치의 기본이 되는 선거와 관련하여 보통선거, 평등선거, 직접선거, 비밀선거를 보장하고 있다(제41조). 여기에 누구라도 입후보할 수 있거나 선거운동을 도울 수 있는 자유를 보장하는 자유선거를 추가하면 민주적인 선거가 보장된다고 할 수 있다.

〈표 11-1〉 선거의 종류

구분	설명
보통선거	● 일정한 연령에 달하면 재산, 직업, 교육, 종교, 성별, 인종, 언어 등에 의하여 선거권과 피선거권을 규제받지 않는다.
평등선거	● 선거를 통한 정치적 의사표출과정에서 평등한 영향력을 갖는다. 즉 유권자 한 사람이 갖는 한 표의 무게, 즉 그 가치는 같아야 한다.
직접선거	● 유권자가 직접 자신이 지지하는 정당이나 후보자에게 투표하여 공직자를 선출한다.
비밀선거	● 투표과정에서 유권자가 어느 정당, 어느 후보자에게 투표하는지 본인 이외에는 알 수 없다.
자유선거	● 유권자의 의사결정과 그 내용이 남에게 드러나지 않으며, 선거인이 외부의 간섭을 받지 않고 자신의 선거권을 자유롭게 행사한다.

2) 국회의원선거의 구분

국회의원선거는 선거의 목적에 따라 선거가 일정한 사유에 의하여 개선(改選)을 요하는 정원 전부에 대하여 실시되느냐 그렇지 않느냐에 따라 본

---

4) 참정권의 획득과 확장을 위한 투쟁과 노력의 결실인 보통선거제가 어느 날 갑자기 한국에 소개되고 시행되었으나 그 의미를 음미해 볼 만한 시간적 여유도 갖지 못한 채 여러 차례의 국가적 변동에 휘말렸다. 보통선거권 획득을 위한 노력과 투쟁경험의 결여가 주는 영향은 크다. 선거 때만 되면 매표행위, 매수행위가 성행하였고 선거부정이 논란이 되었다. 선거권과 관련한 이러한 상황과 조건은 오랫동안 한국에서 선거와 투표가 갖는 올바른 의미를 희석시키기에 충분한 것이었다.

선거, 재선거, 보궐선거로 나뉜다. 본 선거는 다시 총선거와 부분선거로 구별된다. 한국을 비롯한 대부분의 국가는 전부교대제를 채택하고 있다.[5]

<표 11-2> 국회의원선거의 구분

구분		설명
본 선거	총선거	국회의원 전원에 대하여 일제히 선거를 치르는 선거
	부분선거	미국의 경우, 하원의원선거는 전부교대제인 총선거이고, 상원의원선거는 일부교대제인 부분선거
보궐선거		국회의원 결원이 발생한 경우에 실시하는 선거
재선거		당선무효나 당선인의 사망 등의 상황이 발생하였을 때 실시하는 선거

제2절 선거제도

1. 선거제도의 의의

대의제 민주주의제도에서 의석을 어떤 방법으로 분배할 것인가와 민의를 적절하게 의석분배에 반영되도록 할 것인가 아니면 정국의 안정을 우선시할 것인가 하는 문제와 관련하여 합의된 사항을 제시한 것이 선거제도라고 할 수 있다. 선거제도를 어떻게 작성하느냐에 따라 권력의 향배 또는 정국운용의 방향이 달라질 수 있기 때문에 선거제도는 최초 작성이나 개정 시에 초미의 관심사가 되며 때로는 정국개편의 불씨가 되기도 한다.

선거제도는 대체로 다음의 세 가지 요인을 고려하여 결정된다. 첫째, 투표자가 인물을 선택할 것인가 아니면 정당을 선택할 것인가의 여부이다. 이 경우 선택여하에 따라 다수표를 얻은 후보자 혹은 정당이 바로 승리로 연결되든가 아니면 경쟁자들의 득표수에 비례하여 비례 분할될 것이다. 둘째, 선거구는 대선거구, 중선거구, 소선거구 중 어느 것을 선택할 것인가의 여부이다. 셋째, 유권자의 투표행위를 어떤 방법으로 처리하도록 되어 있는가의 여

---

5) 신경현, 『선거제도』(서울: 일조각, 1960), 110∼116쪽.

부이다.[6] 이를 정리하면 투표방식, 선거구제, 선거형식 이 세 가지가 의원선출의 중요한 변수가 된다.

각국 의회의 의원선거 방법을 보면 매우 다양한데 그중 단순다수제와 비례대표제가 가장 높은 비율로 사용되고 있다. 단순다수제는 주로 1구에서 1인을 선출하는 소선거구제에서 시행되고 비례대표제는 1구에서 2인 이상을 선출하는 대선거구제에서 시행된다.

2. 선거구제도의 유형

선거구란 국회의원 혹은 지방의회의원을 선출하는 지역단위를 말한다. 선거구는 반드시 지역을 기초로 하여 구성되는 것은 아니다. 일정한 특성 또는 직능을 가진 사람들을 기준으로 하여 구성되는 선거구도 있다.[7]

선거제도나 정당제도는 그것이 정치적 환경이 상이한 곳에 도입되어 적용될 때에는 대개 그 효과나 기능에 변화를 가져온다. 즉 특정한 제도가 어느 곳에 도입되어 시행될 때 그 제도의 본래 취지나 효과는 다소 왜곡되어 나타날 수 있다. 이는 받아들이는 곳의 정치문화의 차이나 위정자들의 정치적 의도에 의하여 영향을 받을 수 있기 때문이다. 무엇보다도 선거제도는 정파 간의 정치협상과 권력투쟁의 산물이라고 하는 점에 유의해야 할 필요가 있다.

1) 소선거구제

소선거구제는 민의를 반영하기보다는 정치적 안정을 바라는 정부에서 주로 채택하는 제도이다. 선거결과를 신속히 판명할 수 있고 의원과 주민과의 인적 교류를 가능하게 하는 장점이다. 그러나 정당 선택의 여지가 좁고, 사표(死票)가 다수 발생하며, 민의를 제대로 반영하지 못할 뿐만 아니라 작은 정당을 더 작게, 큰 정당을 더욱 크게 평가되도록 하는 단점이 있다. 이 제

---

6) 박승재, 『현대선거론』(서울: 법문사, 1977), 7~8쪽.
7) 김광수, 『선거와 선거제도』(서울: 박영사, 1996), 제3장.

도는 양당제가 생성되기 쉬운 환경을 조성한다.

소선거구제는 1선거구에서 후보자 중 1인을 당선시키는 1구 1인 선거구 제도이다. 이 제도에는 상대다수결제와 절대다수결제의 두 가지가 있다.[8]

상대다수결제는 단 한 표라도 많은 득표를 한 후보자를 당선시키는 방법으로 비례성 측면에서는 열악하다.

절대다수결제는 승자에게 다른 정당(후보자)의 합계표 수를 상회할 것을 요구하는 제도이다. 국회 내에서의 표결로서는 일반적인 방법이나 국회의원 선거에서는 거의 사용되지 않는다. 절대다수결제는 다시 결선투표제, 선택투표제, 우선투표제로 나뉜다.

2) 대선거구제

비례대표제는 제도 자체의 목적이 정치체제 내의 다양한 의견과 이익을 수학적으로 정확하게 비례하여 입석배분에 반영되도록 하는 데 있으므로 무엇보다도 민의를 잘 반영한다는 것이 가장 큰 장점이다. 또한 신당결성이 쉽기 때문에 유권자의 정당선택의 폭이 넓어진다. 그러나 신당의 난립으로 인한 정당 간 이합집산과 제휴가 빈번해질 수 있다는 점에서 정국이 불안정해질 가능성도 높아진다. 이 제도는 다당제를 생성하기 쉬우며, 연합정권의 형성가능성도 크다.

비례대표 이외의 대선거구제에는 단기비이양식투표제, 누적투표제, 제한연기투표제가 있다.

단기비이양식투표제는 대선거구 단기제라고도 불린다.[9] 한 선거구의 의원정수는 2명 이상이며, 투표자는 단기투표를 행한다. 어떤 후보자에의 투표는 다른 후보자에게 이양되지 않는다.

누적투표제는 투표자가 의원정수와 같은 수의 표를 던질 수 있으나, 그 표를 모두 한 사람의 후보자에게 누적시켜 투표할 수도 있고, 분할하여 투표할 수도 있는 제도이다(예를 들면 '갑' 후보에게 1표, '을' 후보에게 2표).

---

8) 선거제도에 관한 상세한 것은 정요섭, 『선거론』(서울: 박영사, 1984) 참조.

9) 일본에서는 이 제도를 중선거구제라 부르기도 하였으나 엄밀한 의미에서 이 제도는 대선거구제이다.

제한연기투표제는 유권자에게 복수의 투표권을 인정하는 제도이다. 각 선거구에는 최저 3명 이상의 의원정수가 할당되며, 투표자에게는 그 정수를 밑도는 수의 투표권이 인정된다(예를 들면 의원정수가 5명인 경우 4명, 의원정수가 3명인 경우 2명).

제3절 국회의원선거제도의 변천

1. 선거의 절차

한국에서의 일반적인 선거절차는 다음과 같다.

〈그림 11-1〉 선거절차

<table>
<tr><td>선거권</td><td>선거인
명부작성</td><td rowspan="2">→ 선거운동 → 투표 →</td><td>개표 및 당선인 결정</td><td></td></tr>
<tr><td>피선거권</td><td>후보자 등록</td><td>(승복하지 않거나 위법인 경우) →</td><td>쟁송</td></tr>
</table>

출처: 중앙선거관리위원회 홈페이지

2. 선거운동기간 및 선거일

2009년 12월 현재 선거운동기간과 선거일은 <표 11-3>의 내용과 같다. 단, 선거일이 국민생활과 밀접한 관련이 있는 민속절 또는 공휴일인 때와 선거일전이나 그 다음날이 공휴일인 때에는 그 다음 주의 수요일로 한다(개정 2004. 3. 12).

〈표 11-3〉 선거운동기간 및 법정 선거일

선거구분	선거운동기간	법정 선거일
대통령	23일간	임기만료 전 70일 이후 첫 번째 수요일
국회의원	14일간	임기만료 전 50일 이후 첫 번째 수요일
자치단체장	14일간	임기만료 전 30일 이후 첫 번째 수요일
지방의회의원	14일간	임기만료 전 30일 이후 첫 번째 수요일

제헌국회부터 제16대 국회 임기 초까지 실시된 선거와 투표율 그리고 임기는 <표 11 - 4>와 같다.

<표 11 - 4> 국회의원선거일 및 임기 일람표

국회	선거일	투표율(%)	임기			비고
			개시	종료	기간	
제헌	1948.5.10	95.5	1948.5.31	1950.5.30	2년(2년)	－
제2대	1950.5.30	91.9	1950.5.31	1954.5.30	4년(4년)	－
제3대	1954.5.20	91.1	1954.5.31	1958.5.30	4년(4년)	참의원 구성되지 않음
제4대	1958.5.2	90.7	1958.5.31	1970.7.28	2년 1월 28일(4년)	제3차 개정헌법(1960.6.15) 부칙에 의하여 임기단축
제5대	민의원 1960.7.29	84.3	1960.7.29	1961.5.16	9월 18일(4년)	군사혁명위원회포고령(1961.5.16) 제4호에 의하여 국회해산－국가재건최고회의
	참의원 1960.7.29	84.1	1960.7.29	1961.5.16	9월 18일(4년)	
제6대	1963.11.26	72.1	1963.12.17	1967.6.30	3년 6월 14일(4년)	제5차 개정헌법(1962.12.26) 부칙 제2조에 의하여 임기종료 (1967.6.30)
제7대	1967.6.8	76.1	1967.7.1	1971.6.30	4년(4년)	－
제8대	1971.5.25	73.2	1971.7.1	1972.10.17	1년 3월 17일(4년)	대통령특별선언(1972.10.17)에 의하여 국회해산－비상국무회의 (1972.10.18~1973.3.11)
제9대	직선 1973.2.27	73.0	1973.3.12	1979.3.11	6년(6년)	제7차 개정헌법(1972. 12. 17)에 의하여 민선(직선)의원은 6년, 통일주체국민회의가 선거하는 의원은 임기 3년
	간선 1973.3.7 1976.2.16		1973.3.12 1976.3.12	1976.3.11 1979.3.11	3년(3년) 3년(3년)	
제10대	직선 1978.12.12	77.1	1979.3.12	1980.10.27	1년 7월 16일(6년)	제8차 개정헌법(1980.10.27) 부칙 제5조 제1항에 의하여 1980년 10월 27일 임기종료
	간선 1978.12.21		1979.3.12	1980.10.27	1년 7월 16일(3년)	1980년 10월 27일부터 1981년 4월 10일까지 국가보위입법회의가 국회의 권한을 대행
제11대	1981.3.25	78.4	1981.4.11	1985.4.10	4년(4년)	국가보위입법회의(1980.10.28 ~1981.4.10)
제12대	1985.2.12	84.6	1985.4.11	1988.5.29	3년 1월 18일(4년)	제9차 개정헌법(1988.2.15) 부칙 제3조 제2항에 의하여 이 헌법에 의한 국회의 최초 집회일 전일(1988.5.29)에 임기종료
제13대	1988.4.26	75.8	1988.5.30	1992.5.29	4년(4년)	－
제14대	1992.3.24	71.9	1992.5.30	1996.5.29	4년(4년)	－
제15대	1996.4.11	63.9	1996.5.30	2000.5.29	4년(4년)	－
제16대	2000.4.13	57.2	2000.5.30	2004.5.29	4년(4년)	－
제17대	2004.4.15	60.6	2004.5.30	2008.5.29	4년(4년)	－
제18대	2008.4.9	46.1	2012.5.30	2012.5.29	(4년)	－

주1: 기간의 ( ) 안의 숫자는 법정임기임.
주2: 제9대와 제10대의 간선은 통일주체국민회의에 의한 의원(유신정우회) 선출임.

3. 공화국별 선거제도 변천

어느 나라를 막론하고 선거제도는 권력을 유지하거나 기득권을 지키려는 정치세력의 의도를 반영하는 쪽으로 개정되게 마련이다. 선거제도의 개정은 권력의 획득 또는 유지를 위한 정치게임의 결과이기 때문이다.

한국은 60여 년의 헌정사에서 여러 차례의 선거법 개정이 있었다. 한국선거법·제도의 변천상의 특징은 권위주의정권이 법·제도의 조정을 통하여 민의를 왜곡함으로써 예상치보다 많은 의석을 획득해 왔다는 데 있다.

한국선거법·제도의 특징은 크게 두 가지로 볼 수 있다. 첫째, '금지' 혹은 '제한'을 가하는 제한법의 성격을 갖는다. 둘째, 그 내용이 너무도 구체적이다. 선거법 조항의 대부분은 "무엇을 하면 안 되고, 무엇은 제한하고, 무엇을 신고해야 되고 ……" 등이다. 법조문의 내용이 너무나 구체적이어서 과연 후보자 측이나 선거관리자 측에서 제대로 운용할 수 있겠느냐는 의문이 든다. 따라서 법조문 적용의 형평성과 봐주기 논란이 있을 수 있다.

제헌국회 이래 제4대까지의 제1공화국과 내각책임제의 제2공화국의 제5대 국회의원(민의원) 선거까지는 한 선거구에서 1인을 선출하는 소선거구제를 채택하였으며, 당선자 결정방법은 상대다수방식에 의하였다. 제3공화국은 출범 후 제1, 제2공화국의 선거제도를 수정하여 선거구를 지역구와 전국구로 나누어 운영하였으며, 지역구는 종전과 같이 상대다수에 의한 방법으로 당선자를 결정하였으나 전국구는 제1당에게 유리한 의석배정방식을 택하였다.

지역구에서 3의석 이상을 차지하지 못하였거나 유효투표총수의 5% 이상을 얻지 못한 당은 전국구 의석배정에서 제외된 반면 1순위 득표정당은 득표비율이 50% 이상일 경우 득표비율에 의하여 의석이 배분되지만 전국구 의원정수의 3분의 2를 초과할 수 없으며, 1순위 정당의 득표비율이 50% 미만인 경우는 전국구 의석수의 2분의 1을 배분하도록 하였다. 2순위 득표정당의 경우 그 득표가 3순위 이하의 정당들의 득표총수의 두 배를 초과하였을 때에는 득표비율에 의하여 제1순위 정당에게 배분되고 남은 잔여 의석을 득표비율에 따라 분배하나 그렇지 않은 경우 잔여 의석의 3분의 2를 2순위 정당에게 분배하고 다시 남은 잔여 의석을 3순위 정당 이하의 정당들의 득표비율에 따라 배분하도록 하였다.

제4공화국 헌법(유신헌법)에 의하여 1972년 12월 30일 제정, 공포된 국회의원선거법의 주요 골자 두 가지를 보면 다음과 같다.

첫째, 기존의 1구 1인 선거구제 대신 1구 2인 선거구제를 채택하였다. 그러나 당선자 결정방식은 상대다수제를 그대로 적용하여 최다득표자 1인이 아니라 최다득표 1순위자와 2순위자를 당선자로 결정하였다. 둘째, 전국구 제도를 폐지하고 대신 국회의원 정수의 3분의 1을 대통령이 제청하여 통일주체국민회의에서 선출하도록 하였다. 이들은 의원당선 후 국회에서 교섭단체 '유신정우회'를 구성하였는데 이들을 유신정우회 의원이라 불렀다.

제5공화국에서도 선거제도가 개정되었다. 1981년 1월 29일 공포된 국회의원선거법은 제4공화국과 마찬가지로 지역구는 1구 2인 선거구제도와 상대다수제에 의한 당선자 결정방식을 그대로 수용한 반면 통일주체국민회의를 폐지하고 지역구 의석정수의 2분의 1을 전국구로 선출하도록 하였다. 또한 전국구 의석배분은 지역구선거에서 5석 이상을 얻지 못한 정당은 제외하고 지역구선거의 제1당에 전국구 의원정수의 3분의 2를 배분하며 나머지 의석은 제2당 이하의 정당에 의석비율로 배분하도록 하였다.

제6공화국에서도 선거법을 개정하였다. 주요 내용은 첫째, 종전의 1구 2인 선거구제에서 1구 1인의 소선거구제를 채택하였다. 둘째, 지역구 수의 조정과 전국구 의석 배분방식을 수정하였다. 전체 의원정수는 299인으로 제13대와 제14대 국회가 동일하나, 지역구 의석수는 제13대 선거의 224석에서 제14대 선거에서는 237석으로 바뀌었고, 전국구 의석수는 75석에서 62석으로 각각 조정되었다.

개정된 전국구 의석 배분규칙을 보면, 지역구선거에서 5석 이상의 의석을 차지한 각 정당만을 대상으로 각 정당의 지역구 의석비율에 따라 중앙선거관리위원회가 전국구 의석을 배분한다. 다만 지역구선거에서 제1당이 획득한 의석수가 지역구 의석 총수의 100분의 50 미만일 때에는 제1당에 전국구 의석 총수의 2분의 1을 배분하고 잔여 의석을 제2당 이하의 각 정당이 그 지역구 의석비율로 배분하도록 하였다. 전국구제도의 문제점은 각 정당의 득표비율이 아니라 의석비율에 의하여 배분된다는 점, 제1당에 프리미엄을 인정하고 있다는 점과 군소정당 배제를 위한 봉쇄조항이나 의석제재 조치를 포함하고 있다는 점이다. 따라서 전국구선거제도는 지역구의 다수대표제의 단점을 보완하는 차원에서 운용된 것이 아니라 집권당에게 절대적 우선권을 주어 정권유지 혹은 정치안정을 위한 차원에서 이용되었다.

〈표 11 - 5〉 국회의원선거제도의 변천

공화국	국회	선출방식 및 선거구	의원 정수	전국구(비례대표) 배분방식 / 무소속 출마
1	제헌	소선거구 다수대표제	200	전국구제도 없음/무소속 출마 허용
	2	소선거구 다수대표제	210	전국구제도 없음/무소속 출마 허용
	3	소선거구 다수대표제	203	전국구제도 없음/무소속 출마 허용
	4	소선거구 다수대표제	233	전국구제도 없음/무소속 출마 허용
2	5	민의원: 소선거구 다수대표제 참의원: 대선거구 제한연기제	민의원: 233 참의원: 58	전국구제도 없음/무소속 출마 허용
3	6	지역구: 소선거구 다수대표제 전국구: 비례대표제	전체: 175 지역구: 131 전국구: 44	① 제1당의 득표비율이 2분의 1 이상일 때 득표비율에 따라 배분(1/2 이상 2/3 미만) ② 제1당의 득표비율이 2분의 1 미만일 때 제1당에 2분의 1 배분, 잔여 의석은 제2당 이하의 정당에 득표비율로 배분 ③ 득표율 5% 이상 또는 지역구 의석 3석을 획득하지 못한 정당은 의석배분에서 제외/무소속 출마 금지
	7	지역구: 소선거구 다수대표제 전국구: 비례대표제	전체: 175 지역구: 131 전국구: 44	
	8	지역구: 소선거구 다수대표제 전국구: 비례대표제	전체: 204 지역구: 153 전국구: 51	
4	9	지역구: 1구 2인 다수대표제 유신정우회: 간접선거	전체: 219 지역구: 146 유신정우회: 73	① 전국구제도 없음. 그 대신 전체 의석의 3분의 1을 대통령 추천으로 통일주체국민회의에서 선출(유신정우회)/무소속 출마 허용
	10	지역구: 1구 2인 다수대표제 유신정우회: 간접선거	전체: 231 지역구: 154 유신정우회: 77	
5	11	지역구: 1구 2인 다수대표제 전국구: 비례대표제	전체: 276 지역구: 184 전국구: 92	① 제1당에 3분의 2 우선 배분 ② 나머지 3분의 1은 5석 이상을 얻은 제2당 이하에 의석비율로 배분 ③ 5석을 획득하지 못한 정당은 배분에서 제외/무소속 출마 허용
	12	지역구: 1구 2인 다수대표제 전국구: 비례대표제		

공화국	국회	선출방식 및 선거구	의원 정수	전국구(비례대표) 배분방식 / 무소속 출마
6	13	지역구: 소선거구 다수대표제 전국구: 비례대표제	전체: 299 지역구: 224 전국구: 75	① 제1당에 3분의 2 우선 배분 ② 나머지 2분의 1은 5석 이상의 지역구 의석을 차지한 정당에 의석비율에 따라 배분/무소속 출마 허용
	14	지역구: 소선거구 다수대표제 전국구: 비례대표제	전체: 299 지역구: 237 전국구: 62	① 지역구에서 5석 이상 획득정당에 의석비율에 따라 배분 ② 5석 미만 획득 또는 의석 획득 못한 경우에는 전국 유효투표의 3% 이상을 얻으면 우선적으로 1석 배분/무소속 출마 허용
	15	지역구: 소선거구 다수대표제 전국구: 비례대표제	전체: 299 지역구: 253 전국구: 46	① 5석 이상 또는 득표율 5% 획득정담에 득표비율에 따라 배분 ② 유효투표총수의 3% 이상 5% 미만을 얻은 정당에 1석 배분/무소속 출마 허용
	16	지역구: 소선거구 다수대표제 비례대표: 비례대표제	전체: 273 지역구: 227 비례대표: 46	① 정당별로 지역구 총선거의 득표비율에 따라 정당이 제출한 후보자명부순으로 비례대표 의석배분/무소속 출마 허용
	17	지역구: 소선거구 다수대표제 비례대표: 비례대표제	전체: 299 지역구: 243 비례대표: 56	① 지역구: 소선거구 ② 1인 2표제 정당명부식 비례대표제. 전국의 정당 득표율에 따라 배분. 단, 5석 이상 또는 3% 이상 득표한 정당을 대상으로 함/무소속 출마 허용
	18	지역구: 소선거구 다수대표제 비례대표: 비례대표제	전체: 299 지역구: 245 비례대표: 54	① 지역구: 소선거구 ② 1인 2표제 정당명부식 비례대표제. 전국의 정당 득표율에 따라 배분. 단, 5석 이상 또는 3% 이상 득표한 정당을 대상으로 함/무소속 출마 허용

제15대 국회의원선거에서는 의석수는 299석으로 종전과 같으나, 지역구가 237석에서 243석으로 증가하였고, 전국구는 62석에서 56석으로 감소하였다. 제15대 국회에서는 이 밖에도 전국구 의석을 종전의 의석비율에 따른 배분에서 정당별 득표비율에 따라 배분하여 사표(死票)를 줄이고 유권자들의 의사가 좀 더 적실하게 의석에 반영되도록 하였다.

제16대 국회의원선거에서는 1997년에 닥친 외환위기 같은 국가적 위기상황 속에서 국회의원 정수를 줄여야 한다는 국민여론에 따라 의원정수를 299명에서 273명으로 26명 줄었다. 지역구 의석은 제15대의 243석에서 227석으로, 비례대표 의석은 56석에서 46석으로 각각 조정되었다.

273명으로 감소하였던 의원 정수는 2004년의 제17대 국회의원선거에서 다시 299명으로 증원되어 제15대 국회의 의원 정수로 복원되었다. 제15대 국회와 비교해보면 의원 정수는 같으나 지역구 의석이 253석에서 243석으로 감소하였고 전국구 비례대표 의석이 46석에서 56석으로 증가하였다.

직능대표 성격의 비례대표의원수를 늘려 국회의 전문성을 강화한다는 명목으로 의원 정수를 예전으로 되돌린 것이다.

제18대 국회의원선거에서는 제17대 국회에서와 같이 299명의 의운을 선출하였다. 정원은 같으나 지역구 의석이 2석 증가하고 비례대표 의석은 2석 감소하였다. 지역구 245석, 비례대표 의석은 54석으로 조정되었다.

제17대 국회와 제18대 국회가 이전의 제16대 국회와 다른 점은 선출방식이 있다. 소선거구제는 그대로 유지하되, 1인 2표제 정당명부식 비례대표제를 도입하여 정당이 획득한 득표의 비율에 따라 배분하며, 5석 이상 또는 3% 이상 득표한 정당을 대상으로 전국구 비례대표 의석을 배분하도록 하였다. 득표율 3-5% 정당에 우선적으로 1석을 배분하고, 전국구 의석을 득표율에 비례하여 의석을 배분하던 제16대 국회의원선거제도와는 차이가 있다.

제4절 제1공화국의 국회의원선거

1. 남조선과도입법의원의 설치와 총선결의안 채택

한국의 법령은 한국인이 제정하여야 한다는 취지와 완전한 민정(民政)을 이루기 위하여 1946년 러치 군정장관이 하지 사령관에게 건의하여 동의를 얻은 후 군정법령 제118호(1946. 8. 24)로서 창설령이 발표되고 이 법령에 의하여 남조선과도입법의원이 설치되었다. 1946년 10월 민선의원 45인, 11월에는 관선의원 45인(하지 중장이 선임)이 선정되어 모두 90인으로 민주의원을 구성하고 12월 12일 개원식을 거행하였다. 입법의원은 의장에 김규식(金奎植), 부의장에 최동오(崔東旿) · 윤기섭(尹琦燮)을 선출하고 각종 법안을 심의, 제정하였다.

그러나 유엔에서의 한국문제 결의와 관련하여 입법의원 내에는 남북정치세력 간의 협상을 통한 통일정부수립을 추진하는 김규식 의장을 비롯한 이른바 합작파인 관선의원 측과, 가능한 지역 내의 선거 및 정부수립을 지지하는 민선의원 측이 양축을 이룸으로써 두 세력 간에 격심한 대립양상을 나타냈다. 유엔총회 결의에 따른 선거 가능한 지역 내의 총선문제가 의제로 상정됨을 계기로 김규식 이하 28인의 의원(주로 관선의원)이 사퇴한 가운데 총선결의안이 1948년 2월 23일 본회의에서 채택되고 유엔한국위원단에 송부되어 제헌의원선거를 뒷받침하였다.

제헌의원선거는 미 군정 당국이 선거준비와 집행을 담당하였다. 이 선거에 적용된 국회의원선거법은 대한민국 국회의원선거법을 제정할 때까지의 잠정적인 군정법령이었다. 제헌헌법(1948. 7. 17)에 의한 국회의원의 임기는 4년이나, 제헌의원에 한하여 임기 개시일로부터 2년으로 정해졌다(제102조).

2. 제헌의원선거

1) 국회의원선거법

1948년 3월 17일 미군정법령 제175호로 공포된 전문 57조의 국회의원선거법의 내용은 다음과 같다.

國會議員選擧法(1948. 3. 17 軍政法令 第175號)
南朝鮮過渡立法議院에서 本件事項을 審議하여 法律을 制定할 때까지 左에 依함.

〈第1章 總則〉
第1條 國民으로서 滿21歲에 達한 者는 性別, 財産, 敎育, 宗敎의 區別이 없이 國會議員의 選擧權이 있음.
　　　國民으로서 滿25歲에 達한 者는 性別, 財産, 敎育, 宗敎의 區別이 없이 國會議員의 被選擧權이 있음. 年齡의 算定은 選擧日 現在로 함.
第2條 左의 1에 該當하는 者는 選擧權이 없음.
　　　1. 法院에서 禁治産宣告를 받은 者.
　　　2. 法院에서 心身耗弱으로 因하여 準禁治産宣告를 받은 者.

3. 自由刑의 宣告를 받고 그 執行中에 있거나 또는 執行을 받지 않기로 確
定되지 아니한 者.
4. 日本政府로부터 爵을 받은 者.
5. 日本帝國議會의 議員이 되었던 者.

第3條 左의 1에 該當하는 者는 被選擧權이 없음.

1. 本法 第2條에 依하여 選擧權이 없는 者. 但 同條 第3號에 該當하는
者中 政治犯은 除外함.
2. 1年 以上의 自由刑의 宣告를 받았던 者로서 그 執行을 終了하거나 執
行을 받지 않기로 確定된 後 3年을 經過하지 아니한 者. 但 政治犯을
除外함.
3. 日帝時代에 判任官 以上의 警察官及憲兵, 憲兵補 또는 高等警察의 職에
있던 者 及 其密偵行爲를 한 者.
4. 日帝時代에 中樞院의 副議長, 顧問 또는 參議가 되었던 者.
5. 日帝時代에 府 또는 道의 諮問 或은 決議機關의 議員이 되었던 者.
6. 日帝時代의 高等官으로서 3級 以上의 地位에 있던 者 또는 勳7等 以上
을 받은 者. 但 技術官及敎育者는 除外함.

第4條 官公吏는 在職中 國會議員을 兼할 수 없음.

第5條 地方自治團體의 議員은 國會議員을 兼할 수 없음.

第6條 選擧委員會委員은 그 關係區域內에서는 被選擧權이 없음.

第7條 國會議員選擧에 關한 費用은 國庫負擔으로 함.

〈第2章 選擧區域及議員數〉

第8條 各選擧區는 1人의 國會議員을 選擧함.

第9條 本法에서 選擧區라 함은 左와 如함.

1. 人口15萬 未滿의 府, 郡 及 서울市의 區.
2. 人口15萬 以上의 府, 郡 及 서울市의 區의 一部로서 本法 第10條에
依하여 行政首班이 選擧區로 定한 區域.
3. 行政區域인 道(以下 道는 郡의 名稱에 包含함).

第10條 人口15萬 乃至 25萬 未滿의 府, 郡 及 서울市의 區는 比等한 人口의 2
個區域으로 分함.
人口25萬 乃至 35萬 未滿의 府는 比等한 人口의 3個區域으로 分함.
人口35萬 乃至 45萬 未滿의 府는 比等한 人口의 4個區域으로 分함.

第11條 본법 제10조에 의하여 행정수반이 정한 선거구의 명칭경계급인구는 本法附
表 第1號에 此를 規定함.

第12條 各選擧區는 投票區로 此를 分함.
各投票區는 人口2千 以下라야 하며 各各同一한 邑, 面 또는 洞의 一部이어야

할 投票區는 當該行政區域(府, 郡及서울市의 區)의 長이 作成한 提案에 依하여 選擧區選擧委員會가 此를 定함.

投票區의 設置는 選擧人登錄開始前에 此를 公告하여야 함.

第13條 國會選擧委員會는 投票區 選擧委員會를 援助, 指示 及 監督함에 必要하다고 認定할 때에는 邑, 面 及 洞級의 選擧委員會의 設置를 命할 權限이 있음.

第14條 選擧區及投票區는 1946年 8月 25日 人口調査에 根據하여 此를 設置함.

〈第3章 選擧人名簿〉～〈第6章 選擧方法及當選人〉
第15條～第46條(생략)

〈第7章 國會議員의 任期 及 補闕選擧〉
第47條 國會議員의 任期는 第1回 開會時부터 2年으로 함. 但 그 前이라도 權限 있는 者가 國會의 解散을 決定한 境遇에는 例外로 함.

第48條 國會議員의 缺員이 생겼을 때에는 補闕選擧를 行함. 行政首班은 國會議長으로부터 闕員發生通知를 받은 後 70日 以內에 補闕選擧를 하여야 함. 補闕選擧의 選擧日은 적어도 50日前에 公布하여야 함. 補闕選擧의 選擧日이 總選擧日로부터 6個月 以內인 境遇에는 總選擧時에 作成한 選擧人名簿에 依하여 此를 行함.

第49條 補闕選擧에 關하여는 本章에 規定한 外에 本法規定全體를 準用함.

〈第8章 選擧에 關한 爭訟〉
第50條 本法第40條에 依한 軍政長官의 權限을 保留하고 選擧有效如何에 關한 問題는 左記 5人으로 構成하는 選擧審査委員會에 提出하여야 함.

1. 行政首班이 任命한 大法官 2人.
2. 國會에서 選擧된 委員 2人.
3. 大法院長이 指名한 委員長 1人.

第51條 當選을 失한 者는 當選의 效力에 關하여 異議가 있을 때에는 選擧審査委員會 設置日부터 14日 以內에 同委員會에 訴請할 수 있음. 選擧審査委員會는 選擧가 本法 또는 本法施行規則에 違反되고 選擧結果에 異動이 미쳤다고 認定한 境遇에 限하여 그 選擧의 無效를 裁決함. 選擧에 關한 訴訟에 關하여는 本章에 規定한 外에 民事訴訟에 關한 規定을 準用함.

第52條 選擧審査委員會委員長은 選擧에 關한 訴請이 提出되었을 때에는 此를 行政首班, 國會選擧委員會及關係選擧區選擧委員會에 通知함. 同委員長은 그 裁決書의 謄本을 行政首班, 國會選擧委員會, 關係選擧區選擧委員會 及 國會議長에게 送付함.

〈第9章 罰則〉

第53條 左記의 1에 該當하는 者는 5年 以上의 懲役 또는 拾萬圓 以下의 罰金에
處함. 但 情狀에 依하여 懲役 及 罰金을 併科할 수 있음.

1. 詐欺의 方法으로 選擧人名簿에 登錄하거나 또는 投票한 者.
2. 投票 또는 棄權의 條件으로 金錢, 物品, 響應 其他 財産上의 利益을
   受授 또는 그 受授를 約束하거나 地位 或은 榮譽上 有利한 條件을 提供
   또는 그 提供을 約束한 者.
3. 暴行, 脅迫, 逮捕, 監禁 또는 其他의 方法으로 投票 또는 立候補를 못
   하게 하거나 棄權을 强要한 者.
4. 本法第34條에 依하여 證言할 때 故意로 虛僞의 陳述을 한 洞, 里長,
   班長 또는 其他의 證人.
5. 選擧를 妨害할 目的으로 各級選擧委員會의 委員 또는 其他 公務員이
   暴行 또는 脅迫을 加하거나 投票函 또는 投票關係書類를 奪取하거나
   破棄한 者.
6. 投票所及其附近에서 示威 또는 多數 喧騷하여 選擧進行 또는 投票의
   自由를 妨害한 자.
7. 銃砲, 刀劍, 梱棒 其他 凶器를 携帶하고 投票所에 亂入한 者.
8. 選擧委員會의 委員 또는 其他公務員으로서 選擧法規에 違反되는 行爲
   를 敢行한 者.

第54條 本章의 罪를 犯하여 處刑된 者는 刑의 執行終了後 3年間 그 選擧權及
被選擧權을 剝奪함.

第55條 本章의 罪에 關한 公訴時效는 1年을 經過하므로써 完成함.

附則

第56條 行政首班은 本法施行에 關한 必要한 細則을 制定할 수 있음.

第57條 本法은 1948年 3月 17日 公布施行함.

이상의 내용을 정리하면 다음과 같다.

① 국민으로서 만 21세에 달한 자로서 금치산이나 준금치산선고를 받은 자, 자유형
   의 선고를 받고 집행 중에 있거나 집행을 받지 아니하기로 확정되지 아니한 자,
   일본정부로부터 작(爵)을 받은 자, 일본제국의회의원이 되었던 자를 제외하고는
   성별, 재산, 교육, 종교의 구별 없이 선거권을 갖는다.
② 피선거권은 선거권이 없는 자 등을 제외하고 국민으로서 만 25세에 달하면 유권
   자에게 평등하게 부여한다.
③ 선거구는 각 선거구마다 1인의 국회의원을 선거하는 소선거구제를 채택하며, 선

거구의 획정은 부·군 및 서울시의 구를 단위로 하여 인구 15만 미만은 1개구, 인구 15만 이상 25만 미만은 2개구, 인구 25만 이상 35만 미만은 3개구, 인구 35만 이상 45만 미만은 4개구로 하되 동법 부표 제1호에 의하여 총 200개의 선거구를 획정한다.

④ 선거인명부는 선거구선거위원회 위원장이 지정한 선거인등록소에서 선거인이 자진 등록한다.

⑤ 선거관리기관으로는 중앙에 위원 15인으로 국회선거위원회를 구성하여 대법원의 대법관이 그 위원장이 되며, 각 도와 서울시 선거위원회, 각 선거구선거위원회와 투표구 선거위원회를 두어 선거를 관리하도록 한다.

⑥ 선거운동은 각 선거위원회위원 및 선거사무에 관계있는 공무원과 기타 일반 공무원을 제외하고는 누구든지 자유로이 할 수 있다.

⑦ 선거는 단기무기명투표의 기표방법을 채택한다.

⑧ 당선인은 유효투표의 최다수를 얻은 자로 하는 상대 다수대표제로 한다.

2) 입후보 상황

국회의원 정수 200인에 대하여 입후보자 수는 948인으로서 평균 경쟁률은 4.7 대 1이었다. 좌익계열과 남북협상파가 불참을 선언한 가운데 대한독립촉성국민회 235인을 필두로 무소속과 48개 정당, 사회단체가 선거에 참여하였다.

무소속 417, 대한독립촉성국민회 235, 한국민주당 91, 대동청년단 87, 조선민족청년단 20, 대한노동총연맹 12, 대한독립촉성농민총연맹 10, 대한독립촉성애국부인회 7, 조선민주당 5, 대한청년단 4, 조선불교교무원 4, 한국독립정부수립대책협의회 3, 대한독립청년단 3, 조선예수교장로회 3, 대한부인회 3, 한국독립당 3, 교육협회 2, 조선여자국민당 2, 대한정의단 2, 대한독립촉성국민총연맹 2, 기독교청년회 2, 기독교도연맹 2, 유도회 2, 단민당 2, 대성회 1, 전도회 1, 민족통일본부 1, 조선공화당 1, 부산일오구락부 1, 여성단체총연맹 1, 한국기독교연합회 1, 민주주의자주독립당 1, 조선건국청년회 1, 대한독립서북협회 1, 조선변호사협회 1, 청년조선총연맹 1, 청년당 1, 조선법학회 1, 대한민국총동원본부 1, 조선불교중앙총무원 1, 상무사 1, 민족사회당 1, 민중당 1, 이재민동포자치회 1, 애국부인동지회 1, 고려진보당 1, 청

우당 1, 민주의원 1, 민족통일건국전선 1 등 모두 948명이 입후보하였다.[10]

3) 선거결과

제헌의원선거는 1948년 5월 10일 200개의 선거구 중에서 치안문제 때문에 선거시행이 보류된 북제주 갑구와 을구 2개구를 제외한 198개구에서 실시되었다.[11] 95.5%의 높은 투표율을 보인 이번 선거에서 무소속을 제외한 1인 이상의 당선자를 낸 정당·단체는 16개였다.

대한독립촉성국민회는 55석(26.1% 득표)을 획득하였으며, 한국민주당은 29석(13.5%), 대동청년단은 12석(9.6%), 조선민족청년단은 6석(2.2%), 대한독립촉성농민총연맹은 2석(0.8%), 대한노동총연맹은 1석(1.6%)을 얻었고, 무소속은 85석(40.3%)을 차지하였다. 그리고 조선민주당, 대한청년단, 한국독립당, 교육협회, 단민당, 유도회, 부산일오구락부, 대성회는 각각 1석씩을 획득하였는데 이들의 득표비율을 합산하면 5.9%가 된다.

유엔의 주관하에 미 군정 당시 제정한 국회의원선거법(1948. 3. 17)이 적용된 이 선거에는 단독정부수립을 반대하는 김구, 김규식 등 중간노선의 정치세력과 좌익계열이 불참하였다. 선거를 전후하여 좌익계열이 극심한 선거방해 및 파괴공작을 행하자 경찰은 향보단을 조직하여 삼엄한 선거경계를 펼쳤다. 이번 선거에서는 부정투표, 부정개표, 유권자 매수 등의 선거타락상은 거의 보고되지 않았다.

헌법(1948. 07. 17)은 제33조에서 국회의원의 임기를 4년으로 하였으나, 동 헌법 부칙 제102조에서 "이 헌법을 제정한 국회는 이 헌법에 의한 국회로서의 권한을 행하며 그 의원의 임기는 국회 개회일로부터 2년으로 한다."고 규정하였다. 이 헌법 부칙의 규정에 따라 제헌국회 출범 2년 후인 1950년 5월 30일 제2대 국회의원선거가 실시되었다.

---

10) 중앙선거관리위원회, 『역대국회의원선거상황(제1대~제11대)』(1989), 69~71쪽.

11) 치안문제로 2개 선거구에서 선거를 시행하지 못한 제주도에서는 1년 후인 1949년 5월 10일 2인의 의원이 선출되어 제헌국회의 정원 200인이 모두 충원되었다.

<표 11-6> 제헌의원선거 결과(1948. 5. 10)

구분	서울	경기	충북	충남	전북	전남	경북	경남	강원	제주	계
무소속	2	16	8	8	8	9	11	17	5	1	85
대한독립촉성국민회	1	7	2	10	6	5	11	6	6	1	55
한국민주당	4	2	1	−	4	10	5	3	−	−	29
대동청년단	2	3	1	1	1	1	2	−	1	−	12
조선민족청년단	−	−	−	−	2	1	−	3	−	−	6
대한노동총연맹	−	−	−	−	−	−	1	−	−	−	1
대한독립촉성농민총연맹	−	−	−	−	1	1	−	−	−	−	2
조선민주당	1	−	−	−	−	−	−	−	−	−	−
대한청년단	−	−	−	−	−	−	−	−	1	1
한국독립당	−	1	−	−	−	−	−	−	−	−	1
교육협회	−	−	−	−	−	−	1	−	−	−	1
단민당	−	−	−	−	−	1	−	−	−	−	1
대성회	−	−	−	−	−	1	−	−	−	−	1
유도회	−	−	−	−	−	−	1	−	−	−	1
민족통일본부	−	−	−	− −		−	1	−	−	−	1
조선공화당	−	−	−	−	−	−	−	1	−	−	1
부산일오구락부	−	−	−	−	−	−	−	1	−	−	1
합계	10	29	12	19	22	29	33	31	12	3	200

출처: 중앙선거관리위원회, 『대한민국선거사(제1집)』(1973), 616~617쪽.

3. 제2대 국회의원선거(1950. 5. 30)

1) 국회의원선거법 개정(1948. 12. 23)

제헌국회 임기 중인 1948년 12월 23일 일부 개정된 국회의원선거법의 내용은 다음과 같다.

종전: 제31조 투표는 오전 7시에 개시함. 투표소는 오후 7시에 폐쇄함. 단 그때에 투표소에 들어가기를 대기하고 있는 선거인은 오후 8시까지 차를 입소하게 함. 오후 7시에 투표소에 있는 자 급 전항에 의하여 오후 8시까지 투표소에 입소한 자는 투표할 자격이 있음. 투표함은 최후의 투표할 자격자의 투표가 끝난 후에 차를 봉쇄함. 투표함 봉쇄 후에는 투표할 수 없음.
개정: 제31조의 내용 중 "오후 7시"를 "오후 4시"로, "오후 8시"를 "오후 5시"로 개정.

당시 현행법 제31조에 의하면 투표시간이 오후 7시까지로 되어 있기 때문에 1949년 1월에 시행예정인 보궐선거에 이 법을 적용하는 경우 일부 취약지구에서는 공비의 공격을 받을 우려가 있으므로 투표마감시간을 오후 4시로 단축한 것이다.

2) 국회의원선거법 개정(1950. 4. 12)

1948년 3월 17일 제정된 구국회의원선거법(미군정법령 제175호)이 폐지되고 1950년 4월 12일 국회의원선거법이 제정, 공포되었다.

선거의 공정성을 유지, 육성하여 선거의 명랑화를 기하고 선거비용을 최소로 축소시키며 선거기반이 없는 월남동포의 민의를 최대한 반영시킬 수 있도록 하기 위하여 제정된 국회의원선거법의 주요 내용은 다음과 같다.

① 만 21세 이상인 자에게 선거권을, 만 25세 이상인 자에게 피선거권을 부여함.
② 선거권 및 피선거권의 결격사유를 정함.
③ 1인 1선거구제도를 채택함.
④ 선거사무를 관리하기 위하여 중앙선거관리위원회, 도 선거관리위원회, 선거구 선거관리위원회 및 투표구 선거관리위원회를 각각 두도록 함.
⑤ 투표시간은 오전 7시에서 오후 5시까지로 함.
⑥ 당선인 결정은 유효투표의 다수를 얻은 자로 하고, 득표수가 동일한 후보자가 2인 이상인 때에는 연장자를 당선인으로 함.
⑦ 의원에 결원이 생긴 때에는 보궐선거를 하고, 보궐선거에 의하여 당선된 의원의 임기가 6개월 미만인 때에는 보궐선거를 실시하지 아니함.
⑧ 종전의 국회의원선거법 및 국회의원 보궐선거임시조치법을 폐지함.

제1차 개정헌법(1952. 7. 7 공포)에 의한 의원임기는 민의원 4년, 참의원 6년이었으나 전란 중이라 참의원은 구성되지 않았다. 새 선거법은 미 군정하의 선거법과 거의 같은 내용이었고, 다만 선거구의 증가, 선거·피선거권 조항의 일부가 변경되었다. 군정법령인 구국회의원선거법과 비교할 때 달라진 점은 다음과 같다.

① 반민족 행위자에 대한 공소시효가 대략 만료되었으므로 이에 대한 선거권제한을
해제하였다.
② 피선거권은 현역 군인, 법관, 검찰관, 심계관, 감찰관, 경찰관에게 제한을 가하고
반민족 행위자에 대한 제한 규정을 철폐하였다.
③ 선거구는 소선거구제로 하되 200개 구에서 210개 구로 증가하고 투표구 설치를
선거구 선거위원회의 의견을 들어 결정하도록 하였다.
④ 선거인 명부는 선거인의 자진신고등록제를 철폐하고 직권작성제도를 채택했으며
명부의 성립 효력요건으로서 열람 기간 및 이의신청제를 신설 또는 강화하였다.
⑤ 선거관리기관으로서 중앙선거위원회를 두되, 그 위원 9인은 대통령이 위촉하고,
서울특별시, 도 선거위원회위원 7인은 서울특별시장, 도지사의 추천으로 중앙선거
위원회가 위촉하며, 선거구선거위원 7인과 투표구 선거위원회위원 5인도 같은 방
법으로 위촉하도록 하였다.
⑥ 선거운동은 그 운동의 자율을 제한하여 운동기회의 형평화를 위한 조치를 취하고
일부 공영선거운동제를 실시하였다.

3) 입후보 상황

국회의원정수 210인에 대하여 입후보자 수는 2,209인으로서 평균경쟁률
은 10.5 대 1에 달하였다.[12]

여당인 대한국민당의 165인과 야당인 민주국민당의 154인 등 39개 정당,
사회단체, 그리고 단체명 미상으로 분류된 12인이 선거에 참가하였다. 이들
이외에 무소속후보자가 1,513인(전체 입후보자의 68.5%) 참가하였다. 이는
제헌의원선거에 불참하였던 남북협상파와 일부 중간계열의 참여, 그리고 일
반시민의 선거에 대한 관심 및 인식의 확산에 의한 것으로 볼 수 있다.

입후보한 39개 정당·사회단체 중 11개 정당·단체, 그리고 무소속만이
당선자를 배출하였다.

---

12) 중앙선거관리위원회, 『역대국회의원선거상황(제1대～제11대)』(1989), 173～174쪽.

<표 11-7> 제2대 국회의원선거 입후보 상황

정당	무소속	대한국민당	민주국민당	국민회	대한청년단	대한노동총연맹	사회당	일민구락부	대한노농당	한국독립당	민족자주연맹	유도회	조선민주당
입후보	1,513	165	154	115	60	41	28	19	20	13	10	9	8
대한부인회	대한농민총연맹	불교	독로당	재일동포거류민단	여자국민당	대한민동당	신생회	정경연구회	대동청년단	삼로당	신강회	우국노인회	반공연맹
5	3	3	3	3	2	2	2	2	1	1	1	1	1
삼일혁명동지회	천도교	대한의열단	신사회	천주교총연맹	신문기자협회	농민회	대한기독교침례회	선량동지회	노동청년연맹	기독교청년회	민보단	애국단체연맹	미상
1	1	1	1	1	1	1	1	1	1	1	1	1	3

4) 선거결과

제2대 국회의원선거는 1950년 5월 30일에 실시되었다.

이번 선거는 제헌의원선거와는 달리 한국정부가 자주적으로 관리, 집행한 최초의 선거라는 점에 그 의의가 있다. 또한 제헌의원선거에 불참하였던 중간파 세력·혁신 세력이 참가함으로써 모든 정치세력이 참가한 선거가 되었다.

선거결과 전체 의석 210석 중 무소속은 126석(득표율 62.9%), 민주국민당 24석(9.8%), 대한국민당 24석(9.7%), 국민회 14석(6.8%), 대한청년단 10석(3.3%), 일민구락부 3석(1.0%), 대한노동총연맹 3석(1.7%), 여자국민당 1석, 대한부인회 1석, 중앙불교위원회 1석, 사회당 2석(1.3%), 민족자주연맹 1석(0.5%)의 분포로 나타났다.

선거결과 무소속후보가 126석(60%)을 차지하면서 정국구도에 큰 변수로 등장하였고, 대한국민당과 민주국민당의 주요 간부들이 다수 낙선하여 정치 지도자들의 부침이 두드러졌다.

<표 11-8> 제2대 국회의원선거 결과(1950. 5. 30)

구분	서울	경기	충북	충남	전북	전남	경북	경남	강원	제주	계
무소속	7	19	7	11	15	12	22	26	5	2	126
대한국민당	2	6	3	3	1	2	3	-	4	-	24
민주국민당	2	3	2	1	3	9	2	2	-	-	24
국민회	1	-	-	3	1	3	1	2	2	1	14
대한청년단	-	-	-	-	3	4	2	1	-	-	10
대한노동총연맹	1	-	-	-	1	1	-	-	-	-	3
사회당	1	1	-	-	-	-	-	-	-	-	2
일민구락부	-	1	-	1	-	-	1	-	-	-	3
민족자주연맹	1	-	-	-	-	-	-	-	-	-	1
대한부인회	1	-	-	-	-	-	-	-	-	-	1
중앙불교위원회	-	-	-	-	-	-	1	-	-	-	1
여자국민당	-	-	-	-	1	-	-	-	-	-	1
합계	16	30	12	19	22	30	34	32	12	3	210

출처: 중앙선거관리위원회, 『대한민국선거사(제1집)』(1973), 626쪽.

4. 제3대 국회의원선거(1954. 5. 20)

1950년 5월 30일 실시된 제2대 국회의원선거에서 당선된 의원들로 구성된 제2대 국회가 그해 6월 19일에 개원되었다. 그러나 개원 6일 만인 6월 25일 한국전쟁이 발발하여 국회는 대전, 대구, 부산 등지의 피난처로 옮겨 다니면서 운영한 관계로 그 기능과 역할을 제대로 수행하지 못하였다. 1952년 7월 4일 이른바 부산정치파동으로 통과된 발췌개헌안에 의하여 국회는 민의원과 참의원의 양원제로 바뀌었다. 그러나 전시 중인 당시의 국내 정세로 인하여 참의원은 구성되지 않았다.

1) 국회의원선거법 개정(1951. 6. 2)

헌법상 양원제 구성을 규정하였기 때문에 국회의원선거법은 어떠한 형태로든지 변화를 요구받게 되었다. 그러나 실제적으로 민의원만을 선출하고 있었기 때문에 선거법은 1950년 4월 12일 공포된 국회의원선거법이 그대로 적용되었다.

국회의원선거법은 국무위원도 국회의원이 될 수 있도록 하기 위하여 1951년 6월 2일 일부가 개정, 공포되었다.[13)](#)

2) 입후보 상황

국회의원정수 203인에 대하여 입후보자 수는 1,207인으로서 평균경쟁률은 5.9 대 1에 달하였다. 여당인 자유당과 야당인 민주국민당을 비롯하여 14개 정당이 선거에 참여하였다. 무소속입후보자는 797명으로 전체 후보자의 66.0%를 차지하였다. 자유당은 공천후보자 181인(전체 선거구의 89%에 해당하는 181개 선거구) 이외에 비공천후보자 61인이 동당의 공천지구 및 비공천지구에서 출마, 총 242인의 후보자가 전 선거구에 출마하였다. 민주국민당은 전체 선거구의 36%에 해당하는 77개 선거구에 77인의 후보자를 공천하였다. 국민회는 48명의 후보자를, 대한국민당은 15명의 후보자를 내세웠다.

〈표 11-9〉 제3대 국회의원선거 입후보 상황

정당	자유당	민주국민당	국민회	대한국민당	농민회	조선민주당	대한노동총연맹
입후보	242	77	48	15	9	6	5
민중자결단	제헌국회의원동지회	여자국민당	어민회	유도회	불교	독립노농당	무소속
2	1	1	1	1	1	1	797

3) 선거결과

1954년 5월 20일 실시된 제3대 국회의원(민의원) 선거의 특징은 여당인 자유당과 야당인 민주국민당이 선거사상 최초로 입후보자 공천제를 실시한 것에 있다. 이 선거에서는 휴전협정의 결과 휴전선 이북 지역인 개성시 등 7개구의 선거를 실시하지 못하여 210개 선거구 중 203개 선거구에서만 선거가 실시되었다.

---

13) 이 국회의원선거법은 민의원의원선거법(1958. 1. 15 법률 제470호) 부칙 제6조의 규정에 의하여 폐지되었다.

총유권자 8,446,509명 가운데 7,698,390명이 참가하여 91.1%의 투표율을 보인 선거에서 전체 투표의 36.8%를 얻은 자유당이 114석을 차지하였고, 민주국민당은 15석(7.9%), 국민회는 3석(2.6%), 대한국민당은 3석(1.0%), 그리고 무소속은 68석(47.9%)을 차지하였다.

이번 선거에서는 정당 간 정책대결 양상을 보이기도 하였으나 야당소속 입후보자들은 관권선거 분위기 속에서 자유롭지 못한 선거운동을 할 수밖에 없었다. 선거결과를 보면 제헌 및 제2대 국회의원선거에서 난립하였던 정당단체들이 대폭 정비되어 자유당과 민주국민당 그리고 무소속의 3대 축을 형성하였다.

〈표 11－10〉 제3대 국회의원선거 결과(1954. 5. 20)

구분	의원정수	무소속	자유당	민주국민당	국민회	대한국민당	농민회	조선민주당	대한노동총연맹	인증자결단	제헌국회의원동지회	여자국민당	어민회	유도회	불교	독립노농당
서울	16	6	5	3	−	2	−	−	−	−	−	−	−	−	−	−
경기	23	6	16	1	−	−	−	−	−	−	−	−	−	−	−	−
충북	12	2	8	1	−	−	−	−	−	−	1	−	−	−	−	−
충남	19	2	17	−	−	−	−	−	−	−	−	−	−	−	−	−
전북	22	10	10	2	−	−	−	−	−	−	−	−	−	−	−	−
전남	30	12	15	3	−	−	−	−	−	−	−	−	−	−	−	−
경북	34	13	17	3	1	−	−	−	−	−	−	−	−	−	−	−
경남	32	11	17	2	1	1	−	1	−	−	−	−	−	−	−	−
강원	12	3	8	−	1	−	−	−	−	−	−	−	−	−	−	−
제주	3	2	1	−	−	−	−	−	−	−	−	−	−	−	−	−
합계	203	68	114	15	3	3	−	−	−	−	1	−	−	−	−	−

출처: 중앙선거관리위원회, 『역대국회의원선거상황』(1989), 251~252쪽.

5. 제4대 국회의원선거(1958. 5. 2)

1) 국회의원선거법 폐지, 제정

1952년 7월 7일 공포된 개정헌법에서는 국회가 민의원과 참의원의 양원으로 구성되도록 규정하였기 때문에 기존의 국회의원선거법은 폐지되고, 민의원 의원선거법과 참의원 의원선거법이 각각 제정, 공포(1958. 1. 25)되었다.

1952년 발췌개헌 이후 헌법은 국회를 양원으로 구성할 것을 규정하였기 때문에 참의원 선거를 위한 법 개정 문제가 대두되었다. 여야는 각각 선거법개정안을 제출하였다. 야당은 각급 선거위원회의 공정한 구성, 입후보자의 등록절차의 간소화, 선거의 공명성 확보 등을 주요 골자로 하는 국회의원선거법개정안을, 여당은 선거운동의 대폭 제한, 선거공영제의 실시, 선거자금의 제한, 선거사범의 벌칙강화 등을 주요 내용으로 하는 개정안을 제출하였다. 이처럼 양측의 안은 서로 상당한 차이를 보여 여야 대표들이 여러 차례에 걸쳐 협의한 끝에 양안을 절충하여 단일안을 작성하자는 데 합의하고 '국회의원선거법안 여야 협상위원회'를 구성하였다. 1957년 9월 18일부터 11월 9일까지 80여 회에 걸쳐 선거법 협상을 벌인 결과 민의원 의원선거와 참의원 의원선거를 분리한 '민의원 의원선거법'과 '참의원 의원선거법'을 타협하여 1958년 1월 1일 국회에서 의결하였다.

민의원 의원선거법과 참의원 의원선거법은 1958년 1월 25일 공포되었으며 1960년 6월 23일 폐지되었다. 신규제정된 선거법을 개정 전의 선거법과 비교할 때 달라진 주요 내용은 다음과 같다.

① 선거구 수를 인구증가와 수복지구 구역확장에 따라 203개 구에서 233개 구로 증가시켰다.
② 선거관리기관인 각급 선거위원회는 여야 정당에서 추천하는 위원 각 1인을 참가시켰다.
③ 입후보자의 난립을 방지하기 위하여 기탁금제를 실시하였다.
④ 선거운동을 제한하여 사전운동과 호별방문을 금지하였다.
⑤ 선거의 공영제를 실시하여 선거비용을 제한하였다.
⑥ 선거사범에 대한 벌칙을 강화하였다.
⑦ 선거운동, 투표자 확인, 명부 적법작성 여부의 확인 자료로서 의원후보자에게 선거인명부 사본 1통을 교부하도록 하였다.
⑧ 각급 선거위원회에 대하여는 선거 기간 중 강력한 신분보장 규정을 두었다.
⑨ 선거소송은 개표완료 후 본소 제기 전에 증거보전을 위하여 법원에 보전신청을 할 수 있도록 하였다.

2) 선거법 개정

선거권 및 피선거권의 결격사유 중 일부 사유를 삭제하고, 총선거에서의 사전선거 운동에 관한 범위를 합리적으로 조정하기 위하여 선거 직전인 1958년 3월 11일 민의원·참의원 의원선거법이 일부 개정되었다.

① 선고유예를 받은 자에 대한 선거권 및 피선거권 제한규정을 삭제함.
② 총선거에서 임기만료일 전 1년으로부터 후보자 등록이 끝날 때까지의 사이에 선전문서의 배포, 선전시설의 이용 등에 관한 이 법의 규정에 위반한 자나 타인으로 하여금 하게 한 자가 후보자로 된 때에는 그 행위를 사전 선거운동으로 간주토록 함.[14]

3) 입후보 상황

민의원 의원정수 233인에 대한 입후보자 수는 841인으로서 평균 3.2 대 1의 경쟁률을 보였다. 선거에는 모두 14개 정당·사회단체가 참가하였다. 무소속은 후보자 총수의 42.4%에 해당하는 357명의 후보자를 내었다.

여당인 자유당은 전체 선거구의 90%에 해당하는 219개 선거구에 후보자를 공천하였고, 여타 선거구에서 17인이 입후보함으로써 전체 선거구 233개에 모두 236명의 후보자가 출마하였다. 야당인 민주당도 수적으로는 열세였으나 전체 선거구의 84%에 해당하는 199개 선거구에 후보자를 공천하였다.

〈표 11 - 11〉 제4대 국회의원선거 입후보 상황

정당	무소속	자유당	민주당	통일당	국민회	노농당	민주혁신당
입후보	357	236	199	13	11	7	6
독립노농당	국민당	농민회	대한반공청년회	대한농민회	민족자주연맹	대한상이용사회	대한반공단
3	2	2	1	1	1	1	1

---

14) 이 법은 국회의원선거법(1960. 6. 23 법률 제551호) 부칙 제7조에 의하여 폐지되었다.

4) 선거결과

1958년 5월 2일 실시된 제4대 국회의원선거 역시 참의원 의원은 선거하지 않고 민의원 의원만을 선거하였다. 선거 전에 이미 자유·민주 양당은 양대 정당구도의 양상을 띠고 있었다. 그러나 선거분위기는 자유당의 권력 조종으로 인한 관권개입 때문에 음성적인 선거부정이 속출하였다.[15]

제3대 국회의원(민의원) 선거 때보다 30개 구가 늘어난 233개의 선거구에서 10,164,428명의 유권자의 90.6%인 8,923,905명이 투표에 참가하였다. 자유당은 42.1%의 득표율로 126석, 민주당은 34.0%의 득표율로 79석, 무소속은 21.7% 득표율로 27석을 차지하여 여당인 자유당이 압승하였다. 또 통일당은 0.6%의 득표율로 1석을 얻었다.

〈표 11-12〉 제4대 국회의원선거 결과(1958. 5. 2)

시·도	의원정수	무소속	자유당	민주당	통일당	국민회	노농당	민주혁신당	독립노농당	국민당	농민회	대한반공청년회	대한농민회	민족자주연맹	대한상이용사회	대한반공단
서울	16	1	1	14	−	−	−	−	−	−	−	−	−	−	−	−
경기	25	3	14	8	−	−	−	−	−	−	−	−	−	−	−	−
충북	13	1	8	4	−	−	−	−	−	−	−	−	−	−	−	−
충남	22	1	15	6	−	−	−	−	−	−	−	−	−	−	−	−
전북	24	3	10	11	−	−	−	−	−	−	−	−	−	−	−	−
전남	32	3	18	10	1	−	−	−	−	−	−	−	−	−	−	−
경북	38	6	24	8	−	−	−	−	−	−	−	−	−	−	−	−
경남	40	5	20	15	−	−	−	−	−	−	−	−	−	−	−	−
강원	20	3	15	2	−	−	−	−	−	−	−	−	−	−	−	−
제주	3	1	1	1	−	−	−	−	−	−	−	−	−	−	−	−
합계	233	27	126	79	1	−	−	−	−	−	−	−	−	−	−	−

출처: 중앙선거관리위원회, 『역대국회의원선거상황』(1989), 327~328쪽.

---

15) 선거 후 법원에 제기된 선거소송이 105건에 달하였고, 자유당은 여론에 못 이겨 당선된 10개 선거구에서 선거무효 또는 당선무효 판결을 내려야 했다. 김운태 외, 『한국정치론』(서울: 박영사, 1985), 258쪽.

이번 선거는 제3대 국회의원선거에 비하면 무소속후보자들의 출마 및 당선이 대폭 감소하였고, 과거 난립하였던 정당과 단체들이 자유당과 민주당을 양축으로 하여 정비되는 계기가 되었다. 투표일을 전후하여 불법·부정행위들이 다수 발생하였다. 투표행태 면에서는 여당인 자유당은 주로 소도시나 농촌 지역에서, 야당인 민주당은 대도시 특히 서울에서 압승을 거두었다.

제5절 제2공화국의 국회의원선거

1. 제5대 국회의원선거(1960. 7. 29)

1) 헌법 개정 및 국회의원선거법 제정

4·19혁명(1960) 후 제1공화국은 붕괴되고 허정(許政) 외무장관이 과도정부의 수반을 맡게 되었다. 그 후 민주당정권이 출현하였으나 혁명적 이념의 결여와 취약한 정치적 기반으로 제 기능을 수행할 수 없었고 정치체제의 약화에 따른 정치사회적 혼란은 계속되었다.

혼란 속에서도 제2공화국수립을 위한 개헌작업이 진행되었고, 국회는 1960년 5월 11일 개헌안을 공고하였다. 내각책임제와 양원제를 골자로 하는 개헌안이 6월 15일 국회에서 208 대 3이라는 절대다수의 지지를 얻어 가결되었다. 새 헌법은 국민의 정치적 자유권에 대한 개별적 유보를 삭제하고 언론, 출판, 집회, 결사에 대한 허가제를 폐지하여 국민의 기본권을 강화하였다. 지방자치단체장에 대한 임명제를 주민직선제로 바꾸고, 선거에 의한 대법원장과 대법관의 선출, 공무원의 정치적 중립보장 등을 헌법에 명기하였다.

개정헌법을 마련하는 과정에서 국회는 국회의원선거법도 함께 준비하였는데 헌법과 선거법에 선거부정을 막고 자유·공명선거를 보장하기 위한 내용이 보강되었다.

우선 헌법에 중앙선거위원회가 처음으로 헌법상의 독립기관으로 규정되었으며, 이를 뒷받침하기 위하여 국회는 선거위원회법을 제정·공포하였다. 이것은 무엇보다도 선거관리기구의 명실상부한 독립을 통하여 선거관리의 공정성을 높이는 데 그 의도가 있었다. 국회는 또 개헌 직후에 민의원을 해산하고 총선거를 즉시 실시할 것 등을 결의하였다. 1960년 6월 23일 신규 제정되어 공포된 국회의원선거법의 주요 내용은 다음과 같다.

① 이 법에 규정된 인구의 기준은 인구조사법의 규정에 의하여 조사한 최근의 통계에 의하도록 함.
② 의원의 임기는 전 총선거에 의한 의원의 임기만료일의 익일부터 개시하며 다만, 민의원 해산에 의한 총선거에서의 민의원의 임기는 당선일로부터 개시함.
③ 만 20세 이상의 국민은 선거권을, 만 25세 이상의 국민은 민의원의 피선거권을 가지도록 함.
④ 선거권자의 연령은 제22조에 의한 선거인명부확정일 현재로, 피선거권자의 연령은 선거일 현재로 산정함.
⑤ 민의원 의원의 선거구는 구, 시, 군을 단위로 하며 다만, 인구 15만을 초과하는 때에는 그 초과하는 인구 10만마다 1선거구를 증설하되 각 선거구의 인구가 비등하도록 이를 획정하도록 함.
⑥ 선거인명부는 기본선거인명부와 보충선거인명부를 병용하도록 함.
⑦ 후보자 또는 이 법에 의한 선거사무장이나 선거운동원이 아닌 자는 선거운동을 할 수 없으며, 공무원이나 선거위원회위원은 선거사무장이나 선거운동원이 될 수 없도록 함.
⑧ 임기만료에 의한 총선거는 의원의 임기가 완료되기 30일로부터 10일 전까지 실시하여야 하되 선거일은 늦어도 그 30일 전에 국무원이 공고하여야 하며 민의원의 해산에 의한 선거일은 늦어도 그 20일 전에 국무원이 공고하도록 함.
⑨ 선거는 기표방법에 의한 투표로써 하며 투표는 직접 또는 우편으로 하되 1인 1표로 함.
⑩ 민의원 의원선거법과 참의원 의원선거법은 이를 폐지함.

결국 새 선거법은 선거관리기관인 선거위원회를 헌법에 독립기관으로 규정하고, 선거위원회법에 의해 그 조직 및 기능을 마련하도록 하여 공정한 선거관리 의도를 분명히 하였다. 또 선거권은 헌법에 의하여 선거연령을 만 21세에서 만 20세로 변경하였고, 참의원 의원의 피선거권은 35세에서 30세로 변경하였다. 그 밖에, 민의원 의원선거 제도는 종전과 같고 참의원 의원선거는 선거구를 서울특별시·도 단위로 하여 1선거구에 2 내지 8인의 정수로 하고, 3년마다 2분의 1을 개선하도록 하였다.

선거인명부는 정기직권작성제에 의한 기본선거인명부와 임시직권작성제에 의한 보충선거인명부를 병용토록 하고, 부재자투표를 인정하였다. 또 의원후보자등록은 선거권자의 추천장 제도를 폐지하였으며, 기탁금은 민의원후보자는 30만 원, 참의원후보자는 50만 원으로 하였고, 민의원선거에서는 당해 선거구의 유효투표의 총수를 의원정수로 제하여 얻은 수의 7분의 1에 미달할 때는 국고에 귀속하게 하였다.

2) 입후보 상황

자유당이 몰락하는 가운데 민주당 구파와 신파가 민주당의 압승이 확실시되는 선거 이후의 정국주도권을 확보하기 위하여 선거가 시작되기 전부터 치열한 경쟁을 벌였다. 이번 선거는 4·19혁명을 유발한 3·15부정선거의 원흉들에 대한 재판이 진행되는 가운데 실시된 선거임에도 불구하고 일부 입후보자와 선거운동원들의 불법부정행위가 자행되었다.

① 민의원

민의원 의원정수 233인에 대하여 입후보자 총수가 1,563인이었으나 등록 직후 45인이 입후보를 사퇴하여 입후보자 수는 1,518인으로서 경쟁률은 6.5 대 1이었다. 민주당을 비롯하여 모두 14개 정당·단체가 참가하였다. 무소속 입후보자 수는 전체 입후보자 수의 64.3%에 해당하는 977인이 입후보하였다.

〈표 11-13〉 제5대 국회의원선거 입후보 상황(민의원)

정당	민주당	자유당	사회대중당	한국사회당	통일당	한국독립당	기타	무소속	계
입후보	301	52	121	18	1	12	36	977	1,518

② 참의원

참의원 의원정수 58명에 대하여 214명이 입후보하였다. 무소속은 129명이 입후보하였고, 민주당은 61명, 자유당 13명, 사회대중당 6명, 한국사회당 2명, 한국독립당 1명, 그리고 기타 단체 2명이었다.

참의원선거에서 제도운용과 관련하여 특기할 만한 사항은 서울을 제외한 전국 9개 도에서 기호 1번을 가진 후보자들이 전원 당선되었다는 사실이다.[16] 이는 유권자들의 투표행태가 이념이나 정책과는 거리가 멀었으며, 또 당시에는 이른바 지역정서라는 정치문화 요인이 거의 작용하지 않았다는 추론을 가능케 한다.

〈표 11-14〉 제5대 국회의원선거 입후보 상황(참의원)

정당	민주당	자유당	사회대중당	한국사회당	한국독립당	혁신동지회	신정동지회	무소속	계
입후보	61	13	6	2	1	1	1	129	214

3) 선거결과

① 민의원

1960년 7월 29일 전국 233개의 선거구에서 총유권자의 84.3%가 참여한 가운데 제5대 민의원 의원과 초대 참의원 의원선거가 실시되었다.

〈표 11-15〉 제5대 국회의원선거 결과(민의원, 1960. 7. 29)

시·도	의원정수	민주당	자유당	무소속	사회대중당	한국사회당	통일당	한국독립당	기타 단체
서울	16	15	-	1	-	-	-	-	-
경기	25	14	-	11	-	-	-	-	-
충북	13	9	-	3	-	-	-	-	1
충남	22	18	-	4	-	-	-	-	-
전북	24	18	-	5	1	-	-	-	-
전남	32	29	-	2	-	-	1	-	-
경북	38	28	-	9	1	-	-	-	-
경남	40	31	1	7	1	-	-	-	-
강원	20	12	1	6	1	-	-	-	-
제주	3	1	-	1	-	1	-	-	-
합계	233	175	2	49	4	1	1	-	1

출처: 중앙선거관리위원회, 『역대국회의원선거상황』(1989), 448~449쪽.

16) 중앙선거관리위원회, 『대한민국선거사(제1집)』(1973), 81쪽.

선거결과 민주당이 총의석 233석 중 175석을 차지하여 압승을 거두었다. 자유당은 2석, 사회대중당 4석, 한국사회당과 통일당이 각 1석씩을 얻었다. 무소속은 49석을 획득하였다.

민주당은 전체 투표의 41.7%를 득표하였으나 의석에서는 전체 의석의 75.1%를 얻었다. 무소속은 46.8%의 득표율로 21.1%의 의석을 얻었다. 군소정당인 사회대중당은 6%의 득표율로 1.7%의 의석을, 자유당은 2.7%의 득표율로. 0.9%의 의석밖에 얻지 못하였다.

② 참의원

대선거구제와 제한연기투표제가 적용된 참의원 선거에서 민주당은 총의석 58석 중 31석을 얻었고 자유당은 4석을 얻었다. 사회대중당과 한국사회당은 각각 1석씩을 얻었으며, 무소속은 20석을 획득하였다.

민주당은 39.0%의 득표율로 53.4%의 의석을 차지하였고, 무소속은 전체 투표의 49.3%를 획득하였으나 20석을 얻는 데 그쳤다.

〈표 11-16〉 제5대 국회의원선거 결과(참의원, 1960. 7. 29)

시·도	의원 정수	후보자 수	민주당	자유당	무소속	사회 대중당	한국 사회당	통일당	혁신동지 총연맹	한국 독립당	조민당	신정 동지회
서울	6	29	4	-	2	-	-	-	-	-	-	-
경기	6	22	3	1	2	-	-	-	-	-	-	-
충북	4	12	3	1	-	-	-	-	-	-	-	-
충남	6	23	2	1	2	1	-	-	-	-	-	-
전북	6	18	4	-	2	-	-	-	-	-	-	-
전남	8	25	4	1	3	-	-	-	-	-	-	-
경북	8	38	3	-	4	-	1	-	-	-	-	-
경남	8	28	4	-	3	-	-	-	1	-	-	-
강원	4	12	3	-	1	-	-	-	-	-	-	-
제주	2	7	1	-	1	-	-	-	-	-	-	-
합계	58	214	31	4	20	1	1		1	-	-	-

출처: 중앙선거관리위원회, 『역대국회의원선거상황』(1989), 448~449쪽.

4) 국회의원선거법 개정

현행법을 악용하여 현역군인이 신성한 군복무 의무를 고의로 회피하기 위한 수단으로 입후보하는 사례가 증가하면서 이를 방지하기 위하여 선거법이 일부 개정되어 1961년 4월 28일 공포되었다.

또 같은 날 한 선거구에서 제1부의원과 제2부의원의 보궐선거를 동시에 시행할 때의 제1부와 제2부 당선자 결정의 법적 근거를 마련하고 참의원 의원선거에서 기표의 절차와 방법을 명확히 하기 위하여 다음과 같이 일부 개정하였다.

① 참의원 의원선거에서 동일선거구에서 임기가 다른 의원을 동시에 선거할 때에는 당선된 의원의 임기의 구분은 득표순 차에 의하도록 함.
② 참의원 의원선거에서 선거인이 투표용지에 후보자를 선택하는 표를 할 때에는 선출할 의원 수 이하를 기표하도록 함.

제6절 제3공화국의 국회의원선거

1. 제6대 국회의원선거(1963. 11. 26)

1) 국회의원선거법 개정

5·16군사정변(1961)으로 정권을 장악한 군부는 곧 혁명내각을 조직하였다. 1961년 6월 6일에는 과도적 최고통치기관인 국가재건최고회의의 기능과 조직 등을 규정한 국가재건비상조치법을 공포하여 제2공화국 헌법의 효력을 정지시켰다. 이로써 각 정당과 사회단체의 활동이 일시 중단되었고, 국회와 지방의회가 해산되어 국회를 중심으로 하던 정치체제는 과도적 기구인 국가재건최고회의를 중심으로 하는 군정체제로 전환되었다.

국가재건최고회의는 1962년 3월 16일 정치활동정화법을 제정하여 구정치인들의 정치참여를 규제한 다음 그해 12월 31일에는 정당법을 제정하여 정치활동정화법과 연계시켜 보다 구체적으로 구정치인의 정치활동을 막아 민정이양 후 군부세력의 집권을 준비하였다.

　2년 7개월의 군정 기간 동안 군사정부는 민정이양을 위한 준비작업을 추진하였다. 1962년 12월 26일 공포된 개정헌법은 우선 정부형태를 내각책임제에서 다시 대통령의 권력을 핵으로 하는 대통령중심제로 바꾸었다. 국회는 양원제에서 단원제로 바뀌어 그 정치적 기능과 권한이 크게 감소된 반면 대통령과 행정부의 권한은 강화되었다. 대통령은 국회의 '방해'를 받지 않고 행정 및 집행을 할 수 있게 되었고, 긴급명령제정권과 경비계엄을 포함한 계엄선포권을 부여받았다. 또 이때 법률안과 예산안 제출권이 정부에 부여되었다.

　국가재건최고회의는 제5차 개정헌법을 공포한 후 1962년 정치활동정화법에 의하여 금지된 정치활동을 1963년 1월 1일부로 다시 허용하고, 민정이양을 위한 대통령선거에 적용될 선거법을 새로 제정하여 1963년 1월 16일 공포하였다.

　제2공화국의 현행 국회의원선거법은 4 · 19혁명 이후 1960년 6월 23일에 제정, 공포된 것으로서 그 내용이 양원제의 국회구성과 내각책임제의 권력구조를 전제로 하였고 정당중심의 선거운동이 아니고 후보자 본위였으므로 후보자 난립의 폐해를 막을 길이 없었고 막대한 선거비용이 소요되었으며 지연, 혈연 등의 정실에 좌우되는 폐단이 있다고 보았다. 따라서 개정헌법과 8 · 12성명의 취지에 따라 정국의 안정을 얻고 지연, 혈연의 폐해를 방지하기 위하여 소선거구에 다수대표제와 전국선거구에 비례대표제를 병용하고 입후보의 난립을 방지하기 위하여 정당추천을 등록요건으로 하였다. 선거관리의 공정과 선거비용의 경감을 기하기 위하여 공영제를 엄격히 하고 선거운동원을 전폐하고 주로 연설회를 통하여 선거운동을 할 수 있게 하여 선거비용의 지출을 경감할 수 있도록 법을 고친 것이다. 주요 내용과 전국구 의석 배분규정은 다음과 같다.

주요 내용: ① 20세 이상의 국민에 대하여 선거권을, 25세 이상의 국민에 대하여 피선거권을 인정함. ② 선거구는 전국선거구와 지역선거구로 구분함. ③ 1지역구에서는 1인의 의원을 선거함. ④ 공무원과 선거관리위원회위원이 의원으로 입후보하려고 할 때에는 의원의 임기만료일 180일 전에 그 직을 그만두도록 함. ⑤ 지역구선거관리위원회는 합동연설회를 개최하도록 함. ⑥ 1인 1투표제로 하고, 투표는 오전 7시부터 오후 5시까지로 함. ⑦ 당선인 결정은 유효투표의 다수를 얻은 자를 당선인으로 하고, 득표수가 같은 후보자가 2인 이상인 때에는 연장자순에 의하여 결정함. ⑧

당선인이 없거나 선거무효의 경우에는 재선거를 실시하도록 하고, 지역구의원이 궐위
된 때에는 보궐선거를 실시하도록 함.
전국구 의석배분(1963. 1. 16): 제125조(전국구 의석의 배분 및 당선자의 결정) ① 중
앙선거관리위원회는 지역구선거에서 3석 이상의 의석을 차지하지 못하였거나 그 유효투
표총수의 100분의 5, 즉 5% 이상을 득표하지 못한 정당을 제외한 정당에 대하여 규정
에 따라 전국구 의석을 배분한다. ② 제1위로 득표한 정당(이하 제1당이라 한다)의 득
표비율이 100분의 50 이상일 때에는 각 정당의 득표비율에 따라 전국구 의석을 배분
한다. 다만 제1당에 배분되는 의석수는 전국구 의원정수의 3분의 2를 초과하지 못한다.
③ 제1당의 득표비율이 100분의 50 미만일 때에는, 제1당에 전국구 의석의 2분의 1
을 배분하고 잔여 의석을 제2당 이하의 정당에 득표비율로 배분한다. ④ 전 2항의 경
우에 제2당의 득표가 제3당 이하의 정당의 득표총화의 2배를 초과하지 못할 때에는 제
2당에게 잔여 의석의 3분의 2를 배분하고 그 잔여 의석을 제3당 이하의 정당에 그 득
표비율로 배분한다. ⑤ 제2항, 제3항 및 제4항의 득표비율은 정당의 득표수를 의석배분
에 참가할 자격이 있는 정당의 득표 총화로 나누고 소수점 이하 제5위를 4사5입하여
얻은 수를 100분율로 표시한다. ⑥ 의석은 전국구 의석수에 배분율과 득표비율을 곱하
여 얻은 수의 정수에 따라 배분한 다음 잔여 의석이 있을 때에는 단수가 큰 순위에 따
라 각급 정당에 1석씩을 배분한다. ⑦ 제6항의 경우 같은 단수가 있을 때에는 그 득표
가 많은 정당에 배분하고 득표가 같은 때에는 당해 정당의 추첨에 의한다(이하 생략).

제1, 제2공화국에서 사용되었던 소선거구 다수대표제와 비교하여 볼 때
비례대표제는 사표(死票)를 구제하고 전국적인 인물이나 직능대표를 선출하
는 장점을 갖는데, 제3공화국에서 도입된 비례대표제는 제1당과 제2당에게
유리하게 배분되도록 하였다. 배분방식은 제1당에게 제일 유리한 것으로 제
1당은 득표비율이 100분의 50을 넘으면 전국구 의석의 3분의 2를 초과하지
않는 선에서 득표비율에 따라 배분하며, 득표비율이 100분의 50 미만일 때
는 득표비율에 관계없이 전국구 의석의 2분의 1을 배정하도록 하였다. 제2
당은 제3당 이하 정당의 총득표율의 두 배를 초과할 때는 제1당에 배분되고
남은 잔여 의석을 득표비율에 따라 배분받으나, 이를 초과하지 못할 때에는
득표비율에 관계없이 잔여 의석의 3분의 2를 배분받도록 하였다. 그리고 제
1당과 제2당에게 배분되고 남은 잔여 의석은 득표비율에 따라 제3당 이하
에 배분하도록 하였다. 그러나 여기서도 봉쇄조항을 두어 지역선거에서 3석
이상의 의석을 차지하지 못하였거나 유효투표총수의 100분의 5 이상을 득

표하지 못한 정당은 전국구 의석배분에서 제외시키도록 하였다.

2) 국회의원선거법 개정

1963년 1월 16일 제정 공포된 국회의원선거법은 1963년 8월 6일 일부 개정되었는데 그 주요 내용을 살펴보면 다음과 같다.

> ① 선거권자와 피선거권자와의 연령을 선거일 현재로 산정하게 한다.
> ② 선거인 명부의 효력은 당해 선거에 한하게 한다.
> ③ 선거운동을 할 수 없는 자의 범위를 조정한다.
> ④ 선거비용에 관한 사항을 조정한다.
> 전국구 의석배분: 제125조(전국구 의석의 배분 및 당선자의 결정) ⑥ 의석은 전 5항의 규정에 의하여 산출된 수의 정수에 따라 배분한 다음에 잔여 의석이 있을 때에는 그 단수가 큰 순위에 따라 각 정당에 1석씩을 배분한다.

이 법은 그해 11월 26일의 제6대 국회의원선거에 적용되었다. 이 선거법은 제1공화국과 제2공화국의 선거법과는 상당히 다른 내용을 담고 있었는데, 그 주요한 차이점은 다음과 같다.[17]

> ① 선거사범의 피선거권 회복 기간을 연장하고, 병역기피자에 대해서 형의 집행만료 내지는 면제 후 7년간 피선거권을 인정하지 않는다는 조항을 신설하는 등 피선거권 결격사유를 강화하였다.
> ② 선거구는 지역구와 전국구로 나누고, 소선거구 다수대표제와 비례대표제를 병용 채택하였다.
> ③ 후보자의 정당추천제를 다시 실시하였다.
> ④ 선거운동을 정당 본위로 하고, 개인의 선거운동은 제한하였으며, 공영선거운동을 확장하고 선거운동의 방법을 엄격히 제한하였다.
> ⑤ 선거인명부는 정기작성제에서 임시작성제로 하였다.

개정 사항의 특징은 첫 번째의 피선거권에 관한 사항을 제외하면 모두 정당정치를 확립하려는 의도와 관련되어 있는데 이것은 제3공화국 헌법에 정

---

17) 중앙선거관리위원회, 『대한민국선거사(제1집)』(1973), 81~85쪽.

당국가 조항이 도입된 것과 맥을 같이한다. 가장 주목할 만한 사항은 전국구 비례대표제이다.

3) 입후보 상황

지역구 131인과 전국구에 44인, 총 175인의 의원정수에 대하여 입후보 자 총수는 지역구 847인, 전국구 154인, 총 1,001인으로 경쟁률은 지역구 6.5 대 1, 전국구 3.5 대 1이었다.

여당인 민주공화당은 지역구 131인, 전국구 31인 총 162인이 입후보하였고, 민정당은 지역구 131인, 전국구 30인, 총 161인이 입후보하였다. 지역별로 보면 서울이 의원정수 14인에 107인이 입후보하여 7.6 대 1의 가장 높은 경쟁률을 보였고, 전라남도의 경우 의원정수 19인에 107인이 입후보하여 5.6 대 1의 경쟁률로 전국에서 가장 낮은 경쟁률을 보였다. 선거법은 무소속 출마를 허용하지 않았기 때문에 선거를 앞두고 부득이 창당하는 경우가 많았다.

〈표 11-17〉 제6대 국회의원선거 입후보 상황

구분	자유당	신민회	자유 민주당	신흥당	한국 독립당	국민의 당	보수당	민주당	민정당	정민회	추풍회	민주 공화당	계
지역	41	29	117	11	9	110	79	120	131	36	33	131	847
전국	4	6	16	1	7	22	5	22	30	5	5	31	154
계	45	35	133	12	16	132	84	142	161	41	38	162	1,001

4) 선거결과

1963년 11월 26일 제6대 국회의원선거가 실시되었다. 유권자 13,344,149인 중 9,622,183인이 참가하여 72.1%의 투표율을 보였다. 민주공화당은 유효투표총수의 33.5%를 득표하여 131개 지역구 의석 중 88석, 전국구 22석, 총 110석을 획득하였다. 민정당은 지역구 27석(20.1%), 전국구 14석, 총 41석을 얻었고, 민주당은 지역구 8석(13.6%)과 전국구 5석을 합쳐 13석을 얻었다. 자유민주당은 지역구 6석(8.1%), 전국구 3석을 합쳐 9석을 차지하였고, 국민의 당은 2석(8.8%)을 획득하였다.

그 밖에 군소정당인 보수당(3.0%), 자유당(2.9%), 정민회(2.8%), 추풍회(2.0%), 신흥당(2.0%), 신민회(1.8%), 한국독립당(1.4%)이 총 13.9%의 득표를 하였으나 의석을 획득하지는 못하였다.

민주공화당은 득표비율(33.5%)보다 훨씬 높은 비율의 지역구 의석 88석(68%)을 차지하였다. 민정당은 27석을 얻어 득표비율이 의석수에 그대로 반영되었다. 그러나 나머지 정당들은 의석점유율이 득표비율에 훨씬 미치지 못하였다.

민주공화당은 전국구 의석배분에서도 제도상의 혜택을 받았다. 33.5%의 득표율로 전국구 의석의 50%인 22석을 받았다. 제2당인 민정당도 20.1%의 득표비율로 전국구 의석의 31.8%인 14석을 배정받았다. 이 외에도 민주당과 자유민주당이 각각 5석과 3석을 배정받았고 나머지 정당은 모두 당선자 3명과 득표비율 5%의 조건을 채우지 못하여 의석을 얻지 못하였다.

여당인 민주공화당은 서울에서 14의석 중 2석을 획득하는 데 그쳤으나 그 이외의 지역에서는 모두 경쟁상대인 민정당을 누르고 제1당이 되었다.

〈표 11-18〉 제6대 국회의원선거 결과(1963. 11. 26)

시·도	의원정수	민주공화당	신민회	자유민주당	신흥당	한국독립당	국민의 당	보수당	민주당	민정당	정민회	추풍회	자유당
서울	14	2	-	1	-	-	-	-	4	7	-	-	-
부산	7	6	-	-	-	-	-	-	-	1	-	-	-
경기	13	7	-	-	-	-	-	-	1	5	-	-	-
강원	9	7	-	1	-	-	-	-	1	-	-	-	-
충북	8	6	-	1	-	-	-	-	-	1	-	-	-
충남	13	8	-	-	-	-	2	-	-	3	-	-	-
전북	11	7	-	-	-	-	-	-	-	4	-	-	-
전남	19	12	-	3	-	-	-	-	1	3	-	-	-
경북	20	19	-	-	-	-	-	-	-	1	-	-	-
경남	15	12	-	-	-	-	-	-	1	2	-	-	-
제주	2	2	-	-	-	-	-	-	-	-	-	-	-
소계	131	88	-	6	-	-	-	-	8	27	-	-	-
전국구	44	22	-	3	-	-	-	-	5	14	-	-	-
합계	175	110	-	9	-	-	2	-	13	41	-	-	-

출처: 중앙선거관리위원회, 『역대국회의원선거상황』(1989), 614~615쪽.

2. 제7대 국회의원선거(1967. 6. 8)

1) 선거법 개정(1966. 12. 14)

제6대 국회는 1966년 9월 22일 임기 마지막 정기국회에서 정당법과 선거
관계법개정법률안을 심사하기 위한 특별위원회를 구성(민주공화당 소속 6
인, 민주당 소속 4인 의원으로 국회선거관계법개정특별위원회 구성)하는 결
의안을 의결하였다. 동 특별위원회는 11월 19일 밤 10개 항에 달하는 선거
관계법 개정요강에 합의함으로써 사상 두 번째 협상선거법을 마련하였다.
동 특별위원회가 제안한 '국회의원선거법중개정법률안'이 그해 12월 14일에
공포되었는데 일부 개정된 내용은 다음과 같다.

① 지역구 후보자에 대한 선거인명부사본교부제도를 신설함.
② 전국구선거사무소의 선거사무원 수 30인을 35인으로, 지역구선거사무소의 선거사
    무원 수 7인을 12인으로 각각 증원함.
③ 정당 및 후보자에 의한 연설회의 고지벽보 제한 매수 30매를 50매로 증가시킴.
    선거공보의 발행 송부횟수 1회를 2회로 함.
    전국구 의석배분: 제6대 국회와 동일함.

2) 입후보 상황

지역구 131인과 전국구 44인, 총 175인의 의원정수에 대하여 입후보자총
수는 지역구 702인, 전국구 119인, 총 821인으로 경쟁률은 지역구 5.4 대 1,
전국구 2.7 대 1이었다.

정당별로 보면 신민당은 지역구 131인, 전국구 31인, 총 162인의 입후보
자를 내었고, 민주공화당은 지역구 131인, 전국구 29인, 총 160인이 입후보
하였다. 지역별로 보면 서울이 의원정수 14인에 100인이 입후보하여 7.1 대
1의 가장 높은 경쟁률을 보였고, 경상남도가 의원정수 15인에 62인이 입후
보하여 4.1 대 1로 전국에서 가장 낮은 경쟁률을 기록하였다.

〈표 11-19〉 제7대 국회의원선거 입후보 상황

구분	통한당	자유당	민중당	정의당	대중당	신민당	민주공화당	한국독립당	자민당	통일사회당	민주당	계
지역구	28	72	66	16	65	131	131	70	9	38	76	702
전국구	0	14	3	1	9	31	29	8	5	8	11	119
계	28	86	69	17	74	162	160	78	14	46	87	821

3) 선거결과

1967년 6월 8일 제7대 국회의원선거가 실시되었다. 투표율 76.1%(유권자 14,009,517인, 투표수 11,202,317)를 기록한 이번 선거결과 민주공화당은 선거 직전 통합야당으로 출범한 신민당과 군소정당을 누르고 압승하였다. 민주공화당은 50.6%의 득표율로 지역구 102석, 전국구 27석, 총 129석을 차지하였으며, 신민당은 32.7%의 득표율로 지역구 28석, 전국구 17석, 총 45석을 차지하였다. 대중당(2.3%)은 지역구 의석 1석을 차지하였다. 그 밖에 자유당 3.6%, 민주당 3.0%, 한국독립당 2.2%, 민중당 1.7%, 정의당 1.3%, 통일사회당 1.0%, 자민당 0.8%, 통한당 0.8%의 득표율을 각각 기록하였으나 의석을 획득하지는 못하였다.

그런데 이번 선거는 사상 유례없는 부정선거가 되었다. 신민당은 이 선거를 전국적, 체계적, 계획적인 부정선거로 단정하였다. 신민당의 자료에 의하면, 정부 여당은 선거조작을 위하여 먼저 유령유권자 만들기, 투표용 지표 위조, 허위 선거인명부 작성, 투표통지표 배부 안 하기 등의 공작을 하였고, 유권자들로 하여금 여당에 억지로라도 투표를 하게 하는 선거운동을 전개하였다. 중앙 및 지방관서, 행정기관, 공안기관, 군부대 등의 간여, 향응제공, 매수, 대리투표, 무더기투표, 공개투표 등 온갖 수단과 방법이 동원되었다.[18]

여당인 민주공화당의 후보자들은 <표 12-20>에서 보는 것처럼 전국에서 골고루 당선되었으나 서울과 부산에서는 약세를 면치 못한 반면, 신민당은 전체 지역구 의석 28석 중 18석을 서울과 부산 2곳에서 획득하여 대조

---

18) 신민당, 『6·8부정선거백서』(1967), 1~2쪽.

적인 지지기반을 보였다. 이를 흔히 여촌야도현상이라고 하는데, 이러한 결과가 나온 것은 세 가지 측면에서 볼 수 있다. 첫째, 실제로 대도시유권자들은 야당성향을 가진 사람이 많았다. 둘째, 야당은 여당에 비하면 재정이나 조직능력에서 크게 뒤졌기 때문에 전국적인 수준에서 특히 시골 지역·소도시 지역선거구에까지 조직을 갖지 못한 경우가 많았다. 셋째, 시골 지역·비도시 지역일수록 관권에 의한 영향력 행사가 용이하였다.

선거결과 양대 정당구도가 형성되었다.

〈표 11-20〉 제7대 국회의원선거 결과(1967. 6. 8)

시·도	의원 정수	통한당	자유당	민중당	정의당	대중당	신민당	민주 공화당	한국 독립당	자민당	통일 사회당	민주당
서울	14	-	-	-	-	-	13	1	-	-	-	-
부산	7	-	-	-	-	-	5	2	-	-	-	-
경기	13	-	-	-	-	-	3	10	-	-	-	-
강원	9	-	-	-	-	-	1	8	-	-	-	-
충북	8	-	-	-	-	-	-	8	-	-	-	-
충남	13	-	-	-	-	-	1	12	-	-	-	-
전북	11	-	-	-	-	-	-	11	-	-	-	-
전남	19	-	-	-	-	1	2	16	-	-	-	-
경북	20	-	-	-	-	-	2	18	-	-	-	-
경남	15	-	-	-	-	-	1	14	-	-	-	-
제주	2	-	-	-	-	-	-	2	-	-	-	-
소계	131	-	-	-	-	-	28	102	-	-	-	-
전국구	44	-	-	-	-	-	17	27	-	-	-	-
합계	175	-	-	-	-	1	45	129	-	-	-	-

출처: 중앙선거관리위원회, 『역대국회의원선거상황』(1989), 746~747쪽.

3. 제8대 국회의원선거(1971. 5. 25)

1) 선거법 개정(1969. 1. 23)

앞의 <표 11-20>에서 보는 것처럼, 제7대 국회의원선거에서 여당 민주공화당이 압승하였다. 그러나 선거과정에서 정부여당에 의하여 행하여진 많은 불법부정선거행위들로 인하여 선거 후의 정국은 선거후유증에 시달렸다. 전면 부정선거였다고 주장하는 야당과, 일부 선거부정만을 인정하려는 여당의 주장이 계속 맞서다가 1967년 7월 10일 민주공화당의원만으로 제7대 국회가 단독 개원되었다. 신민당에서 향후의 부정선거방지를 위하여 협상으로 난국을 타개한다는 방침을 세움에 따라 여야가 협상을 벌여 현안문제에 타결을 짓고 제7대 국회의원선거(1967. 6. 8) 후 174일 안에 신민당의원들이 국회에 등원하였다. 여당은 야당의 선거법 개정요구에 동의하였다.

민주공화당과 신민당 양당은 정국수습을 위한 여야 대표자회담(민주공화당의원 백남억·김진만, 신민당의원 윤제술·김의택)을 열어 13개항에 달하는 합의의정서를 1967년 11월 20일에 발표하였다. 이에 따라 여야 각 3인씩 6인으로 '보장입법특별위원회'를 구성하여 선거관계법개정을 위한 회합을 가졌으나 선거구 조정문제, 대통령선거와 국회의원선거의 동시선거문제 등에 관한 이견으로 1년여의 협상을 벌여 오다가 여야합의 의정서 처리를 맡을 8인대표자회의(민주공화당의원 백남억·길재호·김진만·김성곤, 신민당의원 이재형·유진산·고흥문·김영삼)를 새로 구성하여 1968년 11월 27일부터 10여 차례 회의를 열어 절충 끝에 선거관계법개정안에 합의하였다 (1968년 12월 29일 국회의결). 이때의 이른바 '보장입법'은 대통령선거법, 국회의원선거법, 선거관리위원회법, 정당 및 정치자금에 관한 법률 등 5개의 선거관계법을 가리킨다. 이 중 국회의원선거법은 1969년 1월 23일 일부가 개정, 공포되었다. 주요 내용은 다음과 같다.

① 선거인명부 작성을 위한 선거관리위원회의 감독권을 명문화함.
② 일부 선거운동 제한규정을 완화함.
③ 연설회 고지벽보의 매수를 100매로 늘림.
④ 선거공보의 제한자 수를 4,000자로 늘리고 일면만 동색(同色)으로 인쇄하게 함.
⑤ 벽보, 선거공보, 신문 및 방송시설의 이용에는 당해 지역구 내의 극히 한정된 지역에만 이익을 주는 사업의 공약을 하지 못하도록 함.
⑥ 국회의원 지역선거구를 15구 증설함.
⑦ 예비선거인명부제도를 신설함.

2) 선거법 개정(1970. 12. 22)

선거법은 1969년 10월 17일 이른바 3선 개헌안에 대한 국민투표 후에 다시 한 번 개정되었다. 국민투표과정에서 발생한 일련의 정치적 문제로 여야의 대립이 심화되었고 이를 타개하기 위한 막후접촉에서 다시 국회의원선거제도의 개선이 모색되었다. 제4차 개정선거법은 1970년 12월 22일 공포되었는데 관권개입과 부정선거를 방지하기 위한 것이 개정의 목적이었다. 공정한 선거를 기하기 위하여 선거인명부의 작성과 방법을 보다 합리적으로 개선하고 선거운동의 제한규정을 완화하는 동시에 타락선거를 최대한 방지함으로써 공명선거를 이룩할 수 있도록 하기 위하여 일부 개정된 내용과 전국구 의석 배분방식은 다음과 같다.

① 인구의 기준을 주민등록법의 주민등록표에 의하도록 함.
② 국회의원의 임기만료에 따라 실시되는 총선거에는 기본선거인명부와 보충선거인명부 및 부재자선거인명부를 작성하도록 하고, 기타의 선거에는 그와 동일한 방법에 의하여 수시선거인명부를 작성하도록 함.
③ 선거인명부의 열람장소와 기일을 기본선거인명부와 보충선거인명부 또는 수시선거인명부별로 구별하여 규정함.
④ 선거인명부의 등록사항에 대한 이의신청 기간을 재조정함.
⑤ 추가등록제를 폐지함.
⑥ 국회의원인 국무총리 또는 국무위원도 그 직에 있으면서 입후보를 할 수 있도록 함.
⑦ 정부투자기업체의 임·직원, 향토예비군소대장 이상의 간부 및 리·통·반장도 선거운동을 할 수 없게 함.
⑧ 후보자와 소속정당을 제외하고는 선거 기간 중 누구든지 정부업적의 찬양 또는 비방광고를 할 수 없도록 함.
⑨ 선거운동 기간 중에는 국가 또는 공공단체의 예산으로 행하는 공사의 기공식 또는 선거에 영향을 줄 목적으로 행하는 집회를 개최할 수 없도록 함.
⑩ 선거일공고기일을 재조정함.
⑪ 투표시간을 재조정함.
⑫ 투표통지표를 교부할 때에는 정당 또는 후보자가 지명하는 자를 입회시키도록 하고, 그 교부절차를 보완함.
⑬ 정당추천위원에 의한 투표용지의 가인절자를 규정하고, 우편투표의 투표용지의 발송준비 기일을 재조정함.
⑭ 교육공무원도 개표사무종사원이 될 수 있도록 하고, 개표사무종사원이 되는 관계 행정기관의 공무원의 수는 당해 종사원 총수의 3분의 1을 초과할 수 없도록 함.

⑮ 전국구 의석의 배정을 받을 정당의 자격으로서의 지역구 의석수를 3석에서 5석으로 함.

⑯ 보궐선거실시에 관하여만 규정하였던 예외규정은 삭제하고, 재선거 등에 관한 특례를 일괄 규정함.

⑰ 대법원은 선거소송에 관하여 고등법원에 증거조사를 부탁할 수 있게 함.
전국구 의석배분: 제6대 국회, 제7대 국회와 동일하나 제125조(전국구 의석의 배분 및 당선자의 결정) 제1항의 내용을 다음과 같이 개정하였다.

⑱ 중앙선거관리위원회는 지역구선거에서 5석 이상의 의석을 차지하지 못하였거나 그 유효투표총수의 100분의 5 이상을 득표하지 못한 정당을 제외한 정당에 대하여 제2항 내지 제11항의 규정에 따라 전국구 의석을 배분한다.

3) 입후보 상황

지역구 153인, 전국구 51인, 총 204인의 의원정수에 대하여 입후보자 수는 지역구 577인, 전국구 121인, 총 698인으로 경쟁률은 지역구 3.8 대 1, 전국구 2.4 대 1이었다.

정당별로 보면 민주공화당은 지역구 153인, 전국구 40인, 총 193인이 입후보하였고, 신민당은 지역구 153인, 전국구 33인, 총 186인의 입후보자를 내었다. 지역별로 보면 서울이 의원정수 19인에 84인이 입후보하여 가장 높은 경쟁 지역으로 나타났고, 부산은 의원정수 8인에 37인이 입후보하여 전국에서 가장 낮은 경쟁 지역으로 나타났다.

〈표 11-21〉 제8대 국회의원선거 입후보 상황

구분	민주공화당	신민당	국민당	대중당	민중당	통일사회당	계
지역구	153	153	121	53	37	60	577
전국구	40	33	14	7	13	14	121
계	193	186	135	60	50	74	698

4) 선거결과

1971년 5월 25일 제8대 국회의원선거가 실시되어 73.2%의 투표율을 보였다(유권자 수 15,610,258, 투표수 11,430,202). 이 선거에는 민주공화당·신민당·국민당·민중당·통일사회당 등 6개 정당이 참여하였다. 선거과정상 관권의 개입은 제7대 국회의원선거에 비하여 감소하였으나 반면 금권이 난무한 선거가 되었다.[19] 민주공화당은 지역구 86석(47.8%), 전국구 27석, 총 113석을 차지하였다. 신민당은 지역구에서 65석(43.5%), 전국구에서 24석, 총 89석을 획득하였다.

여당인 민주공화당은 47.8%의 득표율로 지역구에서 86석, 전국구에서 27석을 획득하여 과반수를 점하는 데는 성공하였으나 개헌선을 확보하는 데는 실패하였다. 국민당(4.0%)과 민중당(1.4%)은 각각 1석씩을 얻었다. 한편 통일사회당은 0.9%, 대중당은 0.5%를 각각 득표하였으나 의석을 획득하지는 못하였다.

이번 선거에서는 민주공화당은 지역구 의석 점유율이 제7대 국회의원선거 당시의 76%에서 56%로 낮아졌으며, 반면 신민당은 제7대의 21%에서 42%로 크게 높아졌다. 신민당은 특히 서울과 부산에서 민주공화당을 크게 앞서 대도시 유권자의 큰 지지를 받았으며, 경남에서는 의석을 민주공화당과 양분한 것으로 나타났다.

〈표 11-22〉 제8대 국회의원선거 결과(1971. 5. 25)

시·도	의원정수	민주공화당	신민당	국민당	대중당	민중당	통일사회당
서울	19	1	18	–	–	–	–
부산	8	2	6	–	–	–	–
경기	16	11	4	–	–	1	–
강원	9	8	1	–	–	–	–
충북	8	6	2	–	–	–	–
충남	15	11	4	–	–	–	–
전북	22	6	6	–	–	–	–
전남	22	15	7	–	–	–	–
경북	24	15	8	1	–	–	–
경남	18	9	9	–	–	–	–
제주	2	2	–	–	–	–	–
소계	153	86	65	1	–	–	–
전국구	51	27	24	–	–	–	–
합계	204(51)	113	89	1	–	1	–

출처: 중앙선거관리위원회, 『역대국회의원선거상황』(1989), 864~865쪽.

---

19) 박승재, 『현대선거론』(1977), 173~174쪽.

1. 제9대 국회의원선거(1973. 2. 27)

박정희 대통령은 1972년 10월 17일 특별선언(10월유신)을 발표하였다. 선언과 함께 전국에 계엄령이 선포되면서 일체의 정치활동이 중지되었다. 국회는 해산되었으며, 그 기능과 권한은 비상국무회의로 넘어갔다. 비상국무회의는 즉각 유신체제를 뒷받침하는 헌법개정안(제7차 개헌)을 마련하여 대통령이 이를 10월 27일에 제안하였으며, 11월 21일 국민투표에서 승인을 받았다. 그로부터 1개월 후인 12월 27일 제4공화국 헌법이 확정되었다.

제4공화국 헌법은 무엇보다도 국민의 기본권을 제한하고 정부능률의 극대화를 도모하였다. 국회를 중심으로 한 정당국가적 경향은 지양되었고, 삼권분립주의의 원칙도 더욱 약화되었다.[20] 6년 임기의 대통령에게는 국회해산권과 긴급조치권 같은 강력한 권한이 부여되었으나 이러한 권한에 대한 제어장치는 마련되지 않았다. 국회는 대통령에 대한 불신임권이 없었으며, 대법원 또한 위헌심사권을 헌법위원회로 넘겨주었다.

국민의 기본적 권리제한과 대통령 권한의 강화는 선거제도에서 확연히 나타났다. 대통령은 긴급조치권과 같은 국민의 기본권을 제한할 권리를 가지나 직접선거가 아니라 '조국의 평화적 통일을 위한 주체적 수임기관'인 통일주체국민회의를 통한 간접선거로 선출되었다. 뿐만 아니라 통일주체국민회의로 하여금 국회의원 정수의 3분의 1을 대통령의 추천에 의거 선출하게 하였다.

1) 국회의원선거법 제정(1972. 12. 30)

헌법 부칙 제3조에 의하여 국회의원선거에 적용할 국회의원선거법이 1972년 12월 30일 제정, 공포되었다. 과거와 같은 선거과열현상과 타락상을

---

20) 김운태 외, 『한국정치론』(서울: 박영사, 1985), 292쪽.

일소하고 돈 안 들고 깨끗한 공명선거를 보장할 수 있는 선거제도를 확립하기 위하여 제정된 선거법이지만 내용을 보면 종래의 1구 1인제 선거구를 1구 2인제로 바꾸고 무소속 입후보를 허용하는 등 야권의 분열을 조장하는 동시에 임명직 국회의원을 두어 정국을 주도하겠다는 강한 의지가 담겨 있다. 주요 내용은 다음과 같다.

① 당적을 이탈, 변경하거나 정당이 해산한 경우에는 의원직을 상실하게 한 제도를 폐지함으로써 앞으로는 의원 아닌 자의 자유스러운 입후보가 보장되게 하고, 후보자등록은 후보자 자신이 하도록 하며, 당원인 의원도 당적의 자유스러운 이탈, 변경이 가능하도록 함.
② 종래 지역구선거는 선거구당 1인의 의원을 선출하게 되어 있던 것을 앞으로는 선거구를 새로 조정하여 선거구당 2인의 의원을 선출하게 함.
③ 통일주체국민회의에 의한 의원선거제를 신설함.
④ 선거인명부에 관하여는 선거 때마다 작성하는 수시작성제로 통일하는 한편, 종전에 인정되던 선거인명사본교부제도를 폐지하고 후보자에 의한 선거인명부열람제도로 이를 대체함.
⑤ 종래 선거관리위원회가 주관하여 온 선전벽보의 작성, 첩부, 선거공보의 발행 및 합동 연설회의 개최만을 선거운동으로 허용하되, 이러한 선거운동도 앞으로는 철저한 공영제로 실시하기로 함.
⑥ 후보자에 대한 기탁금제를 채택하고 낙선자의 기탁금은 국고에 귀속되는 것으로 한다.
⑦ 선거구의 입후보자의 수가 2인을 초과하지 아니할 때에는 투표를 실시하지 아니함.
⑧ 후보자가 될 수 없는 공무원의 범위를 법에서 명시하고, 이들 공무원은 선거운동을 할 수 없게 함은 물론, 투표, 개표참관인도 될 수 없게 함.
⑨ 국회해산 시에 실시될 선거에 관한 규정을 신설함.
전국구 의석배분: 국회의원선거법(1972. 12. 30)에서 전국구 국회의원제도 삭제됨.

이 밖에도 당시 헌법(1972. 12. 27 전문개정) 제40조 제1항에서는 국회의원 정수의 3분의 1은 대통령이 추천하여 통일주체국민회의에서 선출하도록 하였고, 의원의 임기는 지역구의원 6년, 통일주체국민회의 선출의원 3년으로 하는 등 제도상의 변화가 있었다.

2) 입후보 상황

 의원총수는 219인이었고, 입후보자총수는 339인으로 경쟁비율은 2.3 대 1
이었다. 민주공화당은 80명, 신민당은 87명, 민주통일당은 57명, 그리고 무
소속은 모두 115인이 출마하였다. 지역별로 보면 제주도는 의원정수 2인에
8인이 입후보하여 4 대 1의 가장 높은 경쟁률을 보였고, 부산과 경상남도는
각각 2 대 1로 전국에서 가장 낮은 경쟁률을 보였다(부산 의원정수 8인, 입
후보자 수 16인, 경상남도 의원정수 18인, 입후보자 수 36인).

〈표 11 - 23〉 제9대 국회의원선거 입후보 상황

정당	선거구수	민주공화당	신민당	민주통일당	무소속	계
입후보	73	80	87	57	115	339

3) 선거결과

 1973년 2월 27일 제9대 국회의원선거가 실시되었다. 이번 선거에서 총선
거인(유권자 수 15,690,130, 투표수 11,196,48)의 72.9%가 투표에 참가하였
다. 선거결과, 민주공화당은 지역구 의석 146석 중 73석(38.7%), 신민당은
52석(32.5%), 민주통일당은 2석(1.4%), 무소속은 19석(18.6%)을 각각 획득하
였다. 이번 선거에서는 처음으로 1구 2인제의 대선거구제(흔히 중선거구제
라 불렸음)가 채택되었는데 선거결과 여당에 대한 지지기반이 약한 지역에
서도 여당후보들이 2위로 당선되는 등 여야후보의 '동반당선'이라고 하는
새로운 현상이 나타났다.

 그리고 통일주체국민회의에서는 1973년 3월 7일 73명의 의원, 그리고
1976년 2월 16일 역시 73명의 의원을 선출하였다. 이번 선거결과를 제8대
국회의원선거와 비교하면, 여당인 민주공화당이 서울·부산 등 대도시에서
신민당을 앞섰거나 동일한 의석을 획득함으로써 여촌야도현상이 어느 정도
완화되었음을 알 수 있다.

〈표 11-24〉 제9대 국회의원선거 결과(1973. 2. 27)

시·도	의원정수	민주공화당	신민당	민주통일당	무소속	계
서울	16	7	8	-	1	16
부산	8	4	4	-	-	8
경기	16	9	6	-	1	16
강원	10	5	3	-	2	10
충북	8	5	2	-	1	8
충남	14	6	6	2	2	14
전북	12	4	4	-	4	12
전남	20	10	6	-	2	20
경북	22	12	5	-	5	22
경남	18	10	8	-	-	18
제주	2	1	-	-	1	2
합계	146	73	52	2	19	146

출처: 중앙선거관리위원회, 『역대국회의원선거상황』(1989), 993쪽.

2. 제10대 국회의원선거(1978. 12. 12)

1) 국회의원선거법 개정(1973. 3. 12)

제9대 국회가 구성된 후 행정구역개편에 따라 1973년 3월 12일에 국회의원선거법이 개정되었다.[21]

2) 선거법 개정(1977. 12. 31)

국회의원선거법은 제10대 국회의원선거를 1년여 남겨 놓고 한 번 더 개정되었다. 이 국회법은 제98회 국회(정기회) 마지막 날인 1977년 12월 17일 의결되고 12월 31일 법률 제3093호로 공포되었다. 이 시기는 유신 후기의 권위주의체제가 강화되는 시기로서 긴급조치 제9호에 의하여 유신체제에 관한 논쟁이 일체 금지된 상태였기에 큰 골격에는 아무런 변화 없이 부분적인 내용의 개정에 그쳤다. 12월 31일 공포된 개정내용은 다음과 같다.

---

21) 행정구역의 개편에 따른 국회의원선거구 일부 구역조정 내용은 한국법제연구원, 『법령연혁집』, 121~126쪽 참조.

① 국회의원의 정원을 219인에서 231인으로 증원함(선거구를 4개 증설, 77개 구로
  하고, 의원의 정수는 지역구 154인, 통일주체국민회의에서 선거하는 77인으로 함).
② 선거관리위원회 회의참관인제도를 신설함.
③ 기탁금을 인상함(무소속 후보자는 300만 원에서 500만 원으로, 정당추천 후보자
  는 200만 원에서 300만 원으로 각각 증액). 선거사무원의 교체금지조항을 삭제
  함. 인구 30만 이상의 구·시와 12개 이상의 읍·면으로 이루어진 군의 경우
  합동연설회 횟수를 1회 증회함. 현수막의 게시, 작성 등을 정함. 정당추천투표참
  관인제도를 신설함. 선거구를 분구, 조정함.

3) 입후보 상황

선거구선출 의원정수는 154인이었는데, 입후보자총수는 473인으로 그 경
쟁률은 3.1 대 1이었다. 무소속후보자의 경우 후보자총수의 53.9%에 해당하
는 255인으로 가장 많은 후보자가 등록되었다.

민주공화당은 77명, 신민당은 81명, 민주통일당은 60명, 그리고 무소속은
모두 255인이 출마하였다. 지역별로 보면 전라북도는 의원정수 12인에 44
인이 입후보하여 3.7 대 1의 가장 높은 경쟁률을 보였고, 충청북도는 2.6 대
1의 경쟁률을 보였는데 이는 전국에서 가장 낮은 경쟁률이었다(충청북도 의
원정수 8인, 입후보자 수 21인).

⟨표 11-25⟩ 제10대 국회의원선거 입후보 상황

정당	민주공화당	신민당	민주통일당	통일사회당	무소속	계
입후보	77	81	60	-	255	473

4) 선거결과

1978년 12월 12일 제10대 국회의원선거가 실시되었다. 이 선거에서 유권
자 19,489,490명 중 15,023,370명이 투표하여 77.1%의 투표율을 보였다. 민
주공화당은 지역구의석 154석 중 68석(31.7%), 신민당은 61석(32.8%), 민주
통일당은 3석(7.4%), 무소속은 22석(28.1%)을 각각 차지하였다.

투표율에서는 야당인 신민당이 32.8%를 얻어 여당인 민주공화당의

31.7%를 1.1% 앞섰다. 야당이 여당의 투표율을 앞선 것은 국회의원선거사상 초유의 일이었다. 신민당은 선거제도의 불리에도 불구하고 제주도를 제외한 전국 각지에서 고루 의석을 획득하여 여당과의 지역구 의석 격차를 불과 7석으로 좁혔다. 그러나 이번 선거에서는 부정·불법 선거운동이 만연하여 선거관리위원회와 선거관계법의 존재를 무색게 하였다. 제9대 국회의원 선거에서 여촌야도현상이 희석된 것을 보았는데 이번 선거결과를 지역별로 보면 역시 여촌야도현상은 없는 것으로 나타났다. 신민당이 전국적으로 민주공화당과 의석을 거의 양분한 것은 유권자들이 신민당에 호의적으로 반응하기 시작한 것으로 풀이된다. 한편 통일주체국민회의에서는 이날 77명의 의원(유신정우회 의원)을 선출하였다.

〈표 11-26〉 제10대 국회의원선거 결과(1978. 12. 12)

시·도	의원정수	민주공화당	신민당	민주통일당	무소속	계
서울	22	9	11	1	1	22
부산	10	4	5	–	1	10
경기	16	8	7	–	1	16
강원	10	5	3	–	2	10
충북	8	3	4	1	–	8
충남	14	7	5	–	2	14
전북	12	6	4	–	2	1
전남	20	8	7	1	4	20
경북	22	9	8	–	5	22
경남	18	8	7	–	3	18
제주	2	1	–	–	1	2
합계	154	68	61	3	22	154

출처: 중앙선거관리위원회, 『역대국회의원선거상황』(1989), 1115쪽.

1. 제11대 국회의원선거(1981. 3. 21)

1979년 10월 26일 박정희 대통령이 시해된 후, 그해 12월 6일에 유신헌법의 절차에 따라 통일주체국민회의에서 제10대 대통령선거가 실시되어 최규하 대통령권한대행이 대통령으로 선출되었다. 과도기적 정부임을 강조한 최규하 정부는 조속한 시일 내에 헌법을 개정하고 새 헌법에 따라 총선거를 실시한 후, 새 정부에 정권을 이양할 것을 천명하였다. 그러나 이러한 과정에서도 전면적인 개혁과 즉각적인 민주화를 요구하는 움직임이 사회일각에서 강하게 나타나고 있었다.

1980년 8월 16일 최규하 대통령이 그 직을 사임하였고, 8월 27일에는 계엄정국을 주도하고 있던 전두환 사령관이 제4공화국(유신헌법)에서 행하던 절차에 따라 통일주체 국민회의에서 대통령에 당선되었다. 전두환 정부는 제5공화국수립을 위한 헌법개정안을 제안(1980. 9. 29)하고, 이를 10월 22일 국민투표에 부쳐 승인을 받은 후 10월 27일에 공포하였다.

제5공화국 헌법의 정부형태는 대통령중심제에 내각책임제 요소를 일부 가미시켰으며, 국회는 단원제로 하되 의원의 임기를 4년으로 규정하였다. 국회의원 선출과 관련하여 특기할 사항은 7년 단임의 대통령에게 여전히 비상조치권과 국회해산권 등 강력한 권한을 부여한 것이다. 대통령의 선출도 여전히 간접선거에 의해서 이루어지도록 규정하였다.

제8차 개정헌법 부칙 제5조 제1항에 의하여 1980년 10월 27일 제10대 국회의 임기가 종료되었다. 1980년 10월 28일부터 1981년 4월 10일까지 국가보위입법회의가 국회의 권한을 대행하였다.

1) 국회의원선거법 제정(1981. 1. 29)

제5공화국 헌법은 국회의원선거제도와 관련하여 보통·평등·직접·비밀선거의 원칙과 국회의원 정수를 200인 이상으로 할 것을 규정하였다. 또 "국회의원의 선거구와 비례대표제, 기타 선거에 관한 사항을 법률로 정한다."고 하여 비례대표제 도입의 근거를 마련하였다. 이 헌법 부칙 제2조에서는 1981년 6월 30일까지 이 헌법에 의한 대통령 및 국회의원선거를 실시할 것을 규정하였고, 이에 따라 국가보위입법회의에 의하여 제정된 새 선거법이 1981년 1월 29일 공포되었다.

헌법 제77조의 규정에 의하여 비례대표제(전국구)의 도입 등 새로운 국회의원선거제도가 채택됨에 따라 국회의원의 지역구 및 전국구 선거의 관리와 이에 따른 절차를 규정하여 공정선거를 보장하기 위하여 폐지, 제정된 선거법의 주요 내용과 전국구 의석 배분방식은 다음과 같다.

① 선거구는 지역구와 전국구의 2종으로 하고, 1지역구의 의원정수를 2인으로 하며, 전국구 의원정수는 지역구 의원정수의 2분의 1로 함.
② 지역구선거의 경우에는 정당의 당원인 자는 정당의 추천장을, 정당의 당원이 아닌 자는 선거권자 500인 이상 700인 이하의 추천장을 받아 후보자등록을 신청하고 전국구 선거의 경우에는 정당이 후보자명부를 첨부하여 신청하도록 함.
③ 공무원 등은 의원의 임기만료일 전 180일까지 그 직이 해임된 자에 한하여 입후보할 수 있도록 함.
④ 후보자등록 시에는 무소속후보자는 1,500만 원, 정당추천후보자는 700만 원의 기탁금을 내도록 함.
⑤ 정당·후보자·선거사무장·선거연락소의 책임자 또는 선거사무원이 아닌 자는 선거운동을 할 수 없도록 하며, 예비군소대장급 이상의 자, 동·리·반의 장은 선거사무원 등이 될 수 없도록 함.
⑥ 합동연설회는 구·시에서 2회, 군에서는 3회 개최하되 연설시간은 1인당 30분 이내로 하며, 인구 30만 이상의 구·시와 읍·면수 12개 이상의 군에서는 추가로 1회씩 개최하도록 함.
⑦ 후보자 또는 후보자가 되고자 하는 자 및 그 가족은 국회의원 임기만료일 전 180일로부터는 기부행위를 할 수 없도록 함.
⑧ 투표참관인은 지역구에 후보자를 추천한 정당은 각 2인을, 무소속후보자는 각 1인을 선정함. 인원수가 8인을 초과하는 때에는 정당이 선정한 자를 우선 지정하

고 나머지 인원이 있는 때에는 추첨에 의하여 8인을 지정, 4인씩 교부 참관하도록 함.

⑨ 전국구 의석은 지역구선거에서 5석 이상의 의석을 얻은 정당에 배분하되, 지역구 선거에서 의석수가 제1위인 정당에 전국구 의원정수의 3분의 2를 배분하고, 잔여 의석은 제2당 이하의 정당에 그 의석비율에 따라 배분하도록 함.

⑩ 지역구에서 선출된 의원에 결원이 생긴 때에는 보궐선거를 실시하되, 지역구의 의원 전원(2명)이 결원되지 아니한 경우에는 보궐선거를 실시하지 아니할 수 있도록 함.

⑪ 선거의 효력 또는 당선의 효력에 관하여 이의가 있는 자는 선거일 또는 당선결정 일로부터 30일 이내에 대법원에 소를 제기할 수 있도록 함.

전국구 의석배분: 제130조(전국구 의석의 배분과 당선인의 결정)

① 중앙선거관리위원회는 지역구선거에서 5석 이상의 의석을 얻지 못한 정당을 제외한 정당에 대하여 규정에 따라 전국구 의석을 배분한다.

② 전국구 의석은 전국구 의원정수에 3분의 2를 곱하여 얻은 수의 정수의 의석을 지역구 선거에서 의석수가 제1위인 정당(이하 '제1당'이라 한다)에 배분하고, 잔여 의석을 제2당 이하의 정당에 의석비율로 배분한다.

③ 제2항의 의석비율은 의석배분에 참가할 자격이 있는 제2당 이하의 각 정당의 의석수를 그 의석 총수로써 나누고, 소수점 이하 제5위를 4사5입하여 얻은 수를 100분율로 표시한다.

④ 제2당 이하의 의석은 제1항 내지 제3항의 규정에 의하여 산출된 수의 정수에 따라 배분한 다음 잔여 의석이 있는 때에는 그 단수가 큰 순위에 따라 각 정당에 1석씩 배분한다.

⑤ 제4항의 경우에 같은 단수가 있는 때에는 그 의석수가 많은 정당에 배분하고 의석수가 같은 때에는 당해 정당의 추첨에 의한다.

⑥ 제1당이 2 이상인 때에는 제2항의 규정에 불구하고 의석배분에 참가할 자격이 있는 각 정당의 의석수를 그 의석 총수로 나누고 소수점 이하 제5위를 4사5입하여 얻은 수에 전국구 의원정수를 곱하여 얻은 수의 정수의 의석을 각 정당에 배분한다. 이 경우에 잔여 의석이 있는 때에는 그 단수가 큰 순위에 따라 각 정당에 1석씩 배분하고 같은 단수가 있는 때에는 그 의석수가 많은 정당에 배분하며, 의석수가 같은 때에는 당해 정당의 추첨에 의한다(이하 생략).

이 선거법의 특기할 점은 선거구 획정문제와 전국구 의원제도의 부활이다. 먼저 선거구 획정에서는 기준인구수를 명시하지 않아 유신체제하의 선거제도에서와 마찬가지로 대·소선거구 간의 선거인구 격차를 크게 하였다. 전국구 의원제도란 선거관리위원회에 미리 제출된 명부상의 순번에 의하여 당선이 일괄적으로 결정되는 명부제에 의한 전국구 비례대표제의 운영에 관한 것이다. 이 제도는 제3공화국에서 채택되어 제6대, 제7대, 제8대 국회의원선거에 적용된 바 있는데 이번에는 의석 배분방식을 약간 달리하여 재도입되었다.

그 내용을 보면 첫째, 제3공화국에서는 지역구 의석의 3분의 1을 배정하였으나 제5공화국에서는 2분의 1을 배정하여 전체 의석에서 전국구 의석의 비율을 높였다. 둘째, 제3공화국에서는 제1당에게는 전체 전국구 의석의 최소 2분의 1에서 3분의 2 미만까지를 배분하는 등 제1당과 제2당에게 혜택을 주었으나, 제5공화국에서는 보다 안정된 정국을 운영한다는 취지에서 제1당에게 3분의 2를 배분하고 제2당부터는 지역구 의석수에 따라 잔여 의석을 배분하도록 하였다. 셋째, 제3공화국에서는 전국구 의석의 배정을 각 정당의 지역구 선거에서의 득표비율을 기준으로 하였는데 제5공화국에서는 지역구 의석을 배분기준으로 함으로써 민의의 반영보다는 정국안정에 역점을 두었다. 결국 전체 의석의 3분의 1을 대통령의 추천으로 통일주체국민회의에서 승인, 임명하던 제도는 이번 선거법 개정에서 폐지되었으나, 전국구 의석 3분의 2를 제1당에 배분하여 제1당에 힘을 실어 주어 정국을 주도할 수 있도록 하였다.

2) 입후보 상황

선거 전에 정당설립요건을 완화한 관계로 여당인 민주정의당을 비롯한 12개 정당에서 529명의 후보자와 무소속 106명 등 모두 635명의 후보자들이 지역구에서 경합하였다. 그리고 무소속을 제외한 12개 정당에서 모두 228명의 후보자들이 전국구 후보자 명부에 등재되었다.

〈표 11-27〉 제11대 국회의원선거 입후보 상황

구분	정당별 입후보 상황													계
	민주정의당	민주한국당	민주사회당	한국국민당	민권당	원일민립당	신정당	인민당	사회당	한국기민당	통일민족당	민주농민당	무소속	
지역구	92	91	50	75	82	13	54	12	20	15	10	15	106	635
전국구	75	45	13	29	21	6	15	3	6	6	5	4	-	228
합계	167	136	63	104	103	19	69	15	26	21	15	19	106	863

3) 선거결과

1981년 3월 25일 제11대 국회의원선거가 실시되었다. 유권자 21,094,468인 중 16,397,845인이 투표에 참여하여 78.4%의 투표율을 보였다. 선거는 민주정의당, 한국국민당, 그리고 민주한국당 3당의 대결로 압축되었다. 선거결과 민주정의당은 지역구 90석(35.6%), 전국구 61석, 총 151석을 얻어 전체 의석의 54.7%를 차지하였다. 민주한국당은 지역구 57석(21.6%), 전국구 24석을 얻어 81석이 되었다. 한국국민당은 지역구, 18석(13.3%), 전국구 7석, 총 25석을 차지하였다. 무소속은 11석(10.7%), 민권당은 2석(6.7%), 신정사회당은 2석(4.2%), 민주사회당은 2석(3.2%), 민주농민당은 1석(1.4%), 안민당은 1석(0.9%)을 얻었고, 기타 정당은 총 2.4%를 득표하였으나 의석을 획득하지는 못하였다.

지역별 선거결과를 여당인 민주정의당과 야당·무소속의 양대 정당구도로 보면 여당과 야당은 각 지역에서 거의 50 대 50으로 의석을 차지하였다. 이렇게 볼 때 이른바 신군부의 다당제 정당구도 형성을 통한 야권지지표 분열전략은 성공적인 것으로 나타났다.

〈표 11-28〉 제11대 국회의원선거 결과(1981. 3. 21)

시·도	의석수	민주정의당	민주한국당	한국국민당	민주사회당	민권당	신정당	안민당	민주농민당	무소속
서울	28	14	11	1	1	–	–	–	–	1
부산	12	6	5	–	–	1	–	–	–	
경기	24	12	10	1	–	–	1	–	–	–
강원	12	6	4	2	–	–	–	–	–	
충북	8	4	1	3	–	–	–	–	–	
충남	16	8	5	2	–	–	–	–	–	1
전북	14	7	6	–	–	–	–	–	–	1
전남	22	10	9	1	–	–	1	1	–	–
경북	26	13	5	5	–	–	–	–	–	3
경남	20	10	1	3	1	1	–	–	1	3
제주	2	–	–	–	–	–	–	–	–	2
소계	184	90	57	18	2	2	2	–	–	11
전국구	92	61	24	7	–	–	–	–	–	–
합계	276	151	81	25	2	2	2	1	1	11

출처: 중앙선거관리위원회, 『역대국회의원선거상황』(1989), 1275쪽.

2. 제12대 국회의원선거(1985. 2. 12)

1) 국회의원선거법 개정(1984. 7. 25)

제12대 국회의원선거를 앞둔 1984년 7월 25일 국회의원선거법이 일부 개정되었다. 주로 선거운동의 규제, 투·개표 참관인제 등에 관한 것이었으며, 선거법의 골격에는 큰 변화가 없었다.

선거인명부, 의원후보자, 선거운동, 투·개표 참관 등에 관한 조항의 일부 미비점을 보완하고, 행정구역 개편에 따라 지역선거구구역표를 이에 맞추어 정비하기 위한 법 개정의 주요 내용은 다음과 같다.

① 선거권자의 명부열람 기간 2일을 3일로 함.
② 전국구 후보자의 경우에는 선거일공고일과 동시에 공무원 등의 직에서 해임하면 되도록 함.
③ 전국구 후보자에 대해서도 정당추천 지역구 후보자와 동일한 액수의 기탁금을 내도록 함.
④ 선전벽보는 군에 있어서 인구 100인에 1매를 2매로 함.
⑤ 합동연설회를 구·시 및 군별로 3회 개최하되, 인구 30만 이상의 구·시와 읍·면 수 10개 이상의 군은 1회에 한하여 추가하도록 함.
⑥ 합동연설회의 고지벽보는 연설회 1회에 100매를 200매로 함.
⑦ 현수막은 시당 2매를 3매로 하고, 인구 25만 이상의 시와 인구 3만 이상의 읍·면에서는 1매를 각각 추가하도록 함.
⑧ 선거운동을 위하여 사용되는 자동차와 선박의 한도를 2대·2척에서 3대·3척으로 함.
⑨ 투표참관인은 8인에서 12인으로 하며, 정당 및 후보자의 필요에 따라 투표구선거관리위원회에 신고 후 수시 교체할 수 있도록 함.
⑩ 투표함을 송부할 때 후보자가 지정하는 투표참관인 1인씩 동반할 수 있도록 하되, 동반하는 투표참관인은 10인을 초과하지 못함.
⑪ 개표참관인은 8인에서 12인으로 하며, 후보자의 필요에 따라 개표관리위원회에 신고 후 수시 교체할 수 있도록 함.
⑫ 국회의원선거구 구역표 중 일부를 행정구역 개편에 따라 정비함.
전국구 의석배분: 제11대 국회와 같음.

(11.8%)을 확보하였다.

<표 11-36>에 보는 것처럼 신한국당은 호남권인 광주, 전남에서 의석을 얻지 못하였고, 전북에서도 단 1석만을 획득하는 데 그쳤으며, 새정치국민회의는 영남권인 부산, 대구, 경남, 경북에서 단 1석도 얻지 못하여 이번 선거에서도 지역정서의 영향이 컸음을 알 수 있다. 한편 충청권에 지지기반을 둔 자유민주연합은 주로 대전, 충북, 충남에서 의석획득을 하였으며, 1995년 5월 신민당과 통합한 관계로 한시적이기는 하지만 지지세력이 있는 대구에서 8석을 획득하였다.

4) 선거 이후의 공직선거법 개정(1997. 11. 14)

공직선거법은 제정 이후 여러 차례에 걸쳐 부분 개정이 있었다. 1997년 11월 14일에 개정된 제8차 개정내용 중 국회의원선거와 관련된 것은 다음과 같다.

① 누구든지 선거 기간 개시일부터 선거일의 투표마감 시각까지 선거에 관하여 정당에 대한 지지도나 당선인을 예상하게 하는 여론조사(모의투표나 인기투표에 의한 경우를 포함한다. 이하 이 조에서 같다)의 경위와 그 결과를 공표하거나 인용하여 보도할 수 없다(제108조).

② 누구든지 선거 기간 중 선거권자에게 서신·전보·모사전송, 기타 전기통신의 방법을 이용하여 선거운동을 할 수 없다. 다만, 개인용컴퓨터·전화(컴퓨터를 이용한 자동송신장치를 설치한 전화의 경우를 제외한다)에 의하는 경우에는 그러하지 아니하다(제109조).

③ 누구든지 선거운동을 위하여 후보자(후보자가 되고자 하는 자를 포함한다)의 신분·경력·인격·재산·행위 또는 그 소속정당에 관하여 허위의 사실을 진술하거나 유포할 수 없으며, 공연히 사실을 적시하여 개인의 사생활을 비방할 수 없다. 다만, 진실한 사실로서 공공의 이익에 관한 때에는 그러하지 아니하다(제110조).

④ 제1항의 규정에 불구하고 의례적이거나 직무상의 행위 또는 통상적인 정당활동으로서 다음 각 호의 1에 해당하는 행위는 기부행위로 보지 아니한다(제112조 제2항, 이하 생략).

5) 선거 이후의 공직선거법 개정(1998. 4. 30)

공직선거법은 선출직공직자의 축의·부의금품제공과 주례행위를 제한하는 등 비효율적인 선거운동방법을 개선하여 새로운 선거풍토를 조성함과 아울러 지방자치단체장은 임기 중 사퇴하여 다른 선거에 입후보하지 못하도록 하고, 공직선거에 입후보하려는 공무원 등의 사퇴시기를 선거일 전 90일에서 60일로 완화하되, 경과규정을 두는 등 현행제도의 일부 미비점을 수정, 보완하기 위하여 개정되었다. 일부 개정되어 1998년 4월 30일 공포된 공직선거법의 내용 중 국회의원선거와 관련된 주요 내용은 다음과 같다.

① 방송법 제20조(방송위원회의 설치)의 규정에 의한 방송위원회는 선거방송의 공정성을 유지하기 위하여 임기만료에 의한 선거의 선거일 전 120일(대통령의 궐위로 인한 선거 또는 재선거에서는 그 선거의 실시사유가 확정된 때부터 20일)까지 선거방송심의위원회를 설치하여 선거일 후 30일까지 운영하여야 한다. 선거방송심의위원회는 방송사·방송학계·대한변호사협회·언론인단체 및 시민단체 등이 추천하는 자와 국회에 교섭단체를 가지는 정당이 추천하는 각 1인을 포함하여 9인 이내의 위원으로 구성한다. 선거방송심의위원회의 위원은 정당에 가입할 수 없다(제8조의 2).

② 정기간행물의 등록 등에 관한 법률 제17조(언론중재위원회)의 규정에 의한 언론중재위원회는 선거기사(사설·논평·광고·기타 선거에 관한 내용을 포함한다. 이하 이 조에서 같다)의 공정성을 유지하기 위하여 임기만료에 의한 선거의 선거일 전 120일(대통령의 궐위로 인한 선거 또는 재선거에 있어서는 그 선거의 실시사유가 확정된 때부터 20일)까지 선거기사심의위원회를 설치하여 선거일 후 30일까지 운영하여야 한다. 선거기사심의위원회는 언론학계·대한변호사협회·언론인단체 및 시민단체 등이 추천하는 자와 국회에 교섭단체를 가지는 정당이 추천하는 각 1인을 포함하여 9인 이내의 위원으로 구성한다(제8조의 3).

③ 구·시·군선거관리위원회는 선거를 실시하는 때마다 선거부정을 감시하기 위하여 선거 기간 개시일부터 선거일까지 당해 구·시·군 선거관리위원회에 선거부정감시단을 둔다(제10조의 2).

④ 공직선거에 후보자가 되려는 공무원 등의 사퇴시한을 선거일 전 90일에서 60일로 완화함. 지방자치단체장은 임기 중에 사퇴하여 대통령, 국회의원, 지방의회의원의 선거에 입후보할 수 없도록 함(제53조 제1항, 신설).[22]

---

22) 제53조 제3항은 1999년 5월 27일 헌법재판소의 위헌결정으로 효력을 상실하였음.

⑤ 유급선거사무원의 수를 국회의원 및 자치구청장·시장·군수(이하 '자치단체장'
   이라 한다) 선거인 경우 읍·면·동 수의 6배수 이내에서 3배수 이내로, 특별시
   장·광역시장·도지사(이하 '시·도지사'라 한다) 선거인 경우는 당해 시·군·
   구 수의 2배수 이내에서 시·군·구의 수 이내로 축소함(제62조 제2항).

⑥ 모든 선거에서 선거운동을 위한 현수막과 명함형 소형인쇄물을 폐지하고, 시·도
   지사선거의 방송광고를 폐지함(제66조, 제67조 및 제70조).

⑦ 방송연설의 횟수를 시·도지사선거의 경우 TV·라디오별 각 1회에서 각 5회 이
   내로, 국회의원 및 기초자치단체장 선거의 경우 TV·라디오별 각 1회에서 각 2
   회 이내로 확대함(제71조 제1항).

⑧ 국회의원선거의 경우 종전에는 언론기관이 후보자가 되려는 자를 초청하여 대담
   하고 보도하는 것을 허용하지 아니하였으나 선거일 전 60일부터 이를 할 수 있
   도록 함(제82조 제1항).

⑨ 노동조합은 그 명의 또는 그 대표자의 명의로 특정 정당 또는 후보자를 위한 선
   거운동을 할 수 있도록 함(제87조 단서, 신설).

⑩ 입후보예정자에 대하여 선거일 전 90일부터 선거일까지의 기간 중에는 신문·방
   송·잡지의 광고출연을 금지함(제93조 제2항).

⑪ 국회의원, 지방자치단체장, 정당의 지구당대표자, 후보자 등의 주례행위와 친족 외
   의 자에 대한 축의·부의금품제공을 금지하되, 중앙선거관리위원회 규칙이 정하
   는 범위의 경조품 제공은 허용함(제117조의 2 제1항).

⑫ 선거관리위원회는 선거법위반광고물에 대한 광고중지를 요청할 수 있고, 광고중지
   를 요청받은 자는 이에 따라야 하며, 불응하는 경우 2년 이하의 징역 또는 400
   만 원 이하의 벌금에 처하도록 함(제255조 제2항).

6) 선거 이후의 공직선거법 개정(2000. 2. 16)

국회는 2000년 2월 8일 본회의를 열어 국회의원정수를 현행 299명에서
273명(지역구 26석 감축, 비례대표 46석 유지)으로 줄이고 1인 1표식 비례
대표제를 골자로 하는 선거법개정안 등 정치관계법을 가결하였다.[23] 일부
개정되어 2000년 2월 16일 공포된 공직선거법의 내용 중 국회의원선거와
관련된 주요 내용은 다음과 같다.

① 신문 기타 간행물의 선거기사에 대한 공정성을 유지하기 위하여 언론중재위원회

---

23) 헌법재판소는 2001년 7월 19일 공직선거법의 비례대표 의석 배분방식과 기탁금 납부조항에 대하여 위
    헌결정을 내렸으며, 현행의 비례대표제가 유지되는 한 1인 1표제도 위헌이라는 한정위헌결정을 내렸다.

에 선거기사심의위원회를 설치하여 선거일 120일 전부터 선거일 30일 후까지
운영함(제8조의 3).

② 선거부정을 감시하기 위하여 선거 기간 개시일부터 선거일까지 시·군·구 선거
관리위원회에 선거부정감시단을 설치함(제10조의 2).

③ 국회의 의원정수는 지역구 국회의원과 비례대표 국회의원을 합하여 273인으로
한다(제21조 제1항). 지역구 국회의원선거구를 획정함에 있어서는 인구 9만 미만
인 행정구역은 선거구를 통합하고, 인구 35만 이상인 행정구역은 2개의 선거구
로 분할함으로써 26개의 국회의원선거구를 감축함.

④ 유권자의 알 권리를 확대하기 위하여 후보자정보공개대상에 현행 재산사항 외에
도 병역사항과 최근 3년간 납세실적을 추가하고, 선거관리위원회는 후보자의 전
과기록을 조회·비치하여 누구든지 열람할 수 있도록 함(제49조).

⑤ 국회의원선거의 기탁금을 현행 1,000만 원에서 2,000만 원으로, 시·군·구의 장 선
거의 기탁금은 현행 1,000만 원에서 1,500만 원으로 각각 상향 조정함(제56조 제1항).

⑥ 정당의 후보자 추천에 관한 단순한 지지·반대의 의견개진은 이를 선거운동으로
보지 아니하도록 하고, 후보자를 초청 대담·토론회를 개최할 수 있는 단체의 선
거운동을 허용함(제58조 및 제87조).

4. 제16대 및 제17대 국회의원선거

제16대 국회의원선거는 2000년 4월 13일 실시되었다. 57.2%의 투표율을
기록한 이번 선거에서 한나라당은 지역구 112석, 비례대표 21석을 확보하여
모두 133석을 보유하게 되었고, 새천년민주당은 지역구 96석, 비례대표 19
석을 얻어 모두 115석을 획득하였다. 자유민주연합은 지역구 12석, 비례대
표 5석을 합쳐 17석, 민주국민당은 2석(지역구 1석, 비례대표 1석), 희망의
한국신당은 지역구 1석, 그리고 무소속은 5석이었다. 국회 의석은 273석인
데 어느 정당도 과반수 의석을 차지하지 못한 가운데 한나라당과 새천년민
주당의 양대 정당 구도가 형성되었다.

제17대 국회의원선거는 2004년 4월 15일 실시되었다. 60.6%의 투표율을
기록한 이번 선거에서 열린우리당은 전체 299 의석 중 152석을 차지하여
제1당이 되었고, 한나라당은 121석, 민주노동당 10석, 새천년민주당 9석, 자
유민주연합은 4석을 각각 획득하였다.

여당인 열린우리당이 과반수 의석을 차지함으로써 그간의 여소야대 국회가 거대 여당체제로 전환되었으며, 사상 최초로 도입한 '정당명부식 비례대표식'의 시행 즉 득표율에 따라 의석을 분배하는 제도에 힘입어 민주노동당이 10석을 획득하고 원내에 진출하였다. 이러한 결과는 혁신 또는 진보의 정치 분위기를 조성하면서 입법 및 정치 환경을 크게 변화시켰다.

뿐만 아니라 299명의 의원 중 211명의 초선의원이 당선됨으로써 선거 사상 가장 큰 폭으로 의원이 교체되었다.

제10절 맺음말

국회의원 선거상황과 결과를 선거법의 측면에서 정리해 보면 다음과 같다.

① 선거법은 앞에서 본 것처럼 무엇 무엇을 하면 안 된다. 무엇 무엇은 어느 한도로 제한한다 등 금지조항이 많은 제한법의 성격을 갖는다.

② 국회의원선거법은 빈번하게 개정되었으며, 각종 선거법이 통합된 '공직선거 및 선거부정방지법'도 여러 차례 개정되었다. 선거법의 개정은 시대와 정치상황을 반영하는 것이기는 하나 정치논리에 치중된, 그래서 집권당의 편의와 혜택을 의도한 개정이었다는 문제점이 지적될 수 있다. 결론적으로 빈번한 선거법의 개정은 정치제도화에 걸림돌로 작용하였음은 물론 민의를 왜곡시키는 역기능을 초래하기도 하였다.[24]

③ 국회의원선거법은 주로 선거 직전에 개정되어 왔다. 이는 결과적으로 선거행정의 비효율성을 초래하였고, 불법·위법행위를 실효적으로 제한하지도 못하였다. 법이 엄격한 만큼 법의 집행도 엄격하지 않으면 실효를 거두기 어려운데 문제는 선거 관련조사나 수사가 때로는 특정 정당에 편파적으로 불이익을 주는 방향으로 전개되거나, 정치논리에 의하여 문제 혹은 비리의 실체를 파헤치지 못하고 도중에 덮어 버리는 사례가 많았다는 데 있다. 불합리한 법규는 정책적 판단과 국민정서에 맞추어 개정하되, 일단 제정 혹은 개정된 법규는 엄격하게 적용하여 법규준수문화를 정착시켜야 한다.

---

24) 이에 관해서는 심지연·김민전, 「선거제도 변화의 전략적 의도와 결과」(2001년도 한국정치학회 하계학술대회 발표논문) 참조.

  한국에서 국회의원선거는 오랫동안 선거가 갖는 여러 기능 중 정치지도자
충원기능과 통치권 행사의 정당화기능에 역점을 두어 왔다. 이제는 유권자
의 정치통제기능, 시민의 이익표출 및 집약기능, 그리고 정치사회화기능 또
한 수행하여 줄 것이 요청되는 시점에 와 있다.

제12장 원 구성

제1절 원 구성의 의의

1. 원 구성

어느 나라의 국회를 막론하고 의원의 임기가 종료될 무렵이나 국회가 해산된 때에는 총선거를 실시하게 된다. 총선거 후 새로 당선된 의원으로 구성되는 국회가 소집되어 맨 먼저 하는 일은 국회를 대표하고 회의와 행정을 책임지는 의장·부의장 등 지도부를 선출하는 일이다. 지도부의 구성으로 국회의 정상적인 활동과 기능을 수행할 수 있는 기관과 조직을 갖추어야 하기 때문이다.

한국의 경우 총선거가 끝나면 의원 당선자들은 당선 증서를 국회사무처에 제시하고 의원등록을 하여 원 구성에 임한다. 국회는 원(院)으로서의 활동과 기능을 할 수 있도록 의장·부의장·상임위원장을 선출하여 원 체제를 구성하게 되는데 이를 원 구성(院構成)이라 한다.

유권자들이 국회의원을 선출할 때에는 유권자의 참정권을 위임받은 국회의원들이 국회라는 정치적 타협과 조정의 장을 구성하고 이를 통하여 사회구성원들의 다양한 이해관계를 조정, 통합할 것이라는 점이 전제되어 있다.[1]

국회법에 의하면 국회가 개원하더라도 매년 9월 1일로 확정되어 있는 정기회와 2·4·6월의 임시회를 제외하고는 국회가 개회되지 않을 수도 있다.

---

[1] 외국의회의 경우, 원 구성을 둘러싸고 문제가 발생하는 경우는 극히 드물다. 그 이유는 의장이 철저하게 중립을 지킨다는 것과, 국회운영의 절차를 지켜야 할 규범으로 받아들이는 자세, 그리고 선거과정의 공정성 등이 거론된다. 박재창, 「국회 원 구성상의 문제점과 개선 방향」, ≪4월회≫(1996. 9), 63쪽, 박재창, 「국회운영의 합리화 방안에 관한 연구」(정무제1장관실, 1992), 16쪽 참조.

국회를 개회하려면 여야 간 협의가 이루어져야 하기 때문에 국회의 개회 여부나 회기 설정문제가 여야 간 대립과 갈등을 야기하는 요인으로 작용하여 왔다. 국회의 개회 여부나 개회일수의 한정과 같은 여야 간의 기초적인 쟁점보다는 이해관계가 크게 상충하는 다른 정치적 쟁점에 대한 조정실패가 원 구성 협조 거부라는 현상으로 표출되는 경우가 많다.

2. 개원 국회

국회의원 총선거 후 첫 집회에는 의장·부의장을 선거하기 위하여 제1차 본회의를 개의한 후 개회식을 거행한다. 이 개회식을 개원식이라고 한다. 개원식은 개회선언, 국기에 대한 경례 및 애국가 제창, 순국선열 및 전몰호국용사에 대한 묵념, 의원선서, 개회사, 폐회선언의 순서로 의식절차가 진행된다.

개원 국회는 의원의 임기개시 후 7일에 집회하며(국회법 제52조 제2항), 집회일에는 제1차 본회의를 개의하여 국회사무총장으로부터 보고를 듣고 최다선 의원(최다선 의원이 2인 이상인 경우에는 그중 연장자)의 사회로 의장 선거를 실시하고, 당선된 의장이 회의를 주재하여 부의장 2인을 1인씩 선거한 후 개회식을 거행한다.[2]

3. 원 구성의 조건

원 구성을 위한 임시회의 소집은 총선거 후인 경우 의원의 임기개시일 후 7일에 집회하도록 되어 있다(2000. 2. 16 개정 국회법 제5조 제3항). 총선거 후 원 구성을 위한 최초의 임시회는 제7대, 제8대, 제10대, 제12대 국회와 같이 의원의 임기개시 후에 소집되는 경우에는 의원의 요구에 의하는 것이 일반적인 관행이다. 그러나 제9대, 제11대, 제13대 국회의 예에서 보는 것처럼 헌법의 개정에 따라 새로 선출되는 의원의 임기가 최초의 집회일로부터

---

2) 국회사무처의사국, 『국회의사편람』(1996), 95쪽.

개시되도록 되어 있는 경우에는 의원의 소집요구가 불가능하므로 대통령의 요구로 소집된다.

원 구성은 4년의 임기를 전반기(2년)와 후반기(2년)로 나누어 국정에 임하게 되는데, 개원을 위한 최초의 임시회는 대통령 또는 국회재적의원 4분의 1 이상의 요구에 의하여 집회된다(헌법 제47조 제1항).

제2절　원 구성의 법률적 연혁

제3대 국회까지는 원 구성을 둘러싼 문제는 발생하지 않았다.

1. 제헌국회～제3대 국회

제정국회법(1948. 10. 2) 제2조 국회의 임시회가 집회할 때에는 의장은 집회기일의 7일 전에 공고한다. 국회의원 총선거 후 최초의 임시회는 총선거 후 20일 후에 집회한다. 단 당해일이 공휴일인 때에는 그 익일에 집회한다.
국회법(1951. 3. 15) 제2조 ② 국회의원 총선거 후 최초의 임시회는 총선거 후 20일에, 의장과 부의장의 임기만료로 인한 임시회는 그 만료 전 7일에 집회한다.

제헌의원선거 후 최초의 집회는 집회에 대한 명문규정이 없어 국회선거위원회의 집회요구에 의하여 1948년 5월 31일 오후 2시 구 중앙청 중앙홀에서 의원 198명이 모인 가운데 이루어졌다. 제정국회법에서는 임시회는 총선거 후 20일에 집회한다고 규정하였다. 이에 따라 제2대, 제3대 국회의 원선거 후 최초의 집회는 1950년 6월 19일과 1954년 6월 9일에 각각 집회되었다.

2. 제4대 국회~제5대 국회

제3대 국회 임기만료 전인 1958년 2월에 국회법이 개정되어 제4대 및 제
5대 국회의원선거 후 최초의 집회는 의원의 임기개시일로부터 10일 이내에
하도록 되었다. 따라서 제4대 국회와 제5대 국회는 1958년 6월 7일과 1960
년 8월 8일에 각각 집회되었다.

국회법(1958. 2. 22) 제2조 ② 국회의원 총선거 후 최초의 임시회는 총선거
에 의한 의원의 임기개시일로부터 10일 이내에 집회한다.

국회법(1960. 9. 26) 제3조(임시회) ① 임시회의 집회요구가 있을 때에는 각
원의 의장은 집회기일의 7일 전에 공고한다. ② 민의원의원의 총선거 또는
참의원의원의 통상선거가 실시된 때에는 그 의원의 임기개시일 후 10일에
임시회를 집회한다. 단 당해일이 공휴일인 때에는 그 익일에 집회한다.

3. 제6대 국회

국회법(1963. 11. 26) 제4조(임시회) 임시회의 집회요구가 있을 때에는 의
장은 집회기일 7일 전에 공고한다. 그러나 그 이상의 집회요구가 있을 때에
는 먼저 제출된 것을 공고하되, 동시에 제출되었을 때에는 집회일이 빠른
것을 공고하여야 한다.

제6대 국회가 개원하기 전 국가재건최고회의는 국회법을 개정(1963. 11.
26)하여 종전의 '임기개시일 10일 이내 집회'를 '임시회의 집회요구가 있을
때에는 의장은 집회기일 7일 전에 공고'하도록 하였다.

제6대 국회의원선거 후 최초의 집회인 제39회 국회(임시회)는 국회법 부
칙 제3항의 규정에 의하여 1963년 12월 17일에 집회되었다.

4. 제7대 국회~제12대 국회

국회법(1973. 2. 7) 제4조(임시회) 임시회의 집회요구가 있을 때에는 의장은
집회기일 7일 전에 공고한다. 그러나 대통령이 국회의 집회를 요구하였을
때에는 집회기일 2일 전까지 공고하여야 한다.
국회법(1977. 12. 31) 제4조(임시회) 임시회의 집회요구가 있을 때에는 의
장은 집회기일 3일 전에 공고한다. 그러나 대통령이 국회의 집회를 요구하
였을 때에는 집회기일 2일 전까지 공고하여야 한다.
국회법(1981. 1. 29) 제6조(임시회) 임시회의 집회요구가 있을 때에는 의장
은 집회기일 3일 전에 공고한다.

제7대 국회 이후 제11대 국회까지는 국회법에 원 구성을 위한 최초의 임
시회 집회일에 관한 구체적인 명문규정이 없었다. 제12대 국회 때에도 국회
의장이 집회일 3일 전에 공고하기만 하면 된다고 하여 법률적으로는 언제든
지 최초의 임시회를 소집할 수 있었다.

5. 제13대 국회~제15대 국회

국회법(1988. 6. 15) 제5조(임시회) ① 임시회의 집회요구가 있을 때에는
의장은 집회기일의 3일 전에 공고한다. 다만, 2개 이상의 집회요구가 있을
때에는 먼저 제출된 것을 공고하고, 동시에 제출되었을 때에는 집회일이 빠
른 것을 공고하여야 한다. ② 국회의원 총선거 후 최초의 임시회는 국회의
원 임기개시일로부터 30일 이내에 집회한다.

국회법(1994. 6. 28) 제5조(임시회) ① 임시회의 집회요구가 있을 때에는 의장은 집회기일의 3일 전에 공고한다. 다만, 2개 이상의 집회요구가 있을 때에는 먼저 제출된 것을 공고하고, 동시에 제출되었을 때에는 집회일이 빠른 것을 공고하여야 한다. ② 국회의원 총선거 후 최초의 임시회는 의원의 임기개시 후 7일에 집회하며, 처음 선출된 의장의 임기가 만료되는 때가 폐회 중인 경우에는 늦어도 임기만료일 5일 전에 집회한다. 그러나 그날이 공휴일인 때에는 그 다음 날에 집회한다.

국회법(2000. 2. 16) 제5조(임시회) ① 임시회의 집회요구가 있을 때에는 의장은 집회기일의 3일 전에 공고한다. 이 경우, 2개 이상의 집회요구가 있을 때에는 집회일이 빠른 것을 공고하되, 집회일이 같은 때에는 그 요구서가 먼저 제출된 것을 공고한다. ② 의장은 제1항의 규정에 불구하고 내우·외환·천재·지변 또는 중대한 재정·경제상의 위기, 국가의 안위에 관계되는 중대한 교전상태나 전시·사변 또는 이에 준하는 국가비상사태에는 집회기일 1일 전에 공고할 수 있다. ③ 국회의원 총선거 후 최초의 임시회는 의원의 임기개시 후 7일에 집회하며, 처음 선출된 의장의 임기가 만료되는 때가 폐회 중인 경우에는 늦어도 임기만료일 5일 전에 집회한다. 그러나 그날이 공휴일인 때에는 그 다음 날에 집회한다.

제13대 국회에서는 총선거 후 최초의 집회가 지연되는 문제를 시정하기 위하여 국회법을 개정(1988. 6. 15)하여 국회의원 임기개시일부터 30일 이내에 집회하도록 명시한 바 있다. 1992년 현재의 국회법 제5조 2항에 의하면 총선 이후 소집되는 최초의 임시회는 국회의원 임기개시일부터 30일 이내에 집회한다고 규정되어 있다. 이는 과거에 비하여 국회의 개원시기를 구체화한 것이다. 그러나 30일이라는 기간을 설정하고 있을 뿐 보다 명확한 일시를 지정하고 있지 않기 때문에 개원 여부를 놓고 정파 간 갈등은 계속되었다. 제13대 국회는 의원의 임시개시일이 4월 11일부터이지만 5월 29일에야 집회되었다. 많은 경우 국회가 소집되었으나 교섭단체들 간의 의사일정 미합의 등으로 회기의 전 기간 또는 일부 기간 동안 국회가 공전된다.[3]

---

3) 공전이란, 회의를 위한 성원은 되었으나 의원들 간의 의견대립 등으로 회의 자체가 개회되지 못하고 자동 유회되는 등 예정대로 진행되지 않는 상황을 일컫는다. 또한 회의의 개회를 예정하였으나 의사정족수의

1991년 5월 31일 공포된 제25차 개정국회법에서는 의장단 선거 시기를 법정화하였다. 과거에는 총선거 후 임시회가 개회되었음에도 불구하고 제반 사정 때문에 의장단 선거가 지연되어 국회의 정상적인 활동이 불가능하게 되는 등 국회운영상의 미비점이 제기되었다. 이러한 점을 감안하여 제13대 국회 초에 국회법을 개정하면서 의장·부의장의 임기가 폐회 중에 만료되는 때에는 그 의장·부의장은 다음 회기에서 의장·부의장을 선출한 날의 전일까지 재임토록 하여 임기만료로 인한 의장단의 공백상태를 방지할 수 있는 제도적 장치를 마련한 바 있다.[4]

제14대 국회도 임기개시일(1992. 5. 30)을 약 1개월 경과하여 6월 29일 집회되어 장기간 원 구성을 하지 못한 결과 개정국회법(1994. 6. 28)은 그 최초의 집회일을 임기개시 후 7일로 명시하였다. 개정국회법은 전·후반기 의장 및 부의장의 임기를 각 2년으로 균등하게 하기 위하여 처음 선출된 의장 또는 부의장의 임기가 만료되는 때에는 그 임기만료일 전 5일(그날이 공휴일인 때에는 그 다음 날)에 미리 선출하도록 명시하여(국회법 제15조 제2항) 총선거 후 처음 선출된 의장 및 부의장의 임기 만료일이 폐회 중인 때에는 늦어도 임기 만료일 5일 전에 임시회를 집회하여 의장단 선출 등 후반기의 원 구성을 하도록 하였다.[5]

그러나 이러한 국회법상의 규정에도 불구하고 제15대 국회 구성 시에 원 구성을 위한 최초의 임시회 소집이 지연되었다. 어렵게 소집된 최초의 임시회도 의원 빼가기, 국회의장 선출 등의 문제를 해결하지 못하여 유회되고 파행되는 상태가 계속되었다.

부족 또는 의사일정의 미합의 등으로 회의의 개회를 원천적으로 하지 못하는 상황을 의미하기도 한다. 국회운영위원회, 『의회대사전』(1992), 232쪽.

4) 국회운영위원회, 『국회법 무엇이 달라지나 – 제25차 국회법 개정내용』(1991), 4쪽.

5) 국회사무처, 『국회법해설』(1996), 21~22쪽.

6. 제16대 국회-제18대 국회

2000년 5월 30일 제16대 국회 임기 개시와 함께 한나라당은 133인, 새천년민주당은 119인(무소속 당선자 중 영입된 4인 포함)으로 각각 교섭단체를 구성하였다. 6월 5일 의장단 선거에서 새천년민주당의 이만섭 의원이 140표를 얻어 당선되었고, 부의장에는 홍사덕 · 김종호 의원이 각각 당선되었다. 6월 8일 여야 총무회담에서 상임위원장 배분과 인사청문회법 제정 등 2대 쟁점에 관하여 양측이 합의함에 따라 남북정상회담 다음날인 6월 16일의 본회의에서 16개 상임위원장 및 예산결산위원장, 윤리위원장, 여성특별위원장 선거를 실시하여 위원장을 각각 선출하였다.

제16대 국회 후반기 원 구성은 2002년 7월 8일 한나라당이 당론으로 추천한 박관용 의원이 재석 258명 중 136표를 획득하여 의장에 당선되었으며, 부의장에는 김태식 · 조부영 의원이 각각 당선되었다.

제17대 국회는 전반기 원 구성을 위하여 2004년 6월 5일 의장단 선거를 실시하여 김원기 의원을 의장으로 선출하였으며, 이틀 후인 6월 7일에 김덕규 · 박희태 의원을 부의장으로 선출하였다. 상임위원장 선거는 1개월 후인 2004년 7월 5일에 실시되었다.

후반기 원 구성은 2006년 6월 19일 의장단 선거가 실시되어 임채정 의원이 의장으로 선출되었으며 이용희 · 이상득 의원을 부의장으로 선출하였다. 상임위원장 선거는 하루 뒤인 6월 20일 실시되었는데, 열린우리당은 총 17개의 상임위원회 중 9개 상임위원회의 위원장직을 맡았고, 한나라당은 8개 상임위원회의 위원장직을 맡았다.

제18대 국회는 2008년 7월 10일 의장단 선거를 실시하여 김형오 의원을 의장으로 선출하였으며, 7월 16일에는 부의장 선거를 실시하여 이윤성 · 문희상 의원을 부의장으로 선출하였다. 국회는 부의장 선출 후 약 40일이 지난 8월 26일에 상임위원장 및 특별위원장 선거를 실시하여 원 구성을 마쳤다.

제3절 원 구성 지연문제

1. 문제의 소재

외국의 국회에서는 총선거 후 임기개시일이 되면 의회활동을 시작하는 것이 당연한 일이기 때문에 별다른 문제가 발생하지 않는다. 반면 한국국회의 경우 원 구성 자체가 여야 간의 정치적 협상이 되는 등 개발도상국 의회의 전형을 보이고 있다.

국회법(제5조 제2항)은, 원 구성을 위한 임시회의 소집은 국회의원선거 후인 경우 의원의 임기개시 후 7일에 집회하도록 규정하고 있다. 또 전·후반기 의장·부의장의 임기를 각각 2년씩 균등하게 하기 위하여 전반기 의장·부의장의 임기가 만료되는 때에는 임기 만료일 5일 전에 집회하여 의장단 선출 등 후반기의 원 구성을 하도록 하였다.

국회의원선거가 끝나면 의원당선자들은 국회에 등록을 하고 원을 구성하여 의정 활동에 임하도록 되어 있으나 그동안 원 구성 자체를 둘러싸고 여야 간 협상을 벌이는 것이 마치 관행처럼 되어 왔다. 절차규범인 원 구성문제가 협상대상이 됨으로써 여야 간 정치현안에 대한 인식이 일치하지 않을 경우 4개월 이상 국회가 공전되기도 하였다.[6] 1967년 제7대 국회 개원을 앞두고 신민당은 이번 선거가 부정선거였다고 주장하며 등원을 거부하다가 임기 개시 142일 만에 등원하였다.

제15대 국회의 경우 전반기뿐만 아니라 후반기 원 구성에서도 여야 간 국회법의 원 구성조항이 의무조항이냐 훈시조항이냐를 놓고 소모적인 논쟁을 벌여 의정활동에 적지 않은 지장을 초래한 바 있다. 각 정당은 당리당략과 상황적 편의에 따라 이 조항을 훈시조항으로 보기도 하고 의무조항으로 보기도 하는데 역대 국회의 원 구성이 지연되어 왔던 경험을 참고삼아 만들

---

6) 원 구성이 지연되어 법률안 회부권을 갖는 의장이 선출되지 못하면 법률안이 제출되더라도 소관위원회에 회부되지 않는다.

어진 조항이므로 의무조항으로 보아야 한다.

원 구성의 지연은 때로는 회기 말에 이르러 법률안의 무더기처리 혹은 변칙처리로 이어지기도 한다. 이렇게 처리된 법률안 중 적지 않은 부분이 입법과정에서 전문인력에 의한 충분한 심의를 거치지 않아 다른 법률과 내용이 중복 혹은 저촉되거나 위헌소지가 있어 문제가 되고 있다. 국회의원의 임기 4년을 전반기와 후반기로 2년씩 나눠 원을 구성하도록 하였는데 특히 후반기 원 구성이 제때에 이루어지지 않을 경우 국회의 장단, 상임위원장단의 임기가 전반기 의장단, 상임위원장단의 그것과 비교할 때 불균형을 초래한다는 점도 문제로 지적된다.

과연 원 구성 지연은 이렇게 부정적 측면을 갖는 현상으로만 인식되어야 하는 것인가? 앞에 제시한 원 구성 지연에 따라 전개되는 여러 상황은 선진의회에서는 상상하기 어려운 일인 동시에 충실한 의정활동을 저해하는 국가자원의 소모적인 행태임에 틀림이 없다. 이제 이 문제를 의회민주화라고 하는 좀 더 큰 틀에서 접근해 보기로 하자.

원 구성 지연문제를 국회운영의 민주화 과정과 관련지어 보면 이제까지 원 구성 지연이 의미하였던 것, 그 이상을 볼 수 있다. 즉 야당은 원 구성의 지연을 통하여 원내외에서 공정한 경기가 이루어질 수 있도록 협상 또는 투쟁을 벌여 왔다.

정치의 민주화 이전, 즉 제12대 국회까지의 시기에 원 구성을 지연시킨 주된 원인(쟁점)은 부정선거 공방, 국회의장 선출, 상임위원장직 배분 등 정치적인 이유와 원내에서의 자원배분문제였다. 따라서 원 구성 지연의 원인제공행위는 주로 여당 측에 있었고, 원 구성을 지연시키는 직접행위는 주로 야당 측에 있었기 때문에 그 어느 쪽도 국회를 공전시켜 의정활동에 지장을 초래한 책임으로부터 자유로울 수 없다.

현실적으로 야당은 원 구성을 지연시킴으로써 부정선거조사 혹은 부정선거 재발방지를 위한 법규의 제정(혹은 개정)이라는 성과를 거두었고, 자유당 정권 이래 민주공화당, 민주정의당 등 여당이 독점하여 오던 상임위원장직을 제13대 국회부터는 여야 협상에 의하여 배분받기에 이르는 등 소기의 성과를 거두었다. 그러나 제14대 국회와 제15대 국회에서는 국회운영의 민주화 또는 공정한 경기규칙이 아니라 과반수 의석을 확보하여 의정활동을 주도하려는 행태에 의해 원 구성 지연사태가 반복되고 있다는 데 그 문제가 있다.

2. 쟁점과 해결

원 구성 지연의 쟁점(원인)은 사례 빈도수를 기준으로 할 때 부정선거 공방, 의장 선출, 상임위원장직 배분, 정치피규제자 및 정치사범 사면·복권문제, 의원 빼가기 등으로 분류될 수 있다. <표 12-2>의 제7대 국회 후반기와 제12대 국회 후반기의 원 구성 지연사례에서 보듯이 권력의 향방이 걸려 있는 헌법개정문제에서는 여야가 서로 한 치의 양보나 타협도 하지 않아 원 구성이 특별한 해결책 없이 여당 단독으로 매듭지어진 경우도 있다. 원 구성 지연사례를 종합해 볼 때 다음과 같은 다섯 가지 쟁점으로 정리할 수 있다.

1) 부정선거 공방

1967년 6월 8일 실시된 제7대 국회의원선거는 선거부정, 불법행위, 그리고 폭력이 난무한 선거였다. 선거과정에서 여당이 3선개헌에 필요한 3분의 2 의석을 확보하기 위하여 대리투표, 무더기표, 매표 등 광범위한 선거부정행위를 하자 야당소속당선자들은 당선자 등록과 국회출석을 거부하고 부정선거 규탄, 선거 재실시 등을 요구하며 3개월 이상 원 구성을 지연시켰다. 국회의장의 시국수습안 제의가 성과를 거두지 못한 가운데 개최된 민주공화·신민 양당의 전권대표자회담에서 선거부정조사특위 구성 및 정치관계법 개정특위 구성 등에 합의함으로써 원 구성문제가 매듭지어졌다.

이처럼 국회의원 선거과정의 부정·불법행위, 관권개입 등은 야당이 선거결과에 승복하지 않게 만드는 환경적 요인이 된다. 선거가 끝나고 국회가 구성되면 선거결과를 토대로 정부 여당이 다수의 물리적 위력으로 소수파의 의견개진 기회를 사실상 봉쇄한 채 일방적으로 국회를 장악, 지배하는 현상이 관행처럼 되어 왔다. 이것 역시 야당이 원 구성을 소수파의 위력 과시의 기회로 생각하게 만들었다.

2) 의장 선출

국회의장, 부의장, 상임위원회 위원장 등의 선출이 사실상 대통령에 의하여 지명되어 온 관행도 야당에게 원 구성 자체를 정치협상의 대상으로 삼게 하는 빌미를 제공하여 왔다.

어떤 방식으로 국회의장을 선출하느냐 하는 문제는 국회운영에 직결된 중요한 부분이기 때문에 원내 각 정파는 민감한 반응을 보일 수밖에 없다. 특히 제10대 국회 원 구성 시 지역구출신이 아닌 유신정우회출신 국회의장 선출문제가 주요 쟁점이 되었는데 이때는 유신체제하에서 정당의 기능과 역할이 극도로 위축되어 있던 탓에 유신정우회출신 의장선출문제는 시간이 지나면서 유야무야되었다.

국회의장단과 상임위원장단이 사실상 대통령에 의하여 지명되는 상황에서는 원 구성 작업은 결코 쉬운 일이 아니다.[7] 국회의장은 국회대표권, 의사정리권, 질서유지권, 사무감독권 등 국회운영 권한 이외에 원내에서 여야의 대립과 갈등을 조정, 통제하는 갈등중재자이기 때문에 야당으로서는 일방적인 지명에 의한 의장선출을 수용하기 어려운 입장이다.

이러한 갈등을 해소하기 위해서는 먼저 국회의장의 정치적 중립성이 확보되어야 한다. 무엇보다도 의장 스스로 공정한 국회운영에 임하는 자세를 가져야 할 것이다. 소임을 다한 국회의장이 다음 번 국회의원선거에 출마하는 경우 여야 각 정당은 그의 출마지역구에 후보자를 내지 않음으로써 의장직 퇴임 직후 1회에 한하여 국회의원으로서 다시 한 번 봉사할 수 있는 기회와 영예를 주는 것이 바람직하다.

---

7) 박재창, 「국회 원 구성상의 문제점과 개선 방향」, ≪4월회≫(1996. 9), 66~67쪽.

3) 상임위원장직 배분

상임위원회는 각 정당의 정책차원의 이해관계뿐만 아니라 지지세력의 결집이라는 정치적 전략에도 커다란 영향을 미친다. 또한 의원 개개인의 입장에서도 상임위원회 배정 결과에 따라 자신의 정책적 입장과 정치적 목표를 추구하는 데 큰 차이가 생길 수 있으므로 상임위원회 구성과 위원장 선출에 관심을 갖게 된다.

그러나 상임위원장직의 배분에 관한 법규정은 없으며, 다만 국회법상 상임위원장은 본회의에서의 선거, 특별위원장은 특별위원회에서의 호선에 의하여 선임되었기 때문에 제12대 국회까지는 모두 여당에 배정되어 왔다. 상임위원장직 배분문제는 정치적 민주화가 본격적으로 진행되기 시작한 제13대와 제14대, 제15대 국회에서 쟁점화되어 교섭단체 간의 합의에 따라 배분하기로 하였으나 원 구성 때마다 배분비율과 배분될 위원회를 둘러싸고 협상을 벌일 수밖에 없는 상태에 있다.

4) 정치피규제자 및 정치사범 사면복권문제

광주민주화운동 관련자와 구속된 정치사범들에 대한 사면복권문제가 제11대 국회와 제12대 국회 원 구성 때 주요 쟁점이었다. 제11대와 제12대 국회 전 기간 동안 여당은 야당의 이러한 문제제기와 요구에 대하여 정치피규제자 및 정치사범들에 대한 사면복권 혹은 규제완화로 문제를 해결하였다. 이때 여당은 상임위원장직 배분문제에서는 양보하지 않았다.

5) 의원 빼가기

종전에는 부정선거 공방이나 상임위원장직 배분문제 등이 원 구성 시의 걸림돌이었으나 제14대 국회와 제15대 국회에서는 의원 빼가기 문제가 원 구성을 지연시킨 주요 원인의 하나였다. 특히 여당이 총선거에서 과반수 의석을 확보하지 못한 경우 국회의원 선거일부터 원 구성일까지의 짧은 기간 동안에 의원 빼가기 행태가 계속되어 다수 의원들의 당적이 변경되고 원 구성 시에는 선거 당시의 의석 분포와는 크게 다른 원내 세력분포를 나타냈다. 이는 당선 시 소속되었던 정당과 그를 지지하였던 유권자들의 뜻을 저버리는 행위일 뿐만 아니라 국정계획 수립 및 추진을 가로막는 행위이다. 당선자 영입과 그로 인한 원 구성 지연 등 국회운영의 파행을 막기 위해서는 적어도 당선일부터 원 구성일까지는 당적변경을 허용하지 않는 방안을 고려하여 볼 만하나 근본적인 대책은 되지 못한다. 이러한 문제는 규제보다는 의원 개개인의 정치윤리의식에 호소해야 할 것이다.

원 구성 지연 요인은 여야 간 이해관계가 걸려 있는 정책이나 법안처리, 의견대립, 정당의 정치전략, 선거부정사건 등으로 분류된다. 국회법상의 원 구성이 제대로 지켜지고 있지 않은 이유로는 다음의 다섯 가지를 들 수 있다.

〈표 12-1〉 원 구성일과 상임위원장직 배분(제헌~제6대 국회)[8]

국회	원 구성일	상임위원장직 배분
제헌	1948. 6. 18	한국민주당 3, 대한독립촉성국민회 3, 무소속 4
제2대	1950. 7. 30	민주국민당 1, 조선민주당 1, 국민당 1, 무소속 5
	(1952. 7. 10)	민우회 2, 자유당 8, 민주국민당 1, 무소속 1
제3대	1954. 6. 23	자유당 13(여당 독점)
	1956. 2. 25	자유당 14(여당 독점)
제4대	1958. 6. 17	자유당 14(여당 독점)
	1959. 10. 14	자유당 14(여당 독점)
제5대	1960. 10. 2(민의원)	(민의원)민주당구파동지회 5, 민주당 5, 민정구락부 3
	1960. 10. 7(참의원)	(참의원)민주당 7, 무소속 2
제6대	1963. 12. 24	민주공화당 12(여당 독점)
	1965. 12. 22	민주당 12(여당 독점)

① 정당정치의 제도화 수준이 낮다.
② 외국의회에서는 대부분 의사규칙으로 분류되는 내용을 국회법으로 법제화한 것이라 준수의무감이 낮다.
③ 협상문화와 협상경험의 부족 혹은 협상기술이 부족하다.

---

8) 제헌국회부터 제6대 국회까지는 원 구성문제가 중요한 쟁점으로 부각되지 않았다.

④ 선거부정시비로 정국의 경색화를 초래하였다.
⑤ 의원 빼가기 공작으로 정국주도권 다툼 및 정치도덕성 시비가 있었다.

〈표 12-2〉 원 구성을 둘러싼 쟁점과 해결(제7대~제17대 국회)

국회	원 구성일		쟁점	해결	상임위원장직 배분
제7대	1967. 10. 5	전	· 부정선거 · 선거관계법개정안처리	· 민주공화 · 신민 양당전권대표자회담 협상의 정서채택(선거법, 정당법 개정 등 14개 항목 합의) · 선거부정조사특위 구성 및 정치관계법개정특위 구성 합의 · 특별국정감사실시 합의	민주공화당 12 (여당 독점)
제7대	1969. 11. 25	후	· 9월 14일의 3선개헌안 변칙가결처리 · 선거관계법 개정	· 3선 개헌 가결처리(69. 6. 14) 이후 신민당 등원거부. 민주공화당은 단독으로 원을 구성(69. 11. 25). 3선 개헌 처리 후 8개월간의 정치공백 후 신민당의 독자등원 방침에 따라 등원(70. 5. 12) · 특별한 해결책 없음	민주공화당 12 (여당 독점)
제8대	1971. 7. 28		· 신민당계파갈등 · 신민당당수선거	-	민주공화당 13 (여당 독점)
제9대	1973. 3. 16	전	쟁점 없음	-	민주공화당 9, 유신정우회 4 (여권 독점)
제9대	1976. 3. 15	후	· 쟁점 없음	-	민주공화당 9, 유신정우회 4(여권 독점)
제10대	1979. 3. 20		· 백두진 국회의장 선출을 둘러싼 여야 간 대립	· 백두진 국회의장 인정 · 특별한 해결책 없이 여야 합의로 국회정상화	민주공화당 9, 유신정우회 4 (여권 독점)
제11대	1981. 4. 14	전	· 야당, 시면복권과 구속자 석방	· 정부여당, 광주사태 관련자 83명에 대하여 특별감형, 특별사면, 복권조치	민주정의당 13(여당 독점)
	1983. 4. 13	후	· 정치활동 피규제자의 해금, 국회법 개정, 지방자치제 실시 시기 등에 이견	· 6월 30일부터 7월 4일까지 3당 3역의 막후절충으로 국회정상화	민주공화당 13(여당 독점)
제12대	1985. 5. 15	전	· 야당, 민주화일정청사진요구 · 국회정상화문제 · 구속자 사면, 복권문제	· 3당총무합의, 여야 모두 국회참석 · 김대중사면복권문제 - 원내에서 해결, 구속자석방문제 - 여야가 관계당국에 선처건의키로 합의	민주정의당 13(여당 독점)
	1987. 5. 13	후	· 개헌유보를 천명한 4 · 13호헌 조치	· 특별한 해결책 없음 · 국회 공전 중 박종철 군 고문치사사건은폐조작기도 발각으로 정국 전환	민주정의당 13(여당 독점)

국회	원 구성일		쟁점	해결	상임위원장직 배분
제13대	1988. 6. 20	전	·구인제 신설 등의 국정감사·조사 및 국회에서의 증언감정법 내용 ·광주특위 및 5공특위 구성문제(광주특위명칭문제 포함) ·상임위원장직 배분	·광주특위명칭문제 합의 ·상임위원장 선임을 국회의결로 의장에게 위임할 수 있는 규정 삭제(제23차 개정국회법, 1987. 12. 4) ·상임위원장직 배분문제 합의	민주정의당 7 평화민주당 4 통일민주당 3 신민주공화당 2
	1990. 6. 19	후	·상임위원장 배분문제로 야당의원불참 속에 여당 단독으로 의장단 선출 ·야당, 광주 5공특위 해체반대	·여당, 야당(평화민주당)이 요구한 상임위원장직 할애요구 수용	민주자유당 12 평화민주당 4
제14대	1992. 10. 2	전	·여당의 지방자치단체장 선거 연기 ·상임위원장선거 문제 ·광주5공문제 마무리	·3당 합의에 의한 정치특위 구성 ·지방자치단체장선거연기문제는 계속 논의키로 합의 ·노태우 대통령의 민주자유당탈당 및 중립내각 구성선언으로 국회정상화 발판 마련	민주자유당 10 민주당 5 통일국민당 2 무소속 1
	1994. 6. 28	후	·WTO가입비준동의만 처리 ·국회법 개정문제(의장 당적포기, 인사청문회, 예결위상설화)	·WTO가입비준동의안처리문제 당해 임시국회에서 처리 않기로 합의 ·국회법개정 합의 ·원 구성일 법정화 합의 ·상무대국정조사문제 합의	민주자유당 11 민주당 6
제15대	1996. 7. 8	전	·여당의 야당소속 당선자 영입 ·검찰경찰의 정치적 중립보장을 위한 법률 제정, 정비 요구	·선사법처리 조기 매듭 합의 ·정치자금법 개정 합의 ·4·11총선공정성시비조사특위 구성	신한국당 10 새정치국민회의 5 자유민주연합 3
	1998. 8. 17	후	·국무총리임명동의문제 ·국회의장 선출문제 ·상임위원장 배분기준 ·원 구성일 조항 해석 이견 ·여당의 야당의원 영입	·국무총리 임명 동의 ·16개 상임위원장직 배분 합의	한나라당 8 새정치국민회의 4 자유민주연합 3 국민신당 1
제16대	2000. 6. 16	전	·상임위원장 및 상설특별위원장 선출문제에 대한 여야 간 이견	교섭단체 간 합의	한나라당 9 새천년민주당 7 자유민주연합 1
	2002. 7. 11	후	·의사일정을 합의하지 못하여 원 구성 지연	교섭단체 간 합의	한나라당 10 새천년민주당 6 자유민주연합 1
제17대	2004. 7. 5	전	·의사일정을 합의하지 못하여 원 구성 지연	교섭단체 간 합의	열린우리당 14 한나라당 8
	2006. 6. 20	후	·의사일정을 합의하지 못하여 원 구성 지연	교섭단체 간 합의	열린우리당 14 한나라당 8

자료: 김현우, 「국회 원구성 지연문제 소고」, ≪국회보≫ 제402호(2000. 4), 121쪽; 기타 자료.

1. 제헌국회(1948. 5. 31~1950. 5. 30)

제헌의원선거는 1948년 5월 10일 실시되었다. 좌익의 선거방해공작과 남북협상 및 남북총선 실시를 주장한 김구·김규식 등 민족주의자들이 불참한 가운데 제주도를 제외한 남한 전역에서 선거가 실시되었다.

선거 10일 후인 5월 20일 남조선과도입법의원이 폐원되었으며 제헌국회는 5월 31일 개원식을 거행하였다. 국회는 이날 제1차 본회의를 열고 '국회준칙에 관한 결의안'을 의결한 다음 곧바로 의장단선거에 들어갔다. 선거결과 이승만 의원이 의장에 선출되었고, 부의장에는 신익희 의원과 김동원 의원이 각각 선출되었다.[9] 이후 이승만 의장이 대통령에 취임하게 되어 7월 24일 사임하고 신익희 부의장이 8월 4일 제2대 의장으로 선출되었다. 부의장 후임에는 김약수 의원이 보선되었으나 '국회프락치사건'으로 1949년 7월 2일 사임하였으며 7월 4일 윤치영 의원이 부의장에 선출되었다.

제헌국회는 1948년 6월 18일 전원위원장과 각 상임위원장 선거를 실시하여 원 구성을 마무리 지었다. 전원위원장에는 이청천 의원이 선출되었고, 각 상임위원장의 명단, 소속정당, 출신선거구는 <표 12-3>과 같다.

---

9) 각 대별 의장과 부의장 명단 및 임기는 이 책 제4장 제2절 참조.

〈표 12-3〉 제헌국회 위원회 및 위원장(1948. 6. 18)

위원회	위원장	소속정당	출신선거구	정당별 위원 수
내무치안	신성균	무소속	전주	한국민주당 2, 대한독립촉성국민회 5, 무소속 12
문교사회	주기용	〃	창원 을	한국민주당 3, 국민회 4, 무소속 8, 대동청년단 2, 민족통일본부 1
교통체신	이종린	〃	서산 갑	한국민주당 2, 국민회 2, 무소속 8, 대동청년단 1, 유도회 1, 조선공화당 1
자격심사	이문원	〃	익산 을	한국민주당 1, 국민회 7, 무소속 7
법제사법	백관수	한국민주당	고창 을	한국민주당 3, 대한독립촉성국민회 9, 단민당 1, 대동청년단 1, 조선민족청년단 1, 조선민주당 1, 무소속 7
외무국방	최윤동	〃	대구 갑	한국민주당 6, 국민회 3, 무소속 13, 대동청년단 8, 조선민족청년단 2
산업	서상일	〃	대구 을	한국민주당 8, 국민회 8, 무소속 18, 조선민족청년단 3, 독립촉성농민총연맹 3, 부산일오구락부 1
재정경제	정해준	대한독립촉성국민회	금산	한국민주당 6, 국민회 18, 무소속 18, 한국독립당 1, 조선민족청년단 1
징계	김영기	〃	안성	한국민주당 3, 국민회 5, 무소속 5, 대동청년단 1

주: 국민회는 대한독립촉성국민회의 약칭임.

2. 제2대 국회(1950. 5. 31~1954. 5. 30)

1) 전반기 원 구성

1950년 5월 30일 실시된 제2대 국회의원선거는 제헌의원선거 때 불참하였던 남북 협상파, 혁신계 인사 등이 참여한 가운데 실시되었다. 1950년 6월 19일에 제2대 국회가 개원되었다. 이날 국회법 제6조에 의거하여 최고령 의원인 오하영 의원이 임시의장이 되어 의장과 부의장을 선출하였는데 의장 선거 제1차 투표에서는 과반수 득표자가 없었고, 제2차 투표에서 신익희 의원이 당선되었다. 부의장에는 3차에 걸쳐 투표한 결과 장택상 의원과 조봉암 의원이 각각 당선되었다.

그러나 국회개원 일주일 만인 6월 25일 한국전쟁이 발발하였다. 국회는 6월 26일 새벽 긴급회의를 개최하고 국방부장관과 참모총장을 출석시켜 진상청취와 대책을 질문하였다. 6월 27일 새벽 3시에 유엔과 미국에 긴급원조를 요청하는 메시지 발송과 수도사수 결의 및 행정부에 대하여 사태수습을 위한 긴급조치강구를 촉구하는 건의안을 의결하였다.

국회는 1950년 7월 30일 제8회 국회(임시회) 전원위원장선거를 실시하여 지청천 의원을 선출하였다. 이날 상임위원장 선출도 이루어졌다.

1951년 3월 15일 국회법이 개정(제2차)되어 국회의장과 부의장의 임기가 2년으로 단축되었다. 이에 따라 국회는 4년 임기를 전반기 2년과 후반기 2년으로 나누어 의장·부의장을 선출하였다.

2) 후반기 원 구성

1952년 6월 16일 의장·부의장의 임기가 만료되었으나 전쟁과 파동으로 60여 명의 사상의원이 발생하여, 차후에 의장·부의장을 선출하기로 하고 6월 18일에 잠정적으로 3인(신익희·조봉암·김동성)의 임시의장을 선출하였다. 이날의 경과를 보면, 의장·부의장선거를 실시할 예정이었으나 개회와 동시에 서이환 의원 외 20인의 의원으로부터 "현재 30여 의원이 구속 또는 출석 부자유한 상태에서 이 사태가 해결되기 전에 정규 선거를 행하는 것은 타당치 않으므로 정국의 불안이 해소될 때까지 국회법 제7조에 의하여 임시의장을 선출하여 국회를 운영케 하자."는 긴급동의가 제안되어 138인 중 132인의 찬성으로 연기식 무기명비밀투표에 의해 임시의장 3인을 선출한 것이다.[10]

3인의 임시의장체제로 운영되던 국회는 1952년 7월 10일 정식으로 의장단 선거를 실시하였다. 제1차 투표결과 당선자가 없어 제2차 투표를 한 결과 의장에 신익희 의원, 부의장에 조봉암 의원·윤치영 의원이 당선되었다. 1953년 1월 22일 제4차 국회법 개정에서는 상임위원장 선출을 종래의 위원호선제도에서 본회의 선출로 변경하였다. 위원호선은 위원장 선출 때 불미스러운 선거운동의 폐단을 방지하기 위한 것이었다. 이번 개정에서는 정당체제가 정비되지 못하여 각 교섭단체 소속의원의 이합집산이 계속되자 상임위원의 빈번한 이동을 현실화한다는 이유로 위원의 임기를 1년으로 단축하

---

10) ≪동아일보≫, 1952년 6월 19일자.

였다.[11] 각 상임위원장의 명단, 소속정당, 출신선거구는 다음과 같다.

<표 12-4> 제2대 국회 위원회 및 위원장

구분	전반기(1950. 7. 30)			후반기(1952. 1. 22 현재)		
위원회	위원장	소속정당	출신선거구	위원장	소속정당	출신선거구
법제사법	윤길중	무소속	원주	김의준	민우회	여주
내무치안	서민호	〃	고흥 을	조경규(내무)	자유당	대구 갑
재정경제	김학수	〃	고창 갑	이재형	자유당	시흥
교통체신	신용욱	〃	고창 을	윤성순	자유당	포천
징계자격	조경규	〃	대구 갑	정문흠	자유당	봉화
외무국방	지청천	민주국민당	성동 갑	정일형(외무)	무소속	중구 을
				김종회(국방)	자유당	대덕
산업	이종현	조선민주당	마포 을	소선규(상공)	민주국민당	익산 갑
문교사회	이규갑	대한국민당	이산	안상한(문교)	자유당	횡성
				김익기(사회보건)	민우회	안동 을
-	-	-	-	박정근(농림)	자유당	전주
-	-	-	-	홍창섭(국회운영)	자유당	춘천

3. 제3대 국회(1954. 5. 31~1958. 5. 30)

1) 전반기 원 구성

제3대 국회는 1954년 6월 9일 개원되었다. 이날 실시된 의장단선거에서 의장에 이기붕 의원, 부의장에 최순주 의원과 곽상훈 의원이 선출되었다. 국회는 1954년 6월 23일 제9차 본회의를 열고 국회법 제3조 및 17조에 의거하여 전원위원장 및 상임위원장 선거를 실시하였는데 전원위원장에 정문흠 의원이 선출되었다. 야당 측이 입후보를 포기한 가운데 자유당주류파가 13개 위원장직을 석권하였다. 원내세력은 자유당 136석, 민주당 33석, 국민당 20석, 무소속 14석의 분포였다. 4사5입개헌(1954. 11. 19) 파동에 대한 책임을 지고 최순주 부의장이 사표를 제출함에 따라 1955년 3월 2일 보궐선거

---

11) 그러나 1963년 11월 26일 국가재건최고회의 당시의 국회법 개정 시 상임위원회 및 위원장의 개선(改選)이 연례행사가 되고, 빈번한 이동으로 위원회의 효율적 운영에 지장을 초래한다는 이유로 상임위원 및 위원장의 임기를 다시 2년으로 연장하였다.

를 한 결과 조경규 의원이 당선되었다.

2) 후반기 원 구성

1956년 6월 8일 전반기 의장단의 임기가 만료됨에 따라 의장·부의장선거가 실시되어 의장에 이기붕 의원, 부의장에 조경규 의원과 황성수 의원이 선출되었다. 이에 앞서 실시된 위원장선거(1956. 2. 25)에서는 여당인 자유당에서 13개 위원장직을 독점하였다.

1956년 11월 19일 황성수 부의장이 시계밀수사건으로 사표를 제출함에 따라 보궐선거가 12월 5일 실시되어 이재학 의원이 당선되었다.

〈표 12-5〉 제3대 국회 위원회 및 위원장

구분	전반기(1954. 6. 23)			후반기(1956. 2. 25 현재)		
위원회	위원장	소속정당	출신선거구	위원장	소속정당	출신선거구
법제사법	윤만석	자유당	문경	박세경	자유당	임실
내무	조경규	〃	함안	한희석	〃	천안
외무	황성수	〃	보성	황성수	〃	보성
국방	류지원	〃	연기	안동준	〃	괴산
예산결산	이충환	〃	진천	박용익	〃	강릉 을
재정경제	박만원	〃	군위	박만원	〃	군위
농림	홍창섭	〃	춘천	조병문	〃	진도
상공	윤성순	〃	포천	김진만	〃	삼척
문교	김법린	〃	동래군	김종규	〃	양주 갑
사회보건	정준모	〃	장수	김철안	〃	금릉
교통체신	남송학	〃	용산 을	신의식	〃	용인
징계자격	김익로	〃	영일 을	김상도	〃	영천 갑
국회운영	박영출	〃	의성 갑	조순	〃	곡성

4. 제4대 국회(1958. 5. 31~1960. 7. 28)

1) 전반기 원 구성

1958년 6월 7일 제4대 국회 개원국회가 집회되었다. 의장단선거에서 이기붕 의원이 의장에 선출되었고, 부의장에는 이재학 의원과 한희석 의원이 당선되었다. 6월 17일 제4차 본회의에서 실시된 전원위원장선거에서는 김익로 의원이 선출되었고, 이어 실시된 14개 상임위원장선거에서 여당 자유당이 위원장직을 석권하였다.

제32회 임시국회 전회기(1959. 2. 18~7. 17)를 정쟁으로 허비한 후 1959년 9월 30일 국회정상화를 위한 총무급회담이 개최되었다. 10월 14일 상임위원장선거가 실시되어 여당 자유당에서 14개 위원장직을 독점하였다.

1959년 8월 31일 한희석 부의장이 사임하여 10월 14일에 실시된 보궐선거에서 임철호 의원이 당선되었다. 1960년 4월 28일 이기붕 의장이 사망하여 5월 2일 실시된 보궐선거에서 곽상훈 의원이 당선되었다.[12]

2) 후반기 원 구성

전반기 의장단의 임기가 만료됨에 따라 1960년 6월 4일 후반기 의장단선거가 실시되어 곽상훈 의원이 의장에 선출되었다. 부의장선거는 1960년 6월 10일 실시되어 김도연 의원과 이재형 의원이 당선되었다.[13]

<표 12-6> 제4대 국회 위원회 및 위원장

구분	전반기(1958. 6. 17)			후반기(1959. 10. 14)		
위원회	위원장	소속정당	출신선거구	위원장	소속정당	출신선거구
법제사법	박세경	자유당	임실	박세경	자유당	임실
내무	박순석	〃	영일 갑	이상룡	〃	부산 서 갑
외무	윤성순	〃	포천	최규남	〃	서대문 을
국방	류지원	〃	연기	유용식	〃	양평
예산결산	박홍규	〃	전남 광주 병	박만원	〃	군위
재정경제	최용근	〃	강릉	손석두	〃	장흥
부흥	구흥남	〃	화순	원용석	〃	당진 을
농림	신규식	〃	부안	이영희	〃	의령

---

12) 곽상훈 의원은 총투표수 184표 중 137표를 얻어 당선되었다.

13) 1960년 4월 27일 임철호 부의장이 사임하였고 다음 날인 28일 이기붕 의장이 사망하였다. 그리고 5월 2일 이재학 부의장이 사임하였으나 보궐선거를 실시하지 않다가 6월 6일 부의장의 임기가 만료됨에 따라 6월 10일 부의장선거를 실시하였다.

구분	전반기(1958. 6. 17)			후반기(1959. 10. 14)		
위원회	위원장	소속정당	출신선거구	위원장	소속정당	출신선거구
상공	이영언	〃	부산 영도 갑	정규상	〃	영월
문교	이존화	〃	완주 갑	손재형	〃	진도
사회보건	김익기	〃	안동 을	손문경	〃	고흥 갑
교통체신	정명섭	〃	나주 을	이종수	〃	김해 을
징계자격	정존수	〃	평택	김상도	〃	영천 갑
국회운영	박용익	〃	명주	이성주	〃	고양

5. 제5대 국회(1960. 7. 29~1961. 5. 16)

제2공화국의 기틀을 마련하기 위하여 소집된 제5대 국회는 개회에 앞서 민의원·참의원의 의장단선거, 대통령 선출, 국무총리 지명과 그에 따른 국회의 인준 등을 놓고 활발한 막후교섭이 진행되었다. 특히 민주당 신·구파는 대통령에 윤보선 의원을 선출하고 민의원의장에 곽상훈 의원을 선출한다는 데 이론이 없었다. 그러나 국무총리 인선에서 구파는 김도연 의원, 신파는 장면 의원을 지지함으로써 심각한 대립을 보였다.

신헌법 부칙은 총선거 후 10일 이내에 민·참의원을 개원하고, 최초의 집회일부터 5일 이내에 양원(兩院)합동회의를 열어 대통령을 선출하며, 선출된 대통령은 5일 이내에 국무총리를 지명할 것을 규정하고 있었다. 이러한 헌법상의 정부수립 일정에 따라 1960년 8월 8일 오후 3시 의정사상 처음으로 양원제의회가 구성되어 민의원의사당에서 합동개원식을 가졌다. 이날 민의원에서는 의장에 곽상훈 의원, 부의장에 이영준 의원·서민호 의원을 선출하였으며, 참의원에서는 의장에 백낙준 의원, 부의장에 소선규 의원을 선출하였다.

국회(민의원)는 1960년 10월 2일 제37회 국회(정기회) 제1차 본회의에서 각 상임위원장선거를 실시하였다. 선거결과 구파동지회 5, 민주당 5, 민정구락부 3의 분포로 나타났다. 참의원에서도 10월 7일 제37회 국회(정기회) 제5차 본회의에서 각 상임위원장 선거를 실시하였는데, 구파동지회 4, 민주당 3, 무소속 2의 분포로 나타났다.

〈표 12-7〉 제5대 국회 위원회 및 위원장

구분	민의원(1960. 10. 2)			참의원(1960. 10. 7)		
위원회	위원장	소속정당	출신선거구	위원장	소속정당	출신선거구
법제사법	윤형남	민주당구파동지회	순천	심종석	민주당	충청남도
내무	서범석	민주당구파동지회	성북	이남규	민주당구파동지회	전라남도
예산결산	이충환	민주당구파동지회	진천	이효상	무소속	경상북도
문교	윤제술	민주당구파동지회	김제 을	최상채(문교사회)	민주당구파동지회	전라남도
농림	유옥우	민주당구파동지회	무안 을	–	–	–
외무	서동진	민주당	대구 갑	최희송(외무국방)	민주당	경상북도
재정경제	계광순	민주당	춘천	김달범	무소속	경상남도
국방	이철승	민주당	전주 을	–	–	–
부흥	김동욱	민주당	부산 서	–	–	–
교통체신	김용진	민주당	진주	박찬희	민주당구파동지회	충청북도
상공	김봉재	민정구락부	창원 을	한통숙	민주당	서울특별시
보건사회	정준	민정구락부	김포	–	–	–
의원운영	윤재근	민정구락부	강화	정순응	민주당구파동지회	강원도

6. 제6대 국회(1963. 12. 17~1967. 6. 30)

1) 전반기 원 구성

국회는 1963년 12월 17일 제5대 박정희 대통령의 취임식이 있기 직전인 오전 9시 25분, 최고령의원인 임시의장 이상철 의원의 사회로 제1차 본회의를 열고 민주공화당이 지명한 이효상 의원을 의장으로 선출하였다. 부의장에는 장경순 의원과 나용균 의원이 선출되었다.

국회는 원 구성을 위하여 12월 24일 제7차 본회의를 열고 상임위원장선거를 실시하였다. 이날 선거에서 여당인 민주공화당은 12개 상임위원장에 모두 후보를 낸 반면 민정당과 삼민회는 내정자를 지명하지 않고 의원 각자의 자유의사에 맡겼다. 선거결과 민주공화당의 내정자가 전원 당선되었으며 야당은 거의 백지투표를 하였음이 판명되었다. 민정당과 삼민회 등 야당은 후보자를 지명하지 않았다.

2) 후반기 원 구성

1965년 12월 16일 후반기 의장단선거가 실시되었다. 제1차 투표결과 당선자가 없어 제2차 투표를 실시한 결과 이효상 의장의 연임이 확정되었다. 부의장선거에서는 장경순 부의장은 연임되었고, 다른 한 사람의 부의장에는 이상철 의원이 선출되었다.

상임위원장선거는 1965년 12월 22일 실시되었는데 선거결과 전반기와 마찬가지로 민주공화당이 12개 상임위원장직을 독점하였다.

〈표 12-8〉 제6대 국회 위원회 및 위원장

구분	전반기(1963. 12. 24)			후반기(1965. 12. 22)		
위원회	위원장	소속정당	출신선거구	위원장	소속정당	출신선거구
법제사법	백남억	민주공화당	김천·금릉	김봉환	민주공화당	군위·선산
외무	김동환	〃	전국구	변종봉	〃	산청·합천
내무	길재호	〃	금산	조시형	〃	부산 중
재정경제	김성곤	〃	달성·고령	양순직	〃	논산
국방	김종갑	〃	서천·보령	민병권	〃	함양·거창
문교공보	최영두	〃	완주	이돈해	〃	김포·강화
농림	권오훈	〃	안동	김주인	〃	거제
상공	정태성	〃	청주	김재순	〃	철원·화천·양구
보건사회	정헌조	〃	영광·함평	김성철	〃	이리·익산
교통체신	박승규	〃	담양·장성	정래정	〃	광주 을
건설	김택수	〃	김해	서상린	〃	용인·안성
국회운영	김용순	〃	삼천포·하동·사천	현오봉	〃	남제주

7. 제7대 국회(1967. 7. 1~1971. 6. 30)

1) 전반기 원 구성

제7대 국회의원선거(1967. 6. 8)는 부정선거로 얼룩진 선거였다.

국회의원선거로 빚어진 여야의 극한 대립으로 제7대 국회가 1967년 7월 10일 야당소속의원 당선자들이 등록을 거부하는 가운데 민주공화당의원들로만 단독 개원하였다. 이날 국회의사당 주변에는 '6·8선거 무효와 일당국회 철회'를 부르짖는 유진오 신민당총재를 비롯한 야당의원들의 시위와 이를 저지하는 경찰대가 충돌하였다. 이날 제61회 국회 제1차 본회의에서는 최연장 의원인 최희송 의원의 사회로 의장단을 선출하였다. 의장에는 이효상 의원, 부의장에는 장경순 의원이 선출되었고 부의장 1석은 관례에 따라 야당의원 중에서 선출하되 신민당소속의원들이 국회에 출석한 이후에 선거를 실시하기로 결의하였다(1968. 6. 7 윤제술 부의장 선출).

이효상 국회의장은 10월 5일, 등원을 거부하는 신민당의원 45명과 대중당 서민호 의원에게 국회법 제46조의 규정을 적용하여 의장직권으로 상임위원회를 배정하고 상임위원장 선거를 실시하였다. 선거결과 12개 상임위원장 전원이 민주공화당소속의원 중에서 선출되었다.

신민당이 대여접촉을 금기시하고 이효상 국회의장의 거듭된 시국수습제의를 거부하자 신민당의 당선자들은 불만을 품었다. 이후 9월 정기국회가 열리자 대여투쟁방향의 전환을 모색하여 9월 20일 회의에서 '적극적인 대여접촉으로 4개 원칙관철'이라는 협상공식화를 결의하였다.

신민당은 10월 6일 운영회의에서 '대여투쟁 및 접촉연구 5인위원회'를 구성, 대여접촉 및 투쟁에 관하여 유진오 당수의 자문에 응하기로 하였다. 5인위원회는 조한백, 김의택, 김재광, 김대중, 신중목 등 원내외 인사로 구성되었다. 5인위원회의 구성과 함께 막후협상이 활발히 진행되었으나 10월 24일 청와대의 협상백지화성명으로 실패하였다.

10월 28일 민주공화당 김종필 의장과 비밀면담한 유진오 당수는 10월 30일 '유진오·김종필회담'을 제의한 김종필 의장에게 전권회담을 제의하였다. 전권회담이 성사되었으나 여야 전권대표자회의에서 채택된 합의의정서 내용에 신민당의 4개 투쟁원칙이 반영되지 않았다는 이유로 당내 비주류 및 원외강경파는 이의 백지화 또는 인준보류를 주장하였다. 10월 27일 당선자회의의 결의에 따라 신민당은 이날 즉시 국회사무처에 당선자 44명을 일괄 등록(김세영 의원은 거부)하고 10월 29일 등원하였다.

2) 후반기 원 구성

장경순 부의장은 1969년 6월 23일 본회의에서 야당 측의 이의를 묵살하고 표결을 거치지 않은 채 대정부질문 종결과 휴회결의를 변칙으로 처리하는 불법사회를 하였다. 이에 신민당은 7월 2일 날치기 휴회 및 국회변칙운영에 대한 책임을 물어 장경순 부의장에 대한 불신임결의안을 발의하였다.

회기 동안 줄곧 계속된 여야의 대치는 7월 9일로 예정된 의장단 선거에도 영향을 주었다. 신민당은 이번 회기 중에 발생한 변칙처리에 대한 의장단의 인책문제가 매듭지어지지 않을 것으로 보고 총무회담을 통하여 현 의장단의 재선을 견제하였다.

이런 상황에서 민주공화당의 김택수 총무는 일각의 반발을 무릅쓰고 연이어 양보를 해야 했고 막판에 민주공화당의 온건전략으로 의장단선거는 예상보다 빨리 치러졌다.

전반기 의장단의 임기만료로 실시된 1969년 7월 9일 후반기 의장단선거에서는 이효상 의장과 장경순 부의장이 재선되었다(야당 몫의 부의장에는 1970년 9월 7일 신민당의 정성태 의원이 선출되었다).

1969년도 제1회 추가경정예산안처리와 임기가 만료된 의장단 개선이 주요 문제였던 제70회 국회(임시회)는 여야 대립 속에 날치기와 변칙운영 공전 그리고 단독강행으로 힘겨루기를 하다가 회기 말을 하루 앞둔 7월 9일에 동 예산안 처리와 의장단 선거실시문제를 해결하였다.

그러나 부정선거 파동으로 당시 신민당소속의원의 등원거부가 장기화되어 상임위원 및 위원장의 선임이 이루어지지 못하였다. 이러한 상황을 타개하기 위하여 '국회법중개정법률안 기초특별위원회'를 구성, 개정하여 부득이한 경우 상임위원회의 위원장 선임과 위원선임을 의장에게 위임할 수 있도록 하여 의장의 직권으로 상임위원을 선임하는 제도를 마련하였다(1969. 11. 12, 제13차 국회법 개정). 그런데 민주공화당이 마련한 국회법개정안은 상임위원회와 예결위원회의 구성, 상임위원장을 국회의장이 직권으로 임명할 수 있게 하고, 개정헌법에 따라 국회의원이 국무위원 겸직을 허용하는 규정을 두는 등의 내용을 포함하고 있었다.

한편 신민당 사무국 부·차장으로 구성된 정풍회는 1969년 11월 11일 정무회의에 체질개선과 재야세력 영입을 위하여 임시전당대회를 12월 중에 소집하여 줄 것을 건의하였다.[14] 신민당은 당 체질개선책의 하나로 1970년 1월 중에 재야인사들을 전원 포섭하기로 하였다.

여야 협상이 결렬된 지 사흘 뒤 본회의를 속개한 민주공화당은 외곽 교섭단체인 유신정우회와 함께 11월 22일 국회운영에 필요한 국회법 개정안을 전격적으로 가결, 경색정국을 극한 상황으로 몰아넣었다. 국회는 본회의에서 1969년 11월 25일 의장직권으로 민주공화당의 각 상임위원 및 상임위원장을 배정한 결과 민주공화당이 12개 상임위원장직을 독점하였다. 이로써 개헌안 변칙처리 이후 공백상태에 있던 원 구성을 마치게 되었다. 이날 본회의는 신민당이 국회에 출석하지 않았고, 소속의원이 상임위원 배정명단을 제출하지 않았으므로 개정된 국회법 제46조에 따라 의장의 직권으로 배정하도록 만장일치로 의결하였다.

박정희 민주공화당총재는 11월 24일 오전 국회 12개 상임위원장 지명과 당기구개혁에 따른 일부 당직개편을 단행하였다. 원 구성이 지연된 원인은 9월 14일 3선개헌안변칙가결처리에 있었다. 국회본회의는 11월 27일 오전 신민당의원들이 불참한 가운데 민주공화당과 유신정우회 의원들만으로 1969년도 제3회 추경예산안을 정부원안대로 심의, 의결하였다.

이효상 국회의장은 야당의 등원거부와 여당의 단독강행으로 빚어진 파행적인 국회운영을 지양하고 국회정상화를 위하여 모종의 대책을 구상하겠다고 밝혔다. 국회는 12월 9일 민주공화당과 유신정우회 소속의원들만으로 실시한 단독 국정감사를 끝내고 10일부터 새해 예산안에 대한 상임위원회 예비심사를 시작하였다. 그러던 중 1969년 12월 13일 대한항공기 납북사건이 발생하였다.

제72회 정기국회는 12월 22일 새해 예산안 통과에 이어 23일 '저축증대

---

14) ≪매일신문≫, 1969년 11월 12일자.

에 관한 법안’ 등 주요 경제의안 등으로 밀려 있는 50여 의안을 무더기로 처리하고 폐회하였다.

신민당은 1970년 2월 20일 정무회의에서 선거제도의 본격적 개혁을 위한 여당 측의 성의 있는 보장이 없는 한 등원할 수 없다는 종전의 방칙을 재확인하였다. 유진산 신민당대표는 3월 4일 오전 취임 후 첫 기자회견을 갖고 등원거부는 선거시정을 위한 것이라고 밝혔다. 신민당은 3월 5일 오전 의원총회에서 선거제도 개선에 관한 ‘선 보장, 후 등원원칙’에 신축성을 두어 여야 간 합의를 보면 등원하기로 하였다.

여야는 국회정상화를 위한 막바지 교섭을 벌인 결과 3월 28일 선거관계법과 지역구 증설문제에 원칙적인 합의를 보았다.[15] 1969년 개헌파동 이래 정치공백이 국회기능의 기형적 사태를 낳았다. 국회는 1970년 3월 13일부터 내무위원회 건설위원회의 연석회의를 개최하기로 하였다. 민주공화당이 연석회의를 열기로 결정하자 신민당은 이에 출석할 뜻을 밝히면서도 “위원회 소집은 불법이기 때문에 신민당소속의원들은 의원 개인자격으로 간담회에 참석하는 것”이라고 해명하였다. 그러나 신민당은 4월 21일 정무회의에서 여당과의 협상종결을 선언하였다.

여야 총무는 4월 29일 회합에서 국회에 공동제안할 20여 개항의 선거제도개선안 내용에 완전 합의하였다. 민주공화당과 유신정우회는 5월 초순 그간의 합의사항을 백지화하고 5월 11일 제73회 국회를 소집하기로 결정하였다. 이렇게 하에 5월 11일 오전 국회는 1969년 9월 14일 이후 8개월 만에 일단 정상화를 회복하였다. 등원은 신민당의원들의 독자 등원방침에 따라 이루어졌다.

---

15) ≪매일신문≫, 1970년 3월 29일자.

〈표 12-9〉 제7대 국회 위원회 및 위원장

구분	전반기(1967. 10. 5)			후반기(1969. 11. 25)		
위원회	위원장	소속정당	출신선거구	위원장	소속정당	출신선거구
법제사법	김장섭	민주공화당	포항·영일·울릉	노재필	민주공화당	양산·동래
외무	박준규	〃	성동 을	차지철	〃	이천·광주
내무	오치성	〃	포천·연천·가평	이상식	〃	경주·월성
재정경제	양순직	〃	논산	김재순	〃	철원·화천·양구
국방	민기식	〃	청원	민병권	〃	거창·함양
문교공보	육인수	〃	옥천·보은	김종호	〃	속초·양양·고성
농림	전휴상	〃	진안·무주·장수	이종근	〃	충주·중원
상공	예춘호	〃	영도	길전식	〃	장흥
보건사회	이우헌	〃	여수·여천	한상준	〃	임실·순창
교통체신	정진동	〃	예천	이상희	〃	서산
건설	최치환	〃	남해	최두고	〃	부산진 을
국회운영	현오봉	〃	남제주	이병희	〃	수원

8. 제8대 국회(1971. 7. 1~1972. 10. 17)

1) 전반기 원 구성

1971년 7월 26일 제8대 국회가 개원되었다. 여야 공동으로 소집된 이날의 제77회 임시국회는 최고령의원인 유봉영 의원의 사회로 오전 10시 제1차 본회의를 열어 의장에는 민주공화당이 지명한 백두진 의원을, 부의장에는 장형순 의원과 정해영 의원을 각각 선출하였다.

국회는 7월 28일 제77회 국회 제3차 본회의를 열고 제8대 국회 전반기의 상임위원장 선거를 실시하였는데, 투표결과 13개 상임위원장에 모두 민주공화당소속의원들이 선출되었다.

〈표 12-10〉 제8대 국회 위원회 및 위원장(1971. 7. 28)

위원회	위원장	소속정당	출신선거구	정당별 위원 수 (민주공화당, 신민당, 무소속)
법제사법	고재필	민주공화당	장성·담양	9, 7, 0
외무	이동원	〃	전국구	8, 7, 0
내무	차지철	〃	광주·이천	11, 9, 0
재무	김창근	〃	영주	13, 11, 0
경제과학	김종철	〃	천안·천원	9, 7, 0
국방	민기식	〃	청원	9, 7, 0
문교공보	양찬우	〃	동래 갑	8, 5, 1
농림	전휴상	〃	진안	13, 11, 0
상공	오학진	〃	부천·옹진	13, 11, 0
보건사회	오준석	〃	영양·울진	8, 5, 1
교통체신	장승태	〃	영월·정선	9, 7, 0
건설	서상린	〃	용인·안성	11, 9, 0
국회운영	문태준	〃	청송·영덕	9, 7, 0

개원된 국회는 3선 개헌파동과 대통령선거(1971. 4. 27)의 후유증 등으로 학생시위와 정국불안이 이어지던 중 1971년 12월 27일 새벽 3시 민주공화당소속 111인과 무소속 2인만이 출석한 가운데 국회 별관 외무위원회에서 '국가보위에 관한 특별조치법안'을 전격, 가결하였다.

박정희 대통령은 1972년 6월 8일 오전 백두진 국회의장과 만나 제82회 국회(임시회)소집을 비롯한 국회정상화문제를 협의하였다.

제8대 국회가 행정부에 대한 정기 국정감사를 실시하던 중인 1972년 10월 17일 오후 7시 박정희 대통령은 전국에 비상계엄을 선포하고, 이어 전국에 중계된 방송을 통하여 '10월유신'이라 불리게 된 '대통령특별선언'을 발표하였다. 대통령특별선언에 따른 국회해산과 비상국무회의의 국회기능대행으로 제8대 국회는 그 막을 내렸다.

9. 제9대 국회(1973. 3. 12~1979. 3. 11)

1) 전반기 원 구성

유신체제 하의 제9대 국회는 1973년 3월 12일 개원되었다. 이날 제85회 국회(임시회)는 최고령의원인 정일형 의원의 사회로 오전 10시 제1차 본회의를 열어 의장·부의장선거를 실시하였다. 의장에는 정일권 의원, 부의장에는 김진만 의원이 선출되었다. 부의장 2인 중 1인은 관례에 따라 야당인 신민당소속의원 중에서 선출하기로 하였으나 신민당 측 사정으로 선출을 연기하였다. 5월 26일 제86회 국회 제8차 본회의에서 부의장선거를 실시한 결과 이철승 의원이 당선되었다.

2) 후반기 원 구성

후반기 원 구성을 위하여 1976년 3월 12일 실시된 의장·부의장선거에서 의장에 정일권 의원이 재선되었고, 부의장에는 구태회 의원과 이민우 의원이 당선되었다. 국회 13개 상임위원회 위원장은 이보다 사흘 앞선 3월 9일 내정되었으며, 3월 15일의 상임위원장선거에서는 내정된 대로 선출되었다.

〈표 12-11〉 제9대 국회 위원회 및 위원장

구분	전반기(1973. 3. 16)			후반기(1976. 3. 15)		
위원회	위원장	소속정당	출신선거구	위원장	소속정당	출신선거구
법제사법	장영순	민주공화당	청양·홍성·예산	장영순	민주공화당	청양·홍성·예산
내무	차지철	〃	성남·여주·광주·이천	김용호	〃	원주·홍천·횡성·원성
재무	신형식	〃	고흥·보성	김임식	〃	부산진
경제과학	김종철	〃	천안·아산·천원	김유탁	〃	고양·김포·강화
문교공보	육인수	〃	보은·옥천·영동	윤인식	〃	함평·영광·장성
농수산	이병욱	〃	고창·부안	지종걸	유신정우회	통일주체국민회의
상공	오학진	〃	안양·시흥	문태준	민주공화당	청송·영덕·울진
교통체신	서상린	〃	평택·용인·안성	류승원	〃	인천
국회운영	김용태	〃	대전	김용태	〃	대전
외무	김세련	유신정우회	통일주체국민회의	최영희	유신정우회	통일주체국민회의

구분	전반기(1973. 3. 16)			후반기(1976. 3. 15)		
위원회	위원장	소속정당	출신선거구	위원장	소속정당	출신선거구
국방	최영희	〃	〃	정래혁	민주공화당	성북 · 도봉
보건사회	고재필	〃	〃	김용성	유신정우회	통일주체국민회의
건설	현오봉	〃	〃	고재필	〃	〃

10. 제10대 국회(1979. 3. 12~1980. 10. 27)

제10대 국회의원선거는 1978년 12월 12일 실시되었으며 임기는 3월 12일부터 시작되었다. 국회의원 선거결과 민주공화당과 신민당소속 당선자들의 원내진출이 백중세를 보인 가운데 제10대 국회는 1979년 3월 15일 집회될 예정이었으나 국회의장 선출문제를 둘러싼 여야의 대립으로 진통을 겪었다.

신민당은 원 구성을 위한 제101회 국회가 열리기에 앞서 1979년 3월 14일 의원총회를 열고 여당 측이 국회의장후보로 내정한 백두진 의원에 대하여 "지역구출신이 아닌 유신정우회소속의원이 의장직을 맡는다는 것은 불합리하다."며 거부한다는 당론을 확정하였다. 민주공화당도 이날 긴급당무회의를 소집, 신민당이 국회의장선거 때 집단 퇴장할 경우에 대비한 대책을 협의하고 원 구성의 무기한 연기를 포함한 강경대응책을 강구하였다. 민주공화당과 유신정우회는 신민당이 유신정우회출신의원의 의장선출에 대하여 반대가 아닌 거부태도를 보이는 것은 '유신체제에 대한 도전'이라는 입장을 보였다. 이처럼 제10대 국회 개회 벽두에 야당의 반대를 무릅쓰고 유신정우회 백두진 의원을 국회의장으로 선출하는 절차가 강행되자 야당의 반발로 정국이 경색되었다.

3월 15일 국회개원이 좌절된 데 이어 16일 오전의 본회의도 공전되었다. 이때 지방세법안개정안 등 시급히 처리해야 할 11개 법안과 1개 동의안이 처리를 앞두고 있었다. 여야는 절충을 통하여 17일 중으로 원 구성을 하기로 합의하였다. 3월 17일 신민당의원총회에서 여야의 절충 결과에 대해서 불만이 표출되기도 하였으나 결국 신민당지도부는 여당이 선택한 방법을 통하여 여당의 방침에 반대하기로 결의하는 기록을 남겼다.

3월 16일 오전 여당 측과 3차례 접촉을 가진 신민당 송원영 총무가 '반대의사를 표명한 후 백지투표'안을 최고위원회에 제시하였다. 이충환·유치송 등 최고위원들은 퇴장안을 고수하였으나 이철승·고흥문 두 최고위원은 송 총무의 안을 지지하였다. 이날 오후 6시 50분경 "여당권의 공갈협박에 대한 공식사과를 조건으로 신민당최고위원회에 일임한다."는 신민당의원총회에서의 결론이 민주공화당 수뇌부에 전달되었다.

여당 측은 의원총회 결과를 보고하러 온 신민당의 김상진·이진연·이용희 부총무들에게 송 총무가 직접 와서 향후 대책협의에 참석할 것을 부탁하였고, 저녁 7시 20분부터 25분가량 송 총무와 숙의하였다.[16]

이러한 여야 대립을 해소하기 위하여 민주공화당 현오봉 원내총무, 유신정우회 최영희 원내총무, 신민당의 송원영 원내총무는 막후 절충을 벌여 신민당이 국회의장 선출 시 본회의장에 참석한다면 여당은 그동안 신민당에 대한 인신공격성 발언에 대하여 성명을 발표하여 공개사과하기로 타협하였다.

1979년 3월 17일 제101회 국회(임시회) 제1차 본회의는 최고령의원인 이효상 의원의 사회로 진행되었다. 신민당은 의장단 선출에 이철승 대표를 비롯한 6명의 최고위원과 송원영 원내총무 등 7명의 의원만이 참석하여 백지투표로 반대의사를 표시하였다.

김영삼 의원·이민우 의원 등 14명은 개의 시에만 참석하였다가 의장단 선거가 선포되자 퇴장하였고, 나머지 신민당의원들과 민정회의원 7명은 회의장에 입장하지 않았다. 민주통일당의원 3명도 투표 전에 퇴장하고, 민주공화당과 유신정우회의원만이 투표에 전원 참석하였다. 투표결과 의장에는 백두진 의원, 부의장에는 민관식 의원과 고흥문 의원이 각각 당선되었다. 3월 20일 백두진 국회의장은 교섭단체 및 어느 교섭단체에도 속하지 않는 의원들의 상임위원을 선임하고, 각 상임위원장 선거를 실시하였다.

---

16) ≪동아일보≫, 1979년 3월 17일자.

〈표 12-12〉 제10대 국회 위원회 및 위원장(1979. 3. 20)

위원회	위원장	소속정당	출신선거구	정당별 위원 수(민주공화당, 유신정우회, 신민당, 민정회, 무소속의 순서)
국회운영	현오봉	민주공화당	제주시·북제주·남제주	5, 5, 5, 2, 0
법제사법	서상린	〃	평택·용인·안성	6, 6, 4, 1, 0
내무	양찬우	〃	부산 동래	7, 6, 6, 2, 0
재무	장승태	〃	영월·평창·정선	6, 7, 6, 2, 0
경제과학	최재구	〃	충무·통영·거제·고성	5, 6, 4, 1, 1
국방	문형태	〃	담양·곡성·화순	6, 6, 5, 2, 0
문교공보	강병규	〃	영등포	5, 7, 5, 2, 0
상공	류기정	〃	전주·완주	5, 7, 6, 2, 1
교통체신	이종근	〃	충주·중원·제천·단양	5, 6, 5, 2, 1
외무	이동원	유신정우회	통일주체국민회의	5, 7, 5, 2, 0
농수산	신범식	〃	〃	7, 6, 6, 2, 0
보건사회	함명수	〃	〃	5, 6, 4, 1, 1
건설	이영근	〃	〃	6, 6, 5, 2, 0

11. 제11대 국회(1981. 4. 11~1985. 4. 10)

1) 전반기 원 구성

1981년 4월 11일 제11대 국회가 출범하였다. 개정된 헌법 부칙 제5조 제1항의 규정에 의하여 1980년 10월 27일 해산되었던 국회가 166일 만에 그 기능을 회복하였다. 이날 최연장의원인 김판술 의원(서울 종로·중구, 민주한국당)의 사회로 의장·부의장선거가 실시되었다. 의장에는 정내혁 의원, 부의장에는 채문식 의원과 김은하 의원이 각각 당선되었다. 제11대 국회는 새로운 정치질서가 형성되어 국회가 극히 위축되어 행정부의 통제하에 있었다.

국회는 1981년 4월 14일 전반기 상임위원장단을 선출하였다. 개원식과 의장단 선출을 마친 지 3일 후인 이날 오후 제106회 국회(임시회) 제3차 본회의를 열고 제11대 국회 전반기 상임위원장 선거를 무기명투표(연기명식)로 실시한 결과 여당인 민주정의당이 모두 차지하였다. 제11대 국회는 임기 개시 후 3일 만인 4월 14일 상임위원장 선거를 마침으로써 신속하게 원 구성을 매듭지었다.

2) 후반기 원 구성

여야는 1983년 4월 2일 원내총무회담을 열어 제116회 국회(임시회)의 소집시기, 의제, 회기 등에 관하여 논의하였다. 이날 회담에서 원 구성을 위한 임시국회를 4월 11일 소집한다는 원칙에 합의하였으나 회기를 둘러싸고 이견을 보여 다시 논의하기로 하였다. 여야 총무는 4월 4일 총무회담에서 4월 11일 원 구성에 합의한 바 있으나 실제로는 4월 13일 원 구성이 이루어졌다. 4월 11일 실시된 후반기 의장단선거에서 의장에 채문식 의원, 부의장에 윤길중 의원과 고재청 의원이 선출되었다.

1983년 6월 23일 제117회 국회(임시회)는 여당인 민주정의당의 '선 상임위원회 출석, 후 회기연장론'과 야당인 민주한국당의 '선 회기연장, 후 상임위원회 출석론'이 맞선 가운데 공전을 거듭하다가 자동 폐회하였다. 정부여당은 정치활동 피규제자에 대한 해금 노력과 국회법 개정의사를 밝혔다. 김영삼 전 총재의 단식, 학원사태, 정부의 언론정책 등 시국에 관한 민감한 정치현안과 정치활동 피규제자 해금, 국회법 개정, 지방자치제 실시 등 국회 소집에서부터 난관에 부딪혔다.

1984년 6월 20일 의장단 및 3당3역 연석회의를 주재하여 국회정상화를 위한 기본 합의를 도출하고자 하였으나 실패하였다.

〈표 12-13〉 제11대 국회 위원회 및 위원장

구분	전반기(1981. 4. 15)			후반기(1983. 4. 13)		
위원회	위원장	소속정당	출신선거구	위원장	소속정당	출신선거구
국회운영	이종찬	민주정의당	종로 중구	이종찬	민주정의당	종로 중구
법제사법	김숙현	〃	인천동 북구	한병채	〃	대구 중서
외무	박동진	〃	전국구	봉두완	〃	용산 · 마포
내무	김종호	〃	전국구	권정달	〃	안동시 · 의성 · 안동
재무	박태준	〃	전국구	정재철	〃	속초 · 양구 · 인제 · 고성
경제과학	천영성	〃	금산 · 대덕 · 연기	류경현	〃	순천 · 구례 · 승주

구분	전반기(1981. 4. 15)			후반기(1983. 4. 13)		
위원회	위원장	소속정당	출신선거구	위원장	소속정당	출신선거구
국방	김영선	〃	남양주 · 양평	김영선	〃	남양주 · 양평
문교공보	이홍수	〃	부산남 · 해운대	이해원	〃	충주 · 제천 · 중원 · 제원 · 단양
농수산	이범준	〃	강릉 · 양양 · 명주	김식	〃	장흥 · 강진 · 영암 · 완도
상공	이태섭	〃	강남	배명국	〃	창원 · 진해 · 의창
보건사회	최영철	〃	목표 · 무안 · 신안	이찬혁	〃	영등포
교통체신	황인성	〃	진안 · 무주 · 장수	정동성	〃	여주 · 이천 · 용인
건설	배명국	〃	창원 · 진해 · 의창	박권흠	〃	경주 · 월성 · 청도

12. 제12대 국회(1985. 4. 11~1988. 5. 29)

1) 전반기 원 구성

1985년 3월 26일 이민우 신한민주당총재는 김대중, 김영삼과 회담을 갖고 야당통합, 신한민주당과 민주화추진협의회(민추협)와의 관계, 국회 개원과 관련한 분위기 조성 등에 관하여 의견을 교환하였다.

제11대 국회의 임기가 1985년 4월 10일로 만료되고 4월 11일부터 제12대 국회임기가 시작되었다. 국회의원 선거결과 제1야당이 된 신한민주당(67석 획득)은 국회 개원의 전제조건으로 김대중 전 대통령후보의 사면 · 복권과 구속자 석방을 요구하였으나 여당인 민주정의당은 국회 개원을 위한 전제조건이 있을 수 없다며 국회를 구성한 후 모든 문제를 원내에서 논의하자고 주장함으로써 여야 간 대립이 심화되었다.

신한민주당은 민주화 일정에 대한 청사진과 국회정상화를 요구하며 국회구성에 응하지 않다가 약 3개월간 여야의 물밑 거래 끝에 원 구성을 이루었으나 원 구성이 정치적 흥정의 대상이 되고 말았다.

제헌국회 때는 명문규정이 없었기 때문에 총선거 후 최초의 국회집회일은 국회선거위원회의 요구에 의하여 결정되었다. 그러나 제2대와 제3대 국회 때에는 총선거 후 20일, 제4대와 제5대 국회 때에는 총선거에 의한 의원의 임기개시일부터 10일 이내에 집회하도록 하였다.

의정사를 보면 총선거 후 첫 집회일의 명문규정을 두어 국회의 공백 기간을 최소화하였다. 국회법(제12대 국회 현재)에는 그러한 명문규정이 없어서 법적으로는 집회일을 무한정 지연시켜도 무방한 것으로 되어 있다. 의원의 임기는 전대(前代)의 임기가 끝난 다음 날부터 시작되는 것으로 되어 있으나 개원되지 않아도 의원으로서의 자격과 그에 상응하는 대우는 받을 수 있기 때문에 의원 개개인에는 아무런 불이익이 없지만 의정활동이 지연되면 국민에게 불이익을 줄 수밖에 없다.

제12대 국회는 임기개시일인 4월 11일보다 32일이나 늦은 5월 13일에 개원 국회가 소집되었다. 이날 실시된 의장단 선거에서는 의장에 이재형 의원, 부의장에는 최영철 의원과 김록영 의원이 각각 선출되었다. 상임위원장선거로 전반기 원 구성이 매듭지어졌으나 13개 상임위원장을 모두 민주정의당에서 차지하였다.

전두환 대통령과 3당대표는 1985년 5월 2일 청와대에서 회담을 갖고 모든 문제는 원내에서 수렴하기로 하고 제12대 국회의 조속한 개원 등에 관하여 원칙적인 합의를 하였다. 5월 7일 원내총무들은 그동안 쟁점이 되어 온 정치현안 중 사면·복권문제는 국회에서 해결하기 위하여 공동노력하고, 구속자 석방문제는 여야가 적극 선처하도록 관계당국에 건의하자는 데 합의하고 5월 13일에 개원하기로 하였다.

여야는 1985년 3월 말부터 남북국회회담, 김대중사면복권 등 정치현안 타결문제를 놓고 국회 개원을 위한 절충을 시작하였다. 협상과정에서 신한민주당 측이 구속자 석방 및 김대중 사면복권을 등원조건으로 제시함으로써 진통을 거듭하다가 이 문제를 여야가 원내에서 공동노력하기로 합의함으로써 원 구성이 가능하게 되었다.

1985년 7월 10일 김록영 부의장이 사망하였고 10월 28일 보궐선거가 실시되어 조연하 의원이 당선되었다.

2) 후반기 원 구성

국회는 1987년 5월 12일 오후 본회의를 속개, 후반기 국회의장단선거를 실시하여 국회의장에 민주정의당 이재형 의원, 부의장에 민주정의당 장성만 의원을 선출하였다. 그러나 야당 측 부의장 1석은 신한민주당, 민주국민당, 한국국민당 등 야권에서 후보를 내지 않아 일단 공석으로 남았다. 신한민주당은 이날 오전 총재단회의와 정무회의, 의원총회를 잇달아 열고 야당 몫의 부의장후보를 내지 않기로 결정하는 한편 민주정의당 측이 '4·13조치철회건의안', '범양사건 등 부실기업 전반에 대한 국정조사특위구성 결의안' 등의 의안을 회기 내에 처리하기를 거부한 데 항의하여 이날의 의장단 선출 및 13일의 상임위원장 선출에 불참하기로 결정하였다.[17] 야당 측에서 부의장 선출이 이루어지지 않은 것은 야당 몫의 부의장을 내정하는 과정에서 의견일치를 보지 못했던 이유도 있다.

개헌유보를 천명한 4·13조치의 강행과 철회를 주장하는 여야의 대립이 더욱 악화되었다. 신한민주당의 분당에서부터 시작, 통일민주당의 창당을 전후하여 두드러지게 나타난 여야 간 강경대응은 10일간의 임시국회에서 해결의 실마리를 찾지 못한 채 제12대 국회 후반기 원 구성은 통일민주당과 신한민주당이 불참한 가운데 이루어졌다.

한편 정부여당은 5월 13일 김영삼 총재에 대하여 사법처리를 취하지 않기로 하였다고 발표하였다. 법무부는 통일민주당이 통일에 관한 정강·정책을 수정하지 않을 경우 동당의 해산을 헌법위원회에 제소할 것에 대비하여 법적 검토를 한 결과 동당의 정강 중 통일부분에 '보안법 위반' 소지가 있다는 결론을 내렸다. "이념과 체제를 초월, 통일을 제1의 국정지표로 삼는다."는 관계강령이 국가보안법 제7조 제1항(반국가단체공조)에 위배된다는 결론이었다. 그러나 통일민주당은 이의 수정을 거부하였다.

국회는 1987년 5월 13일 오후 본회의를 개최하여 13개 상임위원장을 선출하였으나 이날 야당인 통일민주당과 신한민주당은 불참하였다.

---

17) ≪경향신문≫, 1987년 5월 12일자.

통일민주당은 5월 14일 당의 통일정책정강이 공산통일을 용인하는 것이
아니라는 내용의 결의를 채택하였다. 통일민주당과 신한민주당은 4 · 13조
치, 범양사건관련 내각문책을, 여당은 통일민주당의 정강수정을 강력히 요구
하면서 정국이 긴장상태에 놓였다. 그러던 중 5월 21일 박종철군고문치사사
건축소조작이 보도되면서 야당이 정국을 주도하기 시작하였다. 5월 26일 국
무총리 등 대폭 개각이 있었고, 5월 27일 민주정의당은 통일민주당의 정강
문제와 야당과의 대화를 분리시켜 정국을 주도하겠다고 발표하였다. 이러한
상황전개 때문에 후반기 야당 몫의 부의장은 의원 임기가 끝날 때까지 선출
되지 않았다.

제12대 국회는 제11대 국회와 동일한 외부 환경이었으나 개헌문제 등 정
부 여당의 존립 자체를 위협하는 사안들이 야당에 의하여 부각되어 심한 갈
등이 표출되었다.

〈표 12-14〉 제12대 국회 위원회 및 위원장

구분	전반기(1985. 5. 15)			후반기(1987. 5. 13)		
위원회	위원장	소속정당	출신선거구	위원장	소속정당	출신선거구
국회운영	이종찬	민주정의당	종로 · 중구	이한동	민주정의당	영천 · 포천 · 가평
법제사법	류상호	〃	의령 · 함안 · 합천	나석호	〃	금성 · 광산 · 나주
외무	봉두완	〃	마포 · 용산	김현욱	〃	서산 · 당진
내무	권정달	〃	안동시 · 의성 · 안동	전병우	〃	진안 · 무주 · 장수
재무	김용태	〃	대구 동 · 북구	신상식	〃	창녕 · 밀양
경제과학	오한구	〃	영주시 · 영양 · 영풍 · 봉화	염길정	〃	영천시 · 영천 · 경산
국방	천명성	〃	금산 · 대덕 · 연기	천영성	〃	금산 · 대덕 · 연기
문교공보	박권흠	〃	경주시 · 월성 · 청도	이영일	〃	광주 서
농수산	김식	〃	장흥 · 강진 · 영암 · 완도	안병규	〃	진주 · 삼천포 · 진양 · 사천
상공	윤국로	〃	안양시 · 광명시 · 시흥 · 옹진	정동성	〃	여주 · 인천 · 용인
보건사회	이찬혁	〃	영등포	박준병	〃	보은 · 옥천 · 영동
교통체신	양창식	〃	남원시 · 임실 · 남원 · 순창	김상구	〃	김천 · 금릉 · 상주
건설	박익주	〃	남해 · 하동	권영우	〃	동대문

13. 제13대 국회(1988. 5. 30~1992. 5. 29)

1) 전반기 원 구성

노태우 민주정의당대표위원의 특별선언(1987. 6. 29) 발표 후 구성된 제13대 국회는 이전의 어느 국회보다도 제도적으로 많은 자율성을 갖게 되었다. 국회의 국정감사권이 부활되었고, 대통령의 국회해산권이 삭제되었으며, 회기제한 규정도 삭제하여 국회의 권한을 강화하였다. 뿐만 아니라 의정사상 처음으로 여당이 원내 과반수의 의석을 확보하지 못하여 여소야대의 정국이 되었다.

제13대 국회 전반기 원 구성 시에는 광주특위와 5공비리특위구성문제로 20일간의 냉각기가 있었다. 1988년 5월 30일 소집된 제141회 국회(임시회) 제1차 본회의에서 전반기 의장·부의장선거가 실시되어 의장에는 김재순 의원, 부의장에는 노승환 의원과 김재광 의원이 당선되었다. 6월 20일 제142회 국회(임시회) 제6차 본회의를 열고 상임위원장 선거를 실시하였다. 제13대 국회는 의정사상 처음으로 이른바 여소야대의 국회로 출범하였으나, 1990년 2월 3당 합당 이후 여대야소로 정국구도가 바뀜에 따라 국회의 행정부견제기능이 무력화되고 통합신당인 민주자유당의 독주가 시작되었다.

제13대 국회 이전(제헌국회~제12대 국회)의 상임위원장직은 사실상 여당 또는 여권이 거의 독점하였으나 제13대 국회 상임위원장선거에서는 교섭단체 의석비율을 고려하여 교섭단체 간의 합의로 야당에게도 위원장직을 배분하기 시작하였다.[18]

원 구성문제를 매듭짓기 위한 여야 총무회담이 6월 11일 개최되었으나 합의에는 실패하였다. 이후 국회법 개정과 관련한 타협이 이루어지지 않고, 상임위원장직 배분 문제에 대한 이견이 해소되지 않아 국회는 계속 공전되었다. 결국 국회법 개정문제는 6월 27일 타결되어 본회의에서 가결되었다.

---

18) 그 후 제14대 국회와 제15대 국회에서도 이 원칙은 그대로 적용되었다. 명문화된 규정에 의한 것이 아니므로 총선 결과에 따라서 언제든지 제1당의 독점이나 과대대표가 있을 수 있다.

또한 그동안 쟁점이 되었던 광주특위명칭이 5·18광주민주화운동진상조사
특별위원회로 결정되었다.

2) 후반기 원 구성

1990년 5월 29일 실시된 후반기 의장단 선거에서 의장에 박준규 의원, 부
의장에 김재광 의원과 조윤형 의원이 선출되었다. 그러나 이때에도 상임위
원장직 배분관계로 야당의원들이 불참함에 따라 여당 단독으로 의장 및 여
당 몫의 부의장 1인을 선출하였다.

평화민주당은 여소야대 구도에서 제13대 국회 초기의 원 구성 합의원칙
(의석비례, 상임위원장 배분)에 따라 4석의 상임위원장 자리를 배정하여 줄
것을 요구하였다. 1990년 6월 16일 청와대에서 노태우 대통령과 김대중 평
화민주당총재가 정치현안에 대하여 논의하였으나 이견을 좁히지 못하였다.

국회는 1990년 6월 19일 본회의를 열어 야당 측에 할애된 부의장에 평화
민주당 조윤형 의원을 선출하는 한편 16개 상임위원장을 새로 선출하고 후
반기 원 구성을 매듭지었다. 이로써 상임위원장 배분문제에 대한 여야의 이
견으로 파행이 예상된 제150회 국회(임시회)는 일단 정상운영을 시작하였다.
이에 앞서 여야 총무들은 6월 18일 오후 총무회담을 갖고 상임위원장직 배
분문제를 조정, 현재 평화민주당이 갖고 있는 경제과학, 문교공보, 상공, 노
동위원장 등 4개 상임위원장직을 평화민주당이 계속 맡기로 합의하였다.

노태우 대통령은 1992년 1월 10일 청와대 연두기자회견에서 지방자치단
체장 선거 실시를 연기하겠다고 발표하였다. 이에 대하여 민주당은 "앞으로
있을 대통령 선거를 임명된 단체장 선거체제로 치름으로써 관권부정선거를
자행하려는 속셈"이라며 철회할 것을 요구하였다.

〈표 12-15〉 제13대 국회 위원회 및 위원장

구분	전반기(1988. 6. 20)			후반기(1990. 6. 19)		
위원회	위원장	소속정당	출신선거구	위원장	소속정당	출신선거구
국회운영	김윤환	민주정의당	군위·선산	김동영	민주자유당	거창
법제사법	이치호	〃	대구 수성	김중권	〃	울진
외무	김현욱	〃	당진	박정수(외무통일)	〃	김천·금릉
내무	정동성	〃	여주	오한구	〃	영양·봉화
재무	정순덕	〃	충무시·통영	김영구	〃	동대문 을
국방	유학성	〃	예천	김영선	〃	가평·양평
농림수산	김종기	〃	전국구	정창화	〃	의성
경제과학	류준상	평화민주당	보성	김봉호	평화민주당	울산 중
문교공보	정대철	〃	서울 중	김원기	〃	정주·정읍
상공	허경만	〃	순천시	이재근	〃	나주시·나주
노동	김영배	〃	양천 을	한광옥	〃	관악 갑
행정	박용만	통일민주당	성동구 병	정상구	민주자유당	부산 남 을
동력자원	황낙주	〃	창원시	최형우	〃	동래 을
보건사회	신상우	〃	부산 북 을	황명수	〃	온양·아산
교통체신	이대엽	신민주공화당	성남 갑	이대엽	〃	성남 갑
건설	오용운	〃	청주 을	오용운	〃	청주 을

14. 제14대 국회(1992. 5. 30~1996. 5. 29)

1) 전반기 원 구성

자치단체장 선거연기문제는 제14대 국회의원선거(1992. 3. 24)에서 여당인 민주자유당이 원내 과반수 의석을 확보하는 데 실패한 요인 중의 하나이다. 이 문제는 제14대 국회 원 구성의 조건이 되었다. 정부와 민주자유당은 개원협상에 앞서 당정회의를 열고 자치단체장 선거연기방침을 재확인하였다. 정부는 1992년 6월 4일 국무회의를 열어 단체장 선거 시기를 1995년 6월 말까지 연기하는 내용을 골자로 하는 지방자치법 개정안을 의결, 국회에 제출하였다.

1992년 6월 29일 제14대 국회 개원국회가 집회되었다. 이날 제157회 국회(임시회) 제1차 본회의에서 의장·부의장선거가 실시되었다. 의장에는 박준규 의원, 부의장에는 황낙주 의원과 허경만 의원이 각각 당선되었다.

제13대 국회의원선거에 이어 제14대 국회의원선거에서도 여당이 의석 과반수를 넘지 못하였기 때문에 다시 여소야대의 상황에서 출범하게 되었다.

여당인 민주자유당이 지방자치단체장 선거연기방침을 밝히자 야당의 강력한 반발로 의장·부의장을 선출하였을 뿐 원 구성은 이루어지지 않았다. 공전하는 국회를 정상화하기 위하여 3당 대표(민주자유당 김영삼, 민주당 김대중, 통일국민당 정주영)가 1992년 8월 12일 정치특별위원회 구성에 합의하였다.

민주자유당, 민주당, 통일국민당 등 원내 3당은 1992년 9월 21일 민주당 김대중 대표의 국회정상화 방침표명에 따라 원내총무회담을 열었으나 야당측이 국회의장단의 당적포기 등을 요구하여 이견을 보였다. 총무회담에서 3당 총무단으로 구성되는 국회운영위원회를 제외한 16개 상임위원회를 민주자유당 9, 민주당 5, 통일국민당 2의 비율로 나누자는 민주자유당 측의 주장에 맞서 민주당 이철 총무는 민주자유당 9, 민주당 6, 통일국민당 2의 비율로 나누자고 요구하였다. 이철 총무는 각 당이 위원장직을 맡을 위원회의 선정 역시 중요 상임위위원장을 우선적으로 여당에 주었던 방식을 지양하고, 각 상임위원장직을 중요도에 따라 3당에 안배하여 줄 것을 요구하였다.[19)

민주자유당, 민주당, 통일국민당 3당의 원내총무들은 1992년 9월 30일 박준규 의장의 주재로 회담을 갖고 임기개시 후 4개월 만에 원 구성을 매듭짓기로 합의하였다. 국회는 1992년 10월 2일 오후 제159회 국회(정기회) 제2차 본회의를 열어 17개 상임위원장과 윤리특별위원장을 선출, 전반기 원 구성을 마쳤다. 이로써 지방자치단체장선거연내실시문제로 표류하던 국회는 5월 30일 제14대 국회 임기개시 4개월 만에 정상화되었다.

1993년 4월 27일 박준규 의장의 사임으로 당일 의장 보궐선거를 실시하였다. 선거결과 의장에는 이만섭 의원이 선출되었다.

---

19) ≪조선일보≫, 1992년 9월 22일자.

2) 후반기 원 구성

이한동 민주자유당 원내총무와 신기하 민주당 원내총무는 1994년 6월 22일 총무회담을 갖고 임시국회를 6월 23일부터 7월 14일까지 열기로 합의하였다.

국회는 1994년 6월 25일 제169회 임시회에서 '국회법중개정법률안'과 '특정범죄가중처벌법개정안'을 표결에 부쳐 가결하였다. 이날 개정된 국회법에서는 국회 개원일자를 법정화하고 국회의 상설화, 원 구성의 법정화,[20] 기록표결제 도입, 위원회의 활성화 등의 성과가 있었다.[21]

개정 국회법에서는 국회제도개선의 일환으로 원 구성제도에 관한 대폭적인 개선이 이루어졌다. 의장단과 상임위원장단의 임기를 전·후반기 각 2년으로 균등분할하는 한편 원 구성을 위한 임시회는 총선거 후인 경우 임기개시일부터 7일에, 전반기 의장단의 임기가 만료되는 경우 임기만료 5일 전에 집회하도록 하였다. 의장단의 선거는 총선거 후의 경우 최초 집회일에 실시하고 후반기의 경우 임기만료 5일 전에 실시하는 것으로 하였다. 또한 상임위원장선거는 총선거 후 전반기의 경우에는 최초 집회일부터 3일 이내에, 후반기의 경우에는 전반기 위원장의 임기만료일까지 실시하도록 하였다(국회법 제5조 제2항, 제9조, 제15조, 제41조 제3항 및 제4항). 그렇지만 이를 어겼을 경우의 제재에 관한 내용이 없어 이 법률조항은 '선언적 의미'의 규정이라는 인식을 심어주고 있다. 구체적인 내용을 담은 조문을 선언적 규정이라고 인식한다면 이 기관이 법을 다루는 입법부라는 명칭이 무색해 질 수밖에 없는 대목이다.

---

20) 개정국회법(1994. 6. 25)에서는 국회의 연중 상시운영을 위하여 의장은 각 교섭단체 대표위원과 협의하여 매년 1월 10일까지 연간 국회운영기본일정을 정하며 국회의 원 구성이 지연되는 사례가 없도록 원 구성을 위한 임시회의 집회일과 의장단선거, 상임위원의 선임, 상임위원장의 선거 등의 시기를 법정화하였다.

21) ≪동아일보≫, 1994년 6월 26일자.

〈표 12-16〉 제14대 국회 위원회 및 위원장

구분	전반기(1992. 10. 20)			후반기(1994. 6. 28)		
위원회	위원장	소속정당	출신선거구	위원장	소속정당	출신선거구
국회운영	김용태	민주자유당	대구 북구	이한동	민주자유당	연천·포천
법제사법	현경대	〃	제주시	박희태	〃	남해·하동
외무통일	정재문	〃	부산진 갑	나웅배	〃	영등포 을
내무	서정화	〃	용산	김기배	〃	구로 갑
재무	노인환	〃	산청·함양	심정구	〃	인천 남 갑
국방	유학성	〃	예천	황명수	〃	온양·아산
문화공보	오세응	〃	성남시 중원·분당	신경식 (문화체육공보)	〃	청원
농림수산	정시채	〃	전국구	양창식	〃	남원시·남원
건설	서정화	〃	인천 중·동	이성호	〃	미금·남양주
윤리특별	이종근	〃	충주시·중원	신상우(정보)	〃	부산 북 을
경제과학	신진욱	민주당	전국구	장경우 (체신과학기술)	민주당	안산·옹진
교육체육청소년	조순형	〃	도봉 병	이영권(교육)	〃	장흥
상공	안동선	〃	부천시 중 갑	조순승(상공자원)	〃	승주
보건사회	장기욱	〃	전국구	박상천	〃	고흥
노동	장석화	〃	영등포 갑	홍사덕(노동환경)	〃	강남 을
행정	윤영탁	통일국민당	대성 수성 을	김덕규(행정경제)	〃	중랑 을
동력자원	손승덕	〃	춘천시	-	-	-
교통체신	양정규	무소속	북제주	박재흥(교통)	민주자유당	전국구

　민주자유당총재인 김영삼 대통령은 6월 27일 국회의장에 황낙주 의원, 부의장에 이춘구 의원을 각각 내정하였다고 발표하였다. 이에 앞서 여야는 세계무역기구(WTO)가입비준동의안을 이번 회기 내에 강행처리하지 않기로 합의하였다.

　제14대 국회 후반기 원 구성은 1994년 6월 28일 이루어졌다. 이날 실시된 의장선거에서 황낙주 의원이 당선되었고, 부의장선거에서는 이춘구 의원과 홍영기 의원이 각각 당선되었다. 같은 날 상임위원장과 특별위원장선거를 실시하였다.

　1995년 2월 20일 이춘구 부의장의 사임으로 당일 보궐선거가 실시되어 이한동 의원이 당선되었다.

15. 제15대 국회(1996. 5. 30~2000. 5. 29)

1) 전반기 원 구성

1996년 4월 11일 시행된 제15대 국회의원 선거결과 여당인 신한국당이 총 299의석 중 과반수에 미치지 못하는 139석을 획득함으로써 이른바 여소야대의 상황이 되었다. 선거 직후부터 신한국당은 무소속과 야당소속 당선자 영입작업에 나서 원 구성 전까지 과반수 의석이 넘는 151석을 확보하였다. 이에 야당은 영입해 간 당선자들을 원위치시킬 것과 검찰·경찰의 중립을 보장할 것 등을 요구하며 원 구성을 거부하였다. 제15대 국회는 여야의 강경대치로 개원식도 열지 못한 채 파행으로 첫걸음을 내딛었다.

제15대 국회 개원을 앞두고 여야는 때 아닌 법리논쟁을 벌였다. "국회의원 총선거 후 최초의 임시회는 의원의 임기개시 후 7일에 집회하며 ……"로 되어 있는 국회법 규정(제5조 제2항)이 강제규정이냐 아니면 훈시규정이냐를 둘러싸고 여야가 서로 다른 해석을 내렸기 때문이다. 여당인 신한국당은 이 조항에 따라 6월 5일 제15대 국회 개원식에서 의장단을 선출하는 등 원 구성을 해야 한다고 주장하였고, 야당인 새정치국민회의는 개원일이 반드시 6월 5일이 아니어도 된다는 반론을 폈다.

국회는 법정 개원일인 6월 5일 신한국당의 요구로 임시국회를 소집, 신임 의장과 여당 몫의 부의장을 선출할 예정이었으나 야당이 사회를 맡은 자유민주연합의 김허남 국회의장직무대행을 통하여 회의를 일방적으로 일주일 연기함으로써 원 구성에 실패하였다. 여당의 야권당선자 영입이 계속되자 야권은 대여공조체제를 구축하였다. 개원 국회의 사회는 최고령의원이 맡는다는 점에 착안, 당선자 중 최고령자인 김허남 당선자(자유민주연합)로 하여금 개회 자체를 방해하는 지연전술로 맞서게 하였다.

제179회 국회(임시회, 1996. 6. 5~1996. 7. 4)의 회기 마지막 날인 7월 4일 의장·부의장선거를 실시하여 의장에 김수한 의원, 부의장에는 오세응 의원과 김영배 의원이 각각 당선되었다. 7월 8일 상임위원장선거가 실시되어 전반기 원 구성이 매듭지어졌다.

제15대 국회는 국회법에 명기된 법정 원 구성일인 6월 5일보다 33일이 늦은 7월 8일 원 구성을 매듭지었다. 원 구성의 지연 이유는 '인위적인 여대야소'에 대한 사과와 '여당의 추가영입중지' 그리고 '검찰·경찰의 중립화' 및 '부정선거조사관철' 등의 요구뿐만 아니라 1997년 12월의 대통령 선거를 앞둔 야당 지도자들의 '대권전략'의 일환이기도 하였다.

신한국당은 개원식 이후에도 영입작업을 계속하여 1996년 말까지 157석을 확보하였다. 전반기 상임위원장 인선은 대통령의 뜻에 따라 서울출신의 원을 중시하였고 전문성과 다선, 출신 지역을 배려하였다.

2) 후반기 원 구성

1997년 12월 18일 실시된 제15대 대통령선거에서 새정치국민회의의 김대중 후보가 대통령에 당선되었다. 선거연합전선을 편 새정치국민회의와 자유민주연합은 공동여당이 되었다. 두 당이 공동여당은 되었으나 국회에서의 세력은 여소야대였기 때문에 여소야대 붕괴 후 원 구성을 하겠다는 생각을 가지고 있었다. 이러한 여권의 원 구성 지연에 대하여 야당인 한나라당이 공세를 벌였다. 결국 새정치국민회의와 자유민주연합은 '선 국회법 개정, 후 원 구성'이라는 입장에서 물러나 두 사안을 동시에 논의하자고 하였고 이에 한나라당이 응하였다.

제15대 국회 후반기 원 구성 협상에 들어간 여야는 국회의장직을 누가 차지할 것인가의 문제와 상임위원장직 배분기준을 어떻게 조정할 것인가, 국무총리와 감사원장임명동의안 처리를 어떤 방식으로 할 것인가 등에 대하여 서로 다른 입장을 보였다. 한나라당은 국회법 규정과 관행에 따라 원내 제1당인 한나라당의원 중에서 의장을 선출해야 한다고 주장하였다. 원 구성 협상과정에서 여야는 상임위원장 자리를 더 얻어내기 위하여 배분기준에도 입장 차이를 보였다. 한나라당은 국회법상 후반기 상임위원장 구성시한인 지난 5월 29일 당시의 여야 의석수를 배분기준으로 하자는 의견이었고, 여당인 새정치국민회의는 협상시점의 의석을 기준으로 하자고 주장하였다.

국무총리와 감사원장 임명동의안 처리방식에서도 이견 차이가 컸다. 여당은 지난 3월 임시국회 때 중단되었던 국무총리임명동의안 투표 자체를 무효화하고 재투표를 요구하였고 야당은 김대중 대통령이 이 동의안을 철회한 뒤 다시 제출해야 한다고 주장하였다. 또한 한나라당은 협상 도중 여권이 한나라당의원의 영입을 시도할 경우 협상을 중단하겠다는 입장이었다.

국회법에 의하면 후반기 국회의장단은 1998년 5월 25일까지 선출하도록 되어 있었지만 여권은 처음부터 과반수 의석을 확보한 다음 원 구성에 임한다는 기본방침하에 원 구성협상을 6·4지방선거 뒤로 미뤘다. 6·4지방선거 후 한나라당의원들의 탈당 및 여권입당을 기대하였으나 기대에 미치지 못한 채 여론에 밀려 6월 말 원 구성협상에 임하게 되었다. 원 구성협상은 7월 초 청와대와 여당인 새정치국민회의 쪽에서 '박준 규 국회의장' 카드를 꺼내면서 다시 벽에 부딪쳤다. 국회의장은 여당이 맡아야 하며 원내 최다선 (9선)인 박준규 의원이 가장 바람직한 대안이라는 논리였다. 이에 대하여 한나라당은 의석수 제3당이 의장을 맡는다는 것은 국회를 행정부의 시녀로 만들겠다는 것이며, 두 번이나 의장을 지냈고 임기 중 축재문제로 물러난 사람이 어떻게 입법부의 수장을 맡을 수 있느냐며 반발하였다. 한나라당은 의장 경선 결과에 반발, 국회활동 거부 및 대여강경투쟁을 선언하였다.

후반기 원 구성을 위한 제193회 국회(임시회)가 1998년 5월 25일부터 6월 23일까지 개회되었으나 원 구성문제를 매듭짓지 못하였다. 제194회 국회(임시회)가 6월 24일부터 7월 24일까지 다시 열렸으나 김종필 국무총리임명동의 문제로 무산되었다.

야당은 원 구성을 먼저 하자고 주장하였고 여당은 국회법 개정과 원 구성을 동시에 하자고 맞섰다. 새 정부 출범 후 국회는 여러 차례의 임시회를 열었으나 국회 고유의 기능인 법률의 제정 및 개정작업은 미루어져 왔다.

국회의장이 공석인 관계로 의장의 서명을 받지 못한 의원들은 각종 서면질의서도 제출하지 못하였다.

후반기 원 구성을 앞두고 정치권의 관심은 오히려 1988년 7월 21일 서울

종로 등 7곳의 재·보궐선거에 있었고, 3당 지도부가 재·보선 현장에 대거 투입되어 선거를 지원하였다.

7월 25일부터 8월 22일까지 열린 제195회 국회에서 그동안 미루어 오던 '국무총리임명동의안'이 가결되고 후반기 원 구성이 이루어졌다.

1998년 8월 3일 실시된 의장단선거에서는 의장에 박준규 의원, 부의장에 신상우 의원·김봉호 의원이 각각 당선되었다.

1998년 8월 16일 여야 3당 총무들이 국회정상화의 마지막 걸림돌이었던 16개 상임위원장 배분문제에 원칙적인 합의를 이루었다. 8월 17일 국회 본회의에서 김종필 국무총리임명동의안과 한승헌 감사원장·조무제 대법관에 대한 임명동의안을 일괄 처리하여 임기종료 후 80일 가까이 표류하던 국회가 정상화되었다.

<표 12-17> 제15대 국회 위원회 및 위원장

구분	전반기(1998. 7. 8)			후반기(1998. 8. 17)		
위원회	위원장	소속정당	출신선거구	위원장	소속정당	출신선거구
국회운영	서청원	신한국당	동작	박상천	새정치국민회의	고흥
법제사법	강재섭	〃	대구 서 을	목요상	한나라	동두천·양주
재정경제	황병태	〃	문경·예천	김동욱	〃	통영·고성
통일외무	박관용	〃	동래 갑	류흥수 (통일외교통상)	〃	부산 수영
내무	이택석	〃	고양 을	이원범	〃	대전 서 갑
국방	김영구	〃	동대문 을	한영수	자유민주연합	전국구
문화체육공보	이세기	〃	성동 갑	이협	〃	익산 을
건설교통	백남치	〃	노원 갑	김일윤	한나라	경주 갑
정보	김종호	〃	괴산	김인영	새정치국민회의	수원 권선
윤리특별	변정일	〃	서귀포·남제주	김충조	〃	여수 을
행정	김인곤	새정치국민회의	함평·영광	김중위(정무)	한나라	강동 을
농림해양수산	김태식	〃	완주	김영진	새정치국민회의	강진·완도
통상산업	손세일	〃	은평 갑	서석재(산업자원)	〃	사하 갑
보건복지	신기하	〃	광주 동	김찬우	한나라	청송·영덕
여성특별	신낙균	〃	전국구	김정숙	〃	전국구
교육	김현욱	자유민주연합	당진	함종한	〃	원주 갑
통신과학기술	강창희	〃	대전 중	박우병 (과학기술정보통신)	〃	강원·태백·정선
환경노동	이긍규	〃	서천	김범명	자유민주연합	논산·금산

제5절　맺음말

　제15대 국회는 전반기뿐만 아니라 정권이 바뀐 후의 후반기 원 구성에서도 원 구성일 조항의 의무규정·훈시규정 여부를 둘러싸고 여야 간 소모적인 설전을 벌이며 국회를 공전시켰다. 이번에는 여당과 야당의 입장이 바뀌어 여당은 원 구성일 조항에 구애받지 않으려 하였고 야당은 원 구성일을 준수하라고 공박하고 나섰다.

　각 정당은 당리당략에 따라 국회법의 관련 조항(제5조)을 훈시규정으로 보기도 하고 의무규정으로 보기도 하는데, 이 조항은 역대 국회의 원 구성이 지연되어 왔던 경험을 교훈삼아 만들어진 조항이므로 의무규정으로 보는 것이 타당하다. 문제는 여야 모두가 이 조항을 지키기로 합의하였고, 또 지켜야 한다는 준수의식을 갖고 있으면서도 정치적 이해관계가 첨예하게 대립되는 사안에 합의를 보지 못하고 국회를 공전시키는 가운데 국민으로부터 비난을 받게 되자 궁색한 주장을 들고 나왔다는 데 있다. 만약 이것이 선언적 의미의 훈시규정이라면 그동안의 경험으로 미루어 볼 때 지켜지지 않을 것이 자명한데 굳이 법규에 넣을 이유는 없을 것이다.

　제13대 국회까지는 야당이 의회경기규칙상 크게 불리하였기에 공정한 경기규칙과 환경을 조성하고자 노력하는 과정에서 원 구성이 지연되기도 하였다. 그러나 이제는 여야 합의에 의한 경기규칙이 마련된 상태에 있다.

　원 구성과 관련하여 스스로 만든 법규를 지키지 못한다면 입법부의 권위가 지켜지기 어렵다. 법에서 규정한 대로 적시에 의연한 원 구성이 이루어져 상시국회체제에 부응하는 생산적인 국회가 되어야 할 것이다.

〈자료 12-1〉 국회의장 · 부의장 일람

1) 제헌국회

의장		부의장	
성명	재임기간	성명	재임기간
이승만	1948.05.31−1948.07.24	신익희	1948.05.31−1948.08.03
		김동원	1948.05.31−1950.05.30
신익희	보궐선거 1948.08.04−1950.05.30	김약수	1948.08.04−1949.07.02 보궐선거
		윤치영	1949.07.04−1950.05.30 보궐선거

2) 제2대 국회

의장		부의장	
성명	재임기간	성명	재임기간
신익희	1950.06.19−1952.06.18	장택상	1950.06.19−1952.05.06
신익희 조봉암 김동성	3인 임시의장 체제 1952.06.18−1952.07.10	조봉암	1950.06.19−1952.06.18
		김동성	1952.05.08−1952.06.18 보궐선거
신익희	1952.07.10−1954.05.30 연임	조봉암 윤치영	1952.07.10−1954.05.30 1952.07.10−1954.05.30

3) 제3대 국회

의장		부의장	
성명	재임 기간	성명	재임 기간
이기붕	1954. 06. 09 − 1956. 06. 08	최순주	1954. 06. 09 − 1954. 12. 12
정문흠	1954. 12. 04(1) 임시의장	곽상훈	1954. 06. 09 − 1956. 06. 08
윤성순	1956. 02. 08(1) 임시의장	조경규	1955. 03. 02 − 1956. 06. 08 보궐선거
이기붕	1956. 06. 09 − 1958. 05. 30 연임	조경규	1956. 06. 09 − 1958. 05. 30 연임
		황성수	1956. 06. 09 − 1956. 11. 27
		이재학	1956. 12. 05 − 1958. 05. 30 보궐선거

4) 제4대 국회

의장		부의장	
성명	재임 기간	성명	재임 기간
이기붕	1958. 06. 07 - 1960. 04. 28	이재학	1958. 06. 07 - 1960. 05. 26
		한희석	1958. 06. 07 - 1959. 09. 02
곽상훈	1960. 04. 28 이기붕 의장 사망으로 보궐선거 실시 1960. 05. 02 - 1960. 06. 06	임철호	1959. 10. 14 - 1960. 04. 27 보궐선거
곽상훈	1960. 06. 07 - 1960. 06. 23 연임	김도연	1960. 06. 10 - 1960. 07. 28
		이재형	1960. 06. 10 - 1960. 07. 28

5) 제5대 국회

의장		부의장	
성명	재임 기간	성명	재임 기간
(민의원) 곽상훈	1960. 08. 08 - 1961. 05. 16	이영준	1960. 08. 08 - 1961. 05. 16
		서민호	1960. 08. 08 - 1961. 05. 16
(백낙준) 참의원	1960. 08. 08 - 1961. 05. 16	소선규	1960. 08. 08 - 1961. 05. 16

6) 제6대 국회

의장		부의장	
성명	재임 기간	성명	재임 기간
이효상	1963. 12. 17 - 1965. 12. 16	장경순	1963. 12. 17 - 1965. 12. 16
		나용균	1963. 12. 17 - 1965. 12. 16
이효상	1965. 12. 17 - 1967. 06. 30 제2차 투표 실시. 연임	장경순	1965. 12. 17 - 1967. 06. 30 연임
		이상철	1965. 12. 17 - 1967. 06. 30

7) 제7대 국회

의장		부의장	
성명	재임 기간	성명	재임 기간
이효상	1967. 07. 10 − 1969. 07. 09	장경순	1967. 07. 10 − 1969. 07. 09
		윤제술	1968. 06. 07 − 1970. 06. 06
이효상	1969. 07. 10 − 1971. 06. 30 3선 개헌안 처리(1969년)	장경순	1969. 07. 10 − 1971. 06. 30 연임
		정성태	1970. 09. 07 − 1971. 06. 30

8) 제8대 국회

의장		부의장	
성명	재임 기간	성명	재임 기간
백두진	1971. 07. 26 − 1972. 10. 17	장경순	1971. 07. 26 − 1972. 10. 17
		정해영	1971. 07. 26 − 1972. 10. 17

9) 제9대 국회

의장		부의장	
성명	재임 기간	성명	재임 기간
정일권	1973. 03. 12 − 1976. 03. 11	김진만	1973. 03. 12 − 1976. 03. 11
		이철승	1973. 05. 26 − 1976. 03. 11
정일권	1976. 03. 12 − 1979. 03. 11 연임	구태회	1976. 03. 12 − 1979. 03. 11
		이민우	1976. 03. 12 − 1979. 03. 11

10) 제10대 국회

의장		부의장	
성명	재임 기간	성명	재임 기간
백두진	1979. 03. 17 − 1979. 12. 17	민관식	1979. 03. 17 − 1980. 10. 27
		민관식	1979. 12. 18 − 1980. 10. 27 (의장직무대리)
		고흥문	1979. 03. 17 − 1980. 08. 27

11) 제11대 국회

의장		부의장	
성명	재임 기간	성명	재임 기간
정내혁	1981. 04. 11 - 1983. 04. 10	채문식	1981. 04. 11 - 1983. 04. 10
		김은하	1981. 04. 11 - 1983. 04. 10
채문식	1983. 04. 11 - 1985. 04. 10	윤길중	1983. 04. 11 - 1985. 04. 10
		고재청	1983. 04. 11 - 1985. 04. 10

12) 제12대 국회

의장		부의장	
성명	재임 기간	성명	재임 기간
이재형	1985. 05. 13 - 1987. 05. 12	최영철	1985. 05. 13 - 1987. 05. 12
		김록영	1985. 05. 13 - 1987. 07. 10
		조연하	1985. 10. 28 - 1986. 11. 29 보궐선거
이재형 연임	1987. 05. 13 - 1988. 05. 29	장성만	1987. 05. 13 - 1988. 05. 29 야당소속부의장 내정 진통 및 4·13호헌조치발표 후 야당 불참

13) 제13대 국회

의장		부의장	
성명	재임 기간	성명	재임 기간
김재순	1988. 05. 30 - 1990. 05. 29	노승환	1988. 05. 30 - 1990. 05. 29
		김재광	1988. 05. 30 - 1990. 05. 29
박준규	상임위원장 배분관계로 야당 불참, 여당 단독 의장 선출 1990. 05. 30 - 1992. 05. 29	김재광 연임	1990. 05. 30 - 1992. 05. 29
		조윤형	1990. 06. 19 - 1992. 05. 29

14) 제14대 국회

의장		부의장	
성명	재임 기간	성명	재임 기간
박준규	1992. 06. 29 – 1993. 04. 27	황낙주	1992. 06. 29 – 1994. 06. 28
이만섭	박준규 의장 사임의 건 처리 후 당일 보궐선거 1993. 04. 27 – 1994. 06. 28	허경만	1992. 06. 29 – 1994. 06. 28
황낙주	1994. 06. 29 – 1996. 05. 29	이춘구	1994. 06. 29 – 1995. 02. 20
		홍영기	1994. 06. 29 – 1996. 05. 29
		이한동	1995. 02. 20 – 1996. 05. 29 보궐선거

15) 제15대 국회

의장		부의장	
성명	재임 기간	성명	재임 기간
김수한	1996. 07. 04 – 1998. 05. 29	오세응	1996. 07. 04 – 1998. 05. 29
		김영배	1996. 07. 04 – 1998. 05. 29
박준규	제1차, 제2차 투표결과 당선자 없어 결선투표 1998. 08. 03 – 2000. 05. 29	신상우	1998. 08. 17 – 2000. 05. 29
		김봉호	1998. 08. 17 – 2000. 05. 29

16) 제16대 국회

의장		부의장	
성명	재임 기간	성명	재임 기간
이만섭	2000. 06. 05 – 2002. 05. 29	홍사덕	2000. 06. 05 – 2001. 06. 12 사임
		김종호	2000. 06. 05 – 2001. 06. 12
		김종하	2001. 06. 12 – 2002. 05. 29 보궐선거
박관용	2002. 07. 08 – 2004. 05. 29	김태식	2002. 07. 08 – 2004. 05. 29
		조부영	2002. 07. 08 – 2004. 05. 29

17) 제17대 국회

의장		부의장	
성명	재임 기간	성명	재임 기간
김원기	2004. 06. 05 − 2006. 05. 30	김덕규	2004. 06. 07 − 2006. 05. 29
		박희태	2004. 06. 07 − 2006. 05. 29
임채정	2006. 06. 19 − 2008. 05. 29	이용희	2006. 06. 19 − 2008. 05. 29
		이상득	2006. 06. 19 − 2008. 05. 29

제13장 원내교섭단체

제1절 원내교섭단체의 의의와 역할

1. 원내교섭단체의 의의

원내교섭단체란 일반적으로 일정수 이상의 정당 소속의원 또는 무소속의원들로 구성되어 원내 의정활동을 효율적으로 수행하기 위한 활동단위로서의 원내 정파집단을 말한다. 원내교섭단체(이하 교섭단체)를 구성하는 목적은 국회에서 일정한 정파에 속하는 의원들의 주장이나 의견을 종합, 조정하여 사전에 각 교섭단체 간에 상호 교류를 통하여 국회의 운영을 원활하게 하려는 데 있다.

2. 교섭단체의 기능과 역할

1) 기능

교섭단체는 정당의 대(對)의회 대변기능을 가지고 있으며, 국회운영과 관련한 정당의 의사표명 혹은 의사형성에서 중요한 역할을 수행한다. 또한 원내에서 정당의 기능과 의회의 협의기관으로서의 기능을 동시에 수행하는 정치단체이기 때문에 소속정당의 당론 혹은 당 지도부에 대하여 종속적인 태도를 취하는 동시에 국회운영이나 입법 활동과 관련해서는 그 단체가 지향하는 정책추구를 위하여 최대한 노력하는 단체이기도 하다.

문제는 교섭단체가 정당에 대해서 어느 정도 기속되느냐 하는 것이다. 정치적 현실을 감안해 보면 교섭단체의 당론 내지 당 지도부에 대한 기속은 매우 종속적이다. 그러나 헌법상의 자유위임(무기속 위임)원칙을 고려하여 볼 때 각 의원은 당의 위임사항을 수행할 법적인 의무는 없다고 한다.[1] 이런 주장을 수용한다면 교섭단체는 이론상으로는 정당과 분리되어 있는 것으로 의회에서 정당의 당론과는 다른 의견을 개진할 수 있다. 그러나 한국국회에서는 이런 일은 발생하기 어렵다. 이런 일이 발생한다면 당 지도부에 대한 의원들의 '항명' 행위가 된다.[2]

2) 역할

교섭단체로 등록을 하게 되면 다양한 권한, 역할, 그리고 국회청사 내 시설 사용권이 주어진다. 예를 들면 의사일정 관련 공식 회합에의 참여, 위원회 구성에의 참여, 토론에 있어 의원 수에 비례한 발언시간의 할당과 우선발언권, 재정상의 지원, 의사당건물 내에서의 사무실 배정 및 행정지원상의 우선권 등을 들 수 있으며, 의석수에 따라 그에 준하는 교섭단체 정책연구위원 자리도 배정받을 수 있다.

① 국회운영 및 의사일정 협의: 각 교섭단체 대표의원은 국회운영위원회 위원이 되며, 국회운영을 협의하기 위하여 국회의장 및 각 교섭단체 대표와 수시로 접촉한다.
② 위원회 위원선임 및 개선(改選) 요청.
③ 본회의 발언자의 수 · 발언시간 및 발언순서 협의.
④ 본회의장 의석배정 협의.

3. 교섭단체의 성격 논의

그동안 국회를 구성하는 일부분으로서의 교섭단체에 대한 성격에 대해서는 활발한 논의가 진행되지 않았다. 교섭단체의 기능과 교섭단체 대표의원

---

1) 국순옥 외, 「원내교섭단체의 법적 성격과 정치적 통합기능에 관한 연구」, ≪의정연구≫ 제31집(1988. 11), 19쪽.
2) 제8대 국회 때 있었던 10 · 2파동(1971. 10. 2)을 예로 들 수 있다. 이에 관해서는 이 책 제4장 제8대 국회부분 참조.

의 역할에 비추어 볼 때 교섭단체는 적어도 국회운영 면에서 국회 속의 국회라고 할 수 있으나 그 법적인 성격은 다소 애매하다. 여기에서는 세 가지 설을 소개하고자 한다.

1) 정당부분설

교섭단체는 그 구성원과 정당의 구성원이 동일인이고 소속정당의 정강·정책을 추구하는 것이 주된 역할이다. 따라서 교섭단체는 정당의 대(對)의회 기능을 수행하는 정당의 부분이다.

2) 의회기관설

교섭단체는 의사규칙(한국의 경우 국회법)에 의하여 의회에 설치되며 국회운영에 관하여 교섭단체에 많은 권한과 혜택이 부여되어 있다.[3]

3) 협의기관설

정당부분설은 국회법에 정당소속이 아닌 무소속의원들도 20인 이상이 모이거나 아니면 무소속의원이 소속의원 20인 미만인 정당과 제휴하여 교섭단체를 구성할 수 있기 때문에 성립되기 어렵다. 또 교섭단체를 원내에 존재하는 하나의 기관으로 보는 의회기관설의 경우, 국회의장이나 위원회의 행위가 국회를 대표하여 활동하는 것과는 달리 교섭단체의 행위는 국회를 대표하는 행위가 아니라는 점에서 어려움이 있다. 교섭단체 자체가 존재하지 않는 의회가 있기 때문에 정당부분설이나 의회기관설 모두 충분한 설득력을 갖지 못한다.

한국국회 교섭단체의 성격이 정당부분설이나 의회기관설의 어느 한쪽에 속하는 것이 아니기 때문에 여기에서는 협의기관설을 택하고자 한다. 교섭

---

[3] 교섭단체는 '원내정당'의 성격이 강하며, 이 '원내정당'을 국회법이 수용한 것이기 때문에 국회기관적인 성격을 부분적으로 갖는다는 견해가 있다. 국순옥 외, 앞의 글. 정호영, 『국회법론』(서울: 법문사, 2000), 201~205쪽 참조.

단체는 원내에서 의사진행을 원활히 하기 위하여 일정한 조건을 갖추어 구성하는 기관이므로 이를 기능성을 갖는 협의기관으로 보는 것이다.

1960년 9월 26일 개정된 국회법 제35조 제1항의 단서조항, 즉 "그러나 정당단위가 아니라도 다른 교섭단체에 속하지 아니하는 10인 이상의 의원으로 교섭단체를 구성할 수 있다."는 내용은 교섭단체를 '정당부분설'이나 '의회기관설'로부터 격리시키는 것이다. 따라서 교섭단체 성격 논의를 요약한다면, 정당의 부분이나 의회의 기관으로서가 아닌 특정 목적을 달성하기 위하여 원내에 구성되는 '기능적 조직'이라 할 수 있다.

제2절 교섭단체의 연혁

1. 구성요건

국회법상 규정된 교섭단체의 구성요건은 다음과 같다.

1) 법률의 규정에 의한 교섭단체

국회에 20인 이상의 소속의원을 가진 정당은 하나의 교섭단체가 된다(국회법 제33조 1항).

2) 합의에 의한 교섭단체

다른 교섭단체에 속하지 아니하는 20인 이상의 의원으로 따로 교섭단체를 구성할 수 있다(국회법 제33조 1항 단서).

다수의 의원으로 구성되는 국회의 운영은 모든 교섭단체 간의 협의에 의하여 이루어지기 때문에 교섭단체는 국회운영의 중심 위치에 선다. 구성요건은 20인 이상의 소속의원을 가진 정당은 하나의 교섭단체를 구성할 수 있도록 되어 있으며 정당단위가 아니더라도 다른 교섭단체에 속하지 않는 20인 이상의 의원으로 따로 교섭단체를 구성할 수 있다. 예를 들면 소속의원 20인 미만인 2개 이상의 정당으로 구성하는 경우, 소속의원 20인 미만인 정당과 무소속의원으로 구성하는 경우, 그리고 무소속의원들만으로 구성하는 경우 등이 가능하다. 소속의원은 하나의 교섭단체에 속한 경우에는 다른 교섭단체에 가입할 수 없으며, 정당을 가진 의원은 그 소속정당의 교섭단체에 속한다.

2. 구성방식

1) 법률의 규정에 의한 교섭단체

한 정당에 소속된 의원이 40명이라 하여 2개의 교섭단체를 갖게 되는 것은 아니며, 그들이 동일 정당소속인 이상 하나의 교섭단체만을 갖는다.

2) 합의에 의한 교섭단체 구성은 다음의 세 가지 경우에 가능하다.

· 소속의원 20인 미만의 2개 이상 정당으로 구성하는 경우[4]
  사례: 제6대 국회에서 삼민회는 민주당 13인, 자유민주당 9인, 국민의 당 2인 등
        3당 합계 24인으로 교섭단체를 구성하였다.

· 소속의원 20인 미만인 정당과 무소속의원으로 구성하는 경우
  사례: 제7대 국회에서 무소속의원 12인으로 구성되었던 교섭단체 십오구락부를
        해체하고 대중당소속의원 2인과 총 14인으로 교섭단체 정우회를 구성하였다.

· 무소속의원 20인 이상으로 구성하는 경우
  사례: ① 제7대 국회에서 민주공화당으로부터 제명된 무소속의원 13인으로 교섭
        단체 십오구락부를 구성하였다. ② 제9대 국회에서 무소속의원 21인으로
        교섭단체 '무소속의원회'를 구성하였다. ③ 제10대 국회에서 무소속의원
        21인으로 교섭단체 민정회를 구성하였다.

---

4) 국회사무처, 「국회선례집」(2000), 109~110쪽.

〈표 13-1〉 교섭단체 구성 조건의 변화

국회(회기)	구성조건	국회법 규정
제헌~제5대	의원 20인 이상	· 제정국회법(1948. 10. 2)에 교섭단체 관련규정 없음 · 제헌국회 제4회 국회 회기 중인 1949년 7월 29일 국회법 개정 시 '단체교섭회'제도 신설
제5대	민의원: 20인 이상 참의원: 10인 이상	· 제37회 회기 중인 1960년 9월 26일 국회법 개정으로 교섭단체제도 신설
제6대~제8대	의원 10인 이상	· 제5대 국회 해산(1961. 5. 16) 후인 1963년 11월 26일 국회법 개정 · 제6대 국회 제39회 국회부터 적용
제9대~제18대	의원 20인 이상	· 제8대 국회 해산(1972. 10. 17) 후인 1973년 2월 7일 국회법 개정 · 제9대 국회 제85회부터 적용

3. 교섭단체 구성절차

1) 명부제출

교섭단체를 구성하고자 할 때, 교섭단체 대표의원은 교섭단체 명칭, 대표의원, 소속의원 수, 구성 연월일을 공문에 기재하고 소속의원이 연서·날인한 명부를 첨부하여 의장에게 제출하여야 한다(국회법 제33조 2항). 다만, 국회의원 선거 후 교섭단체 구성통지는 상임위원회와 특별위원회의 구성 등을 고려하여 늦어도 최초 집회일까지는 명부를 제출하여야 한다.

2) 구성확인 및 통지

국회의장은 교섭단체 대표의원으로부터 교섭단체 명부가 제출되면 그 구성요건을 확인한 후 교섭단체 구성사실을 각 교섭단체 및 위원회 등에 통지한다.

4. 교섭단체의 명칭

국회법에서는 교섭단체의 명칭에 관해서 규정을 두고 있지 않으나 관행상 다음의 두 가지가 가능하다.

20인 이상의 소속의원을 가진 정당이 교섭단체를 구성할 경우 정당 명칭을 교섭단체명으로 하여 국회에 등록한다. 이 경우 그 정당명을 교섭단체의 명칭으로 하는 것이 관례로 되어 있다.

20인 미만의 소속의원을 가진 정당 간에 교섭단체를 구성하여 등록할 경우 교섭단체명과 정당명이 동일하면 혼동의 우려가 있으므로 교섭단체명과 정당명을 다르게 한다.

소속의원 20인 미만인 2개 이상의 정당으로 구성하거나, 소속의원 20인 미만인 정당과 무소속의원으로 교섭단체를 구성하는 경우 그 명칭을 그 구성원의 일부가 속한 정당명으로 하기는 어렵다. 그 이유는 소속의원 20인 이상으로 교섭단체가 된 정당과 구분이 쉽지 않고, 구성원 일부가 속한 정당과 해당 교섭단체명이 혼동될 우려가 있을 뿐만 아니라 정당법상의 정당이 아니면서 교섭단체의 명칭으로 정당명을 사용하는 경우가 되어 정당법 제43조의 유사명칭사용금지 규정의 취지에 반하는 것으로 해석될 수 있다는 것이다.[5]

5. 교섭단체의 지위상실

20인 이상의 소속의원을 가진 교섭단체가 그 소속의원의 탈퇴, 사망 등으로 20인에 미치지 못하게 되면 교섭단체로서의 지위는 상실된다. 소속의원 20인 미만인 정당이 다른 의원과 교섭단체를 구성한 경우, 그 소속의원의 탈당, 사망 등으로 교섭단체 구성 요건인 20인에 미치지 못하는 경우에도 교섭단체로서의 지위를 상실한다.

국회의장은 교섭단체가 소속의원의 이동 및 소속정당의 변경 등으로 그 소속의원 수가 20인 미만이 될 때 교섭단체 해체사실을 각 교섭단체와 위원회 및 중앙선거관리위원회에 통지하도록 되어 있다.

---

5) 국회사무처, 『국회법 해설』(2000), 109~110쪽 참조.

제3절 교섭단체의 변천

1. 제헌국회~제4대 국회

국회법 제정 당시부터 교섭단체의 설치문제가 논의되었다. 그러나 교섭단체의 설치는 파당의식을 조장할 뿐만 아니라, 교섭단체를 갖지 못한 소수파의 발언권을 봉쇄하고 다수당의 횡포를 부추길 우려가 있다는 점에서 공식적으로 인정되지 않았다.

제헌국회가 개원되었을 때 무소속의원과 군소정당·정치단체 소속의원이 의석의 과반수를 차지하였다. 제헌국회 초부터 기존 정당 또는 지연 등을 중심으로 의원들의 집단화현상이 나타나고 국회의 활동이 복잡하게 전개되자 교섭단체가 필요하게 되었다. 그 결과 1949년 7월 9일 제헌국회 제5차 회의에서 교섭단체제도의 채택을 주요 내용으로 하는 '국회법중개정법률안'이 가결(1949. 7. 29 공포)되어 교섭단체는 국회법상 하나의 제도로서 인정받게 되었다.

제헌국회의 제1회 국회부터 제4회 국회까지는 국회법에 교섭단체에 관한 명문규정이 없었으나 1949년 7월 29일 개정, 공포된 국회법에 의하여 제5회 국회부터 단체 및 단체교섭회에 관한 규정을 신설하였다.

> **국회법** 제14조(1949. 7. 29) ① 의사진행에 관한 중요한 안건을 협의하기 위하여 국회에 단체교섭회를 둔다. ② 단체교섭회는 국회 내 각 단체대표 의원으로 구성하며 각 단체의 구성원 수는 의원 20인 이상이 되어야 한다. ③ 각 단체대표자는 그 단체의원이 연서·날인한 명부를 의원의 임기 초에 제출하여야 한다.

그 내용을 보면 단체교섭회는 국회 내 각 단체대표위원으로 구성하고, 단체교섭회를 구성하는 각 단체의 구성원 수는 의원 20인 이상으로 하였다.

또한 단체교섭회는 각 단체의 소속의원 수의 비율에 따라 발언자를 지명하여 의장에게 발언을 통지할 수 있고, 이 경우 의장은 다른 발언통지자보다 우선적으로 발언을 허가하도록 하였다.

이때 단체교섭회가 신설된 것은 발언권 획득을 위한 시간 소모를 없애고, 효율적이고 원만한 의사진행을 위한 것이다. 이에 따라 20인 이상의 의원으로 교섭단체를 구성하여 의석을 배정하고 상임위원과 특별위원을 선임하며, 발언자의 지명 등을 하게 하고 교섭단체의 대표로 구성되는 단체교섭회를 두어 의장의 주재로 의사진행에 관하여 협의하도록 하였다.

제2대 국회부터는 국회운영위원회가 설치되어 국회운영에 관한 사항을 맡게 되었고, 국회운영위원장이 단체교섭회에 참석하여 단체교섭회의 주요 협의에 임하였다. 단체교섭회에서의 결정은 전원일치제로 하고 그 결정사항은, 본회의의 의결을 요하는 것은 일정한 제안절차를 밟아 본회의에 부의하거나 의장이 처리하고, 그렇지 않은 것은 각 단체에서 이를 준수하도록 하였다.

2. 제5대 국회

4·19혁명(1960) 이후 출범한 제5대 국회는 양원제를 채택한 제2공화국 헌법에 따라 양원(민의원, 참의원)으로 구성되었다. 1960년 9월 26일 전문개정된 국회법에서는 단체교섭회와 관련하여 다음과 같이 규정하였다.

> **국회법**(1960. 9. 26) 제33조(단체교섭회) ① 중요 안건의 의사진행에 관한 협의를 하기 위하여 각 원에 단체교섭회를 둔다. ② 단체교섭회는 의장, 부의장, 의원운영위원장과 각 단체의 대표의원으로 구성한다. ③ 각 단체의 구성의원 수는 민의원은 20인 이상, 참의원은 10인 이상이어야 한다. ④ 각 단체의 대표의원은 그 단체의 소속의원이 연서·날인한 명부를 의장에게 제출하여야 한다. 그 소속의원에 이동이 있을 때에는 그 사실을 의장에게 보고하여야 한다. ⑤ 단체교섭회는 의장이 필요하다고 인정할 때 또는 각 단체대표의원의 요구에 의하여 의장이 이를 소집한다.

이처럼 국회법은 각 원에 단체교섭회를 두고, "단체교섭회는 국회의장, 국회부의장, 의원운영위원장과 각 단체의 대표의원으로 구성한다."고 명시하였다. 각 교섭단체의 구성원 수는 민의원은 20인 이상, 참의원은 10인 이상의 의원으로 하고, 단체교섭회는 의장이 필요하다고 인정할 때 또는 각 단체 대표의원의 요구에 의하여 의장이 소집하도록 규정하였다. 단체교섭회에서의 결정은 전원일치제로 하고, 본회의의 결정을 요하는 것은 일정한 제안절차를 밟아 본회의에 부의하거나 의장이 처리하고 그렇지 않은 것은 각 단체에서 이를 준수하도록 하였다.

제헌국회 후반부터 제5대 국회까지 단체교섭회가 국회법상 명문으로 인정되고 원내총무가 구성의 일원이 되었으나 국회의원과 단체교섭회의 관계는 의무관계가 아니라 거의 임의관계에 가까운 것이었다. 뿐만 아니라 원내에서의 국회의원들의 활동도 오늘날처럼 교섭단체의 대표자인 원내총무의 지시와 통제를 받는 것이 아니었기 때문에 원내총무의 역할은 단체교섭회와의 공식창구나 연락간사의 기능수행에 불과하였다.6)

3. 제6대 국회~제8대 국회

1) 단체교섭회 명칭 변경~교섭단체

5 · 16군사정변(1961) 이후 출범한 제6대 국회의 교섭단체는 1963년 11월 26일 개정된 국회법에 따라 구성되었다. 국회법에서는 이때부터 그동안 사용되어 오던 '단체교섭회'를 '교섭단체'로 변경하였다. 이때 또 다른 변화는 1960년 9월 26일 개정된 국회법에서는 교섭단체의 구성원이 민의원 20인 이상, 참의원 10인 이상이었는데 아래의 국회법 제35조 본문에서 보는 것처럼 단서조항에서 정당단위가 아니더라도 다른 교섭단체에 속하지 아니하는 10인 이상의 의원, 즉 무소속의원 혹은 군소정당소속의원들도 교섭단체를 구성할 수 있도록 한 것이다.

---

6) 우병규, 「원내총무론」, ≪신동아≫(1972년 2월호), 99쪽.

> **국회법**(1963. 11. 26) 제35조(교섭단체) ① 국회에 국회의원 10인 이상의 정당을 단위로 하여 교섭단체를 둔다. 그러나 정당단위가 아니라도 다른 교섭단체에 속하지 아니하는 10인 이상의 의원으로 교섭단체를 구성할 수 있다. ② 각 교섭단체의 대표의원은 그 단체의 소속의원이 연서·날인한 명부를 의장에게 제출하여야 하며, 그 소속의원에 이동이 있을 때에는 그 사실을 의장에게 보고하여야 한다.

국회법 제35조는 10인 이상의 소속의원을 가진 정당은 교섭단체를 구성할 수 있도록 규정하였다. 국회법상의 단체교섭회에 관한 규정은 삭제되었으나, 국회의장의 주재로 교섭단체 대표의원회의(원내총무회의)를 개최하여 의사일정과 국회운영에 관한 사항을 합의하는 것이 관례가 되어 제8대 국회까지 계속되었다. 그러나 의사일정을 그날그날 결정해야 하는 당시의 상황에서 교섭단체 대표의원회의에서 사전에 협의하고 그 협의결과를 국회운영위원회에서 다시 의결하다 보니 협의가 지연되어 본회의 개의시간이 늦어지는 일이 자주 발생하였고 회의 자체가 유회되는 경우도 있었다.

대통령특별선언(1972. 10. 17, 10월유신)에 의하여 제8대 국회가 해산되고 제9대 국회임기가 시작되기 전인 1973년 2월 7일 국회법 개정에서는 교섭단체 대표의원은 국회운영위원회의 위원이 되도록 규정하여 의사일정협의와 국회운영에 관한 상황을 교섭단체 대표회의를 거치지 않고 직접 국회운영위원회에서 심사, 결정하도록 하였다.

4. 제9대 국회~제15대 국회

> **국회법**(1973. 2. 7) 제35조(교섭단체) ① 국회에 20인 이상의 소속의원을 가진 정당은 하나의 교섭단체가 된다. 그러나 다른 교섭단체에 속하지 아니하는 20인 이상의 의원으로 따로 교섭단체를 구성할 수 있다. ② 각 교섭단체의 대표의원은 그 단체의 소속의원의 연서·날인한 명부를 의장에게 제출하여야 하며, 그 소속의원에 이동이 있을 때에는 그 사실을 의장에게 보고하여야 한다.

제9대와 제10대 국회에서는 본회의에서의 질문자 및 토론자, 질문과 토론의 내용, 원내에서의 투표 시 찬성과 반대가 소속정당의 방침에 따라 결정되는 등 교섭단체 소속의원에 대한 교섭단체 대표의원의 통제가 더욱 강화되었다. 앞에서 언급한 것처럼 제9대 국회부터는 각 교섭단체의 대표의원이 국회운영위원회의 위원이 되도록 규정함으로써 국회운영에 관한 교섭단체 대표의원의 기능과 역할이 크게 강화되었다.

여당 교섭단체 대표의원이 국회운영위원장으로 선출되는 관행은 제9대 국회(1973. 3. 12 임기시작)부터 확립되었다.

제9대 국회 이후에는 20인 이상의 소속의원을 가진 정당이 하나의 교섭단체가 되고, 다른 교섭단체에 속하지 않는 20인 이상의 의원은 따로 교섭단체를 구성할 수 있도록 하였다. 제9대와 제10대 국회에서는 통일주체국민회의에서 선출된 의원들이 교섭단체 '유신정우회'를 구성한 예도 있었다. 교섭단체를 구성할 수 있는 최소 의원정수 20인의 규정은 제18대 국회 현재까지 변동이 없이 유지되고 있다.[7]

제4절 교섭단체 대표의원

1. 교섭단체 대표의원의 의의

각 교섭단체를 대표하는 의원을 교섭단체 대표의원이라고 하며 교섭단체 대표의원은 일반적으로 당의 원내총무가 맡는다.

국회법 제104조 제2항을 보면 "교섭단체를 가진 정당을 대표하는 의원이

---

7) 제16대 국회의원선거(2000. 4. 13) 결과 자유민주연합이 교섭단체 구성요건을 밑도는 7석을 획득하였는데 이때부터 문제가 발생하기 시작하였다. 공동여당인 자유민주연합은 교섭단체 구성을 못 하면 당의 진로가 불투명해지고 극단적인 경우에는 당의 와해까지 초래할 수 있다는 판단에 여당인 새천년민주당과 협의, 교섭단체 구성요건을 20인에서 10인~15인으로 하향조정한다는 데 합의하였다. 제16대 국회 초인 2000년 7월 2일 국회운영위원회에서 새천년민주당과 자유민주연합은 교섭단체 구성요건을 하향조정한 국회법 개정안을 변칙처리하였으나 야당인 한나라당의 반발로 본회의에 상정되지는 않았다.

나 교섭단체의 대표의원이 정당 또는 교섭단체를 대표하여 연설 기타 발언을 할 때에는 40분까지 발언할 수 있다.”고 규정하여 정당의 대표와 교섭단체 대표의원이 구별된다는 것을 명시하고 있다. 교섭단체 대표는 필요시 그때그때 결정되기 때문에 정당의 대표자인 당 총재와는 별개의 직책이다.

교섭단체 대표의원의 선임과 관련하여 국회법상으로 별다른 제한은 없지만 각 정당은 당직의 하나로 원내총무를 의원총회에서 경선 또는 추인의 절차를 거쳐 선출하고, 선출된 원내총무가 당연직으로 교섭단체 대표의원의 직을 맡는다.

교섭단체는 국회의 의사를 원활히 운영하기 위한 정당별 의원단체이므로 교섭단체의 대표의원은 국회운영위원회 위원이 되어 동 위원회에서 국회운영에 관하여 협의한다.

교섭단체의 소속의원 수는 발언자 비율을 정하는 데 그 산정기준이 되며, 각 위원회의 위원은 각 교섭단체 소속의원 수의 비율에 따라 의장이 선임함을 원칙으로 하고 있다. 교섭단체 대표의원은 소속의원의 명부와 이동사항을 의장에게 제출, 보고하며 소속의원의 의견을 종합하여 국회에서의 의사진행과 의안에 대한 입장을 정리한다. 국회법은 교섭단체 대표의원이 국회운영위원회의 위원이 되도록 하여 각 교섭단체의 의사를 대표의원을 통하여 직접 국회운영에 반영할 수 있도록 하고 있다.[8]

여기에서 ‘대표의원’이란 그 정당의 대표가 아니라 교섭단체를 대표하는 의원을 말하며 그 명칭(원내총무 등)이나 선임방법에 제한이 없다. 교섭단체 대표의원은 교섭단체 구성 시 교섭단체 소속의원의 명부와 함께 대표의원의 성명을 기재하여 의장에게 보고하여야 한다. 또한 교섭단체 대표의원의 변경 시에는 신임 대표의원이 그 변경 사실을 보고한다.

소속의원의 변동이란 교섭단체 소속의원의 이동(異動) 또는 소속정당의

---

8) 독일의 경우 교섭단체를 구성할 수 있는 최소한의 인원은 34명인데 이는 전체 의원 수의 5%에 해당한다. 이러한 조건은 정당이 의회에 진출하기 위하여 필수적 요건인 득표율 5%에 상응하는 것이다. 교섭단체 내부에서 의견조율이 이루어지고 한 번 표결이 이루어지면 이 결정은 그 교섭단체 소속의원들에게 구속력을 갖는다. 단, 낙태문제와 같이 양심의 문제나 가치관의 문제인 경우에는 원칙적으로 자유로운 투표를 허용한다. 권세기, 「독일연방의회」, 권세기 외, 『독일의 대의제 민주주의와 정당정치』(서울: 세계문화사, 1999), 21~28쪽.

변경 사실을 말한다.9) 교섭단체 대표의원은 교섭단체의 변경 사항이 있을 때에는 그 사실을 지체 없이 의장에게 보고하여야 한다. 다만 특별한 사유가 있을 때에는 당해 의원이 관계 서류를 첨부하여 이를 보고할 수 있다. 또한 어느 교섭단체에도 속하지 아니하는 의원이 당적을 획득하거나 소속정당을 변경한 때에는 소속교섭단체의 대표의원 또는 당해 의원은 그 사실을 의장에게 보고하여야 한다(국회법 제33조 제3항).

2. 교섭단체 대표의원 선출

각 교섭단체가 어떤 방법으로 대표의원(원내총무)을 선출하느냐 하는 것은 전적으로 그 교섭단체에 달려 있다. 교섭단체 대표의원은 여당인 경우 대통령에 의하여 내정되는 경우가 많았고, 야당의 경우에는 당 총재에 의하여 지명되어 왔다. 근년에는 정치의 민주화 흐름을 타고 주요 정당들은 여야 할 것 없이 당내 경선을 통하여 교섭단체 대표의원을 선출하는 경향을 보이고 있다.

3. 교섭단체 대표의원의 지위와 권한

교섭단체 대표의원은 원내에서 소속정당의 대표가 되며, 소속의원들의 의정활동을 조정, 통제, 지원하는 권한과 책임이 있다. 국회의장은 국회의 대표자로서 국회를 운영하는 데 거의 모든 사항을 교섭단체 대표의원과 협의해야 하는데 많은 경우에 교섭단체 대표의원들의 합의사항을 존중하여 온

---

9) 소속의원의 이동이란 교섭단체 소속의원의 신분상 변동으로 인하여 교섭단체 구성원에 이동이 있는 경우를 의미한다. 이에는 의원의 사망, 사직, 퇴직, 자격상실 등의 경우와 재선거, 보궐선거에 당선 또는 전국구 의석승계 등의 경우가 있다. 소속정당의 변경이란 소속의원의 당적상실 또는 변경과 타당소속의원 또는 무소속의원의 입당에 따른 교섭단체 구성원의 이동이 있는 경우를 의미한다. 한편 하나의 정당이 하나의 교섭단체를 구성하는 경우에는 법률규정에 의하여 당연히 정당 그 자체가 교섭단체가 되는 것이므로 그 소속의원이 교섭단체를 탈퇴하고자 할 때에는 소속정당의 탈퇴를 전제로 기능하다.

것이 사실이다.

국회법이 교섭단체 대표의원에게 명문규정으로 부여하고 있는 권한은 국
회운영위원회 및 정보위원회의 당연직 위원으로서의 권한(제39조 제2항 및
제48조 제3항), 국회의장의 국회운영협의권자로서의 권한, 그리고 국회의장
에 대한 제청·요청·통지권자로서의 권한(제48조 제1항, 제122조의2 제7
항, 제34조 제2항)이 있다.

4. 교섭단체 대표의원 회담(총무회담)

국회법이 규정하는 바에 따라 국회의장이 권한을 행사하기 위해서는 교섭
단체 대표의원들과 협의하도록 되어 있다. 이러한 협의에 응하기 위하여 각
교섭단체 대표의원들은 국회의장의 주재나 교섭단체 대표의원들만으로 회담
을 열어 국회운영에 관한 주요 사안들을 논의하는데 이를 교섭단체 대표의
원 회담이라고 하며 흔히 총무회담이라고도 한다.

제5대 국회까지의 단체교섭회(교섭단체)에 관한 것은 앞부분에서 이미 언
급한 바와 같다. 제6대 국회 이후 국회법상 교섭단체에 관한 규정 기타 필
요한 사항을 협의하기 위하여 국회의장의 주재로 총무회담을 개최하고 있
다. 법적 기구가 아닌 정치적 기구로서의 총무회담이지만, 실제운영은 제5
대 국회까지의 단체교섭회보다 강력한 영향력을 행사하여 왔다. 이는 대통
령중심제의 권력구조하에서 여당 원내총무의 지위가 실질적으로 높을 뿐만
아니라 임면과정에 사실상 당 총재가 실질적인 영향력을 행사하여 왔기 때
문이다.[10]

누가 원내총무에 선출되느냐에 따라 총무회담의 비중이나 의미가 달라진
경우도 있고, 총무회담에서 해결이 안 되었을 때 여야 중진회담이라는 회의
체에서 논의하여 해결책을 찾는 경우도 있었다. 기본적으로 총무회담은 정
국이 교착상태에 빠졌을 때 그 타개를 위한 역할을 수행하여 왔다.

---

10) 이순용, 『국회법』(서울: 화학사, 1971), 139쪽.

1. 교섭단체의 변동

해방 이래 무수한 정당과 단체가 난립하여 이합집산을 거듭해 왔기 때문에 교섭단체 구성 또한 빈번하고 복잡하게 변화하였다.

제정국회법에는 교섭단체 구성과 관련한 규정이 없었으나 제헌국회 제4회 국회 회기 중인 1949년 7월 29일 개정된 국회법에서 20인 이상으로 한다는 규정을 두었다. 양원제를 채택한 제5대 국회 민의원의 경우 구성요건은 20인 이상이었고, 참의원의 경우에는 10인 이상으로 규정되었다. 그러다가 다시 단원제로 복귀한 제6대 국회부터 제8대 국회까지는 10인 이상으로 교섭단체를 구성할 수 있다는 규정이 존속하다가 제9대 국회부터 20인 이상으로 변경되어 오늘에 이르고 있다.

교섭단체 구성의 변화를 최초 구성 시와 임기만료 시의 구성으로 구분하면 다음과 같다.

〈표 13-2〉 교섭단체 구성의 변화

국회	기준연월일(최초구성~임기만료)	교섭단체						최대 단체 수	총단체 수
		최초구성 시	소속의원	비율(%)	임기만료 시	소속의원	비율(%)		
제헌	1949. 9. 22~ 1950. 5. 30	민주국민당	75	37.5	대한국민당	71	35.8	4	5
		일민구락부	54	27.0	민주국민당	68	34.8		
		신정회	23	11.5	일민구락부	30	15.2		
		대한노농당	23	11.5	－	－	－		
제2대	1951. 3. 4~ 1954. 4. 30	공화구락부	40	22.9	자유당	99	55.3	5	10
		신정동지회	70	40.0	민주국민당	20	11.2		
		민주국민당	40	22.9	－	－	－		
		민우회	20	11.4	－	－	－		
제3대	1954. 6. 15~ 1958. 5. 29	자유당	136	67.0	자유당	131	65.2	3	5
		무소속동지회	31	15.3	민주당	46	22.9		
제4대	1958. 6. 9~ 1960. 6. 15	자유당	126	58.9	자유당	48	24.6	3	3
		민주당	79	35.1	민주당	68	34.6		
		－	－	－	헌정동지회	38	19.5		

국회	기준연월일(최초구성~임기만료)	교섭단체						최대단체 수	총단체 수
		최초구성 시	소속의원	비율(%)	임기만료 시	소속의원	비율(%)		
제5대 민의원	1960. 8. 31~ 1961. 5. 3	민주당구파동지회 민정구락부 –	86 46 –	37.2 20.0 –	신민당 민정구락부 민주당	60 28 131	26.5 12.4 58.0	3	4
제5대 참의원	1960. 9. 27~ 1961. 5. 3	참우구락부 민주당 민주당구파동지회	21 13 18	36.2 22.4 31.1	참우구락부 민주당 신민당	13 13 18	26.0 26.0 36.0	3	4
제6대	1963. 12. 19~ 1967. 6. 30	민주공화당 민정당 삼민회	110 41 24	62.9 23.4 13.7	민주공화당 신민당 –	106 49 –	66.3 33.5 –	3	6
제7대	1967. 7. 21~ 1971. 6. 30	민주공화당 –	121 –	70.3 –	민주공화당 신민당	117 37	74.1 22.8	3	7
제8대	1971. 7. 26~ 1972. 10. 17	민주공화당 신민당	113 89	55.4 43.6	민주공화당 신민당	114 89	55.9 43.6	2	2
제9대	1973. 3. 12~ 1979. 3. 11	유신정우회 민주공화당 신민당	73 71 52	33.3 32.4 23.8	유신정우회 민주공화당 신민당	73 66 53	34.9 31.6 25.4	4	4
제10대	1979. 3. 19~ 1980. 10. 27	유신정우회 민주공화당 신민당 민정회	77 68 61 21	33.3 29.4 26.4 9.1	유신정우회 민주공화당 신민당 –	77 67 52 –	38.3 33.3 25.9 –	4	4
제11대	1981. 4. 11~ 1985. 4. 10	민주정의당 민주한국당 한국국민당	151 82 25	54.7 29.7 9.1	민주정의당 민주한국당 한국국민당	145 44 23	54.1 16.4 8.6	3	3
제12대	1985. 4. 18~ 1988. 5. 29	민주정의당 신한민주당 한국국민당	148 102 20	53.6 37.0 7.3	민주정의당 통일민주당 평화민주당	157 48 24	57.9 17.7 8.9	4	5
제13대	1988. 5. 30~ 1992. 5. 29	민주정의당 평화민주당 통일민주당 신민주공화당	125 71 60 35	41.8 23.8 20.1 11.7	민주자유당 민주당 – –	195 63 – –	66.8 21.6 – –	4	8
제14대	1992. 6. 13~ 1996. 4. 22	민주자유당 민주당 통일국민당 –	156 96 32 –	52.2 32.1 10.7 –	신한국당 새정치국민회의 민주당 자유민주연합	145 52 37 31	50.9 18.3 13.0 10.9	4	6
제15대	1996. 6. 5~ 1998. 9. 15	신한국당 새정치국민회의 자유민주연합	151 79 49	50.5 26.4 16.4	한나라당 새정치국민회의 자유민주연합	138 103 52	46.2 34.4 17.4	3	4
제16대	2000. 7. 4~ 2004. 5. 29	한나라당 새천년민주당	133 119	48.7 43.6	한나라당 새천년민주당 열린우리당	137 60 47	50.6 22.5 17.5	3	4
제17대	2004. 6. 5~ 2008. 5. 29	열린우리당 한나라당	151 121	50.5 40.7	통합민주당 한나라당	136 111	46.7 38.1	3	7

주: 최대단체 수는 임기 내 교섭단체가 동일한 시기에 운영된 경우의 최대치이며, 총단체 수는 임기 동안 활동한 모든 교섭단체의 수이다.

역대 국회 중 가장 많은 수의 교섭단체가 동시에 등록하여 활동한 것은 제2대 국회(제14회 국회)로서 모두 5개의 교섭단체가 활동하였다.[11] 제2대 국회 기간 중 자유당이 결성되고 제3대 국회부터 본격적인 여야구도가 형성된 후 원내교섭단체의 수는 국회별 최대 교섭단체의 수를 기준으로 하였을 때 제17대 국회의 임기가 끝날 때까지 평균 3.4개로 나타났다.

제헌국회부터 제17대 국회에 이르기까지 구성된 교섭단체의 수를 국회별로 보면 정당의 부침이 심하였던 기간에는 교섭단체의 수가 증가하거나 명칭변경이 이루어지는 경향을 볼 수 있다. 특히 제2대 국회의 경우에는 임기 중 구성된 교섭단체의 수가 10개에 이르러 가장 많은 수의 교섭단체가 활동한 것으로 나타났다. 이 기간 동안 이렇게 많은 수의 교섭단체가 구성된 것은 개원 6일 만에 한국전쟁이 발발하여 임기의 대부분을 전란으로 보내야 했던 불안정한 정세와, 자유당을 창당하여 재집권을 이루고자 한 이승만 대통령의 정계개편 기도, 그리고 이에 대항하는 야권세력의 움직임으로 설명될 수 있다. 제13대 국회에서도 교섭단체의 수가 8개나 되었는데 이는 1990년 3당 합당과 1991년 야권통합 등의 인위적인 정계개편의 결과로 설명될 수 있다.

교섭단체 변동상의 특징을 보면 <표 13 – 2>에 부분적으로 제시된 것처럼 과반수 의석을 넘는 여당과 이에 맞선 제1야당이 군소정당과 교섭단체를 규합하여 국회를 운영하는 양자 혹은 3자 구도 속에 있었다는 것이다.

한편 문제점으로는 국회의원선거 직후의 각 정당의 의석수, 교섭단체 최초 구성 시의 의석수, 그리고 임기만료 시의 의석수가 각각 다르다는 점을 지적할 수 있다. 이는 여당에 의한 야당 및 무소속의원 영입과 정당의 이합집산 등에 연유한다.

---

11) 이들 5개는 자유당(원내), 자유당(원외), 민주국민당, 신라회, 무소속구락부 등이다.

2. 국회별 교섭단체 변동상황

1) 제헌국회 단체교섭회

교섭단체의 연혁은 제헌국회로 거슬러 올라간다. 제헌의원 선거결과 당시 무소속과 군소정당 및 단체소속의원이 의석의 과반수를 차지하게 되면서 이들이 원내에서 여러 개의 구락부를 구성하여 행동하였다. 이에 따라 효율적인 국회운영을 위하여 구락부를 양성화시키고 법률상의 단체로 인정해야 할 필요성이 대두되었다.

국회는 1년간의 국회운영을 경험한 후에 1949년 7월 29일 개정된 국회법에서 교섭단체제도를 처음으로 채택하였다(이 당시의 정식 명칭은 단체교섭회였다). 즉 의원 20인 이상으로 교섭단체를 구성하여 의석의 배정, 상임위원과 특별위원의 선임, 발언자의 지명 등을 하며, 교섭단체의 대표로 구성되는 '단체교섭회'를 두어 의장의 주재로 의사진행에 관하여 협의하도록 하였다.

2) 제헌국회 교섭단체

교섭단체는 1949년 9월 12일 제5회 국회(임시회)가 개회되면서 처음 국회에 등록되었다. 제5회 국회는 민주국민당(70명), 일민구락부(55명), 대한노농당(23명), 신정회(23명) 등의 교섭단체와 무소속(29명)으로 구성되어 효율적인 활동을 하였다.

1950년 1월 정부여당의 정책을 비판한 본격적인 의미의 야당 민주국민당이 야당세력의 연합으로 결집되어 정당체제는 여야구도를 형성하였다. 그러나 야당세력은 여러 계파의 연합체라는 한계 때문에 이해관계의 대립과 갈등으로 분열, 통합의 불연속성을 나타냈다.[12]

1950년 1월 27일 민주국민당이 개헌안을 제출하자 친여성향의 대한국민당은 민주국민당에서 1명, 신정회에서 23명, 일민구락부에서 14명, 대한노농

---

12) 김민하, 「한국야당의 파벌에 관한 연구」, ≪중대논문집≫ 31집(1988), 51쪽.

당에서 11명, 무소속에서 3명을 영입하여 모두 52명으로 교섭단체 등록을 하였다. 1월 28일 원내세력분포는 일민구락부 소속의원 54명 중 김효석파를 주류로 하는 40명의 의원이 대한국민당에의 합당을 반대하여 그대로 교섭 단체를 유지하고, 70명을 보유하고 있던 민주국민당은 1명이 대한국민당으로 이적하여 69명으로 감소하였으며, 23명을 보유하고 있던 신정회는 전원이 대한국민당에 가입함으로써 해체되었다. 23명의 소속의원이 있던 대한노농당은 11명이 대한국민당으로 이적하여 12명밖에 남지 않아 교섭단체가 해체되었다.[13] 그 후에도 대한국민당에 입당하는 의원은 증가하여 개헌안을 심의 중이던 1950년 3월 9일에는 일민구락부에서 10명, 무소속 9명이 입당하는 등 소속의원이 모두 71명이 되면서 원내 제1당이 되었다.

각 상임위원회와 특별위원회의 위원구성은 각 교섭단체의 소속의원 수의 비율에 의하여 각 교섭단체에서 배정하였다.

〈표 13-3〉 제헌국회의 교섭단체 변동

회별	기준연월일	교섭단체	구성원 수	재적수에 대한 비율(%)	비고
제5회	1949. 9. 12	민주국민당	75	37.5	·제1회 국회~제4회 국회까지는 교섭단체가 구성되지 않았음.
		일민구락부	54	27.0	
		신정회	23	11.5	
		대한노농당	23	11.5	
		비교섭단체	25	12.5	
	1949. 12. 3	민주국민당	70	35.0	교섭단체 존속기간
		일민구락부	54	27.0	
		신정회	23	11.5	
		대한노농당	23	11.5	
		비교섭단체	30	15.0	
제6회	1950. 3. 10	대한국민당	71	35.8	민주국민당(1949. 9. 12~1950. 5. 30)
		민주국민당	69	34.8	일민구락부(1949. 9. 12~1950. 5. 30)
		일민구락부	30	15.2	신정회(1949. 9. 21~1950. 1. 26)
		비교섭단체	28	14.2	대한노농당(1949. 9. 22~1950. 1. 26)
	1950. 5. 30	대한국민당	(71)		대한국민당(1950. 1. 27~1950. 5. 30)
		민주국민당	(68)		
		일민구락부	(30)		
		비교섭단체	(29)		

주 1: 제6대 국회에서는 각 교섭단체별 구성원 수에 이동이 있었으나 정식 통고가 없어 교섭단체 이동상황은 기재하지 못하였다.
주 2: 교섭단체를 결성한 날짜와 국회에 등록한 날짜는 다를 수 있다.
출처: 국회사무처, 『의정통계집』(1996), 53쪽.

---

13) 국회사무처, 『국회사(제헌국회~제3대국회)』(1971), 240쪽.

3) 제2대 국회(1950. 5. 31 ~ 1954. 5. 30)

제2대 국회 개원 시 정당별 소속의원은 대한국민당 24인, 민주국민당 24인, 대한독립촉성회 14인, 대한청년단 10인, 무소속 126인, 기타 군소정당 12인이었다. 그러나 무소속의원이 대거 포진하고 있는 상황에서 어느 정파도 원내 안정세력을 구축하기는 어려웠다.

제2대 국회는 임기 초인 1950년 6월 25일 한국전쟁 발발로 전란에 휩싸이게 되어 1951년 3월이 되어서야 교섭단체를 구성하였다. 그 후 교섭단체 활동은 원만하지 못하였으나 의원들의 정당·정파 간 이동은 빈번하게 이루어졌다.

① 공화구락부와 신정동지회의 통합, 공화민정회

이승만 대통령의 국정운영방식에 불만을 갖게 된 이시영 부통령은 사표를 제출하였다. 이승만 대통령과 대립해 온 야당 민주국민당의 김성수 후보가 3차례에 걸친 투표 끝에 제2대 부통령에 당선되었다. 부통령선거 이후 정계는 대통령을 지지하는 파와 김성수 부통령을 지지하는 파로 분열되었다.

국민방위군사건 관련 의혹으로 국민의 신망을 잃게 된 여당적 집단인 신정동지회는 그 사건을 처리하는 과정에서 공화구락부와 함께 1951년 5월 19일 비민주국민당계 원내세력의 규합에 착수하여 5월 29일 원내교섭단체인 공화민정회를 발족시켰다. 공화민정회가 정식으로 교섭단체명부를 국회에 제출한 것은 약 2개월 후인 7월 25일이다.[14]

그러나 이 규합에 반대하던 의원들과 친민주국민당의원들은 공화민정회를 이탈하여 민우회 혹은 무소속으로 되돌아갔다. 민우회소속의원들과 일부 무소속의원들은 민주국민당과 제휴하여 공화민정회와 대립하였다.

당시 원내에서 이승만을 지지하는 공화민정회는 민정동지회와 국민구락부의 합동체인 신정동지회와 공화구락부가 통합된 교섭단체였으나 내부 조율을 이루지 못하였을 뿐만 아니라 조직 면에서도 통일성을 이루지 못하였다.

---

14) 공화민정회는 1952년 1월 17일까지 활동하였다.

② 공화민정회, 자유당(원내)으로 명칭 변경

공화민정회는 1951년 12월 22일 교섭단체명을 자유당(원내)으로 변경하였다. 원내자유당은 원외자유당과의 제휴·합동을 주장하는 신정동지회파와, 내각책임제 개헌을 주장하는 공화구락부파로 분열되었다. 합동추진파는 1952년 3월 31일 원외자유당·대한국민당·조선민주당·여자국민당 등 5당 대표자와 5당 합동준비위원회를 구성하고, 4월 초에는 조선민주당을 제외한 4당이 합동에 완전 합의하였다.

원내자유당은 5월 19일 헌법개정문제를 둘러싸고 분열되었다. 김정실 등 합동파(삼우장파)는 정부와 원외자유당에 동조하였고, 홍익표 등 잔류파(간부파)는 내각책임제 개헌안 지지를 고수하였다. 원내자유당의 분열은 바로 자유당의 통합으로 이어졌다. 5월 19일 원내에서 합동파는 잔류파로부터 이탈하여 52명이 자유당이라는 교섭단체로 등록하였고 10월 21일에는 국무총리 장택상을 중심으로 민우회와 자유당 잔류파의 40여 명이 결합하여 정부를 지지하기 위한 원내 친목단체 신라회를 조직하였다. 한편 민우회는 1951년 3월 4일부터 1952년 6월 28일까지 존속하였는데 6월 28일 그 구성원이 20인에 미달되어 교섭단체가 해체되었다.

원내자유당합동파는 자유당(합동)이라는 교섭단체를 등록하여 52명으로 원내외자유당의 원내 아성을 구축하였고 6월 20일에는 장택상 국무총리를 중심으로 민우회·원내자유당합동파·원내자유당잔류파 등에서 40여 의원을 포섭하여 친목단체인 신라회를 결성하였다.[15] 이렇게 하여 이승만 대통령은 그가 원하던 '노동자와 농민대중을 대표한 정당'을 갖지는 못하였으나 그의 의도를 받드는 강력한 지지세력을 원내외에 갖게 되었다.

③ 교섭단체 자유당(원내)·자유당(원외)·신라회의 통합

이승만 대통령이 자유당과 국민회 조직에 관한 담화를 발표한 직후인 1952년 11월 17일, 원외자유당이 원내자유당을 합동하였다. '자유당(합동)'은 이날 교섭단체 명칭을 '자유당(원외)'으로 변경하였고 '자유당(원외)'은 동 교섭단체

---

15) 국회사무처, 『국회사(제헌국회~제3대)』(1971), 619쪽.

가 주축이 되어 1953년 4월 14일자로 '자유당'으로 명칭을 변경하였다.[16]

교섭단체권을 상실하여 그동안 원외자유당과 합류하느냐 아니면 교섭단체를 유지해 나가느냐의 기로에 서 있던 신라회는 자유당과의 합류 여부 결정을 대표격인 장택상에게 일임하였다. 장택상은 1953년 2월 8일 자유당의 양우정 의원과 회담하였고 2월 9일에는 양측 대표가 회합한 결과 합동하기로 합의하였다. 자유당 측은 2월 10일 상임집행위원회 회의에서 신라회의 영입을 가결하였으며 신라회에서는 이날 오후 5시 합류 여부에 관한 최종회의 끝에 장택상 등 18인 의원이 원외자유당에 입당하였다. 신라회가 원외자유당에 합류함으로써 원외자유당은 94석을 확보하여 다수파가 되었다.[17]

민족청년단을 모체로 한 원외자유당은 한때 원내자유당계를 중심으로 중간세력과 야당세력의 일부분을 흡수하여 정치파동을 겪은 후 몰락의 길을 걸었다. 이러한 원외자유당을 대신하여 원내자유당의 합동파(삼우장파)가 당의 주도권을 장악하면서 1953년 4월 이후 국회 내에 과반수가 되어 이승만 대통령을 주축으로 안정된 권력기반의 역할을 하게 되었다. 자유당은 4월 25일 자유당(원내), 자유당(원외), 신라회 및 무소속의원으로 교섭단체 '자유당'을 구성하였다.

한편 1952년 11월 29일 국무원책임제 개헌안 제출의 대표였던 곽상훈 외 20명이 '무소속구락부'로서 교섭단체 등록을 마쳤다. 무소속구락부는 1953년 4월 15일까지 활동하였으며 이후 소속의원들은 자유당에 입당하거나 교섭단체 무소속으로 흡수되었다.

1952년 12월 20일 제15회 국회(정기회)가 개회될 무렵 원외자유당소속의원은 68명이었다. 그 후 개별적으로 동당에 가입하는 의원이 약간 있었는데 1953년 2월 18일에는 장택상이 주도하는 신라회소속 국회의원 20명이 대거 가입, 원내에서 과반수의 안정세력을 이루었다. 이후 각 정파의 동요가 계속되어 4월 15일에는 원내자유당에서 9명이 가입, 자유당은 103명으로서 제1당이 되었다. 이 무렵 자유당이 득세하고 있던 탓에 다수의 의원들이 재선을 목적으로 자유당에 입당하였다. 원내자유당과 무소속구락부는 각각 교섭

---

16) 국회사무처, 『제2대 국회경과보고서』(1986), 34~37쪽.

17) 원내 세력분포는 원외자유당이 배은희 이하 94인, 민주국민당이 소선규 이하 29인, 원내자유당이 홍익표 이하 25인, 무소속구락부가 곽상훈 이하 20인, 무소속이 15인이었다. ≪조선일보≫, 1953년 2월 13일자.

단체 요건을 상실하여 자유당과 민주국민당의 두 단체만 남게 되었다.

〈표 13－4〉 제2대 국회의 교섭단체 변동

회별	기준연월일	교섭단체	구성원 수	재적수에 대한 비율(%)	비고
교섭단체 구성 시	1951. 3. 4	공화구락부	40	22.9	교섭단체 존속기간 공화구락부(1951. 3. 4~1951. 5. 29) 신정동지회(1951. 3. 4~1951. 5. 29) 민우회(1951. 3. 4~1952. 6. 28) 민주국민당(1951. 3. 4~1954. 5. 30) 공화민정회(1951. 5. 29~1952. 1. 17) 자유당①(1952. 1. 17~1952. 12. 23) 신라회(1952. 10. 21~1953. 2. 18) 자유당(원내)(1952. 12. 23~1953. 4. 15) 자유당(원외)(1952. 11. 17~1953. 4. 14) 무소속구락부(1952. 11. 29~1953. 4. 15) 자유당②(1953. 4. 14~1954. 5. 30) 무소속구락부(1952. 11. 29~1953. 2. 18)
		신정동지회	70	40.0	
		민주국민당	40	22.9	
		민우회	20	11.4	
		비교섭단체	5	2.8	
제10회(정)	1951. 5. 30	공화구락부	39	22.3	
		신정동지회	69	39.4	
		민주국민당	39	22.3	
		민우회	22	12.6	
		비교섭단체	6	3.4	
제11회	1951. 12. 19	공화민정회	85	48.6	
		민주국민당	39	22.3	
		민우회	34	19.4	
		비교섭단체	17	9.7	
제12회(정)	1952. 6. 28	자유당*	47	25.7	
		자유당(합동)	61	33.3	
		민주국민당	34	18.6	
		민우회	19	10.4	
		비교섭단체	22	12.0	
제13회	1952. 9. 10	자유당*	47	25.7	
		자유당(합동)	61	33.3	
		민주국민당	31	16.9	
		비교섭단체	44	24.1	
제14회	1952. 12. 19	자유당*	29	15.9	· 자유당(합동), 자유당(원외)로 개칭 (1952.11.17) · 신라회 교섭단체 구성(1952.10.21) · 무소속구락부 교섭단체 구성(1952.11.29)
		자유당(원외)	68	37.1	
		민주국민당	31	16.9	
		신라회	21	11.5	
		무소속구락부	20	10.9	
		비교섭단체	14	7.7	
제15회(정)	1952. 12. 20	자유당(원내)	29	15.9	· 자유당*을 자유당(원내)로 개칭(1952.12.23) · 신라회와 무소속구락부 교섭단체 해체 (1953.2.18) · 자유당**은 자유당(원내), 자유당(원외), 신라회 및 무소속의원으로 교섭단체 구성(1953.4.25)
		자유당(원외)	68	37.1	
		신라회	21	11.5	
		무소속구락부	20	10.9	
		민주국민당	31	16.9	
		비교섭단체	14	7.7	
	1953. 5. 30	자유당**	103	56.6	
		민주국민당	29	12.6	
		비교섭단체	14	7.7	
제16회~ 제17회	1953. 10. 20~ 1953. 12. 19	자유당	103	56.6	
		민주국민당	23	12.6	
		비교섭단체	50	30.8	
제18회	1954. 4. 30	자유당	99	55.3	
		민주국민당	20	11.2	
		비교섭단체	60	32.5	

4) 제3대 국회(1954. 5. 31~1958. 5. 30)

자유당은 1954년 6월 9일 제3대 국회 개원식이 거행될 때까지 재적 3분의 2선인 136석을 확보하기 위하여 공천을 받지 못한 채 입후보하여 당선된 옛 자유당 당적자 15명과 무소속의원 등을 적극 영입하여 개원식 당일까지 127석을 확보하였다. 자유당은 그 후에도 의원영입을 계속하여 6월 15일 136명의 교섭단체명부를 국회에 제출하였고 그 세력은 원내의 세력판도를 바꾸어 놓았다.

제3대 국회의원 선거를 전후하여 자유당 내의 역학구도는 이범석 체제에서 이기붕 체제로 전환되었고 야당인 민주국민당의 당세는 크게 약화되었다. 원내에서 압도적인 우위를 점하게 된 자유당은 이승만 대통령의 3선 연임을 가능케 하는 내용 등을 담은 개헌안을 국회에 제출하였다.

자유당이 제출한 3선 개헌안이 1954년 11월 27일 국회 본회의 표결에서 개헌에 필요한 136표에서 1표 모자라는 135표로 부결되자, 자유당은 당론을 모아 11월 29일 국회 본회의에서 이틀 전의 부결선포는 정족수 계산 착오였음을 선언하고 헌법개정안에 대한 번복가결동의를 야당의원들이 퇴장한 가운데 만장일치로 가결하였다.

개헌안이 가결되자 퇴장했던 민주국민당과 자유당탈당의원, 무소속의원 60명은 2층에 있는 곽상훈 부의장실에 모여 범야연합전선을 구축하고 대여투쟁을 강화하기 위한 민의원위헌대책위원회를 조직하는 동시에 성명서를 발표하여 자유당을 규탄하였다.

곽상훈 부의장실에서 선임된 7인의 위원들은 장택상 의원 집에 모여 대책을 논의한 결과 원내에서의 통합교섭단체 구성과 신당결성에 합의하였다. 이 두 가지 수습방안은 야당연합총회에 보고되었다. 총회에서는 원내교섭단체로서 '호헌동지회'라는 명칭으로 국회에 등록하기로 하였고, '호헌동지회'를 매체로 하여 신당발기준비위원회를 구성하기로 결의하였다. 민주국민당·무소속동지회·순무소속의원 등 60명이 합세하여 1954년 11월 30일 호헌동지회를 구성한 후 12월 4일 교섭단체 등록을 하였으며, 이를 기반으로 원내외의 모든 야당세력을 규합하는 단일 야당 결성이 추진되었다.

〈표 13－5〉 제3대 국회의 교섭단체 변동

회별	기준연월일	교섭단체	구성원 수	재적수에 대한 비율(%)	비고
교섭단체 구성 시	1954. 6. 15	자유당	136	67.0	
		무소속동지회	31	15.3	
		비교섭단체	36	17.7	
제19회 (임)	1955. 2. 10	자유당	123	60.6	
		호헌동지회	61	3.0	
		비교섭단체	19	9.4	
제20회 (임)	1955. 7. 31	자유당	124	61.1	
		호헌동지회	44	21.7	
		비교섭단체	35	17.2	
제21회 (임)	1956. 2. 18	자유당	136	67.0	교섭단체 존속기간
		민주당	33	16.3	
		헌정동지회	20	9.8	자유당(1954. 6. 16~1958. 5. 30)
		비교섭단체	14	6.9	
제22회 (임)	1956. 12. 31	자유당	128	63.1	무소속동지회(1954. 6. 16~1954. 12. 4)
		민주당	37	18.2	
		헌정동지회	21	10.3	호헌동지회(1954. 12. 4~1955. 10. 4)
		비교섭단체	17	8.4	
제23회 (임)	1957. 2. 5	자유당	130	64.0	민주당(1955. 10. 4~1958. 5. 30)
		민주당	44	21.7	
		정우회	25	12.3	헌정동지회(1955. 12. 6~1957. 1. 24)
		비교섭단체	4	2.0	
제24회 (임)	1957. 5. 3	자유당	133	65.5	정우회(1957. 1. 24~1957. 12. 23)
		민주당	45	22.1	
		정우회	22	10.9	
		비교섭단체	3	1.5	
제25회 (임)	1957. 8. 30	자유당	132	65.0	
		민주당	44	21.7	
		정우회	23	11.3	
		비교섭단체	4	2.0	
제26회 (임)	1958. 1. 3	자유당	133	65.8	
		민주당	46	22.8	
		비교섭단체	23	11.4	
제27회 (임)~ 임기 종료 시	1958. 4. 5~ 1958. 5. 29	자유당	131	65.2	
		민주당	46	22.9	
		비교섭단체	24	11.9	

이렇게 발족된 호헌동지회는 1955년 10월 4일 민주당 발족으로 해체되었

고, 민주당은 제3대 국회의 임기가 종료된 1958년 5월 30일 해체되었다.

한편 헌정동지회는 1957년 1월 24일 정우회 발족으로 해체되었고, 정우회는 그해 12월 23일 구성원 미달로 자연해체되었다.

5) 제4대 국회(1958. 5. 31～1960. 7. 28)

1958년 6월 7일 개원된 제4대 국회의 세력분포는 국회의원선거 직후부터 무소속당선자 영입공작에 주력한 자유당 138석, 민주당 79석, 무소속 16석으로 나타났다.[18] 이날 전반기 의장단 선거가 실시되었으며, 6월 17일 실시된 전원위원장 및 15개 각 상임위원장선거에서는 전원 자유당소속의원들이 당선되었다. 자유당은 국회의장단과 상임위원장직을 독점, 원내에서 절대 안정세력을 구축하였다.

1960년 3월 15일 실시된 제4대 대통령선거에서는 자유당의 이승만 후보가 당선되었으나, 야당인 민주당은 선거 직후 불법부정선거를 주장하고 나섰다. 3월 15일의 부정선거에 항의하는 시위가 격화되자 자유당은 당무위원 총사퇴와 이기붕 의장의 부통령직 등 일체의 공직사퇴로 사태를 수습하려 하였으나, 4·19혁명의 발생으로 이승만 대통령이 하야를 선포하고 이기붕 중앙상임위원회의장이 자살하자 재기불능의 상태가 되었다. 당내 일각에서는 수습대책위원회의 재편성을 통하여 당 재건공작을 추진하였으나 당내혁신파와 보수파 간의 의견불일치로 여의치 않게 되자 이갑식·정운갑·최규남 등 104명의 의원들이 교섭단체 자유당에서 탈퇴하였고 그중 44명의 의원들은 1960년 6월 15일 교섭단체 헌정동지회를 구성하였다.

당 간부의 투옥과 혁신파의원들의 이탈로 큰 타격을 받은 조경규 의원 등 자유당재건파는 6월 12일 제10차 임시전당대회를 소집하여 소속의원들의 의원직 총사퇴권고를 결의하고 33인의 전권위원회를 설치하여 제5대 국회의원선거(1960. 7. 29) 후 당 조직을 재정비하고 해산하기로 하였다. 그러나 소속의원들의 의원직 총사퇴도 이루어지지 않았고, 선거 후에도 국회에 진

---

18) 자유당은 선거에서 126석을 얻었으나 무소속당선자 11명과 통일당소속당선자 1명을 영입하여 138석을 갖게 되었다.

출할 능력이 없어 이후 유명무실한 존재가 되었다.

한편 민주당은 신·구파의 파쟁으로 여러 차례 분당위기에 직면하였으나 자유당을 타도하여야 한다는 목표로 난관을 극복할 수 있었다. 그러나 4·19혁명으로 자유당이 몰락하자 당내 두 계파 간의 대립은 더욱 심화되었다.

구파는 대통령선거(1960. 3. 15) 직후 대여투쟁방안으로 의원직 총사퇴를 주장하였으나 신파가 이를 거부하면서 긴장된 분위기가 조성되기 시작하였다. 혁명 이후의 사태수습방안에서도 신파는 '선 선거, 후 개헌'을 주장한 반면, 구파는 자유당세력과의 협조를 통한 '선 개헌, 후 선거'를 주장하여 입장 차이를 보였다.

〈표 13-6〉 제4대 국회의 교섭단체 변동

회별	기준연월일	교섭단체	구성원 수	재적수에 대한 비율(%)	비고
교섭단체 구성 시	1958. 6. 7 (선거 당시)	자유당 민주당 비교섭단체	126 79 28	54.1 33.9 12.0	
제29회	(1958. 6. 7)	자유당 민주당 비교섭단체	138 79 15	59.5 34.0 6.5	교섭단체 존속기간 자유당(1958. 6. 9~1960. 7. 28) 민주당(1958. 6. 9~1960. 7. 28) 헌정동지회(1960. 6. 15~1960. 7. 28)
제30회	(1958. 9. 1)	자유당 민주당 비교섭단체	136 81 14	58.9 35.1 6.0	
제31회	(1959. 1. 12)	자유당 민주당 비교섭단체	138 82 13	59.2 35.2 5.6	
제32회	(1959. 2. 18)	자유당 민주당 비교섭단체	138 82 12	59.5 35.5 5.2	
제33회 (정)	(1959. 9. 1)	자유당 민주당 비교섭단체	145 77 9	62.8 33.3 3.9	교섭단체 존속기간 자유당(1958. 6. 9~1960. 7. 28) 민주당(1958. 6. 9~1960. 7. 28) 헌정동지회(1960. 6. 15~1960. 7. 28)
제34회	(1960. 2. 2)	자유당 민주당 비교섭단체	148 74 9	64.1 31.0 3.9	
제35회	제4대 국회 말(1960. 3. 17~ 7. 25)	자유당 민주당 한정동지회 비교섭단체	48 68 38 41	24.6 34.9 19.5 21.0	

제5대 국회의원선거에서는 공천의 안배를 묵살하고 구파가 공천된 선거구에 신파가, 신파가 공천된 선거구에 구파가 각각 대항후보를 내세워 전국 110여 개 선거구가 동일정당 내 두 계파의 경합장이 되었다. 그 결과 민주당으로 출마한 총입후보자 수는 민의원 305명, 참의원 611명이 되었다.[19) 게다가 선거운동 도중 구파지도자인 유진산·서범석 두 의원이 기자회견에서 보수양당제를 위해서는 신·구파의 분당이 필요함을 주장하기에 이르렀다.

제4대 국회 초에는 자유당과 민주당의 2개 교섭단체가 있었으나, 임기 말에는 자유당, 민주당, 헌정동지회의 3개 교섭단체가 있었다.

6) 제5대 국회(1960. 7. 29~1961. 5. 16)

① 민주당 신구파의 교섭단체 별도 구성

4·19혁명 이후 집권 여당인 자유당은 몰락의 길을 걸었고 민주당이 득세하는 가운데 1960년 7월 29일 제5대 국회의원선거가 실시되었다. <표 13-6>에서 보는 것처럼 선거 전에 이미 자유당과 민주당의 교섭단체 의석은 48석 대 68석으로 역전되었다. 선거결과 자유당은 민의원에서 2석을 얻어 명맥만을 유지하게 되었고, 민주당은 175석을 얻어 원내 절대 다수의석을 차지하였다.

그런데 문제는 민주당 내부에 있었다. 민주당은 신파·구파로 나뉘어 서로 대립하였다. 선거 당시부터 분당 가능성을 밝힌 구파는 선거가 끝나자 신파 측과는 행동을 달리하기 시작하였다.

제2공화국의 기틀을 다지기 위하여 소집된 제5대 국회의 첫 회의인 제36회 국회(임시회)는 개회 전부터 민·참 양 의원의 의장단선거와 대통령 선출, 국무총리의 지명과 이에 따른 국회의 인준 등을 놓고 막후교섭이 진행되었다. 그러나 민주당 신파와 구파 사이에 요직을 둘러싼 갈등의 골은 깊어만 갔다.

---

19) 국회사무처, 『국회사(제4대 국회~제6대 국회)』(1971), 230~231쪽.

선거 직후의 신파, 구파의 세력분포는 구파 측이 민의원 84명, 참의원 17명으로 101명, 신파 측은 민의원 75명, 참의원 13명으로 88명, 그리고 중도파는 10여 명이었다. 수적으로 신파를 능가한 구파는 국무총리직을 놓고 신파와 대립하였다. 신파와 구파는 49명이나 되는 무소속 당선자와의 제휴를 통해 요직을 서로 장악하고자 하였다.

대통령·국무총리·국회의장단의 인선문제를 둘러싸고 전략회의를 거듭한 신·구파는 대통령에 윤보선 의원을 추대하고 민의원의장에는 곽상훈 의원을 선출한다는 데에는 이견이 없었으나, 내각책임제하의 국무총리 인선에는 구파에서는 김도연 의원을, 신파에서는 장면 의원을 고집하였다.

이렇게 두 계파가 분열된 상태에서 8월 8일 초대 참의원 의장단과 민의원 의장단선거가 각각 실시되었다. 참의원에서는 최고령자인 민주당 고희동 의원의 사회하에 의장에 무소속 백낙준 의원, 부의장에 민주당구파 소선규 의원을 선출하였고, 민의원에서는 의장에 민주당신파 곽상훈 의원, 부의장에 민주당구파 이영준 의원, 무소속 서민호 의원을 각각 선출하였다. 이어 헌법 제53조와 부칙에 따라 8월 12일 양원합동회의를 소집하고 대통령선거를 실시하여 민주당구파 윤보선 의원을 재석 259인 중 208표로 선출하였다.

17일 국회 본회의 표결에서 총투표 수 225표 중 인준과반수인 115표를 2표 넘는 117표를 얻어 장면 의원이 제2공화국 초대 국무총리로 인준을 받았다.

무소속과 민주당 중도파의 협조를 얻어 어렵게 국무총리 인준을 받은 장면 총리는 무소속의원 회의에서 약속한 대로 인물본위의 거국내각을 구상하게 되었고, 신파 5명, 구파 5명, 무소속 2~3명의 비율로 조각할 것을 제시하였으나 두 계파의 이해가 상충되어 실현되지는 않았다.

장면 국무총리는 1960년 8월 20일부터 조각에 착수하여 신파·구파 안배원칙에 무소속을 입각시키는 거국내각구성을 밝혔다. 장면 의원이 국무총리 인준을 받은 후 구파의원들은 회합을 갖고 민주당과 분리된 정당을 즉각적으로 결성할 것, 신파로 이탈한 구파의원들을 처벌할 것, 신당결성과 관련하여 국회 밖의 인사들과 접촉할 것 등을 결의하였다. 이날 구파 측은 서울시내 동원예식장에서 단합대회를 갖고 입각거부를 결의하는 한편 '민주당구파동지회'로 독립된 교섭단체를 구성, 등록할 것을 결의함으로써 민주당은 사실상 분당상태에 놓였다.

장면 총리는 윤보선 대통령과 곽상훈 민의원의장, 그리고 구파의 영수 김도연 의원 등과의 4자회담에서 정국안정을 위하여 민주당구파에서 4~5명의 각료를 받아들이기로 다시 언약하였다. 그러나 조직에서 이탈한 이단자들을 받아들일 수 없다는 오위영 의원과 현석호 의원 등 신파 노장간부들의 반대와 수용하라는 소장파 이철승 의원과 김재곤 의원 등의 주장이 맞서 구파의 입각은 좌절되고 민주당신파에 의한 단독조각으로 굳어졌다.

8월 23일 장면 내각이 출범하자 조각에 반발한 민주당신파 내부의 소장파 집단이 긴급회의를 열고 필요하다면 별도의 교섭단체를 구성하겠다는 입장을 밝혔다.

한편 민주당구파의 7인위원회는 1960년 8월 24일 오후 3시 서울시내 전업회관에서 회의를 갖고 구파의 원내교섭단체명을 '민주당구파동지회'로 정하였다.

신파중심의 내각은 구파와의 관계를 더욱 악화시켜 구파는 단독으로 교섭단체를 구성하기에 이르렀다. 구파는 제36회 국회 회기만료일인 1960년 8월 31일 오전 '민주당구파동지회'라는 별개의 교섭단체를 등록하여 민주당 정권에 대항하였다.

② 민정구락부 구성

민주당 구파가 별개의 교섭단체로 국회에 등록하자 원내 무소속도 같은 날 민정구락부라는 명칭으로 교섭단체 등록을 하였다. 따라서 원내세력의 분포는 9월 1일 제37회 국회가 소집되자 '민주당구파동지회'로 등록된 교섭단체 민의원 의원의 수가 86명, 민정구락부로 등록한 무소속의원이 46명이었다. 나머지 99명은 신파로 이 가운데서도 단독 행동을 취한 20여 명의 의원이 이철승 의원의 주도 아래 '신풍회'라는 소장그룹을 형성하였다.

제2공화국의 첫 원내교섭단체는 신파중심의 민주당과 무소속의원의 모임인 민정구락부와 더불어 민주당구파가 삼각관계를 이루는 원내활동을 전개하였다.

교섭단체 등록 후 구파의 김도연과 유진산이 9월 22일 기자회견을 통하여 신당발족을 선언함으로써 신·구파 간의 협상은 결렬되었다. 그러나 구파 내의 협상파들이 반발, 신파의 소장파들과 간담회를 갖고 분당반대에 합의하여 구파의 전열이 다소 위축되기도 하였다. 구파가 분당을 선언함에 따라 신파 역시 9월 22일 '민주당'이라는 이름으로 민의원에 교섭단체를 등록하였는데 이때 서명 의원은 95명이었다. 이로써 민주당 신파는 '민주당'으로, 구파는 '민주당구파동지회'라는 이름으로 원내에서 자리를 따로 하게 되었다.

민주당 신·구파는 10월 12일 구파동지회 의원총회가 신당발기추진을 결의함으로써 그동안의 관계를 청산하였다. 민주당구파는 10월 18일 시내 동원예식장에서 열린 원내외 연석회의에서 신당발기를 결의하고 신당발기주비위원회를 구성하였다. 민주당은 신·구파의 분열과정을 거쳐 구파의 분당 후에는 노장파와 소장파의 신풍회, 합작파의 정안회, 노장파 비주류계의 중도파 등의 분파작용으로 진통을 겪었다.

민주당구파 내에서 소장파들이 중진들로부터 소외됨에 따라 신파의 구파 의원에 대한 포섭이 어느 정도 수월해지고 있었다. 시간이 흐름에 따라 구파 내 합작옹호파의원들은 신파와 합작하자는 의견을 강력하게 제시하였다. 결국 합작옹호파의원 21명은 1960년 11월 22일 신파의 교섭단체 '민주당'에 가입하였다.

③ 민주당구파동지회의 명칭 변경 – 신민당

민주당구파는 1960년 11월 24일 자신들의 교섭단체 '민주당구파동지회'를 해체하고 소속의원들의 서명을 받아 '신민당'으로 명칭을 변경하여 교섭단체 등록을 하였다.

〈표 13-7〉 제5대 국회의 교섭단체 변동

회별	기준연월일	교섭단체	구성원 수	재적수에 대한 비율(%)	비고
교섭단체 구성 시(민의원)	1960. 8. 31	민주당구파동지회 민정구락부 비교섭단체	86 46 99	37.2 20.0 42.8	교섭단체 존속기간 민주당구파동지회(1960. 8. 31~1960. 11. 24) 민정구락부(1960. 8. 31~1961. 5. 16) 민주당(1960. 9. 22~1961. 5. 16) 신민당(1960. 11. 24~1961. 5. 16)
제37회 (정)	1960. 9. 22	민주당구파동지회 민정구락부 민주당 비교섭단체	86 41 95 9	37.2 17.8 41.1 3.9	
제37회 (정)	1960. 11. 24	신민당 민정구락부 민주당 비교섭단체	61 37 126 8	26.4 15.9 54.3 3.4	
제38회 (임)	1961. 5. 3	신민당 민정구락부 민주당 비교섭단체	60 28 131 7	26.5 12.4 58.0 3.1	
교섭단체 구성 시(참의원)	1960. 9. 27	참우구락부 민주당 민주당구파동지회 비교섭단체	21 13 18 6	36.2 22.4 31.1 10.3	교섭단체 존속기간 민주당(1960. 9. 27~1961. 5. 16) 민주당구파동지회(1960. 9. 26~1961. 2. 6) 참우구락부(1960. 9. 26~1961. 5. 16) 신민당(1961. 2. 7~1961. 5. 16)
제38회 (임)	1961. 5. 3	참우구락부 민주당 신민당 비교섭단체	13 13 18 6	26.0 26.0 36.0 12.0	

　　민주당구파는 분당하여 대통령과 국무총리를 자신들이 차지하려 하였으며 신파는 대통령과 국무총리직의 안배를 주장하였다. 구파의 전략은 원내세력의 우세를 이용하여 분당을 하더라도 실권을 장악할 수 있다는 계산이었고, 다소 약세에 있던 신파는 중도파와 무소속을 끌어들여 실세를 강화시키려 하였다. 그러나 민주당의 신·구파의 집권분규와 대립, 교섭단체 별도구성, 분당, 각종 시위의 속출로 정국이 불안정하였고 마침내 1961년 5월 16일 군사정변으로 국회는 해산을 맞이하게 되었다.

　　민의원의 교섭단체는 민주당구파동지회, 민주당, 민정구락부, 신민당 등 4개가 있었으며, 참의원에는 민주당, 민주당구파동지회, 참우구락부 신민당 등 4개의 교섭단체가 있었다.

7) 제6대 국회(1963. 12. 17~1967. 6. 30)

국회법 개정(1963. 11. 26.)으로 소속의원 10인 이상의 정당을 단위로 교섭단체를 둘 수 있도록 하였으며, 정당단위가 아니더라도 다른 교섭단체에 속하지 않는 10인 이상의 의원으로 별도의 교섭단체를 구성할 수 있도록 하였다.

민주당이 주도하던 정국은 5 · 16군사정변 이후 군부의 후원을 받아 창당된 민주공화당이 제6대 국회의원선거에서 총의석 175석 중 110석을 차지하면서 급변하게 되었다.

민주공화당과 민정당은 각각 교섭단체를 구성할 수 있었으나 민주당, 자유민주당, '국민의 당'은 독자적인 교섭단체 구성이 불가능하였다. 이에 민주당(13인)은 1963년 12월 19일 자유민주당(9인) · '국민의 당'(2인)과 제휴하여 원내에서 삼민회라는 단일 교섭단체를 구성하였다.

3당 대표 민주당 조재천 · 자유민주당 소선규 · '국민의 당' 이상철은 공동성명을 통하여 1962년에 실시된 부정 · 부패 선거결과 여당의 일방적인 비대만을 초래하였으므로 군벌정치의 등장을 저지하고 경제사회파탄에 대한 현실을 바로잡는 데 최선을 다하기 위하여 3당은 단일교섭단체를 구성, 원내에서의 행동을 통일하기로 합의하였다고 밝혔다.

원내에서 삼민회란 단일교섭단체를 형성하여 대여투쟁을 전개하던 민주당 · 자유민주당 · '국민의 당'의 3당은 통합이라는 명제에 당운을 걸었다. 이들 3당 내의 소장파들은 그동안 여러 차례 회동하여 3당통합의 길을 모색하였고 중견간부 일부도 개별접촉을 통하여 같은 길을 모색하였다. 3당은 1964년 3월 20일 3당통합위원회를 열어 이제까지의 비공식적 통합교섭을 표면화시켜, 각기 야당통합원칙을 확인하고 통합교섭위원 7명씩을 선정하였다.

자유민주당은 교섭단체 삼민회에서 의석을 같이한 민주당 · '국민의 당'과의 합당문제로 접촉하였다. 특히 3당통합의 법적 뒷받침을 마련하기 위하여 자유민주당의 정명섭 의원은 '정당합당의 절차 및 효력에 관한 규정'을 골자로 한 '정당의 합당절차 등에 관한 법률'을 제안하여 1964년 6월 1일 국회 본회의에서 만장일치로 가결시키는 등 통합을 위하여 노력하였다.

교섭단체 삼민회의 원내활동을 주도하던 민주당은 '국민의 당'과 자유민주당과의 합당을 추진하였지만 3당은 완전한 합의에 이르지 못한 채 자유민주당의 중도 이탈로 1964년 9월 17일 '국민의 당'과 흡수통합을 선언하였다. 1964년 11월 29일에는 교섭단체 삼민회가 민주당으로 개칭하였다.

제6대 국회 기간 중 의원이동상황을 보면, 제51회 국회(임시회)까지는 의원정수대로 재적수가 175인이었으나 그 후 한일협정비준파동 시 10명, 대통령후보자로 입후보하기 위하여 2명, 기타 사정으로 15명의 의원이 당적을 이탈하거나 변경하여 의원자격을 상실하였고, 2명의 의원은 사직, 일부선거 무효판결로 인한 자격상실 1명을 포함하여 모두 30명의 결원이 발생하였다. 지역구 보궐선거와 일부 재선거에서 6명, 전국구에서 9명, 합계 15명이 당선 또는 의석을 승계하면서 충원되었다. 임기만료일인 1967년 6월 30일 현재 의원정수에서 15명이 부족한 재적인원 160명으로 제6대 국회는 막을 내렸다.

제6대 국회 교섭단체로는 민주공화당, 민정당, 삼민회, 민주당, 민중당, 신민당 등 6개가 있었다.

〈표 13-8〉 제6대 국회의 교섭단체 변동

회별	기준연월일	교섭단체	구성원 수	재적수에 대한 비율(%)	비고
교섭단체 구성 시 제44회	1963. 12. 19~ 1964. 8. 4	민주공화당 민정당 삼민회 (민주당) (자유민주당) (국민의 당)	110 41 24 (13) (9) (2)	62.9 23.4 13.7 - - -	
제45회~ 제49회	1964. 12. 20~ 1965. 5. 8	민주공화당 민정당(구파) 민주당(신파) 비교섭단체	110 47 15 3	62.9 26.9 8.5 1.7	
제50회~ 제51회	1965. 6. 18~ 1965. 7. 21	민주공화당 민중당 비교섭단체	110 62 3	62.9 35.4 1.7	교섭단체존속기간 민주공화당 (1963. 12. 19~1967. 6. 30) 민정당 (1963. 12. 17~1965. 5. 22) 삼민회 (1963. 12. 29~1964. 11. 29) 민주당 (1964. 11. 29~1965. 5. 22) 민중당 (1965. 5. 22~1967. 2. 27) 신민당 (1967. 2. 27~1967. 6. 30)
제52회	1965. 8. 14	민주공화당 민중당 비교섭단체	110 54 4	65.5 32.1 2.4	
제53회(정)~ 제57회	1965. 12. 2~ 1966. 7. 14	민주공화당 민중당 비교섭단체	110 59 6	62.9 33.7 3.4	
제58회(정)	1966. 12. 29	민주공화당 민중당 비교섭단체	110 58 5	63.6 33.5 2.9	
제59회	1967. 2. 7	민주공화당 민중당 비교섭단체	110 59 5	63.6 33.9 2.9	
제60회	1967. 3. 10	민주공화당 신민당 비교섭단체	110 58 5	63.6 33.5 2.9	
임기 종료 시	1967. 6. 30	민주공화당 신민당 비교섭단체	106 49 5	66.3 30.6 3.1	

8) 제7대 국회(1967. 7. 1~1971. 6. 30)

제7대 국회의원선거 8일 후인 1967년 6월 16일 민주공화당총재인 박정희 대통령은 이번 선거의 타락상에 대하여 분개하고 이를 규탄한다는 내용의 담화를 발표하였다. 그리고 곧이어 민주공화당 공천으로 당선된 8명을 제명 조치하였다.

  1967년 7월 21일 현재 민주공화당만이 교섭단체(121석)를 구성하여 등록하였다. 민주공화당이 유일한 교섭단체가 된 것은 야당 신민당이 이번 선거를 부정선거로 규정하고 부정선거구에 대한 재선거 실시 등을 요구하며 당선자 등록과 국회등원을 거부하였기 때문이다. 민주공화당은 1개 교섭단체만으로 이루어지는 국회운영상의 난관을 타개하기 위해 제2교섭단체를 구성하기로 방침을 세우고 이미 동당에서 제명된 의원들과, 10월 3일 당기위원회에서 추가로 제명된 4명의 전국구의원(이동원 · 이원엽 · 이병주 · 김익준)으로 1967년 10월 5일 '십오구락부'라는 교섭단체를 구성하였다.[20]

  신민당의원들의 등원거부와 민주공화당의 단독 국회개원 등으로 정국이 냉각되자 이효상 국회의장은 7월 26일 시국수습안을 발표하였으나 신민당에 의하여 거부되었다. 그러던 중 십오구락부가 결성되었고, 10월 7일 국회의장은 제4시국수습안을 제시하였으나 거부되었다. 이에 김종필 민주공화당의장은 10월 30일 유진오 신민당총재에게 국회정상화를 위하여 회담할 것을 제의하였고 유 총재가 받아들여 대화의 물꼬가 트였다.

  1967년 11월 6일 민주공화당대표(백남억 · 김진만)와 신민당대표(윤제술 · 김의택)가 첫 회의를 가졌다. 전권회담은 13회에 걸쳐 현안절충을 거듭한 끝에 6 · 8선거부정조사특별위원회법제정특위 구성, 선거관계법 등 정치관계법개정특별위원회 구성, 특별국정감사 실시, 선거법 · 정당법 개정, 신민당 국회등원 등 14개 항목에 대하여 합의하고 11월 20일 공동성명과 여야 합의의정서에 각 대표가 서명한 후 공표하였다. 이로써 제7대 국회의원선거 이후 6개월 가까이 끌어온 부정선거 파동은 막을 내렸다. 이에 따라 신민당은 1967년 11월 27일 의원당선자 44명 전원이 국회에 일괄 등록하였으며(다만 김성용 의원은 10월 10일 등록, 10월 21일 선서 후 국회에 출석, 10월 22일 신민당에서 제명), 11월 29일에는 김영삼 의원을 대표의원으로 하는 교섭단체 등록을 마치고 제7대 국회 개원 142일 만에 등원하였다.

  신민당은 11월 30일 교섭단체 신민당을 구성하였다. 1968년 12월 25일에

---

20) 십오구락부 소속의원 명단: 김익준, 양찬우, 이병주, 이원엽, 이원장, 이호범, 이윤용, 차형근, 이동원, 최석림, 양달승, 박병선(13인).

는 교섭단체 십오구락부가 해체되어 동 구락부소속의원 11명과 대중당 서민호·신용남 의원, 무소속의 김성용 의원 등 14명이 모여 교섭단체 정우회를 구성하였다.

제7대 국회를 어렵게 시작한 민주공화당은 1968년 대통령의 3선 개헌 구상을 시작하여 1969년 이러한 구상을 직·간접적으로 공론화하기 시작하였다. 이에 신민당은 1969년 8월 5일 개헌저지대책위원회를 구성(유진오·유진산 등 16명)하여 개헌반대투쟁에 임하였으나 성과를 거두지 못하던 중 9월 5일 총재단, 당 5역회의, 의원총회 및 정무회의를 연속적으로 개최하여 3선 개헌 저지를 최후의 수단으로 당을 해산하기로 결정하였다.

신민당은 9월 6일 헌법개정안(3선 개헌안)의 국회처리를 앞두고 여당 측의 회유에 넘어가 개헌에 찬성한 3인의 의원을 제명하기 위하여 의원총회를 열었다. 이들 3인을 제외한 소속의원 44명을 일괄 제명하기로 하고 9월 7일 서울시내 필동소재 유진오 총재의 집에서 임시전당대회를 열고 당의 해산을 결의하였다. 이러한 당 해산은 정당이 해산된 때에는 소속의원의 자격이 상실되도록 규정한 헌법 제38조의 규정에 따라 개헌에 찬성한 동당 소속 3의원의 의원직을 박탈함으로써 개헌을 저지하기 위한 대책의 하나였다. 따라서 당론을 어기고 개헌을 지지하여 무기 정권처분을 받은 성낙현·연주흠·조홍만 세 의원은 헌법의 규정에 의하여 의원직을 상실하였다. 나머지 소속의원 44명은 전당대회에 앞선 의원총회에서 일괄 제명을 결의하여 무소속으로 남게 되었으며 그날로 교섭단체인 '신민회'를 구성하기로 합의하였다.

이로써 개헌 가능 최저선은 재적의원 171인의 3분의 2인 114표였고 최소 개헌저지선은 3분의 1인 58표로 줄었다.

〈표 13-9〉 제7대 국회의 교섭단체 변동

회별	기준연월일	교섭단체	구성원 수	재적수에 대한 비율(%)	비고
교섭단체 구성 시	1967. 7. 21	민주공화당 비교섭단체	121 51	70.3 29.7	
제61회(임)	1967. 8. 8	민주공화당 비교섭단체	122 50	70.9 29.1	
제62회(정)	1967. 12. 29	민주공화당 신민당 십오구락부 비교섭단체	114 44 13 2	65.9 25.4 7.5 1.2	
제63회(임)	1968. 2. 29	민주공화당 신민당 십오구락부 비교섭단체	113 44 13 2	65.7 25.5 7.6 1.2	
제64회(임)~ 제65회(임)	1968. 4. 2~ 1968. 5. 14	민주공화당 신민당 십오구락부 비교섭단체	114 44 13 2	65.9 25.4 7.5 1.2	교섭단체 존속기간 민주공화당(1967. 7. 21~1971. 4. 27) 신민당(1967. 11. 30~1969. 9. 8) 신민회(1969. 9. 8~1969. 9. 21) 신민당(1969. 9. 22~1971. 4. 27) 십오구락부(1967. 10. 5~1968. 12. 25) 정우회(1968. 12. 26~1971. 1. 6) 대중당(1967. 7. 10~1971. 4. 19) 무소속(1967. 6. 14~1971. 4. 27) · 신민당 교섭단체 해체(1969. 9. 8) · 신민회 교섭단체 구성(1969. 9. 8) · 신민회 교섭단체 해체(1969. 9. 21) · 신민당 교섭단체 구성(1969. 9. 22)
제66회(임)	1968. 7. 4	민주공화당 신민당 십오구락부 비교섭단체	112 45 12 3	65.1 26.2 7.0 1.7	
제67회(정)	1968. 12. 30	민주공화당 신민당 정우회 비교섭단체	113 46 14 1	65.1 28.3 8.0 0.6	
제68회(임)	1969. 3. 7	민주공화당 신민당 정우회 비교섭단체	114 46 14 1	65.1 26.3 8.0 0.6	
제69회(임)~ 제70회(임))	1969. 4. 30~ 1969. 7. 10	민주공화당 신민당 정우회 비교섭단체	109 46 14 6	62.3 26.3 8.0 3.4	
제71회(임)	1967.2. 7	민주공화당 신민당 정우회 비교섭단체	108 47 12 7	62.1 27.0 6.9 4.0	
제72회(정)	1967. 3. 10	민주공화당 신민당해체 신민회 신민당 정우회 비교섭단체	112 (47) (44) 42 11 7	65.1 24.4 6.4 4.1	

회별	기준연월일	교섭단체	구성원 수	재적수에 대한 비율(%)	비고
제73회(임)	1967. 6. 30	민주공화당 신민당 정우회 비교섭단체	113 42 10 7	65.7 24.4 5.8 4.1	
제74회(임)~ 제75회(정)	1970. 7. 19~ 1970. 12. 29	민주공화당 신민당 정우회 비교섭단체	112 41 10 6	66.3 24.3 5.9 3.5	
제76회(임)	1971. 4. 27	민주공화당 신민당 비교섭단체	121 37 4	74.7 22.8 2.5	
임기 종료 시	1971. 6. 30	민주공화당 신민당 비교섭단체	117 37 4	74.1 23.4 2.5	

　1969년 9월 7일 신민당 해산과 동시에 신당발기준비위원회가 구성되었다. 유진오 신당창당준비위원장은 9월 12일 헌법 개정은 영구집권을 위한 음모라며 여당에 개헌안을 철회할 것을 요구하였다. 9월 8일 교섭단체 '신민당'은 해체되고 '신민회'가 구성되었다. 개헌안은 9월 14일 새벽 국회에서 변칙적으로 가결처리되었다. 신민당은 9월 20일 관훈동의 신민당 중앙당사에서 창당대회를 열고 신민당을 재창당하였다.

　제7대 국회는 초기에는 민주공화당, 신민당, 십오구락부가 있었으나 그 후 십오구락부는 정우회로, 신민당은 해체되어 신민회를 구성하였다가 다시 신민당으로 명칭을 바꾸었으며 임기 말에는 민주공화당과 신민당이 있었다.

9) 제8대 국회(1971. 7. 1~1972. 10. 17)

　제78회 국회(정기회) 기간(1971. 9. 1~1971. 12. 29) 동안 민주공화당소속 의원 2명(길재호, 김성곤)이 10·2항명파동의 책임을 지고 탈당·사퇴하여 의원직을 상실하였으나 2명의 의원(김옥자, 박준규)이 그 자리를 채웠다. 길재호 의원(전국구)의 경우, 1971년 10월 4일 당적을 이탈함으로써 전국구의원이 당적을 이탈하면 의원자격을 상실하게 되어 있는 법규정에 따라 의원

직을 상실하였다. 동당의 김옥자 후보가 그해 10월 21일 전국구의석을 승계
하였다. 김성곤 의원(달성 · 고령)의 경우, 1971년 10월 4일 의원직을 사퇴하
였는데, 이에 대한 보궐선거는 그해 12월 14일에 실시되어 민주공화당의 박
준규 후보가 당선되었다.

<표 13-10> 제8대 국회의 교섭단체 변동

회별	기준연월일	교섭단체	구성원 수	재적수에 대한 비율(%)	비고
교섭단체 구성 시	1971. 7. 26	민주공화당 신민당 비교섭단체	113 89 2	55.4 43.6 1.0	교섭단체 존속기간 민주공화당 (1971. 7. 26~1972. 10. 17) 신민당 (1971. 7. 26~1972. 10. 17)
제78회(정)~ 제79회(임)	1971. 12. 29~ 1972. 2. 19	민주공화당 신민당 비교섭단체	113 89 2	55.4 43.6 1.0	
제80회(임)~ 제84회(정)	1972. 4. 5~ 1972. 10. 17	민주공화당 신민당 비교섭단체	114 89 1	55.9 43.6 0.5	

제79회 국회(임시회) 회기 중인 1972년 1월 21일 민주공화당의 황종률 의
원(전국구)이 사망하여 8일 후인 1월 29일 노진환 후보가 의석을 승계하였
다. 비교섭단체인 민중당의 김재춘 의원(예천)이 1971년 7월 22일 동당에서
제명되어 무소속이었다가 1972년 5월 15일 민주공화당에 입당함으로써 민
주공화당의 의석수는 114석이 되어 임기를 마쳤다.

한편 신민당은 제8대 국회 기간 동안 의원의 당적이탈이나 교섭단체 변동
이 없었다. 그러나 내부적으로 선거 전에 있었던 유진산 총재의 이른바 전
국구파동과 그 파동수습을 둘러싼 당내 계파 간의 갈등이 계속되었다. 박정
희 대통령의 특별선언(1972. 10. 17.)에 의하여 임기가 종료되기 2개월 전인
1972년 8월에는 당권을 둘러싸고 당이 분열되어 1당 2총재체제가 들어서기
도 하였다.[21]

제8대 국회는 15개월의 짧은 기간 동안 활동했기 때문에 교섭단체의 변
동 및 소속의원의 변동은 많지 않았다. 임기 동안 2명의 의원이 당적을 이

---

21) 상세한 것은 김현우, 『한국정당통합운동사』(파주: 한국학술정보, 2009), 546~548쪽 참조.

탈하여 의원자격을 상실하였고, 1명의 의원이 사망하여 모두 3명의 의원이 결원되었는데, 지역구 보궐선거에서 1명, 전국구에서 2명이 의석을 승계하여 충원하였다. 제8대 국회 기간 중에는 민주공화당과 신민당의 2개 교섭단체가 있었다.

10) 제9대 국회(1973. 3. 12～1979. 3. 11)

제9대 국회에서는 각 교섭단체의 구성을 국회에 20인 이상의 소속의원을 가진 정당이나 다른 교섭단체에 속하지 아니하는 20인 이상의 의원으로 할 수 있도록 규정하였다.

박정희 대통령은 1973년 3월 5일 통일주체국민회의에서 선출하는 임기 3년의 국회의원 73명을 지명하였다. 통일주체국민회의는 3월 7일 대통령이 추천한 73명의 후보자들을 국회의원으로 선출하였다. 이들 의원들은 3월 10일 신문회관에서 유신정우회 창립총회를 개최하여 전문 22조와 부칙으로 된 규약을 채택하였으며, 백두진 의원을 의장으로 선출하고 교섭단체 '유신정우회'를 구성하였다. 개원 당시 교섭단체 구성은 유신정우회 73명, 민주공화당 71명, 신민당 52명, 어느 교섭단체에도 속하지 않은 의원 23명이었다.

한편 무소속의원들은 1973년 9월 17일 21명이 모여 교섭단체 '무소속의원회'를 구성하였으나, 1974년 8월 29일 소속의원 6인이 신민당에 가입함에 따라 구성원 미달로 해체되었고 교섭단체 수는 4개에서 3개로 감소하였다.

임기 중의 의원이동상황을 보면, 의원직 사직 9명, 사망 7명, 퇴직 2명, 당선무효 1명으로 모두 19명이 의원직을 상실하였다. 이에 따라 의석을 승계한 의원 6명, 보궐선거 당선 의원 2명, 당선인으로 재결정된 의원 1명으로 모두 9명이 충원되었다. 임기만료일인 1979년 3월 11일에는 의원정수에서 10명이 부족한 209명으로 임기를 마쳤다.

제9대 국회의 교섭단체로는 민주공화당, 유신정우회, 신민당, 무소속의원회 등 4개가 있었다.

〈표 13-11〉 제9대 국회의 교섭단체 변동

회별	기준연월일	교섭단체	구성원 수	재적수에 대한 비율(%)	비고
교섭단체 구성 시~ 제86회(임)	1973. 3. 12~ 1973. 6. 6	유신정우회	73	33.3	
		민주공화당	71	32.4	
		신민당	52	23.8	
		비교섭단체	23	10.5	
제87회(임)	1973. 6. 27	유신정우회	73	33.5	
		민주공화당	70	32.1	
		신민당	52	23.9	
		비교섭단체	23	10.6	
제88회(정)	1973. 12. 18	유신정우회	73	33.5	
		민주공화당	70	32.1	
		신민당	52	23.9	
		무소속의원회	21	9.6	
		비교섭단체	2	0.9	교섭단체 존속기간 유신정우회(1기) (1973. 3. 12~1976. 3. 11)
제89회(임)	1974. 8. 12	유신정우회	73	33.8	유신정우회(2기)
		민주공화당	69	31.9	(1976. 3. 12~1979. 3. 11)
		신민당	51	23.6	민주공화당
		무소속의원회	20	9.3	(1973. 3. 13~1979. 3. 11)
		비교섭단체	3	1.4	신민당
제90회(정)~ 제93회(임)	1974. 12. 18~ 1975. 7. 9	유신정우회	73	34.0	(1973. 3. 14~1979. 9. 25)
		민주공화당	68	31.6	무소속의원회
		신민당	57	26.5	(1973. 9. 25~1974. 8. 29)
		비교섭단체	17	7.9	
제94회(정)~ 제95회(임)	1975. 12. 18~ 1976. 3. 23	유신정우회	73	34.1	
		민주공화당	68	31.8	
		신민당	56	26.2	
		비교섭단체	17	7.9	
제96회(정)	1976. 12. 18	유신정우회	73	34.1	
		민주공화당	70	31.8	
		신민당	56	25.7	
		비교섭단체	15	8.4	
제97회(임)~ 제99회(임)	1977. 7. 6~ 1978. 3. 8	유신정우회	73	34.1	
		민주공화당	68	31.8	
		신민당	55	25.7	
		비교섭단체	18	8.4	
제100회(정)	1978. 11. 17	유신정우회	73	34.8	
		민주공화당	67	31.9	
		신민당	53	25.2	
		비교섭단체	17	8.1	
임기종료 시	1979. 3. 11	유신정우회	73	34.9	
		민주공화당	66	31.6	
		신민당	53	25.4	
		비교섭단체	17	8.1	

11) 제10대 국회(1979. 3. 12~1980. 10. 27)

제10대 국회의 첫 회기인 제101회 국회(임시회)가 개회된 1979년 3월 30일 교섭단체는 민주공화당, 유신정우회, 신민당, 민정회 등 4개였다. 그러나 민정회소속의원 6인과 무소속 1인이 1979년 6월 5일 신민당에 가입하여 민정회는 이 날짜로 교섭단체가 해체되었다.

제10대 국회 임기가 끝날 무렵에는 민주공화당, 유신정우회, 신민당의 3개 교섭단체가 있었다.

제10대 국회가 단명한 것은 1979년 10월 26일 박정희대통령시해사건, 12월 12일 정승화 계엄사령관 강제연행사건, 그리고 1980년 5월 비상계엄확대선포 등 국가적 중대사건들이 연이어 발생한 것에 기인한다.

정국의 주도권을 장악한 이른바 신군부는 1980년 5월 20일 임시국회가 열릴 예정인 국회의사당을 점거, 봉쇄하고 국회의원들의 등원을 막은 데 이어 5월 27일에는 국가보위비상대책위원회를 대통령자문기관으로 설치하는 결의안을 의결하였다. 국가보위비상대책위원회는 국회의 권능을 대신할 과도입법기구인 국가보위입법회의를 설치하여 제5공화국수립을 위한 법과 제도적 기반을 마련하도록 하였다.

1980년 10월 27일 개정헌법이 공포되었다. 헌법이 공포됨에 따라 동 헌법부칙 제52조 제1항의 규정에 의하여 제10대 국회의원의 임기가 종료되었다. 제10대 국회 임기 동안의 의원이동상황을 보면, 의원직 사직 28명, 사망 4명, 퇴직 1명, 제명 1명이었고, 이에 따라 4명이 의석승계되어 임기 종료일인 10월 27일에는 의원 231명 중 30명이 결원된 201명이 재적하고 있었다.

⟨표 13-12⟩ 제10대 국회의 교섭단체 변동

회별	기준연월일	교섭단체	구성원 수	재적수에 대한 비율(%)	비고
교섭단체 구성 시~ 제101회(임)	1979. 3. 19~ 1979. 3. 30	유신정우회 민주공화당 신민당 민정회 비교섭단체	77 68 61 21 4	33.3 29.4 26.4 9.1 1.7	
제102회(임)	1979. 7. 31	유신정우회 민주공화당 신민당 비교섭단체	77 83 68 3	33.3 35.9 29.4 1.3	교섭단체 존속기간 유선정우회(1기) (1979. 3. 12~1980. 10. 27) 민주공화당 (1979. 3. 15~1980. 10. 27) 신민당 (1979. 3. 19~1980. 10. 27) 민정회 (1979. 3. 13~1979. 6. 5)
제103회(정)	1979. 12. 18	유신정우회 민주공화당 신민당 비교섭단체	77 82 66 3	33.8 36.0 29.0 1.3	
제104회(임)	1980. 6. 18	유신정우회 민주공화당 신민당 비교섭단체	77 76 66 8	33.9 33.5 29.1 3.5	
제105회(정)	1980. 10. 27	유신정우회 민주공화당 신민당 비교섭단체	77 67 52 5	38.3 33.3 25.9 2.5	

12) 제11대 국회(1981. 4. 11~1985. 4. 10)

제11대 국회 개원을 위하여 소집된 제106회 국회는 1981년 4월 11일 오전 10시 본회의를 열고 국회의장에 정내혁 의원, 부의장에 민주정의당 채문식 의원·민주한국당 김은하 의원을 각각 선출하였다.

1981년 4월 18일 현재 민주정의당(151석), 민주한국당(82석), 한국국민당(25석), 그리고 비교섭단체(18석)의 3개 교섭단체가 등록되었다. 국회 개원과 함께 조순형 의원 등 어느 교섭단체에도 속하지 않는 무소속 출신의원 10명과 군소정당 출신의원 8명은 원내에서의 권익보장을 위하여 원내 친목단체를 구성하고자 여러 의원과 접촉하였다. 특히 무소속의 황명수·김순규 의원과 안민당의 신순범 의원 등은 효율적인 원내활동과 권익보호를 위하여 친목단체를 결성하자는 데 의견을 같이하고 개원 당일 오전 11시 40분 국회의사당 귀빈식당 216호실에서 첫 회동을 가졌다. 제2차 회동은 이날 오후

3시 같은 장소에서 개최되었는데 단체명을 의정동우회로 하였다.[22] 4월 14일 오후 국회귀빈식당에서 있은 회동에서는 의정동우회 결성취지문과 회칙을 의결하였으며 이어 실시된 회장단 선거에서는 박정수 의원이 17표 중 11표를 얻어 회장으로 선출되었다.

이렇게 구성된 의정동우회는 국회법이 정한 교섭단체 구성요건인 의석 20석에는 미치지 못하였으나 민주정의당, 민주한국당, 한국국민당 등 3개의 교섭단체에 이어 사실상 원내 제4의 집단으로 등장하여 국회의장으로부터 의사당 내에 별도의 사무실을 배정받았다. 의정동우회는 옵서버자격으로 총무회담과 각 상임위원회 간사회에도 참석하는 등 준교섭단체의 대우를 받았으나 소속회원 간에 정치적 입장이 크게 다르고 상호간 결집력이 부족하여 내분이 발생하기도 하였다.[23]

제11대 국회는 임기 초 민주정의당, 민주한국당 그리고 한국국민당의 3개 교섭단체로 시작하여 임기종료까지 새로운 교섭단체가 구성되거나 기존의 교섭단체가 해체되는 일 없이 임기를 마감하였다.

<표 13-13> 제11대 국회의 교섭단체 변동

회별	기준연월일	교섭단체	구성원 수	재적수에 대한 비율(%)	비고
교섭단체 구성 시~제107회(임)	1981. 4. 11~ 1981. 5. 19	민주정의당	151	54.7	
		민주한국당	82	29.7	
		한국국민당	25	9.1	
		비교섭단체	18	6.5	
제108회(정)~ 제110회(임)	1981. 12. 19~ 1982. 3. 13	민주정의당	152	55.1	
		민주한국당	82	29.7	
		한국국민당	25	9.1	
		비교섭단체	17	6.2	
제111회(임)~ 제113회(임)	1982. 4. 26~ 1982. 6. 1	민주정의당	152	55.1	
		민주한국당	82	29.7	
		한국국민당	25	9.1	
		비교섭단체	17	6.2	

22) 의정동우회 참여의원: 조순형, 황명수, 김길준, 김순규, 박정수, 이용택, 조형부, 노태극, 이수종, 현경대(이상 무소속), 고정훈(민주사회당), 백찬기(민주사회당), 김정수(민권당), 임채흥(민권당), 신순범(안민당), 이규정(민주농민당), 이대엽(신정당), 이완범(신정당).

23) 국회사무처, 『국회사(제11대국회)』(1995), 47~48쪽.

회별	기준연월일	교섭단체	구성원 수	재적수에 대한 비율(%)	비고
제114회(정)	1982. 12. 18	민주정의당 민주한국당 한국국민당 비교섭단체	152 81 25 17	55.3 29.5 9.1 6.2	
제115회(임)	1983. 1. 18	민주정의당 민주한국당 한국국민당 비교섭단체	152 81 25 17	55.3 29.5 9.1 6.2	
제116회(임)~ 제118회(임)	1983. 4. 30~ 1983. 9. 8	민주정의당 민주한국당 한국국민당 비교섭단체	152 81 25 17	55.3 29.5 9.1 6.2	
제119(정)~ 제120회(임)	1983. 12. 18	민주정의당 민주한국당 한국국민당 비교섭단체	151 81 25 17	55.1 29.6 9.1 6.2	교섭단체 존속기간 민주정의당 (1981. 4. 10~1985. 4. 10) 민주한국당 (1981. 4. 11~1985. 4. 10) 한국국민당 (1981. 4. 11~1985. 4. 10)
제121회(임)	1984. 3. 17	민주정의당 민주한국당 한국국민당 비교섭단체	151 80 25 17	55.3 29.3 9.2 6.2	
제122회(임)	1984. 7. 11	민주정의당 민주한국당 한국국민당 비교섭단체	150 81 28 14	55.0 29.7 10.3 5.1	
제123회(정)	1983. 1. 18	민주정의당 민주한국당 한국국민당 비교섭단체	148 82 28 13	54.6 30.3 10.3 4.8	
제124회(임)	1985. 1. 9	민주정의당 민주한국당 한국국민당 비교섭단체	147 69 27 27	54.4 25.6 10.0 10.0	
임기종료 시	1985. 4. 10	민주정의당 민주한국당 한국국민당 비교섭단체	145 44 23 56	54.1 16.4 8.6 20.9	

13) 제12대 국회(1985. 4. 11~1988. 5. 29)

제12대 국회의원선거(1985. 2. 11)에서 민주정의당, 신한민주당, 민주한국당, 그리고 한국국민당이 20석 이상을 획득하여 교섭단체 구성요건을 충족시켰다. 그러나 국회의원의 임기가 시작된 4월 중순에 교섭단체로 등록한 것은 민주정의당, 신한민주당, 한국국민당의 3개였다. 선거 직후부터 제1야당이 된 신한민주당이 주로 민주한국당 소속 당선자들을 대거 영입하였기 때문이다.

신한민주당은 선거에서 '선명 야당' 돌풍을 일으키며 제1야당으로 부상하였으나 1986년 4월 당내 주류 측에서 당내문제 조정을 위하여 상도동계(김영삼 고문 측) 3인(최형우 · 김동영 · 박용만), 동교동계(김대중 의장 측) 3인(이중재 · 이용희 · 김영배)이 6인소위원회를 구성하여 활동하기 시작하자 비주류 측의 강력한 반발로 내분이 심화되었다. 내각제 지지발언으로 야기된 이철승 의원 징계문제와 두 김 씨의 퇴진을 주장하여 파문을 일으킨 이택희 의원에 대한 징계문제는 결국 유혈사태로 번져 신한민주당 분열의 계기가 되었다. 두 의원의 징계를 위한 당기위원회가 개최될 예정이던 1986년 4월 4일 이택희 의원의 지구당 당원들이 중앙당사를 점거하고 농성을 벌이던 중 당직자들과 충돌, 유혈사태가 발생하였다. 이택희 의원 측에서 김영삼 고문을 상대로 법원에 '당무방해배제가처분신청'을 제출하자 주류 측은 이에 자극을 받아 마침내 4월 8일 김영삼 고문과 김대중 의장이 신당창당을 선언함으로써 신한민주당의 내분사태는 분당으로 치닫게 되었다.

그 후 1986년 6월 24일부터 12월 1일까지 원내의석분포는 민주정의당 148, 신한민주당 90, 한국국민당 21, 비교섭단체 16이 되었다.

'이민우 구상' 발표(1986. 12. 24) 후 신한민주당의 당론이 분열된 가운데 수습의 실마리를 찾지 못하던 중 1987년 4월 초 신한민주당의 90명의 소속의원 중 74명이 탈당하였고, 이들 탈당의원들을 중심으로 통일민주당이 창당되었다. 통일민주당은 4월 29일 67명으로 교섭단체 '통일민주동지회'의 등록을 마쳤다.[24]

통일민주당은 일부 지구당에서의 창당폭력사태(1987. 4.)에도 불구하고 5월 1일 종로구 동숭동 흥사단 강당에서 중앙당 창당대회를 개최하여 김영삼 창당준비위원장을 총재로 선출하고 이중재 · 박용만 · 양순직 · 최형우 · 노승

---

24) 제12대 국회 제132회 임시회 폐회 중인 1987년 4월 29일 신한민주당소속의원 66인이 별도 교섭단체 통일민주동지회를 구성하여 의원 명부를 제출하였으나, 66인 중 탈당한 의원 15인의 탈당사실을 확인하기 위하여 해당의원에게 탈당증명서 제출을 요구하여 이에 의하여 탈당사실을 확인한 바 있다. 그 후 신한민주당에서 추가로 1명이 가입하여 모두 67명이 되었나. 국회사무처, 『국회선례집』(2000), 112쪽.

환·김동영·이용희를 부총재로 지명하였다(1987. 5. 6. 정당등록). 대회에서는 김대중 민주화추진협의회 공동의장의 상임고문추대를 김영삼 총재에게 위임하였다. 김 총재는 사면복권이 안 된 김대중을 상임고문으로 추대하고 군사독재 종식, 대통령중심제 직선제 개헌, 문민정치 전통확립을 강령으로 제시하였다. 통일민주동지회는 5월 4일 교섭단체 명칭을 '통일민주당'으로 변경하였다.

한편 민중민주당은 1987년 3월 3일 임시전당대회를 개최하고 '야권단일화를 위한 위임기구구성에 관한 건'을 상정하였다. 3월 11일 제45차 정무회의에서는 야권통합에 관하여 의견을 개진하는 등 신한민주당과의 통합에 지대한 관심을 표명하였다. 민중민주당은 4월 25일 소속의원 간담회를 열고 신한민주당과의 통합문제를 논의하고 어떤 형태로든 합당을 이루어야 한다는 합당원칙에 뜻을 모았다. 유한열 민중민주당총재는 개인적으로 사소한 통합조건에 연연하고 싶지 않다는 입장을 밝혔고, 이민우 총재 등 신한민주당지도부는 합당할 경우 명칭은 신한민주당으로 해야 하며 다른 당의 의원들이 개별입당하는 형식을 취해야 한다는 입장을 밝혔다. 양당의 통합은 1987년 5월 2일 성사되었다. 민중민주당은 이날 당사에서 임시전당대회를 열고 신한민주당으로의 흡수합당을 위하여 당의 해체를 결의하였다. 이로써 신한민주당은 의석 28석을 갖는 제3의 교섭단체가 되었다.

신한민주당에서 분열된 두 정파 중 하나는 통일민주당을, 다른 하나는 평화민주당을 결성하였다. 평화민주당 창당을 추진한 인사들은 창당 전인 1987년 11월 2일 먼저 교섭단체 '평화민주회'를 등록하였다. 이 과정에서 교섭단체 한국국민당은 일부 소속의원들을 잃어 교섭단체가 해체되었다. 평화민주당(가칭)은 11월 12일 창당대회를 열어 김대중 창당준비위원장을 총재 겸 대통령후보로 추대하였다. 13일 평화민주당은 이중재 수석부총재를 본부장으로 하는 선거대책본부를 발족시키면서 교섭단체인 '평화민주회'를 '평화민주당'으로 명칭을 변경하였다.

제12대 국회 임기 말에는 민주정의당, 통일민주당, 평화민주당 등 3개의 교섭단체가 있었다.

〈표 13-14〉 제12대 국회의 교섭단체 변동

회별	기준연월일	교섭단체	구성원 수	재적수에 대한 비율(%)	비고
교섭단체 구성 시	1985. 4. 18	민주정의당	148	53.6	
		신한민주당	102	37.0	
		한국국민당	20	7.3	
		비교섭단체	6	22	
제125회(임)	1985. 6. 11	민주정의당	148	53.6	
		신한민주당	103	37.3	
		한국국민당	20	7.3	
		비교섭단체	5	1.8	
제126회(임)	1985. 7. 26	민주정의당	148	53.8	
		신한민주당	102	37.1	
		한국국민당	21	7.6	
		비교섭단체	4	1.5	교섭단체 존속기간
제127회(임)	1985. 8. 31	민주정의당	150	55.0	민주정의당
		민주한국당	81	29.7	(1985. 4. 12~1988. 5. 29)
		한국국민당	28	10.3	신한민주당
		비교섭단체	14	5.1	(1985. 4. 12~1987. 11. 20)
제128회(정)	1985. 12. 18	민주정의당	148	53.8	한국국민당
		신한민주당	102	37.1	(1985. 4. 18~1987. 10. 12)
		한국국민당	21	7.6	통일민주동지회(1987. 4. 29)
		비교섭단체	4	1.5	-통일민주당으로
제129회(임)~	1986. 4. 9~	민주정의당	148	53.8	명칭변경(1987. 5. 4)
제130회(임)	1986. 6. 24	신한민주당	90	32.7	평화민주회(1987. 11. 2)
		한국국민당	21	7.6	-평화민주당으로
		비교섭단체	16	5.8	명칭변경(1987. 11. 13)
제131회(정)~	1986. 12. 8~	민주정의당	147	53.7	통일민주당
제132회(임)	1987. 1. 28	신한민주당	90	32.9	(1987. 5. 4~1988. 5. 29)
		한국국민당	21	7.7	평화민주당
		비교섭단체	16	5.8	(1987. 11. 13~1988. 5. 29)
제133회(임)	1987. 5. 13	민주정의당	147	53.7	
		통일민주당	67	24.5	
		신한민주당	28	10.2	
		한국국민당	21	7.7	
		비교섭단체	11	4.0	
제134회(임)	1987. 7. 3	민주정의당	147	53.9	
		통일민주당	69	25.3	
		신한민주당	22	8.1	
		한국국민당	20	7.3	
		비교섭단체	15	5.5	

회별	기준연월일	교섭단체	구성원 수	재적수에 대한 비율(%)	비고
제135회(정)	1987. 8. 14	민주정의당	147	53.9	
		통일민주당	70	25.6	
		신한민주당	22	8.1	
		한국국민당	20	7.3	
		비교섭단체	14	5.1	
제136회(임)	1987. 9. 19	민주정의당	146	53.7	
		통일민주당	70	25.7	
		신한민주당	22	8.1	
		한국국민당	20	7.4	
		비교섭단체	14	5.2	
제137회(정)	1987. 10. 12	민주정의당	146	53.7	
		통일민주당	70	25.7	
		신한민주당	22	8.1	
		비교섭단체	34	12.5	
제137회(정)	1987. 11. 2	민주정의당	146	53.7	· 한국국민당 교섭단체 해체 (1987. 10. 12)
		통일민주당	45	16.5	· 평화민주당 교섭단체 구성 (1987. 11. 2)
		평화민주당	27	9.9	
		신한민주당	22	8.1	
		비교섭단체	32	11.8	
제137회(정)	1987. 11. 10	민주정의당	154	56.6	
		통일민주당	50	18.4	
		평화민주당	29	10.7	
		신한민주당	20	7.4	
		비교섭단체	19	7.0	
제138회(임)	1988. 1. 29	민주정의당	160	59.0	
		통일민주당	56	20.7	
		평화민주당	29	10.7	
		비교섭단체	26	9.6	
제139회(임)~ 제140회(임)	1988. 2. 23~ 1988. 3. 8	민주정의당	160	59.0	
		통일민주당	55	20.3	
		평화민주당	24	8.9	
		비교섭단체	32	11.8	
임기종료 시	1988. 5. 29	민주정의당	157	57.9	
		통일민주당	48	17.7	
		평화민주당	24	8.9	
		비교섭단체	42	15.5	

14) 제13대 국회(1988. 5. 30~1992. 5. 29)

제13대 국회 개원 시에는 여당인 민주정의당이 재적의원 299명 중 과반수에 미달하는 125인을 확보한 반면 야당은 평화민주당 71인, 통일민주당 60인, 신민주공화당 35인, 비교섭단체 소속의원 8인 등을 확보하여 여소야대 정국이 되었다. 민주정의당은 곧 야당의원과 무소속의원 영입에 나섰으나 1989년 12월에 이르도록 의석 반수를 넘지 못하였다.

그러다가 1990년 2월 15일 민주정의당과 통일민주당 및 신민주공화당이 합당하여 신당 민주자유당을 창당함으로써 제13대 국회 후반기에는 민주자유당(216인)과, 평화민주당(70인)의 2개의 교섭단체가 되었다.

〈표 13-15〉 제13대 국회의 교섭단체 변동

회별	기준연월일	교섭단체	구성원 수	재적수에 대한 비율(%)	비고
교섭단체 구성~ 제144회(정)	1988. 5. 30~ 1988. 12. 18	민주정의당 평화민주당 통일민주당 신민주공화당 비교섭단체	125 71 60 35 8	41.8 23.8 20.1 11.7 2.7	
제145회(임)	1989. 3. 9	민주정의당 평화민주당 통일민주당 신민주공화당 비교섭단체	129 71 60 35 4	43.1 23.8 20.1 11.7 1.3	교섭단체 존속기간 민주정의당 (1988. 5. 30~1990. 2. 15) 평화민주당
제146회(임)	1989. 5. 29	민주정의당 평화민주당 통일민주당 신민주공화당 비교섭단체	128 71 60 35 4	43.0 23.8 20.1 11.8 1.3	(1988. 5. 30~1991. 4. 15) 통일민주당 (1988. 5. 30~1990. 2. 15) 신민주공화당
제147회(정)	1989. 12. 19	민주정의당 평화민주당 통일민주당 신민주공화당 비교섭단체	129 70 59 35 6	43.1 23.4 19.7 11.7 2.0	(1988. 5. 30~1990. 2. 15) 민주자유당 (1990. 2. 16~1996. 2. 7) 민주화
제147회(정) (폐회 중)	1990. 2. 14	민주정의당 평화민주당 통일민주당 신민주공화당 비교섭단체	127 70 59 35 6	42.8 23.6 19.9 11.8 2.0	(1991. 9. 11~1991. 9. 16)
제147회(정) (폐회 중) 제148회(임)	1990. 2. 16~ 1990. 3. 16	민주자유당 평화민주당 비교섭단체	216 70 11	72.7 23.6 3.7	· 민주정의당, 통일민주당, 신민주공화당 합당, 민주자유당 구성(1990. 2. 16)
제149회(임)~ 제150회(임)	1990. 5. 29~ 1990. 7. 17	민주자유당 평화민주당 비교섭단체	218 70 11	72.9 23.4 3.7	
제151회(정)~ 제152회(임)	1990. 12. 18~ 1991. 2. 9	민주자유당 평화민주당 비교섭단체	218 71 10	72.9 23.7 3.4	

회별	기준연월일	교섭단체	구성원 수	재적수에 대한 비율(%)	비고
제153회(임)~ 제154회(임)	1991. 4. 5~ 1991. 5. 11	민주정의당 평화민주당 비교섭단체	216 70 13	72.2 23.4 4.4	
제155회(임)	1991. 7. 24	민주자유당 평화민주당 비교섭단체	215 67 17	71.9 22.4 5.7	
제156회(정)	1991. 9. 16~ 1991. 12. 18	민주자유당 민주당 비교섭단체	214 75 9	71.8 25.2 3.0	
임기종료 시	1992. 5. 29	민주자유당 민주당 비교섭단체	195 63 34	66.8 21.6 11.6	· 신민당과 민주당 합당, 교섭단 체 민주당 구성(1991. 9. 16)

평화민주당은 1991년 4월 15일 교섭단체명을 '평화민주당'에서 '신민주연합당'으로 변경하였고 교섭단체 '신민주연합당'은 1991년 5월 24일 교섭단체명을 '신민당'으로 변경하였다. 신민당(67인)은 1991년 9월 비교섭단체인 민주당(8인)과 합당하여 새로운 교섭단체를 구성(75인)하여 9월 11일 '민주회'로 교섭단체 등록을 한 후 9월 16일 '민주당'으로 교섭단체 명칭을 변경하였다.

제13대 국회는 임기개시일인 1988년 5월 30일 민주정의당, 평화민주당, 통일민주당, 신민주공화당의 4개 교섭단체로 출범하였으나 합당 등의 정계구도개편에 의하여 후반기에는 민주자유당과 민주당의 2개 교섭단체로 운영되었다.

15) 제14대 국회(1992. 5. 30~1996. 5. 29)

제14대 국회 개원 후 국회에 등록된 교섭단체는 민주자유당(156인), 민주당(96인), 그리고 통일국민당(32인)의 3개였다.

선거에서 신당 돌풍을 일으킨 통일국민당은 31석(지역구 의석 24석, 전국구 의석 7석)을 확보하여 교섭단체를 구성하였다. 창당 2개월도 안 된 통일국민당의 약진은 재벌의 정치참여를 둘러싼 부작용문제 등 여러 가지 논의를 불러일으킨 동시에 제14대 대통령 선거(1992. 12. 18.)를 앞두고 정부여당과 언론으로부터 견제를 받았다. 대통령선거에서는 민주자유당의 김영삼 후보가 당선되었다.

서울지검은 1993년 2월 6일 정주영 통일국민당대표를 특정경제범죄가중처벌법 위반 및 대통령선거법 위반으로 불구속 기소하였다. 이에 정주영 대표는 2월 9일 의원총회에서 대표최고위원직 사퇴서를 제출하고 정계은퇴를 선언한 후 11일 탈당하였다. 이후 통일국민당을 탈당하는 의원들이 속출하는 가운데 동당은 2월 15일 최고위원회의를 열고 김동길 의원을 당 대표로 선출하였으나 1993년 3월 2일 구성원 미달로 교섭단체가 해체되었다.

교섭단체 '통일국민당'이 붕괴함에 따라 원내세력은 민주자유당과 민주당의 양당 구도로 재편되었다. 1994년 7월 8일 비교섭단체인 통일국민당과 신정치개혁당이 합당하여 신민당을 창당하였다.

문민정부를 출범(1993. 2. 25.)시킨 김영삼 대통령은 '신한국 건설', '역사 바로세우기' 등의 구호를 내걸고 각종 개혁을 전개하였다. 그 과정에서 3당 합당(1990. 2.)으로 합류한 계파 중 대통령이 속하지 않은 계파인 민주정의당과 신민주공화당계를 압박하였다. 특히 신민주공화당계의 김종필 대표에 대해서는 더욱 그러하였다.

<표 13-16> 제14대 국회의 교섭단체 변동

회별	기준연월일	교섭단체	구성원 수	재적수에 대한 비율(%)	비고
교섭단체 구성 시	1992. 6. 13	민주자유당	156	52.2	
		민주당	96	32.1	
		통일국민당	32	10.7	
		비교섭단체	15	5.0	교섭단체 존속기간 민주자유당 (1992. 6. 3~1996. 2. 7) 민주당 (1992. 5. 30~1996. 4. 22)
제157회(임)~ 제158회(임)	1992. 7. 28~ 1992. 8. 14	민주자유당	159	53.2	
		민주당	96	32.1	
		통일국민당	32	10.7	
		비교섭단체	12	4.0	
제159회(정)	1992. 12. 22	민주자유당	161	53.9	
		민주당	95	31.8	
		통일국민당	36	12.0	
		비교섭단체	7	2.3	

회별	기준연월일	교섭단체	구성원 수	재적수에 대한 비율(%)	비고
제160회(임)	1993. 2. 28	민주자유당 민주당 통일국민당 비교섭단체	161 95 24 14	54.8 32.3 8.2 4.8	통일국민당 (1992. 6. 13~1993. 3. 2) 자유민주연합 (1995. 5. 25~1996. 4. 22) 새정치국민회의 (1995. 8. 12~1996. 4. 22)
제160회(임) (폐회 중)	1993. 3. 2	민주자유당 민주당 비교섭단체	161 95 38	54.8 32.3 12.9	
제161회	1993. 5. 20	민주자유당 민주당 비교설단체	167 95 34	56.4 32.1 11.5	
제162회(임)	1993. 7. 13	민주자유당 민주당 비교섭단체	171 96 30	57.6 32.3 10.1	
제163회(임)~ 제167회(임)	1993. 8. 20~ 1994. 4. 29	민주자유당 민주당 비교섭단체	172 98 31	57.5 32.1 10.4	
제168회(임)~ 제169회(임)	1994. 5. 21~ 1994. 7. 7	민주자유당 민주당 비교섭단체	171 96 31	57.4 32.2 10.4	
제169회~ 제171회	1994. 7. 8~ 1994. 12. 22	민주자유당 민주당 비교섭단체	172 97 29	57.7 32.6 9.7	· 신정치개혁당과 통일국민당 합당(신민당)
제171회(임)~ 제173회(폐회 중)	1994. 12. 23~ 1995. 4. 2	민주자유당 민주당 비교섭단체	177 98 24	59.2 32.8 8.0	· 새한국당, 민주당과 합당(1995. 2. 24)
제173회~ (폐회 중)제175회	1995. 4. 3~ 1995. 5. 24	민주자유당 민주당 비교섭단체	172 99 28	57.5 33.1 9.4	
제175회~제17 6회(폐회 중)	1995. 5. 25~ 1995. 8. 11	민주자유당 민주당 자유민주연합 비교섭단체	171 99 21 8	57.2 33.1 7.0 2.7	· 자유민주연합과 신민당 합당 (자유민주연합, 1995. 5. 25)
제178회(폐회 중)~제178회 (폐회 중)	1995. 8. 12~ 1996. 2. 6	민주자유당 새정치국민회의 민주당 자유민주연합 비교섭단체	168 54 42 22 5	57.7 18.6 14.4 7.6 1.7	· 1995년 8월 12일 교섭단체 새정치국민회의 등록
제178회 (폐회 중)	1996. 2. 7	신한국당 새정치국민회의 민주당 자유민주연합 비교섭단체	158 53 38 29 12	54.5 18.3 13.1 10.1 4.1	
임기종료 시	1996. 5. 29	신한국당 새정치국민회의 민주당 자유민주연합 비교섭단체	147 52 35 31 20	51.6 18.3 12.3 10.9 7.00	

결국 민주자유당을 탈당한 김종필 대표위원은 신당 자유민주연합을 창당하고 신민당과 통합하였다. 통합신당은 1995년 5월 25일 국회에 '자유민주연합'의 이름으로 원내교섭단체 등록을 하였는데 이때 의원 수는 모두 20명(자유민주연합 12인, 신민당 8인)이었다. 그러나 강우혁 의원이 인천시장 출마를 위하여 의원직을 사퇴함으로써 19명으로 줄게 되자 자유민주연합은 통합에 참여하지 않은 신민당의 현경자 의원과 무소속의 강창희·정동호·조승환 의원 등과 교섭을 벌여 일부를 영입하였다.

한편 1995년 8월 12일 민주당소속의원 96인 중 54인이 탈당하여 신당 새정치국민회의를 결성하고 '새정치국민회의'로 교섭단체 등록을 하였다. 민주자유당은 1996년 2월 7일 교섭단체 명칭을 '신한국당'으로 변경하였다.

제14대 국회는 그 어느 때보다 빈번한 결원 및 의석승계가 이루어졌다. 의원직 사퇴 20명, 의원직 상실 10명, 사망 5명, 그리고 서울 노원 을구에서의 당락번복사례를 포함하여 모두 36명의 의원직 변동이 있었다. 제14대 대통령선거에 출마하였던 3명의 주요 정당후보들이 모두 전국구의원직을 사퇴하였고, 김영삼 정부가 펼친 개혁정책의 여파로 많은 의원들이 자진사퇴하거나 실형을 선고받아 의원직을 상실하였다. 또한 1995년 6월 지방자치단체장선거에 출마하기 위하여 7명의 의원들이 사퇴하였고, 제14대 국회 말에 있었던 정계개편으로 여러 명의 전국구의원들이 사직하거나 당적변경으로 의원직을 상실하였다.

16) 제15대 국회(1996. 5. 30~2000. 5. 29)

제15대 국회의원 선거결과 여당인 신한국당은 139석을 획득하여 제1당의 지위를 지켰으나 과반수 의석 확보에는 실패하였다. 새정치국민회의는 전통적으로 강세를 보였던 서울에서 신한국당에 패배하였으나 79석을 획득하여 제1야당이 되었다. 통합민주당은 유효표의 11.2%를 득표하였으나 선거 전의 분당과 정치기반의 취약으로 15석(지역구 9, 전국구 6)을 확보하는 데 그쳐 원내교섭단체를 구성하지 못하는 처지에 이르게 되었고 설상가상으로 당선자 중 5명이 신한국당으로 당적을 변경하여 선거후유증이 심각하였다.

제15대 국회의원선거에서 여당인 신한국당은 재적의원 과반수를 확보하지 못하였으나 국회가 개원되기 전까지 무소속당선자를 영입하여 1996년 5월 30일 제15대 국회의 임기개시일에는 151석을 확보하여 과반수를 넘겼고, 새정치국민회는 79석, 자유민주연합은 49석으로 각각 교섭단체를 구성하였다.

국회 개원을 위한 임시국회가 6월 5일 개회되었으나 신한국당이 과반수 의석 확보를 위하여 무소속당선자들을 영입하자 이에 야권이 반발하여 의장단 선출을 방해함으로써 원 구성이 이루어지지 못하고 국회는 장기간의 파행을 겪었다.

신한국당은 제15대 대통령선거(1997. 12. 18)를 앞두고 비교섭단체인 민주당과 합당하여 1997년 11월 22일 '한나라당'으로 교섭단체 등록을 하였다. 1998년 1월 15일 각 교섭단체 구성 의원 수는 한나라당 163인, 새정치국민회의 78인, 자유민주연합 43인, 그리고 어느 교섭단체에도 속하지 않는 의원 12인이다. 새정치국민회의는 비교섭단체인 국민신당소속의원들을 개별적으로 흡수(1998. 9. 21.)한 후 2000년 1월 20일 새천년민주당과 합당하여 새천년민주당을 창당하고 1월 24일 교섭단체 '새천년민주당'을 구성, 등록하였다.

제15대 국회 교섭단체 구성의 특징은 신한국당, 새정치국민회의 그리고 자유민주연합의 3대 단체 구도가 임기종료까지 지속되었다는 것이다.

<표 13-17> 제15대 국회의 교섭단체 변동

회별	기준연월일	교섭단체	구성원 수	재적수에 대한 비율(%)	비고
총선 당시	1996. 4. 11	신한국당 새정치국민회의 자유민주연합 비교섭단체	139 79 50 31	46.5 26.4 16.7 10.4	
제179회(임)~ 제180회(임)	1996. 7. 27	신한국당 새정치국민회의 자유민주연합 비교섭단체	151 79 49 20	50.5 26.4 16.4 6.7	
제181회(임)	1996. 12. 18	신한국당 새정치국민회의 자유민주연합 비교섭단체	153 79 49 18	51.2 26.4 16.4 6.0	교섭단체 존속기간 신한국당 (1996. 5. 30~1997. 11. 22) 새정치국민회의 (1996. 5. 30~2000. 1. 24) 자유민주연합 (1996. 5. 30~2000. 5. 29) 한나라당 (1997. 11. 22~2000. 5. 29) 새천년민주당 (2000. 1. 24~2000. 5. 29)
제182회(임)	1997. 1. 2	신한국당 새정치국민회의 자유민주연합 비교섭단체	157 78 45 17	52.9 26.3 15.2 5.7	
제183회(임)	1997. 3. 18	신한국당 새정치국민회의 자유민주연합 비교섭단체	157 79 46 17	85.6 26.4 15.4 5.7	
제184회(임)	1997. 7. 30	신한국당 새정치국민회의 자유민주연합 비교섭단체	158 79 44 17	53.0 26.5 14.8 5.7	
제185회(임)	1997.3 12. 18	한나라당 새정치국민회의 자유민주연합 비교섭단체	165 78 43 13	55.2 26.1 14.4 4.4	
제186회(임)	1997. 12. 30	한나라당 새정치국민회의 자유민주연합 비교섭단체	162 77 43 12	55.1 26.2 14.6 4.1	
제187회(임)	1998. 1. 21	한나라당 새정치국민회의 자유민주연합 비교섭단체	163 78 43 12	55.1 26.4 14.5 4.1	
제188회(임)	1998. 2. 17	한나라당 새정치국민회의 자유민주연합 비교섭단체	162 78 43 12	54.9 26.4 14.6 4.1	
제189회(임)	1998. 3. 2	한나라당 새정치국민회의 자유민주연합 비교섭단체	161 79 43 11	54.8 26.9 14.6 3.7	

회별	기준연월일	교섭단체	구성원 수	재적수에 대한 비율(%)	비고
제190회(임)	1998. 4. 4	한나라당 새정치국민회의 자유민주연합 비교섭단체	161 79 45 11	54.4 26.7 15.2 3.7	
제191회(임)	1998. 4. 24	한나라당 새정치국민회의 자유민주연합 비교섭단체	158 79 46 11	53.7 26.9 15.6 3.7	
제192회(임)	1998. 5. 15	한나라당 새정치국민회의 자유민주연합 비교섭단체	149 85 48 11	50.9 29.0 16.4 3.8	
제193회(임)	1998. 6. 23	한나라당 새정치국민회의 자유민주연합 비교섭단체	147 86 47 12	50.3 29.5 16.1 4.1	
제194회(임)~ 제195회(임)	1998. 8. 22	한나라당 새정치국민회의 자유민주연합 비교섭단체	151 88 49 11	50.5 29.4 16.4 3.7	
제196회(임)	1998. 9. 2	한나라당 새정치국민회의 자유민주연합 비교섭단체	147 95 51 6	49.2 37.8 17.1 2.0	
제197회(임)	1998. 9. 9	한나라당 새정치국민회의 자유민주연합 비교섭단체	140 101 52 6	46.8 33.8 17.4 2.0	
제198회(정)	1998. 12. 18	한나라당 새정치국민회의 자유민주연합 비교섭단체	137 105 53 4	45.8 35.1 17.7 1.3	
제199회(임)~ 제200회(임)	1999. 2. 6	한나라당 새정치국민회의 자유민주연합 비교섭단체	136 105 53 4	45.6 35.2 17.8 1.3	
제201회(임)~ 제203회(임)	1999. 3. 9~ 1999. 5. 3	한나라당 새정치국민회의 자유민주연합 비교섭단체	134 105 54 4	45.1 35.4 18.2 1.3	
제204회(임)~ 제207회(임)	1999. 8. 14~ 1999. 9. 9	한나라당 새정치국민회의 자유민주연합 비교섭단체	134 105 55 5	44.8 35.1 18.4 1.7	

회별	기준연월일	교섭단체	구성원 수	재적수에 대한 비율(%)	비고
제208회(정)	1999. 12. 18	한나라당 새정치국민회의 자유민주연합 비교섭단체	131 103 55 10	43.8 34.4 18.4 3.3	
제209회(임)~ 제210회(임)	2000. 1. 18~ 2000. 2. 9	한나라당 새천년민주당 자유민주연합 비교섭단체	131 103 53 12	43.8 34.4 17.7 4.0	
제211회(임)	2000. 3. 15	한나라당 새천년민주당 자유민주연합 비교섭단체	122 99 50 28	40.8 33.1 16.7 9.4	

출처: 국회사무처, 『의정자료집』(2000), 133~138쪽.

17) 제16대 국회(2000. 05. 30~2004. 05. 29)

민주공화당, 신민주공화당, 민주자유당, 그리고 신한국당 계열에 속했던 김종필 의원의 주도로 창당된 자유민주연합은 제16대 국회의원선거에서 17석(지역구 12석, 전국구 5석)을 확보하였지만, 원내교섭단체 구성 요건인 20석을 충족시키지 못하였다. 동당은 선거 후에 교섭단체 법적 구성 요건을 15석 이하로 낮추려는 노력을 하였지만 그마져 성사되지 못하고 진로를 걱정해야 하는 군소정당의 하나로 전락하였다.

자유민주연합은 교섭단체를 구성하기 위하여 국회법을 개정하려고 시도하였다. 자유민주연합과 새천년민주당은 6월 1일 양당 소속의원 136명 전원의 명의로 원내 교섭단체 구성요건을 20석에서 10석으로 낮추는 국회법 개정안을 국회에 제출하여 변칙처리 하였으나 결국 한나라당의 반발로 성사되지는 못하였다. 새천년민주당과 자유민주연합은 2000년 7월 24일 국회운영위원회에서 국회법개정안을 변칙처리하여 가결시켰다. 양당은 7월 25일 국회법 개정안을 본회의에 상정 처리하려고 했으나, 이만섭 의장은 사회를 거부하였고, 사회권을 넘겨받은 김종호 국회부의장은 한나라당소속의원들에 의해 자택에 '연금'되어 뜻을 이루지 못하였다.

자유민주연합과 새천년민주당은 그해 12월 10일 임시국회에서 양당 소속의원 135명의 공동명의로 국회법개정안을 다시 제출하였다. 그러나 12월 18일 국회운영위원회에서 국회법개정안 상정문제를 놓고 한나라당 정창화 총무가 위원장석에 있던 새천년민주당 정균환 총무의 명패를 깨뜨리는 등 한나라당의 강력한 저지로 국회법 개정안은 벽에 부딪히게 되었다.

이를 지켜보던 새천년민주당의 송영진·송석찬·배기선 의원 등 3명의 의원은 12월 30일 소속당을 탈당하고 자유민주연합에 입당하였다. 교섭단체 구성요건을 충족시켜주려고 한 것이다. 그런데 자유민주연합의 강창희 의원은 다른 정당에서 의원을 임대하여 교섭단체를 구성하는 것은 정도(正道)가 아니라며 교섭단체 등록신청 날인을 거부하였다. 자유민주연합은 2001년 1월 8일 강 의원을 당에서 제명하였고, 교섭단체 구성은 다시 1석이 부족한 사태에 이르렀다. 이에 이틀 후인 1월 10일 새천년민주당의 장재식 의원이 탈당하여 자유민주연합에 입당함으로써 자유민주연합은 교섭단체 등록을 할 수 있었다.

이는 이른바 '의원 임대' 또는 '의원 빌려주기'라고 불렸다. 자유민주연합은 2001년 9월 4일에는 '임동원 통일부 장관 해임안'에 한나라당, 민주국민당과 함께 동의함으로써 새천년민주당과의 공조관계를 시험받기도 하였다. 자유민주연합은 이날 구성원 수의 미달로 인하여 교섭단체가 해체되었다. 그리고 2004년 4월 16일에는 한나라당, 새천년민주당과 함께 노무현 대통령 탄핵에 참여하게 된다.

열린우리당은 회기 중 교섭단체 명칭이 변경되었다. 새천년민주당 소속의원 중 일부가 당을 나와 '국민참여통합신당주비위원회를' 구성하였다가 '열린우리당주비위원회(2003. 09. 20)'로, 그리고 열린우리당(2003. 11. 27)으로 명칭을 변경, 등록하였다.

〈표 13 - 18〉 제16대 국회의 교섭단체 변동

구분(기준일)	재적 의원수	교섭단체				비교섭단체 의원	비고
		한나라당	새천년민주당	열린우리당	자유민주연합		
선거 당시 (2000.04.13)	273	133	115	–	–	25	
제16대 국회 임기 개시(2000.05.30)	273	133	119	–	–	21	무소속 4인, 새천년 민주당 가입
제216회(임) 말 (2001. 01. 09)	273	133	119	–	–	21	
제216회 폐회 중 (2001. 01.10)	273	133	115	–	20	5	자유민주연합 구성
제225회(정) 초 (2001.09 .04)	273	133	116	–	–	24	자유민주연합 지위 상실
제225회(정) 말 (2001.12.09)	273	136	118	–	–	19	
제226회(임) 말 (2002.01.12)	272	135	118	–	–	19	
제232회(임) 말 (2002.08.03)	259	128	111	–	–	20	퇴직 등의원 감소
제233회(임) 말 (2002.08.31)	272	139	112	–	–	21	재선거, 보궐선거 (08.08)
제234회(정) 말 (2002.12.10)	271	150	102	–	–	19	
제235회(임) 말 (2003.01.28)	272	151	103	–	–	18	
제238회(임) 말 (2003.04.30)	272	153	101	–	–	18	재선거, 보궐선거 (04.24)
제242회(임) 말 (2003.08.30)	272	149	101	–	–	22	
제243회(정) 중 (2003.09.20)	272	149	64	42	–	17	열린우리당준비위원 회 구성 (09.20/10.24)
제243회(정) 말 (2003.12.09)	272	149	60	47	–	16	열린우리당 등록 (11. 27)
제244회(임) 말 (2004.01.08)	271	148	60	47	–	16	
제246회(임) 폐회 중(2004. 03.29)	271	139	62	47	–	23	제17대 국회의원 선거
인기만료(2004. 05. 29)	268	137	60	47	–	24	

자료: 국회사무처, '대한민국국회60년사'(2008), 807-808쪽.

18) 제17대 국회

제17대 국회 임기 개시일인 2004년 5월 30일 열린우리당과 한나라당의 2개 교섭단체가 구성되었다. 2007년 2월 12일 열린우리당을 탈당한 23명의 의원이 중도개혁통합신당추진모임(2007년 5월 9일 중도개혁통합신당으로 명칭 변경)을 구성함으로써 교섭단체는 3개가 되었다.

2007년 6월 29일 중도개혁통합신당과 민주당이 신설합당하여 중도통합민주당을 구성하였으나, 같은 해 8월 3일 교섭단체 지위를 상실하였다.

2007년 8월 8일 무소속 85인이 대통합민주신당을 구성(2007년 8월 21일 열린우리당 흡수합당)하여 제17대 국회는 통합민주당과한나라당의 2개의 교섭단체로 임기를 마쳤다.

〈표 13-19〉 제17대 국회의 교섭단체 변동

교섭단체	대표의원 (구성시)	소속의원 수		존속기간	비고
		구성시	해체시		
열린우리당	천정배	152	58	2004.05.30-2007.08.21	대통합민주신당과 흡수합당
한나라당	김덕룡	121	111	2004.05.30-2008.05.29	
중도개혁통합신당추진모임	최용규	23	20	2007.02.12-2007.05.09	중도개혁통합신당으로 명칭 변경
중도개혁통합신당		20		2007. 05. 09- 2007. 06. 29	민주당과 신설합당⇨중도통합민주당
중도통합민주당	강봉균	34	9	2007.06.29-2007.08.03	교섭단체 지위상실
대통합민주신당	김효석	85		2008.08.08-2008.02.18	열린우리당 흡수합당 (2007.08.21)
통합민주당	김효석	141	136	2007.08.08-2008.02.18	민주당과 신설합당⇨통합민주당

자료: 국회사무처, '제17대 국회 경과보고서'(2008), 65쪽.

제6절 맺음말

　제15대 국회의원선거에서 통합민주당은 유효표 11.2%를 득표하고도 의석수가 15석에 그쳐 교섭단체 구성에 실패하였다. 마찬가지로 제16대 국회의원선거에서도 자유민주연합이 185만 표(9.8%)를 얻어 17석을 확보하였으나 20석에 미달하여 교섭단체를 구성할 수 없게 되었다.

　자유민주연합은 2001년 2월 초 교섭단체 구성요건을 현행 의원정수 20인 이상에서 의원정수 14인(5%) 이상으로 완화하는 내용의 '국회법중개정법률안'을 국회에 제출하였고, 이를 상임위원회에서 무리하게 처리하였다. 자유민주연합의 논리는 유권자 9.8%의 의사가 국정에 제대로 반영될 수 없는 제도는 합리적으로 수정되어야 한다는 데 있다. 이러한 논리는 흠잡을 데가 없으나 선거 후 동당의 획득 의석수가 20석에 미달하게 되자 그러한 주장을 하였다는 것과, 교섭단체 구성을 하지 못하면 '공동여당'으로서의 위상에 손상이 갈 수밖에 없는 상황논리라는 점에서 문제가 된다.

　그러나 앞으로도 이러한 경우가 발생할 수 있고 그렇게 되면 소모적인 법개정 논쟁이 벌어질 수 있다는 점에서 과연 몇 석으로 교섭단체 구성요건을 삼아야 적당할 것인가 하는 것을 논의할 필요가 있다.

　구성요건을 너무 낮게 잡으면 교섭단체를 두는 취지, 즉 효율적인 국회운영과 의사일정 협의 및 합의에 지장을 초래할 수 있고, 너무 높게 잡으면 소수정당과 많은 유권자들의 뜻을 의정활동에 반영하기 어렵게 된다. 일부 국가에서는 의석수의 5% 이하를 구성요건으로 잡고 있는 곳도 있다. 교섭단체 구성요건은 나라마다 다르기 때문에 기준을 정하기가 쉽지 않으나, 한국의 경우 의석수의 비율은 6~7% 선에서 설정되어야 할 것으로 보인다. 앞으로 의원정수가 변동될 수 있기 때문에 교섭단체 구성요건을 의석수로 정할 것이 아니라 백분율(%)로 정하여 제도운영에 탄력성을 주는 것이 바람직하다.

〈자료 13-1〉 교섭단체 대표의원

1) 제헌국회

교섭단체	대표의원	재임 기간
민주국민당	지대형	1949. 9. 12~1950. 5. 30
일민구락부	원용한	1949. 9. 12~1950. 5. 30
신정회	오석주	1949. 9. 12~1950. 5. 30
대한노동당	이훈구	1949. 9. 12~1950. 5. 30
대한국민당	이재형	1949. 9. 12~1950. 5. 30

2) 제2대 국회

교섭단체	대표의원	재임 기간
민주국민당	지청천	1951. 3. 4~1954. 5. 30
민우회	신광균	1951. 3. 4~1952. 6. 28
신라회	이종욱	1952. 10. 21~1953. 2. 18
무소속구락부	곽상훈	1952. 11. 29~1953. 4. 15
선정동지회	박승하	1951. 3. 4~1951. 5. 29
공화구락부	김동성	1951. 3. 4~1951. 5. 29
공화민정회	이종욱	1951. 5. 29~1951. 12. 19
자유당	홍익표	1952. 1. 17~1952. 12. 23
자유당(원내)	홍익표	1952. 12. 23~1953. 4. 15
자유당(합동)	김정실	1952. 5. 19~1952. 11. 17
자유당(원외)	배은희	1952. 11. 17~1953. 4. 14
자유당	배은희	1953. 4. 14~1954. 5. 30

3) 제3대 국회

교섭단체	대표의원	재임 기간
자유당	이재학	1954. 6. 15~1956. 6. 30
자유당	김법린	1956. 6. 30~1958. 5. 30
무소속동지회	윤병호	1954. 6. 15~1954. 7. 15
무소속동지회	임홍순	1954. 7. 15~1954. 12. 4
호헌동지회	윤병호	1954. 12. 3~1955. 10. 4
민주당	소선규	1954. 10. 4~1956. 6. 30
민주당	이석기	1956. 6. 3~1958. 5. 30
헌정동지회	변진갑	1955. 12. 6~1957. 1. 24
정우회	변진갑	1957. 1. 24~1957. 12. 23

4) 제4대 국회

교섭단체	대표의원	재임 기간
자유당	조순	1958. 6. 9~1958. 12. 31
자유당	박용익	1958. 12. 31~1960. 1. 20
자유당	조경규	1960. 1. 20~1969. 7. 28
민주당	오위영	1958. 6. 9~1958. 12. 31
민주당	오위영 · 유진산	1958. 12. 21~1959. 2. 10
민주당	유진산	1959. 2. 10~1960. 1. 20
민주당	김의택	1960. 1. 20~1960. 7. 28
헌정동지회	최규남	1960. 6. 15~1960. 7. 1

5) 제5대 국회

민의원		
교섭단체	대표의원	재임 기간
민주당구파동지회	김도연	1960. 8. 31~1960. 11. 24
신민당	양일동	1960. 11. 24~1961. 5. 16
민주당	김상돈	1960. 9. 22~1960. 11. 26
민주당	이석기	1960. 11. 26~1961. 5. 16
민정구락부	윤재근	1960. 8. 31~1961. 5. 3
민정구락부	이재형	1961. 5. 3~1961. 5. 16

참의원		
교섭단체	대표의원	활동 기간
민주당구파동지회	송필만	1960. 9. 26~1961. 2. 6
신민당	송필만	1961. 2. 7~1961. 5. 16
민주당	김용주	1960. 9. 27~1961. 5. 16
참우구락부	이교선	1960. 9. 26~1961. 5. 16

6) 제6대 국회

교섭단체	대표의원	재임 기간
민주공화당	김용태	1963. 12. 19~1964. 5. 4
민주공화당	김성진	1964. 5. 4~1964. 6. 11
민주공화당	현오봉	1964. 6. 11~1965. 1. 1
민주공화당	김동환	1965. 1. 16~1965. 12. 16
민주공화당	김동환	1965. 12. 16~1967. 6. 30
삼민회	유성권	1963. 12. 17~1964. 7. 6
삼민회	정명섭	1964. 7. 6~1964. 11. 28
삼민회	유성권	1964. 11. 28~1964. 11. 29
민주당	유성권	1964. 11. 29~1965. 5. 22
민정당	서범석	1963. 12. 17~1964. 12. 7
민정당	정성태	1964. 12. 7~1965. 5. 22
민중당	정성태	1965. 5. 22~1965. 10. 12
민중당	김영삼	1965. 10. 12~1967. 2. 27
신민당	김영삼	1967. 2. 27~1967. 6. 30

7) 제7대 국회

교섭단체	대표의원	재임 기간
민주공화당	김진만	1967. 7. 21~1969. 4. 11
	김택수	1969. 4. 11~1970. 2. 3
	김진만	1970. 2. 3~1971. 6. 30
신민당	김영삼	1967. 11. 30~1968. 6. 11
	정성태	1968. 6. 11~1968. 11. 8
	김영삼	1968. 11. 8~1969. 8. 31
신민회	김영삼	1969. 9. 8~1969. 9. 21
신민당	김영삼	1969. 9. 22~1969. 11. 14
	정해영	1969. 11. 14~1971. 6. 30
십오구락부	이원장	1967. 10. 5~1967. 10. 7
	이원엽	1967. 10. 7~1968. 9. 7
	이동원	1968. 9. 7~1968. 12. 25
정우회	이동원	1968. 12. 26~1971. 1. 6

8) 제8대 국회

교섭단체	대표의원	재임 기간
민주공화당	김재순	1971. 7. 26~1971. 10. 7
	현오봉	1971. 10. 7~1972. 10. 17
신민당	김재광	1971. 7. 26~1972. 10. 17

9) 제9대 국회

교섭단체	대표의원	재임 기간
유신정우회	민병권	1973. 3. 12~1975. 3. 11
	이영근	1975. 3. 11~1979. 2. 28
	최영희	1979. 2. 28~1979. 3. 11
민주공화당	김용태	1973. 3. 11~1979. 3. 11
신민당	이민우	1973. 3. 14~1974. 9. 5
	김형일	1974. 9. 5~1975. 10. 25
	김은하	1975. 10. 25~1976. 11. 11
	송원영	1976. 11. 11~1979. 3. 11
무소속의원회	양정규	1973. 7. 17~1974. 8. 29

10) 제10대 국회

교섭단체	대표의원	재임 기간
유신정우회	최영희	1979. 3. 12~1979. 11. 16
	이영근	1979. 11. 16~1980. 3. 11
	이해원	1980. 3. 11~1980. 10. 27
민주공화당	현오봉	1979. 3. 15~1979. 12. 26
	김용호	1979. 12. 26~1980. 10. 27
신민당	송원영	1979. 3. 19~1979. 6. 16
	황낙주	1979. 6. 16~1980. 10. 27
민정회	권오태	1979. 3. 13~1979. 6. 9

11) 제11대 국회

교섭단체	대표의원	재임 기간
민주정의당	이종찬	1981. 4. 14~1985. 4. 10
민주한국당	고재청	1981. 4. 14~1982. 2. 12
	임종기	1982. 2. 12~1985. 4. 10
한국국민당	이동진	1981. 4. 14~1983. 8. 30
	김종하	1983. 8. 30~1985. 4. 10

12) 제12대 국회

교섭단체	대표의원	재임 기간
민주정의당	이종찬	1985. 4. 12~1985. 8. 1
	이세기	1985. 8. 1~1986. 8. 25
	이한동	1986. 8. 25~1987. 7. 14
	이한동	1986. 8. 25~1987. 7. 14
	이대순	1987. 7. 14~1988. 5. 29
신한민주당	김동영	1985. 4. 12~1986. 10. 30
	김현규	1986. 10. 31~1987. 4. 29
	이택돈	1987. 5. 1~1987. 8. 26
	정재원	1987. 8. 26~1987. 11. 20
한국국민당	김용채	1985. 4. 18~1987. 2. 24
	양정규	1987. 2. 24~1987. 10. 12
통일민주동지회	김현규	1987. 4. 29~1987. 5. 4
통일민주당	김현규	1987. 5. 4~1988. 5. 29
평화민주회	허경만	1987. 11. 2~1987. 11. 13
평화민주당	허경만	1987. 11. 13~1988. 5. 29

13) 제13대 국회

교섭단체	대표의원	재임 기간
민주정의당	김윤환	1988. 5. 30~1989. 8. 30
	이한동	1989. 8. 30~1990. 1. 6
	정동성	1990. 1. 6~1990. 2. 15
평화민주당	김원기	1988. 5. 30~1989. 6. 29
	신기하	1989. 6. 29~1989. 8. 21
	김원기	1989. 8. 21~1990. 1. 31
	김영배	1990. 1. 31~1991. 8. 23
신민주연합당	허경만	1991. 8. 23~1991. 9. 11
민주회	김정길	1991. 8. 23~1991. 9. 11
민주당	김정길	1991. 9. 11~1991. 9. 16
통일민주당	최형우	1988. 5. 30~1989. 8. 25
	이기택	1989. 8. 25~1990. 2. 15
신민주공화당	김용채	1988. 5. 30~1990. 2. 15
민주자유당	김동영	1990. 2. 16~1990. 10. 16
	김윤환	1990. 10. 16~1991. 2. 20
	김종호	1991. 2. 20~1991. 12. 4
	이자헌	1991. 12. 4~1992. 5. 29

14) 제14대 국회

교섭단체	대표의원	재임 기간
민주자유당	김용태	1992. 5. 30~1993. 3. 3
	김영구	1993. 3. 3~1993. 12. 24
	이한동	1993. 12. 24~1995. 2. 8
	현경대	1995. 2. 9~1995. 8. 22
신한국당	서종학	1995. 8. 23~1996. 5. 29
민주당	이철	1992. 5. 30~1993. 3. 18
	김태식	1993. 3. 18~1994. 6. 1
	신기하	1994. 6. 1~1995. 8. 25
	원혜영	1995. 8. 26~1995. 9. 10
	이철	1995. 9. 11~1996. 5. 29
새정치국민회의	신기하	1995. 8. 12~1996. 5. 29
자유민주연합	한명수	1995. 5. 25~1996. 5. 29
통일국민당	김정남	1992. 6. 13~1993. 3. 2

15) 제15대 국회

교섭단체	대표의원	재임 기간
신한국당	서청원	1996. 5. 30~1997. 3. 16
	박희태	1997. 3. 17~1997. 8. 10
	강재섭	1997. 8. 11~1997. 9. 4
한나라당	목요상	1997. 9. 5~1997. 12. 28
	이상득	1997. 12. 29~1998. 4. 19
	하순봉	1998. 4. 20~1998. 8. 9
	박희태	1998. 8. 10~1999. 1. 14
	이부영	1999. 1. 15~2000. 5. 29
새정치국민회의	박상천	1986. 5. 30~1998. 3. 3
	한화갑	1998. 3. 4~1999. 4. 11
	손세일	1999. 4. 12~1999. 7. 12
	박상천	1999. 7. 13~2000. 5. 22
새천년민주당	정균환	2000. 5. 23~2000. 5. 29
자유민주연합	이정무	1996. 5. 30~1998. 3. 5
	구천서	1998. 3. 6~1999. 4. 11
	강창희	1999. 4. 12~1999. 8. 8
	이긍규	1999. 8. 9~2000. 4. 28
	오장섭	2000. 4. 29~2000. 5. 29

〈자료 13-2〉 교섭단체가 구성원의 미달 등으로 해체된 사례

구분	교섭단체명	해체 사유
제2대 국회	민우회	임기개시일인 1951년 3월 4일에 구성된 민우회는 1952년 6월 28일 그 구성원이 20인에 미달하여 교섭단체가 해체됨
	신라회	1952년 10월 21일에 구성된 신라회는 그 구성원이 20인에 미달되어 1953년 2월 18일 해체됨
	무소속구락부	1952년 11월 29일에 구성된 무소속구락부는 그 구성원이 20인에 미달되어 1953년 4월 15일 해체됨
제3대 국회	호헌동지회	1954년 12월 3일에 구성된 호헌동지회는 신당 민주당의 발족으로 1955년 10월 4일 해체됨
	헌정동지회	1955년 12월 6일에 구성된 헌정동지회는 교섭단체 정우회의 발족으로 1957년 1월 24일 해체됨
제7대 국회	신민당	1967년 11월 30일에 구성된 교섭단체 신민당은 개헌안처리 저지를 위하여 1969년 8월 31일 자진 해체됨
	십오구락부	1967년 10월 5일에 구성된 십오구락부는 교섭단체 정우회의 발족으로 1968년 12월 25일 해체됨
제9대 국회	무소속의원회	1973년 7월 17일에 구성된 무소속의원회는 소속의원 6인이 신민당에 가입하여 그 구성원 수가 20인에 미달되어 1974년 8월 29일 해체됨
제10대 국회	민정회	1979년 3월 13일에 구성된 민정회는 소속의원 15인이 민주공화당에 가입하여 그 구성원이 20인에 미달되어 1979년 6월 9일 해체됨
제12대 국회	신한민주당	1985년 4월 12일에 구성된 교섭단체 신한민주당이 1987년 11월 10일 소속의원 1인의 사직으로 그 구성원이 20인에 미달되어 동일자로 해체됨
	한국국민당	1985년 4월 18일에 구성된 교섭단체 한국국민당이 1987년 10월 12일 소속의원 1인의 탈당으로 그 구성원이 20인에 미달되어 동일자로 해체됨
제14대 국회	통일국민당	1992년 6월 13일에 구성된 교섭단체 통일국민당이 1993년 3월 2일 소속의원 7인의 탈당으로 그 구성원이 20인에 미달되어 동일자로 해체됨
제16대 국회	자유민주연합	구성원 수의 미달로 인하여 2001년 9월 4일자로 교섭단체 해체됨
제17대 국회	중도개혁통합신당	민주당과 신설합당하여 '중도통합민주당' 교섭단체 등록. 2007년 6월 29일 해체됨
	중도통합민주당	구성원 수 미달로 2007년 8월 3일 교섭단체 자격 상실
	대통합민주신당	민주당과 신설합당하여 '통합민주당' 교섭단체 등록. 2008년 2월 18일 해체됨.

제14장 국회의원의 구성과 사회적 배경

제1절 서론

국회의원은 국민의 의사를 대표하는 기관인 국회의 일원으로서 법률의 제정, 재정통제, 조약의 승인, 행정부 통제 등의 활동에 참여하고 정치적 결정을 행하는 지위에 있다. 국회의원이란 국회에서의 입법활동에 기능하기 위하여 선택된 집단의 구성원을 가리킨다.

이른바 '행정국가(administrative state)'의 등장은 정부에 대한 의회의 입장을 상대적으로 저하시켜 '의회정치의 위기'(Bryce, 1921)가 회자되기도 하였다. 이 장에서는 의정활동의 주역인 국회의원의 구성과 그 사회적 배경을 살펴보고자 한다.

국회를 구성하는 최소단위는 국회의원 각 개인이기 때문에 국회의 현실적 기능은 대통령중심제를 축으로 하는 한국정치체제가 입법부인 국회에 영향을 미치는 제도적 제약과 국회의원의 속성 및 행동과의 관계에서 설정되고 설명될 수 있다.

정치적 충원이란 정치체제 속에서 개인이 적극적으로 정치에 참여하여 정치적 역할을 담당하게 되는 과정이므로 정치체제와 사회화와의 연계과정이라고 볼 수 있다. 이와 관련된 조사는 개인 또는 집단이 실질적인 정치적 역할을 담당하는 과정에 대한 탐구가 된다. 이러한 과정에 대한 탐구는 국회의원의 경우 지금까지 축적되어 온 관련 자료의 체계적인 분류와 수량화 작업에서 시작된다. 이를 위하여 출생지, 학력, 출신학교, 전공, 직업, 성인이 된 후의 경력 등에 관한 자료의 수집은 국회의원의 행동과 가치관에 대한 설명이나 충원유형을 비교하는 데 있어 기초 자료가 된다.

국회의원의 사회적 배경의 중요성을 강조한 연구는 미국에서는 1940년대에 시작되어 1960년대에 활발하게 진행되었고, 한국에서는 1970년대에 관련 연구가 시작되어 지금에 이르고 있다.[1] 한국의 역대 행정부 고위관료들의 사회적 배경이 비교적 자세하게 조사되어 행정부 엘리트 충원연구에 활용되고 있는 것과는 달리 역대 국회의원의 구성과 사회적 배경에 대해서는 연구업적이 그다지 많지 않다. 그런 이유 중의 하나는 국회의원의 사회적 배경에 관한 자료 획득이 쉽지 않았다는 것이다.

또한 한국의 경우 의회정치에 관한 이론적 연구는 활성화되는 추세에 있으나 의회정치의 주역인 국회의원 개개인에 관한 집합자료나 설문조사자료의 축적과 이를 응용한 연구는 아직 초보단계에 머물러 있다. 앞으로 관련 자료의 축적과 이를 응용한 연구활동이 이루어져 입법과정연구의 한 부분이 되어야 할 것이다.

제2절 **분석대상과 방법**

1. 대상

제헌국회부터 제14대 국회까지 관련 법규에 의하여 선출된 국회의원의 정수는 3,291명이지만 그동안 의원자격상실, 사퇴, 제명, 사망, 선거무효판결, 당선무효판결, 형확정판결 등의 사유로 의원직을 떠난 의원의 자리를 충원하기 위하여 보궐선거, 재선거, 의석승계 등을 통한 추가적 충원이 이루어져 1995년 12월 현재까지 국회의원에 당선(충원)된 인사는 3,447명에 달한다. 이는 2회 이상 당선된 의원이 당선 횟수만큼 포함된 숫자인데 각 의원

---

1) 정책결정자들의 사회적 배경의 변화는 사회, 경제의 전반에 걸친 변화를 뜻한다. 이러한 논의는 Donald R. Matthews, *The Social Background of Political Decision Makers*(New York: Random House, 1962) 참조.

마다 고유번호를 부여하여 정리하면 국회의원에 당선된 의원의 수는 모두 1,983명으로 집계된다.

2. 방법과 자료

역대 국회의원 당선자 1,983명에 대한 개별적인 속성과 특기사항에 관한 자료를 수집하였다. 자료는 '조사자료표'에 의거하여 수록되었으며 이 자료를 통계처리하기 위한 '코드 북'을 새로 작성하여 코드 북의 분류기준에 따라 자료의 수량화 작업을 하였다.[2] 자료는 국회사무처 소장 의원기록 카드 및 관련 서류를 이용하였다.

3. 조사항목과 분류기준

조사항목으로는 성씨, 성별, 혈액형, 출생연도, 당선 횟수, 학력, 대학졸업 이상의 학력을 가진 경우는 전공, 출생지, 직업, 종교, 출신고교, 출신대학, 출신대학원, 특정 경력 소지 여부(박사학위소지, 고등고시 출신 여부, 보좌관·비서관 출신 여부) 등을 선정하였다.

국회의원의 신상에 관한 자료가 국회의원의 사회적 배경분석을 위하여 사용되고 있지만 각 조사항목에 대한 구체적인 분류기준을 설정하지 않는다면 적지 않은 오류를 발생시킬 수 있다. 예를 들어 기존의 조사자료에 제시된 직업의 경우 농업으로 분류된 의원들이 상당히 많았다.[3] 그러나 이들의 신상기록을 찾아보면 학력은 대학졸업이나 전문대졸업이 많았고, 경력도 과거에 국회의원이나 관료를 지냈다가 국회의원에 당선되기 전에 1~2년간 쉬었다든지 아니면 잠시 농업에 종사한 사례가 많았다. 기존의 자료에 농업종사

---

2) 분석은 사회과학통계패키지(SPSS) 프로그램을 이용하였다.

3) 안경찬, 「한국국회의원의 사회적 배경에 관한 연구」(동국대 행정대학원 석사학위논문, 1971), 서상봉, 「역대 국회의원의 사회적 배경 분석」(연세대 행정대학원 석사학위논문, 1980).

자와 무직자 비율이 높은 것은 이러한 연유이며 그와 같은 사회적 배경이 그들의 의정활동과 관련되어 분석될 때 발생할 오류는 충분히 예상할 수 있을 것이다.

앞에 제시된 여러 항목들의 분류에서 기준설정이 필요한 몇 가지 항목은 다음과 같다.

1) 교육(학력)

구학제하에서 5년제 중학교를 졸업한 사람은 고등학교졸업자로 분류하였다. 중학교를 수료하였거나 중퇴한 사람은 중학교졸업, 고등학교를 수료하였거나 중퇴한 사람은 고등학교졸업으로 분류하였다. 대학교와 대학원의 경우는 졸업과 수료(혹은 중퇴)를 따로 분류하였다.

2) 전공

대학교(2년제 대학 포함)에서의 전공은 분류하였다. 대학을 수료했거나 졸업한 경우에만 해당되며, 대학원을 졸업한 경우에도 대학원에서의 전공이 아닌 대학졸업 당시의 전공을 기준으로 분류하였다. 육군사관학교, 해군사관학교, 공군사관학교 등 사관학교와 각종 군사학교 출신의 경우 전공을 군사학으로 분류하였다. 각종 군사학교에서 개인이 연마한 주특기와 전공 분야가 있겠으나 군사학교라는 점을 감안하여 군사학으로 통일하였다.

3) 직업

최종학교 졸업 후 맨 처음 가졌던 직업을 기준으로 분류하는 것을 원칙으로 하였다. 가장 오랜 기간 가졌던 직업과 당선 직전의 직업, 그리고 최종학교졸업 후 최초의 직업으로 나누어 분류하는 것이 옳지만 여기서는 최초 직업만을 분류하였다. 최초직업이 있어도 그 기간이 짧다고 판단되는 경우에는 경력상의 두 번째 직업도 추가하여 분류하였다.

4) 출신고교, 대학, 대학원

학제개혁, 학교명칭변경에 의하여 현재의 학교명과 의원의 재학 당시의 학교명이 바뀐 경우가 있는데 이런 경우 현재의 학교명을 사용하였다. 예를 들면 환일고등학교 졸업생의 경우 그 학교의 현재 명칭인 균명고등학교 졸업생으로 분류하였으며, 고려대학교의 전신인 보성전문 졸업생의 경우 고려대학교 졸업생으로 분류하였다.

5) 출생지

역대 국회의원의 실제 출신 지역은 어떻게 분포되어 있는지를 알아보기 위하여 출마 지역이나 본적지가 아닌 출생지를 기준으로 하여 조사하였다.

6) 특정 경력

의원 관련 기록에 나타나는 경력 중에서 의정활동에 임하는 각 의원의 전문성 여부를 가늠하여 볼 수 있는 박사학위 소지 여부, 각종 고등고시 출신 여부, 그리고 보좌관이나 비서관 출신 여부(각 행정부처의 보좌관·비서관 경력자 포함) 등에 유념하여 이를 특정 경력으로 분류하였다.

제3절 분석

분석결과를 제시하기 전에 이 부분의 통계 중 각 성씨나 각급 학교의 의원 배출 인원수는 각 성씨나 각급 학교에 대한 평가기준으로 작용되어서는 안 되며 처음부터 그러한 의도로 구성되지 않았음을 밝힌다. 각 성씨별로 전국적인 인구비율에 커다란 차이가 있다는 것과 학교의 경우 설립연도가 오래된 학교일수록 졸업생 수가 많은 것은 더 이상의 설명을 요하지 않는다. 따라서 이 부분은 평가가 아닌 현황 파악 차원에서 제시되는 통계로 인식되어야 할 것이다.

1. 성씨(姓氏)

나라마다 역사와 전통, 문화가 다르듯이 정치엘리트의 충원과정도 다르다. 예컨대 사우디아라비아에서는 최고의 리더십이 귀속적(ascriptive)이어서 특정한 가문에 태어난 사람만이 고위공직에 취임할 수 있다. 이와는 달리 한국에서는 출신 가문이나 성씨에 관계없이 각 지역 유권자의 지지여하에 따라 선출직 공직에의 진출이 결정된다.

경제기획원이 1985년에 실시한 인구 및 주택조사에서는 북한 지역을 제외한 전체 인구를 대상으로 성씨와 본관을 조사한 바 있다. 조사결과 275개의 성씨와 3,349개의 본관이 보고되었는데 한국의 최다 성씨는 김(金), 이(李), 박(朴), 최(崔), 정(鄭), 강(姜), 조(趙), 윤(尹), 장(張), 임(林)씨 순으로 나타났다. 275개의 전체 성씨 중 96개 성씨에서 국회의원이 배출되었고, 그 중 30인 이상의 의원을 배출한 성씨를 그 점유비율의 순서대로 나열한 후 전국 인구의 성씨별 점유비율로 나열하여 <표 14-1>을 작성하였다.4)

<표 14-1>의 좌측에는 한국인 최다 성씨 인구와 비율이, 우측에는 국회의원 최다 성씨 인구와 비율이 제시되어 있다. 우선 전국 인구비율과 국회의원비율을 최다 성씨 순으로 보면 김씨, 이씨, 박씨가 1위, 2위, 3위를 차지하고 있다. 김씨의 경우는 전국 인구비율과 국회의원비율이 각각 21.7%와 21.9%로 나타나 전국의 김씨 성 인구에 비례하여 김씨 성을 가진 사람들이 국회에 진출한 형국이다. 이씨와 박씨의 경우도 전국 인구비율과 국회의원 인구비율 간의 차이가 1% 정도에 지나지 않아 역시 비례관계에 있다.

전국 인구비에서 4위(4.7%)를 차지한 최씨는 국회의원 성씨비율에서는 그

---

4) 한국인 최다 성씨 인구통계는 경제기획원조사통계국, 『1986년 인구 및 주택센서스: 한국인의 성씨 및 본관보고(상원)』(1988)를 참고하여 작성하였다.

비율이 4.3%로 감소하면서 5위로 내려갔고 전국 인구비 4.4%로서 5위였던 정씨가 국회의원 성씨비율이 4.8%가 되면서 4위로 올라섰다. 전국 인구비 6위인 강씨(2.3%)는 국회의원 성씨비율에서 8위(2.1%)를 기록하였고, 전국 인구비 7위인 조씨(2.2%)는 국회의원 성씨비율을 2.6%로 증가시켜 국회의원 성씨 순위로 6위이다. 전국 인구비 8위인 윤씨는 2.1%의 인구비율이 국회의원 성씨비율에서는 2.0%로 바뀌면서 순위도 9위로 바뀌었다. 그 밖의 변동사항은 전국 인구비 12위(1.5%)였던 신씨가 국회의원 성씨비율은 2.2%로 증가하여 7위이다. 전국 인구비 순위 10위인 임씨와 11위인 한씨, 15위인 권씨는 국회의원 인구비에서는 모두 15위권 밖으로 내려갔으며 대신 류, 황, 홍씨가 각각 10위, 14위, 15위를 차지하였다.

〈표 14-1〉 성씨별 분포

한국인 최다 성씨				국회의원 최다 성씨			
순위	성씨	숫자	비율(%)	순위	성씨	숫자	비율(%)
1	김(金)	8,785,341	21.7	1	김(金)	434	21.9
2	이(李)	5,985,056	14.8	2	이(李)	308	15.5
3	박(朴)	3,435,858	8.5	3	박(朴)	145	7.3
4	최(崔)	1,913,329	4.7	4	정(鄭)	96	4.8
5	정(鄭)	1,780,000	4.4	5	최(崔)	86	4.3
6	강(姜)	958,181	2.3	6	조(趙)	52	2.6
7	조(趙)	877,058	2.2	7	신(申)	44	2.2
8	윤(尹)	834,121	2.1	8	강(姜)	41	2.1
9	장(張)	810,235	2.0	9	윤(尹)	40	2.0
10	임(林)	672,782	1.7	10	류(柳)	37	1.9
11	한(韓)	628,396	1.6	11	장(張)	35	1.8
12	신(申)	620,983	1.5	12	서(徐)	33	1.7
13	오(吳)	619,774	1.5	13	오(吳)	31	1.6
14	서(徐)	611,206	1.5	14	황(黃)	30	1.5
15	권(權)	567,990	1.4	15	홍(洪)	29	1.5
16	기타	11,318,608	28.1	16	기타	542	27.3
전국인구 40,419,652명(1985년 기준)				국회의원 총수 1,983명			

전국 인구의 약 절반인 49.7%를 점하는 김씨, 이씨, 박씨, 최씨는 국회의원 인구비에서도 49.0%를 차지하고 있으며, 4위부터 9위까지의 전국 인구

및 성씨 순위에서도 순위의 변화가 있기는 해도 그 비율에 큰 차이는 없다. 이러한 충원결과가 혈연의 작용에 의한 것인지는 단언하기 어렵지만 통계적 확률 측면에서 볼 때 성씨별 인구는 입법 엘리트 충원에서도 거의 비슷한 비율로 반영되고 있다고 볼 수 있다.

2. 성별(性別)

역대 국회의원 1,983명은 남성의원 1,935명(97.6%)과 여성의원 48명 (2.4%)으로 구성되어 있다. 남성의원 1,935명 중 지역구 출신은 1,398명, 전국구 출신은 356명, 그리고 지역구와 전국구를 모두 경험한 의원은 181명으로 집계되었다. 여성의원 48명은 지역구 출신 5명, 전국구 출신 40명, 그리고 지역구와 전국구를 모두 경험한 의원 3명으로 구성되어 있다.

남녀의원 간 구성비율 97.6% 대 2.4%에서 한국 국회의원 구성의 기본골격을 알 수 있다. 여성의원은 제헌국회부터 제14대 국회에 이르기까지 매 국회마다 충원되어 왔음에도 절대수가 작기 때문에 사회적 배경이나 충원유형과 관련한 일반적인 논의는 사실상 어렵다. 다만 40명의 여성 전국구의원의 사회적 배경을 살펴보면 학력분포에서 대학원 수료·졸업 21명, 대졸 16명, 고졸 이하 3명으로 상당히 높은 교육수준을 보이고 있고, 전공분포에서는 법학과 영문학이 각각 6명, 정치학 5명, 의학 3명, 가정학 2명, 미술 2명, 체육 2명, 신문방송학 2명, 그리고 국문학, 경영학, 경제학, 약학, 신학, 간호학, 교육학, 음악이 각각 1명씩이며 전공이 확인되지 않았거나 없는 경우는 4명이었다. 또 직업분포를 보면 교수 12명, 교사 6명, 교육관계자 2명 등 교육자가 20명(50%)이고 의사와 약사가 4명, 정당관계자 4명, 기자 3명, 공무원·경찰 3명, 기타 6명으로 구성되어 있다.

지역구 출신 여성의원은 제헌국회부터 제8대 국회까지 각 대마다 맥을 이었으나 실제 인원은 전국구를 경험한 3명을 포함하여 6명(임영신, 박순천, 김철안, 박현숙, 김옥선, 김윤덕)에 불과하다. 제9대 국회와 제10대 국회에서는 지역구 출신 여성의원이 전무하였고, 제11대 국회에 1명(김정례), 그리고 제14대 국회에 보궐선거를 통하여 1명(현경자)이 진출하였다.

여성이 직업정치인이 되었을 때 부딪히는 현실적인 문제는 특히 기혼 여성의 경우 정치활동과 가정생활을 어떤 방법으로 양립시켜 나갈 것인가 하는 것과, 남성의원에 비하여 짧은 의정활동 경력을 어떻게 극복할 것인가 하는 것이다. 여성의원 48명의 의정활동 기간은 당선 횟수를 기준으로 평균 2회를 넘기지 못하고 있다. 대부분의 여성의원이 단임으로 끝나게 되는 주된 이유는 여성의원의 대다수가 유권자들의 지지에 기반을 둔 지역구의원이 아니라 공천권자의 의사에 의하여 선출되는 전국구의원에 집중적으로 분포되어 있기 때문이다.

여성의원의 수는 전국구와 지역구 모두 감소추세에 있다.[5] 이 때문인지 오래전부터 사회일각에서 국회의석 여성할당제 논의가 있어 왔다.[6] 이 제도의 실현 여부와 관계없이 더 많은 여성 정치 지망생들이 지역구 관리 및 지역구 경쟁에 나서는 것은 당선 확률을 높일 뿐만 아니라 유권자 일반의 여성정치인에 대한 인식을 바꾸어 여성정치인에 대한 기대와 신뢰도를 높일 수 있다는 점에서 바람직하다.

장기적 안목에서 볼 때 여성 정치 지망생들의 정당가입과 활동 그리고 지역구출마는 여성의원이 부딪히는 '짧은 임기 후 퇴진' 문제를 해결하는 데 도움이 될 것이다. 정치활동과 가정생활을 양립시키는 문제는 여성 개개인의 문제라기보다는 사회 전반의 문제이다. 여성 정치인들이 마음 놓고 정치활동에 전념할 수 있도록 관련 사회복지 및 후생문제를 제도적으로 개선한다면 여성의 정치참여와 기여도가 높아질 것이다.

---

5) 단 제16대 국회에서는 여성의원의 수가 크게 증가하였다(지역구 5인, 비례대표 11인).

6) 예를 들면 이정자, 「해방50년과 여성운동: 회고와 전망」, 『현대사회』 제42호(1995년 가을) 64~65쪽.

3. 혈액형

혈액형과 인간의 기질에 대한 상관관계가 과학적으로 입증되고 있다. 정치적 충원의 기회는 성별, 연령, 학력, 직업, 전공, 출생지 등과 같은 요인에 의하여 영향을 받을 수 있으나 겉으로 드러나지 않는 각 개인의 성격과 기질을 규제하여 사회생활에 영향을 주는 선행적 요인으로서의 혈액형 분포를 조사하였다.

<표 14-2>에서 보는 것처럼 혈액형은 다른 항목에 비하여 결여자료가 많았으나 조사된 680사례 중 O형이 249명(유효비율 36.6%)으로 가장 많았다. O형의 혈액형을 가진 사람들은 대체로 보스기질이 있고 목적을 향해서 돌진하는 행동력과 성취력이 높다고 한다.

O형에 이어 가장 많은 빈도수를 나타낸 A형은 191명으로 유효비율 28.1%를 점하고 있는데 A형의 사람들은 대체로 세심하고 부지런하며 응용에 능하다고 한다. B형은 162명으로서 23.8%의 유효비율을 점하고 있는데, B형의 사람들은 대체로 낭만적인 성격을 가졌으며 혼자서 행동하기를 즐기고 정보에 강하다고 한다. 또 대체로 냉철한 성격을 가지고 있으며, 합리적인 행동과 생각을 하는 것으로 알려져 있는 AB형의 혈액형인 사람들은 78명으로 11.5%의 유효비율을 점하고 있는 것으로 나타났다.

〈표 14-2〉 혈액형 분포

혈액형	빈도수	비율(%)	유효비율(%)
A	191	9.6	28.1
B	162	8.2	23.8
O	249	12.6	36.6
AB	78	3.9	11.5
자료 없음	1,303	65.7	결여
합계	1,983	100.0	100.0

4. 종교

  일반적으로 국회의원의 부인, 부모, 형제의 종교가 충원과정에 영향을 주는 것으로 알려져 있지만 무엇보다도 의원 본인의 종교가 의정활동에 어떠한 영향을 미칠 것인가 하는 문제가 관심의 대상이 된다. 지역구 출신 의원의 경우 선거에서의 당선은 여러 변수에 의하여 영향을 받겠지만 자신이 신봉하는 종교와 자신이 소속되어 있는 종교 조직에 의해서도 어떠한 형태로든 지원을 받을 것이며 당선 후에는 그가 소속한 종교의 입장이나 이념을 반영하는 태도를 취할 것이다.

  지역구에서의 선거과정을 거치지 않은 전국구의원의 경우에도 의원이 된 후에 각종 정책실현과 관련하여 자신이 신봉하는 종교의 원리나 이념을 대변하게 된다. 사회적 문제가 되고 있는 낙태수술 합법화에 대한 찬반논의에서 의원 간에 종교별로 다른 입장을 보일 수 있다는 것이 하나의 사례이다.

  제7대 국회의원의 종교분포를 조사한 연구에 의하면 종교별 충원 순위는 불교, 기독교, 천주교 순으로 나타났다.[7] 175명의 대상의원 중 불교를 믿는 의원은 57명(32.6%), 기독교 38명(21.7%), 천주교 14명(8.0%), 기타 종교 5명(2.9%), 그리고 종교가 없거나 미상인 경우는 61명(34.8%)으로 조사되었다.

  제헌의원부터 제14대 국회의원까지 조사한 결과 종교가 없거나 종교가 확인되지 않은 사례는 1,139였고, 종교가 확인된 사례는 844였다. 844사례 중 기독교를 믿는 의원은 367명으로서 전체의 43.5%를 점하고 있다. 표본 크기에 차이는 있으나 제7대 국회의원의 종교분포에서 가장 높은 비율을 나타냈던 불교는 역대 국회의원 종교분포에서 283명으로 33.5%의 비율을 나타내 기독교와 자리바꿈을 하였다.

  기독교의 경우 제7대 국회 당시의 비율이 21.7%였으나 역대 국회의 비율은 43.5%로 높아져 두 배 이상의 신장세를 기록하였다. 천주교는 156명으로 18.5%의 비율을 점하였는데 이는 제7대 국회의원의 천주교신자 비율

---

7) 안용교, 「제7대 국회의원의 사회적 배경 분석」(건국대 대학원 박사학위논문, 1974)

8.0%에 비교하면 약 10% 정도의 비율이 높아진 것이다. 기독교와 천주교가 신장세를 보인 반면 불교는 그 유효비율에 큰 변화가 없는 것으로 보아 현상을 유지한 것으로 보인다. 전체적으로 기독교, 불교, 천주교가 차지하는 총 유효비율은 95.6%에 달한다.

유교를 믿는다고 기재한 의원의 수는 시간이 지날수록 감소하고 있다. 종교란에 유교라고 기입한 의원 36명 중 78%인 28명은 제헌국회부터 제5대 국회까지 당선된 인사들이며, 제11대 국회 이후 당선된 의원 중에는 기록상 단 2명만 유교를 신봉하고 있는 것으로 조사되었다. 역대 국회의원 중 대종교, 천도교를 믿는 의원은 각각 1명씩 있었던 것으로 나타났다.

<표 14-3> 종교별 분포

종교	빈도수	비율(%)	유효비율(%)
유교	36	1.8	4.3
불교	283	14.3	33.5
기독교	367	18.5	43.5
천주교	156	7.9	18.5
대종교	1	0.1	0.1
천도교	1	0.1	0.1
자료 없음	1,139	57.4	-
합계	1,983	100.0	100.0

5. 출생연도

고위직 행정엘리트의 경우 1980년대 전두환 정권 때에는 1930년대 초반 출생자들이 많았고 노태우 정권 때에는 1930년대 중·후반 출생자들이 대부분이었다.[8] 김영삼 정권 출범 후에는 1940년대 이후 출생자들이 1930년대 후반 출생자들 비율에 거의 근접한 비율로 충원되었다. 행정엘리트의 연령이 점차 낮아지는 것을 알 수 있다.

입법엘리트의 경우 제헌국회부터 제14대 국회 마지막 정기회가 끝나는

---

8) 양성철, 『한국정부론 - 역대정권 고위직 행정엘리트연구(1948~1993)』(서울: 박영사, 1994), 377, 411쪽.

시점까지 국회의원에 당선된 인사들을 출생연도별로 분류하면 <표 14-4>
에서와 같은 분포를 얻을 수 있다. <표 14-4>에서 보는 것처럼 1920년대
와 1930년대에 출생한 인사들의 입법부 진출이 두드러진다. 1920년대에 출
생한 의원은 모두 439명이고 1930년대에 출생한 의원은 모두 475명으로 집
계된다. 특히 1935년에서 1939년 사이에 태어난 의원은 243명으로서 가장
높은 비율(12.3%)로 구성되어 있다.

제14대 국회의원의 경우 1930년대에 출생한 의원은 55.9%인 167명에 달
하며 구성 면에서 31.8%(95명)를 점하고 있는 1940년대 출생의원 비율을
크게 앞지르고 있다. 1940년 이후 출생자의 진출은 앞으로 수적 증가가 예
상된다.

역대 국회의원의 출생을 연도별로 집계한 결과 가장 많은 의원이 출생한
해는 1934년으로 밝혀졌다. 1934년(甲戌年)에는 61명이 태어났으며 58명이
태어난 1932년(壬申年)과 역시 58명이 태어난 1938년(戊寅年)이 뒤를 이었
다. 1928년(戊辰年)과 1935년(乙亥年)에는 각각 56명이 태어났으며 1923년
(癸亥年)에는 54명이 태어난 것으로 조사되었다.

〈표 14-4〉 출생연도 분포

출생연도	빈도수	비율(%)	출생연도	빈도수	비율(%)
1889년 이전	49	2.5	1925~1929	221	11.1
1890~1894	43	2.2	1930~1934	232	11.7
1895~1899	98	4.9	1935~1939	243	12.3
1900~1904	149	7.5	1940~1944	138	7.0
1905~1909	172	8.7	1945~1949	40	2.0
1910~1914	170	8.6	1950~1954	14	0.7
1915~1919	193	9.7	1955년 이후	3	0.1
1920~1924	218	11.0	합계	1,983	100.0

6. 당선 횟수

당선 횟수는 국회의원 개개인의 의정활동의 계속성을 알려주는 하나의 지

표로서 단순히 재직 기간의 길고 짧음을 보여주는 것이 아니라 의원 개개인이 의정활동에서 얼마나 정치경험을 누적시키고 있으며 유권자와의 관계를 유지·발전시키고 있는가를 보여준다. 국회의원은 누구나가 정치신인으로서 정치를 시작하지만 자신의 당선 횟수를 누적시키는 일은 자신의 역량여하에 달려 있다고 보아야 할 것이다.

각 대별 국회의원 당선 횟수를 조사하여 보면 제2대 국회부터 제14대 국회까지 초선의원이 국회의석을 차지한 비율은 평균 55.4%로 나타났다. 이러한 결과는 한국에서 정치변동이 격심하였음을 말하여 준다. 초선의원이 차지하는 비율은 전쟁이나 정변에 의한 정치적 변동 후에 구성된 국회에서 높게 나타난다. 예를 들면 한국전쟁 후에 실시된 제3대 국회의원선거에서 초선의원 비율이 72.6%에 달하였고, 5·16군사정변 후에 실시된 제6대 국회의원선거에서는 그 비율이 60.3%, 10·26사태 후에 실시된 제11대 국회의원선거에서는 그 비율이 78.9%였다.

이러한 상황을 염두에 두고 <표 14-5>를 보면 쉽게 이해가 될 것이다. 전체 국회의원 1,983명 중 초선의원은 1,184명으로서 59.7%에 달한다. 재선의원은 444명으로서 22.4%, 3선의원은 169명으로서 8.5%를 기록하고 있다. 초선, 재선, 3선의원을 합친 비율이 90.6%에 달하는 것에 비하여 4선 이상 의원의 비율은 9.4%에 지나지 않는다. 5선 이상이 되면 그 비율은 3.7%로 낮아진다. 중견의원 집단인 3선에서 5선의원은 모두 321명으로 전체의 16.1%에 불과하다. 6선 이상 의원 중 6선의원은 22명, 7선의원은 8명, 8선의원은 3명, 9선의원은 1명으로 구성되어 있다.

당선 횟수를 볼 때 국회의원의 대다수가 국회의원을 1회 또는 2회를 지낸 후 의정활동을 마감하고 있는 것으로 나타나는데 이는 의정활동을 지속성 측면에서 보았을 때 우려가 되는 부분이기도 하다. 물론 모든 의원이 3선에서 5선 이상의 다선의원이 되어야 할 이유는 없지만 3선에서 5선까지의 중견의원이 적어도 25% 이상의 비율로 구성된다면 정책목표 설정과 실현, 의정능력 강화라는 측면에서 바람직한 국회가 될 것이다.

〈표 14-5〉 당선 횟수 분포

당선 횟수	빈도수	비율(%)	당선 횟수	빈도수	비율(%)
1	1,184	59.7	6	22	1.1
2	444	22.4	7	8	0.4
3	169	8.5	8	3	0.2
4	113	5.7	9	1	0.1
5	39	1.9	합계	1,983	100.0

7. 교육수준

한국사회에서 해방 후 권력엘리트 충원과정에서 가장 먼저 고려된 것은 교육수준이었다. 그 후 고도 경제개발시기에도 그러하였으며, 1980년대 이후에는 '고학력 사회'라는 용어가 사용되다가 1990년대에는 '학력파괴'라는 신조어까지 만들어져 쓰인 것을 보면 한국사회에서 교육수준 혹은 학력변수가 각 개인에게 주는 사회적·심리적 효과와 영향이 어느 정도인지를 짐작할 수 있다.

정치과정에 정치문화요인이 비교적 강하게 작용하고 있는 한국정치체제에서 학력 수준만이 충원에 관계되었다고는 할 수 없으나 전국구이건 지역구이건 학력수준이 충원과정에 영향을 주고 있는 것이 현실이다. 개인이 갖는 학력이 그 사람의 직업적 지위 형성에 적지 않은 영향을 미치고 있음은 최근의 계량사회학에서도 긍정적으로 검증하여 주고 있다. 또한 개발도상국에서는 엘리트의 충원과정에서 계급, 직업, 소득수준보다도 교육수준, 즉 학력이 정치적 충원에 영향을 주고 있다는 주장(Almond and Coleman, 1960)도 이를 이론적으로 뒷받침하여 주고 있다.

한국국회의원의 학력수준은 계속 상승추세에 있는데 이것은 국내에서의 교육기회가 확대되면서 자연적으로 증가하였다는 측면과 국회의원 충원기회가 고학력층 인사들에게 유리하게 작용하였다는 측면으로 나누어 생각할 수 있다. 기존의 문헌에서는 후자의 영향력이 더 강하다고 보는 견해가 일반적으로 받아들여지고 있다.[9] 그러나 한국국회의원의 충원을 이 두 가지 측면

중 어느 한 측면을 가지고 설명하기보다는 예컨대 후자는 제헌국회부터 제
10대 국회까지 적용하고 전자는 제11대 이후의 국회에 적용하여 설명하는
것도 하나의 방법이 될 수 있다.

<표 14-6>에는 역대 국회의원 1,983명의 학력분포가 제시되어 있다.
표에서 보면 학력 관련 자료가 없는 경우가 1.4%였으며 중졸 이하 7.5%,
고졸 9.7%, 대학수료 및 중퇴 6.2%, 대졸 43.9%, 대학원수료 9.8%, 그리고
대학원졸업이 21.5%로 집계되었다. 역대 국회의원 4명에 3명꼴로 대학졸업
이상의 학력을 가진 것으로 나타나 학력수준이 상당히 높아졌음을 보여주고
있다.

최근의 국회의원선거 입후보자들의 학력수준을 보면 입후보자들 자체가
대체로 높은 학력수준을 가지고 있기 때문에 충원과정에서 단순히 고학력이
라는 점 때문에 유리하다고는 할 수 없다. 전반적으로 높아진 학력수준에
대해서 이를 부정적으로 보아야 할 이유는 없으나 전문성 차원에서 의정활
동에 얼마나 기여를 하고 있는지에 대해서는 논란의 여지를 남기고 있다.

〈표 14-6〉 학력 분포

학력	빈도수	비율(%)	유효비율(%)
독학	27	1.4	1.4
초등학교졸업	54	2.7	2.8
중학교졸업	67	3.4	3.4
고등학교졸업	193	9.7	9.9
대학중퇴 · 수료	122	6.2	6.2
대학교졸업	871	43.9	44.5
대학원수료 · 수학	195	9.8	10.0
대학원졸업	427	21.5	21.8
자료 없음	27	1.4	-
합계	1,983	100.0	100.0

---

9) 예를 들면 한정일, 『한국정책결정론』(서울: 한얼문고, 1972).

8. 전공

　입법활동에 종사하는 국회의원들의 주된 전공 분야가 법학일 것이라는 것은 어렵지 않게 짐작할 수 있다. 실제로 전공을 조사해 보면 <표 14-7>에서 보는 것처럼 법학을 전공한 의원의 유효비율이 31.2%로 나타났고, 정치학을 전공한 의원의 유효비율도 19.9%나 되어 입법부에 걸맞은 전공분포라고 말할 수 있다. 독립운동이나 국민운동의 대열에 섰던 지사들이 다수 참여하였던 초창기 국회구성을 지나 산업화 시기를 거치면서 법학과 정치학을 전공한 인사들이 대거 국회에 진출하여 입법활동에 기여를 한 것이다.

　법학과 정치학에 이어 경제학(유효비율 11.2%)과 군사학(유효비율 10.0%)을 전공한 인사들도 다수 국회에 진출하고 있다. 법학, 정치학, 경제학, 군사학은 모두 유효비율 10%를 넘는 전공 분야이며 이들이 점하는 유효비율은 72.3%에 달한다. 그 밖에 유효비율 면에서 4%를 넘는 분야는 없다. 전체적인 전공분포를 보면 인문·사회계열의 전공이 대다수이며 의학·농학·약학·화학 등의 자연·이공계열 전공은 모두 합쳐도 유효비율 7%를 넘지 못하고 있다.

　대학원을 수료하였거나 졸업한 의원이 전체 의원의 30%를 넘어선 것은 주목할 만하다. 하지만 대학에서의 전공분포처럼 대학원에서의 전공분포도 다양하지는 않다.

　대학원은 일반대학원과 특수대학원으로 나뉘는데 일반대학원수료 또는 졸업자의 경우 주로 국회의원에 당선되기 전에 대학원을 다닌 것으로 나타났고, 행정대학원이나 경영대학원 등 특수대학원을 수료하였거나 졸업한 사람의 경우는 다수가 국회의원에 당선된 후에 대학원에 진학한 것으로 조사되었다.

　특수대학원 수료·졸업자의 경우 대부분이 경영대학원과 행정대학원에 집중되어 있다. 또 6개월에서 1년 정도의 연구과정도 대체로 경영대학원과 행정대학원에 소속하여 있기 때문에 의원이 된 후에 대학원을 다닌 경우는 대부분이 행정과 경영 분야를 공부한 것으로 나타났다.

이렇게 볼 때 대학에서의 법학, 정치학, 경제학 전공에 대학원에서의 행정학, 경영학 전공이라는 일반적인 경로에서 좀 더 다양한 분야를 접할 수 있는 대학원으로의 진학이 바람직스럽다고 하겠다. 특수대학원 진학의 경우 요즘 신설되고 있는 무역대학원, 교통대학원, 특허법무대학원, 국제통상대학원 등 다양하면서도 전문성 있는 대학원에의 진학이 세인의 관심을 끌고 있는 것은 시대의 흐름과 요구를 반영하고 있는 것이다.

역대 국회의원 중에서 국가경쟁력과 밀접한 관련이 있는 과학기술 관련 의원이 극소수에 지나지 않는 점은 전문성보다는 정치기술이 중요시되었던 과거의 정치풍토를 반영하고 있다. 앞으로 국회의원 충원과정에서 특히 전국구의원(비례대표의원)의 충원과정에서 전문기술과 지식, 경험을 가진 인사들이 다양한 분야에서 영입되어야 할 것이다.

1988년 서울올림픽을 전후하여 급속한 사회경제적 변화를 경험하면서 국회의원의 구성도 정치기술보다는 전공 면에서 전문성과 다양성이 중시되는 분위기로 바뀌고 있다. 다원화된 사회와 국제화 시대의 능동적이고 효율적인 입법활동을 위해서 바람직한 현상으로 받아들여지고 있다.

〈표 14-7〉 전공별 분포

전공	빈도수	비율(%)	유효비율	전공	빈도수	비율(%)	유효비율
법학	475	24.0	31.2	국(문)학	19	1.0	1.2
정치학	303	15.2	19.9	사학	12	0.6	0.8
경제학	170	8.6	11.2	약학	10	0.5	0.7
군사학	153	7.7	10.0	화학	10	0.5	0.7
의학	49	2.5	3.2	미술·예술	9	0.5	0.6
행정학	43	2.2	2.8	신문방송	7	0.4	0.5
교육학	35	1.7	2.3	수산학	6	0.3	0.4
영문학	32	1.6	2.1	건축토목	5	0.3	0.3
농학	29	1.4	1.9	독문학	5	0.3	0.3
신학	28	1.4	1.8	체육	5	0.3	0.3
철학	24	1.2	1.6	기타	57	6.4	3.8
경영학	19	1.0	1.2	자료 없음	459	23.1	-
사회학	19	1.0	1.2	합계	1,983	100.0	100.0

9. 해외유학

해외유학은 외국의 학문과 기술, 문화를 습득하거나 이해하기 위한 외국 교육기관에서의 경험을 말한다. 따라서 학위취득뿐만 아니라 단기연수, 군사 관련 학교 수학 등도 모두 해외유학 배경에 포함시켰으며 해외유학지가 한 나라가 아니고 2개국인 경우 2개국 모두 분류하였다.

역대 국회의원의 해외유학 대상지를 각 대별로 분류해 보면 제8대 국회까지는 유학대상지가 대부분 일본이었으나 제10대 국회에서는 미국 유학경험을 가진 인사들이 대거 국회에 진출하기 시작하여 유학경험자의 과반수를 점하기에 이른 것으로 나타났다.

제헌국회부터 제14대 국회까지의 역대 국회의원의 유학상황을 <표 14-8>에서 보면 일본유학 경험자는 전체 유학자 778명 중 391명으로 50.2%를 차지하고 있다. 일본유학 경험자가 이처럼 많은 것은 일제치하에서 한국사람이 신학문에 접할 수 있는 창구가 일본 지역으로 제한될 수밖에 없었던 사정을 반영하고 있다. 당시 경제적으로 안정된 계층인 지주·관리·상인·사업가 출신 등 대체로 중·상류계급의 자녀들이 일본으로 유학을 다녀온 것으로 보인다. 이렇게 해외유학에 나서게 된 것은 가문이나 계급으로는 더 이상 기술과 경험이 요구되는 근대화 과정에서 주도적 역할을 하기 어려운 이유[10]가 있었고, 또 당시의 상황을 극복하려 했던 뜻도 있었을 것이다.

미국으로 유학을 다녀온 의원들의 구성비율(34.4%)도 상당히 높다. 1980년대 이후 미국으로 대학원과정을 공부하기 위하여 다녀온 유학생, 또 앞으로 귀국할 유학생의 수를 감안하면 이 비율은 앞으로 크게 증가할 것이다.

해외유학이 주로 일본과 미국에 국한되어 있으나 일본유학자의 경우 대부분이 대학을 일본에서 다녔으며 유학 시기는 해방 이전에 집중되어 있다. 한편 미국유학자의 경우는 국내에서 대학을 졸업한 후 대학원과정을 공부하기 위해 도미한 경우가 대부분이며 유학 시기는 해방 이후에 집중되어 있다

---

10) 김영모, 「신분엘리트에서 기능엘리트로」, ≪정경연구≫ 제54호(1969. 7), 60~67쪽.

는 차이점이 있다.

　일본과 미국에 이어 높은 비율을 보인 지역은 중국·만주 지역이다. 중국
·만주 지역의 학교에 유학한 인사들은 58명(7.5%)인데 일본 지역과 마찬가
지로 주로 해방 이전에 대학과정을 공부하기 위하여 다녀온 것으로 나타났
다. 타이완은 이와 별도로 구분하였는데 타이완유학자들은 해방 이후에 대
학원과정을 공부하기 위하여 다녀온 것으로 조사되었다.

〈표 14-8〉 유학지별 분포

유학지	빈도수	비율(%)	유학지	빈도수	비율(%)
일본	391	50.2	네덜란드	2	0.3
미국	268	34.4	벨기에	2	0.3
중국·만주	58	7.5	소련(러시아)	2	0.3
영국	18	2.3	오스트레일리아	1	0.1
독일	13	1.7	스리랑카	1	0.1
필리핀	6	0.8	스위스	1	0.1
프랑스	4	0.5	뉴질랜드	1	0.1
타이완	3	0.4	터키	1	0.1
캐나다	3	0.4	인도	1	0.1
오스트리아	2	0.3	합계	778	100.0

　기타 지역을 보면 유럽 지역에 42명(5.4%)이 유학을 다녀왔으며 나머지는
아시아·태평양 지역에 분산 분포되어 있다. 그런데 해방 이후 현재까지 주
된 유학대상지가 미국이라는 사실에는 변동이 없다. 의원외교를 통한 국제
친선과 국위선양에 힘써야 하는 국회의원들의 해외유학(체류) 경험이 이처
럼 미국과 일본에 치우쳐 있는 것은 지역편중과 교류편중으로 인하여 원만
한 전방위 의원외교에 보이지 않는 부담이 될 수 있다.

10. 직업

　직업은 한 개인이 가정생활을 영위하는 데 필요한 소득의 원천이자 그의

생활수준과 양식을 좌우하는 중요한 변수이다. 국회의원의 과거 직업경력이 그의 의정활동에 이익표출적 역할을 반드시 규정하게 된다고 말하기는 어려우나 각 의원의 직업경력은 의정활동에서 그의 정치행동이나 정치적 선호결정에 중요한 의미를 갖는다.

정치적 혹은 행정적 공직에 어떤 사람이 충원되는가 하는 것에 관해서는 많은 연구가 이루어지고 있다. 미국이나 영국의 공직자들은 일반 국민보다 높은 교육수준을 지녔고 직업적인 배경에서도 전문직의 배경을 가진 사람이 많다고 알려져 있다. 이러한 현상은 정치체계에 따라서 약간의 차이는 있으나 대부분의 발전도상국 정치체계에서도 공통으로 나타난다. 이 때문에 정치·행정의 공직자가 그 사회의 특정집단으로부터 충원되고 있다고 흔히 이야기되는 것이다.

<표 14-9>는 정치·행정적 공직에 충원되는 과정을 직업별 분포로 나타낸 것으로 역대 국회의원 1,983명의 직업을 가능한 한 구체적으로 제시해 보았다. 단일 직종으로는 정당관계자가 280명으로 가장 많았다. 공무원의 경우 국가공무원과 지방공무원으로 나누었는데 국가공무원은 208명으로 정당관계자에 이어 2위에 있고 지방공무원의 경우는 61명으로 12위를 차지한다. 교사는 154명, 교수는 135명으로 구성되어 있는데 교사와 교수를 합치면 289명이 되어 정당관계자를 앞질러 1위를 차지한다. 또한 기자출신의원도 114명(5.7%)이나 되어 상위권에 올라 있다. 넓은 의미에서 기자도 언론인의 범주에 속하지만 여기서는 양자를 구분하였다. 그 이유는 직업의 경우 최종학교 졸업 후 최초 직업을 택한다는 원칙을 정하여 충원경로를 추적하려는 데 있다.

〈표 14-9〉 직업별 분포

직업	빈도수	비율(%)	유효비율	직업	빈도수	비율(%)	유효비율
정당관계자	280	14.1	14.1	성직자	17	0.9	0.9
국가공무원	208	10.5	10.5	노조간부	16	0.8	0.8
군인	168	8.4	8.5	양조업	13	0.7	0.7
교사	154	7.8	7.8	연구원	11	0.6	0.6
교수	135	6.8	6.8	조합간부	10	0.5	0.5
법조인	128	6.4	6.5	연예인	6	0.3	0.3
기자	114	5.7	5.8	예술인	5	0.3	0.3
사업	107	5.4	5.4	약사	5	0.3	0.3
회사원	86	4.3	4.3	수산·어업	5	0.3	0.3
농업	84	4.2	4.3	출판인쇄업	4	0.2	0.2
회사중역	73	3.6	3.7	정미업	3	0.2	0.2
지방공무원	61	3.1	3.1	회계사	2	0.1	0.1
지방의원	54	2.7	2.7	체육인	1	0.1	0.1
의사	48	2.3	2.3	비행사	1	0.1	0.1
교육관계자	43	2.2	2.2	수의사	1	0.1	0.1
언론인	34	1.7	1.7	한의사	1	0.1	0.1
경찰	33	1.7	1.7	세무사	1	0.1	0.1
사회사업	22	1.1	1.1	자료 없음	7	0.4	–
은행원(간부)	21	1.0	1.1	–	–	–	–
상업	19	1.0	1.0	합계	1,983	100.0	100.0

한국 입법엘리트 충원의 특징 중의 하나는 전쟁이나 정변과 같은 정치적 변동의 영향을 받았다는 것이다. 전쟁이나 정변이 발생할 때마다 특정 직업군에 속하는 사람들이 국회에 다수 진출하곤 하였는데 직업군인이 하나의 예이다. 역대 국회의원 중 직업군인 출신은 168명으로서 8.4%의 비율로 3위에 올라 있다. 앞의 '당선 횟수' 부분에서 정치적 변동 후의 선거에서는 초선의원이 차지하는 비율이 높아지고 있음을 지적한 바 있는데 그 초선의원 중에는 직업군인출신인사들이 다수 포함되어 있다. 직업군인출신인사가 전체 국회의원의 10%에 가까운 비율로 구성되어 있는 것은 한국의 권력구조를 이해하는 데 도움을 주고 있다.

직업분포를 볼 때 정당에 관계하는 인사들이 국회에 진출하는 것과 정치변동에 의한 직업군인의 정계진출은 그렇다 하더라도 교사, 교수, 기자로 출발한 인사들이 국회에 다수 진출한 점은 국회의원의 충원경로와 관련된 흥미로운 발견이라 할 수 있다.

법조인도 국회의원의 직업구성에서 비교적 높은 비율(6.4%)로 구성되어 있다. 법조인이라는 직업에는 화해, 조정, 화술 등의 기술이 수반되는데 이러한 기술은 정치인에게도 필요하다. 무엇보다 이들 법조인은 정책결정자가 법적으로 무엇을 할 수 있는지 또는 할 수 없는지를 정확하게 판단하고 법조항을 해석하는 등 직업 자체가 전략적 지위를 가지고 있다. 법조인의 이러한 기술과 지위가 공천 및 선출과정에 긍정적인 영향을 주었다고 평가할 수 있다.

결국 교사, 교수, 교육관계자를 모두 합친 교육자층과 정당관계자, 공무원, 직업군인, 법조인, 기자 등의 직업에 종사하였던 인사들이 역대 국회의원 직업분포에서 65%를 점하는 주요 직업군이라는 결론에 도달한다.

그중 직업군인, 즉 군출신의 의원충원현황을 국회별로 살펴보면 <표 14-10>과 같다. 제헌국회부터 제4대 국회까지는 군출신이 14명에 불과하였으나 제5대 국회 때에는 11명(3.6%)으로 증가하였다. 5·16군사정변 후 제6대 국회 때에는 급격한 증가세를 거쳐 군출신이 32명(16.9%)으로 증가하였고, 제7대 국회에서는 21.4%인 39명으로 증가하였다. 비율상으로 볼 때 제8대 국회에서는 19.1%, 제10대 국회에서는 15.3%로 약간 낮아졌다. 1979년 10월 박대통령시해사건과 1980년 5월 광주사태, 국가보위입법회의를 거친 후 구성된 제11대 국회에서는 그 비율이 9.8%, 제12대 국회에서는 8.3%였고 정치의 민주화가 진행된 제13대 국회에는 6.8%, 제14대 국회에서는 9.2%로 약간 상승하였다가 제15대 국회에서는 4.7%로 그 비율이 크게 낮아졌다.

지역구와 전국구별로 군출신의 충원상태를 보면 제6대, 제9대, 제10대 국회 구성에서 군출신 전국구의원의 비율이 모두 20%를 넘었다. 전국구의원 중 군출신의 비율은 제6대 국회와 제9대 국회를 정점으로 증감되었으나 제11대 국회 이후 감소추세를 보이다가 제14대 국회에서 다시 소폭으로 증가하였다. 이는 민주화 이후 정권경쟁이 어느 때보다도 치열해지면서 그동안 군출신 후보영입을 꺼리던 야당에서도 군출신을 후보로 영입하면서 소폭 증가한 것에도 원인이 있는 것으로 보인다.

　　같은 시기의 군출신의 지역구의원 구성비율을 보면 매 국회마다 12%를 상회하였으며, 특히 제7대 국회에서는 지역구의원의 4분의 1인 32명(24.1%)이 군출신으로 충원되었다.[11] 이러한 결과를 보면 이른바 신군부가 권력을 장악하였던 제5공화국 초기에는 신군부의 권력장악에 기여한 군인사들의 경우를 제외하면 기타 군출신보다는 민간인 영입에 신경을 쓴 것으로 보인다.

〈표 14-10〉 군출신의원 충원 현황

국회	임기	의원총수	군출신 의원 수	전국구 의원 수	군출신 전국구	지역구 의원 수	군출신 지역구
제헌	1948. 5. 31~ 1950. 5. 30	209	3(1.4)	-	-	209	3(1.4)
제2대	1950. 5. 31~ 1954. 5. 30	218	1(0.5)	-	-	218	1(0.5)
제3대	1954. 5. 31~ 1958. 5. 30	208	5(2.4)	-	-	208	5(2.4)
제4대	1958. 5. 31~ 1960. 7. 28	239	5(2.1)	-	-	239	5(2.1)
제5대	1960. 7. 29~ 1961. 5. 16	305	11(3.6)	-	-	305	11(3.6)
제6대	1963. 12. 17~ 1967. 6. 30	189	32(16.9)	52	12(23.1)	135	20(14.8)
제7대	1967. 7. 1~ 1971. 6. 30	182	39(21.4)	46	7(15.2)	133	32(24.1)
제8대	1971. 7. 1~ 1972. 10. 17	207	32(15.5)	52	6(11.5)	154	26(16.9)
제9대	1973. 3. 12~ 1979. 3. 11	251	48(19.1)	100	23(23.0)	148	25(16.8)
제10대	1979. 3. 12~ 1980. 10. 27	235	36(15.3)	82	17(20.7)	152	19(12.5)
제11대	1981. 4. 11~ 1985. 4. 10	285	28(9.8)	100	12(12.0)	185	16(8.6)
제12대	1985. 4. 11~ 1988. 5. 29	288	24(8.3)	103	7(6.8)	182	17(9.3)
제13대	1988. 5. 30~ 1992. 5. 29	307	21(6.8)	78	8(10.2)	227	13(5.7)
제14대	1992. 5. 30~ 1996. 5. 29	326	30(9.2)	80	11(13.8)	246	19(7.7)
제15대	1996. 5. 30~ 2000. 5. 29	299	14(4.7)	47	2(4.3)	253	12(4.7)

주1: 의원총수는 법정 의석수가 아니라 실제 충원된 의원의 수 혹은 자료가 확보된 의원의 수를 말한다.
주2: 제15대 국회의 경우는 임기 초반에 충원된 결과만을 본 것이다.

---

11) 이 비율에는 극소수이기는 하지만 장교 혹은 그 이하 계급이 포함되어 있다.

11. 출생지

　제10대 국회의원의 출신지별 분포를 조사한 연구(이창규, 1981)에 의하면 의원들은 전국 각지에서 골고루 충원되었으며 전국 인구비율과 지역별 의원 배출 수는 큰 차이가 없다고 한다. 이 선행연구에서는 출생지가 아닌 본적지를 출신지로 분류하고 있는데 제10대 국회의원 중 북한이 본적지인 의원은 1명도 없는 것으로 집계되었다. 제8대 국회부터 제14대 국회까지의 의원 본적지를 조사한 연구(유창선, 1993)에서도 북한이 본적지로 되어 있는 의원은 단 1명도 없었다. 하지만 본적지가 아닌 출생지별 분류에 의한 의원의 지역별 분포를 보면 북한에서 출생한 의원은 제10대 국회의원 중에 15명 이상으로 집계된다. 본적지를 옮긴 사례가 상당수 있기 때문에 역대 국회의원의 본적지나 선거출마 지역이 아닌 출생지를 기준으로 분류하면 국회의원 충원의 지역별 분포를 알 수 있다.

　<표 14-11>의 좌측에는 시·도별 인구수가 제시되어 있고, 우측에는 시·도별 국회의원 수가 제시되었다. 표의 우측 상단의 서울·경기(인천 포함) 지역에서 출생한 의원은 비율 면에서 18.6%, 영남 지역은 33.8%(대구경북 16.9%, 부산경남 16.9%), 호남 지역은 21.7%(전북 8.5%, 광주전남 13.2%), 충청 지역은 14.4%(충북 4.9%, 충남 9.5%), 그리고 강원도와 제주도는 각각 5.2%와 1.2%를 기록하였다. 북한 지역 태생은 97명으로서 4.9%의 비율로 구성되어 있으며 외국태생으로는 중국에서 출생한 인사가 1명 있었다.

　<표 14-11>의 좌측 상단의 서울·경기(인천 포함)는 인구비율 면에서 42.7%를 차지하고 있으나 의원출생지비율에서는 18.6%로 비율상 커다란 격차를 보인다. 의원출생지비율을 인위적으로 인구비율에 맞출 수는 없지만 이러한 비율에서 엘리트 충원상의 역학관계를 가늠해 볼 수는 있다. 대별(代別) 분석을 통해 정치변동이나 정권교체에 따른 출생지별 충원에 관한 관계를 살펴볼 수 있을 것이다.

서울·경기 이외의 지역에서는 인구수와 출생지비율이 대체로 비슷하다. 강원도와 충북의 경우 비율격차는 2% 미만에 머물렀고 대전·충남의 경우는 인구비율에 비하여 의원출생률이 2.4% 정도 높은 것으로 나타났다. 제주도는 인구비율과 의원출생비율이 각각 1.2%로 나타나 정비례를 이루고 있다. 그러나 전북, 광주·전남과 대구·경북의 경우에는 인구비율에 비하여 의원출생지 비율이 4~5% 정도 높은 것으로 나타나 있다.

행정부의 장·차관 및 고위 행정관료의 출신 도별 분포를 조사한 연구[12]에 의하면 한국정부를 이끌어 온 행정엘리트 중 대구·경북과 부산·경남 출신자의 비율이 가장 높은 것으로 나타났다. 가장 최근에 발표된 연구(양성철, 1994)에서 그 비율을 찾아보면 경북은 유효비율 16.8%, 경남은 유효비율 15.9%를 점하여 구성비율 면에서 1위와 2위를 기록한 것으로 나타났다.

〈표 14-11〉 출생지별 분포

시·도별 인구수			국회의원 총 인원수		
시·도	인구수	비율(%)	시·도	의원 수	비율(%)
서울경기	18,600,000	42.7	서울경기	368	18.6
강원	1,592,000	3.7	강원	104	5.2
충북	1,414,000	3.2	충북	98	4.9
대전충남	3,090,000	7.1	대전충남	189	9.5
전북	2,070,000	4.8	전북	169	8.5
광주전남	3,667,000	8.4	광주전남	262	13.2
대구경북	5,095,000	11.7	대구경북	337	16.9
부산경남	7,478,000	17.2	부산경남	335	16.9
제주	514,000	1.2	제주	23	1.2
북한	21,720,000	–	북한	97	4.9
기타	–	–	기타(중국 만주)	1	0.1

주: 시·도별 인구는 『1990 인구주택 총조사 결과』(경제기획원)를, 1990년도의 북한인구는 『연합연감』(1992년)을 참고하였으며, 시·도별 인구비율은 북한인구를 제외한 남한의 총인구(43,520,000명)를 기준으로 한 것임.

12) 강수철, 「행정부 장관의 충원에 관한 연구」(건국대 석사학위논문, 1990), 최준항, 「한국정책엘리트의 사회적 배경과 특성분석」(서울대 석사학위논문, 1989).

12. 출신 고등학교

출신 학교를 고유명사로 집계하는 작업은 무의미한 것으로 생각될 수 있지만 다수의 의원을 배출하는 학교들이 있고 또 그 졸업생들의 사회적·정치적 의미를 인정하여 학교마다 번호를 부여하여 정리하였다.

한국에는 과거 몇몇 특정한 중학교와 고등학교를 거치면 상위권 대학교에 진학하게 되는 세칭 명문학교 진학경로가 형성되어 있었다. 중학교 입학시험제도가 폐지되고 고교평준화시책이 실시되면서, 그리고 그 후 이른바 신흥 명문학교·특수목적고등학교 등이 등장한 이후에는 상위권 대학교 진학에의 경로가 새로이 형성되고 있다. 특정한 학교에의 진학경로에 약간의 변화가 있기는 해도 한국사회에서는 진학경로선상에 있는 학교나 진학대상인 특정학교를 졸업했다는 것 그 자체만으로도 가치를 부여받아 온 것이 사실이므로 학력과 출신 학교는 직업경력 못지않게 개인의 사회생활에 영향을 준다고 볼 수 있다.

〈표 14-12〉 출신 고등학교별 분포

학교명	빈도수	비율(%)	유효비율(%)	학교명	빈도수	비율(%)	유효비율(%)
경기고	80	4.0	7.2	서울고	17	0.9	1.5
전주고	32	1.6	2.9	광주제일고	17	0.9	1.5
중앙고	28	1.4	2.5	대전고	16	0.8	1.4
경북고	28	1.4	2.5	계성고	16	0.8	1.4
경복고	26	1.3	2.3	대구고	16	0.8	1.4
광주고	25	1.2	2.2	청주고	15	0.8	1.4
양정고	24	1.2	2.2	춘천고	13	0.7	1.2
보성고	24	1.2	2.2	동래고	12	0.6	1.1
부산고	22	1.1	2.0	마산고	11	0.6	1.0
부산상고	20	1.0	1.8	기타 국내고	529	26.7	47.9
휘문고	19	1.0	1.7	일본고교	51	2.6	4.6
중동고	19	1.0	1.7	중국·만주고	6	0.3	0.5
배재고	19	1.0	1.7	자료 없음	879	44.3	–
경남고	19	1.0	1.7	합계	1,983	100.0	100.0

전체 1,983명의 의원 중 1,104명의 출신 고등학교가 확인되었다. 지역별 분포를 보면 국내 고등학교 졸업자가 1,047명이고 중국·만주 지역 고등학교 졸업자가 6명, 일본 지역 고등학교 졸업자가 51명으로 집계되었다. 중국·만주, 일본 지역에서 고등학교를 졸업한 의원 57명의 경우는 졸업 시기가 모두 해방 전인 것으로 조사되었다.

출신 고등학교가 확인된 1,104명의 의원 중 경기고등학교 출신은 80명으로서 4%(유효비율 7.2%)를 차지하여 단일 학교로서는 가장 높은 비율을 보였다. 경기고에 이어 전주고가 32명의 의원을 배출하였고, 중앙고와 경북고가 각각 28명씩의 의원을 배출하여 뒤를 이었다. 국회의원을 15명 이상 배출한 학교는 모두 20개 교로 집계되는데 그중 9개 학교(경기고, 중앙고, 경복고, 양정고, 보성고, 휘문고, 중동고, 배재고, 서울고)가 서울에 위치하고 있다. 호남 지역에서는 전주고, 광주고, 광주일고, 영남 지역에서는 경북고, 부산고, 부산상고, 경남고, 계성고, 대구고, 충청권에서는 대전고와 청주고가 포함되었다.

배출 순위 상위 20에 속하는 고등학교 중 19개 교가 인문계 고등학교이고 1개 교(부산상고)가 실업계 고등학교이다.

앞부분의 학력별 분포에서 중졸 이하의 학력자 비율은 7.5%인데 이 비율에 학력 관련 자료가 없는 경우의 비율 1.4%를 합산하더라도 8.9%에 지나지 않는다. 나머지 91.1%는 고등학교를 다닌 것이 되지만 역대 국회의원의 이력서상에 출신 고교가 명기되어 있지 않은 경우가 많아 확인작업에 어려움이 있었다.

13. 출신 대학교

출신 학교는 학력수준과 마찬가지로 중요시되는 항목 가운데 하나이다. 세칭 명문대학이라고 불리는 대학을 졸업한 사실이 의미 있게 평가된다면 그들 대학입학생의 출신 고등학교 분포 또한 의미를 갖는다.

고등학교를 졸업하고 대학교에 진학한 의원의 경우는 학교와 전공별로 분류하였다. 우선 학교별 분류에서는 대학에서 무엇을 어느 정도 배웠느냐가 중시되는 미국이나 영국과는 달리 한국에서는 어느 대학을 졸업하였느냐를 중시하는 경향이 있기에 출신 고등학교와 마찬가지로 학교별로 분류하였다.

앞에서 살펴본 출신 고등학교 분포에 이어 어느 대학교 출신 인사들이 국회의원 구성에서 커다란 비율을 차지하고 있는지를 살펴보고자 한다. 역대 행정부의 고위관료 중에는 서울대학교 출신 인사들이 가장 높은 비율로 구성되어 있음이 선행 연구[13]에서 밝혀진 바 있다.

몇몇 대학교의 경우만 구체적인 수치를 밝히고 나머지 학교는 '기타'로 묶어 처리하기보다는 가능한 한 구체적인 분포상황을 파악하기 위하여 <표 14-13>에 3명 이상의 졸업생을 배출한 학교이름을 제시하였다. <표 14-13>에서 눈에 띄는 것은 서울대학교, 고려대학교, 육군사관학교, 연세대학교 졸업생들의 분포이다. 서울대학교 졸업생은 351명(20.2%)으로서 가장 높은 의원 구성비율을 보였다. 이러한 결과에서 행정부는 물론 입법부에서도 서울대 졸업생이 가장 높은 비율로 진출하였음을 검증할 수 있다. 고려대, 육군사관학교, 연세대도 각각 135명(7.8%), 108명(6.2%), 80명(4.6%)의 졸업생이 국회에 진출한 것으로 나타났다. 분포상 첫 번째 학군을 이루는 이들 네 학교의 졸업생을 모두 합치면 674명(38.8%)이 되는데 이는 전체 국회의원의 3분의 1을 넘는 구성이다.

〈표 14-13〉 출신 대학교별 분포(복수처리)

대학명	빈도수	유효비율(%)	대학명	빈도수	유효비율(%)
서울대학교	351	20.2	中國北京大學	9	0.5
고려대학교	135	7.8	한국외국어대학교	8	0.5
육군사관학교	108	6.2	경찰전문대학	8	0.5
연세대학교	80	4.6	日本法政大學	8	0.5
日本中央大學	62	3.6	日本東洋大學	8	0.5
日本早稻田大學	57	3.3	명지대학교	7	0.4
日本日本大學	50	2.9	방송통신대학교	7	0.4

---

13) 양성철, 앞의 책.

대학명	빈도수	유효비율(%)	대학명	빈도수	유효비율(%)
日本明治大學	45	2.6	대구사범	7	0.4
동국대학교	43	2.5	홍익대학교	6	0.3
건국대학교	40	2.3	경남대학교	6	0.3
경희대학교	31	1.8	日本專修大學	6	0.3
중앙대학교	31	1.8	원광대학교	5	0.3
동아대학교	29	1.7	공군사관학교	5	0.3
국민대학교	28	1.6	평양신학교	5	0.3
성균관대학교	27	1.6	日本立命館大學	5	0.3
단국대학교	21	1.2	滿洲建國大學	5	0.3
국학대학교	20	1.2	미국컬럼비아대학	5	0.3
日本東京大學	20	1.2	국제대학	4	0.2
영남대학교	17	1.0	포항수산대학	4	0.2
부산대학교	16	0.9	日本立敎大學	4	0.2
전남대학교	15	0.9	日本東北大學	4	0.2
한양대학교	15	0.9	청주대학교	3	0.2
해군사관학교	13	0.8	충남대학교	3	0.2
조선대학교	12	0.7	전북대학교	3	0.2
경북대학교	12	0.7	마산대학교	3	0.2
日本京都大學	12	0.7	日本慶應大學	3	0.2
日本陸士	11	0.6	미국뉴욕대학	3	0.2
이화여자대학교	10	0.5	기타 대학	259	15.0
日本九州大學	10	0.5	−	−	−
日本同志社大學	9	0.5	합계	1,733	100.0

주: 제14대 국회 이전의 학력 특히 대학교의 경우 졸업, 수료 혹은 서류상의 졸업은 확인이나 분류가 불가능함.

분포상 일본의 추오대학[中央大學] 62명, 와세다대학[早稻田大學] 57명, 니혼대학[日本大學] 50명, 메이지대학[明治大學] 45명을 두 번째 학군으로 묶을 수 있다. 역대 국회의원 중 해방 이전에 일본에 유학하여 이들 학교를 다닌 의원들이 차지하는 비율은 12.4%에 달한다.

세 번째 학군은 국내 대학으로서 동국대(43명), 건국대(40명), 경희대(31명), 중앙대(31명), 동아대(29명), 국민대(28명), 성균관대(27명), 단국대(21명), 국학대(20명) 등이다. 이들 학교는 15.7%의 유효비율을 점하며 이를 학교소재지별로 분류하면 대부분 서울 지역에 위치한 학교들이다.

서울 지역에 소재하는 대학교의 졸업생들이 지방대학의 졸업생보다도 의원구성에서 훨씬 높은 비율을 차지하고 있는 것으로 검증되었다. 이러한 사실은 단지 충원경로를 파악하는 데 도움이 될 뿐 서울과 지방학교 간의 수준차를 거론할 수 있는 자료는 될 수 없다. 지방대학의 경우 학교 설립연도, 법학과와 정치학과 등 관련 학과의 설치 여부, 설치 시기 등이 고려되어야 하기 때문에 의원 배출 수만을 가지고 학교를 비교하는 것은 별 의미가 없는 일이다.

14. 출신 대학원

산업화 시기를 거치면서 국내에서 대학교를 졸업한 사람들이 주로 미국의 대학원에 진학하여 학위를 취득하는 경향이 두드러졌으나, 한국의 사회경제 발전으로 국내 대학에 대학원이 증가하면서 국내 대학원에 진학하는 학생 수도 꾸준히 증가하고 있다.

국내 대학 대학원의 경우 학위과정과 단기과정으로 나누었다.

〈표 14-14〉 출신 대학원별 분포(국내 대학 대학원 학위과정)

대학원	빈도수	비율(%)	대학원	빈도수	비율(%)
서울대대학원	142	27.5	전북대대학원	3	0.6
고려대대학원	81	15.5	가톨릭대대학원	2	0.4
연세대대학원	65	12.6	세종대대학원	2	0.4
국방대대학원	36	7.0	이화여대대학원	2	0.4
중앙대대학원	29	5.6	인하대대학원	2	0.4
동국대대학원	28	5.4	경남대대학원	2	0.4
한양대대학원	26	5.0	조선대대학원	2	0.4
경희대대학원	17	3.3	서강대대학원	1	0.2
건국대대학원	13	2.5	숭실대대학원	1	0.2
영남대대학원	12	2.3	경원대대학원	1	0.2
부산대대학원	9	1.7	계명대대학원	1	0.2
성균관대대학원	7	1.4	국민대대학원	1	0.2
전남대대학원	7	1.4	충북대대학원	1	0.2
단국대대학원	5	1.0	청주대대학원	1	0.2
충남대대학원	5	1.0	한남대대학원	1	0.2

대학원	빈도수	비율(%)	대학원	빈도수	비율(%)
경북대대학원	4	0.8	수산대대학원	1	0.2
동아대대학원	4	0.8	-	-	-
명지대대학원	3	0.6	합계	517	100.0

<표 14-14>에는 학위과정을 수료하거나 졸업한 의원이 다닌 모든 국내 대학원을 제시하였다. 서울대 대학원은 142명의 의원이 다닌 것으로 나타나 가장 많은 수의 의원이 거쳐 갔고, 그 다음으로는 고려대 대학원(81명), 연세대 대학원(65명)의 순으로 나타났다. 국방대 대학원(36명), 중앙대 대학원(29명), 동국대 대학원(28명), 한양대 대학원(26명)도 20명 이상의 의원이 학업을 연마한 곳으로 나타났다.

이들 대학원은 학교소재지가 서울이라는 공통점이 있으며 이와 같은 교육의 서울 집중화는 국회의원 충원과정에 영향을 미치고 있는 것으로 보인다. 지방대학 육성과 지방의회의 발전은 이러한 경로에 어느 정도 영향을 줄 수 있지만 교육배경이 중시되는 사회분위기가 지속되는 한 다수의 지방 학생들이 서울 지역의 대학과 대학원에 진학하게 되리라는 것이 일반적인 견해이다.

<표 14-15>는 국내 대학 대학원에서 최고경영자과정과 같은 6개월에서 1년 정도의 단기과정을 이수한 의원들의 분포이다. 대학원의 학위과정과 단기연수를 모두 이수한 경우에는 학위과정을 이수한 대학원만이 기록되었고, 단기과정을 2개 대학원 이상에서 이수한 경우에는 시기적으로 먼저 이수한 곳을 기록하였기 때문에 실제 재적 인원수보다 적은 단기과정 이수자로 분류되었다. 이러한 분류를 거친 단기과정 이수자는 55명이며 이 중 90%에 가까운 49명이 서울 지역의 대학원에 등록하였고 나머지 6명은 대구, 부산, 광주 지역의 대학원에 등록한 것으로 집계되었다.

단기과정 이수자의 대부분을 차지한 서울대, 고려대, 연세대의 단기과정을 보면 주로 서울대 행정대학원의 발전정책과정, 서울대 경영대학원의 최고경영자과정, 연세대 행정대학원의 고위정책결정자과정, 연세대 경영대학원의 고위경영자과정, 고려대 경영대학원의 고위정책개발과정 등이었다.

학교별 분포를 보면 서울대 대학원 23명, 고려대 대학원 10명, 연세대 대학원 7명이었다. 그 밖에 경희대 대학원 3명, 건국대, 중앙대, 영남대, 전남대 대학원에 각각 2명씩, 국민대, 경기대, 경북대, 부산산업대 대학원에 각각 1명씩 재학한 것으로 나타났다.

〈표 14-15〉 출신 대학원별 분포(국내 대학 대학원 단기과정)

대학원 단기과정	빈도수	유효비율(%)	대학원 단기과정	빈도수	유효비율(%)
서울대 단기과정	23	42.0	전남대 단기과정	2	3.6
고려대 단기과정	10	18.2	국민대 단기과정	1	1.8
연세대 단기과정	7	12.7	경기대 단기과정	1	1.8
경희대 단기과정	3	5.5	경북대 단기과정	1	1.8
건국대 단기과정	2	3.6	부산산업대 단기과정	1	1.8
중앙대 단기과정	2	3.6	-	-	-
영남대 단기과정	2	3.6	합계	55	100.0

<표 14-16>에는 외국 대학의 대학원을 수료하였거나 졸업한 의원의 학교별 분포가 제시되어 있다. 외국 대학 대학원의 경우에는 학위과정과 단기연수를 구분하지 않았는데 그 이유는 외국 대학 대학원에 진학한 대부분의 경우는 학위과정이었으며 극히 소수의 경우만 단기과정을 이수한 것으로 나타났기 때문이다.

〈표 14-16〉 출신 대학원별 분포(외국 대학 대학원)

대학원	빈도수	비율(%)	대학원	빈도수	비율(%)
미국컬럼비아대학	14	8.3	영국런던대학	2	1.2
미국아메리칸대학	9	5.4	영국옥스퍼드대학	2	1.2
미국하버드대학	8	4.8	필리핀국립대학	2	1.2
미국남가주대학	7	3.6	타이완문화대학	2	1.2
미국조지워싱턴대학	6	3.6	오스트리아원대학	2	1.2
日本京都大學	6	3.6	日本九州大學	2	1.2
日本東京大學	5	3.0	미국골든스테이트대학	2	1.2
미국뉴욕대학	4	2.4	미국미시간주립대학	2	1.2
미국미시간대학	4	2.4	미국보스턴대학	2	1.2
미국펜실베이니아대학	4	2.4	미국예일대학	2	1.2
독일베를린대학	3	1.8	미국인디애나대학	2	1.2

대학원	빈도수	비율(%)	대학원	빈도수	비율(%)
日本早稻田大學	3	1.8	미국존스흡킨스대학	2	1.2
日本明治大學	3	1.8	미국피츠버그대학	2	1.2
미국뉴욕주립대학	3	1.8	미국프린스대학	2	1.2
미국노스웨스턴대학	3	1.8	미국캘리포니아대학	2	1.2
미국미주리대학	3	1.8	기타 대학 대학원	47	1.2
미국조지타운대학	3	1.8	–	–	–
미국하와이대학	3	1.8	합계	168	100

국가별 분포에서는 미국의 대학원에 치중되고 있음을 알 수 있다. 미국 내 학교별 분포를 보면 컬럼비아대학 대학원 14명, 아메리칸대학 대학원 9명, 하버드대학 대학원 8명, 남가주대학 대학원 7명, 조지 워싱턴대학 대학원이 6명을 각각 배출하여 상위권을 형성하고 있다.

일본의 교토대학[京都大學] 대학원, 도쿄대학[東京大學] 대학원, 와세다대학[早稻田大學] 대학원, 메이지대학[明治大學] 대학원, 규슈대학[九州大學] 대학원도 각각 몇 명씩의 의원을 배출하였으나 미국대학 대학원의 경우 학교 수가 많아 일본대학 대학원에 비하여 많은 수의 의원들이 유학을 경험하고 있다.

미국과 일본 지역 이외의 대학원으로는 독일 베를린대학 대학원 3명, 영국 런던대학 대학원 2명, 영국 옥스퍼드대학 대학원 2명, 필리핀국립대학 대학원 2명, 타이완 문화대학 대학원 2명, 오스트리아 원대학 대학원 2명으로 분포되어 있다. 단 1명씩의 의원이 유학경험을 한 대학원은 모두 47개 교(일본 3개 교, 미국 44개 교)로 집계되었으나 이를 하나로 묶어서 '기타 외국대학원'으로 처리하였다.

15. 특정 경력(박사학위, 고등고시, 보좌관 · 비서관)

1) 박사학위소지자

역대 국회의원 1,983명 중 박사학위를 소지한 의원은 149명으로 집계되었으며 이들이 전체 의원 중에서 차지하는 비율은 7.5%이다. 149명 이외에 박사과정을 수료한 의원은 13명이며 그중 일부는 이미 학위를 취득한 것으로 보이나 관련 자료가 없기 때문에 일단 수료로 분류하였다. 수료자 13명의 전공분포는 정치학 8명, 법학 2명, 경영학 2명, 신문방송학 1명으로 되어 있다.

학위소지자 149명의 전공별 분포는 <표 14 - 17>에 제시되어 있다. 대학에서 법학전공이 제일 높은 유효비율(31.2%)을 보인 것과는 달리 박사학위소지자의 전공에서는 법학의 유효비율이 14.8%로 낮아지고 정치학이 가장 높은 유효비율(28.9%)을 점하였다.

한편 대학전공에서 3.2%의 유효비율을 보였던 의학은 박사학위소지자 전공분포에서는 16.1%의 유효비율을 보이면서 정치학에 이어 2위에 올라 있다. 표에서 보는 것처럼 의학박사학위소지자는 24명인데 그들 대부분이 전국구 출신일 것이라는 예상과는 달리 지역구 출신 15명, 전국구 출신 7명, 지역구와 전국구를 모두 경험한 인사 2명으로 구성되어 있었다.

기타 자연 · 이공 · 보건계열 분야(이학, 농학, 공학, 보건학, 약학 등)의 학위를 소지하고 있는 10여 명의 경우에도 지역구 출신 인사가 압도적으로 많았다. 역대 국회의원 중 몇 명 되지 않는 자연 · 이공계열 박사학위소지자들의 대부분이 지역구 경쟁을 통하여 국회에 진출하였다는 점은 새로운 발견임과 동시에 전국구의원의 충원과 관련하여 참고가 될 만한 사항이다.

학위취득지 현황을 보면 한국에서 학위를 취득한 의원이 60명으로 가장 많았는데 한국박사학위의 70% 정도가 의학, 법학, 정치학에 분포되어 있다. 미국 학위소지자는 58명, 일본 학위소지자는 13명, 독일 학위소지자는 7명이었고 그 밖에 영국 3명, 타이완 2명, 스리랑카, 오스트리아, 벨기에, 터키, 스위스, 프랑스가 각각 1명씩이다.

〈표 14-17〉 박사학위 소지자 전공별 분포

전공	빈도수	비율(%)	전공	빈도수	비율(%)
정치학	43	28.9	약학	2	1.3
의학	24	16.1	농학	2	1.3
법학	22	14.8	문학	2	1.3
경제학	14	9.4	신학	1	0.7
철학	12	8.1	사회학	1	0.7
경영	7	4.7	사학	1	0.7
행정학	4	2.7	종교교육학	1	0.7
교육학	4	2.7	한의학	1	0.7
공학	4	2.7	보건학	1	0.7
이학	3	2.0	합계	149	100.0

2) 고등고시 출신

역대 국회의원 중 각종 고등고시 출신 인사는 150명이며 조선변호사시험 출신 인사(4명)와 일본변호사시험 출신 인사(4명)를 합산하면 모두 158명으로 집계된다. 그중 사법고시출신은 57명(유효비율 36.1%)으로 각종 고등고시출신 중 구성비율이 가장 높았고 그 다음은 일본사법고시출신자가 25명(유효비율 15.8%)으로 그 뒤를 잇고 있다. 여기에 사법고시와 행정고시 모두 합격한 인사 13명과 사법·행정·외무 3과에 모두 합격한 인사 1명을 합산하면 전체 고시출신 중에서 사법고시출신인사가 점하는 비율은 더욱 높아진다.

고등고시출신 중 사법고시출신인사들이 이처럼 높은 비율로 구성되어 있는 것은 대학 재학 당시의 전공부문에서 법학을 전공한 사람들의 비율이 가장 높았던 것과 맥을 같이한다. 이들의 직업도 판사, 검사, 변호사로 구성되어 있어 고등고시출신인사들의 충원경로를 보여주고 있다.

주로 행정부처로 진출하는 행정고시출신자는 한국행정고시출신자와 일본행정고시출신자로 나뉘는데 한국행정고시출신은 21명(유효비율 13.3%), 일본행정고시출신은 19명(12.0%)으로 집계되었다. 한국행정고시출신의 입법부 진출은 대통령보좌관이나 비서관을 거쳐 전국구 혹은 지역구의원으로 시작하는 경우가 많았다.

〈표 14-18〉 고등고시 출신자별 분포

구분	빈도수	비율(%)	유효비율(%)
사법고시	57	2.8	36.1
행정고시	21	1.0	13.3
외무고시	1	0.1	0.6
사법·행정고시	13	0.6	8.2
사법·행정·외무고시	1	0.1	0.6
조선변호사시험	4	0.2	2.5
일본사법고시	25	1.3	15.8
일본행정고시	19	1.0	12.0
일본사법고시·행정고시	6	0.3	3.8
일본변호사시험	4	0.2	2.5
민주사법고시	2	0.1	1.3
민주행정고시	4	0.2	2.5
민주기술고시	1	0.1	0.6
비고시합계	1,825	92.0	-
합계	1,983	100.0	100.0

3) 보좌관·비서관

직업으로서의 보좌관·비서관직은 앞부분의 '직업별 분포'에서는 독립적으로 분류하지 않았다. 이들은 정당관계자에 포함되기도 하였고 기타 직종에 포함되기도 하였다. 무엇보다도 최종학교 졸업 후 바로 보좌관이나 비서관으로 임용되는 경우는 많지 않았기 때문이다.

조사된 보좌관·비서관 출신 의원의 수는 역대 국회의원 1,983명 중 248명으로서 12.5%라고 하는 의미 있는 비율을 점하고 있는데 그동안 국회의원 정수가 증가하여 온 점 등을 고려하면 이 비율은 앞으로 증가할 것으로 보인다. 보좌관·비서관은 입법보조 참모로서 법안이나 정책수립에 관한 정보를 수집·정리하여 제공하는 입장에 있기 때문에 이들은 국회의원의 입법활동에 중요한 역할을 하고 있으며 앞으로 이들의 입법보좌기능 강화에 관한 연구가 있어야 할 것이다.

민주정치의 발전은 제도의 개혁 못지않게 유능한 정책결정자의 선출과 리더십의 개발에 있다. 즉 국회의원 개개인이 가지고 있는 특성과 기술 등 인간요인이 의정활동과 의회정치 발전에 중요한 영향을 미칠 수 있다. 인간요인을 분석하는 이유는 의회정치 연구를 법률적, 제도적 형식주의에서 탈피하여 정책결정자의 속성과 행태를 파악함으로써 국회의원의 입법활동에 대한 통찰력을 갖는 데 있다.

일찍이 국회의원의 사회적 배경이 정책결정에 미칠 영향에 관하여 그 가능성과 중요성을 논하고, 이 분야가 한국에서는 미개척 분야이기 때문에 체계적인 자료수집이 필요하다는 점이 지적된 바 있다.[14] 이것은 국회의원의 사회적 배경에 관한 분석을 통하여 입법과정을 이해하게 되며 입법과정에 나타나는 각 의원의 행동과 발언을 통하여 그 의원이 소속하여 있는 국회의 기능을 평가할 수 있다는 뜻이다. 앞으로 각 의원의 소속정당, 소속위원회, 발언 횟수와 내용, 제안 횟수와 내용 등의 자료를 보강하면 사회적 배경분석을 넘어서서 의정활동 분석이 가능할 것으로 보인다.

이러한 분석결과에서 국회의원에 이르는 일반적인 충원경로 설정이 가능해진다. 분석결과 교육이 직업과 진로에 밀접하게 결부되어 있음을 보았으나 교육수준이 전반적으로 높아짐에 따라 의정활동에 전문성과 다양성이 요구되고 있음을 통계자료는 보여주고 있다.

---

14) 김계수, 「국회의원의 사회적 배경과 정책결정에 미치는 영향」, ≪국회보≫ 제71호(1967. 9), 36쪽.

제15장 국회의원의 당적변경과 정당

제1절 서론

1996년 4월 11일 시행된 제15대 국회의원 선거 결과 여당인 신한국당이 총 299의석 중 과반수에 미치지 못하는 139석을 차지함으로써 여소야대의 상황이 되었다.[1] 선거 직후부터 신한국당은 무소속과 야당소속 당선자 영입작업에 나서 원 구성 전까지 반수 의석을 넘는 151석을 확보하였고, 야당은 영입해 간 당선자들을 원위치시킬 것과 검찰 및 경찰의 중립을 보장할 것 등을 요구하며 원 구성을 거부하였다. 우여곡절 끝에 제15대 국회는 첫 임시회 개회 후 1개월이 다 되어서야 원 구성을 할 수 있었다.

이러한 상황의 전개는 크게 두 가지의 문제점을 시사한다. 첫째는 국회의원 당선자나 국회의원이 그렇게 쉽게 당적을 변경해도 되는가하는 것이다. 둘째는 국회법에 규정되어 있는 원 구성 문제가 정치적 협상의 대상이 될 수 있는가 하는 문제다. 두 문제 모두 '한국정치'의 단면을 보여주는 것이다.

한국정치에서 국회의원의 당적변경문제는 새삼스러운 일이 아니다. 멀리는 제헌국회부터 의원의 정당 간 이동이 있었고, 가깝게는 제14대 및 제15대 국회의원선거를 앞두고 각 정당의 공천심사를 전후하여 다수의 의원 및 당원들이 소속정당을 이탈하여 무소속으로 출마하거나 당적을 변경하여 선거에 임한 사례가 있었다. 전국구의원의 경우에도 임기 도중 당적을 바꾸는 사례가 발생하면서 전국구의원의 당적이탈은 물론 공천과정에 대한 비난여론이 비등하였다. 결국 1994년 3월에 제정된 '공직선거 및 선거부정방지법'에는 전국구의원이 당적을 이탈할 경우 그 자격을 상실하도록 하는 규제조

---

1) 이 부분은 김현우, 『국회의원의 당적변경과 정당의 의미』, ≪의정연구≫ 제2권 제2호(1996), 41～73쪽의 내용을 정리한것

항이 신설되었다.

공직선거법에서는 전국구의원의 당적이탈만을 규제하고 있기 때문에 지역구의원의 당적변경은 계속 이어지고 있다. 무소속의원의 당적변경도 빈번하여 제14대 국회의원선거에서 무소속으로 당선된 21명의 의원은 임기가 끝날 때까지 당적에 변동이 있었다.

정당 자체가 합당 또는 분당과 같은 경력변화를 일으켜 소속의원의 당적을 바꾸어 놓기도 한다. 제13대 국회와 제14대 국회 기간 중에도 정당 자체의 경력변화를 포함하여 의원의 탈당과 당적변경이 이어졌으며 그 임기가 끝나는 시점에서 맨 처음의 정당명을 그대로 유지하고 있는 정당은 없었다. 이와 같은 현상은 다른 나라에서 유례를 찾아보기 어려운 일이다.

이 장에서는 의원의 소속정당 이탈에 의한 당적변경문제에 중점을 두어 한국에서의 정당은 무엇인가 하는 문제를 생각해 보고자 한다. 먼저 국회의원의 지위와 정당에 대한 법·이론적 접근을 통해 자유위임원칙하의 헌법에서 국회의원의 당적변경에 대하여 법적 규제를 할 수 있는가에 관한 법리논쟁을 정리하고, 동시에 헌법의 정당 준수사항이 무엇인가를 밝혀 그러한 법조문을 적실하게 이해하고 있는지를 살펴보려고 한다. 또 당적변경·이탈의 유형과 유발요인을 분석하여 문제의 본질에 접근하고자 한다.

제2절 국회의원의 지위에 대한 법적 논의

1. 국회의원의 지위

1) 국민대표기관인 국회구성원으로서의 지위

한국헌법은 국회의원의 헌법상 지위에 관한 명확한 규정을 두고 있지 않기 때문에 국회의원이 국민 전체의 대표자인가에 관해서는 학설상의 대립이 있어 왔다.[2] 특히 제3공화국 헌법의 경우 정당의 국회의원후보자 공천독점권을 규정하였고, 국회의원이 당적을 변경하는 경우에는 그 직을 상실하도록 하는 등 정당국가적 경향을 보였기 때문에 국회의원의 지위에 관해서 논란이 있었다. 제4공화국 헌법에서는 이러한 규정이 삭제되었으나, 1994년에 제정된 공직선거법에서는 전국구의원이 당적을 이탈하는 경우 의원직을 상실하게 하는 규정을 두어 국회의원의 지위와 관련된 논의가 계속되고 있다.

선거직 공무원으로서의 국회의원은 국회의 구성원이며 국민에 대하여 책임을 지도록 되어 있다. 하지만 국민대표기관인 국회의 구성원으로서의 지위에 관해서는 학자들 사이에 통일이 되어 있지 않아 법적 대표부인설과 법적 대표인정설로 나뉘어 있다.

법적 대표부인설은, 국회의 지위에 관해서 정치적 대표설을 취하는 입장에서 국회의원을 국민의 법적 대표자가 아닌 정치적·이념적 대표자 내지 대변자로 보는 시각이다.[3] 또 국회의 지위에 관해서 헌법적 대표설을 취하는 입장에서도 국회의원의 법적인 국민대표성을 인정하지 않는 시각이 있다.[4] 그 이유는 국회의원이 헌법상 국민 전체를 대표한다는 것은 그 대표가 법률상 사실관계의 존재를 의미하는 것이 아니기 때문이라는 것이다.

이에 대하여 법적 대표인정설은 국회가 헌법상 국민의 대표기관이기 때문에 국회의원도 헌법상 국민 전체의 대표자라고 보는 시각이다.[5] 국회의원이 국회에서 직무상 행한 발언과 표결에 관하여 국회 외에서 책임을 지지 아니한다는 헌법 제45조의 규정과, 국회의원은 공무원의 한 사람으로서 국민 전체에 대한 봉사자이며 국민에 대하여 책임을 진다는 헌법 제7조 제1항의 규정은 국회의원이 국민 전체의 대표자라는 헌법 전체 구조상의 원리를 뒷받침하고 있다는 것이다.

---

2) 이에 관해서는 김철수, 『헌법학개론』(서울: 박영사, 1996), 786~790쪽, 김문현, 「국회의원의 정당대표성」, ≪고시계≫(1992. 5), 36~47쪽 참조.

3) 권영성, 『헌법학개론』(서울: 법문사, 1994), 942쪽, 구병삭, 『한국헌법론』(서울: 일신사, 1985), 637쪽.

4) 한동섭, 『헌법』(서울: 향학사, 1964), 242쪽.

5) 김기범, 「국회의원의 헌법상 지위」, ≪고시계≫(1964. 8), 91쪽.

2) 정당소속원으로서의 지위

대의제 민주주의국가에서 국회의원은 국민 전체의 대표자를 의미하였기 때문에 의원은 자유위임의 원칙에 따라 어디에도 기속되지 않는 독자적인 행동이 가능하였다. 그러나 정당국가적 경향이 심화되면서 의원의 지위도 변화하여 의원은 정당의 구성원으로서 소속정당의 지시에 기속되며 그 정당의 정책과 이념을 대변하고 있다.

한국에서도 헌법에 정당조항이 삽입되면서 정당국가적 경향을 보여 왔다. 정당국가에서의 의원은 국회의 구성원인 동시에 정당의 구성원이기도 하다. 문제는 국회의원이 정당의 대표자로서의 지위를 가지고 있느냐 하는 것인데 현실적 입장을 취하는 학자들은 오늘날의 국회의원은 국민 전체의 대표자가 아니고 실제로는 정당을 대표한다고 주장한다. 국회의원은 헌법상 형식적으로는 국민 전체를 대표하는 지위에 있으나 현실적으로는 정당을 대표하는 이중적 지위에 있다는 것이다.[6]

이에 대하여 정당대표성을 부인하는 입장이 있다. 국회의원 후보자가 되고자 하는 사람은 소속정당의 추천을 받아야 하며, 국회의원이 임기 중 당적을 이탈·변경하거나 소속정당이 해산된 때에는 그 자격이 상실된다고 하는 헌법규정을 두어 정당국가적 경향을 보였던 제3공화국 헌법하에서도 부정설을 취하는 학설이 있었다. 소속정당의 후보자추천은 정당의 국회의원에 대한 위임이 아니므로 소속정당의 지시에 위배하였다고 해서 국회의원의 자격이 박탈되지 않는다. 따라서 국회의원은 법적으로 정당의 대표가 아니라는 것이다.[7]

헌법재판소는 전국구의원의 경우에도 정당대표성을 부정하고 강제위임이 아닌 자유위임관계로 보았고 또 제6공화국 헌법은 정당국가적 성격을 완화시켰으므로 국회의원의 전적인 정당대표성을 인정하기는 어렵다는 견해도

---

6) 문흥주, 『한국헌법』(서울: 해암사, 1974), 467쪽, 한상범, 『한국헌법』(서울: 예문관, 1973), 304쪽.

7) 김기범, 앞의 책. 또 국회의원이 설령 정당의 공천에 의해서 국회에 진출한 경우에도 의원의 정당대표자로서의 지위에는 스스로 일정한 한계가 있다는 견해도 있다. 허영, 『한국헌법론』(서울: 박영사, 1995), 893~894쪽.

있다.[8]

국회의원의 지위에 관해서는 학설상의 대립이 있고 또 공화국이 바뀔 때마다 헌법상 주어지는 권한이 다르므로 법적 지위와 권한이 가변적이라 할 수 있다. 국회의원의 지위가 논란이 되고 있는 것은 국회의원의 지위를 국민대표성과 정당대표성 중 어느 것에 비중을 두는가에 따라 당적을 이탈·변경한 의원들에 대한 규제조치에 대하여 그 적실성이 판가름 나기 때문이다. 어떠한 입장이든 대의제 민주주의는 정당이라고 하는 매개체를 통하여 이루어지기 때문에 의원과 정당 간의 밀접한 관계를 부정하기는 어렵다.

2. 당적변경과 국회의원직 상실문제

당적변경 행위가 당명변경이나 합당 등에 의한 당 차원의 행위라면 사유는 보다 조직적이고 장기적인 권력추구에 있다. 하지만 의원 차원의 자발적인 행위일 경우 그 사유는 의원직의 지속적인 유지에 있다. 의원 차원의 당적변경 시 의원직 상실을 규정한 법조문을 둘러싼 법리논쟁이 벌어지고 있다. 이에 관한 법적 연혁과 법리논쟁의 내용을 살펴보자.

1) 법률적 연혁

1962년 12월 26일 공포된 제3공화국 헌법에서는 국회의원에 입후보하고자 하는 이는 반드시 소속정당의 추천을 받도록 하였다(제36조 제1항). 또 당적이탈이나 변경, 소속정당의 해산 시에는 국회의원의 신분을 상실하도록 한 바 있다(제38조). 전국구의원, 지역구의원을 불문하고 탈당하는 경우에 의원직을 상실하도록 한 것이다.

---

8) 김철수, 『헌법학개론』(서울: 박영사, 1996), 789쪽.

헌법(1962. 12. 26) 제38조 국회의원은 임기 중 당적을 이탈하거나 변경한 때 또는 소속정당이 해산된 때에는 그 자격이 상실된다. 다만 합당 또는 제명으로 소속이 달라지는 경우에는 예외로 한다.

이러한 헌법규정에 따라 1963년 1월 16일 국회의원선거법을 전문개정하면서 제27조에 후보자의 정당추천을 등록요건으로 규정하고, 제127조 제2항에서는 당선된 후 당선인이 당적을 이탈·변경 또는 소속정당이 해산된 때에는 당선의 효력을 상실한다고 규정하였다. 그러나 이 조항에는 무소속의 존재를 인정하지 않음으로써 정당국가화를 지향하고, 정당정치의 발전을 도모한다는 의도가 내포되어 있다.

그 후 1972년 12월 27일 제4공화국 헌법이 개정됨에 따라 같은 해 12월 30일 국회의원선거법을 전문개정할 당시 위의 제27조 및 제127조 제2항의 규정이 삭제되었다. 국회의원 입후보자는 소속정당의 추천을 받아야 한다는 조항과 당을 탈퇴할 때는 의원직이 상실된다는 조항이 폐지된 것이다. 새 헌법은 정당국가적 민주주의를 지양하여 무소속 입후보를 허용함과 동시에 임기 중에 당적이탈·변경을 하더라도 의원직 유지에 아무런 불이익이 없도록 만든 것이다.

헌법(1972. 12. 27.) ⇒ 당적변경 시 자격상실조항 삭제.
헌법(1980. 10. 27.) ⇒ 당적변경 시 자격상실 관련 조항 없음.
헌법(1987. 10. 29.) ⇒ 당적변경 시 자격상실 관련 조항 없음.
※당적변경에 관한 것은 공직선거 및 선거부정방지법(1994)에서 규정.

결과적으로 정당정치의 발전을 도모하려는 제3공화국 헌법의 취지가 제4공화국 헌법에서는 정당의 기능과 역할을 축소하는 방향으로 바뀐 것이다. 그런데 헌법 개정 후 지역구의원들의 소속정당 이탈과 당적변경이 이어지고 전국구의원까지 당적을 이탈하게 되자 당적변경문제가 다시 논란의 대상이 되었다. 당적변경 관련 조항은 제5공화국 헌법에서는 포함되지 않다가 제6 공화국의 김영삼 정부하에서 제정된 '공직선거 및 선거부정방지법'(1994. 3. 16.)에 관련 규정이 포함되었다. '공직선거 및 선거부정방지법'(제192조)은 전국구의원 당선인이 소속정당의 합당, 해산 또는 제명 이외의 사유로 당적을 이탈·변경하거나 2 이상의 당적을 가지는 경우, 임기개시 전에는 당선 무효가 되고, 임기개시 후에는 의원직의 퇴직을 규정하고 있다.

공직선거 및 선거부정방지법(1994. 3. 16.) 제192조(피선거권 상실로 인한 당선무효 등)

④ 전국구국회의원이 소속정당의 합당·해산 또는 제명 외의 사유로 당적을 이탈·변경하거나 2 이상의 당적을 가지고 있는 때에는 국회법 제136조(퇴직)의 규정에도 불구하고 퇴직된다.

1962년 헌법과 1963년 국회의원선거법에서는 무소속 입후보를 금지하고, 국회의원의 당적변경 시 의원직을 상실하도록 하였으나, 1994년 공직선거법에서는 무소속 입후보는 허용하되 전국구의원이 소속정당을 이탈하여 당적을 변경한 때에는 의원직을 상실하도록 규정하였다. 이는 지역구, 전국구를 구분하지 않았던 과거의 규정과는 달리 전국구의원에게만 적용되도록 한 법규라는 차이가 있다.

2) 법리논쟁

전국구의원이 당적을 변경할 때 의원직을 상실한다는 관련 법규 규정과 관련하여 찬반논의가 있었다.[9] 먼저 규제에 대한 긍정론을 보면, 국회의원의 자유위임성은 선거구민이나 정당 및 기타의 사회세력으로부터의 무기속성을 뚜렷이 하여 직무수행을 원활하게 한다는 기본적인 시각을 가지고 있

---

9) 당적을 이탈·변경하는 경우 국회의원의 직이 상실되느냐 혹은 유지되느냐 하는 문제는 독일에서도 학자들의 의견이 대립되어 왔다.

다. 자유위임성은 결코 국민으로부터의 통제에서도 자유롭다는 의미는 아니
기 때문에 의원은 민의의 반영을 행하고, 그에 대한 책임도 국민에 대하여
져야 한다는 것이다.[10] 국민주권을 인정하지만 그 행사를 부정하는 형식적
인 국민주권론이 존재한다면 그것은 형해화된 민주주의일 수밖에 없다는 논
리이다.

전국구의원이 당적을 변경할 때 의원직을 상실하도록 해야 한다는 주장은
정당대표성과 현실논리에 근거하고 있다. 당적변경의 납득할 만한 사유가
있다면 그것은 이념과 정책이라고 할 수 있다. 그러나 정치적 이념 선택의
폭이 넓지 않고 정당의 이합집산이 빈번하였던 상황에서 당적변경의 사유를
이념과 정책이라고 말할 수 있는 의원은 많지 않을 것이다. 따라서 정치질
서를 바로잡기 위해서는 수시로 변화하는 정치적 상황에 따라 당적을 이탈
하는 의원들을 정계에서 추방해야 한다는 주장이 있다.[11] 일부 의원들의 빈
번한 당적변경을 의원의 정치적 윤리에 방임할 것이 아니라 주권자인 국민
이 의원선출 이후에도 어떠한 형태로든 규제해야 한다는 것이다. 따라서 소
속정당을 이탈하여 당적을 변경하는 의원에 대해서는 전국구의원뿐만 아니
라 지역구의원도 의원직을 상실하도록 해야 한다는 주장이 제기될 수 있다.

한편 정당대표성을 강조하였던 라이프홀츠(Leibholz, 1975)는 지역구의원
이건 비례대표제의원이건 자발적으로 소속정당을 이탈하는 경우에는 그 의
원직은 정당에 다시 귀속한다는 조항을 두어도 무방할 것이라고 하였다. 정
당의 발전과 정당 간 경쟁을 통한 의회 장악은 의원이 더 이상 위임과 지시
에 구속되지 않고 오직 양심에만 따르는 전 국민의 대표자가 아니기 때문이
다. 당적변경 시 의원직의 상실을 긍정하는 라이프홀츠의 이러한 견해는, 정
당에 의해서 공천된 후보자가 선거 후에도 자기에게 의원직을 갖게 해 준
정당에 대하여 계속 충성을 다해야 하며, 무엇보다도 의원의 자발적 탈당에
의하여 원내 세력분포가 변경되어서는 안 된다는 뜻을 내포하고 있다.

뢰벤슈타인(Loewenstein, 1973)도 국회의원이 전체 국민을 대표한다는 진

---

10) 강경근, 「국정감사와 정보공개에 관한 연구」, ≪의정연구≫ 제48집(1991. 4), 54쪽.
11) 권영성, 앞의 책, 827쪽.

부한 생각만을 해 왔기 때문에 의원들은 유권자들에 의하여 책임추궁을 당하는 두려움 없이 자기 마음대로 소속정당을 이탈하고 있다면서 그러한 당적이탈현상에 대하여 비판적인 태도를 보였다.

이렇게 볼 때 현행 규정의 타당성을 인정하거나 이를 보다 강화해야 한다는 여러 학자들의 견해는 정당대표성을 강조하는 법이론적 근거와 현실적 논리에 중점을 두고 있음을 알 수 있다.

반면 당적을 이탈, 변경한 의원의 의원직을 박탈하는 법규는 잘못된 것이라는 학자들이 있다. 이들의 주장은 국민대표성과 자유위임이라는 헌법논리에 근거하고 있다. 한국헌법은 독일의 기본법에서처럼 자유위임을 명문화하고 있지는 않으나, 한국헌법이 기초하는 대의제 민주주의에 비추어 볼 때 국회의원이 국민을 대표한다는 것은 강제위임이 아니라 자유위임에 기초하고 있다는 것이다.[12)]

한국의 헌법상 국회의원은 명령적 위임이 배제된 기초 위에 있기 때문에 선거구민이나 정당의 지시, 명령에 기속받지 않으며, 따라서 의원직을 상실하지 않고 정당이나 교섭단체를 바꾸는 일이 가능하다는 것이다.[13)] 같은 맥락에서 국회의원은 국민대표로서의 지위를 가지기 때문에 자유롭게 소속정당이나 당파를 변경할 수 있어야 하며 무소속으로도 남아 있을 수 있어야 한다는 것이다.[14)] 의원직을 상실하지 않고 임기 중 정당이나 교섭단체를 바꾸는 것이 가능한가에 대하여 국민대표원리에 입각한 앞의 견해들은 대의제와 정당국가적 헌법질서가 서로 조화될 수 있기 때문에 정당기속보다는 자유위임관계에 우선적인 효력을 인정하고 있다. 따라서 자유로운 당적변경이 가능하다는 것이다.

---

12) 다음과 같은 법조항을 주된 근거로 들고 있다. 헌법 제7조 제1항 "공무원은 국민 전체에 대한 봉사자이며 국민에 대해 책임을 진다." 제45조 "국회의원은 국회에서 직무상 행한 발언과 표결에 관하여 국회 외에서 책임을 지지 아니한다." 제46조 제2항 "국회의원은 국가이익을 우선하여 양심에 따라 직무를 행한다." 참고로 서독기본법 제38조 제1항 2의 규정은 "국회의원은 전체 국민의 대표이며 명령과 지시에 구속되지 않고 오직 그의 양심에만 복종한다."고 되어 있다. 정종섭, 「전국구국회의원의 탈당과 의원직 상실의 문제」, ≪변호사≫(1996. 1), 14쪽. 김문현, 앞의 글(1995), 67쪽.

13) 허영, 앞의 책, 893~894쪽.

14) 김기범, 「국회의원의 헌법상 지위」, ≪고시계≫(1964. 8), 94쪽.

　　현행 헌법이 정당국가적 경향을 지양하여 무소속국회의원을 인정하고 있기 때문에 전국구의원이 당적을 이탈하더라도 의원자격은 상실되지 않는다고 보는 견해(김철수, 1996)와, 자유위임의 원칙과 의원의 헌법상 지위는 그 직위의 취득방법과는 무관하기 때문에 전국구의원만의 자격을 상실하게 하는 입법은 자유위임의 규정에 위배된다는 견해(계희열, 1993)도 있다. 결국 국회의원이 임기 중 당적을 변경한 경우 의원직을 상실하도록 하는 것은 한국헌법상의 대의제 민주주의 원리, 특히 헌법 제46조 제2항에 위배되므로 이를 규정한 공직선거법 제192조 제3항 3호와 제4항은 위헌의 소지가 있다는 것이다.[15]

제3절　정당의 실체와 헌법상의 지위

헌법(1987. 10. 29) 제8조 ① 정당의 설립은 자유이며, 복수정당제는 보장된다. ② 정당은 그 목적·조직과 활동이 민주적이어야 하며, 국민의 정치적 의사형성에 참여하는 데 필요한 조직을 가져야 한다. ③ 정당은 법률이 정하는 바에 의하여 국가의 보호를 받으며, 국가는 법률이 정하는 바에 의하여 정당운영에 필요한 자금을 보조할 수 있다. ④ 정당의 목적이나 활동이 민주적 기본질서에 위배될 때에는 정부는 헌법재판소에 그 해산을 제소할 수 있고, 정당은 헌법재판소의 심판에 의하여 해산된다.

정당법(1962. 12. 31.) 제2조(정의) 본 법에서 정당이라 함은 국민의 이익을 위하여 책임 있는 정치적 주장이나 정책을 추진하고 공직선거의 후보자를 추천 또는 지지함으로써 국민의 정치적 의사형성에 참여함을 목적으로 하는 국민의 자발적 조직을 말한다.

---

15) 국회의원이 임기 도중 당적을 이탈·변경하는 경우, 의원의 자격을 상실하는가 하는 문제는 이미 독일에서도 법적 논의가 있었으나 학자마다 견해가 달랐다. 당적을 이탈·변경하는 경우에도 무기속위임의 결과 의원직을 상실하지 않는다고 보는 견해와 자의에 의해서 정당에서 탈퇴하는 경우에 의원직이 상실된다고 보는 견해가 있다(권영성, 1994).

앞의 법리논쟁은 당적을 이탈하는 의원들에 대해서 자유위임관계에 우위적 효력을 인정할 것인가 아니면 정치현실이나 정당국가적 경향에 우위적 효력을 인정할 것인가에 관한 것이다. 어느 한쪽의 우위를 인정하기에 앞서 대의제 민주주의국가에서 국민적 지지획득의 기반이 되는 정당의 실체와 헌법상의 지위, 그리고 기능을 살펴보고자 한다.

1. 정당의 실체

사르토리는 정당을 "선거에 후보자를 내세우고 선거를 통해서 후보자들을 공직에 오를 수 있게 하는 정치집단"이라고 정의하고 있다.[16] 그렇다면 속성상 정당은 단순히 공직자들을 배출하는 데 그치지 않고 지속적으로 공직을 유지시키려고 노력할 것이기 때문에 계속성은 정당의 구성요소 중에서도 불가결한 부분이 된다.

라이프홀츠(1975)는 정당이란 "다수의 사람들이 특정한 정치적 목적을 달성하기 위하여 이룬 견고하고 장기간에 걸친 결합"이라고 정의하였고, 뢰벤슈타인(1973)도 "공통적인 이데올로기적 견해를 가진 사람들의 결합으로서 정치권력에의 참여 또는 그 획득을 목적으로 하고 이 목적의 실현을 위하여 항구적 조직을 이용하는 인적 결합"이라고 정의하였다. 이렇게 보면 정당이라고 하는 조직은 계속성을 전제로 하는 결사체인 것이다.[17]

한국 현행헌법에서는, 정당은 그 목적·조직과 활동이 민주적이어야 하며, 국민의 정치적 의사형성에 참여하는 데 필요한 조직을 가져야 한다고 규정하고 있다(제8조 제2항).[18]

정당법에서는 정당은 국민의 이익을 위하여 책임 있는 정치적 주장이나

---

16) Giovanni Sartori, *Parties and Party Systems*(New York Cambridge University Press, 1976), 64쪽.

17) 1979년에 개정된 독일정당법 제2조 제1항에서도 정당의 계속성(항구성)이 언급되고 있다.

18) 독일연방공화국 기본법 제21조 제1항에서는 정당의 내부질서는 민주적 원칙에 적합하지 않으면 안 된다고 하였고, 제2항에서는 정당의 목적 또는 당원의 행위가 자유로운 민주적 기본질서를 침해하거나 제거하거나 또는 국가의 존립을 위태롭게 하려는 정당은 위헌이라고 규정하고 있다.

정책을 추진하고 공직선거 후보자를 추천 또는 지지함으로써 국민의 정치적 의사형성에 참여함을 목적으로 하는 국민의 자발적 조직(제2조)이라고 정의하고 있다. 헌법과 정당법에서 정당에 관하여 규정하고 있는 바를 보면, 모두 정당의 민주성과 계속성이 요구되고 있음을 알 수 있다. 국민의 정치적 의사를 형성하기 위해서도 또 책임 있는 정치적 주장이나 정책을 수립하고 추진하기 위해서도 민주성과 계속성이 요구되는 것이다.

그런데 몇 가지 문제가 있다. 첫째는 헌법의 정당조항에서 정당의 운영은 민주적이어야 한다고 명시적으로 규정하고 있음에도 불구하고 실제로는 비민주적으로 운영되고 있다는 것이 일반적인 인식이며, 둘째는 한국의 정당은 국민의 의사를 대변하고 국민의 이익을 지키기 위하여 형성된 자발적 조직이 아니라는 데 있다. 최초의 집권당이었던 자유당은 정당형성 후 스스로 권력을 창출한 것이 아니라 이승만 대통령의 권력 강화 및 유지의 필요성에 의하여 창당되었으며, 그 후 생겨난 다수의 정당도 권력자 또는 정당지도자의 의사에 따라 그 경력에 변화를 일으킨 것이 사실이다.

자유위임의 원리에 관련 법조항을 비추어 보면 국회의원이 당적을 변경하였다고 하여 그 자격을 상실시키는 법규는 잘못된 것이며 위헌의 소지가 있다고 볼 수도 있다. 하지만 한국정당의 실체를 보면 현실논리 또한 설득력을 갖는다. 정당과 정치인의 이합집산이 빈번할 뿐 아니라, 정당은 그 운영이 민주적이어야 하며 국민의 정치적 의사형성에 노력해야 한다고 헌법과 정당법이 규정하고 있음에도 불구하고 정당과 그 구성원이 그러한 법정신을 따르지 못하고 있는 것이 현실의 상황이다.

정당의 조직과 운영의 민주성을 규정한 헌법 제8조의 규정은 독일기본법 제21조를 따른 것으로 보이는데, 독일에서는 정당이 민주적으로 운영되고 있지만 한국에서는 그렇지 못하다. 독일에서 자유위임의 원리에 따라 당적 변경이 의원직 상실의 사유가 되지 않는다고 해서 한국에서 그 이론을 그대로 적용하기는 어려운 것이 현실이다.[19] 한국정당의 경우, 헌법과 정당법에

---

19) 독일의 경우 기본법에 정당조항이 규정된 이후 정당의 헌법상 지위에 관한 학설의 대립이 있어 왔다. 학설은 국가기관설(Radbruch, 1930), 헌법적 제도설(Klein, 1957), 국가와 사회의 중개적 지위설(Henke,

서 규정하고 있는 정당보호 및 보조규정만을 볼 것이 아니라 정당이 지켜야 할 준수규정 또한 봐야 할 것이며 규정준수 여부에 대한 법해석도 내려져야 할 것이다.

2. 정당의 헌법상의 지위

정당은 제2차 세계대전 후 여러 나라에서 헌법상의 지위를 인정받게 되었다. 정당에 대한 국가의 태도는 나라마다 다르겠으나 대체로 '적대시'에서 '무시'로, '무시'에서 '법률상의 승인'으로 이어지고 있다. 국가에 따라서는 헌법에 정당조항이 있는 나라도 있고, 정당법에서 규정하는 나라도 있으나, 정당법 자체가 존재하지 않는 나라도 많다. 이렇게 정당을 법률 혹은 헌법으로 규정하는 이유는 정당이 갖는 중요한 기능(예를 들면 정치지도자의 선출)에만 있는 것이 아니라 정당의 활동에 대한 두려움으로 이를 통제하고자 한 의도와 여당·야당을 가리지 않고 정당의 활동을 보장하려는 복합적인 의도가 있다고 보아야 할 것이다.

한국의 제1공화국 헌법에서는 정당에 대하여 묵시적인 태도를 취하였다.

제1공화국 헌법(1948. 7. 17.) ⟹ 정당조항 없음.

헌법(1952. 7. 7.) ⟹ 정당조항 없음.

헌법(1954. 11. 29.) ⟹ 정당조항 없음.

제2공화국 헌법(1960년 헌법)에 처음으로 정당조항이 도입되었는데 시민의 정치생활에서 정당의 지위를 법적으로 승인하여 시민의 국정참여에의 길을 보장하려는 것이었다. 이로 인하여 정당의 설립과 조직·활동의 자유를 법적으로 보장받게 된 것이다. 정부가 대통령의 승인을 얻어 소추할 수 있다

1964), 사법적 결사설(독일정당법위원회, 1959)로 나뉜다. 독일법학의 영향을 받은 한국법학계의 학설도 여러 가지로 나뉘어 있다. 김철수, 앞의 책, 150~153쪽.

고 한 것은 정당에 대한 자의적인 제재 등을 방지하고자 한 것으로 보인다.

> **제2공화국 헌법**(1960. 6. 15.) 제13조 모든 국민은 언론, 출판의 자유와 집회, 결사의 자유를 제한받지 아니한다. 정당은 법률의 정하는 바에 의하여 국가의 보호를 받는다. 단 정당의 목적이나 활동이 헌법의 민주적 기본질서에 위배될 때에는 정부가 대통령의 승인을 얻어 소추하고 헌법재판소가 판결로써 그 정당의 해산을 명한다.
> 헌법(1960. 11. 29.) ⇒ 정당조항 없음.

제3공화국 헌법(1962년 헌법)에서는 총강 중 제7조에 정당조항을 두었다. 제7조의 주요 내용은 정당설립의 자유와 복수정당제 보장, 정당조직과 활동의 민주성, 국민의 정치적 의사형성을 위하여 필요한 조직의 설치 및 운영에 관한 것이다. 중요한 것은 정당은 국가의 보호를 받지만 정당의 목적이나 활동이 민주적 기본질서에 위배될 때에는 정부는 대법원에 그 해산을 제소할 수 있고, 대법원의 판결에 의하여 정당이 해산될 수 있도록 규정하여 놓은 점이다.

> **제3공화국 헌법**(1962. 12. 26.) 제7조 ① 정당의 설립은 자유이며, 복수정당제는 보장된다. ② 정당은 그 조직과 활동이 민주적이어야 하며, 국민의 정치적 의사형성에 참여하는 데 필요한 조직을 가져야 한다. ③ 정당은 국가의 보호를 받는다. 다만 정당의 목적이나 활동이 민주적 기본질서에 위배될 때에는 정부는 대법원에 그 해산을 제소할 수 있고, 정당은 대법원의 판결에 의하여 해산된다.

제3공화국 헌법에서는 제2공화국의 내각책임제와 양원제 정치체제를 대통령중심제와 단원제로 환원하였으며 제36조와 제64조에서 정당이 추천하는 자만이 국회의원과 대통령선거에 입후보할 수 있도록 하였다. 이 조항들은 법률적 측면에서 정당의 위상을 높이고 정당국가적 경향을 강화시킨 제도적 조치로 판단된다.

　제3공화국 때 무소속출마를 금지한 것은 정당정치의 발전을 도모하고, 입후보난립을 방지하며, 국회의원선거에서 비례대표를 실현하려는 데 그 취지가 있었다. 그러나 결과적으로는 이로 인하여 국민의 참정권이 제한되었으며 입후보공천을 받기 위한 군소정당의 난립이라는 문제가 발생하였다.

　제4공화국 헌법(1972년 헌법)에서는 정당은 결코 정치적 의사의 형성을 독점하는 것이 아니라는 논리를 내세워 정당추천제를 배제하였으며 당적변경 관련 조항 또한 삭제하였다. 당적유무 혹은 변경에 관해서 차별을 둔다면 그것은 국민의 기본적 자유보장과 관련하여 문제가 발생할 수 있으므로 관련 조항의 존립이 용인되지 않았다는 것이다.[20] 대통령이나 국회의원 입후보자는 정당의 추천을 반드시 필요로 하지 않게 되었으며 무소속의 존재도 인정되어 정당국가적 경향이 완화되었다.

> **제4공화국 헌법**(1972. 12. 27.) 제7조 ① 정당의 설립은 자유이며, 복수정당제는 보장된다. ② 정당은 그 조직과 활동이 민주적이어야 하며, 국민의 정치적 의사형성에 참여하는 데 필요한 조직을 가져야 한다. ③ 정당은 법률이 정하는 바에 의하여 국가의 보호를 받는다. 다만 정당의 목적이나 활동이 민주적 기본질서에 위배될 때에는 정부는 헌법위원회에 그 해산을 제소할 수 있고, 정당은 헌법위원회의 결정에 의하여 해산된다.

　제5공화국 헌법에서는 정당에 국고에서 자금을 보조할 수 있도록 하여 음성자금을 차단하고 정당지원을 더욱 강화하였다.

---

20) 박일경, 『유신헌법』(서울: 박영사, 1972), 98쪽.

> **제5공화국 헌법**(1980. 10. 27.) 제7조 ① 정당의 설립은 자유이며, 복수정당제는 보장된다. ② 정당은 그 조직과 활동이 민주적이어야 하며, 국민의 정치적 의사형성에 참여하는 데 필요한 조직을 가져야 한다. ③ 정당은 법률이 정하는 바에 의하여 국가의 보호를 받으며, 국가는 법률이 정하는 바에 의하여 정당의 운영에 필요한 자금을 보조할 수 있다. ④ 정당의 목적이나 활동이 민주적 기본질서에 위배될 때에는 정부는 헌법위원회에 그 해산을 제소할 수 있고, 정당은 헌법위원회의 결정에 의하여 해산된다.

제6공화국 헌법에서는 제5공화국의 규정과 같으나 정당의 해산을 헌법위원회에서 헌법재판소로 변경하였다는 것이 다르다.

> **제6공화국 헌법**(1987. 10. 29.) 제8조 ① 정당의 설립은 자유이며, 복수정당제는 보장된다. ② 정당은 그 목적·조직과 활동이 민주적이어야 하며, 국민의 정치적 의사형성에 참여하는 데 필요한 조직을 가져야 한다. ③ 정당은 법률이 정하는 바에 의하여 국가의 보호를 받으며, 국가는 법률이 정하는 바에 의하여 정당의 운영에 필요한 자금을 보조할 수 있다. ④ 정당의 목적이나 활동이 민주적 기본질서에 위배될 때에는 정부는 헌법재판소에 그 해산을 제소할 수 있고, 정당은 헌법재판소의 심판에 의하여 해산된다.

3. 정당의 기능

정당의 기능은 학자마다 견해를 달리할 수 있겠으나 크게 다섯 가지로 분류된다. 첫째, 정치지도자의 선출 및 교육훈련기능으로서 정치체제 내의 적재적소에 교육받은 적임자를 취임시키는 기능이다. 둘째, 정치적 사회화 기능으로서 당원에게 행동지침을 제공하며 당에 대한 소속감을 고취시키고 정치적 정보를 제공하는 기능이다. 셋째, 이익의 집약 및 표출기능으로서 체제 내의 개인이나 집단으로부터 표출되는 이익 관련 요구를 정책결정 시에 처리할 수 있도록 대안을 정리하여 마련하는 기능이다. 넷째, 정치적 과제설정 기능으로서 사회에서 발생하는 여러 가지 문제에 대하여 의견을 제시함은 물론 국가발전을 위한 장기적 과제들을 선정하여 대비책을 준비하는 기능이다. 다섯째, 국민통합기능이다. 정당은 동일 영토 내의 종교·지역·언어·인종적 균열을 넘어서는 국민통합을 위한 매체의 역할을 하고 있다고 보는 것이다.

이렇게 의회민주주의를 지탱해 주는 정당이 본래의 기능을 발휘하지 못한다면 앞의 여러 기능들은 역효과를 내게 되는데 이를 역기능이라 할 수 있다. 정당의 역기능을 살펴보면 다음과 같다.

첫째, 흑색선전기능이다. 무책임한 편향정보와 정치선전으로 인하여 시민들의 정치적 비판능력을 약화시킨다. 둘째, 선거과정의 과점(寡占) 기능이다. 정당의 필요에 의하여 유권자들의 의사에 관계없이 후보자가 공천되는 사례가 많다면 이는 유권자의 선택권을 박탈하는 행위이자 선거과정의 과점행위가 된다. 셋째, 권력유지 도구화 기능이다. 권력자들이 의회를 장악한 후 정통성을 부여받거나 입법활동을 통제 혹은 조정함으로써 정당을 권력유지를 위한 도구로 삼을 수 있다.

따라서 정당이 역기능할 때 사회 전반에 부정적인 영향을 미치게 된다. 되돌아보면 제1공화국의 자유당은 이승만 대통령의 권력강화를 위한 도구로서 창당되고 기능하였으며 제3공화국의 민주공화당 또한 박정희 대통령의 권력유지를 위한 도구로서 창당되고 기능하였다.[21] 제4공화국에서는 정당의 기능이 크게 약화되었고, 제5공화국 초기에는 집권세력이 새 여당을 창당함은 물론 야당의 창당과정에 관여하기도 하였다. 제6공화국에서도 정당의 잦은 경력변화(합당, 분당, 정당명칭 변경, 신당창당 등)와 공천을 포함한 당 내부의 의사결정, 조직운영 등의 행태를 볼 때 정당이 제대로 기능했다고는 평가하기 어렵다.

이러한 한국정당의 과거와 현재 상황은 시민들의 정치불신을 증폭시키고

---

21) 박병석, 「정당의 실체」, 윤정석 외(편), 『한국정당정치론』(서울: 법문사, 1996), 155~158쪽.

있으며 정치참여 감소의 한 요인이기도 하다. 여기에 급속한 정보화 사회의 도래는 어떠한 형태로든 정당의 기능과 역할을 축소시킬 것이다. 그동안 되풀이되어 온 빈번한 정당의 이합집산과 명멸 그리고 지금과 같은 정보통신의 발달은 이 땅에 정당정치가 뿌리를 내리기도 전에 새로운 기(期)로의 이행을 촉구받게 될 것이다.[22]

제4절 당적변경의 유형과 사례

1. 당적변경의 유형과 시기

당적이 변경되는 형태를 유형별로 보면 다음과 같다.

1) 불가항력형(不可抗力型)

정당 자체의 경력변화에 의하여 소속정당명이 바뀌어 당적이 변경된 의원의 경우를 말한다. 자신의 의지가 아닌 타의에 의하여 당적이 변경된 경우로서 예를 들면 민주정의당소속의원이 3당합당에 의하여 민주자유당소속으로 되었다가, 민주자유당의 당명이 신한국당으로 바뀌는 바람에 당적이 다시 바뀐 의원의 당적변경 유형이다.

2) 여야성향형(與野性向型)

과거 당적변경의 궤적을 보면 정권교체에 관계없이 여당에 당적을 두었던 인사들 중 일부분은 계속 여당에 당적을 두고 있고, 또 야당당적을 가졌던

---

22) 정보통신의 발달은 전자네트워크로 연결되는 '전자정당(Ciber Party)'의 등장을 실현시켰는데 한국에서도 1996년 9월 12일 전자정당이 첫선을 보였다. 인터넷 등 전자공간상에 만들어지는 전자정당은 그 실효성 여부와 관련하여 논란이 있기는 하나 가상공간 속에서 정책토론이 가능하다는 점과 정책반영, 입법과정 등을 열람할 수 있다는 점에서 정당의 기능과 역할을 어느 정도 대체 또는 보조할 수 있을 것으로 보인다.

의원 중 일부분은 계속하여 야당당적을 가지는 경향이 있었다.

3) 대세영합형(大勢迎合型)

정치적 상황에 따라 당적을 옮기는 이른바 '줄서기'로 표현되는 정치행태를 보이는 의원이 이 유형에 속한다. 공천에 탈락하였거나, 당내의 갈등을 극복하지 못하고 이탈하여 당적을 바꾸는, 다시 말하면 당내의 주도권 경쟁에서 밀려나거나 의도하는 정치적 자원의 획득이 어려워졌을 때 당을 떠나는 의원의 경우로서 정치적 이념이나 정책에 연연하지 않는다.

4) 원우제이형(援友制夷型)

정책연합을 형성하고 있거나 정치노선이 비슷한 정당에 대하여 지원을 함으로써 경쟁관계에 있는 정당을 견제하기 위하여 일부 의원들의 당적이 변경되는 경우이다. 특히 우호관계에 있는 정당이 원내에서 교섭단체를 형성할 수 있도록 특정 정당소속의원 중 일부가 당적을 바꾸어 그 정당과 우호관계에 있는 정당에 입당하는 경우이다. 네 가지 유형 중 어느 유형보다도 원내 역학구도가 의도적으로 조작된다는 점이 특징이다.

이상의 네 가지 유형은 편의상 구분을 달리하여 설명하였지만 한 의원이 둘 이상의 유형에 속할 수도 있고, 또 설명은 달라도 같은 성질의 유형도 있으므로 절대적인 유형 구분은 아니다. 앞의 당적변경 유형에서는 의원 개인 차원의 당적변경과 당 차원의 당명변경에 의한 당적변경을 구분하지 않고 분류하여 보았으나 여기서는 의원 개인 차원에서 탈당하여 당적을 변경한 의원들을 중심으로 그 탈당시기를 살펴보고자 한다.

제14대 국회의원선거를 앞둔 1992년 1월 1일부터 제15대 국회가 개원된 후인 1996년 6월 30일 사이에 당적변경이 있었던 의원은 389명에 달한다. 그중 제14대 국회의원만을 분류하면 340여 명(보궐선거 당선, 의석승계 포함)으로 집계되었다.[23] 의원들의 주요 탈당경력 사례는 모두 261건이었다.

탈당의 원인을 일일이 조시하기는 어려우나 당의 정책을 비판하여 탈당한 사례는 거의 없었고, 개인사정, 비리의 노출, 지방선거 출마 등의 사유로 인한 탈당이 40여 건 정도라는 사실에서 공천탈락과 정당의 경력변화(합당, 분당, 신당 창당 등)가 당적변경의 가장 중요한 원인임을 알 수 있다.[24]

2. 외국 국회의원의 당적변경 사례

미국에서는 지난 1955년 이래 40년간 당적을 변경한 의원은 15~16명 정도에 불과하다.[25] 그 예로 1983년 1월 소속정당을 이탈한 민주당의 그램(Phil Gramm, 텍사스 주) 하원의원을 들 수 있다. 그램 의원은 소속정당과 뜻이 맞지 않아서 공화당으로 이적하였다. 그의 사례를 소개하는 이유는, 미국에 당적변경에 관한 법규는 없어도 국민과 지역주민에 대한 규범적 절차를 갖춘 대표적인 사례이기 때문이다. 그는 당적을 변경하기 위해서 먼저 의원직을 사퇴하고 보궐선거를 치렀으며 유권자들의 신임을 얻어 다시 당선되었다. 중요한 것은 그가 선거구민의 의사를 존중하는 절차를 밟았다는 데 있다.

이처럼 의정활동을 하다 보면 소속정당의 정책노선이나 이념이 맞지 않아 당적을 변경하는 의원이 나올 수도 있다. 또 1994년의 경우처럼 선거에서 공화당이 의회를 장악한 뒤 민주당에서 이탈자들이 나온 사례도 있다. 예를 들면 미국 연방의회 하원의원인 딜(Nathan Deal, 조지아 주)과 라플린(Greg Laughlin, 텍사스 주) 등은 1994년에 민주당소속으로 당선되었으나 1995년

---

23) 김현우, 『국회의원의 당적변경과 정당의 의미』, 《의정연구》 제3호(1996), 63~73쪽.

24) 1992년 1월 10일 정주영 전 현대그룹 명예회장이 출범시킨 통일국민당은 제14대 국회의원선거에서 선전하여 34명의 의원을 확보하였으나 그가 제14대 대통령선거에서 낙선한 후 정계은퇴를 발표하자 다수의 통일국민당의원들이 1993년 전반기에 탈당하였다. 당세의 쇠퇴로 인하여 통일국민당은 정당경력의 변화를 경험하게 되었으며 지속적인 의정활동 수행에도 지장을 받았다. 한편 신한국당의 제15대 국회의원선거 공천심사 발표는 1996년 2월 2일에 있었는데 공천에 탈락한 인사들이 다수 탈당하였다. 이러한 사정은 야당의 경우에도 마찬가지다.

25) 《조선일보》 1996년 3월 28일자, 《중앙일보》, 1996년 5월 23일자. 제임스 제퍼스 미국 상원의원(공화당)이 2001년 5월 부시행정부의 지나친 보수정책에 반기를 들고 공화당을 탈당하였다. 《동아일보》 2001년 5월 26일자.

에 공화당으로 당적을 바꾸었다.[26] 미국에서는 이러한 사례가 예외적인 현상으로 인식될 정도로 당적변경 사례는 흔하지 않다.

영국의 경우, 수상을 지낸 처칠(W. Churchill)은 당적을 두 번 바꾼 경력이 있다. 1900년 보수당적으로 하원의원에 당선된 처칠은 1904년 자유당으로 이적한 후 1922년까지 18년간 자유당의원으로 내무장관까지 지냈으나 1924년 다시 보수당으로 복귀하였다. 처칠의 당적변경은 두 차례 모두 소속정당의 '정책'과 관련되어 있다.[27] 당적변경의 사유가 어쩔 수 없는 '정책'이었기는 하나 두 번이나 당적을 변경한 처칠의 사례는 영국정치사에서는 보기 드문 경우이다. 영국에서는 정치도의상 소속정당을 변경하는 의원은 최소한 자기를 선출하여 준 선거구 주민들 앞에 서서 그 판정을 받을 의무를 지도록 한 적이 있다.

독일의 경우, 1949년 8월 시행된 제1회 연방의회 의원선거부터 제3회 선거 사이에 10여 개가 넘는 정당이 연방의회의 의석을 획득한 바 있다. 그러나 1961년 제4회 선거를 계기로 유권자의 투표가 3개의 정당에 집중되어 점차 3당체제가 정착되기에 이르렀다. 이 기간(1949~1961) 동안 군소정당의 잦은 부침과 이합집산으로 인하여 의원들의 당적이탈·변경이 빈번하였으나 정치가 안정되기 시작한 1961년 이후에는 당적변경 사례가 현저히 감소하였다.[28]

가까운 사례로는 1982년 자유민주당(FDP)의 소장의원 4명이 탈당하여 그중 3명이 사회민주당(SPD)으로 당적을 옮긴 일을 들 수 있다. 이들은 자유민주당 내에서 진보적 성향을 지닌 인물들이었으나 당이 보수우파와 제휴하자 이에 반발하여 탈당한 것이다. 이렇게 이념이나 정책문제에 불만을 품고 당을 이탈하는 의원이 있는가 하면 당적을 이탈한 의원들 중 일부는 아예

---

26) *Who's Who in Congress*(Washington D.C.: C. Q. Quarterly), 1994년 및 1995년판 하원의원 부분 참조.

27) 당시 쟁점이던 보호관세법을 둘러싸고 자유무역을 주장한 처칠은 보수당을 탈당하여 자유당으로 당적을 변경하였다. 『정치학대사전』(서울: 박영사, 1983), 1500~1501쪽.

28) 독일에서는 제2차 세계대전 이전에는 주 의회 차원에서 탈당 시 의원직 박탈을 규정한 바 있다. 1920년 5월 독일의 뷔르템베르크 주 선거법 제7조에서는 정당후보자명부에 의하여 선출된 의원의 탈당 시 의원직 상실을 규정하였다.

정계를 떠나는 경우도 있다. 정당하지 못한 사유로 당적을 바꾸면 선거에서 유권자들이 외면하기 때문이다.

일본의 경우, 당적이탈은 자유민주당정권이 과거 38년간이나 집권하면서 개혁성향을 가진 일부 의원들이 자유민주당을 탈당하는 형태로 나타났다. 탈당은 주로 자유민주당이 정치적 추문으로 인하여 흔들릴 때 발생하였으나 1993년 자유민주당의 장기집권이 붕괴된 후로는 집단적 탈당이 이루어지기도 하였다. 과거 자유민주당 집권 시 탈당에 대한 평가가 내려지기도 하였으나 그 후 정당이탈이 이어지면서 비판여론이 일기 시작하였다.[29]

1990년 홋카이도[北海道]에서 자유민주당후보로 총선에 출마하여 당선된 아베[阿部文男]는 1993년에는 무소속후보로 출마하여 당선되었다. 또 가메이[龜井久興]는 1900년 시마네 현[島根縣]에서 무소속으로 출마하였으나 1993년에는 자유민주당 후보로 출마하여 당선된 바 있다. 일본 국회의원들의 경우 개인적 이해관계보다는 자유민주당의 장기집권이나 금권정치 등 정치적 폐해에 불만을 품은 의원들의 당적변경이 많았다고 할 수 있다.

외국 의원들의 당적이탈 사례를 한국의 경우와 비교해 보면 건수(件數)와 이탈 시기에서 차이를 보인다. 외국 의원들의 당적이탈은 사례 수에서 한국 국회의원들의 그것과 비교할 수 없을 만큼 적다는 것과, 당을 이탈하는 시기도 한국의 경우는 공천을 전후한 시기 또는 합당 등의 정치적 사건을 전후한 시기에 집중되어 있으며 그것도 임기 도중에 당적을 이탈하는 사례가 많은 반면 외국 의원의 경우는 임기가 끝난 후 당적을 바꾸고 선거에 임하는 사례가 많다는 것이다.

---

29) 1994년 1월 21일 개정된 일본 자유민주당의 당헌에는 당적의 획득과 이탈, 재복귀에 관한 비교적 까다로운 절차를 규정하고 있다. 특히 당적을 이탈한 자 또는 제명된 자가 다시 복귀하려면 당헌에서 정한 소정의 절차와 당기위원회의 심사를 거치도록 되어 있다.

 당적변경 유발요인

공천권과 정당 자체의 경력변화가 당적변경을 유발하는 주요 요인이라는 것이 앞의 논의를 통하여 밝혀졌는데 여기서는 이들 요인을 좀 더 구체적으로 살펴보고자 한다.

1. 공천권의 소재

앞부분에서 정당은 그 목적과 조직, 활동이 민주적이어야 하며 국민의 정치적 의사를 형성하기 위한 조직을 가져야 한다는 헌법조항이 있음을 보았다. 여기에는 당의 정책노선, 공직후보자 추천을 포함한 내부의사 결정과정, 당의 조직 및 기구의 운영에서 민주주의의 원칙이 존중되어야 한다는 뜻이 내포되어 있다.

그러나 정당법은 공천의 민주성을 요구하면서도 공천절차에 관해서는 당헌에 일임하고 있기 때문에 결과적으로 소수의 정당지도자들이 이러한 위임을 이용하여 민주적 절차가 무시된 공천권을 행사하여 왔다.[30] 정치가 불안정하고 정치인들의 이합집산이 심한 상황에서는 공천권이 더욱더 당권 장악의 핵심으로 인식되고 있다.

오랫동안 소수의 정치지도자들이 존립할 수 있었던 중요한 요인 중의 하나는 바로 공천권의 소재가 중앙에 있었다는 것이다. 공천권의 소재를 어디에 두느냐에 따라서 정치구도가 크게 변화할 수 있다. 공천권이 지역구 주민들 또는 지구당원들과 분리되어 있는 경우 정당과 집행부의 관계는 강화되며, 당의 최고실력자가 행정부의 수반을 겸하는 상황에서는 최고실력자가 공천권 행사를 통하여 의원들을 조정할 수 있게 된다.[31] 따라서 당 수뇌부

---

30) 공천절차를 정한 당헌의 규정이 비민주적일 때에는 정당법 위반으로 무효라는 견해(전재경, 1990)가 있고, 당헌절차에만 따른다면 비민주적인 공천을 하더라도 이를 규제하기 어려운 것이 실정이라는 견해(곽종영·임일도, 1993)도 있다.

의 공천권 장악과 그로 인한 의정활동에의 영향력 행사는 의회의 행정부 견제 및 통제라는 권력분립의 이념을 해칠 수 있다.

라이프홀츠는 정당국가적 민주주의에 있어서 불가결한 기구인 정당이 잠재적 파괴자가 되지 않으려면 무엇보다도 중앙집권적이고 권위주의적으로 관리되는 조직으로서의 정당이 시민과 대결하지 못하도록 해야 한다고 하였다.[32] 즉 정당이 민주화되어야 한다는 것이다. 공천권의 소재와 관련해서는 이 책 제17장에서 다루고 있다.

정당의 민주화는 공천과정의 민주화에서 시작된다. 그동안 각 당의 지도자들은 앞에서 말한 것처럼 당에 대한 자신의 통제력을 유지하기 위하여 비공개적인 공천심사위원회를 구성하고 공식적인 심의사항 외에 지도자와의 친소관계, 각종 연고관계, 특별당비(헌금) 등을 참고하여 후보자를 공천하여 왔다. 실제로 지난 제15대 국회의원 선거는 공천과정에서의 비민주성이 가장 두드러진 선거였다. 사정이 그러하기 때문에 낙천자들이 당적을 바꾸어서라도 출마를 고집하게 되는 것이다.

의원들의 탈당은 많은 경우에 공천심사발표 후에 이루어진다. 따라서 공천과정에서의 투명성과 합리성이 보장되지 않는다면 당적이탈·변경은 계속될 것이고, 그러다 보면 정당의 이합집산에도 영향을 주어 정당정치의 제도화는 요원해질 것이다. 한국 헌법이 정당을 법의 테두리 안에 수용하고 있고 또 정당자금까지 보조해 주고 있는 만큼 정당의 공천은 민주주의의 원리에 입각하여 공개적이고 공정하게 이루어져야 한다.

---

31) 독일정당법에서는 지구당이 상명하달식으로 운영되는 것을 막고 있으며 국민의 대표를 선출하는 선거는 당원들이 비밀선거를 통하여 선출하도록 의무화하고 있다. 영국의 경우도 비슷한데 영국에서의 민주적인 공직후보자 선출과정에 관해서는 David Denver, "Britain: Centralized Parties with Decentralized Selection", in Michael Gallagher and Michael Marsh(엮음), *Candidate Selection in Comparative Perspective*(London: Sage, 1988), 47~71쪽 참조.

32) Gerhard Leibholz, Verfassungsrechtliche Stellung und innere Ordnung der Parteien, Verh. d. 38 DJT., 1951. 8. 12. 김남진, 「정당국가와 국회의원의 지위」, ≪법정≫ 191호(1966년 5월), 15쪽에서 재인용.

2. 합당, 분당, 신당 창당 등 정당경력의 변화

공천탈락 등의 사유로 인하여 소속정당을 이탈하는 경우 이외에 정당 자체가 경력 변화를 일으켜 의원들의 당적을 변경시키기도 한다. 1990년 3당합당과 1991년 야권통합에서 알 수 있듯이 통합 당시 정치권에서는 정당통합이 되지 않으면 마치 나라가 어떻게 될 것 같은 분위기를 연출하였지만 결국 여러 가지 부작용만 낳고 소기의 목적을 달성하지 못하였다. 특히 3당합당의 원인에 대한 다양한 견해가 제시되었지만 그 원인이 어떠하건 3당합당은 다수의 당적이탈자를 만들어 낸 것이 사실이다.

이렇게 정당의 합당, 분당, 신당 창당 등 정당 자체의 경력변화는 소속정당 구성원의 당적을 기본적으로 변경시킨다. 정당이 당명을 바꾸는 경우 새로운 면모로 거듭난다는 인식을 주겠지만 한편에서는 정당에 대한 유권자의 인지도와 정책차별성 등이 부정적인 영향을 받을 수 있다. 문제는 여기서 끝나지 않고 후속적인 정당이탈과 당적 변경이 발생한다는 데 있다. 합당을 이룬 정당의 경우 당의 한정된 자원과 조직의 배분을 둘러싼 당내갈등을 피하기 어렵고 이로 인하여 당을 이탈하는 의원(당원)이 다수 발생하게 된다. 합당을 할 때 절차상 하자가 있다면 합당행위는 결국 소속당원의 사기를 저하시킴은 물론 정당정치발전에 부정적 영향을 주게 되는 것이다.

분당과 신당 창당에 의한 의원들의 당적변경 사례도 적지 않다. 1993년 김영삼 정부가 들어서면서 개혁바람이 불었는데 그 과정에서 민주자유당의 김종필 대표위원이 당을 떠나게 되었다. 이후 출신지역을 기반으로 하여 1995년 3월 자유민주연합을 창당하자 그를 지지하는 민주자유당 내의 일부 의원들이 자유민주연합으로 당적을 옮겼다. 1995년 8월 김대중 아시아·태평양평화재단이사장이 새정치국민회의를 창당하였을 때 창당을 전후하여 다수의 민주당의원이 새정치국민회의로 당적을 옮긴 사례가 있다.

제6절 맺음말

국회의원의 당적이탈 시 의원직을 상실하게 한 규정과 관련하여 학자들의 견해는 찬반양론으로 나뉘어 있다. 국회의원의 국민대표성과 자유위임성에 입각하여 그러한 규제가 갖는 '위헌'의 소지를 지적하는 이들은 의원의 당적이탈과 변경을 포함한 자유로운 정치활동이 보장되어야 한다고 주장한다. 반면 그러한 규제를 긍정적으로 보는 이들은 자유위임의 의미를 보다 엄격하게 해석한다. 즉 자유위임은 결코 국민의 통제로부터 자유로울 수 있다는 뜻이 아니라는 것이다.

서로 상반되는 이 두 가지 견해는 양쪽 모두 설득력이 있으나 법이념이나 법이론의 해석이 아닌, 법과 정당정치를 연계한 현실상황에 우위를 두어 판단한다면 규제가 불가피하다. 또 정당의 이합집산이 빈번하게 행해지고 있는 정치현실을 볼 때 당적이탈 행위에 대한 적절한 규제가 필요하다. 여기에서 말하는 규제에는 선거 시 국민(유권자)에 의한 심판이 있을 수 있고, 유권자소환제도 등의 도입에 의한 법적 규제가 있을 수 있다.

사회발전과 각급 교육기관의 증대에 따라 높아지고 있는 국민의 교육 및 의식수준 향상은 법적 규제 없이도 선거 시 유권자가 건전한 판단을 내림으로써 의원의 당적이탈 현상을 완화시킬 수 있을 것이다. 그러나 단기적인 해결책을 찾아야 한다면 한시적인 유권자소환제도의 도입을 검토할 만하다. 당의 공천을 받고 당에서 제시한 공약으로 인하여 당선된 이가 소속정당을 이탈한다면 정치적 노선의 변경을 의미하므로 그 의원에 대해서는 이탈 후 일정한 기일 내에 지역구의 유권자들 앞에서 그 사유를 설명할 수 있는 기회를 주는 것이 바람직하다. 단 유권자들을 설득하지 못하면 당해 의원은 선출될 때와 같은 방법, 즉 투표에 의하여 그 직에서 해임될 수 있도록 한다.

유권자해임제도를 도입한다면 전국구의원의 당적이탈 시 의원직을 상실하게 하는 법규는 존치해야 하겠지만, 의원의 도의성이나 유권자의 판단 및 평가에 의한 규제를 기대하는 경우에는 전국구의원의 당적이탈 시 그 직을 상실하게 하는 조항을 삭제하여 전국구의원 역시 정치적 도의성에 기대를 거는 '믿는 정치'의 분위기를 조성하는 일도 중요하다.

결국 근본적인 문제는 의원의 당적이탈 시 규제의 유무에 있는 것이 아니라 정당의 민주성과 계속성을 확보하는 데 있다.

제16장 보좌관 · 정책연구위원

 의원 입법보좌

1820년경 영국에서 산업혁명이 완성되는 시기에 행정부의 업무 및 그 영역이 복잡해지고 광역화되면서 자연스럽게 행정부의 조직과 업무가 확장되기 시작하였다. 한편 조직과 그 구성원이 행정부에 비하여 열세에 있고 근본적으로 정보수집능력이 부족한 의회는 행정부에 대한 과도한 의존에서 벗어나 독자적인 입법활동 영역을 확보하기 위하여 입법보조자를 두었다.

이렇게 시작된 의원에 대한 입법보좌는 그 후 의원실에 속하여 의원을 보조하는 의원보좌진과, 위원회에 속하여 의원을 보좌하는 위원회 참모진으로 분류되어 기능적 특화를 이루게 되었으며 각국의 상황에 맞게 발전, 변화되어 왔다.

〈표 16-1〉 각국의 의원보좌직원제도

구분	한국	미국	일본
보좌직원 수 및 자격	· 6인(4급 2인, 5급 1인, 6 · 7 · 9급 각 1인) · 별정직 국가공무원 신분	상원의원: 주 인구수에 따라 13~71명(평균 약 36명) 하원의원: 상근비서 18명, 시간제 비서 4명(평균 15명)	· 3인의 비서관을 둘 수 있음 · 국가공무원법상 특별직 공무원 신분
보좌직원의 임무	· 정형화되지 않음 · 의정활동 보좌, 지역구관리 등 다양	· 정형화되지 않음 · 입법사무, 행정업무 등 다양	· 정형화되지 않음 · 의원활동보좌, 지역구관리 등 다양
기타	· 교섭단체별 정책연구위원제도 운용	· 상원, 하원에서 인턴제도를 활용하고 있음	－

오늘날 국회의원은 전문성을 지닌 참모진의 보조를 받아 입법활동을 행하며, 동시에 지역구 주민에 대한 서비스를 행하는 정책입안자이자 정치인이다.[1]

의원의 의정활동 유형은 힐스타일(Hill style)과 홈스타일(Home style)로 나뉜다. 힐스타일은 의회인으로서, 즉 입법자로서의 스타일이나 행동양식을 가리키며, 홈스타일은 선거구를 중시하는 의원의 행동, 의식, 취향을 말한다. 어느 한쪽이 더 중요하다고 말하기 어려운 것은 의원이 선출직 공직자이기 때문에 지역 선거구민들에 대한 서비스는 물론 선출된 후 의회에서의 수준 있는 입법활동이 요구되기 때문이다.

외국의회에서의 의원보좌진을 간략히 살펴보자. 미국의회의 가장 큰 특징은 바로 의원실과 위원회에 소속하는 참모집단의 규모와 충원방법의 탄력성 여부이다. 미국의회에서는 의원입법이 원칙이기 때문에 법률안을 작성하는 전문참모진의 역할이 그만큼 클 수밖에 없다. 미국의회의 입법담당 참모를 legislative assistance라 하는데 이를 줄여서 LA라고 한다.[2] 일본은 의원보좌직원제도를 법규 등에 명시적인 규정을 두어 운용하고 있다.[3] 미국, 프랑스, 영국, 독일 등은 의회가 각 의원에게 보좌직원 운용에 필요한 수당을 지급하고 있으며, 핀란드, 덴마크, 스위스 등은 의회가 의원보좌직원 운용에 필요한 제반 경비를 원내교섭단체에 보조금 형식으로 지급하고 있다.

---

1) 참모조직이 수행하는 역할은 크게 두 가지이다. 첫째, 의원 각자의 지역구를 관리하는 정치적 보좌기능이다. 의원의 재선을 위하여 선거구민들의 요구를 전달하고, 의원의 의정활동을 홍보하기도 하며, 지역구사무실에서 지역구관리를 하는 것이다. 둘째, 입법보좌기능이다. R. H. Davidson and W. J. Olesz, *Congress and its Members*(Washington D.C.: CQ Press), Michael F. Malbin, *Unelected Representatives*-(Basic Books, 1980), Fox W. Hamison, Jr. and Susan W. Hammond, *Congressional Staffs*(New York: The Free Press, 1977). 미국연방의회의 참모진 현황에 대한 매우 상세한 자료가 매년 발간되고 있는데 최근의 것은 *Congressional Staff Directory 2000/Summer*(Washington, D.C.: CQ Press, 2000)을 볼 것.

2) 미국의회에서는 legislative assistance(LA)를 빼고는 입법과정을 이야기하기 어려울 정도로 이들의 비중이 매우 높다. 단적인 예로 미국에서 미국과의 교역국가 중 흑자를 내고 있는 주요 국가에 균형지수라고 하는 커다란 과제를 안겨 준 슈퍼301조를 작성한 주역도 바로 LA이다.

3) 일본에서 의원을 보좌하는 직원을 정책비서라고 부른다. 정책비서는 '시험합격자' 집단과 '심사인정자' 집단으로 나뉘는데, '시험합격자' 집단은 정책담당비서자격심사위원회가 실시하는 시험에 합격하여 정책담당비서의 자격을 인정받은 이들이고, '심사인정자' 집단은 사법시험합격 등 일정한 사회적 평가를 받거나, 의원비서경력 10년 등 일정한 자격요건을 충족시키는 집단이다.

1. 의원보좌제도의 취지

현재 국회에서 국회의원의 의정활동을 보좌하기 위하여 각 의원실에 보좌관(4급상당) 2인, 비서관(5급상당) 1인, 비서(6급상당, 7급상당, 9급상당 각 1인) 3인 등 모두 6인의 보좌진을 두고 있다.

국회의원의 입법활동을 지원하는 의원보좌직원은 '국회의원수당 등에 관한 법률' 제9조의 규정에 의하여 보좌관, 비서관, 비서로 구분된다.

일반적으로 의원보좌직원은 넓게는 국회의원에게 주어지는 가능한 모든 사무보조 형태를 포함하고 있으나, 좁게는 보다 지적 업무라 할 수 있는 입법보좌업무를 수행하는 직원을 지칭한다.

보좌관을 비롯한 의원보좌직원은 개별의원의 입법활동(법안·예산안 등의 심사)을 비롯한 대정부질문, 국정감사 및 조사 등 의정활동을 지원하고 의원 홍보 및 수행을 하는 등 다양한 역할을 하고 있다.

의원보좌진은 의원과 함께, 때로는 의원의 지시를 받아 다음과 같은 다양한 활동에 임하고 있다.

① 입법보좌활동: 본회의 및 위원회에서의 법률제정 및 법안심의활동보좌, 법률안의 초안작성 및 내용검토, 연설문작성 등의 일을 한다.
② 홍보활동: 의원의 원내의 활동을 국회와 그 의원의 지역구민에게 홍보(때로는 언론매체에 전달), 여론동향의 동향파악, 이익집단과의 접촉을 한다.
③ 민원처리활동: 지역선거구민과 관청 사이에서 발생한 문제나 해결요청에 대한 응답 및 처리, 선거구민의 국회방문 알선, 서신에 대한 답변 등의 업무를 한다.
④ 기타: 선거구민(때로는 비선거구민도 포함)의 청원·진정·고충처리, 선거구민의 국회참관일정 조정 및 안내는 물론 선거구민의 경조사 참석 등의 활동을 한다.

2. 의원보좌제도의 연혁4)

1) 제헌국회~제4대 국회

국회의 의원보좌직원제도는 제헌국회 개원 이후 제2대 국회까지는 제도화되지 못하고 의장단에 대한 비서실 기능을 수행하는 소수의 비서만을 제도화하였다. 한국전쟁 중이던 1951년 2월 16일 제2대 국회 제10회 국회 제26차 본회의에서 의원들의 의정활동보좌를 위하여 각 의원에게 1인의 비서를 둘 것 등을 주요 내용으로 하는 '국회법 중개정법률안'이 상정되었으나 2월 21일 제30차 본회의에서 표결에 부친 결과 재석의원 126인 중 찬성 31표, 반대 57표로 부결되었다.

제3대 국회 임기 중인 1954년 8월 18일 제19회 국회 제31차 본회의에서 국회운영위원장이 제안한 '국회사무처직제중개정안'이 만장일치로 의결됨으로써 3급(현 5급상당)인 의원비서 1인을 두어(총원 203인) 처음으로 의원비서관제도가 도입되었다. 1958년 제4대 국회(민의원)에서는 의원의 정수가 증가하여 종전의 3급을류 의원비서 203인을 233인으로 30인 증원하고 직급도 3급갑류(현 4급상당)로 상향조정하였다.

2) 제5대 국회

1961년 1월 21일 민의원 본회의 및 1961년 1월 20일 참의원 본회의에서는 민의원 사무처직제와 참의원 사무처직제를 각각 개정하면서 의원비서 이외에 4급갑류(현 6급상당) 의원수행원이 추가되어 2인의 비서를 두었다. 따라서 민의원에 233인, 참의원에 58인의 비서를 두었다. 이는 과거 내무부소관예산에서 각 의원에게 의원수행원으로 경찰관 1인씩을 배치하던 것을 국회소관예산으로 이관하여 정원을 책정한 것이다.

---

4) 국회사무처, 『대한민국국회50년사』(1998), 1223~1236쪽.

> 국회사무처법(1963. 11. 26.) 제2조(공무원) 사무처에 사무총장 외에 다음
> 의 공무원을 둔다. 1. 사무차장 2. 일반국가공무원 3. 비서관·비서
> 제9조(비서관·비서) 비서관은 의장이 임명하고 비서는 사무총장이 임명한다.

3) 제6대 국회～제7대 국회

제6대 국회 기간 중인 1964년 2월 19일 국회사무처직제가 새로 제정되면서 국회의원에게 3급갑류(현 4급상당) 비서관 1인 및 4급갑류상당 비서 1인을 두도록 하였다.

4) 제8대 국회～제10대 국회

제8대 국회 기간 중인 1972년 7월 31일 제82회 국회 제17차 본회의에서 제정된 국회사무처직제에 따라 의원에게 3급을류(현 5급상당) 비서관 1인을 증원하였다. 이는 제7대 국회 당시 의원사무실 소속의 잡급직원을 양성화한 것이다.

박정희 대통령은 1972년 10월 17일 특별선언을 발표, 국회를 해산하였다. 이에 따라 국회기능을 대행하게 된 비상국무회의에서는 1973년 2월 7일 제9대 국회 개원을 대비하여 '국회의원수당 등에 관한 법률'을 제정하면서 동 법 부칙 제3항에 국회의원에게는 직접 국가예산에서 지급하는 관급비서관이나 비서를 둘 수 없도록 규정하였다. 그러나 제9대 국회 기간 중인 1973년 12월 20일 국회는 '국회의원수당 등에 관한 법률'을 개정하여 의원비서관제도를 부활시켜 의원 1인당 3급갑류 비서관 1인을 두도록 하는 이외에 의원 입법활동비, 세비, 정보비 중에 의원개인비서로 3인 정도를 고용할 수 있는 경비를 계상하여 지급하였다.

국회의원보수에 관한 법률(1949. 3. 31.) 신규제정
이 법률에는 제정 시부터 폐지될 때까지 비서관·비서 등 보좌진에 관한 규정 없음.
국회사무처법은 1963년 11월 26일 제정, 공포되었는데, 이때 비서관·비서에 관한 규정이 포함되었음.
국회의원수당 등에 관한 법률(1973. 2. 7.) 신규제정
부칙 ②(폐지법률) 이 법 시행 당시의 '국회의원보수에 관한 법률'은 폐지한다.
부칙 ③(경과조치) 국회의원에게는 직접 국가예산에서 지급하는 비서관·비서 등을 두지 아니하며, 국회사무처법 제12조와 국회사무처직제 중 '비서관', '비서'는 이를 삭제한다.
국회의원수당 등에 관한 법률(1973. 12. 20.) 일부개정
주요 개정 이유: 국회의원의 일반수당을 국무위원 보수액으로 하고 국회의원 비서관(3급상당) 1인을 두기 위하여 이에 상당하는 보수와 수당액에 소요되는 예산을 현행 국회의원의 일반수당과 입법활동비 중에서 조정하여 감액하고자 하려는 것임.

제9대 국회 후반인 1978년 3월 28일 국회의원회관이 의사당 경내에 건립되면서 개관에 대비하여 의원사무실의 인원을 충원하고자 하였다. 1977년 10월 1일 국회사무처 잡급직원 정원을 증원하여 각 의원에게 잡급으로 비서 1인, 운전원 1인 및 사무실보조원 1인을 두도록 하여 1978년 1월 1일부터 시행하기로 하였으나 예산 등의 사정으로 잡급비서는 시행되지 못하고 삭제되었다.

제10대 국회에서는 의원비서관 등 의원소속직원은 제9대 국회와 동일하게 운영되었다.

제10대 국회 해산 후 국회기능을 수행하던 국가보위입법회의에서 1981년 3월 31일 '국회의원수당 등에 관한 법률'을 전문 개정하여 3급을류 비서관과 상용잡급보조원 및 운전원 등 3인의 의원보조직원을 둘 수 있도록 하였다.

5) 제11대 국회~제12대 국회

　제4공화국의 의원보좌진 정원은 제5공화국 초기까지 유지되다가 1985년 제12대 국회 때 7급비서 1인이 추가되어 4인이 되었다.

　1981년에는 4월 20일 국가공무원법 개정 및 12월 15일 제108회 국회 임시회와 정기회 제16차 국회운영위원회에서의 국회인사규칙 개정에 따라 종전 3급을류 의원 비서관은 5급상당으로 조정되고 잡급직원 중 운전원은 고용직 1종으로, 보조원은 고용직 2종으로 정규직이 되었다. 그리고 1984년 12월 14일 제11대 국회 말에는 국회운영위원회에서 '국회의원수당 등에 관한 법률'을 개정하여 종전의 5급상당 비서관, 고용직 1종 운전원 및 고용직 2종 보조원 각 1인을 5급상당 보좌관, 7급상당 비서 및 고용직 1종 운전원으로 조정하고 1985년 4월 1일부터 시행하였다. 이때 '비서관' 명칭이 '보좌관'으로 바뀌면서 이들의 입법보조기능도 변화되기 시작하여 고학력 소지자들이 보좌관으로 충원되기 시작하였다.

국회의원수당 등에 관한 법률(1981. 3. 31.) 전문개정

개정 이유: 국회의원은 청렴의 의무가 있고 겸직이 허용되므로 국민에게 봉사하는 명예직의 성격을 띤 의원상에 부합되는 선에서 보수를 정하고 수당과 입법활동비를 지급하며 회기 중에는 특별활동비를 지급하고 의원의 직무를 보조하는 인원을 법으로 정하려는 것임.

주요 개정 내용: ① 국회의원에게 차관급의 봉급액을 매월 지급함. ② 겸직의원에게는 수당과 겸직보수 중 많은 것을 지급함. ③ 입법활동을 위한 기초자료의 수집·연구에 필요한 입법활동비를 매월 지급함. ④ 회기 중에 한하여 특별활동비를 지급하되 회기일수에 따라 회기 중에 지급함. ⑤ 국회의원이 공무로 여행할 때에는 정부공무원에 준한 여비를 지급함. ⑥ 보조직원의 정원을 법으로 정함. ⑦ 보조직원은 3급을류상당 비서관 1인, 보조원 1인, 운전원 1인으로 함. ⑧ 공무로 인한 상해·불구 또는 질병으로 인한 사망 시에는 치료비와 보상금을 지급함.

국회의원수당 등에 관한 법률(1984. 12. 31.) 일부개정

개정 이유: 현재 국회의원에게 지급되고 있는 수당과 입법활동비의 지급기준이 행정부의 차관급으로 규정되어 있는 것을 정액제로 변경하고, 의원의 입법보조기능을 강화하기 위하여 그 업무를 기능에 따라 나누어 의원보조직원을 보강하려는 것임.

주요 개정 내용: ① 국회의원의 수당은 공무원보수의 조정비율에 따라 국회규칙으로 조정할 수 있게 하고, 입법활동비는 국회규칙으로 조정할 수 있게 함. ② 국회의원의 여비의 지급기준을 국회규칙으로 정함. ③ 국회의원의 보조직원 중 비서관명칭을 보좌관으로 개칭하고, 현재의 보조원을 폐지하고 7급상당 비서 1인을 신설함.

1985년 12월 26일 국회사무처공무원 정원규정을 개정하면서 의원사무실의 제반 잡무를 처리하기 위하여 사무보조원(고용직 2종) 1인씩을 두었다.

1987년 10월 30일 제12대 국회 말 제137회 국회 제11차 본회의에서는 국회의원에게 소속된 보조직원 가운데 운전원(고용직 1종) 정원 1인을 6급상당 비서 1인으로 직급을 조정하였다.

국회의원수당 등에 관한 법률(1987. 11. 28.) 일부개정

개정 이유: 국회의원의 입법활동을 보다 적극적으로 지원하기 위하여 국회의원에게 소속된 보조직원의 직급 및 정원을 조정하려는 것임.

주요 개정 내용: ① 비서(6급상당 별정직국가공무원) 1인을 증원함. ② 운전원(고용직 1종) 정원 1인을 삭제함.

6) 제13대 국회~제16대 국회(현재)

제13대 국회에서는 1988년 7월 23일 제143회 국회 제2차 본회의에서 4급상당 보좌관 1인을 증원하였으며, 같은 해 12월 17일 제144회 국회 제17차 본회의에서 의원보조원 중 경노무고용직원을 9급상당 별정직국가공무원으로 직급을 조정하여 의원보조직원은 의원 각 1인에 4급상당 별정직보좌

관 1인, 5급상당 별정직비서관 1인, 6급상당, 7급상당 및 9급상당 별정직비서 각 1인의 총 5인을 두도록 하였으며 제14대 국회 및 제15대 국회 전반기까지 이 체제를 유지하였다. 1988년에 보좌관의 직급이 5급상당에서 4급상당으로 상향되었고 이어 국회의원의 수당도 차관급에서 국무위원급(장관급)으로 상향조정되었다.

국회의원수당 등에 관한 법률(1988. 8. 5) 일부개정

개정 이유 및 개정 내용: 국회의원의 입법활동을 원활히 지원하기 위하여 의원의 보조직원으로 별정직 4급상당 국가공무원인 보좌관 1인을 신설하려는 것임.

국회의원수당 등에 관한 법률(1988. 12. 29) 일부개정

개정 이유: 국회의원수당을 국무위원급의 봉급액으로 상향조정하고 의원보조직원의 직급조정 등을 통하여 의원의 입법활동지원을 강화하려는 것임.

주요 개정 내용: ① 의원수당과 입법활동비를 국무위원급으로 상향조정함. ② 의원보조직원 중 현행 경노무고용직원을 9급상당 별정직국가공무원으로 직급을 조정함.

1997년 10월 31일 제15대 국회 제185회 국회 제13차 본회의에서 '국회의원수당 등에 관한 법률'을 개정하여 1998년 1월 1일부터 의원 1인당 4급상당 보좌관 1인씩을 증원하기로 하였다. 1997년 11월 불어 닥친 외환위기로 인하여 한국 금융이 국제통화기금(IMF)체제에 편입된 후 보좌관 증원에 대한 여론이 악화되면서 그 시행 시기를 늦추었다.

국회의원수당 등에 관한 법률(1997. 11. 19.) 일부개정
개정 이유 및 주요 개정 내용: 국회의 입법활동과 예산결산 심의 및 대정부
감시기능을 원활히 하고 개정된 국회법에 의하여 1998년 5월부터 복수상임
위원회제도가 시행됨에 따라 국회의원의 의정활동 영역이 확대되어 국회의
원의 입법지원인력의 확충이 필요하여 국회의원의 보조직원을 증원하려는
것임. 국회의원의 의정활동을 보좌하는 4급상당 별정직국가공무원 1인을
증원함.

보조직원의 정원

보좌관(4급상당 별정직국가공무원) 2인 비서관(5급상당 별정직국가공무원) 1인
비서(6급상당 별정직국가공무원) 1인   비서(7급상당 별정직국가공무원) 1인
비서(9급상당 별정직국가공무원) 1인

그 후 2000년 5월에 출범한 제16대 국회부터 4급상당 보좌관을 1인씩 증
원하여 현재 의원 1인당 4급상당 보좌관 2인, 5급상당 비서관 1인, 그리고
6급상당, 7급상당, 9급상당 비서 각 1인씩 모두 6인을 두고 있다.

3. 임면 및 직무

의원보좌직원을 두는 법적 근거는 '국회의원수당 등에 관한 법률'이다. 이
법률 제9조 제1항에 "국회의원 입법활동을 지원하기 위하여 보좌관 등 보조
직원을 둔다."라고 규정하고 있고, 동 조 제2항에는 보조직원에 대하여 정원
의 범위 안에서 보수를 지급하도록 하였다.

〈표 16-2〉 국회의원보좌진 충원 현황

국회	보조직원	정원(인)	비고
제3대	3급을류 비서(현 5급상당) 1	203	3급→3급을류로 계급체계 변경(1955. 11. 17.)
제4대	3급갑류 비서(현 4급상당) 1	233	3급을류→3급갑류로 상향 조정
제5대	(민의원) 3급갑류 비서(현 4급상당)1 4급갑류 수행원(현 6급상당) 1 (참의원) 3급갑류(현 4급상당) 1 4급갑류 수행원(현 6급상당) 1	233 233 58 58	계 582인
제6대	3급갑류(현 4급상당) 1 4급갑류 수행원(현 6급상당) 1	175 175	계 350인
제7대	3급갑류(현 4급상당)1 4급갑류 수행원(현 6급상당) 1	175 175	계 350인
제8대	3급갑류 비서관(현 4급상당) 1 3급을류 비서관(현 5급상당) 1 4급갑류 수행원(현 6급상당) 1	204 204 204	계 612인
제9대	3급갑류 비서관(현 4급상당) 1	219	· 의원입법활동비, 세비, 징보비 중에 의원개인 비서로 3인 정도 고용할 수 있는 경비를 계상하여 별도 지급
제10대	3급갑류 비서관(현 4급상당) 1 잡급 비서 1 잡급 운전원 1 잡급 사무실보조원 1	231 231 231 231	· (국가보위입법회의) 3급을류 비서관 1인을 5급상당으로, 운전원은 고용직 1종, 보조원은 고용직 2종으로 정규직화
제11대	5급상당 비서관 1 운전원(고용직 1종) 1 보조원(고용직 2종) 1	276 276 276	· 5급상당 보좌관 1인, 7급상당 비서 1인, 고용직 1종 운전원 1인으로 조정(1984. 12. 14.)
제12대	5급상당 비서관 1 7급상당 비서 1 운전원(고용직 1종) 1 국회사무처소속사무보조원 1	276 276 276 276	· 국회사무처소속사무보조원 1인 추가지원(1985. 12. 26.) 운전원(고용직 1종) 1인을 6급상당 비서 1인으로 직급 조정(1987. 10. 30.)
제13대	4급상당 보좌관 1 5급상당 비서관 1 6급상당 비서 1 7급상당 비서 1 9급상당 비서 1	299 299 299 299 299	· 제13대 국회개원 직후 4급상당 보좌관 1인 증원(1988. 7. 23.) 사무처소속 사무보조원(경노무고용직)을 9급상당 공무원으로 직급 조정(1988. 12. 17.)
제14대	〃	〃	
제15대	〃	〃	
제16대 - 현재	4급상당 보좌관 2 5급상당 비서관 1 6급상당 비서 1 7급상당 비서 1 9급상당 비서 1	546 273 273 273 273	· 제15대 국회 기간 중(1998.01.01)에 4급상당 보좌관 1인 증원. 제16대 국회부터 보좌관 2인체제 시행

출처: 국회사무처, 『대한민국국회60년사』(2008), 970–971쪽; 기타 자료.

의원보좌관(보조직원)은 별정직국가공무원으로서 국회의원이 임명요청서나 면직요청서를 제출하면 이들을 임용 또는 면직할 수 있으므로 사실상 의원보좌관의 임명은 의원 개인의 의사에 달려 있다.[5]

의원보좌진으로 임명되면 의원의 의정활동보좌, 지역구관리 및 의원의 신변잡무처리, 민원접수, 방문객 접대 및 국회참관 인도 등 다양한 형태의 보좌를 하게 된다. 보좌관은 국회의원의 주된 임무인 의정활동보좌에 역점을 두고, 그 밖에 입법활동에 필요한 사안의 내용분석 및 법률안 초안작성, 국회 본회의 및 소속상임위원회 활동에 필요한 질의서작성, 각종 현안문제의 자료수집 및 분석, 국민여론의 청취 및 분석 등의 직무를 수행한다.

지역구 관리업무는 지역구 민원사항에 대한 답변 및 조사, 지역주민의 국회의사당 방문 안내 및 접대, 진정사항의 처리, 지역구의 복지사업 추진, 선거와 관련된 업무수행 등이 해당된다.

제3절 교섭단체 정책연구위원제도

1. 제도의 취지

국회는 국회의원의 입법활동을 보좌하기 위하여 교섭단체 소속의원의 입법활동 및 교섭단체 운영을 보좌하기 위한 교섭단체 정책연구위원제도를 두고 있다.

보좌관·비서관이 의원의 요청에 의하여 임면되고 당해 의원에게 전속적인 보조진인 데 비하여 정책연구위원은 일정한 자격을 갖춘 자가 교섭단체 대표의원의 제청에 의하여 임면되어 해당 교섭단체 대표의원의 지휘, 감독 아래 소속의원의 입법활동을 보좌한다는 점에서 기능상 차이가 있다.

---

5) 국가공무원인 의원보좌관 등의 임용자격 및 결격사유는 국가공무원법 제33조(결격사유) 제1항 참조.

정책연구위원은 정당에 소속하여 있으면서 교섭단체의 원내 기획활동을 주된 업무로 하고, 교섭단체 소속의원의 입법활동이나 교섭단체 운영을 지원, 보좌하기 위하여 자신이 소속된 교섭단체 대표의원의 지휘·감독 아래 활동한다. 이들의 주된 임무는 각 교섭단체의 의원발의 법안 입안, 각 상임위원회 정책질의자료를 준비하는 일이며, 국정감사 및 국정조사 시에는 사무보조자로 활동한다.

2. 연혁

교섭단체 내에는 소속의원들의 입법활동을 보좌하기 위하여 정책연구위원을 두고 있다. 한국국회는 교섭단체별로 일정수의 정당 전문위원을 교섭단체 정책연구위원으로 임명하는 제도를 제13대 국회부터 운영하고 있다.

교섭단체 정책연구위원제도는 국회 상임위원회 전문위원제도와 깊은 관련이 있다. 제8대 국회까지 상임위원회의 전문위원은 위원회에서 제청하여 임명하는 복수전문위원제도로 운영되었으나 전문위원의 정치공무원화, 전문성 저하, 입법보좌업무의 혼란 등과 같은 문제점이 제기되었다. 이 책 제8장 '위원회'의 제8절 '위원회 전문위원충원 방식의 변천'에서 살펴본 것처럼, 1984년의 국회사무처법 개정으로 위원회 전문위원까지는 일반직공무원이 그 직에 임할 수 있도록 하면서 대신 교섭단체별로 별정직 참모진, 즉 정책연구위원을 두게 한 것이다. 제9대, 제10대 국회 때에는 역시 복수전문위원제도였으며 사무총장의 제청으로 의장이 임명하는 형식을 취하였다. 제5공화국의 제11대 국회부터는 1인의 전문위원과 심의관제도로 운영되다가 소관부처의 업무 확대, 전문·분담화 등 필요에 따라 제14대 국회부터 1개 위원회에 복수전문위원제도가 실시되어 현재에 이르고 있다.

<그림 16-1> 교섭단체 전문위원 · 정책연구위원제도의 변화

전문위원제도 도입		전문위원제도 폐지		전문위원제도 재도입		정책연구위원제도 도입
제6대 국회말 (1967. 02.)	⇨	제8대 국회 말기 (1973. 10. 10월유신)	⇨	제10대 국회 (1979. 12)	⇨	제13대 국회 (1988. 07.)

1) 교섭단체 전문위원제도

제13대 국회 때 실시된 교섭단체 정책연구위원제도 이전에는 교섭단체 전문위원제도가 있었는데 그 연혁은 다음과 같다.[6]

제6대 국회 말인 1967년 2월부터 제8대 국회 말인 1972년 12월까지 상용 잡급(보수는 일반직 1급수준)으로 교섭단체 전문위원을 의장이 임명하여 운영하였다. 제7대 국회에서는 민주공화당 2인, 신민당 1인, 정우회 1인을 두었으며, 제8대 국회에서는 민주공화당 5인, 신민당 4인을 임명하다가 1972년 10월 17일 10월유신으로 폐지되었다.

제10대 국회에서는 교섭단체 전문위원제도가 부활되어 1979년 12월 예결위원회에서 상용잡급 8종(일반직 2급상당)의 교섭단체 전문위원 3인을 두기로 하고 소요예산을 1980년도 국회소관 예비금에 책정하여, 1980년 1월부터 10월까지 각 교섭단체별(민주공화당 · 유신정우회 · 신민당)로 1인씩 교섭단체 전문위원을 두었다. 그러나 1981년 12월 15일 국가공무원법이 개정되면서 상용잡급제도가 폐지되었고 교섭단체 전문위원 정원이 폐지되었다.

2) 교섭단체 정책연구위원제도

정책연구위원제도는 제13대 국회부터 시행되었는데 그 경과를 보면 다음과 같다. 제13대 국회의원 선거(1988. 4. 26.)에 의하여 구성된 여소야대의 국회에서는 의회기능의 강화요구에 따라 위원회에서 추천하는 상임위원회 전문위원 임명제도를 신설하고 4당 구도 아래의 상임위원회 복수전문위원제

---

6) 국회사무처, 『대한민국국회50년사』(1988), 1229~1236쪽.

채택요구가 야당 측 일각에서 제기되었다.

이에 대한 기존 운영상 나타난 폐단과 문제점이 논의되다가 기존의 상임위원회 전문위원제도는 그대로 유지하고 교섭단체의 정책입안, 심의능력 보강 차원에서 원내교섭단체에서 추천하는 일정수의 정책연구위원을 별정직공무원으로 의장이 임명, 해당 교섭단체에서 입법활동을 보좌하는 제도를 입안 채택하게 되었다. 이에 따라 1988년 7월 23일 제13대 국회에서 국회법에 처음으로 근거규정을 둔 '교섭단체 정책연구위원 임용 등에 관한 규칙'이 제정되어 각 교섭단체에 균등하게 6인씩 배분, 모두 24인을 임용하여 운영하였다.

교섭단체 정책연구위원임용 등에 관한 규칙(1988. 7. 23.)

주요 개정 내용: ① 정책연구위원은 당해 교섭단체 대표의원의 지휘·감독을 받아 소속의원의 입법활동을 보좌하도록 함. ② 각 교섭단체에 두는 정책연구위원의 직급 및 인원은 1급상당 별정직국가공무원 1인과 2급상당 별정직국가공무원 5인으로 함. ③ 정책연구위원은 별표로 정하는 일정한 자격기준에 해당하고 그 직무에 필요한 전문지식을 가진 자로 함. ④ 정책연구위원은 당해 교섭단체 대표의원의 제청에 따라 의장이 임명하도록 함. ⑤ 정책연구위원은 그 소속교섭단체가 해산 또는 통·폐합되는 경우 그 사실이 의장에게 보고된 날에 퇴직하도록 함.

그 후 1990년 3당합당(민주정의당·통일민주당·신민주공화당의 합당)으로 교섭단체 통폐합 등의 여러 가지 상황변화로 인하여 동 규칙이 여러 차례 개정되어 총인원 및 교섭단체별 배분인원에 변동이 있었다. 1991년 12월 16일 제3차 개정으로 제13대 임기만료까지 한시적으로 제1교섭 단체에 20인, 제2교섭 단체에 13인을 배정하였다.

제14대 국회에서는 1992년 10월 15일 교섭단체 수가 2개에서 3개로 증가됨에 따라 정원을 일부 증원하여 조정함과 동시에, 교섭단체별 정원의 배정 원칙을 명확히 함으로써 향후 교섭 단체별 또는 교섭단체 소속의원 수의 변동에 따른 빈번한 규칙 개정이 없도록 하기 위하여 동 규칙의 4차 개정을 하였다. '교섭단체 정책연구위원임용 등에 관한 규칙'의 내용은 <표 16-3>에 제시되어 있다.[7]

〈표 16-3〉 정책연구위원제도의 변화

구분	연월일	주요 내용
제정	1988. 07. 23	· 정책연구위원은 당해 교섭단체대표의원의 지휘감독을 받아 소속의원의 입법활동을 보좌하도록 한다. · 각 교섭단체에 두는 정책연구위원의 직급 및 인원은 1급 상당 별정직 국가공무원 1인과 2급 상당 별정직 국가공무원 5인으로 함. · 정책연구위원은 별표로 정하는 일정한 자격기준에 해당하고 그 직무에 필요한 전문지식을 가진 자로 함. · 정책연구위원은 당해 교섭단체대표의원의 제청에 따라 의장이 임면토록 함. · 정책연구위원은 그 소속교섭단체가 해산 또는 통·폐합되는 경우 그 사실이 의장에게 보고되는 날에 퇴직하도록 함.
제1차 개정	1990. 03. 16	· 교섭단체에 두는 정책연구위원의 정원을 각각 제1교섭단체 18인, 제2교섭단체 11인으로 함
제2차 개정	1991. 05. 08	· 제1교섭단체와 제2교섭단체에 2급 상당 및 4급 상당 별정직 국가공무원 정책연구위원을 각 1인씩 증원하여, 총원 33인이 되도록 함. · 4급 상당 정책연구위원의 임용자격기준을 신설하여 제13대 국회의원의 임기만료일까지 적용되도록 함.
제3차 개정	1991. 12. 16	· 교섭단체 정책연구위원의 정원을 제1교섭단체 19인, 제교섭단체 13인으로 조정함.
제4차 개정	1992. 10. 15	· 정책연구위원의 정원을 교섭단체수가 두 개인 경우 32인, 세 개 이상인 경우에는 36인으로 하고, 정책연구위원은 1급 내지 4급 상당 별정직 국가공무원으로 보함. · 교섭단체간의 정원은 교섭단체의 수 및 교섭단체 소속의원수에 따라 일정한 기준에 의하여 배정함. · 정책연구위원의 직급별 배정은 1급 상당 정책연구위원은 교섭단체소속의원수에 따라 1인 내지 3인을 두고, 4급 상당 위원은 원칙적으로 각 교섭담체에 2인을 두며, 2급 또는 3급 상당 위원은 각 교섭단체에 배정되는 정원 중 1급 및 4급상당 위원을 제외한 인원으로 함. · 의장은 교섭단체의 통·폐합 또는 해산 등의 일정한 사정이 있는 경우 각 교섭단체대표의원과 협의하여 교섭단체별 인원을 재배정함. · 정책연구위원의 자격기준을 일부 조정함.
제5차 개정	2003. 12. 23	· 교섭단체의 수가 2개인 경우 53인, 3개 이상인 경우에는 57인
제6차 개정	2004. 07. 15	· 교섭단체의 수가 2개인 경우 63인, 3개 이상인 경우에는 67인
제7차 개정	2004. 09. 21	· 교섭단체가 해산하거나, 통합·폐합되는 경우 정책연구위원은 당연 퇴직함.

자료: 국회사무처, 『대한민국국회60년사』(2008), 971-972쪽.

---

7) 1999년에 각 교섭단체가 합의하여 교섭단체 정책연구위원 정원을 늘리려 시도한 적이 있으나 여론의 반대로 성사되지는 않았다.

3. 임면 및 직무

정책연구위원은 각 교섭단체에 소속하여 있기 때문에 당해 교섭단체 대표의원의 제청에 따라 의장이 임면한다. 그리고 당해 교섭단체가 해산되거나 통폐합되었을 때에는 그 해산 또는 통폐합된 사항이 의장에게 보고된 날에 당연히 퇴직된다. 정책연구위원은 별정직 국가공무원이기 때문에 국가공무원법 제33조 제1항의 각 호에 규정한 결격사유에 해당되지 아니하고, 그 직무수행에 필요한 전문지식을 가진 자여야 한다. 정책연구위원의 구체적인 자격기준은 국회법 제34조의 규정에 의거하여 '교섭단체 정책연구위원임용 등에 관한 규칙'(1988. 7. 23)에서 정하고 있다.

교섭단체 대표의원이 정책연구위원에 대한 임면제청을 할 때에는 임명제청서 또는 면직제청서를 국회사무처 총무과에 제출하여야 한다.

'교섭단체 정책연구위원임용 등에 관한 규칙' 제2조의 규정에 따라 정책연구위원은 소속교섭단체 대표의원의 지휘·감독을 받아 당해 교섭단체 소속의원의 입법활동을 보좌하고, 법률이나 다른 규칙의 규정에 의하여 특별한 직무를 부여받은 때에는 이에 따르도록 하였다. 이에 따라 '국정감사 및 조사에 관한 법률'(제6조 제2항)에서는 국정감사 또는 국정조사 시 정책연구위원을 사무보조자로 활용할 수 있도록 하였다.[8]

제4절 맺음말

의원의 입법활동을 공식적으로 보좌하는 관료로는 국회 각 위원회의 수석전문위원, 전문위원, 심의관, 입법조사관, 국회사무처의 법제실과 예산정책국, 그리고 의원실의 보좌진과 교섭단체 정책연구위원이 있다. 그중 의원보좌진 및 정책연구위원은 의원의 입법활동보좌에 큰 기여를 하고 있다고 할

---

8) 공무원보수규정에 의하여 정책연구위원 중 1급상당은 1급 15호봉, 2급상당은 2급 12호봉, 3급상당은 3급 16호봉 그리고 4급상당은 4급 21호봉에 해당하는 보수를 지급하고 있다.

수 있으나 인원의 충원과 효율적인 활용에 있어서는 개선의 여지가 있다.

고도의 전문성과 기동성을 요하는 보좌관·비서관·정책연구위원의 임용에는 엄격한 기준이 적용되어야 할 것이며, 이들과 국회사무처 각 부서의 유기적인 업무협조는 물론 고유의 기능인 정책연구개발과 교섭단체 운영보좌에 매진할 수 있도록 하여야 한다. 의원보좌진이나 정책연구위원은 전문성(경력 혹은 연구)은 물론 기본적인 어학능력이 요구된다.

〈자료 16-1〉 국회의원수당 등에 관한 법률

[일부개정 2005.7.29 법률 제7628호]

제1조(목적) 이 법은 국민에게 봉사하는 국회의원의 직무활동과 품위유지에 필요한 최소한의 실비를 보전하기 위한 수당 등에 관한 사항을 규정함을 목적으로 한다.

제2조(수당의 지급기준) 국회의원에게 별표 1의 수당을 매월 지급한다. 다만, 수당을 조정하고자 할 때에는 이 법이 개정될 때까지 공무원보수의 조정비율에 따라 국회규칙으로 정할 수 있다.<개정 1984.12.31>

제3조(수당의 지급일) 국회의원의 수당은 매월 20일에 지급한다. 다만, 지급하는 날이 공휴일인 때에는 그 전일로 한다.

제4조(수당의 계산) 국회의원의 임기가 개시된 날과 국회의원의 직을 상실하는 날이 속하는 월의 수당은 제2조의 규정에 의한 수당중 그 월의 재직일수에 해당하는 금액을 지급한다.

[전문개정 2001.3.28]

제5조(겸직의원의 수당) 국회의원이 법률이 허용하는 다른 공무원의 직을 겸한 때에는 국회의원의 수당과 겸직의 보수중 많은 것을 지급받는다.

제6조(입법활동비) ① 국회의원의 입법기초자료의 수집·연구등 입법활동을 위하여 별표 2의 입법활동비를 매월 지급한다. 다만, 입법활동비를 조정

하고자 할 때에는 이 법이 개정될 때까지 국회규칙으로 정할 수 있다. <개정 1984.12.31>

② 입법활동비의 지급일 및 계산방법에 관하여는 제3조 및 제4조의 규정을 준용한다.

제7조(특별활동비) ① 국회의원의 회기 중 입법 활동을 특히 지원하기 위하여 특별활동비를 지급한다.

② 특별활동비는 별표 3에 의한 지급액의 30분의 1에 해당하는 액에 회기일수를 곱하여 산출하고 회기 중에 지급한다.

제7조의2(입법 및 정책개발비) ① 국회의원의 입법 및 정책개발 활동을 지원하기 위하여 예산의 범위 안에서 입법 및 정책개발비를 지급할 수 있다.

② 제1항의 규정에 따른 입법 및 정책개발비의 지급기준·절차 등에 관하여 필요한 사항은 국회의장이 각 교섭단체대표의원과 협의하여 정한다.

[본조신설 2005.7.29]

제8조(여비) ① 국회의원이 본회의 또는 위원회의 의결이나 국회의장의 명에 의하여 공무로 여행할 때에는 여비를 지급한다.

② 여비의 지급기준은 국회규칙으로 정한다.<개정 1984.12.31>

③ 국외 여비는 여행목적을 고려하여 국외공식활동에 필요한 최소한도의 범위 안에서 지급한다.

제9조(보조직원) ① 국회의원의 입법 활동을 지원하기 위하여 보좌관 등 보조직원을 둔다.<개정 1984.12.31>

② 보조직원에 대하여는 별표 4에 정한 정원의 범위안에서 보수를 지급한다.<개정 1984.12.31>

제10조(상해·사망) 국회의원이 직무로 인하여 신체에 상해를 입은 때에는 그 치료비의 전액을 지급하고, 그 상해로 불구가 된 때에는 수당의 6월분 상당액을, 그 상해 또는 직무로 인한 질병으로 사망한 때에는 수당의 1년분 상당액을 지급한다.

제11조 삭제<1988.12.29>

〈자료 16-2〉 교섭단체 정책연구위원 임용 등에 관한 규칙

[일부개정 2004.9.21 국회규칙 제128호]

제1조(목적) 이 규칙은 국회법 제34조의 규정에 의하여 교섭단체에 두는 정책연구위원(이하 "정책연구위원"이라 한다)의 정원·직급·자격 및 임면절차 등에 관한 사항을 규정함을 목적으로 한다.

제2조(직무) ① 정책연구위원은 소속교섭단체대표의원의 지휘·감독을 받아 당해교섭단체소속의원의 입법 활동을 보좌한다.

② 정책연구위원이 법률이나 다른 규칙의 규정에 의하여 특별한 직무를 부여받은 때에는 이에 따라야 한다.

제3조(정원 등) ① 정책연구위원의 정원은 교섭단체의 수가 2개인 경우는 63인, 3개 이상인 경우는 67인으로 한다. <개정 2003.12.23, 2004.7.15>

② 정책연구위원은 1급 내지 4급상당 별정직 국가공무원으로 보한다.

제3조의 2(정원에 관한 특례) 국가공무원법 제73조의2의 규정에 의하여 동법 제71조 제1항 제3호 또는 동조 제2항 제4호의 사유로 정책연구위원이 6월 이상 휴직한 경우에는 제3조의 규정에 불구하고 그 휴직기간동안 당해 휴직자의 계급에 해당하는 정책연구위원의 정원이 따로 있는 것으로 보고 결원을 보충할 수 있다.

[본조 신설 2004.9.21][본조 신설 2004.9.21]

제4조(정원의 배정) 각 교섭단체에 배정하는 정책연구위원의 정원은 다음 각호와 같다. <개정 2003.12.23, 2004.7.15>

1. 교섭단체의 수가 2개인 경우는 교섭단체소속의원수의 비율에 의하여 배정한다.

2. 교섭단체의 수가 3개인 경우는 각 교섭단체에 12인씩 균등배정하고, 나머지 인원은 교섭단체소속의원수가 50인을 초과하는 교섭단체간의 소속의원수의 비율에 의하여 배정한다.

3. 교섭단체의 수가 4개인 경우는 각 교섭단체에 10인씩 균등배정하고, 나머지 인원은 교섭단체소속의원수가 40인을 초과하는 교섭단체간의 소속의원수의 비율에 의하여 배정한다.

4. 교섭단체의 수가 5개 이상인 경우는 각 교섭단체에 8인씩 균등배정하고, 나머지 인원은 교섭단체소속의원수가 30인을 초과하는 교섭단체간의 소속의원수의 비율에 의하여 배정한다.

제5조(직급별 배정) ① 1급상당 정책연구위원은 교섭단체 소속의원수가 30인 이상 50인 미만의 교섭단체에는 1인, 50인 이상 100인 미만의 교섭단체에는 2인, 100인 이상의 교섭단체에는 4인을 각각 둔다. <개정 2004.7.15>

② 4급상당 정책연구위원은 다음 각호와 같이 둔다. 다만, 1급상당 정책연구위원이 없는 교섭단체에 대하여는 6인을 둔다. <개정 2003.12.23, 2004.7.15>

1. 교섭단체의 수가 2개인 경우 : 소속의원수가 30인 이상 50인 미만의 교섭단체에는 12인, 50인 이상 100인 미만의 교섭단체에는 14인, 100인 이상의 교섭단체에는 16인

2. 교섭단체의 수가 3개인 경우 : 소속의원수가 30인 이상 50인 미만의 교섭단체에는 10인, 50인 이상 100인 미만의 교섭단체에는 12인, 100인 이상의 교섭단체에는 14인

3. 교섭단체의 수가 4개 이상의 경우 : 소속의원수가 30인 이상 50인 미만의 교섭단체에는 9인, 50인 이상 100인 미만의 교섭단체에는 11인, 100인 이상의 교섭단체에는 13인

③ 2급 또는 3급상당 정책연구위원은 제1항의 1급상당 및 제2항의 4급상당 정책연구위원의 정원을 제한 인원을 둔다.

제6조(정원의 재배정) ① 의장은 다음 각 호의 1에 해당하는 사유가 발생하였을 때에는 각 교섭단체대표의원과 협의하여 제3조 내지 제5조의 규정에 의하여 교섭단체별 정원을 재배정하여야 한다.

1. 교섭단체의 통·폐합 또는 해산 기타사유로 인하여 교섭단체수의 증감

이 있을 때

2. 정원이 배정된 날 이후 동일 교섭단체소속의원 수에 20인 이상의 증감
이 있을 때

② 의장은 제1항의 사유가 발생하였을 경우는 그 사유가 있었음을 안 날
부터 7일 이내에 교섭단체별 재배정 정원을 각 교섭단체대표의원에게 통
보하여야 한다.

③ 각 교섭단체대표의원은 제2항의 통보를 받은 날부터 30일 이내에 정
원의 재배정에 따른 필요한 조치를 의장에게 요청하여야 한다.

제7조(임용자격기준) 정책연구위원은 국가공무원법 제33조 각호의 1에 해당
되지 아니하는 자로서 별표 1에 정한 자격기준의 1에 해당하고 그 직무
수행에 필요한 전문지식을 가진 자이어야 한다.

제8조(임면절차) ① 정책연구위원은 당해교섭단체대표의원의 제청에 의하여
의장이 임면한다.

② 교섭단체대표의원이 정책연구위원에 대한 임면제청을 하고자 할 때에
는 별지 제1호서식의임명제청서 또는 별지 제2호 서식의 면직 제청서를
국회의장에게 제출하여야 한다.

제9조(당연 퇴직) ①정책연구위원(휴직 중인 자를 포함한다)은 그 소속한 교
섭단체가 해산되거나 통·폐합되었을 때에는 그 해산 또는 통·폐합된 사
실이 의장에게 보고된 날에 당연히 퇴직된다. <개정 2004.9.21>

② 국가공무원법 제73조의2의 규정에 의하여 휴직하는 정책연구위원을
대신하여 제3조의2의 규정에 따라 임명된 정책연구위원은 당해 휴직자의
휴직종료일 다음날에 당연히 퇴직한다. <신설 2004.9.21>

부칙 <제66호, 1992.10.22>

① (시행일) 이 규칙은 의결된 날부터 시행한다.

② (경과조치) 이 규칙 시행당시 재직 중인 정책연구위원에 대하여는 이
규칙의 규정에 의하여 임명된 자로 보며, 이 규칙 시행당시의 제3교섭단
체 소속정책연구위원으로 최초로 임명되는 자의 자격기준에 대하여는 종

전의 규정에 의한다.

부칙 <제125호, 2003.12.23>

① (시행일) 이 규칙은 2004년 1월 1일부터 시행한다.

② (적용례) 별표 1의 개정규정은 이 규칙 시행일 이후에 최초로 임용되는 정책연구위원부터 적용한다.

부칙 <제127호, 2004.7.15>

① (시행일) 이 규칙은 의결한 날부터 시행한다.

② (적용례) 별표 1의 개정규정은 이 규칙 시행일 이후에 최초로 임용되는 정책연구위원부터 적용한다.

부칙 (국회인사규칙) <제128호, 2004.9.21>

제1조(시행일) 이 규칙은 국회운영위원회가 의결한 날부터 시행한다.

제2조(다른 규칙의 개정) ① 생략

② 교섭단체정책연구위원임용등에관한규칙 중 다음과 같이 개정한다.

제3조의2를 다음과 같이 신설한다.

제3조의2 (정원에 관한 특례) 국가공무원법 제73조의 2의 규정에 의하여 동법 제71조 제1항 제3호 또는 동조 제2항 제4호의 사유로 정책연구위원이 6월 이상 휴직한 경우에는 제3조의 규정에 불구하고 그 휴직기간동안 당해 휴직자의 계급에 해당하는 정책연구위원의 정원이 따로 있는 것으로 보고 결원을 보충할 수 있다.

제9조 중 "정책연구위원"을 "정책연구위원(휴직중인 자를 포함한다)"으로 하고, 동조에 제2항을 다음과 같이 신설한다.

② 국가공무원법 제73조의 2의 규정에 의하여 휴직하는 정책연구위원을 대신하여 제3조의2의 규정에 따라 임명된 정책연구위원은 당해 휴직자의 휴직종료일 다음날에 당연히 퇴직한다.

제17장 국회의원 후보자 공천

제1절 장벽으로서의 공천제도

제18대 국회의원선거(2008. 04. 09)를 앞두고 각 정당은 엄정한 공천심사를 행하여 높은 전문성과 능력, 그리고 인격을 두로 갖춘 인재들을 각 당의 얼굴로 내세워 선거에 임하였다.

그런데 2008년 12월 18일 대한민국 국회에서는 한미 자유무역협정(FTA) 비준동의안 상정 및 처리를 둘러싸고 여야 간에 극한 충돌이 빚어졌다. 한나라당이 본회의장 문을 걸어 잠그고 비준동의안을 상정하자 야당의원들은 망치와 전기톱을 동원하여 문을 부쉈다. 여야 의원 간에 망치, 전기톱, 주먹다짐 그리고 소화기가 동원된 의정사상 초유의 '대격돌'이 벌어진 것이다. '대격돌'의 주인공들은 엄격하고 공정한 공천심사를 거쳐 선거에서 당선된 인품과 능력이 있는 엘리트들이다.

2009년 7월 22일에도 미디어법안 본회의 상정 및 처리를 둘러싸고 국회의원, 당직자, 의원보좌관들이 뒤얽혀 싸운 폭력사태가 발생하였다. 어떤 의원은 본회의장 의장석에서 의사봉을 쥐고 있는 부의장을 향하여 단상으로 몸을 날렸고, 어떤 의원들은 이를 결사적으로 뿌리치는 광경이 국내외 언론 매체에 보도되었다. 이를 기다리기나 했다는 듯이 미국의 외교전문지 포린 폴리시(Foreign Policy)는 2009년 9월호에서 한국국회는 '의회난투극 분야에서 세계 최고 수준'이라고 평하였다.

난투극의 제1선에 선 의원들과 그 뒤의 의원들이 과연 대한민국 국민을 대표하고 대변하는 사람들이 맞는 것인가 하는 깊은 회의를 들게 한 사건이었다. 나름대로 해당 의안을 처리하거나 이를 막아야 할 '사정'이 있기는 하

겠지만 폭력이나 물리력 등이 개입된다면 더 이상 국민의 대표·대표기관
이라고 부를 수는 없는 일이다.

비례대표의원직을 '특별당비' 형식의 자금을 대고 받아 온 일부 비례대표
의원들에 대한 국민의 시선이 곱지 않은 것도 사실이다.

제18대 국회의원선거를 앞두고 발생한 한나라당 공천 파동에 이은 국회
의사당 내의 폭력사태는 더 이상 국회의원 후보자 공천문제를 뒤로 할 수
없다는 인식의 공감대를 형성 하고 있다.

한국정당사를 보면 정당의 분열과 무분별한 합당, 의원들의 탈당, 당적 변
경을 유발 해 온 중요한 원인 중의 하나가 바로 국회의원 공천심사의 공정
성 문제, 계파별 공천권 배분 문제와 관련이 있다.[1] 공천 후보자 심사에 있
어 공정성과 객관성을 결여 해 온 것에서 오는 피할 수 없는 부작용이다.

국회의원 후보자 공천과 관련해서는 오래 전부터 잡음이 많이 있어왔다.
이를 흔히 '공천파동'이라고 한다. 공천심사와 관련하여 파동이 일어 난 것
은 어제 오늘의 일이 아니고, 한두 번 겪은 일도 아니다. 국회의원선거 때마
다 불거지고, 선거 후에는 제도 개선 운운하다가 용두사미처럼 사라지는 문
제가 바로 공천문제이다.

우리의 현실을 보면 후보자 선출과정에서 당원이나 대의원의 실질적인 참
여가 거의 없고, 주로 중앙당의 소수 지도자 중심으로 이루어지고 있다. 형
식이야 어떻든 실질적인 결정을 당 지도부에서 행하고 있다. 이러한 공천방
식은 외양의 변화가 있을 뿐 현재까지도 계속되고 있고, 그러하기 때문에
지금도 공천파동은 계속되고 있다.

이러한 상황에서 공천문제를 해결하는 정당이 유권자들의 확고하고도 지
속적인 지지를 받게 될 것은 자명한 일이다. 국민의 신임을 받는 그 정당은
곧 정책형성 및 수행능력이 다른 정당보다 앞설 것이고, 그렇게 되면 정권
유지나 정권 획득에 유리한 위치에 서게 될 것이다. 의원들이 당 지도부에
충성심을 보이기 위해 본회의장 단상을 점거하거나 폭력을 행사하거나 하는

---

1) 김현우, 『한국정당통합운동사』 (파주: 한국학술정보, 2009); 김현우, '국회의원의 당적변경과 정당의 의
　미', 〈의정연구〉 제2권 제2호(1996), 57-61쪽.

등의 '파격적이고도 소모적인 행위'를 할 필요가 없어지기 때문이다. 공천제도 개선은 당 지도부 특정인의 영향력을 일정 기간 감소시킬지는 모르겠으나 장기적으로는 그 정당을 위해 보탬이 되는 일이다.

제18대 국회의원들에 대한 설문조사에서도 의원들 스스로 현행 공천제도는 개선되어야 한다고 답하였다.[2] 정당법과 '공직선거 및 선거부정방지법' 등 관련 법률에서 공직선거 후보자의 추천은 '민주적'이어야 한다고 규정하고 있다. 민주적인 절차는 얼마든지 그 형식요건을 갖출 수 있지만 투명성과 공정성을 규정하고 있지 않아 시급히 보완되어야 할 과제로 남아있다.

폭력사태가 이어지면서 국회법, 국회폭력방지법 등을 제정하거나 개정하여 폭력의원을 제명하거나 형사범으로 처벌할 수 있도록 하자는 논의가 일고 있다. 또 윤리특별위원회를 중심으로 바람직한 의원행동지침을 마련하자는 논의도 있다. 많은 이들이 미국연방의회의 의원윤리 관련 법규나 규칙 등을 거론하면서 우리 국회에도 그러한 제도를 도입하자고 하는데 이는 임시방편적인 발상이다. 의원들의 의식이나 행태에 영향을 주는 기본적인 문제를 해결하지 않은 채 규제조치만을 강화하면 오히려 부작용이 더 커질 수 있다.

새롭게 처벌조항을 만들거나 더욱 엄중한 표현으로 고치는 것도 하나의 방법이 될 수 있겠지만 폭력사태가 더 있을 것으로 간주하고 그런 규정을 만들기보다는 공천제도를 제대로 손질하는 것이 모든 국회의원의 품격과 권위를 지켜주고, 선진의회로 나아가는 길이 될 것이다.

사안의 성질은 좀 다르지만 하나의 예를 들어보자. 모 의원은 2009년 2월에 있었던 대정부질문 중에서, 정부입법을 편의적으로 의원발의법안으로 제출하는 관행은 이제 사라져야 한다는 요지의 발언을 하였다. 행정부가 작성한 법안을 국회의원에게 청탁하여 국회의원의 이름으로 제출하는 것을 흔히 '청부입법(請負立法)'이라고 한다.[3] 법률상 행정부는 국회와 함께 법안제출권을 갖고 있으나 법안의 초안 단계에서부터 대통령 재가를 거쳐 국회에 제

---

2) '국회정당개혁에 관한 설문조사' 2009년 3월 12일자. 한국일보 조사, 국회의원 135명 답변.

3) 반대로 국회의원이 자신의 입법 실적을 올리기 위하여 행정부 측에 대하여 법안을 만들어 건네 달라고
   는 것을 '역청부입법(逆請負立法)'이라고 한다.

출되기까지에는 근 1년의 기간이 소요되므로 경우에 따라서는 국회의원에게 건네주고 의원발의법안으로 접수시켜 처리하는 것이다. 그러므로 의원발의법안 중 웬만한 것은 처리되지 못하여 폐기되는 것이 많은 반면, 의원발의법안 중 행정부에서 건너와 '세탁'을 거친 의원발의법안은 대부분 가결 처리되고 있다. 그렇기 때문에 통계수치상 의원입법이 증가하였다하여 이를 두고 국회의 입법능력이 향상되었다고 평가한다면 이 또한 옳지 않은 일이다.

세계에서 가장 높은 수준의 입법보좌진을 보유하고 있는 미국연방의회의 경우에도 처리되는 법안 중 중요한 것은 행정부 측에서 여당의원에게 건네준 법안이 많은 것을 감안하면, 한국국회의 가장 중요한 기능 중의 하나인 입법기능이 제대로 발휘되고 있는지에 대한 의문을 갖게 된다.[4] 공천과정이나 국회 본회의장에서 발생하는 여러 현상을 볼 때 국회의원들은 많은 경우 국민을 위하여 앞서가는 좋은 법률을 제정하려고 노력하기 보다는 정당 지도부, 내각, 청와대를 의식하는 '정치성향'에 지배당하고 있기 때문에 소모하지 않아도 되는 많은 시간을 허비하고 있다.

이 책 제14장 국회의원의 구성과 사회적 배경에서 보았듯이 국회의원들의 교육수준, 사회적 배경은 상당히 높은 편에 속한다. 분석된 자료를 보는 한 의원 한 사람 한 사람이 모두 인격과 전문성을 갖춘 전문가들이라고 볼 수 있다. 그렇지만 공천권의 소재가 바뀌거나 실질적으로 개선되지 않는다면 그들이 능력을 발휘하기 힘들고 그렇게 되면 그 피해는 국민에게 돌아오게 된다.

제2절 공천심사의 과거와 현재

정당 지도부가 국회의원 후보자 공천권을 행사하여 자신의 권력기반을 유지하거나 획득하려는 것은 정치의 속성상 충분히 이해할 수 있는 일이다.

---

4) 미국연방의회의 경우에는 엄격한 삼권분립이 이루어져 있는 관계상 행정부는 법률 제출권을 갖지 않는다 대통령은 교서를 통하여 연방의회의 법률 제정 혹은 개정 방향을 제시하며, 각 행정부처는 국회의원을 통하 법안을 연방의회에 제출하고 있다.

문제는 그 정도가 지나치다는 것에 있다. 정당 지도부의 공천권 독점은 민주정치의 기본 원칙과 정신을 위배하는 일이다. 정당 지도부가 구각에서 탈피하여 리더십, 정책형성 및 집행능력을 무기로 하여 지지자들을 규합하면 막후에서 공천권을 행사하여 얻는 정치권력 혹은 정치자원보다 몇 배 더 큰 정치적 힘과 국민적 지지를 얻을 수 있을 것이다.

공정하거나 투명하지 않았던 국회의원 공천심사 및 그와 관련된 사례 중 몇 가지를 유형별로 나누어 짚어 보도록 한다.

1. 당세 약화형(黨勢弱化型)

제8대 국회의원선거(1971. 05. 25)를 앞두고 민주공화당의 공천심사에서 현역 국회의원 102명 중 40명이 탈락하였다. 심각한 당내 갈등이 야기된 상태에서 선거가 치러졌고, 민주공화당은 86석을 얻어 65석을 획득한 신민당과의 의석격차가 크게 감소하였다(민주공화당 공천 갈등). 이른바 '물갈이' 차원에서 정략적으로 실시되는 당내 공천심사가 당세를 크게 약화시킨 사례이다. 현역의원에 대한 공천심사에는 공정하고도 일관된 기준의 제시 및 적용이 필요하다.

2. 정당 분열형(政黨分裂型)

1985년 10월 5일 신한민주당 소속 유한열, 이태구, 임종기, 황병우, 최운지, 신경설, 유갑종, 서종열, 정재원, 신병렬, 이건일, 한태석 등 12명의 국회의원이 신보수회(회장 유한열)를 결성하였다. 이들 12명은 신보수회 결성 후 2개월여가 지난 12월 31일 전원 탈당하였다. 이들 탈당파는 주로 민주한국당에 있다가 신한민주당에 입당하였던 인사들인데 이들이 탈당하게 된 배경에는 신한민주당 내 인사문제에 있어서의 소외와 불만, 그리고 공천이 보장되지 않는 지구당 사정이 있었다.

신한민주당을 탈당한 유한열 의원 등 신보수회 소속 의원들은 1986년 5월 20일 민중민주당(가칭) 창당준비위원회를 구성하였으며 5월 23일에는 시내 무교동의 광일빌딩에서 창당발기인대회를 개최하였다. 그리고 8월 16일에는 잠실교통회관에서 민중민주당을 창당하였다(신한민주당 분열).

정당 지도자들 중에는 당외 인사들을 영입하거나 정당통합을 할 때에는 좋은 조건을 제시하지만 통합이 성사된 후에는 전에 했던 약속은 이행하지 않는 이들이 있다.

3. 당내 계파별 갈등형(黨內系派別葛藤型)

1) '국민의 당' 당내 계파 갈등

제6대 국회의원선거(1963. 11. 26)를 앞두고 당의 간부진을 재편성한 '국민의 당'은 전국구 후보와 지역구 공천을 놓고 허정 계열과 이범석 계열 사이에 심한 갈등이 표면화되어 진통을 겪었다('국민의 당' 공천 파동). 그 후 허정과 이범석의 양자 협상을 통하여 동당은 전국구 후보 22명과 지역구 후보 120명을 선정할 수 있었지만 공천 후유증은 작지 않았다.

2) 통합신당 민주자유당 내 계파 갈등

제14대 국회의원선거(1992. 03. 24)를 3-4개월 앞둔 시점인 1992년 초 여당 민주자유당 내에서는 통일민주당 계열과 신민주공화당 계열 인사들이 민주정의당 계열에 대하여 1990년 2월의 3당 합당(민주정의당, 통일민주당, 신민주공화당의 합당) 당시의 지분비율에 따라 국회의원 후보자 공천권을 나눠야 한다고 주장하는 등 계파 간 갈등이 노정되고 있었다(민주자유당의 공천권 지분 갈등).

3) 민주당 신파 · 구파 공천 갈등

제5대 국회의원선거(1960. 07. 29)를 앞두고 민주당 내 신파와 구파 간의 암투가 계속되다가 4 · 19혁명 이후 과도기에 이르러 절정에 달하였다. 신파와 구파는 사사건건 대립하였는데 특히 내각책임제 개헌 문제, 국회의원 후보자 공천 문제, 제2공화국의 조각문제 등을 둘러싸고 심각한 갈등을 보였다. 민주당은 자유당이 와해된 상황에서 사실상 차기 정권을 인수할 후계자적 지위를 확보하고 있었기 때문에 신파와 구파의 관심은 자파의 당원이 한 사람이라도 더 공천을 받도록 하는 일이었다.

신파와 구파는 최대 관심사인 당의 공천업무에 관련된 잡음을 줄이기 위한 방안을 모색하였다. 두 계파는 그 방안으로 말썽 많은 핵심당부를 기점으로 하는 상향식 공천방법 대신에 당의 공천권을 중앙에 부여하는 하향식 공천방법을 채택하자는 데 의견을 모았다.

이에 따라 1960년 5월 20일 열린 당 확대간부회의에서는 공천요강에 관한 최종합의가 이루어졌다. 그 내용은 현직 국회의원과 현직 핵심당부의 위원장으로서 지난 제4대 국회의원선거 시 차점자나 기탁금을 몰수당하지 않은 자(129명)는 무조건 공천하고, 기타 지구에 대해서는 공천대회를 개최하되 핵심당부와 도당부(道黨部)의 의견이 일치하는 경우에는 공천하나, 의견이 일치하지 않을 때에는 중앙공천심사위원회에서 최종 결정하기로 하였다.

233개 선거구 중 104개 선거구의 경우 공천경쟁률은 평균 2.4 대 1이었으며 이 중 대부분은 치열한 공천분쟁에 휘말려 중앙의 최종결정을 기다렸다. 그런데 중앙심사위원회는 당선 가능성이나 덕망, 실력, 당성과 같은 기준에 입각하여 공천심사를 하기보다는 두 계파 간의 정치거래를 위주로 하였다. 신파와 구파는 서로 당선 가능성이 희박한 상대방 측의 후보공천에는 적극적으로 동의하고 당선 가능성이 있는 선거구를 내놓아야 할 때에는 반대급부로 다른 선거구와 맞바꾸는 방식을 취하였다.

후보공천 후에는 민주당은 신파와 구파 간의 지역안배가 무시되기도 하였다. 즉 구파가 공천된 지역구에 신파가, 신파가 공천된 지역구에 구파가 대항후보를 세워 전국 100여 개 지역구가 신파·구파 간 경합의 장이 되어 민주당의 명의로 출마한 입후보자의 수는 민의원에 301명, 참의원에 60명이나 되었다.

이와 같은 무원칙한 중앙의 공천심사는 결국 당의 공천은 받지 못하였으면서도 민주당 소속으로 출마하는 다수의 낙천출마자를 내게 되었다. 이러한 상황에서 당의 공천은 큰 의미를 갖지 못하였다.

집권한 민주당은 처음 시행되는 내각책임제 하에서 권력의 핵인 총리직을 놓고 신파와 구파가 다시금 격돌하게 된다.[5] 목전의 집권을 앞두고 공천의 기준과 원칙에 합의하지 못하여 갈등을 초래한 사례이다. 정치지도자들의 과욕은 허점을 보이게 마련이며 제3세계에서는 군부의 개입을 초래하기도 한다.

4. 쌍두마차 공천 갈등형(雙頭馬車公薦葛藤型)

2004년 4월의 제17대 국회의원선거를 앞두고 당시 민주당 조순형 대표와 추미애 선거대책위원장이 서로 다른 도장이 찍힌 공천자 명단을 선거관리위원회에 제출하는 사상 초유의 사태가 발생하였다. 정당 공천사상 하나의 오점으로 기록된 이 사건을 흔히 '옥쇄파동사건'이라고 부른다.

5. 비례대표 헌금공천형(比例代表獻金公薦型)

제18대 국회의원선거(2008. 04. 09)에서 14석을 획득하여 돌풍을 몰고 온 '친박연대(親朴連帶)'는 선거 직후 일부 당선자들이 공직선거법 위반 또는 공천 과정에서 헌금을 주었다는 혐의로 수사를 받았다.[6] 동당 소속 비례대

---

5) 자세한 것은 김현우, 『한국정당통합운동사』 (파주: 한국학술정보, 2009), 380~383쪽 참조.

6) '친박연대'란 박근혜 의원 지지자들로 구성된 정당이다. 제18대 국회의원선거를 앞두고 한나라당 공천심사에서 낙천한 인사들이 중심이 되어 결성한 조직이다.

표의원인 김노식 의원과 양정례 의원이 서청원 대표에게 거액의 공천 헌금을
준 정황이 포착되어 당선이 무효화되고 사법처리를 받았다(공천 헌금사건).

서청원 친박연대 대표는 비례대표의원 공천 명목으로 김노식 후보자로부
터 15억 1천만 원, 양정례 후보자 및 모친 김 씨로부터 17억 원을 받은 혐
의(공직선거법 위반)로 기소되어 징역 1년 6월이 확정되었다. 김노식 의원은
징역 1년의 확정 판결을 받았으며, 양정례 의원은 징역 10월에 집행유예 2
년을 선고받았다.

6. 탈당·무소속 출마형(脫黨·無所屬出馬型)

1) 민주공화당 공천파동

제6대 국회의원선거(1963. 11. 26)를 앞두고 민주공화당 내의 공천파동이 확
대되어 1963년 11월 1일 낙천자들이 대거 탈당하였다(민주공화당 공천파동).

2) 낙천후보자 무소속 출마

제13대 국회의원선거(1988.4.26)에서는 무소속 출마자가 111명으로 제12
대 국회의원선거 때의 29명에 비하여 크게 증가하였다. 이는 민주화 추세를
타고 많은 정치입문희망자들이 몰린 것과, 정당의 후보공천 낙천자들이 공
천결과에 불만을 품고 선거에 출마한 것에서 원인을 찾을 수 있다(공천불만
후보자들의 무소속 출마). '공천'의 기준이 모든 후보자들에게 동일하게 적
용되지 않기 때문에 낙천자들의 불만이 커져 무소속으로 출마하게 되는 것
이다.

국회의원 공천제도는 여러 가지 모습으로 변화를 거듭하여 왔다. 시대 순으로 특징적인 것을 살펴보면 다음과 같다.

1. 지역구 추천장 공천제도

제1대 국회의원선거(1948. 05. 10)를 앞두고 '정당'이라는 개념 자체가 생소하였던 당시의 유권자들이 우후죽순식으로 생겨난 정당에 대해 혼란을 겪는 것은 어쩔 수 없는 일이었다. 아직 정당체제나 제도가 정비되어 있지 않았던 때라 정당 지도부가 지역구 유권자들의 추천을 받은 입후보 신청자 가운데에서 적합한 인사들을 선정하여 선거를 치렀는데 이것이 제1차적인 의미의 공천이었다.

제1대 국회의원선거에서는 지역구별로 유권자 200인 이상의 추천장을 받아야 한다는 선거법 규정이 있었다. 이 규정을 충족시킨 후보자들을 상대로 심사하여 적합하다고 판단되는 인물을 정당 지도부가 선정하였다.[7] 제2대 국회의원선거(1950. 05. 30)에서는 지역구 유권자 100-200인 이하의 추천장이 있어야 한다고 규정이 일부 개정되었다. 후보자 선정은 제1대 국회의원선거 때와 같았다.

2. 정당 후보자 공천제도(상향식 공천)

제3대 국회의원선거(1954. 05. 20)를 앞두고 한국 선거사상 최초로 여당인 자유당과 야당인 민주국민당이 정당 후보자 공천제도를 채택, 실시하여 정

---

7) 중앙선거관리위원회, 『대한민국선거사』 제1집(1973), 72-74쪽.

당정치 제도화에의 의지를 보였다.

자유당과 민주국민당은 선거를 3개월 앞둔 시점인 1954년 2월 각각 당 조직 정비를 완료하였다. 자유당은 선거에 대비하여 3월 10일 제5차 혁신강화 전국대의원대회를 개최하였다. 이 대회에서는 지방에서 선출된 대의원을 상급당부에서 인준하는 방식을 취하여 민족청년단 계열 인사들의 자유당 진입을 통제하였으며, 또 차기 선거에 입후보공천제를 실시할 것을 결의하였다.

자유당의 경우 공천후보자를 선정하는 전제조건으로서 국민투표제, 3권 분립주의에 입각한 국무총리제 폐지, 현직 대통령 3선 개헌(三選改憲) 지지 등의 조건을 제시한 후 후보자로부터 이를 수락하는 각서를 받은 후에야 공천을 주었다.

이승만 대통령은 1950년 초 개헌문제로 곤궁에 빠졌을 때부터 정치·사회단체 등을 움직여 자유당을 결성하기 시작하였으나 이때의 그의 권력은 불안정하였다. 그는 1953년 전반기에 자유당이 원내에서 의석 과반수를 차지하게 된 후 1년간 즉 제2대 국회의 마지막 1년 동안 집권 이후 처음으로 안정세를 유지하였다. 이승만은 그러한 정당세력을 제3대 국회에서도 유지하기 위하여 국회의원선거에 각별한 관심을 보였다. 따라서 이승만의 관심사항과 복안을 읽을 수 있는 이기붕이 지도하는 자유당은 선거를 앞두고 조직을 강화하였으며 치음으로 후보자공천제를 채택하였다.

제3대 국회의원선거를 앞두고 자유당은 상향식 공천 방식을 시도하였다. 점수 평가제를 도입하여 지역구 대의원에게는 40점, 도당부(道黨部)에는 20점, 중앙당에는 40점을 부여하였으며 점수를 합산하여 공천 적격자를 결정하였다.[8] 그러나 경무대에서 일부 공천을 받은 인사에 대해 이를 거부하고 새로운 인사로 대체하는 일이 발생하면서 상향식 공천은 기대한 바의 결실을 거두지는 못하였다.[9]

후보자 공천제도의 채택으로 정당 지도부의 의원 및 당원에 대한 통제력이 강화되었으며, 그 이후의 선거에서도 정당의 공천 여부가 당락에 중요한 요인으로 작용하였다.

---

8) 손봉숙, '이박사와 자유당의 독주' 이기하 외 3인, '한국의 정당' (서울: 한국일보사, 1987), 262쪽.
9) 상향식 공천방식은 제4대 국회의원선거에서도 일부 정당이 채택하였으나 잡음이 많았다.

3. 정당 공천제도 강화(무소속 출마금지)

제6대 국회의원선거(1963. 11. 26)를 앞두고 정당법이 개정되었는데, 이 때 국회의원 입후보자는 정당의 공천을 받아야 한다는 규정이 포함되었다. 이로써 정당의 후보자에 대한 영향력은 극대화되었고, 동시에 무소속 출마는 원천적으로 봉쇄되었다.

4. 전국구 비례대표의원제도(직능제 지향)

지역구 후보자들뿐만 아니라 비례대표 후보자들의 공천심사도 문제가 심각하였다.

제11대 국회의원선거(1981. 03. 25)부터는 직능제를 지향한 전국구 비례대표의원 공천제도가 도입되어 시행되었다. 그렇지만 비례대표공천제도는 그 본래의 취지를 상실하고 당 지도부와의 관계, 특별당비 납부 등의 요인에 의해 후보자가 결정되기 시작하였다. 전국구 비례대표제의 도입이 중앙당 지도자 중심의 하향식 공천을 더욱 강화시키는 결과를 초래하였다.

그리고 정치적 이유에 의해 권력기반 강화에 필요한 인물들을 중심으로 하여 비례대표 후보자들이 선정되기 시작하였다. 또한 '특별당비'를 납부하는 인사들에게도 전국구 비례대표의원 공천이 이루어지면서 전국구 의석 혹은 비례대표 의석은 재력이 있거나, 군부출신이거나, 일부 대규모 직능단체의 장에게 배분하는 관행이 굳어지게 되었다.

5. 정당 공천심사위원회 제도(외부 심사위원 포함)

지역구 당원이나 유권자의 의사를 묻지 않고 정당지도부가 특정인을 추대하거나 밀실에서 결정하는 등 비민주적인 공천 방식이 계속되고 있다는 사실은 누누이 지적되어 왔다.[10] 정당이 공당(公黨)이 아니라 사당(私黨)이라는 비난을 면치 못하고 있는 연유이다.

여론의 비난 속에 국회의원 공천심사제도는 정치의 안정화·제도화에 힘입어 점차 제도의 개선을 이루어왔다. 정당의 공천심사가 근년에 들어와서는 인품과 학식을 갖춘 외부 인사를 포함하는 공천심사위원회로 발전하였다. 형식상으로는 발전하였지만 일부 정당에서는 전과 같이 정당지도부의 의중이 어떤 형태로든 심사위원들에게 전달되어 영향력을 미치고 있다는 점에서 예전과 크게 달라진 점이 없다고 할 수 있다. 따라서 공천을 둘러싼 소모적인 정쟁은 계속되고 있으며 그 여파는 정국운영에까지 큰 영향을 미치고 있다.

제4절 공천방식의 종류

국회의원 후보자 공천방식에는 공천권의 소재에 따라 지명식 공천(정치지도자 공천), 하향식 공천(중앙당 공천), 상향식 공천(지구당 공천), 그리고 제3자 공천(공천심사위원회 공천)의 네 가지가 있다.

1. 지명식 공천(정치지도자 공천)

국정의 실권을 가진 정치지도자가 특정인 또는 특정 인사들을 지명하여 국회의원 후보자로 추천하는 것을 지명식 공천이라고 한다.

1970년대와 1980년대 초반 통일주체국민회의 대의원 회의에서는 대통령이 지명 추천한 국회의원후보자들에 대한 찬반 여부를 결정하였다. 유권자들이 먼저 직접선거를 통하여 통일주체국민회의 대의원을 선출하고 그 대의원들이 한 자리에 모여서 대통령이 지명한 후보자들에 대하여 가부 여부를

---

10) 김용호, ‘한국 정당의 국회의원 공천제도: 지속과 변화’, 〈의정연구〉 제9권 제1호(2003), 7쪽.

판정하여 투표하는 제도이다. 이 제도의 시행으로 당시 국회의원 정수의 3분의 1이 정치지도자 추천(공천)을 받아 당선되었다.

이들 당선자들은 원내에서 '유신정우회'라는 교섭단체를 구성하여 활동하였는데 이들의 성향은 대통령의 추천을 받았다는 점에서 알 수 있듯이 친여 성향을 갖고 있었다.

국회에서 정부·여당의 시책에 대하여 대안(代案) 없이 사사건건 발목을 잡는 야당의 행위로부터 자유로워지고 설정해 놓은 국가개발정책을 추진하기 위해서 취한 조치였다. 이 제도는 다른 한편에서 권력유지 및 연장을 위한 방편으로 이용되었다.

2. 하향식 공천(중앙당 공천)

하향식 공천은 정당의 중앙당에서 공천권을 갖고 공천심사를 행하여 후보자를 선정하는 제도이다. 우리나라에서 널리 쓰이고 있는 공천 방식이다. 국회의원 후보자 공천은 국회 개원(1948. 05. 31) 이래 대부분의 기간을 중앙당이 공천권을 행사하는 정치지도자 혹은 정당지도부 중심의 하향식 공천으로 이루어져왔다. 과거 권위주의의 시기에 정당의 공천과정은 정당지도자에 대한 충성도, 지연, 혈연, 학연을 비롯한 개인적인 연고관계, 정치헌금 등을 기준으로 이루어졌다.[11]

2008년 4월의 제18대 국회의원선거를 앞두고 한나라당은 '공천파동'을 겪었다. 공천심사위원회를 구성하여 외부에서 훌륭한 전문가·전직 고위 공직자·사회지도층 인사들을 초빙해 놓고는 막후에서 이들에게 영향력을 행사하고자 하였으니 파동을 겪지 않을 수 없는 일이다.

공천심사위원회는 천거대상자 명단을 당에 제출하였고 최종적으로는 당에서 공천자를 결정하였으니 공천심사위원회와 당은 서로 공천의 책임을 회피 또는 전가할 수 있는 구도로 되어 있다. 책임질 일이 없으니 어느 쪽도 공

---

11) 김용호, 앞의 글, 23쪽.

천심사 내용을 공표해야 할 이유도 없고, 공천파동에 대해 책임질 근거도 약해지는 편리한 구도이다.

공천을 받지 못한 후보자들이 탈당하여 '친박연대(親朴連帶)'라고 하는 다른 정치조직을 결성하기도 하였고, 일부 공천탈락자들은 '항의 선언'을 발표하려고 준비하다가 '후환'이 두려워 단념하는 일도 있었다.

일부 야당에서도 공천과정에 문제가 있었으나 한나라당에서 이렇게 심한 내홍을 겪다보니 큰 문제로 부각되지는 않았다. 분명한 것은 공천권을 중앙에서 행사하는 한 공천파동은 계속된다는 것이다. 탈당, 당적 변경, 그리고 정당의 분열도 계속될 것이며, 국회의 위상과 권위를 회복하는데 더 긴 세월을 요하게 될 것이다. 공정성과 투명성을 결여한 중앙당의 하향식 공천심사는 한국정치의 수준을 끌어올리는데 있어 하나의 치명적인 방해요인이 되고 있다.

3. 상향식 공천(지구당·시도당 공천)

지구당과 시도당(市道黨)에서 공천권을 갖고 자체적으로 후보자를 선정하여 중앙당에 올리면 중앙당에서 이를 수용, 승인하는 방식을 상향식 공천이라고 한다.

지역구에서 당원들이 공천후보자를 결정하는 상향식 공천제도는 일견 지역에서 적합한 공직 후보자를 찾아낼 수 있고, 지역 당원들의 의사가 존중된다는 점에서 바람직한 제도로 인식되고 있다. 단 이 제도가 성공하기 위해서는 전제 조건을 충족시켜야 한다. 정당정치의 성숙이 그것이다. 이는 곧 지금의 한국의 현실에서는 실효성이 크지 않다는 뜻이다.

실효성이 크지 않을 것이라고 하는 주장의 근거로는, 무엇보다도 정당의 이합집산이 21세기 들어선 지금도 여전히 계속되고 있다는 점, 정당의 합당이나 분당 등 당의 진로를 결정하는 일에 핵심 지도부 몇 사람의 의중만이 유효하게 작용하고 있다는 점, 그래서 당 운영의 민주화는 아직 먼 거리에 있다는 점 등을 들 수 있다. 이러한 상황이다 보니 지구당은 중앙당보다도 더욱 열악한 상황에 있다는 것을 지적하지 않을 수 없다.

극소수의 핵심 당 지도자가 정당의 진로 결정을 사실상 좌지우지하다보니 일반 당원의 의견은 크게 중요하지 않고, 당원들이 의견을 표출할 수 있는 기회도 별로 없으며, 최악의 경우에는 핵심 지도자의 뜻이 곧 전체 당원의 뜻인 것처럼 포장되는 일도 있다.

그러다보니 정당·정치인의 이합집산과 합종연횡은 세대가 바뀌고 정권이 바뀌어도 계속 진행형일 수밖에 없다. 정당의 존속기간이 매우 짧고, 정당 명칭이 수시로 바뀌어 혼란스러운 상황에서 공천권의 지역구 이양은 결코 쉽지 않은 일이다.

당원으로부터 당비를 거두어 정당 재정의 기본으로 삼는 것은 대의제 민주주의제도 정착의 첫 걸음이다. 그런데 당원 자신도 모르는 사이에 당명이 바뀌고 지도부가 바뀌고 때로는 지역구 위원장이 바뀌는 상황에서 당원들이 당비를 제대로 납부해 줄 것을 기대하는 것은 지나친 일이다. 과거 일부 지역에서 지구당 위원장들이 당원들의 당비를 대신 납부해야 했던 일은 지구당의 이러한 열악한 사정에 의한 기현상이다.

또 한 가지는 현역 국회의원이나 당협위원장(黨協委員長)에 의해 장악되어 있는 지구당·시도당의 형편상 공정하고 건전한 경선은 쉽지 않을 것이며, 동원되는 당원들이 참여하는 단순한 상향식 공천은 후보 선출의 민주화를 이룰 수 없다는 지적이 나온 지 오래이다.[12]

4. 제3자 공천(공천심사위원회 공천)

공천권의 소재를 정당인이 아닌 당 외부의 제3자들로 구성된 공천심사위원회에 넘겨 거기에서 공천 후보자를 사실상 결정하는 것을 제3자 공천이라

---

12) 이에 관련된 논의는 이현출, '대통령선거와 총선의 후보선출과정' ≪의정연구≫ 제9권 1호(2003), 45-49쪽 참조.

고 한다. 제3자 공천은 앞에서 제시된 하향식 또는 상향식 공천방식에 대한 대안적 성격을 갖는다.

정치지도자가 임의로 입법부의 구성원인 국회의원 후보자에 대한 사실상의 공천권을 행사하던 시대는 지나갔고, 하향식이나 상향식 공천방식 또한 경험상 여러 문제점을 내포하고 있는 것이 현실이다. 하향식과 상향식의 절충안이 되었건 아니면 전혀 새로운 공천방식이 되었던 획기적으로 개선된 방안이 나올 때까지 임시적으로 활용가능한 공천방식이 제3자 공천이다.

당의 의뢰를 받아 구성된 공천심사위원회가 후보자를 선정하고 추천하면 중앙당에서 이를 수용, 승인하는 방식이다. 단, 공천심사위원장을 포함하는 모든 심사위원은 당 외부 인사들로 구성되며, 심사위원장 및 모든 심사위원은 그 정당소속 당원들의 투표나 당원 설문조사를 통하여 구성하여 심사의 독립성, 민주성, 객관성, 그리고 투명성을 보장해주도록 하는 것이다.

이렇게 하면 누구라도 공천심사 결과에 반발하기 어려우며, 공천후유증을 막을 수 있다는 장점이 있다.

한국정당정치사의 그늘진 부분의 하나가 바로 국회의원 후보자 공천문제였음은 널리 알려져 있다. 그 동안의 경과를 보면 정당 자체의 공천심사도 문제가 많았고, 당 외부에서 전문가를 초빙하여 공천심사위원회를 구성하여 심사를 하여도 그 공정성, 객관성에 문제를 제기하는 낙천자들이 많았다. 최근의 '친박연대'가 좋은 사례이다.

평소에 자발적으로 당비를 내면서 정당을 지지하는 진성당원이 많지 않은 정치 환경 속에서 중앙당이 공천권을 갖는 것도, 지구당 혹은 시도당부가 공천권을 갖는 것도 유권자들은 쉽게 수용하기 어려울 것이다.

공천심사위원장을 포함한 심사위원 전원을 각 정당 소속 당원들의 투표(휴대전화, 이메일, 전화, 설문조사 등)로 구성하고 이들이 심사를 맡되, 정당은 다만 이들의 심사에 도움이 되도록 실무를 지원하는 것이다. 정당지도부 혹은 유력 정치인의 개입을 봉쇄한 채 외부 인사들이 그 정당의 간판이 될 인재들을 심사숙고하여 결정하는 제도이다.

이 제도의 시행은 이제까지 주변부로만 여겨졌던 당원들의 존재와 역할에 대한 인식을 바꾸는 계기가 될 수 있다. 당원들이 추천한 심사위원장과 심사위원들의 심사인 만큼 어느 누구도 심사결과에 승복하지 않을 수 없는 새로운 정치 환경이 조성되는 것이다. 결과적으로 소모적인 정쟁은 크게 감소하고 국회의 기관능력과 입법기능이 크게 향상될 것이다.

제5절 공천제도 개선

국회의원 후보자에 대한 중앙당의 공천권 행사는 유력 정치인의 정치 기반 유지 및 영향력 확대를 위한 자기 보존의 행위로 인식되어 왔다. 상향식 공천이 도입되고 시행되기 어려운 이유 중의 하나이다.

2008년의 '공천파동'에서 나타난 것처럼 현시점에서 중앙당에 의한 하향식 공천이 심각한 문제점을 안고 있다면 지구당 공천 즉 상향식 공천을 포함한 제3자 공천 등 여러 방안을 구상하고 제도 개선을 모색할 때가 되었다.

정당의 목표가 '정권의 획득 혹은 유지'이기에 경쟁하고 투쟁을 벌이는 것은 당연한 일이지만 거기에도 '원칙'은 있어야 한다. 적어도 이 나라의 헌법이 삼권 분립과 대의제 민주주의제도의 이념을 담고 있는 한, 민주주의의 원칙은 정치권에서, 국회에서 존중되어야 한다.

다른 많은 나라의 국민들은 민주주의제도를 피와 땀을 흘려가며 쟁취하였다. 그러한 경험이 적은 우리로서는 해방 후 민주주의제도를 도입하고 정착시키는 과정에서 값비싼 대가를 치러왔다. 그런데 대한민국국회가 개원한 지 60년이 지난 지금도 민주주의를 제대로 정착시키지 못하여 국가적 자원과 에너지를 소모하고 있다.

미국의 경우, 철저한 삼권 분립이 이루어지고 있어서 대통령이나 정당 지도부가 국회의원 공천이나 국회의원선거과정에 개입하여 영향력을 행사할 소지가 적다. 그러다 보니 의원들은 예외는 있겠지만 대체로 대통령이나 정당 지도부의 눈치를 볼 필요가 없어지고 자신의 양심과 소신에 따라 입법활동에 전념할 수 있게 된다. 미국이 그렇다하여 우리도 그러한 제도를 도입하는 것이 바람직하다는 것이 아니라 우리 실정에 맞는 제도를 창안해야 한다는 것이다. 더 이상의 공천파동과 그로 인한 탈당, 당적 이탈, 정당분열을 막아야 할 것이다.

국회의원 공천제도는 형식적으로는 '민주적'이지만 내용적으로는 비민주적인 경우가 많고, 투명성과 객관성, 공정성이 보장되지 않는 경우가 많았다. 그러다보니 다른 공기관의 인사채용에 있어서도 형식적으로는 '공개채용'이지만 '줄'이 닿지 않으면 채용되기 어려운 상황으로 연결되는 경우가 있다. 국회의원 후보자 심사의 틀을 새로 짜는 것이 국회뿐만 아니라 국가의 능력, 효율성, 경쟁력을 높이는 지름길이다.

공천심사제도는 허술한데 선거관련법규를 위반한 자에 대해서는 엄격한 법적 제재가 가해지는 것은 앞뒤가 맞지 않으므로 차제에 공천심사제도도 손질하되, 투명성과 객관성이 보장되는 방향으로 나아가야 할 것이다.

1. 상향식 공천제도

상향식 공천제도를 채택한다면 후보자들은 자신을 지지해 줄 당원의 수를 늘리기 위하여 경쟁적으로 친척이나 지인, 기타 지지자들의 주소를 해당 지역구로 옮길 것이다.

또한 후원자들을 조직하고 관리하는 후원회의 조직과 사무직원 등을 더 고용해야 할 것이니 정치비용은 더 소요될 것이다. 지역구 내의 경선 과정에서 지나친 경쟁과 불협화음이 발생할 소지도 커진다.

문제는 지역구에서 공천후보를 경선할 때 투표권을 행사할 수 있는 자격요건을 어떻게 규정할 것인가 하는 것이다. 당비를 내온 당원이라면 아무 문제가 없을 것이다. 내는 등 마는 등 하는 당원의 경우에는 제한규정이 필요하다. 또 경선을 앞두고 주소를 옮겨온 당원들의 투표권도 제약해야 향후 그러한 일이 사라질 것이다. 예를 들면 지난 1년 이상 지속적으로 정기적으로 당비를 낸 당원에게는 1표의 투표권을 주고, 주소를 옮겨온 지 1년이 안된 당원에게는 2분의 1표의 투표권을 부여하는 것이다.

평소 지역구에서 활동을 열심히 한 사람이라면 자신의 능력과 신의로 유권자들의 지지를 이끌어내어 공천을 받을 수 있게 되는 것이다. 이렇게 하면 그 지역에 별 연고도 없이 '낙하산'식으로 내려오는 이들도 사라질 것이며 공천 잡음도 감소할 것이다.

지역구 별로 공천신청자 명단이 작성되어 중앙당에 올라가면 중앙당 공천위원회는 국세청·병무청 등 국가기관에 조사를 의뢰하여 탈세나 범죄 등 하자가 있는 지를 확인한 후 지역구에 그 결과를 통보하여 하자가 없는 신청자간에 경선을 치르도록 하는 것이다.

공천제도의 개선으로 정당정치에 획기적인 변화의 바람을 기대할 수 있다.

2. 복수 공천제도

복수 공천제도란 중앙당에서 공천권을 갖되, 각 지역구별로 2-3인의 후보자를 복수로 공천하는 것이다. 단, 심의의 기준, 객관성 및 공정성이 확보되어야 하고 심사결과는 공개하도록 하여, 심사의 철저를 기하도록 하는 선행조치가 필요하다. 이렇게 하면 출마를 원하는 후보자들은 당 지도부에 로비하는 일없이 상대적으로 쉽게 공천을 받을 수 있다. 동시에 공천이 당락을 좌우하는 중요한 변수였던 시대는 가고 올바른 경쟁을 통해 당선자가 가려지게 되는 제도이다.

공직선거 및 선거부정방지법은, '정당은 선거에 있어서 선거구별로 선거할 정수범위 안에서 그 소속당원을 후보자로 추천할 수 있다'고 하여 단수 후보자 공천을 언급하고 있다. 이 문제는 공직선거 및 선거부정방지법을 개정하여 해결 할 수 있다.

한국의 정당정치는 '정치인의 이합집산·정당의 합종연횡의 정치'로 특징지어지며, 지금으로서는 그 어떤 정당이론도 적용하기 어려운 특수한 상황에 놓여있다. 이러한 어두운 환경을 조성하는데 일조한 것이 공천심사의 비공개성·불공정성에 있다고 볼 때 제도 개선의 필요성은 절실해진다.

3. 제3자 공천제도

흔히 선거는 민주주의의 척도라고 말한다. 그렇다면 선거제도는 민주주의 실천상의 방법론으로서 매우 중요한 기능을 하는 연결 장치이다.

공천제도는 엄밀한 의미에서 선거제도로는 분류되지는 않으나, 실제에 있어서는 민의의 반영, 능력 있는 후보자 선발 등 중요한 절차적 기능을 발휘하는 과정상의 제도이다. 절차에 이상이 생기거나 제대로 작동하지 않는다면 그 나라의 형식·제도적 민주주의는 살아있을지는 몰라도, 실질·내용적 민주주의는 고사(枯死)해 버릴 수 있다.

민주주의를 의미하는 영어 단어 '데모크라시(democracy)'는 고대 그리스어에서 유래한 말이다. 그리스어 'demos'는 시민·백성이라는 뜻이고, 'kratos'는 권력·지배를 뜻하는 말이다. 이 두 단어가 합해져서 오늘날 '시민의 지배'라는 의미의 'democracy'로 변모한 것이다.

이러한 '시민의 지배·시민의 권력'을 중간에서 차단하여 '엘리트의 권력·엘리트의 지배'로 변모시키는 것이 바로 중앙당이 갖는 공천권이다. 결국 선거제도 위에 군림하는 실질적인 선출과정이 공천권이고 공천심사인데, 공천심사권은 공천심사위원회에 주고 그 심사위원회의 결정을 정당이 수용하여 공천자를 확정하는 것이 공천심사제도의 실질적인 개선이고 정치의 민주화라고 할 수 있다. 그것이 선거제도, 선거절차상의 민주성과 공정성을 확보하는 길이다. 그런 의미에서, 그리고 작금의 한국의 현실을 감안할 때 중앙당이나 지구당이 아닌 제3자 즉 공천심사위원회에 온전한 공천권을 주는 것이 지금 제안할 수 있는 대안 중의 하나이다.

참고문헌

국내 도서 및 논문

강경근, 「국정감사와 정보공개에 관한 연구」, ≪의정연구≫ 제48집(1991. 4).

강경근, 「의원의 당적변경과 자유위임의 의미」, ≪월간고시≫(1992. 11).

강수철, 『행정부 장관의 충원에 관한 연구』(건국대 행정대학원 석사학위논문, 1990).

경제기획원 통계조사국, 『1985년 인구 및 주택센서스, 한국인의 성씨 및 본관조사보고』 상·하권(1988).

계희열, 「당적변동과 의원직(상): 탈당의 경우 의원직 박탈은 헌법상 가능한가?」, ≪사법행정≫(1993. 4).

공보처, 『대통령 이승만박사 담화집』(1953).

곽종영·임일도, 「정당의 공직후보자추천에 관한 법적 연구」, ≪사회과학연구≫ 제5집(1993).

구병삭, 『한국헌법론』(서울: 일신사, 1985).

구병삭, 「국정조사권」, ≪고시연구≫ 제107호(1983. 2).

구자용, 「한국국회사무처 조직, 인사의 개선방향」, ≪의정연구≫ 제2집(1983. 3).

국회도서관, 『한국민족운동사료(3·1운동편)』(1977).

국회도서관, 『대한민국임시정부의정원문서』(1974).

국회사무처, 『국회법해설』(2000).

국회사무처, 『국회선례집』(2000).

국회사무처, 『국회사무처38년사』(1987).

국회사무처, 『의정자료집』(2000).

국회사무처, 『국회사(제헌국회사~제11대국회사)』.

국회사무처, 「제15대국회의 평가와 향후 국회운영 쇄신의 과제」(2000. 11).

국회사무처, 「제16대국회 운영방안에 관한 연구」(2000. 9).

국회사무처(역), 『미국의회 의사절차』(2000).

국회사무처, 『대한민국국회50년사』(1998).

국회사무처, 『대한민국국회60년사』(2008).

국회운영연구회, 「국회사무처기구에 관한 연구」, 국회사무처, ≪연구논총≫(1970. 12).

국회운영연구회, 『의회대사전』(1992).

국회운영위원회 수석전문위원실, 『개정 국회법 소개』(2000. 2).

국회제도운영개혁위원회, 「국회제도 및 운영에 관한 개혁안 건의」(1998. 11).

권세기, 「독일연방의회」, 권세기 외, 『독일의 대의제 민주주의와 정당청치』(서울: 세계문화사, 1999).

권세기, 「독일연방의회 입법조사연구처 역할과 기능」, ≪국회도서관보≫, 제243호(1995. 11), 144~153쪽.

권세기 · 서준원 · 차명제 · 전복희, 『독일의 대의제 민주주의와 정당정치』(서울: 세계문화사, 1999).

권영성, 『신헌법요론』(서울: 형설출판사, 1989).

권영성, 『헌법학개론』(서울: 법문사, 1999).

길승흠 · 김광웅 · 안병만, 『한국선거론』(서울 다산출판사, 1987).

김각, 「국정감사의 방향과 그에 대한 기대」, ≪국회보≫(1970. 10).

김계수, 「국회의원의 사회적 배경과 정책결정에 미치는 영향」, ≪국회보≫ 제71호(1967. 9).

김광수, 『선거와 선거제도』(서울: 박영사, 1996).

김기범, 「국회의원의 헌법상 지위」, ≪고시계≫(1964. 8).

김대희, 「정부제출법률안은 이렇게 만들어진다」, ≪국회보≫(1999. 3).

김문현, 「국회의원의 정당대표성」, ≪고시계≫(1992. 5).

김문현, 「당적변경과 국회의원신분상실 문제」, ≪고시계≫(1995. 2).

김민전, 『미국의회의 국정조사와 청문회』(국회사무처 법제예산실, 1998).

김민하, 『한국정당정치론』(서울: 대광사, 1976).

김영래, 「한국의회정치의 반성과 국회운영방향」, ≪한국의 공공정책≫ 3(1996. 12).

김영모, 「신분엘리트에서 기능엘리트로」, ≪정경연구≫ 54(1969. 7).

김영평, 「정책결정에 대한 국회의 영향력 분석(상)」, ≪국회보≫ 제225호(1985. 7).

김영평, 「정책결정에 대한 국회의 영향력 분석(하)」, ≪국회보≫ 제226호(1985. 8).

김옥평, 『근대 각국의회제도 개론』(서울 박문출판사, 1954).

김용구, 「주요국 의회의 의원보좌관제도」, ≪입법조사월보≫ 제207호(1992. 3).

김용구, 「국회위원회제도의 변천」, ≪국회보≫ 제377호(1998. 3).

김용호, 『한국정당의 이해』(서울: 나남, 2001).

김용호, 「국회의원충원제도와 사회적 배경분석」, ≪의정연구≫ 제7호(1998. 12).

김운태, 『한국정치론(증보판)』(서울: 박영사, 1985).

김은기, 「미국의 조사청문회 운영방식」, ≪국회보≫ 제367호(1997. 5).

김철, 「국정조(감)사제도운영에 관한 연구」(국회문교공보위원회, 1976).

김철, 「국정감사제도와 그 활용실태의 고찰」, ≪국회보≫(1982. 1).

김철수, 『헌법학개론』(서울: 박영사, 1999).

김철수, 「국회의원의 헌법상 지위」, ≪고시계≫(1979. 3).

김현우, 「국회의 조직과 운영」, 백영철 외, 『한국의회정치론』(서울: 건국대출판부, 1999).

김현우, 「각국의회제도분석」, ≪국회보≫ 제371호(1997. 9).

김현우, 「국회 원구성 지연문제 소고」, ≪국회보≫ 제402호(2000. 4).

김현우, 「국회의원의 당적변경과 정당의 의미」, ≪의정연구≫ 제3집(1996).

김현우, 「역대 국회의원의 구성과 사회적 배경」, ≪국회보≫ 제351호(1996. 1).

김현우, 『한국정당통합운동사』(파주: 한국학술정보, 2009)

김현우, 『미국연방의회론』(파주: 한국학술정보, 2009).

김현우, 『일본국회론』(파주: 한국학술정보, 2008).

김희곤, 『중국관내 한국독립운동단체연구』(서울: 지식산업사, 1995).

독립기념관한국독립운동사연구소, 『독립운동선상의 통합운동』(광복 53주년 및 독립기념관 개관 11주년기념 학술회의 논문집, 1998).

독립운동사편찬위원회 편, 『독립운동사자료집(제9집)』(1975).

래니, 오스틴(권만학 외 역), 『현대 정치학』(서울: 을유문화사, 1994).

모로아, 앙드레(신용석 역), 『영국사』(서울: 홍성사, 1981).

문용직, 「제3공화국 의회에서 원내총무의 지도력」, ≪의정연구≫ 제4집(1997).

문홍주, 『한국헌법』(서울: 해암사, 1974).

민동기, 「헌법재판소의 위헌법률심사에 관한 고찰」, ≪입법조사월보≫(1992. 6).

민준기, 「한국입법엘리트충원과 사회적 배경」, 민준기 외, 『한국의 정치』(서울: 나남, 1996).

박동서·김광웅 공편, 『의회와 행정부』(서울: 법문사, 1989).

박동서 편, 『의회와 입법과정』(서울: 법문사, 1985).

박병석, 「정당의 실체」, 윤정식 외(편), 『한국정당정치론』(서울: 법문사, 1996).

박봉국, 『개정 국회법』(서울: 박영사, 2004).

박상문, 『국회의 입법과정과 운영』(서울: 불꽃, 1992).

박상철, 「국회 기능강화를 위한 법·제도 개선방안」, ≪한세정책≫ 제26호(1996. 8).

박수철, 「제16대 국회 입법활동을 위한 몇 가지 제언」, ≪국회보≫ 제411호(2001. 1).

박승식, 『선거분석의 이론과 실제』(서울: 대영문화사, 1985).

박승재, 『현대선거론』(서울: 법문사, 1986).

박일경, 『유신헌법』(서울: 박영사, 1972).

박재창, 『한국의회행정론』(서울: 법문사, 1995).

박재창, 「21세기를 향한 국회개혁의 방향과 과제」, ≪한세정책≫ 제30호(1996. 12).

박재창, 「관료적 권위주의체제하의 국회위원회 기능」, 박동서 편, 『의회와 입법과정』(서울: 법문사, 1985).

박재창, 「국회 원 구성상의 문제점과 개선 방향」, ≪4월회≫ 22(1996. 9).

박종흡, 「국정감사권과 국정조사권: 이론과 실제」, 박동서 · 김광웅 공편, 『의회와 행정부』(서울: 법문사, 1989).

박종흡, 『의회행정론』(서울: 법문사, 1998).

박종흡, 「국회전문위원의 허와 실」, ≪국회보≫ 제413호(2001. 3).

박찬욱, 「한국의회내 정당간 갈등과 교착상태」, 한배호 · 박찬욱 편, 『한국의 정치갈등』(서울: 법문사, 1992).

박찬표, 「한미일 3국의회의 전문성 축적구조에 대한 비교연구」, ≪한국정치학회보≫ 30집 4호(1996. 12).

백상건, 『정치학원론』(서울: 일조각, 1965).

백영철 외, 『한국의회정치론』(서울: 건국대학교 출판부, 1999).

부산일보사, 『임시수도천일』(부산, 1985).

서상봉, 「역대 국회의원의 사회적 배경 분석」(연세대학교 행정대학원 석사학위논문, 1980).

서준원, 「국회의장의 정치적 역할: 제1 · 2 · 3공화국을 중심으로」, ≪의정연구≫ 제4호(1997).

신명순, 『한국정치론』(서울: 법문사, 1993).

신명순, 「한국국회의 입법활동」, 한흥수 편, 『한국정치동태론』(서울: 오름, 1996).

신명순, 「국회의장의 선출방법과 중립성에 관한 연구」, ≪의정연구≫ 제9호(2000).

신복룡, 『한국정치사상사』(서울: 나남출판, 1997).

신복룡, 「대한민국임시의정원」, 국회사무처, 『대한민국국회50년사』(1998).

신용하, 「통합임시정부수립과 연해주지역 한인민족운동」, 『연해주 한인독립운동과 상해 대한민국임시정부』(대한민국임시정부수립80주년기념 국제학술심포지엄논문집, 1999. 6. 18).

신재홍, 『항일독립운동연구』(서울: 신서원, 1999).

신현직, 「국정감사권과 국정조사권: 법제적 측면」, 박동서 편, 『의회와 입법과정』(서울: 법문사, 1985).

심지연 · 김민전, 「선거제도 변화의 전략적 의도와 결과」(2001년도 한국정치학회 하계학술대회 발표논문, 부산).

안경찬, 「한국국회의원의 사회적 배경에 관한 연구」(동국대학교 행정대학원 석사학위논문, 1971).

안병옥, 「각국의 보좌관제도」, ≪입법조사월보≫ 제159호(1986. 6).

안병옥, 「위원회운영제도」, ≪국회보≫ 제402호(2000. 4).

안순철, 『선거체제 비교: 제도적 효과와 정치적 영향』(서울: 법문사, 1998)

안용교, 「제7대 국회의원의 사회적 배경 분석」(건국대학교 대학원 박사학위논문, 1974).

양성철, 『한국정부론-역대정권 고위직 행정엘리트연구(1948~1993)』(서울: 박영사, 1994).

양소전(楊昭全), 『중국에 있어서의 한국독립운동사』(성남: 한국정신문화연구원, 1996).

안청시 편, 『현대 한국정치론』(서울: 법문사, 1992).

「연해주 한인독립운동과 상해 대한민국임시정부」(대한민국임시정부 수립80주년 기념 국제학술심포지엄 논문집, 1999. 6. 18).

영국사학회(역), 『옥스포드영국사』(서울: 한울, 1997).

오소백, 『해방22년사』(서울: 문학사, 1967).

오일환, 『현대한국정치의 쟁점』(서울: 을유문화사, 2000).

옥계유진산선생기념사업회, 『만년야인 유진산총재 당·의회발언사(상·하)』(1984).

옥계유진산선생기념사업회, 『옥계유진산: 생애와 사상과 정치(상·하)』(1984).

우드와드, E. L.(홍치모·임희완 역), 『영국사 개론』(대전: 예문출판사, 1988).

우병규, 『입법과정론: 한국과 구미와의 비교』(서울: 일조각, 1970).

우병규, 「변칙국회와 외부의 압력-국회에 관한 헌재의 결정을 보면서」, ≪국회보≫(2000. 4).

유승익·김현우, '한국국회의원의 이념적 성향과 인구사회적 배경: 제17대 및 제18대 국회의원을 중심으로' <한국의회발전연구회 2008년도 프로젝트연구논문>.

유진오, 『헌법기초회고록』(서울: 일조각, 1980).

유창선, 「한국 국회의원의 사회적 특성에 관한 연구」(연세대학교 대학원 석사학위논문, 1993).

유치송, 『해공신익희일대기』(해공신익희선생기념회, 1984).

윤근식, 「통치구조에서 본 우리나라 국회의 지위」, ≪국회보≫ 제71호(1967. 9).

윤영오, 「국회와 국회의원의 활동」, 안청시 편, 『현대한국정치론』(서울: 법문사, 1992).

윤정석·신명순·심지연 편, 『한국정당정치론』(서울: 법문사, 1996).

이갑윤, 「국회의원 선거제도의 개혁과제」, ≪의정연구≫ 제3호(1996).

이규복, 「국회의 국정감사권의 비교법적 고찰(Ⅰ)」, ≪법정≫ 제4호(1956. 4).

이기하 외, 『한국의 정당』(서울: 한국일보사, 1983).

이남영 편,『한국의 선거 1』(서울: 나남, 1993).

이상원,「기자가 본 68년도 국정감사」,≪국회보≫(1968. 11).

이상환,「선거법변천의 입법사적 고찰」,≪한세정책≫(1996. 4).

이성춘,「국회전문위원, 임용과 활동 크게 달라져야」,≪국회보≫ 제413호(2001. 3).

이은호 외,「국회상임위원회의 전문성 제고방안」,≪의정연구≫ 제10집(1984. 9).

이재도 외 5인,「의원보좌관제도에 관한 연구」,≪1995년도 입법연구논문집≫.

이종찬,「국회운영방식 재정립의 필요성과 그 방향」,≪국회보≫, 제181호(1981. 10).

이주영,「국회공전사례를 통해 본 국회운영의 문제」,≪의정자료≫ 제10집(1985. 12).

이창규,「우리나라 국정감사제도와 그 실제」,≪국회보≫(1965. 8).

이창규,「한국의 국회의원충원과 정치발전에 관한 연구」(연세대학교 대학원 석사
        학위논문, 1981).

이현우,「국회의장의 리더십: 제11〜14대 국회공전과 의장의 역할」, 백영철 외,
        『한국의회정치론』(서울: 건국대학교출판부, 1999).

이현출,『정당과 민주주의』(서울: 오름, 1998).

임성호,「한국 의회민주주의와 국회제도 개혁방안」,≪의정연구≫ 제7호(1998).

임인규,「국회청원제도와 그 발전방향에 관한 연구」,≪입법조사월보≫ 제186호
        (1990. 2).

임인규,「국회법 개정의 연혁」,≪국회보≫ 제377호(1998. 3).

임종훈 · 박수철 · 임송학 · 이신행,『입법과정론』(서울: 박영사, 2000).

전원배,「국정조사권의 사법적 한계」,≪현안분석≫ 제84호(1994. 10).

전재경,「정당공천이 헌정질서에 미치는 영향」,≪법조≫(1990. 5).

정요섭,『선거론』(서울: 박영사, 1965).

정재황,「국회의 날치기통과 등 졸속입법에 대한 통제」,≪법과 사회≫ 제6호
        (1992년 하반기).

정종섭,「전국구국회의원의 탈당과 의원직 상실의 문제」,≪변호사≫(1996. 1).

정호영,『국회법론』(서울: 법문사, 2000).

조경래,『영국절대왕정사연구』(서울: 상명여대출판부, 1992).

조중빈,「한국민주화와 선거제도」,≪의정연구≫ 제1호(1995).

중앙선거관리위원회,『대한민국정당사(1집)』(1973).

중앙선거관리위원회,『대한민국선거사(제1집)』(1973).

중앙선거관리위원회,『대한민국선거사(제2집)』(1973).

중앙선거관리위원회,『대한민국선거사(제3집)』(1980).

중앙선거관리위원회,『국회의원선거법 변천상황(1963〜1981)』(1983).

중앙선거관리위원회,『역대국회의원 선거상황』(1989).

중앙선거관리위원회,『국회의원 선거 법령집』(1992).

중앙선거관리위원회, 『공직선거 및 선거부정방지법』(1997).

진덕규, 『현대정치학』(서울: 학문과 지성사, 1993).

최명·백창재, 『현대 미국정치의 이해』(서울: 서울대학교출판부, 2000).

천병호, 「입법보좌조직의 변화와 과제」, 《의정연구》 제7호(1998. 12).

최송화, 『한국의 입법구조와 입법자』, 《법학》 10(1984. 12).

최요환, 『의회정치의 이론과 실제』(서울: 박영사, 1987).

최요환, 『의회제도 개요』(서울: 영웅출판사, 1955).

최준항, 「한국 정책엘리트의 사회적 배경과 특성분석」(서울대 석사학위논문, 1989).

최한수, 『한국선거정치론』(서울: 대왕사, 1996).

추헌수, 『한민족의 독립운동과 임시정부의 위상』(서울: 연세대학교출판부, 1995).

추헌수, 『대한민국 임시정부사』(독립기념관 한국독립운동사연구소, 1989).

한국법제연구원, 『대한민국 법률연혁집』.

한국법제연구원, 『대한민국 현행법령집』.

한동섭, 『헌법』(서울: 향학사, 1964).

한배호, 『한국의 정치』(서울: 박영사, 1984).

한배호·박찬욱 편, 『한국의 정치갈등』(서울: 법문사, 1992).

한상범, 『한국헌법』(서울: 예문관, 1973).

한흥수 편, 『한국정치동태론』(서울: 오름, 1996).

허영, 『한국헌법론』(서울: 박영사, 2000).

허영, 「국정조사권의 법이론」, 《고시연구》 104호(1982. 11).

홍득표, 『한국정치분석론』(인천: 인하대학교출판부, 1993).

홍순옥, 「상해임시정부의 정통화과정」, 《신동아》(1968. 3).

Leibholz, Gerhard., 1973, *Verfassungsstaat – Verfassungsrecht*, 권영성 역, 『헌법국가와 헌법』(서울: 박영사, 1975).

Loewenstein, Karl. 1957, *Verfassungslehre*, 김기범 역, 『현대헌법론』(서울: 교문사, 1973).

Morgan, Kenneth O., *The Oxford History of Britain*(Oxford: Oxford University Press, 1993), 영국사학회(역), 『옥스포드영국사』(서울: 한울, 1997).

Oleszek, Walter J., 1996, *congressional Procedures and the Policy Process*, 국회사무처 역, 『미국의회 의사절차』(2000).

영문도서 및 논문

Almond, G. and J. Coleman. *The Politics of the Developing Areas*(Princeton: Princeton University Press, 1960).

Blondel, Jean, *Comparative Legislatures*(Englewood Cliffs, N.J.: Prentice−Hall, 1973).

Bryce, James V., *Modern Democracies* Vol.2(New York: Macmillan, 1921).

Frantzich, Stephen E., *Political Parties in the Technological Age*(New York: Longman, 1989).

Fryde, E. B. and Edward Miller(eds.), *Historical Studies of the English Parliament*(Cambridge: Cambridge University Press, 1970).

Gallagher, Michael and Michael Marsh(eds.), *Candidate Selection in Comparative Perspective* (London: Sage Publications, 1988).

G. P. Hudd, *Members of Parliament, 1734~1832*(1955).

Kang, JangSeok. *Conflict Management in Legislatures*(Seoul Sokang, 1990).

King, Anthony, "Mode of Executive−Legislative Relations: Great Britain, France, and West Germany", *Legislative Studies Quarterly* 1(1976).

Lasswell, H. D. and M. S. McDougal, "Legal Education and Public Policy", in H. Lasswell, *The Analysis of Political Behavior*(London: Routledge, Kegan Paul, Ltd., 1948).

Lang, Sean, *Parliamentary, Reform, 1785~1928*(London: Routlege, 1999).

Laski, Harold J., *Parliamentary Government in England: A Commentary*(London: George Allen and Unwin Ltd., 1937).

Erwin L. Levine and E. Cornwell, Jr., *An Introduction to American Government* 5th ed(1983).

Loewenberg, G. and S. Patterson, *Comparing Legislatures*(Boston: Little Brown & Co., 1979).

Mackenzie, Kenneth R., *The English Parliament*(Middlesex: Penguin Books, 1963).

Matthews, Donald R., *The Social Background of Political Decision Makers*(New York: Random House, 1962).

Morgan, Kenneth O., *The Oxford History of Britain*(Oxford: Oxford University Press, 1993).

Norton, Philip(ed.), *Legislatures*(Oxford: Oxford University Press, 1990).

Norton, Philip(ed.), *Does Parliament Matter?*(Hertfordshire: Harvester Wheasheaf, 1993) .

Norton, Philip(ed.), *The Commons in Perspective*(New York: Longman, 1981).

Packenham, Robert A., "Legislatures and Political Development", in Philip Norton (ed.), *Legislatures*(Oxford: Oxford University Press, 1990).

Patterson, Samuel C. and Anthony Mughan, *Senates*(Columbus: Ohio University Press, 1999).

Ranny, Austin, *Governing —An Introduction to Political Science*(Englewood Cliffs, NJ: Prentice—Hall Inc., 1993).

Sartori, Giovanni, *Parties and Party Systems*(NY: Cambridge University Press, 1976).

Shaw, Malcolm, "Committes in Legislatures", in Phillip Norton(ed), *Legislatures-*(Oxford: Oxford University Press, 1990).

Spufford, Peter, *Origins of the English Parliament*(London: Longmans, 1969).

UK Parliament How Parliament Works(London, Longman, 1989).

U. S. Congress, *Biographical Directory of the U. S. Congress, 1774—1989.*

U. S. Congress, *Roster of the U. S. Congressional Office Holders and Biographical Characteristics of the U.S. Congress, 1787~1993.*

Walkland, S. A., *The Legislative Process in Great Britain*(London: George Allen and Unwin Ltd., 1968).

Yoon, Young O., "Policymaking Activities of the South Korean National Assembly", *Journal of Northeast Asian Studies* 5(Spring 1986).

Oleszek, Walter J., *Congressional Procedures and the Policy Process*, 6th ed. (Washington D. C.: CQ Press, 2004).

신문 · 연감

《조선일보》, 《동아일보》, 《중앙일보》, 《한국일보》, 《한겨레》, 《경향신문》, 《문화일보》, 《대한매일신문》, 《연합연감》, 《동아연감》.

김현우 ·····

▌약 력

일본 야마구치대학 경제학부 졸업
미국 오클라호마 주립대 대학원 졸업(정치학 석사)
미국 하와이대 대학원 졸업(정치학 박사)
국회사무처 사료관
캄보디아 총선거 UN감시단 한국대표
현) 글로벌교육문화연구원 부설 평생교육원 교수 / 지역연구실장
현) 인하대 강사

▌저서

『한국정당통합운동사』
『한국국회론』
『일본현대정치사』
『일본국회론』
『미국연방의회론』
『은행나무 – 문화, 역사, 그리고 사람의 만남』
『소나무 – 변치 않는 푸름, 그리고 情』
『매화나무 – 맑고 밝은 꽃과 향기』

한국
국회론

초판인쇄 | 2010년 2월 26일
초판발행 | 2010년 2월 26일

지은이 | 김현우
펴낸이 | 채종준
펴낸곳 | 한국학술정보㈜
주 소 | 경기도 파주시 교하읍 문발리 파주출판문화정보산업단지 513-5
전 화 | 031) 908-3181(대표)
팩 스 | 031) 908-3189
홈페이지 | http://www.kstudy.com
 E-mail | 출판사업부 publish@kstudy.com

등 록 | 제일산-115호(2000. 6. 19)

ISBN   978-89-268-0772-9 93340 (Paper Book)
        978-89-268-0773-6 98340 (e-Book)